Peter de Rosa absolvierte die Gregoriana in Rom, die wichtigste päpstliche Universität, war Professor für Ethik an der Universität von Westminster und anschließend sechs Jahre Dekan für Theologie am Corpus Christi College. Sein Priesteramt gab er 1970 auf. Er lebt mit seiner Frau und zwei Söhnen in Irland.

Von Peter de Rosa sind außerdem erschienen:

»*Der Jesus-Mythos*« (Band 77076)
»*Der Vatikan – von Gott verlassen?*« (Band 77137)

Vollständige Taschenbuchausgabe März 1991
Droemersche Verlagsanstalt Th. Knaur Nachf., München
© 1989 Droemersche Verlagsanstalt Th. Knaur Nachf., München
Das Werk einschließlich aller seiner Teile ist urheberrechtlich
geschützt. Jede Verwertung außerhalb der engen Grenzen des
Urheberrechtsgesetzes ist ohne Zustimmung des Verlages unzulässig und strafbar. Das gilt insbesondere für Vervielfältigungen,
Übersetzungen, Mikroverfilmungen und die Einspeicherung und
Verarbeitung in elektronischen Systemen.
© 1988 Peter de Rosa
Originaltitel »Vicars of Christ«
Originalverlag Bantam Press
Umschlaggestaltung Atelier ZERO, München
Druck und Bindung Ebner Ulm
Printed in Germany   10  9  8  7  6
ISBN 3-426-04807-8

# Peter de Rosa:
# Gottes erste Diener

Die dunkle Seite des Papsttums

Aus dem Englischen von Mara Huber

*In Demut und Buße
allen Opfern des Holocaust*

# INHALT

An den Leser 6, Prolog 7

## TEIL I – MACHT

1. Von Golgotha zum Vatikan 15, 2. Das Streben nach absoluter Macht 37, 3. Päpstliche Pornokratie 60, 4. Das Papsttum in seiner Blütezeit 72, 5. Schwindende Macht 94, 6. Der Abstieg des Papsttums in die Hölle 111, 7. Die unvermeidliche Reformation 138, 8. Das Zwielicht absoluter Macht 153

## TEIL II – WAHRHEIT

9. Die Vernichtung des Abweichenden 173, 10. Die Durchsetzung der Wahrheit 189, 11. Die Verfolgung von Hexen und Juden 225, 12. Päpstliche Ketzer 253, 13. Der erste unfehlbare Papst 294, 14. Die große Säuberung 315

## TEIL III – LIEBE

15. Der Papst, der die Welt liebte 335, 16. Die neue Affäre Galilei 352, 17. Eine lieblose Sicht der Sexualität 390, 18. Die Päpste, Pioniere der Scheidung 410, 19. Der stille Holocaust 448, 20. Unkeusche Ehelose 480

Epilog 535

## ANHANG

Chronologie 541, Quellen 549, Register 553

## An den Leser

Dies Buch ist kein theologisches Werk und noch weniger ein Lehrbuch über das Papsttum. Es ist eine Untersuchung der Rolle der Päpste im Licht von Geschichte, Kultur, Ethik und der Persönlichkeit der Päpste selbst. Obwohl ich wie Dante hier die dunkle Seite des Papsttums betone, ist dies das Werk eines Freundes, nicht eines Feindes.

# PROLOG

# Die große Verschleierung

Es ist mit Abstand die größte Verschleierung der Geschichte. Es hat jahrhundertelang gehalten und zuerst Tausende, dann Millionen von Menschenleben gekostet. Obwohl es sehr gut zu sehen ist, scheint niemand es bemerkt zu haben. Ohne es zu wissen, haben viele Künstler dazu beigetragen — große und weniger große. Und die Verschleierung ist nichts Alarmierenderes als ein kleines Stück Stoff — das Tuch, das die Lenden Jesu am Kreuz bedeckte.
Am Anfang wurde das Kreuz in Kunst oder Skulptur niemals dargestellt. Zwar wurde Jesus für seine Selbstentäußerung angebetet, und das Kreuz war das Zentrum des Glaubens, doch wagte ihn niemand in seiner äußersten Demütigung darzustellen.
Es heißt, Konstantins Armeen hätten das Kreuz auf ihren Feldzeichen getragen. Dies war nicht der Fall. Auf Schild und Standarte hatten sie die ersten beiden Buchstaben des griechischen Namens (Christos), verschmolzen zu (X$^\rho$). Erst als die Erinnerung an die Tausende, die im ganzen Römischen Reich an Kreuzen gestorben waren, verblaßte, wagten die Christen, das Kreuz als Symbol für Christi leidende Liebe darzustellen. Es war ein leeres Kreuz. Wer wollte es wagen, Christus noch einmal zu kreuzigen?
Später schien dieses nackte Symbol für die Überwindung der dunklen Mächte zu karg. Im fünften Jahrhundert begannen Künstler, ein Kreuz und daneben ein Lamm zu malen, denn Jesus war »das Lamm Gottes«, geschlachtet für die Sünden der Welt. Dann wurde man mutiger und bildete einen lammweißen Jesus selbst neben dem Kreuz ab. Abgesehen von nur zwei bekannten Ausnahmen, wurde er erst ab dem Ende des sechsten Jahrhunderts am Kreuz gezeigt. Auch dann wagte der Künstler es nicht, Schmerz und Demütigung mitzumalen. Jesus trug eine lange Tunika; nur Hände und Füße waren bloß, um in stilisierter Weise die Nägel zu zeigen,

die ihn ans Holz hefteten. Dies war ein Bild des Triumphes; er litt nicht, starb nicht, sondern thronte am Kreuz, mit offenen Augen und manchmal gekrönt. Die erste griechische Darstellung von Jesus, der am Kreuz litt, wurde von Rom als Gotteslästerung verurteilt. Bald erlag die Kirche Roms selbst dieser Faszination.
Jesus wurde immer jenseitiger, die mittelalterliche Theologie immer trockener und scholastischer, und so verlangte die Frömmigkeit nach einem menschlicheren Christus: einem Menschen, den man sehen und fast fühlen konnte, einem Menschen mit den Versuchungen und Kümmernissen, die man selbst an jedem Tag des eigenen kurzen, leiderfüllten Lebens zu bestehen hatte. Die Künstler stellten Christus nun frei im Todeskampf am Kreuz dar; tiefe Wunden und Blut, Qual an jedem Glied, Verlassenheit in den Augen. Seine Bekleidung wurde reduziert, um den Gläubigen das Ausmaß der Erniedrigung des Herrn nahezubringen.
Da endete es: bei einem Lendentuch. Wäre der Künstler weitergegangen, wer hätte den Mut gehabt, Christus anzusehen, wie er war – nackt wie ein Sklave?
Was die Hand des Künstlers zurückhielt, war nicht Wohlanständigkeit, sondern Theologie. Die Künstler hatten nicht die Schuld. Wie sollten sie schließlich erkennen, daß der Schmerz des wiedergekreuzigten Christus ohne die letzte Wahrheit, die nur völlige Nacktheit bringt, zu einer Katastrophe führen würde? Dieses Lendentuch gab Jesus den letzten Fetzen Anstand, doch es nahm ihm seine jüdische Identität. Es bedeckte buchstäblich seinen Stolz und machte ihn zum Nichtjuden ehrenhalber. Denn was es verbarg, war nicht nur sein Geschlecht, sondern jene Spur des Messers an seinem Fleisch, die Beschneidung, die zeigte, daß er Jude war. Das war es, was die Christen zu sehen fürchteten.
Auf Kreuzigungsbildern von Raffael und Rubens, selbst von Bosch und Grünewald wird das Lendentuch zur Verzierung; seine Falten hängen schicklich herab. Auf Grünewalds Kreuzigung in Colmar ist Jesus gespannt wie ein Bogen, sagt Husmans; der gemarterte Leib glänzt bleich, blutbefleckt, vor Dornen starrend wie die Schale einer Roßkastanie. Der Künstler scheint zu sagen: Dies hat die Sünde – wem angetan?
Gott angetan, ist die Antwort der Theologie. Dies ist der Tod Gottes. Je intensiver die Qual, je weniger Seine Herrlichkeit hindurchscheint, um so schreckenerregender ist es. »Gott starb auf Golgotha.« Es klingt wie gute Theologie. Das hätte es auch sein können, wäre da nicht jenes Stück Stoff gewesen. Denn, so scheint der Künstler zu sagen, irgend jemand ist verantwortlich dafür, daß das mit Gott gemacht wurde. Aber wer?

Eine oberflächliche Lesung des Matthäusevangeliums liefert die Antwort: die Juden. Sie riefen Pilatus zu: »Kreuzige ihn! Sein Blut soll über uns und unsere Kinder kommen.« Das Wort Gottes scheint den Juden, den Zeitgenossen Jesu und ihren Kindern, die Schuld am Tod Gottes zu geben. Juden sind deshalb Gottesmörder. Ein Tropfen jenes Blutes würde Tausende von Welten erlösen – die Juden vergossen alles. Für sie ist das Blut nicht Erlösung, sondern ewiger Fluch. Durch ihren Unglauben töten die Juden immer wieder. Nachdem sie Christus getötet, das größte denkbare Verbrechen begangen hatten, waren sie gewiß zu allem fähig. Das ist die falsche Anschuldigung. Das ist die große Irrlehre. Deshalb paßten Geschichten von Juden, die kleine Christenkinder rituell schlachteten und ihr Blut tranken, in das Muster des Gottesmordes. Solche Märchen zirkulieren noch heute.

Ohne die Verschleierung, ohne jenes Stück Stoff wäre für jedermann sichtbar gewesen, daß das, was auf Golgotha geschah, auch Judenmord war. Gott war Jude. Es war nicht so sehr Gott, der von den Juden umgebracht wurde, als vielmehr ein Jude, der Gottes Sohn war und sein Blut für die Sünde der Welt vergoß. Hätten die Christen jahrhundertelang im Namen des Kreuzes Pogrome gegen die Juden veranstaltet, wenn der Jesus am Kreuz das Zeichen der Beschneidung getragen hätte? Hätte ein Jude das Massaker an Juden autorisiert? Wäre es nicht klar gewesen, daß Jesus in jedem Pogrom anwesend war und sagte: »Warum verfolgt ihr mich? Denn was ihr diesen, den geringsten meiner Brüder tut, das tut ihr mir?«

Diese Verschleierung ist mittlerweile fast zwanzig Jahrhunderte alt; sie wurde nicht von einer abwegigen Sekte vertreten, sondern von der heiligen, römisch-katholischen und apostolischen Kirche. Kein Glaubenssatz wurde uneingeschränkter gelehrt – in katholischen Worten unfehlbarer –, als »die Juden sind verflucht, weil sie Gott getötet haben«, eine Beschuldigung, die bis heute nicht offiziell zurückgenommen ist. In einer bizarren Verdrehung waren die Juden, von denen der Erlöser kam, die einzigen, die für seinen Tod die Schuld bekamen. Es war nicht Jesus, der wiedergekreuzigt wurde, sondern die Rasse, von der er stammte.

Auf dem Dritten und Vierten Lateranischen Konzil kodifizierte die Kirche alle früheren Beschlüsse gegen die Juden. Sie mußten ein Schandzeichen tragen. In England war es safranfarben, in der angenommenen Form der mosaischen Tafeln. In Frankreich und Deutschland war es gelb und rund. In Italien war das Zeichen ein roter Hut, bis ein kurzsichtiger römischer Prälat einen Juden für einen Kardinal hielt und die Farbe zu Gelb geändert wurde. Juden waren von jedem Kontakt mit Christen ausgeschlossen, durften keine Verwaltungsämter haben, kein Land und keine Läden besitzen; sie wurden in Ghettos gepfercht, die nachts zugeriegelt wurden. Kein System der Apartheid wurde je schärfer durchgesetzt. Weil sie sich weigerten, dem Glauben ihrer Vorfahren abzuschwören und sich zum Christentum zu bekehren, wurden die Juden von einem Land zum anderen gehetzt. Ein Papst gab ihnen einen Monat, um ihre Häuser in Italien zu räumen, und ließ ihnen nur zwei Orte, an die sie flüchten konnten. Während der Kreuzzüge wurden sie zu Tausenden niedergemetzelt, aus christlicher Frömmigkeit. Ein Jude, der sich am Karfreitag blicken ließ, beging buchstäblich Selbstmord, obwohl der Mann am Kreuz Jude war. So litten und starben Millionen im Lauf der Jahrhunderte. Schlechte Kunst und katastrophale Theologie hatten Hitler und seiner »Endlösung« den Weg geebnet.

In Nazideutschland wurden am Anfang jüdische Häuser und Geschäfte mit Sternen markiert; das war das Signal, daß man sie zerstören und plündern durfte. Wie im Mittelalter brüsteten sich Städte, sie seien judenrein. Typisch war ein Marterl außerhalb von Oberstdorf: Über dem Kopf des Gekreuzigten war die Inschrift INRI (Jesus von Nazareth, König der Juden), und im Vordergrund ein Schild: *Juden sind hier nicht erwünscht.*

1936 hatte Bischof Berning von Osnabrück über eine Stunde mit dem Führer gesprochen. Hitler versicherte Seiner Exzellenz, es gebe keinen wesentlichen Unterschied zwischen Nationalsozialismus und katholischer Kirche. Hatte nicht die Kirche, so argumentierte er, die Juden als Parasiten betrachtet und in Ghettos gepfercht? »Ich tue nur, was die Kirche seit fünfzehnhundert Jahren tut, allerdings gründlicher«, prahlte er. Er war selbst Katholik und sagte Berning, er »bewundere das Christentum und wolle es fördern«.

Es kam Hitler anscheinend nie in den Sinn, daß Jesus, den er in *Mein Kampf* als »den großen Gründer dieses neuen Glaubens« und die Geißel der Juden bezeichnet, selbst Jude war — warum wohl nicht? Ab September 1941 mußte jeder Jude über sechs Jahre im Reich als Schandzeichen den Davidsstern tragen. Warum bestand Hitler nicht darauf, daß der gleiche Davidsstern am Lendentuch jedes gekreuzigten Christus im Reich befestigt wurde? Wäre er so versessen darauf gewesen, seine Art Christentum zu fördern, wenn er den gekreuzigten Jesus einmal so gesehen hätte, wie er wirklich war? Angenommen, Jesus wäre an jedem Kreuz in

Deutschland nackt gewesen? Hätten die deutschen Bischöfe und Pius XII. so lange geschwiegen, wenn sie ihren gekreuzigten Herrn ohne sein Lendentuch gesehen hätten?

Trotz der christlichen Grausamkeit, die zum Teil den Holocaust vorbereitet hat, sagen immer noch einige Katholiken, ihre Kirche habe nie geirrt. Fünfzehn Jahre nachdem die Tore von Auschwitz, Bergen-Belsen, Dachau, Ravensbrück und Treblinka gnädig geöffnet wurden, und als wolle er die Kritiker Lügen strafen, die sagen, das Papsttum könne sich nie ändern, verfaßte ein Papst, Johannes XXIII., dies bemerkenswerte Gebet: »Wir tragen das Kainszeichen auf der Stirn. Durch die Jahrhunderte hat unser Bruder Abel in dem Blut gelegen, das wir ihn vergießen ließen, und Tränen geweint, an denen wir schuld sind, weil wir Deine Liebe vergessen haben. Vergib uns, Herr, für den Fluch, mit dem wir fälschlich ihren Namen als Juden belegt haben. Vergib uns, daß wir Dich in ihrem Fleisch ein zweitesmal gekreuzigt haben. Denn wir wußten nicht, was wir taten.«

Das war eine gewisse Buße für über hundert antisemitische Dokumente, die die Kirche zwischen dem sechsten und dem zwanzigsten Jahrhundert veröffentlicht hat. Nicht ein Konzilsdekret, nicht eine päpstliche Enzyklika, Bulle oder Pastoraldirektive legt nahe, daß Jesu Gebot »Du sollst deinen Nächsten lieben wie dich selbst« für Juden gilt. Gegen diese ganze Tradition zeigte Johannes, der »gute Papst«, auf das Kainszeichen auf seiner eigenen Stirn. Er nahm die Schuld der Kirche an, die jahrhundertelang das Blut der Juden vergossen hatte, sie als von Gott verflucht gebrandmarkt hatte. Das Bewegendste ist, daß er die katholische Judenverfolgung als zweite Kreuzigung Christi im Fleisch seines Volkes bezeichnete. Der Papst, höchster Vertreter einer heiligen, unfehlbaren Kirche, bat um Vergebung für diese grauenhaften Sünden und Irrtümer. Unsere einzige Entschuldigung, sagte er, war Unwissenheit.

Bevor er Oberhirte geworden war, war Johannes apostolischer Gesandter für die Türkei und Griechenland gewesen, als Hitler an die Macht kam. Er stellte viertausend Juden falsche Taufscheine aus, damit sie sich als Christen ausgeben und dem Holocaust entgehen konnten. Als der Krieg vorüber und er zum Nuntius in Paris ernannt war, ging er in ein Kino, um die ersten Bilder von den Überlebenden des Vernichtungslagers Bergen-Belsen zu sehen. Er kam weinend heraus und sagte: »*Dies* ist der mystische Leib Christi.« Vielleicht wurde er durch diese herzzerreißende Erfahrung der erste Papst, der Jesus am Kreuz ohne sein Lendentuch sah. Papst Johannes fiel es nicht schwer anzuerkennen, daß die Kirche irrte. Katastrophal irrte, und über viele Jahrhunderte hin irrte. Er war einer der wenigen Päpste, die sahen, daß der einzige Weg nach vorn für die Kirche darin besteht, sich furchtlos ihrer eigenen Vergangenheit zu stellen, wie wenig christusähnlich sie auch gewesen sein mag. Fast ein Vierteljahrhundert nach seinem Tod gibt es noch immer Gläubige, die darauf beharren, daß die Kirche immer gewesen sein muß, was sie heute ist – trotz der unabweisbaren Offensichtlichkeit des Gegenteils. Sie sind Millionen, und sie finden es nicht leicht zu akzeptieren, daß die christliche Kirche, die römische Kirche, inspiriert von Päpsten, die häufig heiliggesprochen wurden, so grausam gewesen ist. Oder daß ein Papst nach dem anderen den Evangelientext fast in sein Gegenteil verkehrt hat: statt »es ist besser, daß ein Mensch für das Volk stirbt«, »Es ist besser, daß ein Volk für einen Menschen leidet«. Es gibt eine tragische, aber unleugbare Verbindung zwischen den Scheiterhaufen, den Kreuzen, den päpstlichen Gesetzen, den Pogromen – und den Gaskammern und Krematorien der Nazi-Vernichtungslager.

Es gibt andere wichtige Belange in den Bereichen Macht, Wahrheit und Liebe, in denen die Kirche Jahrhundert für Jahrhundert katastrophal geirrt hat. Das Zweite Vatikanische Konzil, das Papst Johannes 1962 einberief, hat begonnen, dies zu akzeptieren. Auf revolutionäre Weise wurde Johannes, der Oberhirte, zum Advocatus Diaboli der Kirche selbst.

In den Kanonisierungsprozessen hat der Advocatus Diaboli eine zentrale Funktion, denn die Heiligkeit eines Heiligen in spe muß der gründlichsten Prüfung unterzogen werden. Es ist, als lasse die Kirche dem Teufel freie Hand, um das Andenken des Heiligen mit allem Dreck zu bewerfen, den er finden kann – um zu sehen, ob etwas davon hängenbleibt. Nur dann wird dieser Mensch, Mann, Frau oder Kind, der öffentlichen Verehrung würdig sein. Natürlich ist der Advocatus Diaboli in Wirklichkeit der Anwalt der Kirche.

Als Papst Johannes sagte, die Kirche sei »immer zu reformieren«, schien er nahezulegen, sie bräuchte immer einen Advocatus Diaboli. Als Historiker wußte er, daß die Kirche viel Unrecht getan hatte. Als liebender und vergebender Mensch wußte er, daß jede andere Institution, die so lange überdauert und soviel Macht besessen hätte, wahrscheinlich weit mehr Unrecht und weit weniger Gutes getan hätte. Am Ende hinterließ er den klaren Eindruck, daß das Unrecht seiner Kirche nicht verborgen und die Geschichte nicht gefälscht werden darf.

# TEIL I

# MACHT

»Alle Macht neigt zur Korrumpierung; absolute Macht korrumpiert absolut.«

Lord Acton in einem Brief an Bischof Mandell Creighton, 1887

## 1. Kapitel

# Von Golgotha zum Vatikan

An diesem großen Festtag Peter und Paul, dem neunundzwanzigsten Juni, sind sie von allen Enden der Welt gekommen, jung und alt, Sünder und Heilige, um beim Bischof von Rom zu sein, dem Stellvertreter Christi, dem Nachfolger der Apostel, dem Pontifex maximus der Weltkirche, dem Patriarchen des Westens, Primas von Italien, Erzbischof und Metropoliten der Provinz Rom, dem Staatsoberhaupt der Vatikanstadt und Knecht der Knechte Gottes, Papst Johannes Paul II. Einige der Pilger sind dunkel gekleidet, andere in den bunten Trachten ihrer Heimatländer. Unter ihnen sind auch Touristen, doch die meisten sind Pilger. Ein Besuch in Rom und die Teilnahme an einer päpstlichen Messe sind die Erfüllung eines Lebenstraumes.
Vor dem Morgengrauen haben sie sich aus der Honigwabe Rom auf den Weg gemacht. Sie sind aus teuren Hotels auf dem Veneto, aus stillen Klöstern und aus billigen Pensionen gekommen.
Ihr kurzer Weg hat sie an zerfallenden Villen vorbeigeführt, an Renaissancepalästen, deren riesige, beschlagene Portale den Eindruck vermitteln, ihre Besitzer rüsteten sich für einen neuen Einfall der Goten und Vandalen. Sie gehen über Piazzas mit sprudelnden Springbrunnen, erkennen kaum eine von Roms vierhundert Kirchen, von denen viele nur an einem Tag im Jahr geöffnet sind, wenn sie Patrozinium feiern. Sie überqueren den Tiber, der der Stadt jahrhundertelang als Abwasserkanal und inoffizieller Friedhof gedient hat. Der Tiber hat wahrscheinlich mehr Menschenleben gefordert als jeder andere Fluß außerhalb Chinas; Tausende sind darin an einem Tag ertrunken. An diesem Morgen ist er träge und braun wie der Habit eines Franziskaners.

Endlich finden sich die Pilger auf der Via della Conciliazione, an deren Ende sie einer der beeindruckendsten Anblicke der Welt erwartet. In der gleißenden Hitze des Sommers scheint die Kuppel von St. Peter im Raum zu schweben. Mehr als jeder Papst hat Michelangelo, der sie entworfen hat, die massive, dauerhafte Stärke der größten Institution der Weltgeschichte ausgedrückt. Sie hat das Erbe der Antike bewahrt. Sie gab den barbarischen Horden eine neue Religion und ein Gesetz. Sie schuf Europa, indem sie den verschiedenen Völkern eine Loyalität und Bestimmung gab, die über die Grenzen hinwegreichte. Wie Lord Macaulay vor über einem Jahrhundert sagte, als er über die Kirche Roms nachdachte:

*Sie war groß und geachtet, bevor die Sachsen ihren Fuß nach Britannien setzten, bevor die Franzosen den Rhein überquert hatten, als griechische Beredtheit noch in Antiochien blühte, als man im Tempel von Mekka noch Götzen anbetete. Und sie wird vielleicht noch in ungeschmälerter Vitalität existieren, wenn ein Reisender aus Neuseeland inmitten einer großen Einsamkeit auf dem gebrochenen Bogen der London Bridge stehenbleibt, um die Ruinen der St. Paul's Cathedral zu skizzieren.*

Die Gläubigen betreten den Petersplatz mit seiner Einfassung von Berninis ehrfurchtgebietenden Kolonnaden; mit den Augen suchen sie das Fenster im dritten Stock des apostolischen Palastes, von dem der Papst sonntags um zwölf die Menge segnet. Wenige von ihnen wissen, wie weitläufig der Palast tatsächlich ist. Als der alternde Leo XIII. sich einen Ausflug durch die Vatikanischen Gärten gönnen wollte, setzte er sich auf einen kleinen Stuhl in seinem Arbeitszimmer. Dann trugen ihn Träger über Wendeltreppen, durch labyrinthische Gänge, durch Zimmer und Galerien mit einigen der größten Kunstschätze der Welt an die zwei Kilometer weit durch den Palast, um ihn zu seiner Pferdekutsche zu bringen.

Vierzig Jahre nach Leos Tod wurde der Vatikan angegriffen. Die einzigen Bomben, die je auf ihn fielen und den Petersdom knapp verfehlten, waren zufällig made in Britain. In einer mondlosen Nacht im Zweiten Weltkrieg warf ein deutsches Flugzeug vier in Tobruk erbeutete Bomben ab, um den Eindruck zu erwecken, die Alliierten hätten das wichtigste katholische Heiligtum angegriffen.
Obwohl der Vatikan nicht größer ist als ein Golfplatz, werden die Pilger von der Größe ihrer Umgebung überwältigt. In der Mitte des Platzes steht der über 300 Tonnen schwere und über 40 Meter hohe Obelisk des Caligula. Er stand ursprünglich in der Achse von Neros Zirkus, nahe bei dem

Ort, wo Petrus gekreuzigt wurde. Dieses Monument erinnert sie daran, daß sie sich auf heiligem Boden befinden.

Sie steigen die Steinstufen empor und erreichen die Vorhalle. Auch sie ist riesig und angefüllt mit Geschichte. Rechts ist die Heilige Pforte, jetzt verschlossen, weil es kein Heiliges Jahr ist. Über dem Mittelbogen ist eine Darstellung der Navicella, Petrus' kleines Boot, das den Stürmen der Zeiten standhielt. Dieses Mosaikfragment hat den Abriß der ersten Peterskirche überstanden; es ist ein Werk von Giotto, dem Künstler des dreizehnten Jahrhunderts, der den Papst damit beeindruckte, daß er aus freier Hand einen vollkommenen Kreis zeichnen konnte. Vor der Mitteltür ist eine Porphyrscheibe in die Bodenplatten eingelassen. Sie bezeichnet den Punkt, an dem Karl der Große am Weihnachtstag 800 von Leo III. die Krone des Heiligen Römischen Reiches empfing, nachdem er jede Stufe auf den Knien erklommen und geküßt hatte.

Die Gläubigen schieben die schweren Ledervorhänge beiseite und betreten die Basilika. Selbst an trüben Tagen strömt goldenes Licht von den hohen, einfachen Fenstern hinab. Den Boden bedecken über 24000 qm farbigen Marmors. Das Kirchenschiff ist über 180 m lang und über 24 m breit, und an seinem Ende erheben sich die spiralförmigen Säulen von Berninis Kolonnade, höher als jeder Palast in Rom.

Die korinthischen Säulen, an diesem Fest der Apostel im Rot der Märtyrer drapiert, tragen ein gelbes Gewölbe von 40 m Höhe. Die Weihwasserbecken sind so groß wie Badewannen, die Cherubim über ihnen über 1,80 m groß. Rechts und links sind riesige Statuen und Kapellen in der Größe von Kirchen. Michelangelos am meisten geliebtes Werk, die Pietà, die er mit fünfundzwanzig schuf und als einzige mit seinem Namen signierte, steht hinter ihrer Schutzscheibe. Es gibt Papstgräber, denen Bildhauer Jahre ihres Lebens gewidmet haben. Chateaubriand, der französische Tagebuchautor, der die Revolution miterlebte, schreibt in seinen Memoiren, in Rom gebe es mehr Gräber als Leichen; und er stellt sich Skelette vor, die von einer Marmorgruft zur anderen wechseln, um es kühl zu haben, wie ein Kranker von seinem Bett in ein bequemeres umziehen könnte.

Vor dem linken Gang ist ein Altar, unter dem der Leichnam Papst Leos des Großen ruht. Er war einer der edelsten Päpste und wurde im Jahr 688 als erster in der Peterskirche begraben. Mit ihm begann die Sitte, in einem Gotteshaus mehr als einen Altar zu haben. Heute ist der Petersdom mit mehr Altären angefüllt als jede andere Kirche der Christenheit.

Hoch in der Apsis ist der riesige Stuhl Petri aus vergoldeter Bronze, getragen von vier Kirchenlehrern. Der Schmuck bedeckt eine gewöhnliche Sänfte, die mindestens aus dem zweiten Jahrhundert stammt. Man könnte sie als den ältesten aller Throne bezeichnen. Der »Stuhl im Stuhl« wurde zuletzt am Fest der Apostel 1867 gesehen. Was da zum Vorschein kam, war ein Stück abgeschlagenes, abgenutztes Eichenholz, geflickt mit Akazienholz und mit zum Teil auf dem Kopf stehenden Elfenbeinfiguren verziert.

Die Pilger gehen im Uhrzeigersinn um die Apsis zum Schiff und kommen zur berühmten Bronzestatue des Petrus. An diesem Festtag des Apostels ist sie in einen Mantel aus Goldbrokat gekleidet und mit einer juwelenbesetzten Tiara gekrönt. Der vorangestellte rechte Fuß ist von den Küssen ihrer Vorgänger blankpoliert. Er ist eine Erinnerung an noch nicht lang vergangene Zeiten, als ein Papst bei der Audienz den Fuß auf ein Kissen legen mußte, damit Besucher ihn bequem küssen konnten.

Am 26. September 1977 kam Paul VI. hierher, wie ein sterbender Sperling, den Tod schon im Gesicht, bevor er die erste Synode der Bischöfe eröffnete. Er stellte eine brennende Kerze auf den Boden und beugte sich dann in einer Weihrauchwolke nieder, um den Fuß der Statue zu küssen. So viele Päpste müssen das gleiche getan haben, in der Vigil von Peter und Paul herabgekommen sein, um am Schrein der Apostelfürsten zu beten.

In der Sakramentskapelle macht sich die päpstliche Prozession bereit. Johannes Paul hatte den kürzesten Weg: Er hat nur sein Büro im dritten Stock des Palastes verlassen. Doch in vielfacher Hinsicht ist er in den vergangenen Minuten von weiter hergekommen als irgend jemand sonst. Er hat die Angelegenheiten des Staates, die Probleme der Vatikanstadt hinter sich gelassen und ist in seine Lieblingsrolle geschlüpft: die des Kirchenoberhauptes. Für eine Weile kann er die Sorgen der Kirche in seine Gebete legen. Niemand weiß besser als er, daß unter der Menge der Versammelten, deren Murmeln er hören kann, viele befremdete Angehörige seiner Herde sind. Priester leben in Konflikt mit ihren Bischöfen, Nonnen mit ihren Oberen, und die Laien sind so aufgebracht gegen die Morallehre der Kirche wie noch nie. Keinem Papst ist mehr gehuldigt und weniger gehorcht worden. In dieser geheiligten Zeit konzentriert er sich auf seine Rolle als Hirte der Weltkirche.

Die Mitglieder seines regenbogenfarbigen Gefolges – Prälaten, Kämmerer, Fürsten, Schweizergarden – nehmen geschäftig die Ordnung ein, die

das Protokoll vorschreibt, ziehen ein letztesmal ihre Uniformen zurecht. Paul VI. hat all dem Federschwenken, dem militärischen Aufzug, den blanken Waffen ein Ende gemacht. Waffen sind freilich trotzdem da. Anders als jeder andere Papst ist Johannes Paul von den Männern des *Ufficio centrale di vigilanza* in ihren blauen Anzügen umgeben. Sie bilden die effektive Sicherheitstruppe des winzigen Stadtstaates. Sie sind nicht nur bewaffnet, sondern sie haben auch Befehl zu töten, falls das Leben des Papstes in Gefahr ist. Unter ihren Jacken tragen sie Walkie-talkies, die mit dem Hauptquartier der römischen Stadtpolizei und den Büros der Digos, der italienischen Antiterror-Truppe, verbunden sind. Der Papst wird respektlos als *Il Bersaglio*, das Ziel, bezeichnet.
Endlich schreitet der Oberhirte beim Schall der Trompeten das Schiff hinab und segnet die Menge, die nach ihm die Hälse reckt. Die Gläubigen sind blind für die weißgekleideten Bischöfe, die Zweierreihe der Kardinäle, die lilagewandeten Monsignori. Sie sehen nur den Papst mit dem weißen Käppchen, den Mann an der Spitze von fast einer Milliarde Katholiken, 4000 Bischöfen, 400000 Priestern und einer Million Nonnen. Obwohl sie jubeln in der Basilika, obwohl sie knien, klatschen, in Ohnmacht fallen, und obwohl selbst ältliche Nonnen zum erstenmal seit Jahren ihre Hemmungen vergessen, fühlen sie alle, daß er auf den Anderen fixiert ist, auf den Gott, den er auf Erden vertritt und dem allein er verantwortlich ist. Der Papst ist kein Pop-Idol, sondern der Stellvertreter Christi, und unter Christus wesentlich für die Erlösung. Durch Wellen und Wellen der Huldigung, Blitzlichter und nur halbgehörtem Gesang des Sixtinischen Chors – *Tu es Petrus*, du bist Petrus – erreicht er den Hochaltar.
Sein Gefolge fächert sich auf, nimmt seine weniger hohen Plätze ein. Die Sicherheitsleute verschwinden in die Seitenkapellen. In jeder Hinsicht steht der Papst jetzt allein. So war es immer mit dem römischen Oberhirten, doch keiner war je einsamer oder verwundbarer als Johannes Paul II.

In der Liste der Vatikans erscheint er als der 263. Papst, doch die Zahl ist nicht gesichert. Es hat Zeiten gegeben, wo es mehrere Päpste gab und niemand wußte, welcher der rechtmäßige war. Zudem wurde es den Katholiken erst im Jahr 1073 durch Papst Gregor VII. verboten, jemand anderen als den Bischof von Rom Papst zu nennen. Vordem wurden viele Bischöfe liebevoll »Papa« (Papst) genannt. Selbst der Titel »Bischof von Rom« ist heute mit Würden befrachtet, die er nicht immer hatte. Ein Leiter oder Aufseher einer kleinen, frühchristlichen Gemeinde war kaum ein moderner Bischof mit Macht und Rechtsprechung. Auch viele andere Fragen sind alles andere als klar.

Wie lange hat Petrus zum Beispiel in Rom gelebt? Es gab einen Bericht aus dem späten vierten Jahrhundert, daß er fünfundzwanzig Jahre dort war, doch dafür gibt es keine historische Grundlage. Bekannt ist, daß der Apostel Paulus im Jahr 58 wieder einmal einen Brief schrieb, diesmal an die Römer. Darin grüßte er ganze Haushalte und nannte neunundzwanzig Personen mit Namen. Petrus aber grüßte er nicht. Das ist sicher ein erstaunliches Versäumnis, wenn Petrus dort wohnte und Bischof von Rom war. Außerdem schrieb der als Vater der Kirchengeschichte anerkannte Eusebius von Cäsarea um 300: »Petrus soll den Juden in ganz Pontius, Galatien, Bithynien und Kappadozien gepredigt haben und dann, als er sich in Rom aufhielt, gekreuzigt worden sein.« Heute nehmen die Historiker an, daß Petrus höchstens drei oder vier Jahre in Rom gelebt hat. Es gibt kein Zeugnis darüber, daß er die Gemeinde dort leitete. Dies kann nicht automatisch geschehen sein. Er war nach dem Tod Jesu nicht einmal Bischof von Jerusalem geworden — das war Jakobus, der Bruder des Herrn. Dazu kommt folgende überraschende Tatsache: In den frühesten Listen der römischen Bischöfe ist der Name Petrus nie aufgetaucht. Irenäus zum Beispiel war von 178 bis 200 Bischof von Lyon, ein Schüler des Bischofs von Smyrna, Polykarp, der seinerseits ein Schüler des Apostels Johannes gewesen war. Er zählte alle römischen Bischöfe bis zum zwölften, Eleutherius, auf. Nach Irenäus war der erste römische Bischof nicht Petrus oder Paulus, sondern Linus. Die Apostolische Konstitution im Jahr 270 nannte ebenfalls Linus als den ersten Bischof von Rom, ernannt von Paulus. Nach Linus kam Clemens, erwählt von Petrus. Das Geheimnis wird unergründlicher. In all seinen Schriften sprach Eusebius nicht einmal von Petrus als Bischof von Rom.

Wie ist das zu erklären? Anscheinend waren die Apostel in den Augen der frühchristlichen Kommentatoren eine Klasse für sich. Sie gehörten keiner bestimmten Kirche an, nicht einmal, wenn sie sie »pflanzten«, d. h. gründeten, wie Paulus das in ganz Kleinasien tat. Die Apostel gehörten der ganzen Kirche an. Apostel zu sein, machte es unmöglich, an einem Ort Bischof zu sein. Trotz seiner schwerwiegenden Entscheidungen in Jerusalem, Antiochien und anderswo blieb auch Petrus ein Apostel der gesamten Gemeinschaft.

Die Kirche hat einen Glaubensartikel daraus gemacht, daß Päpste Nachfolger Petri als Bischof von Rom sind. Nur hatte Petrus diesen Titel nie;

er wurde erst Jahrhunderte nach seinem Tod damit bekleidet. Natürlich hätte er eine ungeheure moralische Autorität über die jüdisch-christliche Gemeinde in Rom gehabt, doch anders als Paulus, der römischer Bürger war, wäre er dort ein Ausländer gewesen. Fast zweitausend Jahre später sitzt ein anderer Ausländer, ein Mann aus einem fernen Land, auf dem sogenannten Stuhl Petri, und die Melodie einer Motette von Palestrina steigt in die Kuppel empor.

Es ist fast zehn Jahre her, seit Karol Wojtyla aus Krakau Oberhirte wurde, nachdem der vielbetrauerte erste Johannes Paul nach einem dreiunddreißigtägigen Pontifikat gestorben war. Albino Luciani war nach seiner Wahl auf die Loggia des Petersdoms herausgetreten und hatte mehr gelächelt, als sein Vorgänger, Paul VI., in fünfzehn Jahren gelächelt hatte. Dann war er prophetisch, ohne der Menge ein Wort zu sagen, in den Schatten des Vatikans zurückgetreten.
Einem römischen Scherz zufolge ist die älteste und mächtigste aller Institutionen die Heilige Kongregation für die Verbreitung von Gerüchten. Wer glaubt in der Ewigen Stadt schon etwas, wenn es nicht geflüstert wird? Wie ein Lauffeuer verbreitete sich das Gerücht, Johannes Paul I. sei vergiftet worden. Seit Jahrhunderten wird so etwas gesagt, wenn ein Papst plötzlich krank wird und stirbt. Viele dieser Gerüchte waren unwahr — aber nicht alle.

Am 27. Juli 1304, neun Monate nach Antritt seiner Herrschaft, war Benedikt XI. in Perugia; da bot ihm ein junger Mann, verkleidet als dienende Schwester des Ordens der hl. Petronilla, ein Silbertablett mit Feigen an. »Ein Geschenk der Mutter Äbtissin«, murmelte die demütige »Schwester«. Benedikt hatte, wie jeder wußte, eine Leidenschaft für Feigen. Ein paar Tage später war er begraben.
Ob die Gerüchte nun wahr waren oder nicht — die Päpste waren immer gut beraten, einen Wein-Vorkoster zu beschäftigen und die Feigen zu untersuchen. Doch wo ist im Fall des Vorgängers von Johannes Paul II. der Beweis? Eine Obduktion hätte die Angelegenheit geklärt. Vielleicht ist das trotz der Dementis geschehen. Der Vatikan ist in diesen Fragen sehr zugeknöpft.

Im Konklave nach Lucianis unerwartetem Tod 1978 wurde Karol Wojtyla gewählt. Bei seiner Inthronisation sah er jünger aus als 58 Jahre. Jetzt sieht er älter aus als siebenundsechzig. Seine Schultern sind runder. Er ist dünner, die Sehnen an seinem Hals treten hervor. Seine Augen sind schmaler geworden und verraten seine slawische Herkunft. Und sein Haar ist unter dem Käppchen zurückgegangen; seine Ohren fallen so auf wie in seiner Kindheit.

Viele Dinge haben dazu beigetragen, ihn alt zu machen. Seine anstrengenden Reisen. Das Attentat am 13. Mai 1981, nach dem er in einer fünfeinhalbstündigen Operation drei Liter Blut brauchte. Die Papierarbeit, die sich täglich auf seinem Schreibtisch türmt — »um den Papst aus den Schwierigkeiten herauszuhalten«, wie ein Berater sagte. Und die Kurie. Ein Papst und seine Beamten überleben in bestenfalls unbehaglichem Einvernehmen. In Johannes Paul hat die Kurie einen Oberhirten, der am Anfang nichts von ihren Schlichen wußte.
Geflüster — wieder die mächtigste Kongregation — erreicht ihn in den päpstlichen Gemächern. Die wenigen liberalen Prälaten, die in Rom überlebt haben, mögen ihn nicht wegen seiner Haltung, die sie unnachgiebig nennen.
Einige Konservative in seiner Umgebung an diesem Hochfest der Apostel sind ebenfalls kritisch. In ihren Augen hat Johannes Paul etwas fast Häretisches getan: er hat das Papsttum entmythologisiert. Medienbilder zeigen einen Showbusiness-Papst mit Sombrero, Papst hält Händchen mit Jugendlichen und swingt zur Rockmusik, Papst knuddelt auf der Südhalbkugel einen etwas verwirrten Koala. Warum, fragen diese Konservativen, bleibt er nicht im Vatikan als geheimnisvolle, ehrfurchtgebietende Gestalt wie der alte Leo XIII., der weise genug war, die Welt durch ein Fenster zu betrachten — und zwar ein geschlossenes, fügen sie hinzu, anders als jener Krypto-Kommunist Johannes XXIII., der ein Fenster öffnete und einen Wirbelsturm hineinließ?
Der Papst ist über solches Gerede erhaben. Seine Augen sind fest geschlossen, während er für seine gesamte Herde betet, nicht nur die im Petersdom, sondern in der ganzen Welt. Er ist überzeugt, daß nur seine Stimme, die Stimme Petri, stark genug ist, um die moderne Welt davon abzuhalten, sich wie ein Lemmingszug in den Tod zu stürzen. Er ist entsetzt über die kaltschnäuzige Gleichgültigkeit gegenüber dem Ungeborenen. Er ist bekümmert, daß Jungfräulichkeit fast ein unanständiges Wort geworden ist, und daß Homosexualität mittlerweile nicht nur legal, sondern romantisch ist. Er fürchtet, daß selbst Priester und Nonnen ihre Gelübde nicht mehr ernst nehmen. Während ein Diakon den Evangelientext vorliest, weiß er, daß er der Fels ist: Wenigstens er muß feststehen. Irrtü-

mer können korrigiert, Trends umgekehrt werden, wenn nur sein Glaube standhält.

Seine Augen sind nun verschleiert, Schmerz sitzt in den Mundwinkeln. In diesen Tagen ist sein Gesicht traurig, selbst wenn er — immer seltener — lächelt, als hätte die Traurigkeit seiner Heimat Polen seine Seele durchdrungen. Beim Memento der Messe vergißt er nie, die Lebenden und Toten seines Heimatlandes zu nennen.

Da er Pole ist, hat er nie erwartet, Papst zu werden. Nicht einmal, als er 1964 Kardinal wurde oder als Paul VI. ihn 1976 dazu aussah, für seinen Haushalt die Fastenexerzitien zu halten, kam er auf diesen Gedanken. Das widersprach dem Lauf der Geschichte. Nach viereinhalb Jahrhunderten war das Papsttum praktisch erblich innerhalb der italienischen Nation. Bei jenen Fastenexerzitien hörte Karol Wojtyla die Beichte Papst Pauls und tat zweifellos sein Bestes, um seinen Willen zu stärken. Doch wie hätte er sich vorstellen sollen, daß er eines Tages als Oberhirte im Petersdom das Hochamt zelebrieren würde? Seine Herkunft war: Industriearbeiter, Bergsteiger, Amateurschauspieler, geistlicher Widerstandskämpfer gegen den Nationalsozialismus, später den Kommunismus, Träumer, Teilzeitpoet. Eines seiner Gedichte, »Der Rüstungsarbeiter«, beginnt: »Ich kann das Schicksal der Welt nicht beeinflussen.«

Die Gläubigen, die sich vor ihm zur Messe versammelt haben, denken im Gegenteil, daß er den größten Einfluß zum Guten in der Welt hat. Seine Integrität leuchtet hell. Hier ist ein Mann, der sich nicht kaufen und verkaufen läßt, ein Kirchenfürst vom Format Thomas Becketts, der lieber starb, als die Ansprüche der Kirche schmälern zu lassen. Während er zum Altar schreitet, um den Kanon der Messe zu beginnen, strahlt seine Gegenwart eine Art Erhabenheit aus.

Johannes Paul ist der letzte absolute Monarch. Die Katholiken im Petersdom, die nun still geworden sind, würden es nicht anders wollen. Er ist das höchste Orakel, Herr der Kirche, Stellvertreter Christi. Für sie besitzt er eine Unfehlbarkeit, der zum Göttlichen nicht viel fehlt. Es tröstet sie zu wissen, daß durch seine Heiligkeit Gott zu ihnen unter allen religiösen Völkern der Welt — Juden, Hindus, Protestanten, Buddhisten — auf besondere Weise spricht. Ihr geistliches Leben strömt aus ihm; er als Kirchenoberhaupt vereint sie mit Gott und miteinander. Viele meinen, wenn auch irrigerweise, ihr Glaube sei von ihm abgeleitet, und Bischöfe bekämen ihre Macht von ihm. Zu dieser Festtagsmesse im Petersdom sind nicht wenige Nichtkatholiken gekommen, die ebenfalls finden, Papst Johannes Paul II. sei das beste Bollwerk gegen den atheistischen Kommunismus im Osten und den weitverbreiteten, subtileren Atheismus des verweltlichten Westens.

Leise, aber deutlich spricht der Papst die Worte der Messe. Jede Geste entspricht den Rubriken, denn er weiß, wenn er davon abweicht, werden die Priester überall auf die Idee kommen, ihre eigenen Modifikationen anzubringen. Währenddessen fragen sich die Gläubigen in der Basilika, wie Johannes Paul sich selbst sieht. In gewisser Hinsicht ist das nicht schwer zu wissen. Trotz seiner Reisen, seiner endlosen Ansprachen, selbst nach dem II. Vatikanischen Konzil – vielleicht wegen des Konzils – ist ihm klar, daß dieser Aufzug im Petersdom nicht die ganze Wahrheit der Kirche ist, der er vorsteht. Wenn er innehält, um der Lebenden zu gedenken, seiner weitverstreuten Herde, dann ist sein Gebet von all den deprimierenden Statistiken beeinflußt, die sich auf seinem Schreibtisch türmen.

Seine erste Sorge sind die Priester. 1971 bekam die Presse Wind von einer Studie, die die Glaubenskongregation in Auftrag gegeben hatte. Sie offenbarte, daß von 1963 bis 1969 über 8000 Priester um die Entbindung von ihren Gelübden gebeten hatten und daß weitere 3000 gegangen waren, ohne auf den Dispens zu warten. Die Studie schätzte, daß in den nächsten fünf Jahren 20000 Priester gehen würden. Die Schätzung erwies sich als viel zu vorsichtig.

Am schlimmsten war es in den Ländern, die den Päpsten zuverlässig Missionare geliefert hatten. Holland produzierte zum Beispiel früher über 300 Priester pro Jahr. Inzwischen sind Priesterweihen dort fast so selten wie Berge. In Irland gab es Ende 1987 6000 Priester und über 1000 Expriester. In den USA rechnet man mit 17000 Expriestern. Das Durchschnittsalter derer, die bleiben, ist mit 54 außerordentlich hoch. Die Zukunft sieht ebenfalls düster aus. In den letzten zwanzig Jahren ist die Zahl der Priesterkandidaten in den USA von 50000 auf 12000 zurückgegangen.

Der Papst betet für die Laien mit ihren vielfältigen Sorgen. Er betet für die, die anwesend sind, und für die überall auf der Welt, die begonnen haben, ihren Ungehorsam offen zu zeigen. Vor seiner Reise nach Amerika im September 1987 muß er eine Umfrage der Zeitschrift *Time* gelesen haben. Sie offenbarte, daß 93 % der Katholiken meinen, »es ist möglich, anders zu denken als der Papst und trotzdem gut katholisch zu sein«. Selbst in Irland zeigte eine Umfrage zur gleichen Zeit, daß nur einer von drei jungen Menschen seine Auffassung zur Empfängnisverhütung teilt. Alle Indikatoren zeigen eine weltweite Gemeinschaft auf dem napoleonischen

Rückzug. Die Kirche lehrt noch, aber immer weniger Menschen hören ihr zu.

Die Messe sollte dem Oberhirten eine Atempause von den Sorgen und Lasten seines Amtes geben. In gewisser Weise verstärkt sie seine Sorgen. Er muß sich von Jesus, dessen Opfer er nun gedenken will, seine Lasten abnehmen lassen.

Während die Wandlung näherkommt, geht Johannes Pauls Denken vielleicht zurück zu seiner Kindheit in Wardowice, als er Ministrant war und die lateinischen Antworten der Messe lernte. In jenen Tagen war das Wort des Papstes der Katholizismus. Es entmutigt ihn, daß er nun, als Papst, in vielen Dingen, die er für entscheidend hält, in der Minderheit ist.

Deshalb sieht er in dieser päpstlichen Messe nicht die Kardinäle um sich herum, prächtig wie Flamingos – Kirchenfürsten wie den Münchner Ratzinger mit seinen schneeweißen Haaren, seit 1982 Präfekt der Glaubenskongregation, die früher Heilige Inquisition hieß. Der Papst ist ebenso blind für die Farbtupfer von Rot und Lila, die Roben der Prälaten aller Stufen. Er macht sich nicht die Mühe, auf die berstend vollen Tribünen zu schauen, wo Botschafter, obskure königliche Hoheiten und noch obskurere Fürsten und Fürstinnen in gold- und diamantenstarrender Pracht sitzen.

Er sieht niemanden; niemand sonst sieht einen anderen als ihn.

»Dies ist mein Leib.« Der Papst spricht diese Worte mit überwältigender Andacht, heute ebenso ehrfürchtig wie vor vierzig Jahren, als er seine erste Messe las. »Dies ist mein Blut.« Jetzt ist nicht der Stellvertreter Christi der Brennpunkt der schweigenden Gemeinde, sondern Christus selbst.

So ist es bei jeder Messe, ob sie in der einfachsten Dorfkirche oder in einer Basilika wie St. Peter gelesen wird. Jesus Christus ist der Herr; der Papst repräsentiert ihn und die Autorität seiner Lehre in der heutigen Welt. Hat die Gemeinde nicht recht, wenn sie den Papst als den freiesten, souveränsten Menschen der Welt sieht?

In Wahrheit ist der Papst ein Gefangener.

Die erste Folge des Absolutismus besteht darin, daß die, die der Quelle der Macht am nächsten stehen, die gleiche Luft atmen wie der Monarch. Im Fall des Papstes sorgen gesichtslose Männer, Papierkrieger, Griffelschwinger in dunklen Büros in und um den Vatikan, daß die Sicht des Papstes der ihren entspricht. Sie füttern ihn mit ausgewählter Information; sie verbergen alles vor ihm, was ihren Anliegen hinderlich sein könnte. Dies sind die ersten Kerkermeister des Papstes.

Das Zweite Vatikanische Konzil von 1962 bis 1965 wollte die römische Kirche liberalisieren. Kaum war es vorbei, nahmen die alten Bürokraten die Sache in die Hand; seither haben sie sie in der Hand behalten und liberale Erlässe illiberal ausgelegt.

Selbst das Erste Vatikanische Konzil, das Pius IX. 1869 einberief, um sich für unfehlbar erklären zu lassen, weigerte sich, die von der Kurie vorbereiteten Dekrete zu diskutieren. Sie repräsentierten, sagten die Bischöfe, nicht den Glauben der Kirche, sondern den einer einzigen, voreingenommenen theologischen Schule. Doch am Ende gewinnen die Bürokraten immer. Sie bleiben, wenn die Liberaleren sich zerstreut haben. Kuriale, von denen viele dieser Messe beiwohnen, haben Konzilien immer gehaßt, weil sie es wagten, ihre Unfehlbarkeit zu bedrohen. Wie ein verbitterter Diözesanbischof kürzlich sagte: »Die Kurie ist ein ständig tagendes Kirchenkonzil.«

Trotz aller scheinbaren Stärke unterzeichnet Johannes Paul weiterhin Dokumente, die von Prälaten in der Glaubenskongregation oder im Staatssekretariat vorbereitet worden sind. Irgend jemand legt ihm nahe, ein bestimmter Bischof in Nordamerika sei nicht ganz orthodox, wie die Kurie das Wort interpretiert. Wäre es nicht weise, ihn zu überwachen?

Dann sind da jene umfangreichen Dossiers in der Glaubenskongregation über Theologen wie Küng aus Tübingen, Curran aus Washington und andere vielversprechende Kleriker. Wie hält es dieser Priester oder jener Monsignore mit Christus, mit Maria, mit der regelmäßigen Beichte? War er in der Frage der Empfängnisverhütung jemals nachgiebig? Hat er je an Anti-Atom-Demonstrationen teilgenommen? Sympathisiert er mit Karl Marx? So mancher aufstrebende Kleriker kann mit einer einzigen Einflüsterung auf Dauer niedergehalten werden. Die meisten Gifte der Kurie werden durch das Ohr verabreicht (wie beispielsweise in Hamlet).

Darin, so könnte man sagen, geht es dem Papst nicht anders als jedem anderen Staatsmann, der im Netz seiner Beamtenschaft gefangen ist. Nur, daß der Papst selbst ein Heer unsichtbarer »Beobachter« hat, die ihn im Auge behalten.

Ein Papst ist mehr als jeder andere Monarch Gefangener der Vergangenheit. Die Gemeinde kann die Zeichen dafür in seiner Kleidung sehen: in der Mitra, dem Pallium, dem Ring des Fischers. Nicht nur die Basilika mit ihren berühmten Reliquien – selbst Kleidungsstücke zeigen, daß der Papst selbst ein Gefangener der Geschichte ist. Doch die meisten Fesseln sind geistiger Art.

Der Papst kann niemals sprechen, ohne zu berücksichtigen, was seine

Vorgänger zum gleichen oder einem verwandten Thema gesagt haben. In jeder päpstlichen Enzyklika kommen auf ein Bibelzitat wahrscheinlich bis zu ein Dutzend Zitate von früheren Päpsten. Alle Päpste fahren nach dem Rückspiegel. Eine seit langem tote Vergangenheit, oft Tradition genannt, diktiert die Straße in die Zukunft. Ein toter Papst ist mächtiger als tausend lebende Bischöfe.

»*Pax vobiscum*«, sagt der Papst. »Friede sei mit euch.« Die Gläubigen umarmen einander und geben dieses Zeichen des Friedens weiter. Doch wer die Last des unfehlbaren Amtes trägt, kann nicht immer ein Mann des Friedens sein: Er bringt auch das Schwert. Denn er kann es sich nicht leisten, aus angeblichem Erbarmen auch nur einmal den geringsten Fehler in der Lehre oder Moral zu machen oder zu riskieren. Er muß darauf achten, keinem Papst von vor sieben oder zehn Jahrhunderten zu widersprechen. Kein Wunder, daß seine Kurie Neuheit und Originalität nicht immer auseinanderhalten kann.

Papst Johannes Paul empfängt den Leib und das Blut Christi mit andächtig geschlossenen Augen. Überall in der Basilika erscheinen Priester in Chorrock und Stola, um Kommunion auszuteilen, den Gläubigen den Leib Christi zu reichen. Die Kirche selbst wird Leib Christi genannt. Durch den Empfang der Kommunion vereinen sich die Gläubigen mit ihrem gekreuzigten und auferstandenen Herrn und all ihren Mitchristen, Lebenden und Toten. Die kleine Hostie verbindet sie sakramental mit der ganzen Geschichte der Kirche.

Diese Geschichte ist gut und schlecht gewesen, voll von heldenmütigen Taten und infamen Verbrechen. Der Papst ist Gefangener selbst dieser Verbrechen. Er weiß, daß die Kirche verantwortlich war für die Judenverfolgung, die Inquisition, für die Massaker an Tausenden von Ketzern, für die Wiedereinführung der Folter in Europa als Mittel gerichtlicher Wahrheitsfindung. Doch er muß sich vorsehen. Die Lehren, die für diese furchtbaren Dinge verantwortlich sind, untermauern seine Position noch heute. Die Methoden mögen sich ändern – das Ziel bleibt dasselbe. Die ganze Welt muß dazu gebracht werden, Christus und seine Kirche anzuerkennen. Unter der Führung und Leitung des Papstes hat die katholische Kirche die Wahrheit in Fülle, der sich andere Religionen bestenfalls annähern können.

Johannes Paul betet, während die Kommunion ausgeteilt wird – er würde es nicht wollen, daß man denkt, Erbarmen sei unvereinbar mit Unbeugsamkeit gegenüber der Wahrheit. Die Freiheit, den Irrtum zu lehren, hält er für verfehlt. Wie kann jemand das Recht haben, als wahr zu lehren, was die Kirche für unwahr oder unmoralisch hält? Wie jeder Papst hält er es für selbstverständlich, daß die Kirche da, wo sie stark ist, ihre Macht nutzen muß, um zu unterbinden, was sie verdammt. Pius IX., der in ebendieser Basilika 1870 für unfehlbar erklärt wurde, war hierin recht deutlich. In den Archiven des Foreign Office in London lagert ein Brief vom 15. Februar 1865 mit dem Vermerk »Vertraulich«. Er ist von Odo Russell, dem Vertreter der britischen Regierung im Vatikan. Er berichtet, was der Papst in einer Audienz zu ihm sagte: »Jene Gewissensfreiheit und Toleranz, die ich hier verdamme (in Rom), beanspruche ich in England und anderen ausländischen Staaten für die katholische Kirche.« Es ging Pius IX. nur um eine politische Beurteilung: Würde die Kirche verlieren oder gewinnen, wenn sie anderen die Freiheit verweigerte, die sie für sich selbst forderte?

Wie der gegenwärtige Papst war Pius IX. überzeugt, daß die Kirche es vermocht habe, die Jahrhunderte mit unveränderter Lehre zu überdauern. Die Gläubigen im Petersdom teilen diese Überzeugung und meinen, vor allem das Papsttum sei verantwortlich für diese an Wunder grenzende Kontinuität.

In Wahrheit hat die Kirche ihre Lehre selbst zu wichtigen Themen wie Sex, Geld und Erlösung radikal geändert.

Nehmen wie zwei der interessanteren Beispiele.

Jeder Papst bis einschließlich zum 19. Jahrhundert hat Geldverleihen gegen Zinsen (Wucher) unter *allen* Bedingungen verdammt. Es war unwichtig, ob die Zinsen hoch oder niedrig waren, ob das Geld einem armen Bauern oder einem Kaiser geliehen wurde. Jahrhunderte nachdem bäuerliche Gemeinschaften aufgehört hatten, die Norm zu sein, hat die Kirche an ihrer Verurteilung des Wuchers festgehalten, und überraschenderweise hat sie ihren Bann nie offiziell aufgehoben. Doch heute hat der Vatikan seine eigene Bank, 1942 von Pius XII. gegründet, die jüngst Mittelpunkt furchtbarer Finanzskandale war.

Ein zweiter Beweis für radikalen Wechsel betrifft die katholische Lehre »Es gibt kein Heil außerhalb der Kirche«. Sie wurde zunächst formuliert, um alle Ungetauften auszuschließen, etwa Juden und Ungläubige. Selbst Säuglinge mit christlichen Eltern, die vor der Taufe starben, galten als vom Himmel ausgeschlossen. Heute lehrt Johannes Paul noch immer, daß es kein Heil außerhalb der Kirche gibt, doch »Kirche« und »Heil« werden so weit ausgelegt, daß alle Menschen guten Willens, selbst Atheisten, erlöst werden können. Dieser sprachliche Trick hindert die Katholiken daran zu sehen, daß die traditionelle Lehre auf den Kopf gestellt worden ist. Ein Bekenntnis zum Wandel würde zuviel Vergangenheit als schlimmen Traum entlarven. Darum weigert sich die Kirche wie alle autoritären Gebilde zuzugeben, daß sie etwas Wesentliches geändert hat, selbst wenn es zum Besseren ist.

Abgesehen von diesen Beispielen ist der Hinweis genug, daß wohl jedes Dokument des II. Vatikanischen Konzils vom I. Vatikanischen Konzil als häretisch verurteilt worden wäre. Die Orthodoxie einer Epoche ist nicht die Orthodoxie einer anderen.

Der größte Nachteil einer unfehlbaren Institution besteht darin, daß keine Behauptung zurückgenommen, keine Lehre geleugnet, keine moralische Entscheidung rückgängig gemacht werden kann, selbst wenn neue Erkenntnisse eine radikale Überarbeitung nahelegen.

Nichts von alledem bekümmert die Gläubigen im Petersdom. Sie glauben, daß Johannes Paul unfehlbar ist, und obwohl sie jetzt nicht ausdrücklich daran denken, beeinflußt es ihre Liebe und Loyalität. Während er seine Riten nach der Kommunion vollzieht, sehen sie ihn am Altar mit den Augen des Glaubens.

Vor diesem Altar, an dem nur er Messe liest, ist ein ovaler Raum. Das ist die Confessio, das Märtyrergrab. Heute wie an jedem Tag ist es von dreiundneunzig Lampen in Dreierbündeln beleuchtet; seine Wände sind mit Jaspis, Achat und Porphyr verkleidet. Heilige wie Dominikus und Ignatius von Loyola, Kaiser wie Karl der Große und Friedrich Barbarossa haben hier gekniet, um Petrus zu ehren. Denn unter den Füßen Johannes Pauls II. ist Petrus begraben; seine Gebeine haben nicht nur diese mächtige Basilika geheiligt, sondern auch seine Nachfolger auf dem Stuhl von Rom.

Nicht ein einziger Anwesender zweifelt daran, daß Petrus in dieser Kirche, die seinen Namen trägt, begraben ist. Aber ist er das?

Die katholische Kirche ist manchmal dogmatisch, auch wenn Zweifel oder zumindest Vorbehalte angebracht sind. Tatsächlich ist die Frage, wo Petrus begraben liegt, nicht leicht zu beantworten.

In der ersten Zeit nach Petrus' Tod wurden seine Gebeine mehrfach an sicherere Orte überführt. Als die Schwierigkeiten nachließen, wurde der Leichnam dorthin zurückgebracht, wo Petrus mit seinem Leben Zeugnis abgelegt hatte. Ein kleines Oratorium wurde über seinem Grab errichtet; ihm folgte im vierten Jahrhundert die Konstantinsbasilika, die elfhundert Jahre stand.

Wenige von den Gläubigen, die an diesem Fest der Apostel im Petersdom sind, wissen, daß vor über tausend Jahren beschlossen wurde, die Köpfe von Petrus und Paulus vom Rumpf zu trennen. Diese Köpfe wurden seither immer in S. Giovanni in Laterano aufbewahrt, der Papstkathedrale und Mutterkirche des Christentums. Auch die Laterankirche wurde von Konstantin gebaut, neben dem Lateranspalast, den er dem Bischof von Rom zur Verfügung stellte.

Nach den alten Gesetzen Roms und den Kanones katholischer Theologie folgt daraus, daß Petrus nicht wirklich im Petersdom begraben ist, sondern zusammen mit Paulus im Lateran. Wo der Kopf ist, ist nach der alten Maxime die Grabstätte. Selbst heute gilt in der pastoralen Praxis der Kopf als der wichtigste Teil des Leichnams. Im Fall eines enthaupteten oder verstümmelten Toten wird der Kopf mit heiligem Öl gesalbt.

Es gab eine Gelegenheit, bei der Petrus' Kopf wieder zu seinem Rumpf kam. 1241 marschierte Kaiser Friedrich II. auf Rom. Viele Bürger hatten das Verhalten des Papsttums satt und bereiteten sich darauf vor, die Stadttore zu öffnen, um die Invasoren einzulassen. Papst Gregor IX. war dem Tode nahe, doch er kam auf den Gedanken, mit den Häuptern der beiden großen Apostel eine Prozession vom Lateran zum Petersdom zu machen. Es funktionierte. Den Bürgern Roms wurde klar, daß sie nicht nur ihr Erbe verlieren würden, sondern ihre wichtigste Einnahmequelle; sie fügten sich zum Schulterschluß, und die Gefahr war abgewendet.

1370 ließ Papst Urban V. die Häupter in juwelenbesetzte Silberbüsten fassen. Dies war das Vorspiel zu einem weiteren Drama.

1438 lag ein reicher Venezianer im Sterben. Auf Ärzte hoffte er nicht mehr, und so betete er zu Petrus und Paulus: Er gelobte, er würde ihre Reliquiare mit einer sehr kostbaren Perle schmücken, wenn er sich erholte. Dies geschah, und er hielt sein Wort. Wenig später stellte sich heraus, daß an den Reliquiaren ein Dutzend Perlen, zwei Rubine von siebenundvierzig und achtundvierzig Karat, ein Saphir und drei große Diamanten fehlten. Auch die venezianische Perle war gestohlen worden, wahrscheinlich gerade am Festtag Peter und Paul, als die Reliquien ausgestellt waren.

Die Schuldigen wurden bald aufgespürt. Zwei Vettern gestanden, daß sie ihre Beute im Haus ihres Onkels versteckt hatten.

Sie wurden zur Volksbelustigung in Rom. Als Höhepunkt des Karnevals auf der Piazza S. Giovanni in Laterano hackte man den beiden jungen Männern die rechte Hand ab und verbrannte sie dann. Ihr Onkel wurde als bloßer Empfänger milder behandelt – erst mit rotglühenden Zangen gezwickt und dann gehenkt.

1799 stahlen Napoleons Soldaten die Reliquiare. Sie nahmen die Juwelen mit, auch die Perle, ließen aber die Reliquien zurück. Diese wurden, wie verlautete, mit intaktem Originalsiegel gefunden. Nichts war übrig als Wirbel, ein Kieferknochen mit ein paar losen Zähnen und ein Stück Schädel. Neue Goldreliquiare wurden gemacht, und nun ruhen die Häupter in dem Schrein über dem päpstlichen Altar des Lateran. Dort sind strenggenommen beide Apostel zusammen begraben. Da der Lateran auch »Mutter und Haupt aller Kirchen in Stadt und Welt« ist, hätte der Papst sicher dort am Festtag Peter und Paul die Messe feiern sollen.
Es gibt einen sehr triftigen Grund, warum er das nicht tat.

Der Papst liest die Messe mit dem Rumpf Petri unter seinen Füßen. An die 70 Meter über seinem Kopf ist etwas viel Wichtigeres als die Überreste Petri: Worte des Herrn. In über eineinhalb Meter hohen Lettern, die um die Kuppel verlaufen, steht das berühmteste aller Wortspiele: »*Tu es Petrus, et super hanc petram aedificabo ecclesiam meam, et portae inferi non praevalebunt adversus eam*« – Du bist Petrus, und auf diesen Felsen will ich meine Kirche bauen, und die Pforten der Hölle werden sie nicht überwältigen. Die Gelehrten nehmen an, daß das Wortspiel im ursprünglichen Aramäisch perfekt war: Sowohl Petrus als auch Fels heißen Kepha. Dies ist der Text, der den Hintergrund zu Johannes Pauls gesamtem Denken bildet. Wer wollte bezweifeln, daß er diesen Text oft in aller Demut zur Meditation nimmt? Dieser Text ist der Grund, warum Päpste den Festtag Peter und Paul heute lieber im Petersdom feiern als im naheliegenderen Lateran. Denn die römischen Oberhirten beanspruchen, Nachfolger nicht von Petrus und Paulus, sondern von Petrus allein zu sein. Das Neue Testament spricht von Petrus als Apostel der Juden und Paulus als Apostel der Heiden. Doch für den Papst war Petrus Paulus' Vorgesetzter; Petrus hatte die Rechtsprechung über Paulus und die anderen Jünger. Diese Autorität war Petrus vom Herrn selbst gegeben – mit den Worten, die um die große Kuppel stehen. Diese höchste Autorität hat er, Johannes Paul, geerbt. Warum, so muß Seine Heiligkeit sich fragen, können Protestanten nicht logisch sein? Jesus, der Sohn Gottes, hat Petrus die Herrschaft über die Kirche gegeben; diese Herrschaft muß als ständiges Amt in der Kirche bleiben; er, Johannes Paul, ist der gegenwärtige Inhaber dieses Amtes.
Es gibt allerdings eine andere Auslegung dieses Textes, und ihr Stammbaum ist besser, als den meisten Katholiken klar ist. Es mag sie schockieren zu hören, daß die großen Kirchenväter keinen Zusammenhang zwi-

schen dem Text und dem Papst sahen. Nicht einer von ihnen bezieht »Du bist Petrus« auf irgend jemand anderen als Petrus. Einer nach dem anderen analysiert ihn: Cyprian, Origenes, Kyrill, Hilarius, Hieronymus, Ambrosius, Augustinus. Das sind nicht gerade Protestanten. Nicht einer von ihnen nennt den Bischof Roms einen Fels oder bezieht die Verheißung mit den Schlüsseln spezifisch auf ihn. Dies ist für Katholiken so unfaßbar, als fänden sie bei den Kirchenvätern den Heiligen Geist oder die Auferstehung der Toten nicht erwähnt. Das großartige Wortspiel war ausschließlich auf Petrus gemünzt.

Hier hören die Überraschungen jedoch nicht auf. Für die Kirchenväter ist es der Glaube des Petrus – oder der Herr, an den Petrus glaubt –, welcher der Fels genannt wird, nicht Petrus. Alle Kirchen-Konzilien von Nizäa im vierten Jahrhundert bis Konstanz im fünfzehnten waren sich einig, daß Christus das einzige Fundament der Kirche ist, d. h. der Fels, auf dem die Kirche steht.

Vielleicht ist dies der Grund, warum nicht einer der Kirchenväter von einer Übertragung der Macht von Petrus auf seine Nachfolger spricht; nicht einer spricht wie die heutigen Kirchendokumente von »Vererbung«. Es gibt keinen Hinweis auf ein bleibendes petrinisches Amt. Wenn die Kirchenväter über ein Amt sprechen, beziehen sie sich auf das Episkopat allgemein. Alle Bischöfe sind Nachfolger aller Apostel.

Die Analyse eines weiteren wichtigen Textes aus dem Evangelium ergibt das gleiche. Jesus sagte zu Petrus: »Ich habe für dich gebetet, daß dein Glaube nicht wankend werde; und wenn du bekehrt bist, stärke deine Brüder.« Diese Aussage bezog sich nur auf Petrus persönlich. Es ist den etwa achtzehn Kirchenvätern, die diesen Text kommentiert haben, nie eingefallen, daß er eine Verheißung an »die Nachfolger Petri« enthielte. Als Einzelperson hatte Petrus keine Nachfolger.

Was wird dann aus den Verheißungen, die angeblich über Petrus an seine »Nachfolger«, die Päpste, ergangen sind? Erben denn die Päpste Unfehlbarkeit und weltweite Rechtshoheit nicht von Petrus?

Das erste Problem der Unfehlbarkeit liegt darin, daß Petrus selbst nach dem Neuen Testament eindeutig gewaltige Fehler machte, sowohl vor als auch nach dem Tod Jesu. Als Jesus zum Beispiel darauf bestand, nach Jerusalem zu gehen, wo er gekreuzigt werden sollte, protestierte Petrus so sehr, daß Jesus ihn einen »Satan« in seinem Weg nannte. Einige katholische Theologen haben vorgeschlagen, diese Worte, »hebe dich hinweg von mir, Satan«, dem petrinischen Text unter Michelangelos Kuppel anzufügen. Nach Jesu Auferstehung macht Petrus einen ebenso schlimmen

Fehler. »Häresie« ist dafür kein übles Wort. Gratian, der größte Kirchenrechtler der Geschichte, sagte 1150: »*Petrus cogebat gentes judaizare et a veritate evangelii recedere*« – »Petrus zwang die Nichtjuden, wie Juden zu leben und von der Wahrheit des Evangeliums abzuweichen.«

Was die weltweite Rechtshoheit betrifft: Ob es Petrus, wenn er zu seiner kleinen Herde in Antiochien oder Rom predigte, wohl je in den Sinn kam, daß er die Herrschaft über die ganze Kirche hatte? Eine solche Idee mußte warten, bis das Christentum ins Römische Reich integriert war. Selbst dann brauchte es Zeit, bis das Papsttum genug Statur hatte, um einen solchen Anspruch plausibel zu machen.

Die Schwierigkeiten sind damit nicht zu Ende. Päpste, heißt es, sind nur dann unfehlbar, wenn sie zur ganzen Kirche sprechen. Wann haben sie das zum erstenmal getan? Bestimmt nicht im ersten Jahrtausend. In jener Zeit drückten nur allgemeine Konzilien den Willen der Kirche aus, wie jeder anerkennt. War die höchste Macht des Papstes diese ganze Zeit suspendiert? Wenn die Kirche ohne sie tausend Jahre funktionieren konnte, warum sollte sie sie dann überhaupt brauchen? Wie das Pech es will, war eines der ersten, wenn nicht *das* erste päpstliche Dokument, das sich an die ganze Kirche wandte, die Bulle *Unam Sanctam* von Bonifaz VIII. im Jahr 1302. Das Dokument war so weit hergeholt, daß es beim Ersten Vatikanischen Konzil von 1870 zu heiklen Fragen führte.

So sah also die frühe Kirche in Petrus nicht den Bischof von Rom und deshalb nicht einen Nachfolger Petri in jedem Bischof von Rom. Trotzdem genoß Rom aus ganz anderen Gründen höchstes Ansehen. Erstens waren Petrus *und* Paulus dort den Märtyrertod gestorben. Zweitens war Rom ein heiliger Ort, weil die Gläubigen, Klerus und Laien, dort ihre Toten aufbewahrten und verehrten. Diese Toten waren eine Art Pfand der Orthodoxie durch die Jahrhunderte.

Jahrzehnte vergingen. Der Bischof von Rom wurde immer wichtiger, besonders als der kaiserliche Hof im vierten Jahrhundert nach Konstantinopel verlegt wurde. Dies hinterließ eine enorme politische, verwaltungstechnische und emotionelle Lücke. Die Bischöfe von Rom waren sozusagen zur Hand, um sie zu füllen. Von dieser Zeit an begannen die Bischöfe Roms, Petrus von Paulus zu trennen und Verheißungen des Evangeliums an Petrus auf sich zu beziehen. So groß war jetzt das Prestige der römischen Bischöfe, daß Gelehrte die Schriften nach Texten durchsuchten, die seine Rolle als weltlicher Herrscher und Patriarch des Westens untermauern konnten. Was könnte eleganter sein, als Texte, die sich im Evangelium nur auf Petrus bezogen, dem Bischof zuzuordnen, der in der Stadt herrscht, wo Petrus starb? Die Evangelien haben das Papsttum nicht gestiftet; sobald das Papsttum entstanden war, stützte es sich auf die Evangelien. Diese Unterstützung kam nicht von selbst – es gehörte Können dazu, aus Aussagen eines armen Tischlers an einen ebenso armen Fischer Aussagen an einen königsähnlichen Oberhirten zu machen, der wenig später Herr der Welt genannt wurde. An diesem Festtag im Petersdom fühlt Johannes Paul sich nicht als Herr der Welt, sondern als oberster Hirte seiner Herde. Er erteilt seinen Schlußsegen, und die Menge bricht in Beifall aus. Zum erstenmal seit seinem Einzug in die Basilika erlaubt sich der Papst ein Lächeln. Die heilige Liturgie ist beendet, er geht durch das Schiff zurück zur Sakramentskapelle und spendet Segen nach rechts und links auf seinem Weg. Für viele von denen, die nun aus der Basilika strömen, war dies der denkwürdigste Tag ihres Lebens.

Die Basilika wird wieder wie sonst, und man ist versucht zu fragen: Wenn Petrus aus seinem Grab unter der Kuppel auferstünde und erführe, daß all dies ihm zu Ehren erbaut wurde – wie würde er wohl reagieren?
Natürlich wäre jeder, der nach nur fünfzig Jahren von den Toten erweckt würde, zutiefst erschüttert, und Petrus starb vor über neunzehn Jahrhunderten für Christus. Wer weiß, wie er auf die Wunder der modernen Technik reagieren würde: Flugzeuge, Autos, Fernsehen, Telefone? Allein im Petersdom sind achtzig Telefone – man wähle 3712, und das Telefon wird im Schatten des Hochaltars klingeln. Die Verbreitung der Kirche und ihrer Organisation würden ihn auch erstaunen. Eine lockere Gemeinschaft jüdischer Fischer und ihrer meist bäuerlichen Anhänger muß anders sein als eine weltweit durchorganisierte Kirche mit fast einer Milliarde Mitgliedern.
Die einzig faire Frage ist: Wenn Petrus als Pilger wiederkäme, wie würde er die Vorgänge im Vatikan nach den Maßstäben des Evangeliums beurteilen?

Jesus wurde in einem Stall geboren. In seinem Dienst hatte er keinen Ort, wo er sein Haupt betten konnte.
Heute bewohnt sein Stellvertreter einen Palast mit elftausend (sic) Zimmern. Dazu kommt noch Castelgandolfo über dem Albano-See, wo die Päpste Zuflucht vor der Sommerhitze suchen. Das schöne Castelgandolfo, das etwas größer ist als der Vatikan, hat nun einen nicht ganz billigen Swimmingpool, den Johannes Paul sich für seinen persönlichen Gebrauch bauen ließ.

Jesus hat auf Besitz verzichtet. Er hat immer gelehrt: »Geh und verkaufe alles, was du hast, und gib den Erlös den Armen; dann komm und folge mir nach.« Den Reichen und Mächtigen predigte er den Untergang. Sammelt euch Schätze im Himmel, sagte er, denen Rost und Motten nichts anhaben können.

Der Stellvertreter Christi lebt inmitten von Schätzen, die zum Teil heidnischen Ursprungs sind. Jeder Vorschlag, der Papst solle alles verkaufen, was er hat, und den Armen geben, wird mit Hohn quittiert und als nicht machbar bezeichnet. Der reiche junge Mann im Evangelium hat auch so reagiert.

Sein ganzes Leben lebte Jesus einfach; er starb nackt und opferte sein Leben am Kreuz.

Wenn der Papst in seinem Hochamt dieses Opfer erneuert, könnte man sich keinen größeren Kontrast vorstellen. Ohne irgendeinen ironischen Sinn ist der Stellvertreter Christi in Gold und kostbarste Seiden gewandet. Dies hat oft Anstoß erregt. Im vierzehnten Jahrhundert zum Beispiel beschrieb der große Petrarca eine Papstmesse in Avignon, die weit weniger glanzvoll war als die gerade beschriebene im Petersdom. »Ich bin verblüfft«, schrieb Petrarca, »wenn ich mich an die Vorgänger des Papstes erinnere und diese Männer mit Gold beladen und in Purpur gekleidet sehe. Wir scheinen es mit Perser- oder Partherkönigen zu tun zu haben, vor denen wir niederfallen und huldigen müssen. O Apostel und frühe Päpste, ihr ungekämmten, ausgemergelten alten Männer, habt ihr euch für dies hier geplagt?«

Jesu einziger Titel wurde ihm zum Hohn von Pilatus verliehen: »König der Juden«.

Im Päpstlichen Jahrbuch sieht Petrus, daß der Papst ein Dutzend glanzvoller Titel hat, auch den des Staatsoberhauptes. Den des Pontifex maximus würde er am überraschendsten finden, denn zu seiner Zeit war das der Titel des heidnischen Oberpriesters von Rom. Außerdem war Jesus nur Laie.

Auch die Berater des Papstes haben Titel, die im Licht der Bergpredigt etwas unerwartet sind: Exzellenz, Eminenz, Euer Gnaden, Mein Herr, Erlaucht, Hochwürden und so fort. Immerhin werden Kardinalshüte, die den päpstlichen Schatullen einst Millionen einbrachten, heute kostenlos übergeben. Doch immer noch kleiden sich die Eminenzen wie Könige, selbst wenn ihre Schleppen um ein paar Meter gekürzt worden sind. Eindrücke sind etwas Wichtiges. Wer sich in lila Seide hüllt, in Palästen lebt, auf Thronsesseln sitzt, hat es nicht leicht, als Knecht der Knechte Gottes zu handeln oder für die Armen und Hungernden der Welt den armen Mann von Nazareth zu repräsentieren. Nur zweimal hat Johannes Paul seine Kardinäle zusammengerufen. Jedesmal ging es darum, die ach so arge Finanzlage des Vatikans zu besprechen.

Petrus, der immer arm war, würde mit Staunen vernehmen, daß sein Nachfolger nach Kanon 1518 des Kodex von 1917 »höchster Verwalter aller kirchlichen Besitztümer« ist. Auch, daß der Vatikan seine eigene Bank hat, die nur mit Kunden Geschäfte macht, die außer soliden Referenzen etwas vorweisen können, was Petrus selbst nie hatte: einen Taufschein. Das Zölibat des Klerus einschließlich des Papstes könnte Petrus ebenfalls überraschen, denn Jesus erwählte ihn, obwohl er wußte, daß er verheiratet war.

Erschüttert wäre Petrus schließlich über die Zahl der Bilder im Petersdom. Er und sein Meister waren als Juden gegen religiöse Bilder. Gott, dessen Name nicht einmal auszusprechen war, konnte auch nicht dargestellt werden. Die Ehrfurcht vor Einem, der in unzugänglichem Licht wohnt, verlangt äußerste Zurückhaltung. Selbst das Allerheiligste im Jerusalemer Tempel war nur ein kahler, dunkler Raum.

Im Petersdom wird Jesus an jedem Altar gekreuzigt. Die Basilika ist mit Statuen knieender und liegender Päpste geschmückt. Einige Figuren sind nicht gerade erbauend. Papst Paul III. zum Beispiel liegt in der Apsis begraben. Sein Denkmal ist mit liegenden Schönheiten verziert; eine von ihnen ist Justitia. Ursprünglich war sie nackt, dann bekam sie auf Befehl Pius' II. ein metallenes Hemd, das mit Farbe dem originalen Marmor angeglichen wurde. Seine Heiligkeit hatte entdeckt, daß das Modell der Justitia die Schwester Pauls III. und Mätresse Papst Alexanders VI. gewesen war.

Petrus nahm an der einfachen Zeremonie des Abendmahls teil, in der Nacht, bevor Jesus starb. Er wußte, daß Jesus verhöhnt, gegeißelt, bespuckt, mit Dornen gekrönt werden, daß er auf der felsigen Anhöhe vor Jerusalem nackt ausgezogen und zwischen zwei Räubern gekreuzigt werden würde.

Welcher Zusammenhang, würde Petrus sich fragen, besteht zwischen diesen Ereignissen und einer Papstmesse? Hat dieser ganze Pomp die Botschaft Jesu verdreht und trivialisiert? Wie, auf welchen verschlungenen Wegen hat eine kleine, verfolgte Gemeinschaft den scheinbar unendlichen Abstand zwischen Golgotha und dem Vatikan zurückgelegt?

## 2. Kapitel

# Das Streben nach absoluter Macht

Die Millionen, die jedes Jahr den Vatikan besuchen, spüren die Macht der Kirche. Die Mauern, die Statuen, die Riesenpfeiler, jene allgegenwärtige Kuppel – all das strömt sie aus. Wenn sie das Glück haben, eine Audienz beim Heiligen Vater oder auch nur seinen Segen vom Fenster seines Arbeitszimmers zu bekommen, fühlen die meisten Pilger eine Kraft, die von ihm zu ihnen geht. Er besitzt, wie sie glauben, die Gabe des Heiligen Geistes in überragendem Maße. Selbst ein vom Papst gesegneter Rosenkranz hat eine besondere Bedeutung; es ist wie ein unsichtbares Autogramm. Er hat große Macht von Gott, und er hat gelobt, sie zum Guten der Menschheit zu nutzen.

Das Prestige des Papstes ist heute sehr hoch. In diesem Jahrhundert haben es die Päpste zu Weltruhm gebracht. Historische Ereignisse und schnelle Kommunikation haben dazu beigetragen, sie zu »Sprechern der Religion« zu machen. Ihre eigenen Persönlichkeiten haben ebenfalls damit zu tun gehabt. Johannes Pauls jüngste Vorgänger waren gleichzeitig herausragende Menschen: Pius XI., Pius XII., Johannes XXIII., Paul VI. und Johannes Paul I. Sie hatten ihre Kritiker innerhalb und außerhalb der Kirche. Doch kaum einer hätte geleugnet, daß ihr Hauptziel die Nachfolge Christi war. Das Ergebnis ist: Johannes Paul II. ist in der generellen Meinung der einzige Führer, dessen religiöse Bedeutung dem politischen Gewicht des amerikanischen Präsidenten und des sowjetischen Generalsekretärs entspricht.

Den meisten Katholiken ist nicht klar, daß die Vergangenheit unberechenbar ist, und so halten sie es für selbstverständlich, daß die meisten Päpste dieses Format hatten. Da sie in Geschichte nicht gebildet sind, lassen sie sich mit Actons Worten »von der Unbekannten Vergangenheit beherrschen«. Sie mögen von Papst Alexander, dem schurkischen Borgia, gehört haben. Er war sicher die Ausnahme, die die Regel bestätigt. Zudem halten sie es für selbstverständlich wie Joseph de Maistre, der Historiker des 19. Jahrhunderts, daß »die Bullen dieser Ungeheuer unanfechtbar« waren. Was auch immer ihre private Moral war, sie kompromittierten den Glauben der Kirche nie. In diesem Zusammenhang bringt selbst Judas Ischariot Trost. Wenn einer von Jesu engsten Gefolgsleuten den Herrn betrog, wer wollte sich wundern, wenn der eine oder andere Papst seine gottgegebene Macht mißbrauchte? Der Verrat des Judas führte zur Erlösung der Welt. Könnte es sein, daß Gott den gelegentlich bösen Papst benutzt, um zu beweisen, daß in Gottes Vorsehung selbst Alexander VI. Gottes Wahrheit und Liebe vermittelt?

1895 sagte Kardinal Vaughan von Westminster in einer Predigt: »Das Leben des Papsttums ist wie das Leben Christi selbst, ein Schachbrettmuster von Leiden und friedlichen Zeiten; heute Hosiannas, morgen die Passion und Kreuzigung; doch dann folgt die Auferstehung. Der Stellvertreter Christi und seine Kirche sind notwendigerweise in Konflikt mit den falschen Prinzipien der Welt; Leiden und Verfolgungen sind die unausweichliche Folge.«

Wer wollte es seinen Hörern verübeln, daß sie daraus schlossen, die meisten Päpste seien christusgleiche Gestalten gewesen? Doch diese ewige Sonnenseite des Papsttums braucht den Kontrast mit der dunkleren Seite. Die meisten Katholiken hören zeit ihres Lebens nie ein tadelndes Wort über einen Papst in Schule oder Kirche. Und doch hatte ein frommer Katholik wie Dante keine Skrupel, Papst auf Papst in die tiefste Grube der Hölle zu stürzen. Wenn Juden in ihren Psalmen Gott verdammen, sogar verfluchen – können dann Katholiken nicht Päpste verdammen, wenn sie es verdienen? Die Geschichte der Päpste ist, um ein Wort von Herrn Gorbatschow zu nehmen, voller leerer Seiten. Nicht alle Päpste waren Heilige; viele waren kaum Christen. Bis Pius IX. 1870 die päpstlichen Territorien verlor, waren Päpste selten auch nur beliebt. Oft wurden sie gehaßt und gefürchtet.

Die Verdrehung beginnt in den Listen der Päpste, wo alle außer einem unter den ersten dreißig Päpsten als Märtyrer geschildert werden. Sie waren wahrscheinlich Märtyrer in der Bedeutung von »Glaubenszeugen«. Es gibt keine Anhaltspunkte dafür, daß sie alle für Christus starben. Außerdem gab es unter den Päpsten eine große Zahl verheirateter Männer, die zum Teil für das päpstliche Amt ihre Frauen und Kinder verließen. Viele waren Söhne von Priestern, Bischöfen und Päpsten; einige waren illegitime Söhne; einer war Witwer, ein anderer ein ehemaliger Sklave; mehrere waren Mörder, einige Ungläubige; etliche waren Eremiten, andere Häreti-

ker, Sadisten und Sodomiten; viele wurden Papst, indem sie sich in das Amt einkauften (Simonie), und fuhren dann fort, indem sie heilige Geräte verkauften, damit das Geld wieder hereinkam; wenigstens einer war Teufelsanbeter; einige hatten illegitime Kinder, andere trieben Unzucht und Ehebruch im großen Stil; einige waren erstaunlich alt, andere erstaunlich jung; einige wurden vergiftet, andere stranguliert; am schlimmsten waren die, die einem Granitgott huldigten. Neben diesen gab es auch viele gute, heilige und selbstlose Päpste, auch ein paar Märtyrer.
Es ist Zeit, die hagiographische Behandlung des Papsttums zu beenden. Das absichtsvolle Schweigen über die Sünden des Papsttums ist ein Skandal und eine Form des Kleinglaubens. Schlimmer: Es verhindert eine Lösung der gegenwärtigen Krise in der Kirche.
Die größte Sünde des Papsttums und Quelle der meisten anderen war der Mißbrauch ihrer riesigen Macht. Es ist ein seltsamer Gedanke, daß der Mann, von dem sie sich angeblich ableitete, ohne jede Macht lebte und starb.

## »Der erste Papst«

Er war so lange im Kerker gewesen, daß er jedes Zeitgefühl verloren hatte. Wände und Boden waren blutverkrustet. Hitze und Gestank waren unerträglich. Von Flöhen und Ratten zerbissen, alt und dünn lag er auf einem Bett aus klammem Stroh. Er war der glücklichste Mann in Rom, vielleicht auf der ganzen Welt.
Seine Kerkermeister nannten dies »Einzelhaft«; der Gefangene wußte, er war nie weniger allein gewesen. In seinem Herzen war der Meister, dem er vor all den Jahren gedient hatte, bei den blauen Fluten eines Binnenmeeres. In der Finsternis lebte er im strahlenden Licht Christi. In Ketten war er ein freier Mensch.
Die Erinnerungen überströmten ihn. Er erinnerte sich an den Ruf: »Komm, folge mir nach.« Er ließ alles fahren: Netze, Lebensunterhalt, Unabhängigkeit. Er gab sein Wort und nahm es nie zurück, trotz des einen Rückfalls.
Es gab Dinge, für die er sich schämte. Als der Meister zum Beispiel andeutete, sie müßten nach Jerusalem gehen, wo der Tod ihn erwartete, protestierte Petrus. Jesus fuhr ihn an: »Hinweg von mir, Satan.« Das klang noch in seinen Ohren. Petrus verstand damals nicht. Wie konnte er auch! Noch Schlimmeres sollte folgen. Im Garten Gethsemani hatte ihn Jesus –

so einsam, so voller Angst – spätabends nach dem Passamahl gebeten, zu wachen und zu beten. Damals war der Gefangene jung, er brauchte mehr Schlaf als heute, doch die Erinnerung beschämte ihn. Er fühlte noch immer die Hand auf seiner Schulter, die ihn wachrüttelte, und die sanfte Stimme, verletzt, aber nicht zornig: »Konntet ihr nicht eine Stunde mit mir wachen?« Die Diener des Hohepriesters kamen mit Speeren und Schwertern, um Jesus zu verhaften. Der Gefangene hatte ein Schwert ergriffen und auf das Ohr eines Dieners namens Malchus eingeschlagen. Jesus haßte Schwerter. Er sagte Petrus, der beste Platz für Schwerter sei die Scheide, und tat unter ständigen Entschuldigungen sein Bestes für Malchus.

An diesem Punkt liefen Petrus und die übrigen fort. Welchen Sinn hatte es, bei einem Mann zu bleiben, der nicht bereit war, sich zu verteidigen, der seine Feinde wie Freunde behandelte?

Petrus war in den Hof des Hohepriesters nachgekommen. Er versuchte, sich am Feuer zu wärmen, doch die Kälte, die ihn packte, war nicht in seinen Gliedern. Jetzt, in der Bruthitze der Zelle, schüttelte es ihn bei der bitteren Erinnerung daran, daß er seinen Meister einer Dienstmagd gegenüber verleugnet hatte. Er würde nie vergessen, wie Jesus ihn angesehen hatte, als er hinausgeführt wurde wie ein Lamm zur Schlachtbank. Kein Wort, nur ein Blick. Er galt als zäher Bursche, doch jetzt zerriß es ihn, und er weinte wie ein Kind, als er fortging.

Am nächsten Tag muß er die Kreuzigung aus großer Entfernung beobachtet haben. War dies das Ende? Oder würde Gott eingreifen und Jesus retten, die Nägel herausziehen, ihn seinen Jüngern zurückgeben, unversehrt und triumphierend? Wenn das so wäre, würde es beweisen, daß er der Messias war, der Gesalbte Gottes, der sie zur Herrlichkeit führen würde. Das Unglaubliche war, daß nichts geschah. Kein Engel kam, ihn zu stärken. Er starb einfach.

Petrus sah Soldaten, die seine Leiche vom Kreuz nahmen und die der anderen beiden, die mit ihm gekreuzigt worden waren. Er war zerschmettert. Das Kreuz schien zu zeigen, daß Jesus zwar sehr liebenswert war, aber ein falscher Messias, der sich täuschte wie so viele andere. Petrus ging mit seinen Freunden aus Galiläa heim. In Galiläa, wo ihn Jesus einst am Seeufer gerufen hatte, hatte er eine Auferstehungserfahrung. Paulus sagte später, Petrus habe Jesus als erster gesehen. In einer Inspiration, einer Vision, die nicht von Fleisch und Blut kam, begriff er, daß das Kreuz nicht das Ende war, sondern der Anfang; es war beides, Skandal *und* Erlösung. Er überzeugte die anderen Jünger; sie hatten die gleiche Erfahrung. Auch sie sahen den Herrn.

Später verbreiteten sich komplizierte Geschichten darüber, daß Jesus in einem unbenutzten Felsengrab bestattet worden sei, daß der Stein an dem Tag, der später Ostern hieß, fortgewälzt worden sei und ein leeres Grab offenbart habe. Die Geschichten widersprachen einander in vielen Punkten. Doch sie drückten auf jüdische Weise die Erfahrung der Jünger aus: Jesus war am Kreuz kein Verdammter; durch es wurde er Herr und Christus. Er war doch der Messias. Er war auferstanden.
Die Jünger waren nach Jerusalem zurückgegangen und hatten ihren Glauben gepredigt. Um anderen den Glauben zu erleichtern, erzählten sie, wie sie mit Jesus nach seiner Auferstehung gegessen und getrunken hätten. Besonders angesehen war Petrus. Er war der Fels, auf dem die neue Gruppierung – später »die Kirche« genannt – erbaut war. Sein Glaube hatte die Brüder gestärkt. Er war der Hirte, der die Herde der verlorenen Schafe in eine Hürde zusammenbrachte. Er war der oberste Menschenfischer. Er war der erste Christ.
Zusammen lasen die Jünger noch einmal Mose und die Propheten. Auch sie machten deutlich, daß das Kreuz zum Plan Gottes gehörte. Der Mensch mußte im Schatten des Kreuzes leben – es würde ihn retten, wie es einst Jesus vom Todeskampf zur Herrlichkeit erhoben hatte.

Der Gefangene verbrachte all seine Tage in der Finsternis des Mamertin mit Lächeln. Nichts konnte ihm oder den Jüngern etwas ausmachen, da sie wußten, daß der Herr von den Toten auferstanden war. Er war der leidende Gottesknecht. Was hatte er anderes gepredigt und gezeigt, als daß er nicht gekommen war, um bedient zu werden, sondern um zu dienen, um sein Leben hinzugeben für die anderen? Dies erklärte, warum er sich der Gewalt verweigerte, warum er über die Idee lachte, ein Schwert könne helfen, seine Botschaft zu verbreiten. Er war nicht gekommen, um zu verwunden und zu töten, sondern um verwundet und, wenn es sein mußte, auch getötet zu werden, damit Gottes Liebe und Erbarmen durch die klaffenden Wunden seines Leibes hindurchscheinen konnten.
Einige Zeit machte Petrus eine Frage Sorgen: Wer konnte Jesu Jünger werden? Nur Juden? Wenn auch Heiden – mußten sie dann zuerst Juden werden? Er fand die Antwort in einem seltsamen Traum, der ihn überzeugte, daß von bekehrten Heiden nichts verlangt wurde als Glaube an Christus. Später machte er einen Rückzieher. Er drängte die Heiden, die jüdischen Speisevorschriften einzuhalten. An diesem Punkt zeigte ein energischer Neubekehrter sein Format. »Als Kephas (Petrus) nach Antiochia kam«, sagte Paulus, »widerstand ich ihm ins Angesicht, weil er so offensichtlich

unrecht hatte... Ich sagte vor allen anderen zu Kephas: ›Du bist Jude und lebst doch wie ein Nichtjude. Wie kannst du Nichtjuden zwingen, wie Juden zu leben?‹«

Petrus akzeptierte die Zurechtweisung. Er hatte einen schrecklichen Fehler gemacht. Hätte Paulus ihn nicht korrigiert, so wäre die Botschaft, daß der Mensch allein durch den Glauben gerechtfertigt ist, von Anfang an verfälscht gewesen. Nach diesem Ereignis teilten Petrus und Paulus die Mission auf: Petrus predigte den Juden und Paulus, der römischer Bürger war, den Heiden.

Viel später, nachdem er an vielen Orten die Kirche organisiert hatte, zog es Petrus in die Hauptstadt des Reiches. Als Jesus geboren wurde, war er bei einer von Augustus befohlenen Volkszählung eingetragen worden. Er wurde von Römern hingerichtet. Seit Rom die Welt beherrschte, kamen nach Tacitus dort alle Schändlichkeiten und Laster zusammen, und dort mußte Petrus Menschen bekehren.

Seit langem waren Juden in Rom ansässig. Wegen ihrer Weigerung, den Göttern des Pantheon zu huldigen, wie höfliche Einwanderer dies gewöhnlich taten, wurden sie beargwöhnt. Dies kam einem Verrat gleich, doch waren Römer in religiösen Angelegenheiten allgemein tolerant. Die Juden überlebten, sie wurden von der Pflicht befreit, den *manes* zu huldigen. Mit der Zeit bekamen sie sogar einen rechtlichen Status.

Petrus hatte es schwer damit, seinen jüdischen Volksgenossen Jesus zu predigen. Für sie war Petrus ein Abtrünniger. Er akzeptierte die jüdische Bibel, aber nicht die Beschneidung. Er ehrte Abraham, Moses und David, hielt aber ihre Festtage nicht ein. Er ehrte Gott sogar an einem eigenen Sabbath. Vor allem mochten die Juden die Idee eines gekreuzigten Messias nicht. Jesus überzeugte niemanden, solange er lebte, er starb wie der Vagabund, der er war, und seine sogenannte Auferstehung basierte auf den Aussagen einiger verrückter Frauen.

Zu Petri Zeit waren das Forum und der Palatin in Rom sogar aus der Entfernung eindrucksvoll. Der Palast des Augustus glänzte weiß in der Sonne. Petrus war froh, daß die Christen nichts außer ein paar unterirdischen Gräbern besaßen.

Er konnte nicht umhin, die Cäsaren mit seinem Meister zu vergleichen. Jesus hatte keine Armeen, keine Waffen außer einem rostigen Schwert, das ein Jünger auf dem Weg gefunden hatte. Seine einzige Autorität war die Liebe; sie war die einzige Autorität, die er seinen Jüngern hinterließ. Alle Formen des Zwanges und weltliche Titel waren ihm fremd. Er lief fort und versteckte sich in den Hügeln, wenn die Massen ihn zum König machen wollten. Die Königsherrschaft war Gottes, und sie kam durch Erbarmen, Armut und Hingabe an Gott und Mitmenschen. Selbst nach dem Tod litt Jesus weiter in seinen Brüdern. Er würde ihnen helfen, ihr Kreuz zu tragen; er würde nie eine Grausamkeit gutheißen, die sie begingen. Jesu Herrschaft war die der Liebe und des Friedens.

Die Römer hielten die Christen für eine jüdische Sekte. Auch sie galten als Feinde der Gesellschaft. Sie wurden sogar bezichtigt, einen eigenen König zu haben. Petrus wußte, daß Christus kein Rivale Cäsars war und daß die Christen keine Verräter waren, weil sie ihm huldigten. Glaube war nicht dasselbe wie Staatsbürgerschaft; er machte vielmehr bessere Staatsbürger aus ihnen.
Kaiser Nero sah das anders. Es machte ihm Spaß, diese Rebellen zu verfolgen. Er ließ Christen die Rolle Aktaions spielen. In Tierhäute gekleidet wurden sie von seinen Hunden in Stücke gerissen.
Am 19. Juli 64 ging Rom in Flammen auf. Die Umstände waren verdächtig. Nero genoß die Seeluft in Anzio; die *triumviri nocturni*, die militärischen Feuerwehrleute, hatten dienstfrei. Das Feuer wütete eine Woche lang und zerstörte zehn von den vierzehn Bezirken der Stadt. Als Nero zurückkam, flüsterten seine Kaiserin Poppaea und der Pantomime Aliturus ihm ein: »Christen.« Natürlich – *sie* waren verantwortlich.
In seinem Zirkus in den schönen Wiesen des Quintilian wurden die Christen angemessen bestraft. Der Zirkus mit dem Obelisken von Heliopolis in seiner Achse war Nacht für Nacht mit Kerzen erleuchtet. Die Christen, Männer, Frauen und Kinder an Kreuzen, brannten sehr schön. Sie starben wirklich großartig – die ersten von vielen.
Nicht lange nach dem Brand wurde Petrus verhaftet. Er blickte nun seinem eigenen Tod ins Auge, ohne Furcht. Wenn er nur zu Gott gehen könnte wie Jesus!
Sein Wunsch ging in Erfüllung. Eines Tages wurde er in die blendende Sonne und die frische Luft hinaufgeführt, die ihm fast den Atem nahm. Man gab ihm ein Kreuz und sagte ihm, er solle gehen. Das Gerücht verbreitete sich schnell, und bald war Linus zur Stelle. Der große Fischer ging zu Jesus. Aus sicherer Entfernung sahen sie, wie dünn und schwach er nach seiner langen Haft war. Doch er war glücklich – auch das sahen sie.
Als sie die Nordseite des Zirkus erreicht hatten, bat Petrus aus Ehrfurcht vor seinem Meister darum, kopfunter gekreuzigt zu werden. Die Soldaten

ließen sich nicht lange bitten. Der letzte Wunsch eines Verbrechers sollte möglichst respektiert werden. Der Tod kam schnell zu dem alten Mann; das Blut strömte in seinen Kopf. Er wurde bewußtlos und ging in die Herrlichkeit ein.

In derselben Nacht holten seine Anhänger den Leichnam und beerdigten ihn nahe an der Mauer, wo die Opfer des Zirkus gewöhnlich vergraben wurden. Das Grab war am ersten Meilenstein an der Via Cornelia. Dreißig Jahre später baute Anaklet ein Oratorium darüber, in dem drei oder vier Personen zusammen beten konnten.

Der lateinische Schriftsteller Tertullian sagte: »Orientem fidem primus Nero cruentavit...« — »Nero besudelte als erster den aufkommenden Glauben mit Blut. Petrus wurde, wie Christus vorhergesagt hatte, von einem anderen gegürtet, als er an ein Kreuz gebunden wurde; dann erlangte Paulus im höchsten Sinne die Freiheit der Römer ... glückselig diese Kirche, deren Lehre die Apostel mit ihrem Blut tränkten.«

Die Zeit ist nicht mehr fern, in der die Nachfolger Petri nicht Diener, sondern Herren der Welt sein werden. Sie werden sich in Purpur kleiden wie Nero und sich Pontifex maximus nennen. Sie werden den Fischer den »ersten Papst« nennen und sich nicht auf die Autorität der Liebe berufen, sondern auf die Macht, die ihm übertragen war, um zu handeln wie Nero. Christen werden Jesus widerstehen und anderen antun, was ihnen angetan wurde, und Schlimmeres. Die Religion, die stolz darauf war, durch Leiden über Verfolgung zu siegen, wird die am meisten verfolgende Religion werden, die die Welt je sah. Sie wird selbst die Rasse verfolgen, von der Petrus – und Jesus – stammten. Sie werden im Namen Christi die Folter und manchmal die Kreuzigung über dem Feuer für alle Andersdenkenden befehlen. Sie werden einen Pakt zwischen Thron und Altar schließen; sie werden darauf bestehen, der Thron sei der Hüter des Altars und der Garant des Glaubens. Ihre Idee wird es sein, daß der Thron (der Staat) all seinen Untertanen die christliche Religion aufzwingt. Es wird sie nicht bekümmern, daß Petrus ein solches Bündnis bekämpft hat und deshalb gestorben ist.

Drei Jahrhunderte lang, nachdem der Apostel auf dem Vatikanhügel gestorben war, wuchs die Kirche und wurde stark – bis der Tag kam, als sie in die Versuchung kam, sich auf die Seite Cäsars zu schlagen.

## *Die große Versuchung*

Der Morgen dämmerte, die rosigen Finger der Sonne spielten um die Hügel. Bevor die Sonne selber sichtbar war, gab es ein langes, tiefes Schweigen, unterbrochen nur von der pulsierenden Musik der Lerche und dem Bellen eines Hundes irgendwo in der Wüste der Campagna. Gerade als die Sonne sich über den Horizont erhob, kam ein neues Geräusch: das Trampeln einer marschierenden Armee. Eine Staubwolke stieg über der großen Nordstraße auf. Aus dem Staub und Nebel wurde die Form von Reihe auf Reihe bewaffneter Männer erkennbar. Auf Schilden und Fahnen hatte die Armee ein diagonales Symbol für *Christos*, Christus.
Ins Blickfeld ritt der Oberbefehlshaber. Auf einem herrlichen Hengst war Konstantin gekommen, um alleiniger Kaiser zu werden. Er schätzte seine Chancen nicht hoch ein. Sein Rivale Maxentius hatte die besseren Karten. Seine Kräfte waren größer, frischer. Er brauchte nur hinter den Mauern Roms zu bleiben, und er war unbesiegbar. Konstantin marschierte trotzdem weiter; er hatte keine Wahl. Er war jeder Zoll ein Soldat, und er mußte kämpfen bis zum Ende.
Am Tag zuvor hatte er ein merkwürdiges Erlebnis gehabt. Nie war jemand dem Sonnengott Sol ergebener gewesen als er; auch Apollo huldigte er oft. Und er kniete mit dem Gesicht zur Sonne und betete diese geschmolzene Gottheit (sic) an, da – war es eine Vision? ein Trugbild, weil ihm schwindlig war? ein Traum? – sah er schwarze Strahlen diagonal aus der Sonne hervorschießen, und in seinem Kopf hörte er einen Namen: *Christos*. Seine Mutter Helena war Christin; sie schwatzte ständig von *Christos*, aber er hatte nie einen Gedanken an ihn verschwendet. Nicht bis zu jenem Augenblick. Eine Stimme aus einer anderen Welt schien ihm zu sagen: »In diesem Zeichen wirst du siegen.« Er klammerte sich an einen Strohhalm, zweifellos – doch er gab seinen Offizieren Befehl, den Reichsadler durch das Symbol Christi zu ersetzen. Dieser Christus, überlegte er, war angeblich von den Toten auferstanden. Wenn er mit Maxentius zusammenstieß, könnte er einen solchen Trick selbst gebrauchen.
Auf dem Marsch informierten ihn seine Kundschafter, daß Maxentius die Stadt verlassen hatte und nach Saxa Rubra, neun Meilen nördlich von Rom, marschierte. Da wußte er, daß er doch noch eine Chance hatte. Dort wurde die Straße zu einem Hohlweg zwischen zwei Hügeln. Er zeichnete Pläne, um Maxentius den Rückzug abzuschneiden. In jener Nacht betete er inbrünstig zur Sonne, und dabei sprach er den Namen seiner neuen Gottheit.

Am nächsten Morgen, dem 27. Oktober 312, wartete er auf den Sonnenaufgang, um sicher zu sein, daß Jesus mit ihm war, und dann befahl er den Angriff. Der Feind wurde an der Milvischen Brücke eingeschlossen und reagierte mit Panik. Maxentius versuchte, durch einen Sprung in den Tiber zu entkommen, doch seine Rüstung zog ihn hinunter, und er ertrank wie viele seiner Soldaten. Konstantin zog im Triumph in Rom ein – ein neuer Kaiser, beschützt von einer Gottheit mehr.

Es dauerte nicht lange, bis er mit dem neuen Papst Sylvester verhandelte, der dem vorsichtigeren Miltiades als Bischof von Rom nachfolgte. Wie viele Kirchenfürsten nach ihm sah Miltiades nichts Befremdliches darin, daß ein Krieger durch das Abschlachten seiner Feinde zum Glauben an einen gekreuzigten Christus kam.

So begann das fatale Bündnis zwischen Cäsar und Papst, Thron und Altar. Es sollte einmal Teil der katholischen Orthodoxie werden.

Kaiser Konstantin verzichtete niemals auf seinen Titel Pontifex maximus, Oberhaupt des heidnischen Staatskultes. Als sein Siegesbogen 315 fertig war, schrieb er seinen Sieg »der Inspiration der Gottheit« ohne nähere Bezeichnung zu. Seine Münzen trugen noch immer das Bild des Sonnengottes. Er schaffte weder die Vestalinnen noch den Altar der Siegesgöttin im Haus des Senats ab. Zu keiner Zeit machte er das Christentum zur offiziellen Religion.

Konstantin wurde 274 als Sohn des Constantius und der einfachen Konkubine Helena geboren. Eigentlich hätte er keine Anrechte auf kaiserliche Ehren gehabt. Er gewann seine Krönung mit dem Schwert. Er war zweimal verheiratet und ermordete 326 Crispus, den Sohn, den er mit seiner ersten Frau hatte. Seine zweite Frau ließ er im Bad ertränken; er tötete seinen elfjährigen Neffen und dann seinen Schwager, nachdem er ihm mit seinem Eid sicheres Geleit versprochen hatte. Er verfolgte keine Christen – nur seine Angehörigen und Freunde.

Er war weit davon entfernt, ein vorbildlicher christlicher Fürst zu sein; vielmehr blieb er zeitlebens ein knallharter Politiker mit einer »kalten und schrecklichen Gier nach Macht«, wie Jacob Burckhardt es ausdrückt. Er begünstigte das Christentum, weil es sich als nützlich erwiesen hatte, als es ihm eine entscheidende Schlacht gewinnen half. Die Kirche fügte sich ihm, ohne sich an seinen ehelichen Verwicklungen sehr zu stören, weil er ihrer Sache nützlich war.

Bald darauf schloß Konstantin mit seinem östlichen Rivalen Licinius einen Vertrag, der als Edikt von Mailand bekannt ist.

*Wir sind seit langem der Ansicht, daß Freiheit des Glaubens nicht verweigert werden sollte. Vielmehr sollten jedermann seine Gedanken und Wünsche gewährt werden, so daß er in der Lage ist, geistliche Dinge so anzusehen, wie er selbst es will. Darum haben wir befohlen, daß es jedermann erlaubt ist, seinen eigenen Glauben zu haben und zu praktizieren, wie er will.*

Dies war ein beispielhafter Ausdruck der religiösen Rechte aller Menschen ohne Unterschied. Die Toleranz, die es zeigte, ermöglichte es den Christen, aus den Katakomben hervorzukommen und das volle Bürgerrecht zu genießen. Die Tragödie war, daß dies Prinzip von der katholischen Kirche niemals akzeptiert wurde. Deshalb verweigerte sie immer, wenn sie die Oberhand hatte, anderen die Freiheit der Religion. Als der Westfälische Friede 1648 erklärte: »Bürger, deren Religion von der ihres Landesherrn verschieden ist, sollen gleiche Rechte haben wie seine anderen Bürger«, wurde er von Innozenz X. verdammt. Ähnliche Dokumente religiöser Freiheit wurden Jahrhundert auf Jahrhundert von der katholischen Kirche als unchristlich, schädlich, wahnsinnig, dem Atheismus gleich bezeichnet und mit Anathema belegt.
Es ist eine Ironie, daß kein Dokument der Kirchengeschichte, nicht einmal vom Zweiten Vatikanischen Konzil, so tolerant, großzügig oder weise ist wie das Edikt von Mailand, verfaßt von zwei blutrünstigen Kriegern.

Im Jahr 380 geschah mit dem Christentum etwas, das Jesus und Petrus erstaunt hätte: Es wurde die etablierte Religion des Römischen Reiches. Mit Actons Worten: Die Kirche wurde zur »vergoldeten Krücke des Absolutismus«. Das neue Prestige der Kirche ging mit allgegenwärtigen Gefahren einher.
Am Anfang mischte sich der Staat in kirchliche Dinge ein und versuchte, den Glauben entsprechend seinen Bedürfnissen von Recht und Ordnung zu formen. Von nun an erstarrte die Kirche, die als Bewegung der Massen und der geistlichen Befreiung begonnen hatte, in einem konservativen Muster, und dies bis zum heutigen Tag. Nur allzuoft haben die Prälaten sich mit den Reichen gegen die Armen verbündet; sie haben sich eher rechts als links orientiert. Instinktiv fürchten sie den Kommunismus mehr als den Faschismus.
Mit der Zeit drehte die Kirche den Spieß um und mischte sich in die Angelegenheiten der Fürsten ein. Die Päpste ernannten und stürzten sogar Kai-

ser, verlangten von ihnen, ihren Untertanen unter Androhung von Folter und Tod das Christentum aufzuzwingen.

Das Endergebnis war das Christentum. In vielfacher Hinsicht war es die größte Kulturkraft, die die Welt je gesehen hat. Der Preis, den die Botschaft des Evangeliums dafür zahlte, war furchtbar.

All dies lag noch in der Zukunft. In den frühen Tagen nach Konstantin war es die nun respektabel gewordene Kirche zufrieden, die Vorteile der Pax Romana zu nutzen: eine allgemeine Sprache, ein einheitliches Rechtssystem und direkte Straßen, um die Botschaft Jesu im ganzen Reich zu verbreiten.

Die Kirche hatte keine Verfolgung mehr zu fürchten. Es waren die Juden und »Ungläubigen«, die nun bedroht waren. Sie waren es, die im Namen Jesu, des gekreuzigten Juden, gefoltert, verbrannt und gekreuzigt werden sollten.

## *Die frühen Päpste*

Der deutsche Geschichtsschreiber Gregorovius schreibt, bis zur Zeit Leos I. im 5. Jahrhundert sei der Stuhl Petri von keinem einzigen historisch bedeutsamen Bischof besetzt gewesen. Hierfür gab es Gründe. In den frühen Tagen war die christliche Gemeinschaft darauf bedacht, in einer feindlichen Umgebung zu überleben. Sie waren unbeliebt bei den Juden, und den Römern waren sie verdächtig, weil sie den örtlichen Gottheiten nicht huldigten. Zudem leisteten Christen keinen Militärdienst und gaben so Anlaß zu Zweifeln über ihre Verläßlichkeit als Bürger. Trotz alledem wuchs die Christenheit, besonders bei Sklaven und den ärmeren Schichten. Diese nahmen mit glühenden Herzen die Bergpredigt und die Botschaft von Jesus auf, der wie ein Sklave gekreuzigt worden war und den Gott als Wegbereiter der Auferstehung allen Fleisches von den Toten erweckt hatte.

Als die Kirche aus dem Schatten trat, als die Verfolgungen unter Nero und Diokletian zu einer schlimmen Erinnerung wurden – da nahmen die Dinge eine Wendung zum Bösen. Die Zeichen waren da, schon vor der Bekehrung Konstantins.

So gab es nach Marcellinus' Tod im Jahr 304 vier Jahre lang keinen Bischof von Rom, weil die christliche Gemeinde uneinig darüber war, ob Abtrünnige, die zurückkamen, Buße tun sollten oder nicht. Obwohl es

eine schwierige Zeit für den Glauben war und Häresien zunahmen, war die Wahl eines Bischofs (Papstes) nicht von vorrangiger Bedeutung.
Als die Kirche nach Kaiser Konstantin respektabel wurde, brachen böse Streitereien aus. Die Gemeinschaft bekam Land und viele Privilegien. Die Kandidaten der falschen Sorte kamen zu Diakonat und Priesteramt. Der Mammon kam in direkten Konflikt mit Gott in der Kirche.
Bittere Rivalitäten zeigten sich oft nach dem Tod eines Papstes. Als zum Beispiel 366 Liberius starb, wählten zwei Parteien einen Nachfolger. Ursinus war der eine Papst, Damasus der andere. Nach ausgedehnten Straßenkämpfen schlossen sich Ursinus' Anhänger in der gerade fertiggewordenen Basilika Santa Maria Maggiore ein, bekannt als »Unsere Liebe Frau im Schnee«. Damasus' Anhänger kletterten auf das Dach, brachen ein Loch hinein und bombardierten die Besetzer mit Dachpfannen und Steinen. In der Zwischenzeit griffen andere das Hauptportal an. Als dieses nachgab, begann ein dreitägiger, blutiger Kampf. An seinem Ende wurden 137 Leichen hinausgetragen, alles Anhänger des Ursinus.
Ursinus wurde vom Statthalter des Kaisers ins Exil geschickt, doch das Verbrechen von Santa Maria Maggiore blieb ein Makel in Damasus' Pontifikat. Um ihn auszugleichen, betonte Damasus seine geistliche Autorität als »Nachfolger Petri« – ein Anspruch, der, wie schon erwähnt, von den Kirchenvätern nicht erhoben worden war. »Erst 382 mit Damasus«, schreibt Henry Chadwick, »bekam dieser petrinische Text (›Du bist Petrus‹) eine Bedeutung als theologische und biblische Begründung für Primatsansprüche.«
Inzwischen war der Bischof von Rom ein großer Landbesitzer und weltlicher Führer geworden. Das Paradoxe ist, daß die Päpste erst Päpste wurden, als sie zusätzlich zu ihrer religiösen Rolle vollkommen weltliche Funktionen annahmen. »Das kombinierte Ergebnis«, schreibt Jeffrey Richards in seinem Buch *The Popes and the Papacy in the Early Middle Ages*, »war ein Papsttum, dessen Macht seine kühnsten Träume überstieg.«
Damasus war ein Beispiel dafür. Er kam durch Blutvergießen ins Amt. Er wurde dadurch ein sehr reicher, mächtiger Mann. Als er den Präfekten von Rom, einen Heiden mit vielen Priestertiteln, bat, sich zu bekehren, antwortete dieser Herr: »Gern, wenn du mich zum Bischof von Rom machst.« Der zeitgenössische Schriftsteller Ammianus Marcellinus schlug vor, es solle einen lebhaften Wettbewerb um eine so lukrative Position geben. »Denn wenn dieser Posten einmal gewonnen ist, genießt ein Mann in Frieden ein Vermögen, das durch die Freigebigkeit der Matronen

gesichert ist; er kann in einer Kutsche fahren, gekleidet in herrliche Gewänder; er kann Bankette geben, deren Luxus den der kaiserlichen Tafel übertrifft.«

Damasus' Sekretär, der asketische heilige Hieronymus, hat die Art von Klerikern beschrieben, die Damasus umgaben; sie sahen eher aus wie Bräutigame, schreibt er. Und der Papst, der mit Hilfe der Polizei an die Macht gekommen war, brauchte ständig Polizeischutz gegen die Anhänger des Ursinus.

Diese widerliche Episode war keine Seltenheit. Bei anderen Wahlen gab es zwei, sogar drei Rivalen um den Bischofssitz. Manchmal war die Position monatelang und jahrelang vakant, weil die Römer sich nicht einigen konnten. Einmal wurden zwei rivalisierende Päpste von einem dritten gestürzt, der dem Exarchen von Ravenna, dem Statthalter des Kaisers, einhundert Pfund in Gold für seine Unterstützung gegeben hatte.

Die Tradition, daß der römische Bischof vom römischen Volk gewählt wurde, ging auf apostolische Zeiten zurück. Dies führte oft zu wirren Verhältnissen. Im elften Jahrhundert wurden sie dadurch geordnet, daß Kardinäle als Vertreter des örtlichen Klerus die einzigen Wahlberechtigten wurden. Die Laien gewannen ihr Recht, bei der Wahl ihres Bischofs mitzureden, nie zurück. Selbst Konklaven von Kardinälen lösten das Problem nicht ganz, so daß es im Mittelalter und danach oft mehr als einen »Papst« gab. Doch in diesen frühen Zeiten war die Situation manchmal chronisch.

Gregorovius wies darauf hin, daß die meisten Päpste im sechsten und siebten Jahrhundert nur zwei oder drei Jahre lang regierten. Wurden sie gewählt, weil sie dem Tode nahe waren, oder wurde ihr Tod von rivalisierenden Parteien beschleunigt? Er wußte es nicht. Laut Richards wurden die meisten Päpste als Belohnung für geleistete Dienste gewählt, so daß die meisten alt und krank waren. Papst Sisinnius zum Beispiel wurde am 15. Januar 708 geweiht. Er war so von Arthritis verkrüppelt, daß er nicht einmal seinen Mund finden konnte, um selbst zu essen. Er starb zwanzig Tage später. Richards schreibt: »Angesichts dieser endlosen Parade von Krankheit und Unfähigkeit ist es ein Wunder, daß das Papsttum überhaupt etwas erreicht hat.«

So endeten selbst Wahlen, die unter Korruption, Bestechung und Blutvergießen stattfanden, nur allzuoft damit, daß verbrauchte Greise Päpste wurden. Richards berichtet: »Die drastische Realität jener Zeiten zeigt sich uns in den erhaltenen Dokumenten der Periode. ... Dies ist das blutige, rohe Fleisch der päpstlichen Geschichte, nicht die ausgedörrten, abgepackten Portionen, die oft als Geschichte des Papsttums serviert werden.«

Trotz aller Schikane und Korruption war die Zeit nicht fern, in der diese Jahre als unschuldig gesehen wurden, fast das Goldene Zeitalter des Papsttums.

## *Ein erstaunliches Dokument*

Stephan III. wurde im Jahr 752 Papst, nachdem sein Vorgänger, Stephan II., nur vier Tage überlebt hatte, die kürzeste bekannte Amtszeit. Der neue Oberhirte war praktisch am päpstlichen Hof aufgewachsen. Er wußte, daß der Papst nicht nur ein religiöses Oberhaupt war, sondern als loyaler Vasall des Kaisers auch ein weltlicher Machthaber mit ausgedehnten Territorien.

Die von Konstantin begonnene Säkularisierung der Kirche war weit vorangekommen. Er hatte das Potential der Hierarchie als herrschende Klasse gesehen. Sie war ebenso gut organisiert wie seine eigene Beamtenschaft, die sie langsam an den Höfen und in der Diplomatie ersetzte. Als der Kaiser im Jahr 330 seinen Hof nach Konstantinopel brachte, an die Stelle der alten griechischen Stadt Byzanz, wurden die Bischöfe immer mehr in weltliche Angelegenheiten verwickelt. Besonders zwei Päpste zählen zu den größten Männern, die je gelebt haben. Leo der Große (440–61) rettete Rom durch eine Tat von großer Kühnheit vor Attila, dem Hunnen. Gregor der Große (590–604) war tatsächlich ebenso weltlicher Herrscher wie Patriarch des Westens. Durch diese doppelte Rolle der Päpste mußte die Bürokratie unausweichlich anschwellen. Sie arbeiteten heldenhaft, doch christliche Schlichtheit sollte im christlichen Rom nie mehr gesehen werden.

Als die Langobarden, ein Barbarenstamm von der Ostsee, nach 568 in Italien siedelten, hatte das Papsttum keinen Frieden. Die Neuankömmlinge brachten den größten Teil des Nordens an sich. Obwohl sie sich mit der Zeit bekehrten, traute der Heilige Stuhl den Langobarden nie. Als die Bindung zwischen den Päpsten und ihren Lehensherren, den Kaisern, schwächer wurde, mußten die Päpste eine neue militärische Allianz zuwege bringen, wenn sie Rom und seine Umgebung halten wollten. Vielleicht hätten sie besser daran getan, sie aufzugeben, aber für Großgrundbesitzer ist das immer undenkbar gewesen.

Als er ein Jahr Papst gewesen war, reiste Stephan III. im Winter nach

Norden, um Pippin, den König der Franken, zu sehen. Nie zuvor hatte ein Papst Hilfe bei einem westlichen Herrscher gesucht; es sollte die erste von vielen Bitten um militärische Hilfe werden. In schwarze Gewänder gehüllt, sein Haupt mit Asche bedeckt, kniete der Papst zu Füßen des Königs und flehte ihn an, seine Armeen einzusetzen, um die Anliegen der Apostel Petrus und Paulus und die Gemeinschaft Roms zu retten. Dort in der Abtei von St. Dénis salbte er Pippin und seinen Sohn, Karl den Großen, zu »Patriziern der Römer«.

Wahrscheinlich geschah es bei diesem Treffen, daß Stephan seinem Gastgeber ein Dokument von hohem Alter zeigte. Es war staubig und verknittert; jahrhundertelang war es in den päpstlichen Archiven aufbewahrt worden. Es trug das Datum 30. März 315 und hieß »die Konstantinische Schenkung«. Es war eine Schenkungsurkunde vom ersten christlichen Kaiser an Papst Sylvester.
Die Schenkung erzählt die bewegende Geschichte von Konstantin, der am ganzen Körper Lepra bekam. Heidnische Priester bauten einen Brunnen auf dem Kapitol und versuchten ihn zu überreden, ihn mit dem Blut kleiner Kinder zu füllen. In dem noch warmen Blut sollte Konstantin baden und geheilt werden. Viele Kinder wurden mit ihren weinenden Müttern zusammengetrieben. Der Kaiser, gerührt von ihren Tränen, schickte sie mit Geschenken beladen heim. In jener Nacht hatte er einen Traum. Petrus und Paulus sagten ihm, er solle sich mit Papst Sylvester in Verbindung setzen, der damals auf dem Berg Soracte versteckt war. Der Papst würde ihm den wahren »Brunnen der Frömmigkeit« zeigen. Wenn er wieder gesund war, solle er auf der ganzen Welt christliche Kirchen wieder aufbauen, die Götzenanbetung aufgeben und dem wahren Gott huldigen. Konstantin tat wie geheißen. »Als ich am Grund des Brunnens war«, sagte er, »sah ich eine Hand vom Himmel mich berühren.« Er kam geheilt von dieser Taufe zurück. Sylvester predigte ihm die Dreifaltigkeit und wiederholte Jesu Worte an Petrus: »Du bist Petrus ... und ich werde dir die Schlüssel des Reiches geben.« In der Überzeugung, er sei durch die Macht des Apostels geheilt worden, machte Konstantin im Namen des Senats und des ganzen römischen Volkes eine Schenkung an den Stellvertreter des Gottessohnes und alle seine Nachfolger:

*Da Unsere kaiserliche Macht irdisch ist, haben Wir bestimmt, daß sie seine heiligste Römische Kirche ehren und achten soll und daß der heilige Stuhl des gebenedeiten Petrus glorreich über Unser Reich und Un-*

*seren irdischen Thron erhöht werden soll. ... Er soll über die vier Hauptsitze Antiochia, Alexandria, Konstantinopel und Jerusalem herrschen wie über alle Kirchen Gottes in aller Welt. ... Schließlich, siehe, Wir übertragen Sylvester, dem Kaiser der Welt, sowohl Unseren Palast als auch alle Provinzen und Paläste und Bezirke der Stadt Rom, Italiens und aller Regionen des Westens.*

Konstantin gab auch eine bislang nie gehörte Erklärung, warum er in den Osten gegangen war. Er wünschte, daß Rom, wo die christliche Religion vom himmlischen Kaiser (Christus) gegründet worden war, keinen Rivalen auf Erden habe. Das heidnische Rom hatte zugunsten des christlichen Rom abgedankt.

König Pippin war beeindruckt. Das Dokument bewies, daß der Papst Nachfolger Petri *und* Konstantins war. Der Kaiser hatte sogar als päpstlicher Diener fungiert und damit viele Kaiser und Könige inspiriert, seine Demut bei Papstkrönungen in späteren Jahrhunderten nachzuahmen.

Als Pippin zu Felde zog und die Langobarden besiegte, gab er dem Papst alle Länder zurück, die durch die Schenkung von Rechts wegen ihm gehörten.

Es war eine überraschende Entwicklung der Evangelien. Jesus besaß nichts als die Kleider, die er am Leibe trug. Seine Chefjünger hatten nun nicht nur enormen Grundbesitz, an dem sie dann allzusehr hingen, sondern sie brauchten auch militärische Bündnisse, um sie zu halten.

Die Schenkung blieb weiterhin bedeutsam. Der einzige englische Papst, Hadrian IV., berief sich zum Beispiel auf sie, als er Irland Heinrich II. von England gab. Hadrian war zuvor Nicholas Breakspear gewesen, der Sohn eines Priesters.

Als Heinrich 1171 die lange, tragische Besetzung Irlands begann, anerkannte das in Cashel versammelte irische Episkopat ihn und seine Nachfolger als rechtmäßige Könige Irlands. Dies besiegelte der neue Papst, Alexander III., mit seinem Einverständnis – jedoch nicht ohne darauf zu bestehen, daß er seinen jährlichen Penny pro Haushalt bekam. Dies war der Preis des Papsttums für die Übergabe dieses katholischsten und keltischsten aller Länder an die normannischen Engländer.

Was dies schwerer zu ertragen macht, ist: Die Schenkung war ein Schwindel.

Die Schenkung war eine Fälschung, die wahrscheinlich ein Priester im Lateran zusammengeschrieben hatte, kurz bevor Stephan König Pippin besuchte. So war der Bildungsstand damals: Niemand durchschaute sie, obwohl das heute ein Schulkind könnte. Erst als Lorenzo Valla, ein päpstlicher Berater, sie 1440 Zeile für Zeile analysierte, erwies sie sich als Fälschung.

Valla zeigte, daß der Papst zur angeblichen Zeit der Schenkung nicht Sylvester war, sondern Miltiades. Der Text bezieht sich auf »Konstantinopel«, obwohl Konstantins Stadt im Osten noch ihren ursprünglichen Namen Byzanz trug. Die Schenkung war nicht in klassischem Latein geschrieben, sondern in einer späteren, verderbten Form. Auch werden Erklärungen, etwa über Konstantins Regalien gegeben, die im vierten Jahrhundert nicht nötig gewesen wären, wohl aber im achten. Auf hundert unwiderlegbare Weisen schoß Valla das Dokument in Fetzen. Er tat das mit Bangen, denn er wußte, daß es viele römische Kirchenfürsten nach seinem Blut gelüsten würde.

*Weil ich nicht die Toten angegriffen habe, sondern die Lebenden, nicht bloß irgendeinen Herrscher, sondern den höchsten Herrscher, nämlich den Oberhirten, gegen dessen Exkommunikation das Schwert keines Fürsten schützen kann..., hat der Papst kein Recht, mich dafür zu binden, daß ich die Wahrheit verteidige. ... Wenn es viele gibt, die für die Verteidigung eines irdischen Vaterlandes den Tod in Kauf nehmen, sollte ich mich dann nicht für meine himmlische Heimat in Gefahr begeben?*

Erst 1517 wurde Vallas Buch veröffentlicht. Es war das kritische Jahr, als Luther die Ablässe angriff. Ein Exemplar des Buches kam Luther in die Hände, und er sah zum erstenmal, daß vieles, was er früher vom Papsttum geglaubt hatte, auf Fälschungen wie der Schenkung beruhte.

Zwar wurde jeder unabhängige Gelehrte von Vallas Argumenten überzeugt, doch Rom gab nicht nach. Es behauptete die Echtheit der Schenkung jahrhundertelang weiter.

Dies war deshalb schade, weil die Wahrheit über sie weit unglaublicher war als das Lügengewebe, das sie enthielt.


Die Geschichte von Konstantins Lepra und Heilung durch die Taufe war eine fromme Erfindung des fünften Jahrhunderts. Die Fabel ist im Baptisterium der Lateranskirche in Rom verewigt. Eine Inschrift erzählt, wie der Kaiser dort von Papst Sylvester getauft wurde.

Dies sind die Tatsachen: Konstantin war Soldat in einer Zeit, als Blutvergießen für die Kirche unannehmbar war. Vielleicht verzögerte er seine Taufe deshalb so lange, bis er auf dem Sterbebett lag und keine Kraft mehr hatte, eine Sünde zu begehen oder noch jemanden zu töten. Nicht lange zuvor war seine Mutter im Alter von über achtzig Jahren gestorben. Erst dann wurde der Kaiser in die Liste der Katechumenen eingetragen, nicht im Hauptquartier der Kirche, sondern im fernen Helenopolis im Osten. Er wurde zur Villa Achyronia bei Nikomedia gebracht. Dort wurde er nicht von einem Papst getauft, nicht einmal von einem katholischen Bischof oder Priester, sondern von einem häretischen Arianerbischof namens Eusebios. Er starb am letzten Tag der Pfingstwoche im Jahr 337. Dies wirft ein zweifelhaftes Licht auf viele der wichtigsten Ereignisse in der Frühgeschichte der Kirche.

Als Konstantin Bischöfe seine »geliebten Brüder« und sich selbst »Bischof der Bischöfe« nannte (was die Päpste später übernahmen), war er kein Christ, nicht einmal Katechumene. Doch niemand erreichte auch nur annähernd seine Statur und Autorität. Selbst der Bischof von Rom – der erst Jahrhunderte später »*der* Papst« genannt wurde – , war vergleichsweise bedeutungslos. In rechtlicher Hinsicht war er ein Vasall des Kaisers; in geistlicher Hinsicht war er, verglichen mit Konstantin, ein zweitklassiger Bischof, der deshalb einen Ehrentitel über die meisten anderen Bischöfe trug, weil er den Apostolischen Stuhl innehatte, wo Petrus und Paulus gewirkt hatten und begraben lagen. Wie Burckhardt in *Das Zeitalter Konstantins* betont, war der kaiserliche Titel »ökumenischer Bischof« keine bloße Redensart: »Tatsächlich hatte die Kirche keinen anderen Mittelpunkt.« Nicht der Papst, sondern er, wie Karl der Große später, war das Oberhaupt der Kirche, ihre Quelle der Einheit; ihm mußte der Bischof von Rom zu Füßen fallen und Treue geloben. Alle Bischöfe waren sich einig, daß er »das inspirierte Orakel, der Apostel kirchlicher Weisheit« sei. Bis zu seinem Lebensende baute Konstantin in Palästina und anderswo herrliche Kirchen, aber ebenso herrliche heidnische Tempel in Konstantinopel. Dies wurde eindeutig als Teil der ersten Lösung der »römischen Frage« verstanden. Der Kaiser war eine heilige Person, Pontifex maximus – ein weiterer Titel, den der Papst später annahm. Daraus folgte, daß der Kaiser, und nur er, die Autorität hatte, religiöse Versammlungen wie das Konzil von Arles im Jahr 314 einzuberufen. Ein zeitgenössischer Bischof drückte es so aus: »Die Kirche war Teil des Staates. Die Kirche war in das Kaiserreich hineingeboren, nicht das Kaiserreich in die Kirche.« Deshalb diktierte Konstantin und nicht der Bischof von Rom Zeit und Ort der Kirchensynoden und sogar die Wahlergebnisse. Ohne seine Zustimmung konnten sie nicht rechtskräftig werden; er allein war Gesetzgeber des Reiches.

Es ist eine weitere Paradoxie der Geschichte, daß Konstantin, ein Heide, der Erfinder eines Konzils aller christlichen Gemeinden war. Nur auf diese Weise, sagte ihm sein Genius, würde der Glaube der Kirche unanfechtbar und für immer formuliert werden. Kein Bischof jener Zeit hätte den Bischof von Rom gebeten, heikle Glaubensfragen zu entscheiden.

Als er 321 Licinius im Osten besiegt hatte, rief Konstantin das erste Allgemeine Konzil der Kirche zusammen. Es trat 325 in Bithynien zusammen, an einem Ort namens Nizäa, was »Sieg« bedeutet. Es war wahrscheinlich die wichtigste christliche Versammlung der Geschichte. Der Arianismus, eine Häresie, die den Sohn dem Vater unterordnete, hatte sich in der ganzen Welt verbreitet. Die Auseinandersetzung war nicht nur bitter: sie war blutig. Es war gegen die Interessen des Kaisers, daß die Christen einander bekriegten; sie sollten die stabilisierende Kraft des Kaiserreiches sein. Zu seinem Entsetzen fand er, daß sie einander wegen der Heiligen Dreifaltigkeit zerrissen, sobald er sie von der Verfolgung befreit hatte.

In Nizäa versammelte der Gründervater der Konzilien 300 Bischöfe; die Reisekosten hatte er übernommen. Bis auf ein halbes Dutzend waren alle aus dem Osten. Sylvester, der Bischof von Rom, war nicht anwesend; er sandte statt dessen zwei Presbyter. Es besteht nicht der geringste Zweifel daran, daß Sylvester nicht an der Einberufung des Konzils beteiligt war und keinen Einfluß auf seinen Ablauf hatte. Ein heidnischer Kaiser hatte es vollkommen unter Kontrolle. Er hielt es in der großen Halle seines Palastes ab. Dem Geschichtsschreiber Eusebius zufolge war er groß und schlank, voller Anmut und Majestät. Um seine Gegenwart fühlbar zu machen, eröffnete er das Konzil »starr vor Purpur, Gold und Edelsteinen«.

Bald war klar, daß eine Mehrheit der Bischöfe für die arianische Position war. Konstantin hatte keine theologischen Präferenzen durchblicken lassen, doch er erhob sich von seinem goldenen Thron, um die Diskussion zu beenden. Vielleicht wollte er einfach zeigen, daß er das Sagen hatte. Er trug das vor, was später »die orthodoxe Sicht« genannt wurde, in der Gottes Sohn »eines Wesens« mit dem Vater ist. Alle andersdenkenden Bischöfe gaben nach, außer zweien, die Konstantin unverzüglich absetzte und heimschickte. Danach schrieb er nach Alexandria, wo die Arianer noch einen Rückhalt hatten: »Was dreihundert Bischöfen gefallen hat, ist nichts anderes als der Wille Gottes.«

Das Ergebnis war nicht das, was er erhofft hatte. Der arianische »Irrglaube« hielt sich noch Jahrhunderte. Das gleiche galt für die völlige Einmischung des Staates in Kirchendinge. Kirchenpolitik trat an die Stelle der Prioritäten des Evangeliums. Religion war unwichtig, die Kirche war allein wichtig. Das Ergebnis war, wie Burckhardt sagt, eine »Kirche, die im Sieg rasch verkam«.
Der Preis für Konstantins »Bekehrung« zum Christentum war der Verlust der Unschuld. Sein zynischer Umgang mit Christus, den alle einschließlich des Bischofs von Rom hinnahmen, bedeutete eine tiefgreifende Verfälschung der neutestamentlichen Botschaft und ein Eindringen von Werten, die ihr fremd sind. Von nun an gedieh der Katholizismus auf Kosten des Christentums und auf Kosten Jesu, der keinen Teil an der Welt der Macht und Politik haben wollte, der sich lieber kreuzigen ließ, als irgend jemandem seine Meinung aufzuzwingen.

Als Stephan III. Papst wurde, war die Kirche dann gründlich zum Römischen Reich bekehrt. Es ist offensichtlich, daß der Bischof von Rom seit der Schenkung wie Konstantin aussah, lebte wie er, sich kleidete wie er, seine Paläste bewohnte, seine Länder beherrschte, genau das gleiche imperiale Weltbild hatte. Auch der Papst wollte Herr über Kirche und Staat sein.
Nur siebenhundert Jahre nachdem Petrus gestorben war, waren die Päpste besessen von Macht und Besitz. Der Papst war an der Spitze der Welt, eine weltliche und unweltliche Gestalt. Er wollte buchstäblich das beste von beiden Welten, aber bestimmte römische Kaiser hielten seinen Ehrgeiz im Zaum.

## *Das Heilige Römische Reich*

Karl der Große war achtundfünfzig Jahre alt, riesig für jene Zeit, mit rundem Kopf und weißem Haar, einer langen Nase und großen, lebhaften Augen. Er war intelligent, konnte sich auf latein unterhalten und gründete Universitäten; doch das Lesen bekam er nie in den Griff, und obwohl er die besten Lehrer hatte, konnte er nie seinen Namen schreiben.
In den dreiundfünfzig Jahren seit Stephan III. war das Bedürfnis des Papsttums nach Militärhilfe gewachsen. Die Bindungen zwischen Rom und Konstantinopel waren aufgrund der Entfernung und der unterschiedlichen Weltsicht inzwischen ganz gerissen. Karl der Große, der König der Franken, war Manns genug, in diese Bresche zu treten.

Im Jahr 782 hatte er viereinhalbtausend sächsische Gefangene genommen und am Ufer der Aller enthaupten lassen. Er war vollkommen in der Lage, mit den Langobarden fertig zu werden, die das Papsttum ständig bedrohten.

Der neue Verteidiger der Kirche war nicht heiligmäßiger als Konstantin. Er hatte sich von seiner ersten Frau scheiden lassen und mit der zweiten sechs Kinder gehabt. Als er die letztere aus ihren Diensten entlassen hatte, bekam er zwei Töchter von seiner dritten Frau sowie eine weitere Tochter von einer Konkubine. Seine vierte Frau bekam keine Kinder; als sie starb, hielt er sich vier Konkubinen – zwölf waren es im Lauf seines Lebens – und hatte mindestens ein Kind von jeder. Einhard, sein offenherziger Biograph, der diese Details liefert, betont, er sei immer ein fürsorglicher Vater gewesen.

Der Engländer Alcuin, der gelehrteste Mönch seiner Zeit, hatte Karl den Großen seit langem gedrängt, die Krone des Westens anzunehmen. Es gab nur drei große Männer auf der Welt, sagte er seinem Herrn, und zwei davon waren der Papst und der Kaiser von Konstantinopel. »Die dritte ist die königliche Würde, die durch die Gnade unseres Herrn Jesus Christus dir als Herrscher des christlichen Volkes übertragen ist; und diese ist vorzüglicher als die anderen Würden an Macht, stärker an Weisheit, sublimer an Erhabenheit.«

Der regierende Papst, Leo III., wollte verzweifelt, daß Karl der Große nach Rom käme. Er brauchte Schutz von außen; außerdem wollte er einen Freispruch auf höchster Ebene von der gefährlichen Anklage des Ehebruchs. Nicht lange vor der Ankunft Karls des Großen wurde Leo von einer feindseligen Menge angegriffen. Sie rissen ihm die Augen aus und schnitten ihm die Zunge ab. Als Folge hiervon hatte die Krönung vom Jahr 800 nichts von der malerischen Pracht der Krönung Napoleons, der sich 1804 in Notre-Dame de Paris zum »Kaiser der Franzosen« krönte. Karl der Große kniete vor dem Grab Petri; Leo tastete nach dem Kopf, auf den er die Krone setzen mußte, mümmelte, Karl der Große sei Kaiser und Augustus, und kniete nieder, um ihm zu huldigen. Laut Einhard kochte sein Herr vor Zorn. Er hörte Karl den Großen später sagen, »er wäre an jenem Tag nicht zur Kirche gegangen, obwohl es ein Hochfest war (Weihnachten), wenn er den Plan des Papstes geahnt hätte«. Natürlich wollte er die Ehre, aber nicht um den Preis, von einem Vasallen erhöht zu werden. Er hatte sich die Mühe gemacht, nach Rom zu kommen, um einen elenden Untertanen reinzuwaschen, und wollte nun nicht als der Empfänger seines Segens dastehen.

Karl der Große spürte, was die Historiker nur allzu deutlich sehen sollten. Durch diesen Geniestreich meldete Leo III. den Anspruch auf eine Macht an, die in seinen Nachfolgern über die größten weltlichen Herrscher der Erde triumphierte.

Karl der Große handelte unverzüglich als höchster Herr der Kirche: Er erließ Gesetze, wählte Bischöfe, Erzbischöfe und Äbte unter seinen Adligen aus. Er versuchte, die Mönche von der Unzucht abzubringen und von der noch schlimmeren Praxis der Sodomie. Außerdem bedrohte er jeden Sachsen mit der Todesstrafe, der vorgab, Christ zu sein, um sich der Taufe zu entziehen. In jeder Hinsicht erfüllte Karl der Große Alcuins Wünsche. Er handelte als Haupt des christlichen Gemeinwesens. Dies hatte deshalb eine innere Logik, weil Leos Vorgänger, Hadrian I., ihm schon als Belohnung für die Vergrößerung des Kirchenstaates das bedeutende Privileg verliehen hatte, den römischen Oberhirten zu wählen.

Es hat sich so gefügt, daß die Zukunft Europas in diesem Moment von auffallender Zweideutigkeit vorgezeichnet war, als ein von Karl dem Großen eingesetzter Papst ihn zum Kaiser krönte. Welcher von ihnen war der Größere? Für den Augenblick war es ohne Zweifel Karl der Große. Aber in den kommenden Jahren hatte Leo dem Papsttum durch diesen *coup de théâtre* eine Chance gesichert, den Kampf um die Vorherrschaft zu gewinnen.

So sah die alte Peterskirche den Anfang des Heiligen Römischen Reiches, das, wie jedes Schulkind weiß, weder heilig, noch römisch, noch ein Reich war. Es sollte tausend Jahre überdauern, bis Napoleon 1806 einen Habsburger Monarchen stürzte und es auflöste. Inzwischen waren fünfzehnhundert Jahre vergangen, in denen das Papsttum sich nicht damit begnügt hatte, auf Gottes Macht allein zu trauen, sondern sich auf bewaffnete Fürsten verlassen hatte, um es vor den Pforten der Hölle zu schützen.

Doch die heftigsten Angriffe der Hölle gegen die Kirche kamen nicht von außen; sie kamen von innen – in der Tat, vom Papsttum selbst.

## 3. Kapitel
# Päpstliche Pornokratie

Fünfzehn Meilen vor Rom, hoch im Albanergebirge, lebte einmal im zehnten Jahrhundert die berühmte Familie Conti, die Grafen Alberich von Tusculum. Diese Kriegsherren gewannen völlige Kontrolle über die Papstwahlen. Sieben Päpste kamen aus dieser einen Familie, drei hintereinander, und fast ausnahmslos trugen sie dazu bei, *Roma deplorabilis* zu formen, »ein Rom der Schande«.

Die Geschichte widerlegt den volkstümlichen Mythos, die Borgias seien die einzigen schwarzen Schafe des Papsttums gewesen. Nicht lange nach Karl dem Großen, über eineinhalb Jahrhunderte lang, waren alle Päpste finstere Gestalten. Sie waren weniger Jünger Christi als Jünger Belials, des Fürsten der Finsternis. Sehr viele waren sittenlos, Mörder, Ehebrecher, Kriegsgewinnler, Tyrannen, Simonisten, bereit, alles zu verkaufen, was heilig war. Fast allen ging es mehr um Geld und Intrigen als um Religion.

Durch unablässige politische Manöver und ihre Besessenheit von weltlichen Dingen, durch Machtmißbrauch und unglaubliche Bosheit korrumpierten die Päpste, die das Zentrum der Einheit sein sollten, die gesamte Christenheit. Es war nicht die Häresie, sondern das Papsttum, das in der Kirche schließlich zum Bruch führte.

Es gibt ein Mysterium in alledem: wie die westliche Kirche trotz der Päpste so lange zusammenhielt.

Zunächst ist es hilfreich, irgendeine beliebige Liste von Päpsten etwa ab dem Jahr 880 zu analysieren. In den folgenden eineinhalb Jahrhunderten gab es fünfunddreißig Päpste, die durchschnittlich je vier Jahre regierten. In der früheren Periode hatte es die gleiche Art Fluktuation gegeben; dies erklärt sich durch die Tatsache, daß Päpste gewählt wurden, weil sie alt und krank waren. Doch im neunten und zehnten Jahrhundert waren etliche Päpste Anfang Zwanzig, einige sogar Teenager. Manche hielten sich drei Wochen, einen Monat oder drei Monate. Sechs von ihnen wurden entthront, eine Anzahl ermordet. Es ist tatsächlich nicht möglich, mit Sicherheit festzustellen, wie viele Päpste und Gegenpäpste (Scheinpäpste) es in dieser Zeit gegeben hat, denn es gab noch immer keinen festgelegten Wahlmodus und jede Menge Prätendenten.

Wenn ein Papst plötzlich verschwand – hatte man ihm dann die Kehle durchgeschnitten oder ihn in den Tiber geworfen? War er im Gefängnis erwürgt worden? Schlief er sich in einem Bordell aus? Hatte man ihm Ohren und Nase abgeschnitten wie 930 Stephan VIII., der verständlicherweise nie wieder sein Gesicht in der Öffentlichkeit zeigte? Oder war er geflohen wie 964 Benedikt V., der, nachdem er ein junges Mädchen entehrt hatte, unverzüglich mit dem gesamten Schatz von St. Peter nach Konstantinopel abreiste und erst wieder auftauchte, als das Geld aufgebraucht war, um weiteren Schaden in Rom anzurichten? Der fromme Kirchenhistoriker Gerbert nannte Benedikt »das böseste aller Ungeheuer der Gottlosigkeit«, doch sein Urteil war verfrüht. Dieser Oberhirte wurde schließlich von einem eifersüchtigen Ehemann getötet. Seine Leiche, die hundert Dolchwunden hatte, wurde durch die Straßen geschleift und dann in eine Jauchegrube geworfen.

Ohne Frage stellen diese Päpste die schändlichste Gruppe von Machthabern in der Geschichte dar, seien sie kirchlich oder weltlich. Sie waren, offen gesagt, Barbaren. Das alte Rom hatte nichts aufzuweisen, das ihnen an Verkommenheit gleichkam.

Ein Papst, Stephan VI., war vollkommen verrückt. Er grub einen korsischen Vorgänger, Papst Formosus (891–96) wieder aus, als dieser seit über neun Monaten tot war. Bei der später so benannten Kadaversynode kleidete er die stinkende Leiche in volles päpstliches Ornat, setzte sie auf den Thron im Lateran und schritt dann persönlich zum Verhör. Formosus wurde beschuldigt, unter Vorspiegelung falscher Tatsachen Papst geworden zu sein; er war Bischof eines anderen Ortes und daher für Rom nicht wählbar. Laut Stephan waren deshalb all seine Beschlüsse ungültig, besonders seine Ordinationen. Ein schnatternder Diakon im Teenageralter antwortete für Formosus. Für schuldig befunden, wurde die Leiche als Gegenpapst verdammt, aller Kleider beraubt bis auf ein härenes Hemd, das an dem verwesten Fleisch klebte, und – minus der beiden Finger, mit denen sie ihren falschen apostolischen Segen erteilt hatte – in den Tiber geworfen. Die Leiche wurde von dem härenen Hemd wie konserviertes Fleisch zusammengehalten, von einigen Bewunderern des Formosus auf-

gefischt und still begraben. Später wurde sie in ihr Grab in St. Peter zurückgebracht. Stephan selbst wurde bald erdrosselt.
Päpste verstümmelten und wurden verstümmelt, töteten und wurden getötet. Ihr Leben hatte keine Ähnlichkeit mit den Evangelien. Sie hatten mehr gemein mit modernen Kindern reicher Leute, die zu Randalierern und Süchtigen geworden sind und Strandcafés und Nachtclubs heimsuchen, als mit römischen Päpsten, wie die Welt sie heute sieht. Einige verdankten ihren Aufstieg ehrgeizigen Eltern, einige dem Schwert, einige dem Einfluß schöner, wohlgeborener Maitressen in der sogenannten »Regierung der Huren«.
Herausragend unter diesen Kurtisanen war Marozia von der Familie der Theophylakten. Ihrem Zeitgenossen Bischof Liutprand von Cremona zufolge war sie bestens vorbereitet durch ihre Mutter Theodora, die eine zweite Tochter, ebenfalls Theodora genannt, von Papst Johannes X. (914–29) hatte. Wer sagt, Frauen hätten nie einen Einfluß auf die Leitung der Kirche gehabt, ist diesen beiden unglaublich zielstrebigen Damen nie begegnet. In weniger als einem Jahrzehnt »machten« sie nicht weniger als acht Päpste – und wenn es ihnen paßte, beseitigten sie sie. In seinem Buch *Decline and Fall* legt Gibbon nahe, diese »Päpstinnen« seien der Inbegriff jener Sexpolitik gewesen, die zu der Legende oder Satire von der Päpstin Johanna führte. An diese Oberhirtin glaubte man mehrere Jahrhunderte lang, bis zur Reformation. Es ist den Engländern ein Trost zu wissen, daß die einzige Päpstin ein schönes angelsächsisches Mädchen war. In vollem päpstlichem Ornat, so geht die Geschichte, brachte sie einen Sohn zur Welt, während sie in der Sänfte vom Kolosseum zur Kirche San Clemente getragen wurde, und starb leider auf der Stelle.
Diese Legende brachte wieder andere Legenden hervor. In der Laterankirche gab es einen blutroten Marmorstuhl mit einem Loch im Sitz. Auf diesen Stuhl setzte sich jeder neugewählte Papst, um das Treuegelöbnis seines Klerus entgegenzunehmen. Doch das Gerücht ging um, daß nach Päpstin Johanna jeder Papst sich auf diesen Stuhl setzen und eine Art gynäkologischer Untersuchung über sich ergehen lassen mußte, um zu verhindern, daß eine zweite Frau auf den Papstthron gelangte. Die Untersuchung – von weiblichen Kardinälen durchgeführt? – wurde von lateinischen Gebeten begleitet. Tatsächlich wurde ein ganzes Ritual geschrieben, und es wurde allen Ernstes in vielen mittelalterlichen Manuskripten abgeschrieben. Eine andere, prosaischere Deutung dieses Stuhls besagte, er sei eigentlich ein Nachtstuhl, sichtbares Symbol der Tatsache, daß der Papst durch Gott wie ein Bettler vom Misthaufen erhoben und unter die Fürsten gesetzt worden sei.

Es gibt offenbar keinen theologischen Grund dafür, daß eine Frau nicht Papst werden kann, selbst wenn es Frauen, wie Johannes Paul sagt, durch göttliches Recht verboten ist, Priester zu werden. Viele Erzbischöfe und Päpste waren nicht ordiniert. Hadrian V. erscheint auf der Liste der Päpste, obwohl er nur sechs Wochen regierte, vom 11. Juli bis zum 18. August 1276. Er war kein Bischof, nicht einmal ein Priester, doch er war rechtmäßig Papst.

## *Die schöne Hure*

Marozia, die Hauptquelle der Päpstin-Johanna-Legende, wurde zuerst intim mit dem Papst in der Person von Sergius III. (904–11). Seinen Weg zum Thron hatte Leo V. verstellt, der einen Monat lang regierte, bevor er von einem Usurpator, Kardinal Christoph, gefangengenommen wurde. Sergius räumte auf, indem er beide abschlachtete.

Sergius exhumierte ein weiteres Mal den inzwischen zehn Jahre toten Papst Formosus und ließ ihn wiederum verdammen. Da Sergius selbst von Formosus ordiniert war, hätte er sich selbst als irregulär ansehen müssen, aber theoretische Haarspaltereien waren seiner Natur fremd. Um sie aufs rechte Maß zu stutzen, ließ er Formosus' Leiche enthaupten; außerdem entfernte er weitere drei Finger, bevor er sie dem Tiber übergab. Als die kopflose Leiche sich im Netz eines Fischers verfing, erwies sie sich noch einmal als unzerstörbar: Wieder wurde sie nach St. Peter zurückgebracht.

Als Marozia Sergius' Geliebte wurde, war sie fünfzehn Jahre alt und er fünfundvierzig. Sie hatte einen Sohn von ihm, für dessen Karriere sie sich voll einsetzte. Sergius sollte fünf Jahre später sterben, nach einem Pontifikat voller Blut, Intrigen und Leidenschaft.

Marozia vergaß ihre junge Liebe nie. Mit dem Papst zu schlafen, hatte ihr ein Gefühl von Entschlossenheit und Heiterkeit gegeben, das nicht einmal drei Ehen und zahllose Affären auslöschen konnten. Das erstemal hatte Papst Sergius sie im Lateranpalast verführt. Ihre Wege hatten sich oft gekreuzt, weil sie einen Großteil ihrer Kindheit dort verbracht hatte – ihr Vater war Senatsvorsteher von Rom. Doch der Augenblick kam, als Sergius bemerkte, daß dies einst bildhübsche Kind zu einer Frau von atemberaubender Schönheit erblüht war. Was Marozia betraf, so suchte sie in seinen päpstlichen Armen weniger Vergnügen als vielmehr die Ekstase der Macht.

Ihre Mutter Theodora hatte schon zwei Päpsten zu Aufstieg und Fall verholfen, als sie gegen alles Kirchenrecht ihren Lieblingsliebhaber bei der Hand nahm und ihn vom Bischof von Bologna zum Erzbischof von Ravenna und schließlich als Johannes X. zum Papst machte. Bischof Liutprand von Cremona schrieb: »Theodora, wie eine Hure, fürchtete, sie würde wenig Gelegenheiten haben, mit ihrem Schatz im Bett zu sein, und so zwang sie ihn, sein Bischofsamt im Stich zu lassen und sich — o ungeheures Verbrechen — das Amt des Papstes in Rom anzueignen.« Dies war im März 914, als Marozia zweiundzwanzig war. Sie fand es nicht sehr schlimm; ihr Sohn Sergius war erst sechs, noch zu jung für einen Papst, selbst in jenen unfrommen Zeiten.

An diesem Punkt stürmten die Alberichs von Tusculum, ursprünglich aus dem Norden gekommen, die Bühne. Papst Johannes legte seiner Bettgenossin Theodora nahe, eine Heirat zwischen Marozia und Alberich würde in jeder Hinsicht nützlich sein. Marozia erkannte den kommenden Mann, und aus der Verbindung kam Alberich junior. Alberich senior, vielleicht von seiner Frau angestachelt, machte einen verfrühten Versuch, Rom unter seine Kontrolle zu bringen, und wurde getötet. Papst Johannes zwang die junge Witwe, seine verstümmelte Leiche anzusehen. Das war ein Fehler. Eine Frau, die mit Papst Sergius geschlafen hatte, wußte alles über Rache.

Als Theodora 928 starb, ließ Marozia den Papst gefangensetzen und dann ersticken. Ihr erster Sohn war inzwischen siebzehn. Bald, sehr bald würde er genug Erfahrung für das Amt des Papstes haben. Er war durch ein sinnenfrohes und völlig unmoralisches Leben darauf vorbereitet. Die nächsten beiden Päpste regierten nur kurz; beide verschwanden unter mysteriösen Umständen. Nun, im Alter von zwanzig Jahren, wurde der Sohn von Marozia und Papst Sergius Papst Johannes XI.

Marozias Ehrgeiz ging noch weiter. Als Guy, ihr zweiter Ehemann, gestorben war, heiratete sie seinen Halbbruder, König Hugo von Provence. Hugo war schon verheiratet, aber seine Frau war leicht zu beseitigen. Es war ein Glück für Marozia, daß ihr Sohn Papst war; er war in der Lage, das glückliche Paar von allen Hindernissen wie etwa Inzest zu dispensieren. Was sollte verhindern, daß ihr neuer Mann Kaiser wurde und sie selbst Kaiserin? Es war etwas, das Sergius gewollt hätte. Johannes XI. zelebrierte bei der Hochzeit seiner Mutter im Frühling 932.

Dann wurde alles zunichte durch Marozias eifersüchtigen zweiten Sohn, den achtzehnjährigen Alberich junior. Er übernahm die Macht in Rom und wurde der neue Papstmacher. Hugo von Provence ließ seine Frau im

Stich und floh in Schande. Alberich setzte Johannes XI., seinen Halbbruder und den Sohn eines Papstes, in ständigen Arrest im Lateran – dort starb er vier Jahre später –, und was besonders unfreundlich war, er ließ seine eigene Mutter gefangennehmen.
Marozia war nicht mehr jung, aber noch immer eine stattliche Frau, als sie zum erstenmal Hadrians Mausoleum betrat, bekannt als die Engelsburg. Sie sollte über fünfzig Jahre an jenem schrecklichen Ort am Tiber bleiben, ohne einen Tag der Freiheit.

Sie war sechzig geworden, als die Nachricht sie in ihrem Kerker erreichte, daß Alberich mit vierzig gestorben war und daß sein Sohn, ihr Enkel Oktavian, sich zum Papst aufgeschwungen hatte. Er war der erste Papst, der seinen Namen änderte: Er nannte sich Johannes XII. Dies war im Winter 955. Sie drehte ihr graues, altes Gesicht zur Wand und sank zurück in ihre Träumereien von vergangener Herrlichkeit mit ihrem Liebhaber Sergius.
Die Jugend des neuen Papstes mag zum Teil sein unfrommes Verhalten erklären, denn er war erst sechzehn, als er die Bürde des Amtes übernahm. Ganze Klöster beteten Tag und Nacht um sein Ableben.
Selbst für einen Papst jener Epoche war er so schlimm, daß die Bürger ihm nach dem Leben trachteten. Er hatte Sünden erfunden, sagten sie, die seit Anbeginn der Welt unbekannt waren, einschließlich mit der eigenen Mutter zu schlafen. Er unterhielt einen Harem im Lateranpalast. Er trieb mit den Opfergaben der Pilger Glücksspiel. Er hielt zweitausend Pferde und fütterte sie mit in Wein getränkten Mandeln und Feigen. Er belohnte die Gefährtinnen seiner Liebesnächte mit goldenen Kelchen von St. Peter. Er tat nichts für den einträglichsten Tourismuszweig der Zeit, die Pilgerreisen. Besonders Frauen wurden gewarnt, San Giovanni in Laterano nicht zu betreten, wenn ihre Ehre ihnen lieb war: Der Papst war immer auf Jagd. Vor dem Hochaltar der Mutterkirche der Christenheit trank er sogar auf den Teufel.
Papst Johannes erregte solchen Zorn, daß er um sein Leben fürchtete, St. Peter plünderte und nach Tivoli floh.
Als der fünfzigjährige Otto von Sachsen – der 962 in der Peterskirche zum Kaiser gekrönt wurde – hiervon Wind bekam, befahl er dem jungen Mann, sofort heimzugehen. Es paßte ihm nicht in den Kram, einen flüchtigen Papst zu haben; es war schlecht für das kaiserliche Geschäft.
Eine Synode wurde einberufen, um die Dinge zu ordnen. Anwesend waren sechzehn Kardinäle, all die vielen italienischen Bischöfe und viele andere, die aus Deutschland nach Rom beordert wurden. Der Bischof von

Cremona hat einen genauen Bericht über die Anklagen gegen den Papst hinterlassen. Er hatte die Messe gelesen, ohne zu kommunizieren. Er hatte einen Diakon in einem Stall ordiniert. Er hatte für Ordinationen Honorar verlangt. Er hatte mit einer langen Liste von Damen kopuliert, einschließlich der alten Flamme seines Vaters und seiner eigenen Nichte. Er hatte seinen geistlichen Führer geblendet. Er hatte einen Kardinal kastriert und seinen Tod verursacht. All diese Beschuldigungen wurden unter Eid bekräftigt.
Da schrieb Otto Johannes einen Brief, den man zu den größten Kuriositäten rechnen muß.

*Alle, Klerus wie Laien, bezichtigen Dich, Heiligkeit, des Mordes, Meineids, Sakrilegs, Inzests mit deinen Verwandten, und daß Du wie ein Heide Jupiter, Venus und andere Dämonen angerufen habest.*

Johannes reagierte, indem er einen Brief ohne jede Grammatik an die Bischöfe diktierte. Er warnte sie, wenn sie ihn absetzten, würde er sie alle exkommunizieren, so daß sie weder ordinieren noch Messe lesen könnten. Dann sprang er auf ein Pferd und ging jagen.
Als Otto das Warten schließlich leid war und nach Sachsen zurückkehrte, hob Johannes' Familie eine Armee aus, um ihm sicheres Geleit nach Hause zu geben. In Rom übernahm er wieder das Amt Petri. Mit einer so milden Strafe wie der Exkommunikation nicht zufrieden, verstümmelte oder exekutierte er alle, die zu seiner Verbannung beigetragen hatten.
Kein Papst ging je in einer peinlicheren Stellung zu Gott zurück. Eines Nachts ertappte ein eifersüchtiger Ehemann, einer von vielen, seine Heiligkeit *in flagranti delicto* mit seiner Frau und gab ihm die Letzte Ölung mit einem Hammerschlag auf den Hinterkopf. Er war vierundzwanzig. Die Römer mit ihrem bekannten makabren Humor sagten, es sei der Höhepunkt seiner Karriere gewesen. Immerhin hatte er das Glück, im Bett zu sterben, selbst wenn es ein fremdes war.
Im siebzehnten Jahrhundert schrieb dann Kardinal Bellarmin in seinem Buch über das Papsttum *De Romano Pontifice*: »Der Papst ist der oberste Richter in der Entscheidung strittiger Glaubens- und Moralfragen.« Dieser große Verteidiger des Papsttums schrieb im selben Buch: »Wenn der Papst im Irrtum wäre, Sünden befähle und Tugenden verböte, müßte die Kirche trotzdem Sünden als gut und Tugenden als Laster ansehen, sonst würde sie gegen das Gewissen sündigen.« Kein Wunder, daß die

Teenagerpäpste sich so viel herausnehmen konnten. Doch selbst Bellarmin, der seine Borgias kannte, mußte einräumen, daß Johannes XII. »Abschaum war«. *Fuerit fieri omnium deterrimus.*
Als ein Ungeheuer aus dem Weg war, wählten die Römer Benedikt V. als Ersatz. Otto war überlistet und wütend. »Niemand kann ohne Zustimmung des Kaisers Papst sein«, erklärte er. »So ist es immer gewesen.« Seine Wahl war Leo VIII.
Im sechzehnten Jahrhundert behauptete Kardinal Baronius in seinen *Kirchlichen Annalen*, die Acton als »größte je geschriebene Kirchengeschichte« bezeichnet hat, Benedikt sei der wahre Papst gewesen und Leo der Gegenpapst. Dies ist schwer zu widerlegen. Doch Benedikt fiel reuig zu Ottos Füßen und erklärte sich selbst zum Schwindler. Um dies zu beweisen, legte er seine Regalien ab und bekannte auf Knien vor Leo, er sei der rechtmäßige Nachfolger Petri.
Es ist nicht klar, ob die Behauptung eines echten Papstes, er sei nicht echt, eine Übung in Unfehlbarkeit ist – doch es muß eine Botschaft an die ganze Kirche über Glauben und Moral darin liegen.
Als sowohl Leo als auch Benedikt starben, setzte Otto Johannes XIII. auf den Thron. Es war keine kluge Wahl. Die Römer schickten ihn prompt heim. Otto brachte ihn zurück, nur um einzusehen, daß der Instinkt der Römer recht hatte. Der neue Papst beging Taten von unglaublicher Grausamkeit. Wie Luitprand in seiner Chronik berichtet, riß er die Augen seiner Feinde aus und ließ die halbe Bevölkerung über die Klinge springen. Kurz nach Johannes XIII. kam Benedikt, der ebenfalls mitten im Ehebruch von einem erzürnten Ehemann getötet wurde.
Kardinal Baronius waren verständlicherweise diese Ereignisse peinlich, die er mit bemerkenswerter Ehrlichkeit berichtet. Die Päpste dieser Zeit nennt er »Eindringlinge auf dem Heiligen Stuhl, nicht Apostel, sondern Apostaten« (*non apostolicos sed apostaticos*). Es schüttelt ihn, gibt er zu, daß er über sie schreiben muß. Auf dem Stuhl Petri saßen nicht Menschen, sondern Ungeheuer in Menschengestalt. »Ruhmsüchtige Messalinas, voller fleischlicher Begierden und geschickt in allen Formen der Schlechtigkeit, regierten Rom und prostituierten den Stuhl Petri für ihre Favoriten und Liebhaber.«
Angesichts der Beschlüsse des Ersten Vatikanischen Konzils von 1870 ist seine Folgerung verblüffend:

*Die wichtigste Lehre dieser Zeiten ist, daß die Kirche sehr gut ohne Päpste auskommen kann. Was für das Überleben der Kirche wichtig ist, ist nicht der Papst, sondern Jesus Christus.* Er *ist das Haupt der Kirche,* nicht *der Papst.*

Wenige Jahrhunderte später wäre Baronius als Häretiker gebrandmarkt worden. Der katholische Glaube ist heute: Der Papst ist das Haupt der Kirche auf Erden, Stellvertreter Christi, der Fels, auf dem die Kirche erbaut ist, Band der Einheit, Bewahrer von Glauben und Moral. Aber die lange Zeit, die wir betrachtet haben, zeigt ein ganz anderes Bild. Nicht nur Baronius, sondern auch das Volk von Rom hätte über solchen theologischen Unsinn gelacht. Für sie hatten die Pforten der Hölle sichtbar standgehalten. Wenn nicht dies der Sieg des Fürsten der Finsternis war, was war es dann? Die einzige Frage, die sie beschäftigte, war nicht »Wie kann der Papst die Kirche retten«, sondern »Wie kann der Papst seine eigene Seele retten«.

Während all dieser stürmischen Ereignisse und anderer, die folgten, blieb Marozia in ihrer Gefängniszelle. Sie, einst das berückendste Geschöpf ihrer Zeit, war nun ein verwelkter, sehniger Knochenhaufen geworden, eingewickelt in Lumpen. Inzwischen war sie Mitte Neunzig – die Erinnerung daran, mit dem einen Papst geschlafen und ihm einen Sohn geschenkt zu haben, den sie wiederum zum Papst gemacht hatte, muß sie inspiriert haben zu überleben. Sie wurde zwar vernachlässigt, aber an höchster Stelle nie ganz vergessen.
Im Frühling 996 beschlossen der dreiundzwanzigjährige Papst Gregor V. und sein Vetter, der fünfzehnjährige Kaiser Otto III., die arme alte Frau habe lange genug im Kerker geschmachtet. Der Papst schickte einen zahmen Bischof, um die Dämonen aus ihr zu exorzieren und ihre Strafe der Exkommunikation aufzuheben. Sie wurde von ihren Sünden losgesprochen. Dann wurde sie hingerichtet.

## *Der Kindpapst*

Fast fünfzig Jahre später, 1032, starb Papst Johannes XIX. vom Hause Tusculum. Graf Alberich III. zahlte ein Vermögen dafür, den Job in der Familie zu halten. Wer konnte die Vakanz besser füllen als sein eigener Sohn Theophylactus? Raoul Glaber, ein Mönch von Cluny, berichtet, bei dieser Wahl im Oktober 1032 sei seine Heiligkeit Benedikt IX. elf Jahre alt gewesen. Monsignore Louis Duchesne zufolge war Benedikt »nur ein Bengel ... der bald aktiv Schaden anrichten sollte«.

Es war ein seltsames Schauspiel: Ein Junge, der noch nicht einmal im Teenageralter war, der noch nicht im Stimmbruch war, sollte als oberster Gesetzgeber und Herrscher der katholischen Kirche die Tiara tragen, in St. Peter das Hochamt zelebrieren, Pfründen vergeben, Bischöfe ernennen und Ketzer exkommunizieren. Seiner Heiligkeit Abenteuer mit den Damen beweisen, daß der Kindpapst sehr früh in die Pubertät kam. Als er vierzehn war, schrieb ein Chronist, hatte er alle seine Vorgänger in Ausschweifung und Extravaganz überholt.

Der hl. Petrus Damiani, der ein feines Gespür für Sünde hatte, rief aus: »Dieser Elende schwelgte vom Anfang seines Pontifikats bis zu seinem Lebensende in Unmoral.« Ein anderer Beobachter schrieb: »Ein Dämon aus der Hölle hat sich in der Verkleidung eines Priesters auf den Stuhl Petri gesetzt.«

Oft mußte er Rom eilig verlassen. Das erstemal, am Fest Peter und Paul 1033, genügte eine Sonnenfinsternis, die das Innere der Peterskirche in ein seltsames, safrangelbes Licht tauchte, als Vorwand, ihn zu verjagen. Bei seiner Rückkehr versuchten einige Adlige, ihn während der Messe zu erstechen. Es mißlang. Als Benedikt das nächstemal aus Rom getrieben wurde, trieb ihn die Armee des Kaisers Konrad wieder hinein. 1045 war er wieder wegen Plünderung, Mord und Unterdrückung verjagt worden und ging in seine Heimat Tusculum. In seiner Abwesenheit wählten die Römer einen anderen Oberhirten: Sylvester III., einen Mann aus den Sabiner Bergen. Es war weit besser, beschlossen sie, kanonisches Recht zu brechen und die Gottheit zu beleidigen, als Benedikt IX. zu dulden. Nach fünfzig seligen Tagen brachte seine Familie den Kindpapst zurück und überredete Sylvester, anderswo hinzugehen.

Schließlich wollte Benedikt zurücktreten. Er hatte ein Auge auf seine schöne Cousine geworfen, eine Tochter des Girard de Saxo. Girard gab sein Einverständnis unter der Bedingung, daß der Papst abdankte. In einem überraschenden Anfall von Skrupeln beschloß Benedikt zu prüfen, ob er das Recht hatte, dies zu tun. Er befragte seinen Paten Johannes Gratianus, Erzpriester in St. Johannes ad Portam Latinam. Gratianus war ein bemerkenswerter Mann: Er war ein vollkommener Analphabet und lebte keusch wie eine Lilie unter Dornen. Gratianus versicherte ihm, er habe das Recht zurückzutreten. Und er hatte auch gleich einen Nachfolger parat. Er zeigte auf sich selbst.

Benedikt war glücklich abzudanken, verlangte aber einen goldenen Händedruck von ein- bis zweitausend Pfund (in Gewicht). Nach einer harten Verhandlungsrunde begnügte er sich mit dem gesamten Peterspfennig von

England. Keine Kollekte von englischen Katholiken wurde je besser verwendet.

Unter allgemeinem Jubel trat Benedikt, der sich selbst vom Zölibat dispensiert hatte, am 1. Mai 1045 zurück. Papst Victor II. schrieb später: »Da er das Vergnügen liebte, zog er es vor, mehr wie ein Epikur als wie ein Bischof zu leben. ... Er verließ die Stadt und begab sich in eine seiner Burgen auf dem Land.«

Johannes Gratianus, jetzt Gregor VI., wurde scharf kritisiert. Viele Päpste hatten das Amt gekauft, doch niemand außer ihm hatte es einem anderen abgekauft. Gregor machte geltend, er habe der Kirche einen Gefallen getan. Und Benedikt wies darauf hin, er sei nicht »ausgekauft« worden – er habe nur die ursprünglichen Ausgaben seines Vaters erstattet bekommen.

Gregor wäre vielleicht damit durchgekommen, hätte Benedikt, nun einfach Theophylactus von Tusculum, nicht einen Korb von seiner Angebeteten bekommen. Nun wollte er ein Comeback. Da Sylvester noch im Hintergrund war, gab es nun drei, die Ansprüche auf den Thron anmeldeten: Sylvester in St. Peter, Gregor im Lateran und Benedikt, der im Albanergebirge abwartete.

In Rom waren die Kassen inzwischen leer; jeder betrieb Simonie, vom Papst bis zum letzten Türsteher; jeder Kleriker hatte mindestens eine Mätresse, und die Kirchen fielen ein.

In diesem kritischen Augenblick betrat Heinrich von Deutschland die Bühne. Er war für zwei Dinge bekannt: Er haßte Simonie, und er wollte mehr als alles auf der Welt Kaiser werden. Durchgreifen half, wo moralische Ermahnungen versagt hatten.

In Sutria auf dem Weg nach Rom berief er eine Synode ein. Seiner Anweisung entsprechend wurde Sylvester als Schwindler verurteilt; er wurde laisiert und dazu verdammt, den Rest seiner Tage in einem sehr strengen Kloster zu verbringen, falls ein solches sich denn finden ließe. Benedikt war zurückgetreten, und nach Heinrichs Meinung hatte er seine päpstlichen Brücken hinter sich verbrannt. Was Gregor VI. betraf, so dankte ihm Heinrich dafür, daß er die Kirche von einer Plage befreit habe, doch er hätte es nicht mit dem Mittel der Simonie tun sollen. Dies war ein Grund zum Rücktritt.

Im wahrsten Sinne des Wortes mit dem weltlichen Schwert konfrontiert, erklärte Gregor: »Ich, Gregor, Bischof, Diener der Diener Gottes, beschließe wegen der Simonie, die sich durch die List des Teufels in meine

Wahl eingeschlichen hat, daß ich vom Amt des Bischofs von Rom abgesetzt werden muß.«

Anwesend bei seinem Sturz war sein junger Kaplan, der Mönch Hildebrand, später Gregor VII. Er sah, wie der Schlechte den Guten schlug, und er sollte nie vergessen oder vergeben.

Als neuen Papst wählte Heinrich Clemens II. Am Tag seiner Ernennung krönte er Heinrich zum Kaiser, und danach setzte sich Heinrich wie später Napoleon den Reif auf, den die Römer seit alters benutzten, um ihre Patrizier zu krönen. Mit dieser Geste zeigte Heinrich, daß er das Haupt der Christenheit war; der Bischof von Rom war nichts als sein Privatkaplan. Den alten Papst nahm er mit nach Deutschland, um sicherzustellen, daß er keinen Ärger machte. Gregor starb bald im Exil, und als auch Clemens zu seinem Schöpfer heimging, sprang Benedikt noch einmal für acht Monate auf den Papstthron.

Heinrich hatte zuviel zu tun, um sich mit ihm zu befassen, doch er befahl Graf Bonifaz von Tusculum, Theophylactus ein für allemal zur Räson zu bringen. Der neue Papst, Damasus II., gab seinen Geist bald auf – vergiftet, wie man munkelte, von Benedikt. Es war wahrscheinlich nichts weiter als das Klima.

Mit seinem Tod war die Bahn wieder frei für Benedikt, doch er beschloß, es sei nun genug. Er zog sich in das Kloster von Grottaferrata zurück, wo er, wie man mit einer gewissen Zweideutigkeit sagte, dem Rest der Gemeinschaft mit seinem Leben ein Beispiel war.

In diesem düsteren Moment für das Papsttum schien es, als hätte sich Gott der Kirche erbarmt. Er schickte zwei Päpste, die für viele katholische Historiker die größten der ganzen Kirchengeschichte waren: Gregor VII. und Innozenz III.

## 4. Kapitel

# Das Papsttum in seiner Blütezeit

Er war der einzige Papst, der sich selbst kanonisiert hat, aber er blieb vor allem in der Erinnerung als ein Mann, den eine einzige Erinnerung umtrieb. Sie verfolgte ihn fast vierzig Jahre lang, bis er starb – wahrscheinlich der am meisten verehrte und der machtgierigste Oberhirte der Geschichte.

Die Erinnerung, die das Hirn von Hildebrand (der den Namen Gregor VII. annahm) praktisch erweichte, war die Absetzung und Demütigung seines Namenspatrons Gregor VI. 1046. Der Sünder, der das getan hatte, war Kaiser Heinrich III., der an seiner Stelle eine Marionette auf den Papstthron gesetzt hatte.

Es schmerzte den jungen Hildebrand in der Seele, als er Gregor VI. ins deutsche Exil begleitete und auch, als er in die Benediktinerabtei von Cluny eingetreten war und dort mit der Zeit zum Prior aufstieg. Es schmerzte ihn immer noch, als er nach Rom berufen wurde und achtzehn Jahre lang vier Päpsten als Berater und schließlich Kanzler diente. Die bittere Erinnerung kam vor allem 1073 an die Oberfläche, als in der berstend vollen Lateranbasilika das Begräbnis Alexanders II. begangen wurde und die Gemeinde spontan ausrief: »Hildebrand ist Papst. Petrus hat ihn erwählt.« Normalerweise hätte Hildebrand eine so primitive Art der Papstwahl mit Verachtung gestraft. Er hatte einen früheren Papst überredet, die Wahl ausschließlich dem Kardinalskollegium zu überlassen. Doch nun akzeptierte er »den Willen Petri«.

Unverzüglich sandte der designierte Papst, ein Zwerg, *homuncio*, eine Nachricht an den jungen Kaiser Heinrich IV. und bat um Anerkennung. In seinem ganzen Leben widerstrebte ihm nichts mehr, als einen gottlosen, unter ihm stehenden Mann um etwas zu bitten – er, Hildebrand, der größte Mensch auf Erden. Warum tat er es, obwohl es gegen seine Prinzipien ging? Weil er nicht wollte, daß seine Rechtmäßigkeit später in Zweifel gezogen wurde. Der Tag der Abrechnung war nicht fern, und da sollte das Lamm zum Löwen werden.

Heinrichs Berater warnten ihn, Hildebrand sei gefährlich. Asket, der er war, würde er mit anderen umgehen wie mit sich selbst – erbarmungslos. Der unerfahrene Kaiser hörte nicht darauf. Hatte sein Vater nicht einen Papst abgesetzt und die drei folgenden ernannt? Wie sollte er begreifen, daß dieser Papst immer längere Arme bekommen und auf Stelzen gehen würde? Gregor VII. war der letzte Papst, dessen Wahl vom Kaiser bestätigt werden mußte und dessen Weihe in Gegenwart kaiserlicher Legaten stattfand.

Als er die verachtete Bestätigung erhalten hatte, nahm Gregor sich vor, den Fürsten ein für allemal das Rückgrat zu brechen. Für ihn waren sie alle korrupt. Sie hatten weniger Anspruch auf Achtung als der geringste Exorzist, der wenigstens Teufel austreiben konnte und ihnen nicht fürstliche Gastfreundschaft gewährte. Monarchen wollen nur herrschen, sagte dieser herrschaftlichste aller Päpste. Es wäre eine unanständige Großmut Gottes nötig, um auch nur einen von ihnen vor den ewigen Flammen zu retten. Alles, was sie tun, wurzelt in Stolz, doch was haben sie denn zu bieten? Ein sterbender König wird zum geringsten Landpriester kommen, um zu beichten. Nicht einmal eine Laienfrau ist je zu einem Kaiser gekommen und hat um Gottes Vergebung gebeten. Wo ist der Kaiser, der Seelenheil geben oder mit einer Bewegung seiner Lippen Christi Leib und Blut machen kann? Ein Mann ohne Verstand kann sehen, daß Priester höher stehen als Könige. Wieviel höher steht dann über ihnen allen der Papst, der Nachfolger Petri? War es nicht seine Pflicht, sie zurechtzustutzen, ihnen eine Lektion in Demut zu erteilen?

Jene nie verblassende Erinnerung ließ diesen Mann von unbeugsamem Willen alle weltliche Macht verachten, und er war entschlossen, sich eines Tages zu rächen.

## *Gregor VII. und seine Fälscherschule*

Schon seit seiner Kindheit verehrte Hildebrand, der Sohn eines Dorfschreiners in der Toskana, den hl. Petrus mit Leidenschaft. Als Apostelfürst hatte er unendlich viel Macht. Er war Oberhirte, er konnte im Himmel und auf Erden binden und lösen. Als Hildebrand Papst wurde, setzte er einen *Dictatus*, eine Liste mit siebenundzwanzig Thesen auf, die seine Macht als Stellvertreter Petri aufzeigten. Darunter waren diese:

*Niemand auf Erden kann über den Papst urteilen. Die Römische Kirche hat nie geirrt und kann bis zum Ende der Zeiten nie irren. Allein der Papst kann Bischöfe absetzen. Er allein hat das Recht auf die Reichsinsignien. Er kann Kaiser und Könige absetzen und ihre Untertanen von der Gefolgschaft dispensieren. Alle Fürsten müssen ihm die Füße küssen. Seine Legaten haben, selbst wenn sie nicht Priester sind, Vorrang vor allen Bischöfen. Ein rechtmäßig gewählter Papst ist ohne Frage ein Heiliger durch die Verdienste Petri.*

Diese Heiligkeit erfuhr er, wie er sagte, auf überwältigende Weise bei seiner Wahl. Es war übrigens eine Idee, die seine Nachfolger wie eine heiße Kartoffel fallen ließen. Sie war um so merkwürdiger, als Hildebrand den Kindpapst Benedikt IX. erlebt hatte.

Es ist schwer zu wissen, ob ihm klar war, daß die meisten seiner Thesen auf gefälschten Dokumenten beruhten. Zumindest muß man sagen, daß seine Leichtgläubigkeit alarmierend war, besonders im Hinblick auf die neutestamentlichen Aussagen über Petrus' Fehler. Diese Fälschungen erweckten den Anschein, als basierten seine absolutistischen Ansprüche auf alten Berichten, eifersüchtig gehütet in römischen Archiven. Seit sieben Jahrhunderten nannten die Griechen Rom die Stadt der Fälschungen. Jedesmal, wenn sie versuchten, mit Rom zu sprechen, brachten die Päpste gefälschte Dokumente bei, sogar päpstliche Zusätze zu Konzilsdokumenten, die die Griechen natürlich nie gesehen hatten.

Gregor ging viel weiter als die Konstantinische Schenkung. Er hatte eine ganze Fälscherschule direkt vor seiner Nase, und sie fabrizierte ein Dokument nach dem anderen, mit dem Siegel päpstlicher Billigung, gerade so, wie er es brauchte.

Die Leiter dieser Schule waren Anselm von Lucca, ein Neffe des vorigen Papstes, Kardinal Deusdedit und nach ihnen Kardinal Gregor von Pavia. Papst Gregor (und später Urban II.) brauchte etwa eine Rechtfertigung für sein Vorgehen gegen einen Fürsten oder Bischof. Sehr wohl, diese Prälaten produzierten buchstäblich das geeignete Dokument. Forschen mußte man nicht – es wurde alles im eigenen Betrieb gemacht.

Viele frühere Dokumente wurden geändert, bis sich ihr Inhalt ins Gegenteil umgekehrt hatte. Einige dieser früheren Dokumente waren selbst Fälschungen. Hildebrands Schule behandelte alle Papiere, gefälscht oder echt, mit vollkommen unparteiischer Unehrlichkeit. Orwells 1984 wurde um neun Jahrhunderte vorweggenommen – nicht in irgendeinem gottlosen Staat auf Geheiß des Großen Bruders, sondern im Herzen des römischen Katholizismus zugunsten des Papstes.

Diese Instantmethode der Geschichtserfindung war wunderbar erfolgreich, besonders weil die Fälschungen in das kanonische Recht einbezogen wurden. Mit unzähligen subtilen Abwandlungen ließen sie den Katholizismus unwandelbar erscheinen. Sie machten aus »heute« »von Ewigkeit zu Ewigkeit«, und das ist selbst heute, entgegen den Befunden der Geschichte, die typische Prägung des Katholizismus.

So vollendete sich die stillste und nachhaltigste aller Revolutionen: Sie wurde ganz auf dem Papier gemacht. Sie hätte nicht funktioniert in einem Zeitalter, in dem jeder lesen und schreiben kann, in dem es Druck, Fotokopien und Datierung anhand von Halbwertzeiten gibt. Sie funktionierte reibungslos in einer Zeit seltener Manuskripte, mangelnder Bildung und analphabetischer Kaiser.

Gregor war sich nicht zu gut für einen eigenen Betrug.

Die einflußreichste aller Fälschungen waren die Dekrete des Pseudo-Isidor, von französischer Herkunft und aus dem neunten Jahrhundert, auf die Rom sich gierig stürzte und die Gregor, »der nicht irren konnte«, für echt hielt. Sie bestanden aus 115 Dokumenten, angeblich aus der Feder früher römischer Bischöfe, angefangen mit Clemens (88–97). Weitere 125 Dokumente hatten gefälschte Zusätze, die Macht und Prestige des Papsttums steigerten. Dem Fälscher zufolge verboten die frühen Päpste jeden Umgang mit Exkommunizierten.

Gregor erweiterte dieses Prinzip, wohl wissend, daß es dafür keinen Präzedenzfall gab, 1078 auf Kaiser und Könige. Wenn ein Papst einen Kaiser exkommunizierte und seine Untertanen nichts mit ihm zu schaffen haben durften, wozu war er dann gut? Er konnte nur noch abgesetzt werden, was Gregor durchaus gern tat. Selbst die glühendsten Papstgetreuen fanden dies schwer zu entschuldigen. Denn Gregor vermengte absichtsvoll zwei verschiedene Rechtsarten, kirchliches und weltliches, und machte das geistliche Prinzip der Exkommunikation zu einer politischen Waffe. In seiner Hand war sie vernichtend. Er setzte den griechischen Kaiser ebenso ab wie Boleslaus, den polnischen König, und verbot Polen, sich je wieder Königreich zu nennen. In einem Land nach dem anderen säte er Unfrieden – es gab Aufstände und Bürgerkriege.

Um einen Moment vorauszuschauen: die zu dieser Zeit gefälschten Dokumente wurden Mitte des 12. Jahrhunderts in Bologna von dem Benediktinermönch Gratian systematisiert. Sein *Decretum* oder Codex des kanonischen Rechts war mit Abstand das einflußreichste Buch, das je ein Katholik geschrieben hat. Es war durchsetzt von Fälschungen aus drei Jahrhunderten und Schlüssen aus ihnen, dazu noch mit seinen selbsterfundenen Zusätzen. Von den 324 Zitaten von Päpsten der ersten vier Jahrhunderte sind nur elf echt.

Unter seinen eigenen Zusätzen war eine Reihe von Canones, die alle Exkommunizierten als Ketzer behandelten. Dies war alarmierend, wenn man bedenkt, wie mit Ketzern umgesprungen wurde. Urban II. hatte am Ende des elften Jahrhunderts bestimmt, daß sie zu foltern und zu töten seien.

Bemerkenswerterweise erfand Gratian eine Methode, päpstliche Macht auszudehnen. Der Papst, erklärte er zur Freude Roms, ist ohne Einschränkung über dem Recht und ist dessen Quelle. Er muß deshalb die gleiche Stellung einnehmen wie der Sohn Gottes. Diese Apotheose wurde die Inspiration der Kurie, die im Namen des Papstes handelte. Jeder Federfuchser war irgendwie ein Gott.

Noch später, im dreizehnten Jahrhundert, war das *Decretum* Thomas von Aquins Quelle für Zitate von den Kirchenvätern und Päpsten, als er seine meisterhafte *Summa Theologica* schrieb, das zweitberühmteste Buch von einem Katholiken. Thomas kannte das Griechische kaum oder gar nicht und ließ sich von Gratian in die Irre führen, speziell was das Papsttum betrifft. Thomas hatte natürlich einen riesigen Einfluß auf die Kirche, besonders beim Ersten Vatikanischen Konzil, als die päpstliche Unfehlbarkeit definiert wurde.

Eine kleine Ironie: In seiner *Summa* schreibt Thomas, Ketzer sollten auf der gleichen Grundlage hingerichtet werden wie Fälscher. Häretiker fälschen nicht Geld, sondern etwas viel Kostbareres: den Glauben. Er fragte nicht, welche Strafen für Fälscher von Dokumenten geeignet wären, die die Kirche, einschließlich seiner selbst, über Generationen hin irreführten.

Gregors Fälschungen hatten den Vorteil, daß sie originell und gleichzeitig sakrosankt, neu und gleichzeitig alt waren. Ein Fürst war unklug, sich gegen den Papst zu stellen, wenn frühere Oberhirten wie Innozenz I. und Gregor der Große einen Kaiser und einen König abgesetzt hatten. Nicht, daß sie so etwas wirklich getan hatten, aber Gregor VII. hatte ein Dokument, mit dem er bewies, daß sie es getan hatten. Die Fälscher selbst glaubten von ganzem Herzen, daß Gregor die Macht hatte, Monarchen

abzusetzen – und wenn sie mit einem Federstrich hier und da einer unfrommen Welt zu demselben Glauben verhelfen konnten, was sollte daran schädlich sein?
Die Geschichte wurde zu einer Hilfswissenschaft der Theologie, und das ist sie seither geblieben. Schließlich kann selbst die Geschichte nicht der unfehlbaren Wahrheit widersprechen. Deshalb wurde in den formenden Jahren des römisch-katholischen Christentums jede Diskussion durch den Rückgriff auf »Autoritäten« im Keim erstickt, die bei Bedarf schnell fabriziert worden waren. Entwicklung kam nicht spontan zustande, sondern wurde in vorgefaßte Formen gezwungen. Die traditionelle Unterordnung der Päpste unter Allgemeine Konzilien in Fragen des Glaubens und der Moral wurde umgekehrt. Strittige und manchmal fragwürdige Ansichten wurden etablierte Dogmen; parteiische Standpunkte wurden als zeitlose, unumkehrbare katholische Lehre geheiligt.
Es ist keine Kleinigkeit, eine Geschichte nach Maß herzustellen.

Kaum war er gewählt, da machte sich Gregor VII. daran, alles zu reformieren. Zuerst versuchte er, die allgemeine »Unzucht« auszumerzen, d. h. die Ehe des Klerus, um sicherzustellen, daß Kirchengut nie verschenkt wurde. Das Gesetz des Zölibats für Kleriker war praktisch vergessen – außer von Gregor. Wenn die Priester ihr Leben nicht änderten, sollten sie suspendiert werden, und die Laien sollten ihren Dienst nicht annehmen. Es war, als seien sündige Priester keine Priester mehr. Ein Kritiker fragte: »Würde der Papst sagen, ein sündiger Mann sei kein Mann mehr?«
Der Effekt seiner Gesetzgebung bestand laut Ray C. Petry darin, »praktisch zu Tausenden Prostituierte aus den unschuldigen Ehefrauen verblüffter, zorniger kleiner Kleriker zu machen«. Lecky schreibt: »Als die Frauen der Priester in riesiger Zahl von ihren Ehemännern getrennt und verdammt, gebrochen und hilflos fortgetrieben wurden, verkürzten nicht wenige von ihnen ihre Qual durch Selbstmord.« Der deutsche Klerus wollte wissen, wo Gregor, wenn er die Männer aus dem Priesteramt vertrieben hatte, Engel finden würde, um sie zu ersetzen. Eine Gruppe italienischer Bischöfe hielt 1076 in Pavia ein Konzil ab und exkommunizierte den Papst, weil er Eheleute trennte und Sittenlosigkeit beim Klerus gegenüber der ehrbaren Ehe begünstigte.
Hätte Gregor seine Drohung wahr gemacht, Priester zu suspendieren, die nicht enthaltsam waren, so hätte er den Katholizismus praktisch ausradiert. Glücklicherweise oder unglücklicherweise war seinem Feldzug kein anhaltender Erfolg beschieden. Ehelosigkeit konnte er durchsetzen, aber

nicht Keuschheit. Doch durch die Ehelosigkeit garantierte er das ständige *Apartheids*-System im Katholizismus zwischen Klerikern, die Rechte haben, und Laien, Männern und Frauen, die keine Rechte haben. Seltsamerweise trennten sich mehr Laien als Priester von ihren Ehefrauen — vielleicht waren sie stärker beeindruckt von Gregors asketischen Idealen. Nach einer Stillhalteperiode stellten sich die Priester wieder auf den Standpunkt, was sie im Bett täten, sei ihre eigene Sache.
Als nächstes befaßte sich Gregor mit der Simonie, dem Kaufen und Verkaufen heiliger Dinge. Den Kardinälen, die wußten, daß alles bis hinauf zum Stuhl Petri selbstverständlich seinen Preis hatte, schien Exkommunikation hierfür übertrieben.
Gegen eine jahrhundertealte Praxis exkommunizierte Gregor jeden Kleriker, der Pfründen von einem Laien entgegennahm, sei er auch Herzog oder Fürst. Niemand in der Kirche sollte irgend jemandem verpflichtet sein außer ihm. Gegen eine tausendjährige Tradition ließ er alle Bischöfe ihm einen persönlichen Treueeid schwören. Von nun an waren sie Bischöfe »von Gnaden des Apostolischen Stuhls«. Auf einen Schlag hatten die Diözesanbischöfe, Nachfolger der Apostel, ihre Unabhängigkeit verloren, und nicht einmal das Zweite Vatikanische Konzil konnte sie ihnen wiedergeben. Seit Gregor VII. ist trotz allen Leugnens der Papst der wirkliche Bischof jeder Diözese. Jeder Kleriker, der sich in irgendeiner Sache dem Papst entgegenstellt, kann so leicht entlassen werden, wie er ernannt wurde. Wenn das nicht der wirkliche Bischof ist, ist kaum festzustellen, was es ist.

## *Der große Krach*

Gregor hatte seit über dreißig Jahren auf eine Chance gewartet, den Kaiser herauszufordern. Schließlich beschuldigte er Heinrich IV. der Einmischung in kirchliche Angelegenheiten und der Simonie. Heinrich war ehrlich erstaunt. Natürlich mischte er sich ein, aber er tat nichts anderes, als Kaiser seit Konstantin immer getan hatten. War er nicht um Bestätigung von Gregors Wahl gebeten worden, und hatte er der Bitte nicht entsprochen? Wie kam dieser Papst auf den Gedanken, er könne ihm Vorschriften machen?
Pikiert berief Heinrich in Worms ein Konzil ein und erklärte die Wahl für nichtig. Er als Kaiser sei nicht im voraus konsultiert worden.
Gregor antwortete Heinrich mit dem Anathema und schickte einen Rundbrief hinterher.

*Im Namen des allmächtigen Gottes verbiete ich Heinrich, die Königreiche Italien und Deutschland zu regieren. Ich spreche alle seine Untertanen von jedem Eid los, den sie geschworen haben oder schwören; und ich exkommuniziere jeden, der ihm als seinem König dient.*

Das war die päpstliche Bombe jener Zeit. Kaiser hatten zahllose Päpste abgesetzt: Gregor hatte ein solches Sakrileg miterlebt. Nie zuvor hatte ein Papst es gewagt, einen Kaiser abzusetzen. Was würde daraus werden? Die Vorzeichen waren gut. Heinrichs Mutter, die Kaiserin Agnes, war auf der Seite des Papstes, und ebenso seine Cousine, die berühmte Matilda, Gräfin von Tusculum. Zu Heinrichs Entsetzen hatte der Wahnsinnige in Rom tatsächlich Wirkung in Deutschland selbst. Fürsten begannen ihre Bündnisse aufzukündigen. Um seinen Vorteil zu nutzen, unterstützte Gregor Rudolf, den Herzog von Schwaben und Heinrichs Vasallen, als nächsten Anwärter auf den Thron.

Heinrich war nun einundzwanzig; ihm wurde klar, daß er mit dem Rücken zur Wand stand. Der Jahrestag seiner Exkommunikation näherte sich, und er würde sein Königtum offiziell und endgültig verlieren, wenn er nicht mit dem Papst Frieden schloß.

Mit einem kleinen Gefolge reiste er durch Burgund und verbrachte ein angenehmes, wenn auch sorgenvolles Weihnachtsfest mit der Familie in Besançon. Dann überquerte er mitten im Winter 1077 die Alpen. Mit ihm reiste seine Frau und ihr neugeborener Sohn Konrad. Bauern mußten sie führen, einen Weg durch Schneewehen bahnen und die Königin auf ihrem Ochsenhautschlitten hindurchziehen. Sie traten Lawinen los und verloren die meisten ihrer Pferde. Als sie in Italien angekommen waren, stieß die riesige langobardische Armee zu ihnen in der Hoffnung, er sei gekommen, um es dem Papst zu zeigen. Er enttäuschte sie.

Gregor hatte sich vor den Langobarden in Matildas dreifach ummauerter Festung Canossa verschanzt. Sie stand auf dem Gipfel eines schroffen, rötlichen Berges an einem Ausläufer des Apennin. Zwanzig Meilen nordwestlich war Parma, unsichtbar im Nebel jenes besonders strengen Winters. In Canossa bat Heinrich um Frieden.

Durch Mittelsmänner legte Gregor die Grundregeln fest. Heinrich sollte seine Krone und alle anderen königlichen Insignien zur freien Verfügung seiner Heiligkeit senden. Er sollte öffentlich bekennen, er sei unwürdig, nach seinem schändlichen Betragen in Worms Kaiser zu sein. Schließlich sollte er geloben, jede Buße anzunehmen, die der Papst ihm auferlegte.

Heinrich erklärte sich einverstanden und erklomm den weißen Hang zur Festung, furchtsam und allein. Er passierte das erste Portal und wurde an der zweiten Ringmauer aufgehalten. Hoch über ihm erschien der Papst in vollem Ornat, um seine Demütigung zu genießen.
Während der Ostwind um ihn pfiff, mußte Heinrich sich seine königlichen Insignien abnehmen lassen und alle Kleider ausziehen. Eine wollene Kutte wurde ihm zugeworfen, rauh wie ein härenes Hemd.
*Zieh es an.* Gregor, mit seinem eigenen härenen Hemd an seinem wohlgegeißelten Rücken, verdeckt durch seine Gewänder, machte eine Geste – er ließ sich nicht herab, mit einem zu sprechen, der außerhalb der Gemeinschaft mit Gott und der Kirche stand.
Heinrich gehorchte, blaugefroren und mit klappernden Zähnen. Mit bloßem Kopf und bloßen Füßen stand er bis zu den Knöcheln im Schnee, gekleidet in das härene Hemd des Bettlers und Büßers. Er hielt einen Reisigbesen in der einen Hand und eine Schere in der anderen, als Zeichen für seine Bereitschaft, sich geißeln und scheren zu lassen.
Der Kaiser des Heiligen Römischen Reiches, Erbe Karls des Großen, stand dort drei Tage und Nächte, fastend von Tagesanbruch bis lange nachdem die glitzernden Sterne herauskamen – ein so elender Anblick, daß seine Verwandten auf den Zinnen lauthals weinten, weil sie es nicht mehr mit ansehen konnten. Stunde um Stunde betete Heinrich mit vor Frost starren Haaren und Augenbrauen in tiefen, schaudernden Seufzern zu Gott und dem Papst um Gnade.
Später im gleichen Jahr berichtete Gregor in einem Brief an die deutschen Fürsten, was er selbst getan hatte:

> *Die Fürsprecher Heinrichs murrten über die große Herzlosigkeit des Papstes. Einige wagten sogar zu sagen, ein solches Verhalten sei eher wie die barbarische Grausamkeit eines Tyrannen als wie die gerechte Strenge eines kirchlichen Richters.*

Was Gregor so hart machte, war die ferne Erinnerung an das, was Heinrichs Vater seinem Vorgänger angetan hatte. Wie die Italiener sagen – kalt schmeckt Rache besser.
Erst als seine Gastgeberin Matilda am vierten Tag plädierte, ihr Vetter würde sterben, wenn er noch länger im Schnee bliebe, ließ der Papst sich erweichen.
Heinrich wurde hineingeschleppt, ein Klumpen gefrorenes Fleisch, um in Fetzen vor dem tiaragekrönten Oberhirten zu stehen. Groß und gutausse-

hend, wie er war, überragte er diesen häßlichen, dunkelhäutigen toskanischen Zwerg mit seiner großen Nase und den kalten, starren Augen.
Heinrich mußte schwören, sich dem päpstlichen Urteil an dem Ort und zu der Zeit zu unterziehen, die noch bekanntgegeben würden. Inzwischen durfte er seine Souveränität nicht ausüben, bis der Papst gesprochen hatte. Wie Machiavelli in seiner *Florentinischen Geschichte* bemerkt: »Heinrich hatte als erster Fürst die Ehre, die Schärfe geistlicher Waffen zu spüren.«
Doch auch Heinrich hatte seinen Stolz. Er wollte nichts vom Papst, außer der Aufhebung seines Bannfluchs.
Wieder daheim, zog er gegen Rudolf ins Feld und veranlaßte Gregor, den Bann von neuem zu verhängen. In einer Art Fernkrieg berief Heinrich ein Konzil ein, um den Papst abzusetzen. Bischof Berno von Osnabrück versteckte sich unter dem Altartuch der Brixener Kathedrale, bis die Verhandlungen gegen Gregor vorüber waren, und erschien dann wieder wie durch Zauberkraft. Heinrich wählte Guibert von Ravenna als Papst Clemens III. Hierfür prophezeite Gregor Heinrich den Tod innerhalb eines Jahres. Statt dessen marschierte Heinrich nach einer Reihe glanzvoller Siege nach Rom und setzte Clemens auf den Thron.
Gregor floh nach Salerno im Königreich Neapel, alt, müde und von seinen Kardinälen im Stich gelassen. Er war zwölf Jahre Papst gewesen. Es war ein typischer neapolitanischer Sommer, aber Gregor hatte nicht so gefroren, seit er auf den Zinnen von Canossa stand. Herrisch bis zum Ende, gab er der ganzen Menschheit die Absolution, »außer dem sogenannten König Heinrich«, den er zur Sicherheit zum viertenmal exkommunizierte. Selbst ein Papst mit göttlicher Macht konnte *ihn* nicht retten.
Im Widerspruch zu den bekannten Tatsachen murmelte er: »Ich habe die Gerechtigkeit geliebt und das Unrecht gehaßt, deshalb sterbe ich im Exil.« Der Mangel an Logik fiel einem bischöflichen Berater auf. »Wie im Exil, Heiligkeit, wenn die ganze Welt dein ist?«
Gregor starb am 25. Mai 1085.

Bei den Katholiken steht er in hohem Ansehen. Sein Prestige beruht auf seiner Askese, seinem fulminanten Vorgehen gegen Simonie und priesterliche Unzucht, seinem Versuch, den jahrhundertealten Trend päpstlicher Unmoral umzukehren, seiner Fähigkeit, kraft einer einzigen Idee Monarchen zu entthronen. Er ist auch der klassische Exponent des römischen Katholizismus, den er praktisch erfand. Er hatte nie einen Zweifel über eine Meinung; er war immer ganz sicher in allem.

Doch abgesehen von den Fälschungen, die seine fragwürdigen Ansprüche untermauerten, müssen selbst seine Bewunderer einräumen, daß vor ihm Thron und Altar Verbündete waren. Päpste und Fürsten gaben nie ihre gegenseitige Wachsamkeit auf, und zuzeiten kämpften sie wie Tiger. Erst drang der eine in das Revier des anderen ein, dann wurden die Rollen getauscht. Doch als Gottes gesalbte Vertreter zweifelten sie nie daran, daß sie auf eine tiefe und heilige Weise aneinander gebunden waren.
Gregor unternahm es, diese zerbrechliche Harmonie zu zerschmettern. Er hatte gesehen, wie ein Kaiser einen Papst absetzte; er würde einen Kaiser absetzen, egal wie.
Hätte er nur einen Kaiser gedemütigt, so hätte ihm niemand etwas vorwerfen können. Doch er führte eine hinterhältige und häretische Lehre ein und setzte sich durch sie an die Stelle des Kaisers. Im Namen des Armen von Nazareth, der auf alles Königtum verzichtete, beanspruchte er, nicht nur Bischof zu sein, sondern König der Könige. In einer Parodie der Evangelien nahm ihn der Teufel mit auf einen sehr hohen Berg und zeigte ihm alle Königreiche der Welt, und Gregor VII. rief aus: Sie sind alle mein.
Wie jener objektivste aller Historiker, Henry Charles Lea, in *The Inquisition in the Middle Ages* schrieb: »Der Realisierung dieses Ideals (päpstlicher Suprematie) weihte er sein Leben mit einem Feuereifer und einer Unbeirrtheit, die vor keinem Hindernis zurückschreckten, und er war bereit, ihm nicht nur die Menschen zu opfern, die ihm im Wege standen, sondern auch die unwandelbaren Prinzipien der Wahrheit und Gerechtigkeit.«
Auf diese Weise säte Gregor bedenkenlos Samen, die, als sie aufgingen, nicht nur das Ende des Christentums hervorbrachten, sondern zusätzlich die Reformation. Der Bischof von Trier sah die Gefahr. Er beschuldigte Gregor, die Einheit der Kirche zu zerstören. Der Bischof von Verdun sagte, der Papst irre in seiner unerhörten Anmaßung. Der Glaube ist Sache der Kirche – das Herz gehört dem Land des Einzelnen. Der Papst, sagte er, dürfe das Bündnis des Herzens nicht für sich beanspruchen. Doch genau das tat Gregor. Er wollte alles; den Kaisern und Fürsten ließ er nichts. Das Papsttum, wie er es formte, untergrub den Patriotismus und dadurch die Autorität weltlicher Herrscher; diese fühlten sich durch den Altar bedroht. Bei der Reformation empfanden Herrscher in England und anderswo es als notwendig, den Katholizismus aus ihrem Land zu verbannen, um sich sicher zu fühlen.
Ein weiteres Vermächtnis Gregors VII. besteht in der Zwangs-Romanisierung der Kirche. Nach ihm war echter Katholizismus, ein Katholizismus,

der an jedem Ort und in jeder Kultur wurzelt und bereichert wird, unmöglich. Jede Kirche mußte mit dem römischen Muster konform gehen, wie fremd dies Muster ihren Ursprüngen und ihren Erfahrungen auch sein mochte. Latein, Zölibat, scholastische Theologie – all das wurde soweit durchgesetzt, daß Einmütigkeit durch Einheitlichkeit, gegründet auf Rom, ersetzt wurde.

Die Veränderungen, die Gregor bewirkte, spiegelten sich in der Sprache wider. Vor ihm war der traditionelle Titel des Papstes Stellvertreter Petri. Nach ihm war es Stellvertreter Christi. Nur das »Stellvertreter Christi« konnte seine absolutistischen Ansprüche rechtfertigen, und seine Nachfolger erbten diese in Wirklichkeit nicht von Petrus oder Jesus, sondern von ihm.

Er machte Schule. In den hundert Jahren nach ihm exkommunizierten Päpste nicht weniger als acht Kaiser, setzten etliche dabei ab und brachten der Christenheit jedesmal Unfrieden. Historiker haben fünfundsiebzig blutige Schlachten direkt auf Gregors Fehde mit dem Kaiser zurückgeführt.

Ein letztes paradoxes Ergebnis der Reformen des asketischen Gregor: Seine absolutistischen Ansprüche bereiteten den Weg für so sinnliche Päpste wie Alexander Borgia. Selbst wenn ein Satan auf dem Papstthron war – wer wagte es, den Stellvertreter Christi in Frage zu stellen?

Gregor VII. mußte fünf Jahrhunderte warten, ehe er offiziell von einem anderen Papst als sich selbst kanonisiert wurde. Dieser Papst, Pius V., hatte ebenfalls eine Neigung zur Absetzung von Monarchen, mit gleich katastrophalen Folgen.

Doch von allen postumen Ehrungen, die ihm zuteil wurden, hätte Gregor sich wohl am meisten über die gefreut, die ihm nicht ein Amtsbruder, sondern der größte Feind der Kirche im neunzehnten Jahrhundert angedeihen ließ. »Wäre ich nicht ich selbst, so wäre ich gern Gregor VII.« Der Sprecher war Napoleon nach der Schlacht von Austerlitz.

Wenn Napoleon Gregor wählte statt Innozenz III., so lag das wahrscheinlich daran, daß er eine Münze geworfen hatte.

## *Innozenz III., Beherrscher der Welt*

Es war die außergewöhnlichste Begegnung zweier Männer, seit Jesus im Praetorium vor Pilatus gestanden hatte. Der eine in königlichen Gewändern auf dem Purpurthron war der mächtigste Mann der Welt; der Siebenundzwanzigjährige, der in den geflickten Lumpen eines Bettlers vor ihm kniete, hatte seinen Ehrgeiz darein gesetzt, der ärmste zu sein.

Es war der Sommer 1209. Papst Innozenz III. hatte sich endlich bereitgefunden, diesen winzigen, ungekämmten Burschen zu sehen, der im Ruf der Heiligkeit stand. Der magere Bittsteller hatte dunkles Haar und gerade Augenbrauen, weiße Zähne und kleine, aber abstehende Ohren. Sein Bart war dünn und zottelig. Seine schwarzen, blinzelnden Augen funkelten, seine Stimme war kräftig und melodisch, und er strahlte eine sonderbare Freude aus. Er war ein Poet, sagten die Leute. Er sprach von Schwester Sonne und Bruder Wind; Mond, Wasser, Erde, selbst der Tod waren seine Geschwister. Er predigte angeblich zu Vögeln und wilden Tieren, und sie hörten ihm zu. Seine große Liebe war die Armut, die er die reichste und gütigste Herrin der Welt nannte.

Innozenz erinnerte sich wohl kaum daran, doch er hatte diesen merkwürdigen kleinen Mann schon einmal gesehen. Franz von Assisi hatte einen Weg in den Lateranpalast gefunden. Er wollte direkt an die Spitze gehen, um die Billigung für die religiöse Bruderschaft einzuholen, die er gründen wollte. Durch Zufall stieß er in einem Korridor mit Innozenz zusammen. Franziskus war von St. Peter gekommen, wo er mit einem Bettler, dessen Lumpen zerfetzter und übelriechender waren als seine eigenen, die Kleider getauscht hatte. Der Oberhirte schnupperte und wies ihn hinaus.

Erst Hugolino, der Kardinal von Ostia, erreichte, daß er Franziskus eine Audienz gab. Hugolino, der künftige Gregor IX., verstand Franziskus auch nicht, doch er meinte, er habe der Kirche etwas zu geben. Er verstand ihn auch später nie, nicht einmal, als er ihn – mit Bedenken – 1228 kanonisierte.

Die Unterredung mit Innozenz III. war kurz. Der Papst äußerte weder Billigung noch Mißbilligung für Franz und seine Liebe zur Armut. Er hatte Wichtigeres im Kopf. Die Welt zu beherrschen, zum Beispiel.

Kardinal Lothar war am 8. Januar 1198 einstimmig gewählt worden. Wie der Kindpapst Benedikt IX. stammte Innozenz von den Alberichs von Tusculum ab, einer Familie, die sich schließlich rühmen konnte, dreizehn Päpste, drei Gegenpäpste und vierzig Kardinäle hervorgebracht zu haben. Mit achtunddreißig war Innozenz das jüngste Mitglied des Heiligen Kollegiums. Er war klein, stämmig, gutaussehend und beredt, mit stahlgrauen Augen und festem Kinn. Er hatte an den besten Universitäten, Paris und

Bologna, studiert. Mit seinem feurigen Temperament und seinem unübersehbaren Format war er ein geborener Herrscher um jeden Preis.
Nach seiner Weihe in der Peterskirche wurde Innozenz auf einer Plattform in Freien gekrönt. Der Kardinal-Erzdiakon nahm seine Mitra ab und setzte das fürstliche *Regnum* an ihre Stelle. Ursprünglich hatte es aus weißen Pfauenfedern bestanden, doch nun war es ein juwelenbesetztes Diadem mit einem Karfunkel an der Spitze.
»Nimm diese Tiara«, intonierte der Erzdiakon in einem Ritual, das Petrus erstaunt hätte, »und wisse, daß du Vater der Fürsten und Könige bist, Beherrscher der Welt, der irdische Stellvertreter unseres Erlösers Jesus Christus, dessen Ehre und Ruhm ewig währen wird.«
Als Jünger Gregors VII. zweifelte Innozenz niemals daran, daß diese Gotteslästerung ihm zustand.
Er war die Reinkarnation Konstantins. Thomas Hobbes' berühmter Seitenhieb im *Leviathan* scheint berechtigt: »Das Papsttum ist nichts anderes als der Geist des toten Römischen Reiches, auf dessen Grab es gekrönt sitzt.« Mit vor Gold und Edelsteinen leuchtenden Gewändern bestieg Innozenz ein weißes, mit Scharlach bedecktes Pferd und nahm an der Reiterparade durch die girlandengeschmückte Stadt auf der Via Papae teil. Sie ging unter den alten Bögen der Kaiser hindurch.
Am Stephansturm trat Petri, ein alter Rabbi, mit der Schriftrolle des Pentateuch um die Schultern vor, um seine Ehrerbietung zu bezeugen. »Wir anerkennen das Gesetz«, erklärte Innozenz förmlich, »doch wir verurteilen die Prinzipien des Judentums; denn das Gesetz ist schon erfüllt durch Christus, den das blinde Volk Juda noch als seinen Messias erwartet.«
Der Rabbi dankte dem Papst mit niedergeschlagenen Augen für seine gütigen Worte, zog sich zurück und bekam eine Tracht Prügel.
Weiter ging die Prozession, über das Forum. Rom, wie Innozenz es erbte, war nichts als ein weites, unbebautes Feld, umgeben von der lückenhaften, moosbewachsenen Aurelianischen Mauer.
Der Oberhirte beschloß, hier aufzuräumen und seiner Familie einen Turm zu bauen, den Torre de' Conti, der die ganze Stadt überragen sollte. Vorbei an Haufen aus Steinen von Tempeln, Bädern und zerbrochenen Aquädukten und dem Kolosseum zog Innozenz zum Lateran.
Dort nahm er den Treueeid des römischen Senats entgegen, ließ sich von Prälaten und Fürsten den Fuß küssen, und nachdem er den Armen und weniger Armen reichlich Almosen gegeben hatte, lud er die Adligen zu einem Festmahl ein.
Der Oberhirte saß allein, wie es einer Gottheit ansteht. Die Gefäße waren

vom Kostbarsten. Der älteste anwesende Fürst servierte ihm den ersten Gang, bevor er seinen Platz am Tisch bei den Kardinälen einnahm.
Innozenz aß nicht viel; seine Gesundheit war nie besonders gut. Seinen schwächlichen Körper kompensierte er mit dem ehernsten Willen, den ein Papst je hatte. Er plante schon, seinen Lieblingstitel »Beherrscher der Welt« zu einer Realität zu machen.

Bei seinem Amtsantritt war das Papsttum in Rom praktisch machtlos. Sein erstes Ziel war, wie das vieler Päpste vor und nach ihm, die Wiederherstellung seines weltlichen Besitzstandes. Wenig später hatte er aus Rom einen Klerikerstaat gemacht. Ein Kritiker im Senat klagte: »Er hat Rom gerupft, wie der Falke eine Henne rupft.« Innerhalb von zwei Jahren war er – nicht der Kaiser – Herr über Rom und Italien. Allerdings ging nicht alles nach Wunsch.
Anfang Mai 1203 war er durch einen kurzen Aufstand der römischen Bürger gezwungen, nach Palestrina zu fliehen. Im folgenden Jahr war er zu krank, um die Berichte über die Ritter des vierten Kreuzzugs zu hören, die das barbarischste aller mittelalterlichen Verbrechen begangen hatten: Sie hatten Konstantinopel geplündert. In der großartigen alten Hagia Sophia waren die Kaisergräber geschändet, Reliquien waren gestohlen, Frauen, sogar Nonnen, waren vergewaltigt und ermordet worden. Die berühmteste Stadt der Welt war dem Erdboden gleichgemacht – von christlichen Soldaten, die anscheinend dachten, Schismatiker hätten keine Rechte in dieser oder der nächsten Welt.
Dieses erste Beispiel des Vandalismus unter Christen ist von den Griechen nie vergessen worden. Innozenz war nicht gerade hilfreich, als er einen Venezianer zum lateinischen Patriarchen von Byzanz ernannte.
Nach zwei Jahren machte Innozenz seinen Frieden mit der Stadt Rom und kehrte zurück, um die Amtsgeschäfte wieder aufzunehmen. Das Exil hatte seinen Machthunger nur gesteigert. Frühere Päpste waren nicht unglücklich gewesen, »Stellvertreter Petri« tituliert zu werden. Er lehnte den Titel ab. »Wir sind Nachfolger Petri, aber nicht sein oder irgendeines Menschen oder Apostels Stellvertreter. Wir sind der Stellvertreter Jesu Christi, vor dem jedes Knie sich beugen wird.« Selbst – nein, besonders die Knie von Königen und Kaisern.
Die Kirche, sagte er, ist die Seele, das Kaiserreich nur der Leib der Welt. Die Kirche ist die Sonne, das Reich ein toter Mond, der das Licht des großen Gestirns, der Kirche Christi, reflektiert.
Innozenz' Gesellschaftslehre widersprach der Bibel. Für ihn war fürstli-

che Macht eine Art Usurpation; nur priesterliche Herrschaft war von Gott. Dies war Manichäismus, angewandt auf die Beziehungen zwischen Kirche und Staat. Die Kirche, geistig, war gut; der Staat, materiell, war im wesentlichen das Werk des Teufels. Dieser nackte politische Absolutismus untergrub die Autorität der Könige. Wären sie ernst genommen worden, so hätten seine Theorien zur Anarchie geführt.

Innozenz dachte natürlich nicht so, denn er fühlte sich imstande, Kirche und Staat gleichzeitig zu beherrschen. Dies war sein erklärtes Ziel. Doch unter welchem Vorwand konnte er die weltliche Gesellschaft beherrschen? Die Antwort lautete: Sünde. Wo immer es Sünde gab, war der Papst allmächtig. Und wo in Kirche und Staat gab es keine Sünde? Es zahlte sich für ihn aus, Landesherren in den düstersten Farben zu malen. Es gab ihm in seinen eigenen Augen das Recht, für die ganze Welt die Gesetze zu machen.

Er brauchte gefügige Werkzeuge. Er wählte Otto IV. als Kaiser, weil er versprach, alles zu tun, was der Papst ihm sagen würde. Otto war der erste »König der Römer«, der »erwählt von Gottes und des Papstes Gnaden« genannt wurde.

Innerhalb eines Jahres wurde Otto rebellisch und behauptete, zu Recht, sein Versprechen habe keine rechtliche Grundlage gehabt. Innozenz exkommunizierte ihn und wählte einen anderen. Später krönte er auch Peter von Aragon und den König von England. Selbst Gregor VII. war es nicht gelungen, den König von England gefügig zu machen. Wilhelm der Eroberer weigerte sich, sein Vasall zu sein, und sagte: »Ich verdanke mein Königreich Gott und meinem Schwert.« Johann, der gekrönt wurde, als Richard Löwenherz 1199 gestorben war, war von anderem Kaliber.

Johann Ohneland war nur 1,65 m groß und mit den Worten eines Chronisten »ein unehrlicher König«. Er war ein verwöhntes Kind gewesen und wild, launisch und unberechenbar. Er hatte schräge Augen wie ein Orientale; sein Fuchsgesicht war ständig fahl. Nur in Dingen der persönlichen Hygiene war er über allen Zweifel erhaben: Man wußte, daß er in einem Jahr acht Bäder nahm.

Seine Unausgegorenheit zeigte sich bei seiner Krönung. Entgegen dem Protokoll verweigerte er das Sakrament. In feierlichen Augenblicken riß er schlüpfrige Witze und brach in sein laut meckerndes Lachen aus.

Seine Verachtung der Kirche zeigte sich zehn Jahre zuvor, als er ohne Dispens seine Cousine Isabel von Gloucester heiratete. Ein Jahr nachdem er König geworden war, verliebte er sich in die junge, schöne und schon verlobte Isabel von Angoulême. Nachdem er seine Ehe selbst annulliert hatte, heiratete er seine zweite Isabel und machte sie zu seiner Königin. Als Innozenz sein Mißfallen kundtat, tat Johann Buße, indem er tausend Mann auf den Kreuzzug schickte und mit gestohlenem Geld eine Zisterzienserabtei baute. Innozenz stimmte seiner zweiten Verbindung stillschweigend zu.

Der Papst überwarf sich mit Johann schließlich nicht wegen der Ehe, sondern wegen des Geldes. Der König mischte sich in die Freiheiten der Kirche ein – im Klartext, er besteuerte den Klerus, um seine Kriege mit Frankreich zu finanzieren.

Als Johann seinen eigenen Kandidaten zum Erzbischof von Canterbury ernannte, hatte der Papst genug. Er ernannte Stephen Langton, den anzuerkennen Johann sich weigerte. Innozenz gab ihm drei Monate, sich zu besinnen, oder er würde das kanonische Recht in voller Härte zu spüren bekommen. Johann dachte nicht daran nachzugeben, sondern vertrieb die Mönche von Canterbury aus seinem Reich. Alle außer einem Bischof ergriffen Partei für Innozenz und gingen ins Exil. Eine siebenjährige Auseinandersetzung zwischen König und Papst hatte begonnen.

Innozenz zeigte, wie rücksichtslos er sein konnte, indem er ganz England den Bann auferlegte. Dies war eine Strafe von unglaublicher Strenge. Er hatte sie schon an Frankreich erprobt, das er kurz nach seiner Wahl acht Monate lang gebannt hatte.

Johann schwor »bei den Zähnen Gottes«, wenn irgendein Bischof diese Strafe in England verbreitete, würde er den ganzen Klerus mit ausgestochenen Augen und aufgeschlitzten Nasen zum Papst zurückschicken. Als sie am Palmsonntag 1208 bekanntgemacht wurde, war Johanns erste Reaktion, mit Hilfe habgieriger Barone den Kirchenbesitz zu beschlagnahmen. Er, der das Opfer hatte sein sollen, amüsierte sich königlich. Er erhob Steuern vom Klerus und führte nichts nach Rom ab. Sein Lieblingsstreich war es, bei Nacht Pfarrhäuser zu überfallen und unkanonische Ehefrauen – die *focariae* oder Herdgenossinnen – aus den Betten der Pfarrer zu entfernen. Wenn diese tonsurierten Herren ihre Frauen wiederhaben wollten, mußten sie ein dickes Lösegeld zahlen. Dies unterschied sich kaum von den Einfällen des Boten des Erzdiakons, des meistgehaßten Beamten. Wenn er die Geliebte eines Priesters entdeckte – und seine Erfolgsquote war phänomenal hoch –, erhob er einen »Sündenzins« von jährlich zwei Pfund.

Der größte Teil Englands litt. Kinder wurden ebenso wie Erwachsene zu Opfern. Die Religion, Unterhaltung und Trost des Volkes, war illegal geworden. Die einzigen Treffpunkte, die Kirchen, waren verriegelt und verrammelt gegen alle, außer die Fledermäuse und die Wanderfalken, die in den Türmen der Kathedralen nisteten. Zum Schweigen gebracht durch dieses Verdikt war der lieblichste Klang ganz Englands: die Glocken. Nicht länger perlte über Stadt und Land dieser »Glockeninsel« das Geläut zum Begräbnis oder zum Angelus, nicht länger ertönte die bronzene, aber subtile Musik vom Glockenturm, in der die Schreie von Möwen und Krähen untergingen und die nach dem Volksglauben die pneumatische Kraft des Sturms brach.

Die Sterbenden wurden gesalbt, Beichtende losgesprochen, Neugeborene getauft. Im übrigen wurde England ein heidnisches Land.

Da achttausend Kathedralen und Pfarrkirchen geschlossen waren, hatten Tausende von Priestern und Klerikern keine Arbeit. Keine Gottesdienste wurden an Ostern und Weihnachten gehalten, keine Messen gelesen, nicht einmal in Konventen und Klöstern, keine Kommunion ausgeteilt, keine Trauungen gefeiert, keine Predigt, kein Unterricht gehalten; es gab keine Prozessionen, keine Wallfahrten zu Heiligtümern wie Ely, Walsingham oder Canterbury, kein Abschreiten des Kirchsprengels. Die Toten wurden in ihre Tücher gehüllt und wie Hunde begraben.

Auf den Sommer folgte der Winter und wieder ein Sommer, ohne ein einziges christliches Fest. Dieser lange Karfreitag, den der Papst in seinem Erbarmen über England verhängt hatte, sollte sechs Jahre, drei Monate und vierzehn Tage dauern.

Im Oktober 1209 folgte dem Bann die Exkommunikation des Königs. Drei Jahre später setzte der Papst Johann ab und legte Philipp von Frankreich nahe, er möge sich bereitmachen, ihn zu vertreiben und den Thron von England zu übernehmen. Wer dem Papst gehorchte, sollte die gleichen Ablässe bekommen wie die Kreuzritter.

England freute sich darauf, einen Tyrannen loszuwerden. Er schlief nach Belieben mit jedermanns Frau. Er zog reichen Juden, die ihr Geld nicht herausrücken wollten, die Zähne, einen nach dem anderen. Er nahm Geiseln, und als es in Wales einen Aufstand gab, hängte er in Nottingham Castle im Sommer 1212 achtundzwanzig Knaben, die Söhne walisischer Häuptlinge.

Als Philipp an der Mündung der Seine seine Truppen bewaffnete, spielte Johann seine Trumpfkarte: Er bat Rom, einen Legaten zu senden, um Frieden zu schließen.

Überglücklich schickte der Papst Kardinal Pandulf. Am 13. Mai 1213 kapitulierte Johann vor einer Versammlung von Baronen und dem Volk in

Dover. Er versprach, der Kirche Gelder und Ländereien vollständig zurückzugeben.

Zwei Tage später unterschrieb er bereitwillig ein zweites Dokument und schenkte England selbst »Gott und Unserem Herrn, Papst Innozenz, und seinen katholischen Nachfolgern«. Daran befestigte er nicht das übliche Wachssiegel, sondern ein Siegel aus Gold. Von nun an, versprach Johann, würden er und seine Erben ihre Gebiete als Vasallen des Papstes halten und für dieses Privileg einen Jahreszins von tausend Mark zahlen, zusätzlich zum Peterspfennig.

Innozenz' Sieg machte ihm eine außerordentliche Freude, doch er war ein weiteres Beispiel dafür, daß der Papst zu massiv vorgegangen war. Die päpstliche Souveränität über England endete nämlich 1333, in dem Jahr, als Edward II. sich weigerte, dem Papst weiteren Zins zu zahlen. Als Papst Urban V. instinktloserweise eine Nachzahlung für dreiunddreißig Jahre forderte, beriet sich Edward mit seinen Beamten und kam zu dem Schluß, Johanns Schenkung Englands an den Heiligen Stuhl habe gegen seinen Krönungseid verstoßen und sei daher ungültig. Die Päpste sahen das anders, und diese Streitfrage sollte direkt zur Trennung Englands vom Katholizismus unter Königin Elizabeth I. beitragen. Sie hatte nicht viel dafür übrig, Vasallin des Papstes genannt zu werden oder zu denken, sie hätte England nur von einem ausländischen Potentaten gemietet.

Philipp von Frankreich war bitterböse auf Innozenz III. Er hatte sechzigtausend Pfund in den Kanal gepumpt, doch er wagte es nicht, englischen, nun päpstlichen Boden zu betreten.

Zwar wurde Johanns Exkommunizierung aufgehoben, doch der Bann blieb bis Juni 1214 bestehen, als er alles bezahlt hatte. Erst dann wurden die Kirchentüren geöffnet, das *Te Deum* gesungen und die Glocken wieder geläutet. Und mit der freundlichen Erlaubnis Papst Innozenz' III. durfte Christus wieder nach England.

Unterdessen erreichte der Haß der Barone gegen Johann solche Ausmaße, daß sie die Magna Charta aufsetzten, in der die Rechte von Kirche und Volk – speziell Baronen – garantiert wurden, und Johann zwangen, sein Siegel daran zu befestigen. Der Charta zufolge war der König wie alle freien Menschen dem Gesetz unterworfen, und die Gesetze sollten nicht geheim sein, sondern bekannt.

Johann, nun ein frommer Katholik, informierte natürlich seine Heiligkeit. Als Innozenz davon hörte, rief er aus: »Bei Petrus, wir können diese Beleidigung nicht ungestraft lassen.« Dieses Dokument, oft die Grundlage der englischen Freiheitsrechte genannt, wurde vom Papst förmlich als

»gegen das moralische Gesetz« verdammt. Der König, erklärte er, sei keineswegs Baronen und Volk untertan. Er sei nur Gott und dem Papst untertan. Folglich mußten die Barone, die einem päpstlichen Vasallen unrechtmäßig Konzessionen abgepreßt hatten, bestraft werden. In einer Bulle annullierte Innozenz die Charta »aus der Fülle seiner unbegrenzten Macht und Autorität, die Gott ihm anvertraut hat, Königreiche zu binden und zu lösen, zu pflanzen und auszureißen«; den König sprach er von der Pflicht los, sie einzuhalten. Er exkommunizierte »jeden, der weiterhin solch verräterische und böse Ansprüche aufrechterhalten sollte«. Alle Engländer, müssen wir annehmen, sind noch immer exkommuniziert. Stephen Langton, der Erzbischof von Canterbury, weigerte sich, dies Urteil zu veröffentlichen. Die Herrschaft des Papstes, sagte er, sei nicht unbegrenzt. »Naturrecht bindet Fürsten und Bischöfe gleichermaßen: Vor ihm gibt es kein Entkommen. Es ist außerhalb der Reichweite selbst des Papstes.« Langton wurde vom Amt suspendiert.

Für Innozenz, der Könige besiegt hatte, waren Bischöfe eine Kleinigkeit. Er nannte sich »Weltbischof« – diesen Titel hatten viele frühe Päpste abgelehnt. Mit Innozenz erreichte die Kirche Gregors Ideal; sie wurde eine einzige Diözese. Innozenz verabschiedete mehr Gesetze als fünfzig Päpste vor ihm; er selbst war gar keinem Gesetz unterworfen. Sechstausend seiner Briefe sind bislang veröffentlicht. Ihre Bandbreite ist außergewöhnlich. Er setzt Bischöfe und Äbte ab und ersetzt sie. Er verhängt Strafen für eine Vielzahl von Vergehen. So war zum Beispiel ein Mann namens Robert zusammen mit Frau und Tochter von den Sarazenen gefangengenommen worden. Der Sarazenenanführer gab wegen einer Hungersnot den Befehl, Gefangene mit Kindern sollten diese töten und essen. »Dieser böse Mann«, schrieb Innozenz, »getrieben von den Qualen des Hungers, tötete und aß seine Tochter. Und als beim zweitenmal ein solcher Befehl ausging, tötete er seine Frau; doch als ihr Fleisch gekocht und ihm vorgelegt wurde, konnte er es nicht über sich bringen, davon zu essen.« Ein Teil seiner Buße war, daß er nie wieder Fleisch essen sollte. Auch durfte er nicht wieder heiraten.
Innozenz vervollständigte seine Herrschaft über die Kirche beim Vierten Lateranischen Konzil 1215. Eine Massenversammlung von fünfzehnhundert Prälaten lauschte höflich seinen Dekreten und verabschiedete sie, ohne daß sie hinterfragt oder mit einem Wort debattiert worden wären. Ein Gesetz, das sie verabschiedeten, lautete, daß jeder Katholik seine Sünden bei seinem örtlichen Priester beichten und einmal pro Jahr kom-

munizieren mußte. Auf diese Weise wurden die Laien zu Untertanen des Klerus, der Klerus zu Untertanen der Bischöfe und die Bischöfe zu Untertanen des Papstes gemacht.

Die einzigen Andersdenkenden waren die Ketzer. Der zweite Teil dieses Buches wird sich mit der glorreichen Krönung von Innozenz' Regierung befassen – der Zerschmetterung der Albigenser in Südfrankreich. Hunderttausende von ihnen wurden auf seinen Befehl mit Feuer und Schwert umgebracht. Als alleiniger Besitzer der Wahrheit fühlte Innozenz sich berechtigt, Häresien mit jedem ihm zu Gebote stehenden Mittel auszuradieren. Er war es, der der Inquisition zu einem neuen Aufschwung verhalf und dem Katholizismus eine besondere Art Intoleranz gab, die sich jahrhundertelang halten sollte.

Innozenz III., ein genialer Staatsmann und Papst »von erschreckender Willenskraft«, beherrschte die Welt fast zwanzig Jahre lang in gelassener Majestät. Einen Großteil dieser Zeit über verbreitete er Furcht und Schrecken in der Christenheit. Er krönte und stürzte Monarchen, bannte ganze Länder, schuf praktisch den Kirchenstaat in Mittelitalien vom Mittelmeer bis zur Adria. Er hatte nicht eine einzige Schlacht verloren.

In der Verfolgung seiner Ziele vergoß er mehr Blut als jeder andere Papst. Er verstand das Evangelium, die Kirche, das Papsttum und sogar den Unterschied zwischen Gut und Böse zutiefst falsch. Seine staunenerregende Perversion all dieser Dinge zeigt sich in einer einzigen, atemberaubenden Aussage: »Jeder Kleriker muß dem Papst gehorchen, selbst wenn er Böses befiehlt; denn niemand kann über den Papst urteilen.«

Er war in Perugia, als im heißen Juli 1216 das Ende kam. Die Nachricht erreichte ihn, daß die Franzosen es erneut gewagt hatten, sein England anzugreifen. Als wolle er seinen Abgang in Blut tauchen, sprach er ein letztesmal zu Louis und Philippe Auguste: »Schwert, Schwert, spring aus deiner Scheide. Schwert, Schwert, schärfe dich und dann lösche aus.«

Im Sterben muß er mit zitternden Lidern über die große Decke der umbrischen Ebene zu dem verschlafenen Städtchen Assisi geblickt haben, das sich an den Hang eines Berges schmiegt. Vielleicht regte sich eine ferne Erinnerung in ihm. Da war eines Tages jener Bettler mit den strahlenden Augen zu ihm gekommen und hatte um Anerkennung einer Bruderschaft gebeten, die er gründen wollte. Hatte er sie gewährt oder nicht? Im großen Rahmen der Ereignisse konnte das nicht wichtig sein.

Der Bettler, den er aus dem Lateranpalast geworfen hatte, der niemanden

bedrohte, der lieber gestorben wäre, als jemandem die Tröstungen der Religion zu nehmen, sollte bald an seinem Leib die Wunden des gekreuzigten Christus erfahren. Von ihm sagt Dante in seinem *Paradiso*: »Nacque al mondo un Sole« – »Der Welt wurde eine Sonne geboren«.
Innozenz III., der wahre »Augustus des Papsttums«, ist heute nur Historikern bekannt. Es gibt niemanden, der nicht mit Freude und Zuneigung von Franz von Assisi gehört hat.

Innozenz' Nachfolger wiederholten seine absolutistischen Ansprüche und erweiterten sie sogar. Gregor IX. (1227-41), der den Kleinen Armen aus Assisi kanonisierte, erklärte feierlich, der Papst sei Herr und Meister über das Universum, sowohl Dinge als auch Menschen. Innozenz IV. (1243–54) beschloß, der Name der Konstantinischen Schenkung sei unzutreffend. Konstantin habe den Päpsten nicht weltliche Macht geschenkt; sie hatten schon von Christus höchste weltliche Macht.
Nun fehlte nur noch der Papst, den Dante das Schwarze Tier nennt, Bonifaz VIII., um den päpstlichen Absolutismus zu besiegeln.

## 5. Kapitel

# Schwindende Macht

Benedikt Gaetani wurde 1294 als Papst Bonifaz VIII. gekrönt. Jacopone da Todi, der Dichter der berühmten Sequenz *Stabat mater,* bemerkte, kein Name passe weniger zu ihm. Er hatte kein »gutes Gesicht«.
Der große, dicke Sechzigjährige hatte das kälteste Auge, das je an einem Menschen gesehen wurde. Der Kurienkardinal Llanduff sagte treffend über ihn: »Er ist ganz Zunge und Augen, und der Rest von ihm ist ganz verkommen.« Einmal verweigerte er einem Metropoliten die Bestätigung seiner Ernennung, einfach weil ihm sein Gesicht nicht paßte, und sagte ihm das auch. Selbst ein Kardinal mit einem Gebrechen, etwa einem arthritischen Bein oder einem Buckel, hatte mit gnadenlosem Spott zu rechnen. Er las mit Hingabe und Tränen die Messe, als stünde er auf dem Kalvarienberg und könne Jesus am Kreuz sehen. Sobald die Messe vorbei war, war es wahrscheinlich, daß er die Asche der Buße jedem Erzbischof ins Gesicht warf, der ihm mißfiel. Nach F. M. Powicke wurde er »von vielen bewundert, von allen gefürchtet, von niemandem geliebt«.
Bonifaz war kahlköpfig; seine Ohren standen ab von einem ovalen Gesicht, in dem die Arroganz eines Mannes brannte, der wußte, daß er auf Erden nicht seinesgleichen hatte. »Die Brust des römischen Oberhirten«, bestimmte er, »ist Sitz und Quelle aller Gesetze. Deshalb ist blinde Unterwerfung unter seine Autorität unerläßlich für das Seelenheil.« Im Heiligen Jahr 1300 saß er auf seinem Thron, Konstantins Krone auf dem Kopf, ein Schwert in der Hand, und sang unermüdlich: »Ich bin Oberhirte, ich bin Kaiser.«
Seine Gewänder waren vom Kostbarsten, aus England und dem Morgenland, und er strotzte vor Pelzen und Edelsteinen. Wenn er sprach, spuckte er die Worte durch die Lücke in seinem Oberkiefer, wo zwei Zähne fehlten. Sein Vorgänger, Coelestin V., hatte von ihm gesagt: »Du bist auf den Thron gesprungen wie ein Fuchs, du wirst herrschen wie ein Löwe, du wirst sterben wie ein Hund.«

Wenige Päpste bereicherten je ihre Familie, wie Bonifaz dies tat. Ein spanischer Diplomat sagte: »Dieser Papst will nur drei Dinge: ein langes Leben, ein reiches Leben, eine wohlversorgte Familie um sich.« Er war als »mutiger Sünder«, *magnanimus peccator*, bekannt und verlor keine Zeit, drei seiner Neffen zu Kardinälen zu machen und mit riesigen Ländereien und Besitztümern auszustatten. Laut Dante machte er aus dem Grab Petri eine Kloake.
Sittenlos, wie er war, hatte er einmal eine verheiratete Frau und ihre Tochter als Mätressen. In einer jener hingeworfenen Bemerkungen, für die er berühmt war, sagte er: »Sex ist wie Händereiben.« Nun, da er alt wurde, war sein einziges Hobby außer dem Geldmachen, sich Feinde zu machen. Der spanische Arzt, der ihm das Leben rettete, wurde nach ihm der meistgehaßte Mann Roms.

Bei aller oberflächlichen Selbstsicherheit hatte Bonifaz eine ständige Sorge. Zu viele Prälaten argwöhnten, er habe seinen Vorgänger durch Betrug zum Rücktritt gebracht. Es ist eine der seltsamsten Geschichten der katholischen Kirche, und sie begann im Jahr 1292 mit dem Tod Papst Nikolaus' IV.
Das Konklave, das in Perugia gehalten wurde, konnte sich nicht über einen Nachfolger einigen. Die elf Wahlberechtigten waren zwischen den Colonnas und den Orsinis gespalten, so daß die Diskussionen wochenlang, dann monatelang ergebnislos weitergingen. Benedikt Gaetani stand abseits von alledem und hoffte, man würde als Kompromiß ihn wählen. Nach zwei Jahren, in denen sich nichts bewegte, gab Gaetani vor, einen »Brandbrief« von einem alten Einsiedler empfangen zu haben. Petrus von Morone, der sich in einer Abruzzenhöhle verborgen hielt, stand im Ruf der Heiligkeit. Er verlangte, die Kardinäle sollten der verwaisten Kirche einen Papst geben. Statt Gaetani schlug der Dekan Petrus von Morone selbst vor – mit Erfolg.
Im heißen Sommer 1294 verließ eine päpstliche Reisegruppe Perugia. Nach einer Reise von 150 Meilen und einem Aufstieg von tausend Fuß stießen sie auf den neuen Papst. Mager, struppig, ungewaschen spähte er durch das Gitter seiner selbstgebauten Zelle wie ein verwirrter Mönch. Der Ruch der Heiligkeit war nicht angenehm. Die päpstliche Delegation, geführt von Kardinal Petrus Colonna, kniete mit den Worten »Heiliger Vater« nieder. Sobald er begriffen hatte, daß es kein Scherz, nicht nur der Traum eines alten Mannes war, nahm Petrus von Morone an. Er nannte sich Coelestin V.

Der neue Papst mißbilligte Roms Sittenlosigkeit und bestand deshalb darauf, seinen Sitz in Neapel zu haben. Um sein Vertrauen zu gewinnen, baute ihm Gaetani eine hölzerne Zelle in einen der riesigen Räume des Castello Nuovo, der fünftürmigen Burg über dem Meer. Dort, wie ein Zeitgenosse es ausdrückte, hoffte Seine Heiligkeit sich zu verbergen wie ein Fasan im Unterholz. Dies war nicht seine Umgebung, und diese weltlichen Fürsten waren vollkommen Fremde für ihn. Er konnte die geschliffenen lateinischen Phrasen, die sie benutzten, nicht verstehen. Er räumte seine Ställe und reiste bei Bedarf auf einem Esel, wie Jesus.

Die Kirche hatte sich seit den frühen Tagen so sehr verändert, daß Jesus selbst nicht hineingepaßt hätte. Den Kardinälen wurde ihr Fehler bald klar. Coelestin verschenkte Kirchenbesitz an Unwürdige, etwa an Arme und verarmte Mönche, mit denen er immer verbunden gewesen war. Er hatte kein Flair für Simonie. Er würde die Kirche im Handumdrehen bankrott machen. Sogar von Banketten hielt er sich fern und zog es vor, in Einsamkeit eine Brotkruste zu knabbern und Wasser zu nippen.

Es mußte etwas getan werden, und wer war besser geeignet, es zu tun, als Benedikt Gaetani? Er bohrte ein Loch in die Wand der päpstlichen Zelle und steckte ein Sprachrohr hinein. In der Mitte der Nacht flüsterte er in das Sprachrohr: »Coelestin, lege dein Amt nieder. Es ist eine zu große Last für dich.« Nach mehreren Nächten, in denen er auf die Stimme des Heiligen Geistes hörte, beschloß der einfache Mönch abzudanken. Nur fünfzehn Wochen nach seiner Krönung berief er seine Kardinäle ein und bat sie – mit wenig Hoffnung auf Erfolg –, ihre Mätressen ins Kloster zu schicken und in Armut zu leben wie Jesus. Er vertauschte seine päpstliche Robe mit dem rauhen Eremitengewand, trat zurück und reiste ab.

Gaetani, ein Jurist, hatte diesen erfolgreichen Ausgang arrangiert; er, der Gegenpol zu Coelestin, beanspruchte nun das Recht auf den Thron. Er übernahm ihn im Dezember 1294 und kehrte sofort nach Rom zurück. Doch da er fürchtete, Coelestin könnte mit spirituellen Fanatikern wie Jacopone da Todi zurückkehren, ergriff er die Vorsichtsmaßnahme, ihn in der Burg von Fumone einzuschließen; dort starb der alte Eremit anderthalb Jahre später an Hunger und Vernachlässigung.

Die Familie Colonna erfuhr, daß Gaetani Coelestin aus dem Amt gedrängt hatte, und setzte dies Wissen ein, um seine Legitimität in Frage zu stellen. Bei all seiner Macht sollte sich Bonifaz VIII. auf dem Papstthron nie sicher fühlen.

Die Colonna waren Abkömmlinge der Conti von Tusculum. Abgesehen

davon, daß Bonifaz den Thron, ihren Thron usurpiert hatte, störte es sie, daß er ihr Land um Rom herum geschluckt und Mitgliedern seiner Familie geschenkt hatte. Als die Colonna einen päpstlichen Konvoi überfielen, der mit Gold beladen war, behandelte Bonifaz sie wie Türken, indem er gegen sie einen Kreuzzug mit Ablässen predigte. Als sie so vorsichtig waren, sich aus Rom fortzustehlen, beschuldigte er sie, mit den Franzosen im Komplott zu sein, um ihn zu stürzen. Im Gegenzug sandte er Armeen in die Berge um Rom, um ihre Zitadellen dort zu zerstören, die Bauern auf dem Land zu töten oder als Sklaven zu verkaufen. Bald boten nur noch die Felswände Palestrinas den Colonna Zuflucht.
Die beiden Colonna-Kardinäle hatten keine Wahl, als um Gnade zu flehen. Sie eilten nach Rieti, wo der Papst residierte, und warfen sich vor ihm nieder, mit Stricken um den Hals und in schwarzen Bußgewändern.
Bonifaz' Augen leuchteten heller als seine Tiara; er schenkte ihnen ihr Leben und nahm ihnen etwas, das ihnen mehr wert war: ihre Ehre. Er verstieß sie aus dem Heiligen Kollegium und zertrümmerte ihre Siegel mit einem Hammer. Dann reiste er nach Anagni, seiner Lieblingsstadt über dem breiten Saccotal vierzig Meilen östlich von Rom. Dort, auf dem unteren Kamm des Monte San Giorgio, war er geboren und aufgewachsen.
Er ging zum Fenster im oberen Zimmer des Papstpalastes; von dort hatte er einen herrlichen Blick über die Frühlingsvegetation. Palestrina, eine der sieben Säulen der römischen Kirche, kauerte am Hang eines Hügels, umgeben von Oliven und Lorbeer. Horaz hat eins seiner lieblichsten *Carmina* zum Ruhm Palestrinas geschrieben, und dort war im dritten Jahrhundert der Kindmärtyrer Agapitus um Christi willen erschlagen worden. Nachdem er ein Gebet gemurmelt hatte, hob und senkte der Papst seine Hand wie ein Rachegott. Sofort wurde eine Flagge auf den Palastzinnen gesenkt, das Zeichen für die päpstlichen Truppen, mit dem Sturm auf Palestrina zu beginnen.
Nichts wurde verschont. Man berichtete von sechstausend Toten, obwohl viele der Einwohner in die Umgebung geflüchtet sein müssen. Paläste, unter ihnen das Haus Julius Caesars, Antiquitäten und herrliche Mosaiken, ein runder Marientempel über einer Marmortreppe mit hundert Stufen – alle ereilte das gleiche Schicksal. Nur die Kathedrale wurde verschont. Der Rest wurde so rücksichtslos dem Erdboden gleichgemacht wie einst Karthago. Es wurde umgepflügt und Salz in die Furchen geschüttet, um die Trostlosigkeit vollkommen zu machen. Es würde eine andere Stadt geben, versprach Bonifaz, eine *Civitas Papalis*, die etwas von Loyalität gegenüber Seiner Heiligkeit verstehen würde.

Für diese monströse Tat im Frühling 1299 begrub Dante Bonifaz VIII. im Achten Kreis der Hölle, kopfunter in den Felsspalten.

Drei Jahre später, an einem kalten Tag Mitte November 1302, war Bonifaz wieder in Anagni. Seine Stimmung war so übel, daß selbst der Anblick des zerstörten Palestrina sie nicht heben konnte. Was sollte aus der Christenheit nur werden, wenn er sich nicht auf seinen ältesten Sohn verlassen konnte? Seine Auseinandersetzung mit Philipp dem Schönen von Frankreich zog sich endlos hin. Der König nahm es dem Papst bitter übel, daß er ihn nicht wie versprochen zum Kaiser gemacht hatte. Im Gegenzug hatte er Steuern vom Klerus erhoben, um seine militärischen Feldzüge zu finanzieren.

Vor sechs langen Jahren hatte Bonifaz mit seiner Bulle *Clericis laicos* zurückgeschlagen. Er nahm sie sich vor und las sie noch einmal. Seine eigene Unbeugsamkeit erstaunte ihn noch immer. Gregor VII. hätte sie nicht übertreffen können. »Die Laien waren den Klerikern immer feindlich gesinnt.« Wie wahr, seufzte er mit seinem gewohnten Lispeln. Philipp war ein Paradebeispiel für dieses Prinzip. Bonifaz hatte jeden Kleriker mit Exkommunikation bedroht, der einen Pfennig an einen Laien zahlte, sei er König oder Kaiser. Tatsächlich beschloß er, wenn ein habgieriger Monarch auch nur einen Finger auf ein einziges Stück Kirchensilber legte, würde er ihn sofort von Christus abschneiden, und wenn er nicht bereute, würde er sein Königreich verlieren.

Wurde Philipp von seinem Wahnsinn geheilt? Mitnichten. Er hatte den Export von Gold und Silber verboten; der Dieb steckte alle Kircheneinnahmen in seine Tasche; und was am schlimmsten war, er hatte einen Bischof verhaftet. Zitternd vor Wut griff Bonifaz zur Feder. Eine neue Bulle. Sie war an die Kirche der ganzen Welt gerichtet. Nach ihr haben viele Katholiken, einschließlich einiger Päpste, sich gewünscht, er hätte sie nicht geschrieben.

## »Unam sanctam« und das Klirren der Schwerter

Der Papst saß versunken an seinem Pult; nur der Gänsekiel, der auf dem Papier kratzte, war zu hören. Seine ersten Worte sollten um die Welt gehen: *Unam sanctam*. »Es gibt nur eine heilige, katholische und apostolische Kirche; außerhalb ihrer gibt es keine Erlösung oder Vergebung der Sünden.«

Es war das beste, diesen Anspruch laut und deutlich geltend zu machen. Er, der Papst, war das eine Haupt der Kirche, zusammen mit Christus und Petrus. Diese Kirche ist die Arche der Rettung; jeder, der außerhalb ist, ist verdammt zum Untergang für immer, speziell die griechischen Christen, die sich weigern anzuerkennen, daß der Papst Hirte der ganzen Herde ist.

Ein weniger pastorales Bild kam ihm in den Sinn. Seine Augen leuchteten auf. Die zwei Schwerter. »Die Apostel sagten zu Jesus: Hier sind zwei Schwerter. Der Herr antwortet nicht: Zuviel, sondern: Genug!« Dies hat die mittelalterliche Exegese selten übertroffen.

Jetzt raste seine Feder.

*Wer leugnet, daß das zeitliche Schwert in der Macht Petri ist, mißdeutet die Worte des Herrn »Stecke dein Schwert in die Scheide«. Beide Schwerter, das geistliche und das weltliche, sind in der Macht der Kirche. Das geistliche wird von der Kirche geführt, das weltliche für die Kirche. Das eine durch die Hand des Priesters, das andere durch die Hand von Königen und Rittern nach dem Willen und Einverständnis des Priesters. Ein Schwert muß unter dem anderen sein; das weltliche unter dem geistlichen, wie die zeitliche Autorität allgemein unter der geistlichen ist.*

Bonifaz hielt inne, um die Ruinen Palestrinas zu betrachten. Was war ein besserer Beweis für die rechte Ordnung der Dinge in einem geistlichen Gemeinwesen? »Die geistliche Macht«, fuhr er fort, »muß die weltliche Macht einsetzen und beurteilen, ob sie gut ist oder nicht. Wie Jeremia sagte: ›Siehe, heute habe ich dich über Völker und Reiche gesetzt.‹« Er hoffte, Philipp und alle Monarchen würden sich seine Worte diesmal zu Herzen nehmen.

Ein letzter autoritativer Akzent, damit seine Bedeutung eindeutig war: »Wir erklären, verkünden und definieren, daß es für jedes Geschöpf zur Erlösung unbedingt erforderlich ist, dem römischen Oberhirten untertan zu sein.«

Um seine Autorität zu unterstreichen, unterschrieb er die Bulle als im Lateran gegeben, im achten Jahr seines Pontifikats. Er rief seinen Sekretär, einen Bischof, und reichte ihm *Unam sanctam* zur Abschrift und Verteilung in der ganzen Kirche.

In Frankreich war die Reaktion ungnädig. Ein Berater des Königs kommentierte: »Das Schwert des Papstes besteht nur aus Worten; das meines Herrn ist aus Stahl.«

Philipp verbreitete das Gerücht, Bonifaz habe seinen Vorgänger zum Rücktritt gezwungen, dann eingeschlossen und ermordet. Bonifaz ist ein Tyrann, erklärte er, ein Ketzer, eine Beute jedes Lasters.

Der König wußte, daß es mit Worten nicht getan war. Er mußte energisch und rasch handeln, bevor er exkommuniziert war. Er rief seinen Kanzler Wilhelm Nogaret zu sich. Zusammen heckten sie einen kühnen Plan aus. Ein Trupp bewaffneter Männer sollte trainiert werden, um den Papst nach Frankreich zu entführen. Dort würde er sich vor einem Allgemeinen Konzil verantworten, das ihn zweifellos absetzen würde.

Nogaret verneigte sich vor seiner Majestät, und innerhalb von Wochen war die Expedition marschbereit.

In Rom frohlockte Bonifaz. *Unam sanctam* hatte ihm mehr Spaß gemacht als die Plünderung Palestrinas, sogar mehr als der Anblick von zwei Millionen Pilgern, die im Heiligen Jahr vor zwei Jahren nach Rom geströmt waren, um ihn zu bereichern. Gott hatte sozusagen die Echtheit seiner Bulle bestätigt, indem er dafür sorgte, daß Philipp in der Schlacht bei Courtrai von den Flamen besiegt wurde.

Nun wußte die ganze Kirche, daß Gott gebührt, was Gottes ist, und was des Kaisers ist – nun, daß auch das Gott gebührt. Natürlich. Selbst wenn ein paar Päpste nicht den Mut gehabt hatten, es auszusprechen. Schließlich gebührt alles Gott, denn er hat alles geschaffen, und der Papst vertritt Gott. Der Papst als Oberhirte ist verpflichtet, die gesamte Herde zu weiden, einschließlich der größten Schafe von allen: Könige und Kaiser.

Er ließ sich noch einmal seine Lieblingszeile von *Unam sanctam* auf der Zunge zergehen: Niemand kann erlöst werden, der nicht dem römischen Papst gehorcht. Nicht einmal Philipp, der es jetzt wagte, sich ihm entgegenzustellen.

Es war nicht Philipp, sondern die Familie Colonna, die ihm Sorgen machte. Nachdem er ihre Kardinäle abgesetzt hatte, hatten sie ihm keine Dankbarkeit dafür gezeigt, daß er ihr Leben geschont hatte, sondern waren aus der Stadt geflohen. Er hatte keine Ahnung, wo sie waren, aber zweifellos schmiedeten sie irgendwo irgendein Komplott. Er ärgerte sich, daß er sie nicht auf der Stelle hingerichtet hatte.

Ein Jahr verging. Wieder einmal war Bonifaz an seinem Lieblingsort Anagni. Er setzte die letzten Glanzlichter auf eine Bulle, mit der er Philipp exkommunizierte und vom Thron stürzte. Ja, er würde ihn feuern wie einen Stallburschen. Das glorreiche Gefühl, das ihm dies gab, wurde nur von einer seltsamen Geschichte aus Florenz beeinträchtigt. Vor einiger Zeit hatte er jener Stadt einen voll ausgewachsenen männlichen Löwen geschenkt. Die Florentiner hatten ihn an einer Kette in einem *cortile* im Herzen der Stadt gehalten. Eines Tages hatte ein Esel den Weg in den Hof gefunden und – er konnte es kaum glauben – den König der Tiere totgetreten. Die Florentiner sagten, es sei ein Vorzeichen, daß die Tage Bonifaz' VIII. gezählt seien.

Woher konnte solches Unheil kommen? Kein Laut hatte ihn erreicht, daß Nogaret sich mit der Streitmacht des Sciarra Colonna zusammengetan hatte, eines Neffen und Bruders der ehemaligen Kardinäle. Sciarra, ein blutdürstiger, stürmischer junger Mann, war in Rieti gewesen, auch er in schwarzen Bußgewändern, als die Amtssiegel seiner Verwandten zerbrochen und die ganze Sippe Colonna geschändet worden war. Sciarra sollte nie vergessen, wie er vor jenem Ungeheuer gekniet und das Urteil der Exkommunikation gehört hatte. Dadurch hatte ihn der Papst aus der Gemeinschaft der Christen verbannt und in ständiges Exil gezwungen. Es war praktisch ein Todesurteil, und er hatte vier Jahre auf den Galeeren verbracht, bis ein Mitglied seiner Familie ihn rettete. Dies Bündnis mit den Franzosen würde es Sciarra ermöglichen, alle seine Schulden zurückzuzahlen – auf einen Streich.

Am Samstag, dem 7. Oktober, wurden Anagnis Tore vom Hauptmann der päpstlichen Garde verräterisch bei Morgengrauen geöffnet. In die engen Gassen ergossen sich sechshundert Reiter und tausend Infanteristen. Diese Stadt der dunklen, steilen Gassen hallte wider vom Getrappel der Hufe und Füße. Bald wurde es vom Geläut der Alarmglocken übertönt. Die Eindringlinge entfernten die hastig errichteten Barrikaden und plünderten die Paläste der papsttreuen Kardinäle.

Der Palast des Papstes selbst lag gut befestigt auf dem Kamm des Hügels und wurde von den Gaetani verteidigt. Von dort aus schickte er um sechs Uhr früh einen Boten, der um Waffenstillstand bat.

Insgeheim bat er die wichtigsten Bürger, ihm zu Hilfe zu kommen. Er versprach ihnen unerhörten Reichtum als Belohnung für ihre Hilfe in seiner Stunde der Not. Sie lehnten ab.

Stunde um Stunde saß er in seinem Thronsaal, dachte nach, betete, las wieder *Unam sanctam* und staunte, daß ein weltlicher Fürst es wagte, sein Schwert gegen den Gesalbten Gottes, den Herrn der Welt zu erheben. Zur Zeit der Vesper wurden ihm die Waffenstillstandsbedingungen übermit-

telt. Er sollte die Colonna-Kardinäle wieder ins Heilige Kollegium aufnehmen, vom Amt zurücktreten und sich Sciarra Colonna bedingungslos ergeben.
Für Bonifaz VIII., einen stolzen Gaetani, bedeutete dies Kampf bis zum Tod.

Die Eindringlinge brannten als erstes die Haupttüren der Kathedrale ab, um Zugang zum dahinterliegenden Palast zu gewinnen. Die Kleriker in ihren langen, weißen Alben flohen wie die Möwen. Sciarras Männer plünderten beim Vordringen die Kathedrale und ermordeten alle, die darin waren. Dann nahmen sie sich den Palast selbst vor, zerschlugen Fenster und rammten Türen auf. Die Leibwachen des Papstes, zahlenmäßig unterlegen, ergaben sich und erboten sich, ihnen die Anlage des Gebäudes zu zeigen. Die Truppen brachen in wilden Jubel aus und stürmten mit Sciarra an der Spitze die breite Treppe zu den Privatgemächern des Papstes hinauf.
Sciarra hatte sich nicht die Mühe gemacht zu zählen, wie viele er in den letzten paar Stunden getötet hatte. Er erinnerte sich, einen Erzbischof aufgespießt zu haben, doch der Rest war im Nebel. Rostig riechendes Blut war auf seinem Brustharnisch; sein Schwert und sein Dolch waren blutrot bis ans Heft. Als er die Tür des riesigen, hohen Audienzsaals öffnete, umschloß ihn und seine Männer ein gewaltiges Schweigen.
Der sechsundachtzigjährige Papst saß in voller Majestät auf seinem Thron, allein bis auf einen Berater-Kardinal, der sich in eine Ecke drückte. Bewegungslos saß er in vollem päpstlichem Ornat: die Tiara, das Symbol dafür, daß er der Herr der Welt war; an seinen Fingern trug er außer einem großen, blitzenden, ovalen Saphir den Ring des Fischers. Die letzte Quelle seiner Macht war in seiner Hand: ein goldenes Kreuz.
Sciarra war so von Ehrfurcht ergriffen, daß er sich zunächst kaum rühren konnte. Als er langsam mit gezogenem Schwert auf Bonifaz zuging, küßte der Papst hoheitsvoll das Kreuz. Diese Geste, das laute Schmatzen der Lippen, hätte einem frommen Katholiken Einhalt gebieten können, nicht aber Sciarra Colonna. Er schlug den Stellvertreter Christi mitten in sein geädertes, fleckiges Gesicht, daß der Audienzsaal davon widerhallte und selbst Sciarras Männer unter Bekreuzigen zurückwichen. Dies war ein Sakrileg. Was, wenn Gott sie aus Rache niederschlug? Unter Flüchen, die seinem Mut aufhelfen sollten, rief Sciarra, dieser Mann sei nicht Papst, sondern ein Betrüger, Sohn Satans. »Danke ab«, verlangte er.

Bonifaz küßte wieder das Kreuz. »Eher sterben«, murmelte er.
Zu stolz, um diesen exkommunizierten jungen Hund um Gnade zu bitten, senkte er seinen Kopf. Dann, in jenem bekannten, rauhen Ton: »Ec le col, ec le cape« – »Da, der Hals, da, der Kopf.«
Er war in Anagni geboren; er hatte nichts dagegen, dort zu sterben. Dieser Papst, der behauptete, das zeitliche Schwert sei ihm zu Diensten, bekam nun dieses Schwert zu spüren, das sich gegen seinen zerfurchten Nacken preßte. Niemals in der Kirchengeschichte hat es einen symbolträchtigeren Augenblick gegeben. Dies war der Beweis, daß das Bündnis von Kirche und Staat den Zerreißpunkt erreicht hatte.
Selbst Sciarra, den Bauch voller Blutdurst, zögerte. Konnte er sich dazu bringen, das Haupt der Christenheit zu fällen? Er hatte einen Eid der *vendetta* geschworen, und so hatte er keine Wahl. In einer Ekstase sadistischer Freude hob er sein Schwert hoch und zielte sorgfältig.
In diesem Augenblick platzte Nogaret herein und schrie, der König von Frankreich wolle den Papst in Lyon haben, wo ein Ökumenisches Konzil ihn absetzen sollte. Sciarras Gesicht zeigte alle Schattierungen des Purpurs, als er sein Schwert in die Scheide steckte. Um sich teilweise zu entschädigen, begann er, Bonifaz seiner Würde zu entkleiden. Er schlug die Tiara herunter und entblößte einen kahlen Eierkopf; dann vergnügte er sich damit, manchmal mit seinem Dolch ein kostbares päpstliches Kleidungsstück nach dem anderen zu entfernen. Seine Leute, froh, nicht an der Tötung eines Papstes mitzuwirken, plünderten die Gemächer. Sie staunten, daß selbst ein Papst in einem langen, habgierigen Leben solche Schätze anhäufen konnte.
Bonifaz stand aufrecht wie eine Statue, schien die Demütigung nicht zu spüren und wiederholte ärgerlich Jobs Klage: »Dominus dedit, Dominus abstulit« – »Der Herr hat's gegeben, der Herr hat's genommen.« Schließlich stand er praktisch nackt in jenem Riesensaal. Sein Körper, gelb, faltig und vom Steinleiden gemartert, wimmelte vor Läusen. Wenn man sich im Mittelalter die Qualen der Hölle ausmalte, so war nicht das Feuer am meisten gefürchtet, sondern die ewigen Läuse. Der Chronist sagte kühl: »Der Papst hatte eine schlechte Nacht.«
Die Rettung kam unerwartet. Viele von Sciarras Männern waren Söldner und hatten sich mit ihrer Beute abgesetzt. Die Stadtbevölkerung fürchtete, Anagni könnte in Acht und Bann fallen, die Messe könnte dort niemals mehr gelesen werden. Es könnte sogar geschleift werden wie Palestrina. Drei Tage später bewaffneten sie sich, zwangen den Feind zum Rückzug und befreiten den Papst aus seinem Kerker.

Er war ein anderer Mann geworden. Im Gegensatz zu seinen lebenslangen Gewohnheiten heulte er so, daß die Tränen seine schwarz gefurchten Wangen hinunterliefen. Er war durch ein Wunder am dritten Tage auferstanden wie sein Herr, Christus. »Danke«, wimmerte er immer wieder, »danke.« Vielleicht war er plötzlich senil geworden; aus Stolz oder Angst vor dem Vergiftetwerden hatte er in der Haft alles Essen und Trinken verweigert. Hunger und Durst, Nächte der Einsamkeit im Dunkeln mit Ratten, die über ihn liefen, die Nähe des Todes hatten seinen Geist verwirrt. Er wurde mit bewaffneten Wächtern nach Rom zurückgebracht und blieb dort fünfundvierzig Tage in seinem abgeschlossenen Zimmer im Lateran. Wahrscheinlich erdachten Gerüchten zufolge schlug er immer wieder den Kopf an die Wand und knabberte ständig an seinem Arm, wie ein Hund an einem Knochen. Dort starb er, in Einsamkeit und vollkommen ungeliebt – »Morieris ut canis«, war Coelestins Prophezeiung.
Ein kolossaler Sturm tobte bei seinem Begräbnis, und so wurde er in dem Riesengrab, das er für sich in der Peterskirche vorbereitet hatte, mit einem Minimum an Prachtentfaltung begraben.

Es gibt eine seltsame Fußnote zu der Geschichte von Dantes Schwarzem Tier, einem unfrommen Papst, der behauptete, er habe soviel Chancen, den Tod zu überleben, wie ein gebratenes Hühnchen.
Als bei der Fertigstellung des neuen Petersdoms sein Grab 1605 verlegt werden mußte, brach es auf. Zur allgemeinen Verblüffung war der Körper des Papstes nach drei Jahrhunderten nicht verwest. Nur Nase und Lippen waren etwas angefressen. Sie maßen ihn: 1,78 m; er trug noch seinen Saphirring; er sah friedlich aus.
Bonifaz hatte der Häresie von der päpstlichen Macht ihre endgültige Form gegeben. Auch in anderer Hinsicht war er keine Zierde für eine Kirche, der dank Nogaret wenigstens die letzte Würdelosigkeit erspart blieb: ihn als den heiligen Bonifaz, Papst und Märtyrer, ehren zu müssen.

## *Die Babylonische Gefangenschaft der Kirche*

Mit Bonifaz VIII. waren die Probleme des Papsttums nicht zu Ende. Philipp von Frankreich begnügte sich nicht damit, seinen großen Feind zu seinem Schöpfer heimgehen zu sehen, sondern er war auch entschlossen, sein Andenken zu entweihen. Benedikt XI., der der nächste Papst wurde, versuchte, Seine Majestät zu besänftigen, indem er ihn von jeder Schuld für das Sakrileg an seinem Vorgänger lossprach. Als Benedikt ein Jahr später starb, führte eine skandalöse Intrige im Konklave zur Wahl Bertrand de Grots, des Erzbischofs von Bordeaux, als Clemens V. Philipp hatte endlich, was er wollte: einen französischen Papst, den er nach seinem Belieben formen konnte.

Clemens kündigte seinen erstaunten Beratern umgehend an, sie hätten ihn über die Alpen zu begleiten. Anagni war schlimm genug, doch dies war die endgültige Demütigung des Papsttums: den Sitz des alten Imperiums und die Gräber der Apostel Petrus und Paulus zu verlassen. Clemens fürchtete, wie er es ausdrückte, »Unserem lieben Sohn, dem König von Frankreich, Schmerz zu bereiten«. Er ließ sich bald im Herrschaftsbereich des Königs nieder, unter den wachsamen Augen des Königs, in Avignon, einer kleinen provençalischen Stadt am Ostufer der Rhône. Da Philipp drohte, Bonifaz postum wegen Betrugs und Häresie vor Gericht zu bringen, gab der Papst Seiner Majestät in jedem Punkt nach. Philipp wurde für seinen gottesfürchtigen Eifer gegen Bonifaz gerühmt, und Coelestin V., den Bonifaz aus dem Amt gedrängt hatte, wurde als heiliger Petrus Morone kanonisiert.

Das Prestige des Papsttums erlitt einen fast tödlichen Schlag, und eine Folge sinnlicher und gieriger Oberhirten brachte das Amt Petri auf den tiefsten Stand seit der Herrschaft der Huren.

## *Päpstliches Paradies in der Provence*

Die Päpste von Avignon waren weder allesamt gut noch allesamt böse. Ein guter Repräsentant war Clemens VI., der 1342 gewählt wurde. Er war ein Mann ohne Arg und ohne moralische Prinzipien und besaß das Verdienst, ein guter Heide zu sein.

Clemens war einmal schlicht Pierre Roger de Beaufort gewesen, Benediktinermönch, Erzbischof von Rouen, Kanzler Seiner Majestät des Königs von Frankreich. Der König gewährte ihm die Protektion, die Seine Heiligkeit brauchte, wenn er *comme il faut* leben wollte. Tatsache war, daß Clemens weder Italien noch die Italiener mochte.

Fünfundvierzig Jahre waren vergangen, seit Clemens V. diesen inspirierten Tausch vollzogen hatte: Rhône statt Tiber, die süßduftende Provence statt die von Malaria, Cholera und Typhus heimgesuchten Marschen Roms, wo jeder offenbar irgend jemand anderen unbedingt töten wollte. Vor dieser Zeit hatten mehrere Päpste – zum Beispiel Coelestin V. – Rom

nie gesehen; Clemens VI. selbst hatte Italien nie betreten und ebensowenig seine unmittelbaren Vorgänger, Johannes XXII. und Benedikt XII. Clemens war entschlossen, diese noble französische Tradition hochzuhalten. Dies erklärte seine immensen Ausgaben für seinen neuen Palast auf dem Rocher des Doms an der Rhône.
Anders als Benedikt XII., der ein richtiger Sauertopf war, verstand Clemens Geld auszugeben. Vor mir hatte keiner eine Ahnung vom Papstsein, scherzte er oft. »Wenn der König von England seinen Esel zum Bischof ernannt haben will, braucht er nur zu fragen.« Einmal fand ein Esel seinen Weg ins Konsistorium mit einem Schild um den Hals: »Bitte mach mich auch zum Bischof.« Clemens nahm es nicht übel, ebensowenig wie den Brief, den er erhielt, als er im vollen Konsistorium thronte. Er lautete: »Vom Teufel an seinen Bruder Clemens.« Er und die »kleinen Teufel«, die Kardinäle, brüllten vor Lachen.
Clemens' einziges Ziel war es, seine Untertanen glücklich zu machen. Er erreichte es, indem er den unersättlichsten Bittsteller mit mehr überschüttete, als dieser zu bitten gewagt hatte. Einige Kardinäle hatten zwischen vier- und fünfhundert der reichsten Pfründen. Das bedeutete, daß sie sich die hübschesten Knaben leisten konnten, wenn sie so geneigt waren, oder die schönsten Hofdamen. Jedermann in Avignon war wohlhabend: die Musikanten, die Handwerker, die Bankiers, Goldschmiede, Astrologen, Taschendiebe und die spektakulären Dirnen. Wenige klagten darüber, daß Bacchus und Venus in Avignon mehr geehrt wurden als Jesus Christus.
Einer, der klagte, war Petrarca, der große Gelehrte und Poeta laureatus des Reiches. Ein Grund, der ihn vergrämte, war, daß Benedikt XII. seine Schwester begehrt hatte. Er wies selbst einen Kardinalshut als Teil des Handels zurück. Benedikt bekam sie trotzdem; er bestach den Bruder des Dichters, Gerardo. Nach einem Aufenthalt in Avignon beschrieb Petrarca – anonym, da er nicht verbrannt zu werden wünschte – den päpstlichen Hof als »die Schande der Menschheit, ein Sammelbecken des Lasters, eine Kloake, in der sich aller Schmutz der Welt sammelt. Dort wird Gott verachtet, Geld allein wird angebetet, und die Gesetze von Gott und Menschen werden mit Füßen getreten. Alles dort atmet Lüge: die Luft, die Erde, die Häuser und vor allem die Schlafzimmer.«
Papst Clemens hatte ein »Leiden«, offiziell diagnostiziert als Nierenkrankheit, das er sich tatsächlich in seinem Schlafzimmer geholt hatte. Er war in seinen Liebschaften unklug gewesen, wie jeder wußte, doch das war ein Aspekt seiner Großzügigkeit. Er konnte sich seine Gunsterweise

nie verkneifen, auch nicht im Bett. »Generalablaß-Sitzungen« wurden sie genannt. Doch immerhin hatte er jüngst alle seine Kinder anerkannt.
Ein Großteil seines Palastes war der Inquisition überlassen. Die Folterkammer war geräumig, solide und oben offen, mit unregelmäßigen Wänden, von denen das Schreien und Heulen der Gefangenen abprallte und sich ins Schweigen verlor. Ein-, zweimal war er, um die Mönche zu ermutigen, die Wendeltreppe von La Salle de Torture in den finstern Kerker darüber hinaufgestiegen, der ein Loch mitten im Boden hatte. Heikel, wie er war, sah er nicht gern mißhandelte Leiber, die durch das Loch in die Folterkammer darunter gestoßen wurden, doch er fand auch, daß die Ketzerei irgendwie ausgemerzt werden mußte.
Froissart, der französische Tagebuchautor, sollte den Palast in Avignon einmal »den feinsten und stärksten Bau der Welt« nennen. Sieben Türme stürmten den Himmel, und in Augenhöhe reflektierten dicke, weiße Wände mit schön gewölbten Pechnasen die Sonne. Von seiner Spitze konnte Clemens auf die Rhône herabblicken, die unter der großen St.-Bénézet-Brücke hindurchfloß. Diese Brücke mit ihren neunzehn Bögen war in zwölf Jahren erbaut worden, und einige Bögen ruhten auf der Insel im Fluß. Im Frühling tanzten und sangen junge Männer darunter und hielten auf dem Rasen ihre Schäferstündchen. »Sous le pont d'Avignon, L'on y danse tout en rond.«
Seine Heiligkeit bewunderte Schönheit an allem. Besonders an einer Frau, jener reinsten Architektur des Fleisches, aber auch in steinernen Gebäuden. Seine Wandteppiche kamen aus Spanien und Flandern, Goldbrokat aus Damaskus in Syrien, Seide aus der Toskana, Wollstoffe aus Carcassonne. Sein Tafelsilber und -gold, das rund vierhundertfünfzig Pfund wog, war ihm sehr teuer. Er wollte verzweifelt die italienischen Kriege gewinnen und das Heilige Land für Christus zurückerobern, doch nicht, wenn das bedeutete, sein Silber zu verkaufen. Da war es weit billiger, seine dreißig Kapläne um Wunder beten zu lassen.
Er hatte Petrarca im Verdacht, jene böse Zeile geschrieben zu haben, in Avignon würden die Pferde mit goldenen Hufeisen beschlagen. Der Oberhirte wußte, daß solche Verleumdungen seinem Ruf nicht schadeten. Nur die Zäume der Pferde waren aus Gold. Er war schließlich Papst; er mußte etwas fürs Auge bieten. Besonders die Kardinäle wußten seine offene Hand zu schätzen. Ihre großartigen Residenzen mit einhundertfünfzig Angestellten in Villeneuve jenseits der Rhône konnten nicht mit Pfennigen gebaut und unterhalten werden.
Clemens' eigener Lieblingsplatz war ein kleines Turmzimmer mit einem

Doppeldiwan, der nach dem Parfum der Gräfin von Turenne duftete. Zur Zeit Clemens' V. hatten die, die den päpstlichen Segen suchten, ihre Bittschriften auf den seidigen, weißen Busen der liebreizenden Perigord gelegt, der Tochter des Grafen von Foix. Doch Clemens VI. fand seine eigene Gräfin unvergleichlich. Von allen Schößen, in denen sein edles Haupt geruht hatte, war Céciles bei weitem der süßeste.
Obwohl er die Kurie zur effizientesten Finanzmaschine der Geschichte gemacht hatte, fehlte es ihm immer an Bargeld. 1348 hatte es ihn achtzigtausend Florin gekostet, die ganze Stadt zu kaufen. Er fand, es sei die beste Investition, die ein Papst je gemacht habe, doch manche sagten, die Kirche würde sich von seiner Unklugheit nie erholen.
1350 wimmelte der Bezirk Avignon von Pilgern, die unterwegs nach Rom waren. Tausende kamen in den traditionellen Reisemänteln oder Trachten an. Einige waren zu Pferde, andere auf Karren, die hoch mit ihren Habseligkeiten beladen waren; die meisten gingen zu Fuß, den Stab in der Hand. Clemens wußte ihre schlichte Frömmigkeit zu schätzen. Sie brauchten viele Wochen, um zum Heiligen Jahr nach Rom zu kommen, mußten durch düstere Alpenschluchten zwischen ewigem Schnee hindurchwandern, bis sie die Zypressen und Weinhänge Italiens erreichten und die lange, heiße Reise nach Süden begannen. Viele kamen nie an; sie starben an Altersschwäche oder Krankheit, wurden beraubt oder ermordet. Die, die mehr Glück hatten, legten ihre Gaben an das Grab Petri, damit der Klerus sie wie Heu zusammenharken und dem Nachfolger Petri nach Avignon schicken konnte.
Bonifaz hatte bestimmt, daß alle hundert Jahre ein Heiliges Jahr sein sollte. Das kam Clemens dürftig vor. Er hatte den Abstand auf fünfzig Jahre reduziert. Die Ergebnisse überraschten selbst ihn, aber die meisten Pilger wollten einfach Gott danken, daß sie dem Schwarzen Tod entronnen waren. In drei Jahren hatte er ein Drittel der Christenheit dahingerafft, einschließlich Roms. Avignon hatte über die Hälfte seiner Bevölkerung verloren. Als die Pest zuerst zuschlug und sich im Karmeliterkloster niemand rührte, brach eine tapfere Seele ein und fand alle 166 Mönche tot. An einem Tag starben in der Stadt 1312 Menschen. Die Opfer waren gewöhnlich innerhalb von achtundvierzig Stunden tot. Einige Städte waren ausgelöscht. Das Vieh auf den Wiesen und Hügeln ging an Vernachlässigung ein. Auf See liefen Schiffe auf Klippen auf, die Besatzung bis auf den letzten Mann tot. Viele gaben den Juden die Schuld und verbrannten, hängten, ertränkten sie zu Tausenden in dem frommen Bemühen, die Pest loszuwerden. In Avignon hatte Clemens die Juden geschützt. So mißfiel es

ihm, als jemand sagte, nicht die Juden, sondern der wüste Lebensstil des Papstes habe dies Unheil heraufbeschworen. Hätte er entdeckt, wer das sagte, so hätte er ihn foltern und verbrennen lassen wie jene sogenannten Spiritualen – Mönche und Laienbrüder, die gegen die offenbaren Tatsachen behaupteten, Jesus habe in Armut gelebt und nicht wie die »Huren des neuen Babylon«, wie Avignon genannt wurde.

Es gab in Rom viele, die wünschten, der Papst käme in seine Diözese zurück. Königin Brigitta von Schweden gehörte zu ihnen und auch die junge Katharina von Siena. Diese beiden Frauen, die später kanonisiert wurden, verbrachten ihre Tage mit Beten und schrieben lange Briefe an Clemens. Sie beschworen ihn, dem Skandal ein Ende zu machen und heimzukehren.
Brigitta, fast fünfzig Jahre alt, war berühmt für ihre Träume und Visionen. Manchmal, wenn sie die beunruhigenderen erzählte, umzingelten die Bürger ihr Haus auf der römischen Piazza Farnese und schrieen, die *Principessa*, wie sie sie nannten, müsse verbrannt werden wie eine Hexe. Jesus hatte zum erstenmal zu ihr gesprochen, als sie ein kleines Mädchen war. Nie vergaß sie jene Vision von ihrem Liebsten, am Kreuz ausgestreckt wie ein Raubvogel, der an eine Scheunentür genagelt ist. In ihrer Hochzeitsnacht bat sie ihren Gemahl Ulf um nur einen Gefallen: daß ihre Ehe jungfräulich bliebe. Und das war sie zwei Jahre lang. Danach bekam sie in rascher Folge acht Kinder.
Ein Traum erschütterte selbst diese sittenstrenge Dame. St. Lorenz der Diakon erschien. »Dieser Bischof«, sagte er, ohne den Papst beim Namen nennen zu wollen, »läßt die Unzucht seiner Priester zu. Er gibt den Besitz der Kirche den Reichen.« Der Heilige verschwand, und an seine Stelle trat ein hochgewachsener Ritter in glänzender Rüstung. Brigitta trat zu ihm und nahm ihm in einer raschen Bewegung den Helm ab, aber es war keine menschliche Form, was sich ihren Augen bot. Nur ein übelriechendes Aas von marklosen Knochen und wimmelnden Maden. Sie wußte, dies war der von Pocken heimgesuchte, sterbende Papst, der schon Zeichen der Verwesung trug. Wenn man seinen Kopf abnehmen und in seine Seele schauen könnte, würde man dies sehen. Diese stinkende Masse hatte Ohren auf der Stirn für die Schmeicheleien, die ihm ins Gesicht gesagt wurden; Augen am Hinterkopf, so daß er nichts als Schmutz sehen konnte, und in sein Herz hatte sich ein riesiger Wurm hineingefressen.
Selbst Brigitta konnte nicht vorhersehen, daß Clemens' edles Haupt, das die reizendste Dame der Provence in ihrem Schoß wiegte, eines Tages von

den Hugenotten als Fußball benutzt werden würde oder daß sein Schädel an der Tafel des Marquis de Courton als Trinkgefäß enden würde.

Am 3. Dezember 1352 suchte ein für die Jahreszeit ungewöhnlicher Schirokko aus den Wüsten Afrikas Rom heim. Die Hitze war unerträglich, ein Gewitter braute sich zusammen. Die bedrohliche Finsternis wurde plötzlich von Blitzen zerrissen; im selben Moment gab es ein lautes Krachen und ein seltsam metallisches Klingen. Brigitta spürte, daß der Blitz in der Nähe eingeschlagen hatte. Sie verließ im Dunkeln und im strömenden Regen ihr Haus und fand instinktiv zur Peterskirche. Die Basilika war direkt getroffen worden, und die Glocken waren geschmolzen. Auf dem Markt fingen alle an zu feiern. »Er ist tot. Ja, der Papst ist tot und tief in der Hölle begraben.«

Drei Tage später läuteten die Glocken von Avignon, um der Welt offiziell zu verkünden, daß der Bischof von Rom, Clemens VI. seligen Angedenkens, nicht mehr war. Neun Tage nacheinander lasen fünfzig Priester in jener enormen und nun bitterkalten Kapelle Messen für seine Seele. Die Barmherzigen sagten: Das ist nicht genug. Die Unbarmherzigen sagten: Es kann nie genug sein.

# 6. Kapitel

# Der Abstieg des Papsttums in die Hölle

Es hat viele Generationen von Katholiken gegeben, die sagten: »Jetzt hat das Papsttum seinen Tiefpunkt erreicht.« Dante hat das über Bonifaz VIII. gesagt. Petrarca hat es über die Babylonische Gefangenschaft in der Zeit von Avignon gesagt. Beide Dichterfürsten hatten unrecht. Die düstersten Zeiten sollten noch kommen.

Die Fäulnis begann, als Katharina von Siena nach Avignon ging, wo sie den regierenden Papst, Gregor XI., unter Druck setzte, nach Rom zurückzukehren. Es war das Jahr 1377. Sieben französische Päpste hintereinander hatten ihre Ecke der Provence zu einem Weltwunder gemacht.

Die bösen Frauen des päpstlichen Hofes hatten kein Erbarmen mit Katharina, dieser blassen, groben Toskanerin, die Seine Heiligkeit offensichtlich in ihren Bann geschlagen hatte. Vielleicht war er von ihrer Ekstase bei der Kommunion beeindruckt. Wenn sie zuviel Einfluß gewann, so mußten sie womöglich ihre *salons* schließen, wo hinreißende junge Männer verkehrten, Söhne von Herzögen und Fürsten auf der Suche nach kirchlicher Gunst. In der Kapelle stachen und zwickten sie abwechselnd ihren fühllosen Körper, um zu sehen, ob ihre Trance echt war oder nicht. Eine besonders Bösartige durchstach ihren Fuß mit einer Nadel, so daß sie tagelang nicht damit gehen konnte.

Am Ende trug sie den Sieg davon. Gregor ging heim, abzüglich der sechs Kardinäle, die sich nicht von ihren sehr angenehmen Residenzen, ihren provençalischen Frauen und ihren Burgunderweinen losreißen konnten. Ein Ultimatum von den Römern, sie würden einen anderen Papst wählen, wenn er nicht zurückkäme, hat ihn vielleicht auch beeinflußt.

Von den 278 Jahren seit 1100 hatten die Päpste nur zweiundachtzig in Rom residiert. Massive 196 Jahre hatten diese päpstlichen Nomaden an ande-

ren Orten verbracht. Das war keine gute Bilanz; und das Beispiel blieb nicht ohne Folgen für die Kirche.
Die Ewige Stadt gab Gregor bald den Rest. Dann offenbarte sich die wirkliche Tragödie von Avignon.

## *Ein Papst, zwei Päpste*

Nach Gregors Tod trat zur Bestimmung seines Nachfolgers ein Konklave zusammen, das in zwei Cliquen gespalten war, die französische und die italienische. Während des Exils hatten sieben Päpste in Avignon 134 neue Kardinäle ernannt, alle Franzosen, bis auf zweiundzwanzig. Die Franzosen waren natürlich entschlossen, das Papsttum für sich zu behalten. Da der Lateran abgebrannt worden war, tagte das Konklave in jenem April im Vatikan.
Draußen brüllte eine Menge von angeblich dreißigtausend Menschen, sie sollten endlich einen Römer wählen. »Romano lo volemo«. Wenn kein Römer, dann wenigstens ein Italiener. Die Wahl war recht begrenzt. Es gab nur vier italienische Kardinäle, und keiner von ihnen war *papabile*. Um ihrer Forderung Nachdruck zu verleihen, häufte die Menge in dem Raum über dem Tagungsort Feuerholz auf und schlug die ganze Nacht hindurch mit Piken und Hellebarden von unten an die Bodendielen. Falls das nicht reichte, läutete die Glocke des Kapitols, und die Glocken von St. Peter stimmten ein. Am Morgen verlor die Menge ganz die Geduld und brach die Tür zum Konklave auf.
Von den sechzehn anwesenden Kardinälen wählten dreizehn einen Außenseiter, Bartolomeo Prignano, den kleinen, dicken, gelbgesichtigen Erzbischof von Bari. Er war kein Römer. Ein Neapolitaner war das Beste, was sie zu bieten hatten. Da sie zweifelten, daß das gut genug war, kleideten sie einen protestierenden achtzigjährigen Römer, Kardinal Tebaldeschi, in päpstliche Gewänder und stellten ihn zur Schau. Ein Kurier eilte nach Pisa, wo Tebaldeschis Wahl mit Feuerwerken gefeiert wurde. Inzwischen suchten die französischen Kardinäle das Weite. Zwei Tage lang machte sich niemand die Mühe, Prignano Bescheid zu sagen oder ihm die übliche Ehrung zu erweisen. Als er schließlich davon hörte, nahm er den Namen Urban VI. an.
Der Erzbischof von Bari war niederer Herkunft und war fünfzehn Jahre lang ein stiller, gehorsamer, wenn auch pingeliger Kurienbeamter gewesen. Die adligen französischen Kardinäle hielten es für ausgemacht, daß

er weiterhin tun würde, was man ihm sagte, und mit dem Hof zurück zu den Fleischtöpfen Avignons ziehen würde. Sie hatten sich schwer getäuscht in diesem Mann.

Urban VI. erwies sich als einer der hinterhältigsten und bösartigsten Päpste. Sein Arzt verriet, daß er kaum je etwas aß, aber nicht ohne Alkohol auskam. Bei seinem Krönungsmahl trank er dem Kardinal der Bretagne zufolge achtmal mehr als jedes Mitglied des Kardinalskollegiums – einige freilich haben gesagt, dies sei nicht menschenmöglich gewesen. Alkohol, Religion und Rache – und alles im Übermaß – erwies sich als explosive Mischung.

Er, der in den stinkenden Gassen Neapels geboren und aufgewachsen war, konnte die gezierten, blasierten französischen Kardinäle nicht ausstehen. Er predigte ihnen, so wurde berichtet, wie ein Jeremia mit Bauchweh. Er wollte sie um jeden Preis bessern. Er sprach offen mit seiner hohen Eunuchenstimme von Kardinal Orsini als *sotus* oder »Blödian«. Einmal wollte er mit wutverzerrtem Gesicht den Kardinal von Limoges prügeln, und Robert von Genf konnte ihn nur daran hindern, indem er seinen Arm festhielt. »Heiliger Vater, was tut Ihr?« Als er gerade ein anderes Mitglied des Heiligen Kollegiums wegen Simonie exkommunizieren wollte und Robert von Genf wieder eingriff, bellte Urban wie ein Hund: »Ich kann alles, absolut alles tun, was ich will.«

Eine Handvoll Kardinäle fand, seine Wutanfälle seien ein Symptom des Wahnsinns. Sie konsultierten einen angesehenen Juristen: Gab es irgendwelche Umstände, unter denen Kardinäle einen amtsunfähigen Papst vertreten konnten? Urban bekam Wind davon und bewies, daß er seine fünf Sinne noch beisammen hatte.

Zuerst exkommunizierte er einen alten Feind, König Karl von Neapel, den er beschuldigte, hinter dieser »Rebellion« zu stecken. Der König antwortete, indem er Seine Heiligkeit in seiner Festung Nocera bei Pompeji festsetzte. Urban stieg viermal täglich auf die Zinnen und exkommunizierte seelenruhig, mit Glocke, Buch und Kerze, die gesamte Armee, die gegen ihn angetreten war. Die Pfeile, die um ihn herum fielen, schien er nicht zu bemerken.

Nach seiner Befreiung durch die Genueser nahm er die fünf aufständischen Kardinäle gefangen. Als nächstes wurde er in Genua gesehen, möglicherweise im Alkoholrausch, wo er im Garten auf und ab ging und aus dem Brevier rezitierte, so laut er konnte. In einer nahe gelegenen Kammer wurden die Rebellen gefoltert. Ihre Schreie störten in keiner Weise seinen Frieden mit Gott.

Der alte Kardinal von Venedig wurde zusammengeschnürt und mit einem Flaschenzug herauf und herunter gezogen. Wenn sein Kopf gegen die Decke gepreßt wurde, konnte er durch das Fenstergitter den Papst sehen, und jedesmal krächzte er in seiner Qual: »Heiliger Vater, Christus ist für unsere Sünden gestorben.« Dann wurde er auf den Boden herabgelassen. Keiner der Gefangenen wurde je wieder gesehen.

Eine Anzahl französischer Kardinäle machte sich einzeln davon, um sich in Anagni wieder zu versammeln. Dort bereiteten sie eine *Declaratio* gegen Prignano vor. Er war nicht Papst. Sie hatten ihn, behaupteten sie, nur aus Angst vor dem Pöbel gewählt. Sie wählten einen anderen Oberhirten: Robert von Genf, einen Vetter des Königs von Frankreich, der sich Clemens VII. nannte. Urbans Gegenschlag war die Ernennung von sechsundzwanzig neuen Kardinälen, die ihm Loyalität schuldeten.
Schon oft hatte es zwei Päpste gegeben, doch die gegenwärtige Krise war einzigartig. Diese beiden Päpste waren mehr oder minder von derselben Gruppe von Kardinälen gewählt worden. Wenn sie also sagten, sie hätten Urban nicht gültig gewählt, sprachen sie mit Autorität, selbst wenn sie logen.
In England witzelte Wyclif: »Ich wußte schon immer, daß der Papst einen Pferdefuß hat. Nun hat er zwei Köpfe« (d. Ü.: unübersetzbares Wortspiel).
Die Christenheit mußte wohl oder übel Partei ergreifen. Wenn Urban unter Zwang gewählt war, war die Wahl ungültig. Doch wenn sie soviel Angst hatten, warum hatten sie dann nicht einen Römer gewählt – etwa den alten Tebaldeschi – und sich sofort nach Anagni zurückgezogen, um offiziell Klage zu führen? Die Wahl eines gesunden Neapolitaners und die dreimonatige Verspätung waren verdächtig. Wie Katharina von Siena scharfsinnig bemerkte, hatten sie schon einen Scheinpapst in Tebaldeschi; warum brauchten sie noch einen? Es sah in der Tat so aus, als wollten die Franzosen jemanden kippen, mit dem sich nicht leben ließ.
Das Chaos folgte. Ein Papst im Exil war schlimm genug; nun wurde der Sitz der Einheit selbst zur Quelle der Zwietracht. Nach dem Wahldekret von 1059 wurde ein unkanonisch gewählter römischer Oberhirte »Zerstörer der Christenheit« genannt. Das erwies sich als zutreffend. Wenn die Christen den echten Papst nicht identifizieren konnten, wozu war das Papsttum dann gut? Der König von England war für Urban, der König von Frankreich für Clemens. An den Universitäten war man sich nicht einig.

Der lahme, blinzelnde Clemens nahm, wie erwartet, sein französisches Gefolge mit nach Avignon, wo er sich so übel aufführte, daß er von einem echten Avignon-Papst nicht zu unterscheiden war. Daß er von dem Stoff war, aus dem die Päpste sind, hatte er schon 1377 bewiesen, als er als päpstlicher Legat in Cesena an der Adria fungiert hatte. Die Einwohner hatten sich daran gestört, daß seine Söldner ihre Frauen vergewaltigten, und einige der Schuldigen getötet. Nach Verhandlungen mit Vertretern der Stadt überredete er sie, ihre Waffen niederzulegen. Dann schickte er eine englisch-bretonisch gemischte Truppe, um alle achttausend Einwohner niederzumetzeln, einschließlich der Kinder.

## *Zwei Päpste, drei Päpste*

Im Oktober tat Urban, der Papst, den niemand wollte, das einzig Gute in seinem Leben: Er starb. Die vierzehn in Rom gebliebenen Kardinäle wählten zu seinem Nachfolger Bonifaz IX., einen Mörder und den wohl größten Simonisten der Geschichte. Er verkaufte jede Pfründe an die Meistbietenden, mit dem Ergebnis, daß es in Deutschland und Frankreich von aufstrebenden italienischen Klerikern wimmelte, oft ehemaligen Soldaten, die kein Wort der Landessprache kannten. Bonifaz' Brüder, seine Neffen, vor allem seine Mutter profitierten von seiner Freigebigkeit. Niemand, hieß es, hat je mehr Geld an der Kanonisierung eines Heiligen verdient. Er setzte nie seinen Namen unter ein Dokument, ohne sofort seine Hand aufzuhalten und »einen Dukaten« zu verlangen. Das einzige, was er gratis tat, war die Exkommunizierung Clemens' von Avignon. Clemens erwiderte das Kompliment. Und so ging es weiter. Wenn ein Papst oder Gegenpapst starb, wählten die jeweiligen Kardinalsgruppen einen Nachfolger, statt innezuhalten. Was sind schon Kardinäle ohne ihren eigenen Papst?

Mittlerweile hatte die Christenheit es satt. Wer will schließlich ein Bistum oder eine Abtei von einem Papst kaufen, der sich dann als unecht erweist? Was, wenn ein kostspieliger Ablaß oder die Echtheitsurkunde von Reliquien wie Vorhaut oder Nabel des Erlösers das Pergament nicht wert sind, auf dem sie stehen? Selbst im Himmel herrschte Verwirrung. Brigitta von Schweden wurde dreimal kanonisiert; mit diesem Rekord sollte sichergestellt werden, daß sie eine Heilige war.

Das Schisma war auch schlecht fürs Geschäft. Bankiers mit Herzen von Stein beteten inbrünstig um sein Ende. Das ganze Leben des Reiches war in Unordnung. Wer um Himmels willen sollte den nächsten Kaiser krönen?

Von den Universitäten kam das Argument, die Einheit der Kirche habe Vorrang vor dem Papsttum, und letztlich sei Christus das Haupt der Kirche, nicht der römische Oberhirte, und deshalb sei es besser, beiden Päpsten die Gefolgschaft zu kündigen. Historiker forderten den Kaiser auf, sie abzusetzen, mit der soliden Begründung, daß viele Kaiser dies schon getan hatten und daß sein Eingreifen überall begrüßt werden würde. Doch seit dem Kindpapst im elften Jahrhundert war das Papsttum mächtiger geworden als jeder Kaiser. Und nun war trotz aller Verwirrung einer der Päpste echt. Was, wenn der Kaiser den falschen absetzte? Wäre das nicht, als entferne man die Bibel aus der Kirche und ersetzte sie durch den Koran? Ein Konzil würde vor demselben Dilemma stehen. Wenn ein Konzil zusammentrat, um beide Prätendenten abzusetzen, wäre eine der beiden Absetzungen ungültig, aber welche? Ein weiteres Problem war, daß zeitgenössische Juristen meinten, nur der Papst – und zwar der echte – könne ein Konzil einberufen.
Der katastrophale Zustand der Kirche bedeutete, daß trotz des kanonischen Nebels etwas unternommen werden mußte.

1409 wurde in der wunderbaren, ummauerten Stadt Pisa, deren Turm wie die Kirche selbst schon schief stand, ein Konzil einberufen.
In dem Dom aus schwarzweißem Marmor, unter Cimabues majestätischem Christusporträt, trafen sich die bischöflichen Konzilsväter. Sie bestimmten feierlich, daß die konkurrierenden Päpste, Gregor XII. von Rom und Benedikt XIII. von Avignon, beide Ketzer und Schismatiker seien. Dies war ein cleverer Schachzug: Päpste, die in Häresie fielen, setzten sich in gewissem Sinn selbst ab.
Mitte Juni wählten sie als Ersatz Kardinal Filargi von Mailand, einen frommen, zahnlosen, siebzigjährigen Franziskaner unbekannter Herkunft, der ein Armutsgelübde abgelegt hatte. Er hatte drei schwer zu verbergende Fehler. Obwohl klein und schmal, verbrachte er die Hälfte seines Tages am Eßtisch; er unterhielt einen Palast mit siebenhundert Dienstboten, alle weiblich und alle in seiner Livree; er verteilte Pfründen mit so freier Hand, daß sogar die Kardinäle staunten.
Filargi nahm den Namen Alexander V. an. Zum Klang der Glocken ritt er in vollem päpstlichem Ornat, von roten Pantoffeln bis zur Tiara, auf einem weißen Maultier durch die Straßen Pisas.
Die Prälaten jubelten erleichtert. Nach dreißig verwirrenden Jahren war das Große Schisma beendet.
Nur, daß Gregor und Benedikt nicht einverstanden waren, so daß die er-

staunte Welt eines Morgens mit der Nachricht geweckt wurde: Gestern hatten wir nur zwei Päpste, heute haben wir drei.
Ein Schlaukopf schlug vor, die dreifache Tiara zu teilen, weil die Kirche nun drei Häupter habe, um sie daraufzusetzen. Eine neue Version des Glaubensbekenntnisses war beliebt: »Ich glaube an drei heilige katholische Kirchen.« Die Gläubigen hatten Generationen von Exilpäpsten hingenommen, Perioden von zwei bis drei Jahren, in denen es gar keinen Papst gab, weil die Kardinäle sich nicht einigen konnten – doch das gegenwärtige Szenario war das schlimmste von allen.

Die einzige Gewißheit, die sich aus Pisa ergeben sollte, war, daß der Mann, den sie gewählt hatten, nicht Papst war. Nun folgte ein nie dagewesenes Schauspiel: drei unfehlbare Päpste, die alle höchste Autorität über die Kirche beanspruchten, alle feierlich die beiden anderen exkommunizierten und alle drohten, an jeweils anderen Orten ein Konzil einzuberufen.
Die *dramatis personae* in diesem absurden Theater waren wie folgt:

(1) Angelo Corrario, Gregor XII., ein Venezianer, an die neunzig, mit vielen »Neffen«, direkter Nachfolger des bösartigen Urban VI. Er war von der römischen Obödienz gewählt worden, weil er, wie der Kardinal von Florenz offen zugab, »zu alt und schwach war, um korrupt zu sein«. Ein weiterer fataler Fehler. Die erste päpstliche Tat des alten Mannes bestand darin, daß er seine Tiara für sechstausend Florin versetzte, um seine Spielschulden zu begleichen. Er ging nach Rimini. Von dort aus verkaufte er alles in Rom, was nicht niet- und nagelfest war, und noch einiges mehr, etwa Rom selbst, an den König von Neapel.
(2) Piedro da Luna, ein hysterischer Spanier, der die neue Obödienz von Avignon repräsentierte. Er zählte am wenigsten. Der König von Frankreich und alle bis auf drei Kardinäle ließen ihn fallen, und er kehrte bald in sein Heimatland Spanien zurück, wo er bis zum Ende darauf bestand, er sei der wahre Papst, und praktisch die gesamte Kirche exkommunizierte.
(3) Baldassare Cossa, Johannes XXIII. Alexander V. war nach nur zehn Monaten gestorben, und nun repräsentierte Cossa die pisanische Obödienz – ein verbindlicher, charmanter, skrupelloser Papst. Es ging das Gerücht, er habe nie seine Sünden gebeichtet oder das Sakrament empfangen. Auch glaube er nicht an die Unsterblichkeit der Seele oder die Auferstehung der Toten. Einige bezweifelten, daß er an Gott glaubte.

Er war bekannt als ehemaliger Pirat, Papstvergifter (armer Filargi), Massenmörder, unersättlicher Wüstling mit einer Vorliebe für Nonnen, Ehebrecher in märchenhaftem Ausmaß, Simonist par excellence, Erpresser, Zuhälter und Meister schmutziger Tricks.
Bei seiner Wahl zum Papst in Bologna war Cossa Diakon. Er wurde zum Priester ordiniert und am nächsten Tag gekrönt.
Dieser Scharlatan wurde von den meisten Katholiken als ihr höchster Herr anerkannt, der die Kirche durch seinen felsenfesten Glauben zusammenhielt. Als 1958 ein anderer Johannes XXIII. gewählt wurde, mußten etliche katholische Kathedralen hastig den Johannes XXIII. des fünfzehnten Jahrhunderts aus ihren Papstlisten löschen.

## *Ein höchst peinliches Konzil*

Cossas Schicksal wendete sich, als Sigismund, der designierte Kaiser, ihn dazu bewog, ein Konzil einzuberufen, »um die Zahl der Päpste in Übereinstimmung mit dem Evangelium zu verringern«. Der Ort sollte die befestigte Stadt Konstanz in Süddeutschland sein, an der Grenze zur Schweiz. Innerhalb von Monaten sollte dessen Bevölkerung von sechstausend auf sechzigtausend anwachsen und sich dann noch einmal verdoppeln.
Wenn sich Kleriker in großer Zahl trafen, war es immer klug, eine Stadt am Wasser – See oder Fluß – zu wählen, in das man die Leichen werfen konnte. Der Bodensee nahm über fünfhundert auf, während das Konzil tagte; auch der Rhein verbarg manches Geheimnis. Eine andere Notwendigkeit war ein Treffpunkt, der groß genug war, um die riesige Zahl von Prostituierten aufzunehmen, die fanden, daß der Klerus ihre Dienste dringender brauchte und höher bezahlte als das Militär. Auf dem Höhepunkt des Konzils schätzte man, daß in Konstanz über zwölfhundert Dirnen rund um die Uhr arbeiteten. An Allerheiligen 1414 zelebrierte und predigte Johannes XXIII. bei der formellen Eröffnung des Allgemeinen Konzils, ein achtundvierzigjähriger, gichtiger, in Gold drapierter Pirat. Es war eine große Versammlung; sie umfaßte dreihundert Bischöfe, dreihundert Spitzentheologen und die Kardinäle aus allen drei Obödienzen. Hus, der Rektor der Prager Universität, dem Sigismund freies Geleit zugesichert hatte, wurde auf Cossas Befehl umgehend verhaftet. Das war allen eine Lehre, einschließlich Papst Benedictus (genannt *Benefictus*, »der Fingierte«) und Papst Gregorius (genannt *Errorius*, »der Fehler«).
Johannes XXIII. war ein Risiko eingegangen, als er über die Alpen in kai-

serliches Territorium kam, doch er hatte genug Stimmen in der Tasche, um sich sicher zu fühlen. Es gab damals, wie später, mehr Bischöfe aus Italien als aus allen anderen Ländern zusammen. Was ihn zu Fall brachte, war der Konzilsbeschluß, nicht einzeln abzustimmen, sondern als Nationen. Seine Mehrheit war sofort zunichte, und er fand sich mit einer Mehrheit von drei zu eins gegen ihn konfrontiert. Als nächstes erschien Sigismund am frühen Morgen des Weihnachtstages und befahl ihm zurückzutreten.

Cossa sah die Anklageschrift, einen riesigen Katalog seiner Missetaten, mit boshafter Akkuratesse aufgelistet. Alle Puffmütter der ganzen Christenheit müssen gegen ihn ausgesagt haben. Als er immer öfter die Forderung besonders der Engländer hörte, man solle ihn verbrennen und damit basta, war er bereit zurückzutreten, falls die anderen beiden Päpste dasselbe täten. Dann verkleidete er sich als Diener und verließ Konstanz bei Nacht. Kein Papst, kein Konzil, muß er sich gedacht haben. Unter der Handvoll Kardinäle, die in seinem Versteck im dreißig Meilen entfernten Schaffhausen zu ihm kamen, war Oddo Colonna. Kaiserliche Wachen brachten den Oberhirten zurück, um Rede und Antwort zu stehen.

Das Konzil hatte inzwischen seine volle Autorität. In der Vierten und Fünften Sitzung verabschiedete es einstimmig ein Glaubensbekenntnis, das die römische Kirche seither nie mehr losgeworden ist.

> *Das Heilige Konzil von Konstanz ... erklärt als erstes, daß es rechtmäßig im Heiligen Geist versammelt ist, daß es ein Allgemeines Konzil ist, das die Kirche repräsentiert, und daß es deshalb seine Autorität unmittelbar von Christus hat; und daß alle Menschen jeglichen Ranges und Standes, auch der Papst selbst, gebunden sind, ihm in Glaubensdingen, der Beendigung des Schismas und der Reformierung der Kirche Gottes an Haupt und Gliedern zu gehorchen.*

Aeneas Sylvius, der eines Tages Papst Pius II. werden sollte, schrieb: »Kaum jemand zweifelt, daß ein Konzil über einem Papst steht.« Warum sollte irgend jemand zweifeln? Die uralte Lehre der Kirche war, daß ein Allgemeines Konzil in Glauben und Disziplin am höchsten steht. Auf der Grundlage dieser Lehre war mehr als ein Papst von einem Konzil wegen Häresie verurteilt worden, wie in Teil 2 dieses Buches gezeigt werden soll. Die Folgen von Konstanz waren weitreichend. Wenn der Papst daran gebunden ist, der Kirche in Glaubensdingen zu gehorchen, so kann er nicht von sich aus und ohne die Zustimmung der Kirche unfehlbar sein. Tatsächlich kann der Papst, wenn er unabhängig vom Konzil spricht, durchaus im Glauben irren. Diese Lehre wurde mit zweifelhaften Mitteln von mittelalterlichen Päpsten wie Gregor VII. und Innozenz III. verschleiert. Konstanz hatte seine Autorität über den Papst geltend gemacht, und nun wurde diese Autorität auch benutzt – als erstes, um Benedikt abzusetzen, der schon auf der Flucht nach Peñiscola war.

Johannes XXIII. war der nächste. Er weigerte sich standhaft zurückzutreten. Die Konzilsväter räumten ein, er sei der rechtmäßige Papst, doch die Kirche sei wichtiger als das Papsttum. Die Anklagepunkte gegen ihn wurden von vierundfünfzig auf fünf reduziert. Wie Gibbon in *Decline and Fall* treffend bemerkt: »Die skandalösesten Anklagepunkte wurden fallengelassen; der Stellvertreter Christi wurde nur der Piraterie, des Mordes, der Vergewaltigung, Sodomie und Blutschande angeklagt.« Es war wohlbekannt, daß er sich, seit er Stellvertreter Christi geworden war, nur noch im Bett Bewegung gemacht hatte. Es ist bedeutsam, daß Johannes XXIII. von der Anklage der Häresie befreit wurde – wahrscheinlich, weil er nie genügend Interesse an der Religion gezeigt hatte, um als Irrlehrer klassifiziert zu werden. Cossa wurde einfach deshalb abgesetzt, weil er sich nicht benahm, wie ein Papst das sollte.

Am 29. Mai 1415 wurden die Amtssiegel Johannes' XXIII. feierlich mit einem Hammer zerschlagen. Doch ein Ex-Papst hat wie ein Ex-Präsident Anspruch auf Rücksichtnahme. Trotz seiner heldenhaften Promiskuität bekam er nur eine dreijährige Freiheitsstrafe.

Hus, tapfer, keusch, unbestechlich, ein unbeugsamer Gegner von Simonie und klerikalem Konkubinat, hatte ein härteres Schicksal. Er bekam keinen Anwalt, wurde wegen einer falschen Anklage vor Gericht gebracht, von Dominikanern verhört, die seine Bücher nicht einmal in der Übersetzung gelesen hatten, und zum Tode verurteilt. An einem strahlenden Sommertag 1415 wurde er aus dem Gefängnis geführt, auf dem Kopf einen hohen Hut mit drei tanzenden Teufeln darauf und flankiert von den Kriegern des Pfalzgrafen. Praktisch die ganze Stadt folgte, als die Prozession ihren Weg zu einer leuchtendgrünen Wiese machte, vorbei an dem Friedhof, auf dem Hus' Bücher verbrannt wurden. Er betete für seine Verfolger, während das Feuer entfacht wurde. Dreimal hörte man ihn sagen: »Christus, du Sohn des lebendigen Gottes, erbarme dich meiner«, bevor der Wind ihm Flammen ins Gesicht blies. Seine Lippen bewegten sich noch im Gebet, als er ohne einen Seufzer starb. Um zu verhindern, daß er als Märtyrer verehrt würde, wurde seine Asche auf dem Rhein verstreut. Es war eindeutig sündiger, wie Hus und das Neue Testament zu sagen, nach der Segnung solle die Eucharistie immer noch »Brot« genannt werden, als ein gieriger, mörderischer, blutschänderischer Papst zu sein, der die Kirche in fast jeder Hinsicht irreführte.

Schließlich berief Gregor XII., inzwischen neunzig Jahre alt und müde, feierlich das Konzil ein, das schon seit Monaten tagte, und trat dann zurück. Da diese Formalitäten abgeschlossen waren, waren alle drei Päpste versorgt. Die Christenheit konnte wieder atmen.

Sigismund, selbst nicht eben sittenstreng, wollte die Kirche unbedingt reformieren, bevor ein neuer Papst gewählt wurde, denn nach seinem Dafürhalten konnte man sich bei keinem Papst darauf verlassen, daß er die Kirche reformierte. Seit Jahrhunderten, so argumentierte er, hatte das Papsttum diese Aufgabe nicht erfüllt. Inzwischen seien keusche Kleriker so selten, daß die, die keine Frau hätten, beschuldigt würden, weniger angesehene Laster zu haben.

Leider wurde Sigismund weder vom König von Frankreich unterstützt noch von Heinrich V. von England, der gerade bei Agincourt gesiegt hatte.

Kardinal Oddo Colonna, der Johannes XXIII. Treue gelobt hatte, als er nach Schaffhausen floh, wurde ohne Verzug gewählt und nannte sich Martin V. Er war Mitte Fünfzig und ein geborener Kirchenmann, nämlich der Sohn eines von Urbans Kardinälen, Agapito Colonna. Die Kirche hatte wieder einen einzigen Papst. Nun gab es keine Hoffnung auf Reform, obwohl über den Schnitt klerikaler Ärmel viel nachgedacht wurde.

Zwei Tage nach seiner Wahl wurde Colonna, der Diakon war, zum Priester ordiniert. Es war der 13. November 1417. Am nächsten Tag wurde er zum Bischof geweiht. Eine Woche danach war er zum Papst gekrönt und setzte seine Füße auf den Altar, um sie sich küssen zu lassen, bevor er in einer Parade durch die Stadt ritt. Sigismund und Friedrich von Brandenburg hielten links und rechts die Zügel.

Wie Johannes XXIII. hatte Martin V. ein Ziel: rasch aus Konstanz fortzukommen. Er hatte nicht den Wunsch, die Kurie oder das Papsttum zu reformieren. Als Cossa aus seinem bequemen Gefängnis in Heidelberg entlassen wurde und nach Florenz ging, setzte Martin tatsächlich diesen geständigen Mörder und Vergewaltiger als Bischof von Frascati und Kardinal von Tusculum wieder in Amt und Würden.

Martins dringender Wunsch nach einem schnellen Abgang war verständlich. Das größte Konzil, das der Westen je gesehen hatte, hatte beschlossen, daß Konzilien ihre Autorität direkt von Christus herleiten. Jeder, auch der Papst, ist ihm untergeben in Glaubensdingen, der Heilung von

Schismen und Kirchenreformen. Seine Lage wurde dadurch heikel, daß der Beschluß einstimmig gewesen war. Er hatte als Kardinal selbst dafür gestimmt. Doch die Geschichte zeigt, daß das Papsttum einen Mann fast unweigerlich verwandelt, sobald er ins Amt kommt. Er wollte nach Rom zurückgehen, wo er seinen Vorrang vor einem Konzil wieder durchsetzen würde. Mit anderen Worten, er wollte die Basis seiner Wahl selbst leugnen. Denn wenn der Papst in der Kirche am höchsten steht, war nicht er Papst, sondern Johannes XXIII.

Diese Spannung sollte weitere 450 Jahre ungelöst bleiben. Dann sagte das Erste Vatikanische Konzil, es sei notwendig zur Erlösung, an Vorrang und Unfehlbarkeit des Papstes zu glauben. Der Preis dieses Beschlusses war hoch. Das Erste Vaticanum widersprach allem, was die frühesten Kirchen-Konzilien impliziert und Konstanz ausgesprochen hatte. So sind laut Vaticanum I die Definitionen des Papstes, wenn er *ex cathedra* spricht, »unreformierbar in sich selbst und nicht wegen der Zustimmung der Kirche«. Konstanz sagte, der Papst selbst sei »gebunden, ihm (dem Konzil) in Glaubensdingen zu gehorchen«. Deshalb schrieb Thomas Morus, der bestinformierte Laie seiner Zeit, 1534 an Cromwell, er glaube zwar, das Primat Roms sei von Gott eingesetzt, »doch nie dachte ich, daß der Papst über dem Allgemeinen Konzil stünde«.

Was wäre, wenn das Dogma des päpstlichen Absolutismus von Vaticanum I schon *vor* Konstanz in Kraft gewesen wäre? In diesem Fall hätte Konstanz sich nicht berechtigt gefühlt, einen Papst abzusetzen, und die Kirche wäre vielleicht jahrhundertelang von einer päpstlichen Trinität geplagt worden. Nur durch die strikte Leugnung dessen, was das zentrale Dogma des römischen Katholizismus werden sollte, konnte das Konzil von Konstanz die Kirche retten.

## *Vorboten des Sturms*

Nicht, daß Konstanz die Kirche wirklich gerettet hätte. Man ging auseinander, ohne daß eine einzige wichtige Reform beschlossen war. Innerhalb von Wochen nach der Rückkehr nach Rom hatte Martin V. seinen Segen dem kurialen System gegeben, das die Kirche als erstes in die Knie gezwungen hatte.

Eine Stimmung der Verzweiflung machte sich in der Christenheit breit. Im zehnten Jahrhundert war das Papsttum bei allen heranwachsenden, ehebrecherischen und mörderischen Päpsten ein lokales Phänomen. Das

Haupt einer mächtigen römischen Familie setzte seinen geliebten Sohn im Teenageralter auf den Thron; der Junge machte ein paar hektische Monate oder Jahre lang Heu und wurde von den Mitgliedern einer rivalisierenden Familie beseitigt, deren Stunde gekommen war.

Doch seit dem elften Jahrhundert hatte Gregor VII. das Papsttum geprägt. Es war an Statur und Ansehen gewachsen; es konnte die ganze Kirche kontrollieren, von dem einfachsten Landpfarrer bis zum mächtigsten Erzbischof. Was daraus erwuchs, war die erschreckendste Korruption, die die Christenheit je sah und wohl je sehen wird.

Es begann an der Spitze. Das Papsttum wurde im Konklave an den Meistbietenden verscherbelt, unabhängig von der Würdigkeit des Kandidaten. Ein Historiker des neunzehnten Jahrhunderts, T. A. Trollope, meinte in seinem Buch *The Papal Conclaves* (1876): »Wenige Papstwahlen, wenn überhaupt eine, standen nicht unter dem Einfluß der Simonie. ... Die Erfindung des Heiligen Kollegiums war insgesamt die vielleicht ergiebigste Quelle der Korruption in der Kirche.« Viele Kardinäle gingen mit ihren Bankiers zum Konklave nach Rom. Sie nahmen ihre Wertsachen mit ins Konklave, speziell ihr Tafelsilber; wurden sie zum Papst gewählt, plünderte der römische Pöbel unweigerlich ihren Palast und nahm sogar die Türen und Fenster mit.

Kardinäle wurden selten wegen ihrer Verdienste um die Religion gewählt. Sie verdankten ihre Position Schmiergeldern und Intrigen. In der Renaissance hatten sie fast alle ihre »Gefährtinnen«. War einer von diesen Männern einmal Papst geworden und hatte neue Mittel zur Verfügung, so verlor er keine Zeit, seine Verwandten – Söhne, Neffen, Großneffen – recht schamlos nach dem italienischen Prinzip zu fördern: »Bisogna far' per la famiglia«, man muß etwas für die Familie tun. Zeit war kostbar, denn das Papsttum ist nicht erblich, und man hatte vielleicht nur ein paar Monate oder Jahre, um eine ganze Dynastie zu etablieren. Deshalb sahen sich so viele Oberhirten, sobald sie die Tiara aufgesetzt hatten, nach Wegen um, sich die Taschen zu füllen. Ein gutes Beispiel dafür war Clemens VI. im vierzehnten Jahrhundert, ein Witwer. Er verkaufte Millionen von Süditalienern an Karl von Anjou, für einen jährlichen Tribut von achthundert Unzen Gold. Der Vertrag sah vor, daß der Herzog exkommuniziert würde, falls er mit der Zahlung in Rückstand käme. Weiterer Verzug bedeutete, daß sein ganzes Territorium mit dem Bann belegt würde. Es kam einem Papst nicht sündig vor, ganze Regionen nur deshalb von der Messe und den Sakramenten auszuschließen, weil Fürsten ihm seinen Tribut nicht zahlten.

Die Kardinäle hatte riesige Paläste mit zahllosen Bediensteten. Ein Papstberater berichtete, er habe nie einen Kardinal besucht und ihn nicht beim Zählen seiner Goldmünzen angetroffen.

Die Kurie bestand aus Männern, die ihr Amt gekauft hatten und ihre enormen Auslagen unbedingt wieder hereinholen mußten. Jedes Amt in jedem Bereich hatte seinen Preis. Diese Höflinge hatten eine konkrete Macht, furchtbare Sanktionen standen ihnen zur Verfügung. Sie konnten jeden exkommunizieren. Bischöfe und Erzbischöfe zitterten vor ihnen.

Es war die Kurie, die den Simonietarif aufstellte. Für jedes Einkommen aus einem Bischofsstuhl, Kirchensprengel oder einer Abtei, für jeden Ablaß gab es eine feste Gebühr. Das Pallium, das 5 cm breite Wollband mit in schwarzer Seide aufgestickten Kreuzen, wurde von jedem Bischof bezahlt. Diese bescheidenen wollenen Garnierungen brachten den päpstlichen Schatullen über die Jahre Hunderte von Millionen Goldflorin ein; das Konzil von Basel 1432 nannte dies »den listigsten Wucher, den das Papsttum je erfunden hat«. Im sechzehnten Jahrhundert wurden in Deutschland ganze Diözesen an Bankiers wie die Fugger und an Kapitalgesellschaften vergeben, die Kirchenpfründen an den Meistbietenden verkauften.

Dispense waren eine weitere Quelle päpstlicher Einkünfte. Extrem strenge und sogar unmögliche Gesetze wurden verabschiedet, so daß die Kurie am Verkauf von Dispensen reich werden konnte. Bezahlung wurde verlangt für die Dispensierung vom Fasten in der Fastenzeit. Auch für die Erlaubnis, daß kranke oder alte Mönche im Bett blieben, statt in der Nacht zum Offizium aufzustehen. Vor allem die Ehe war eine reiche Einkommensquelle. Es wurden Blutsbande zwischen Paaren festgestellt, die nie geträumt hatten, sie wären verwandt. Dispense für Blutsverwandtschaft bei Heiraten brachten jährlich eine Million Goldflorin ein.

In der Renaissance nahm man als selbstverständlich an, daß die höchsten Kleriker die schönsten Frauen hatten, und ganze Diözesen hatten offen klerikales Konkubinat. Der römische Klerus trieb es unter den Augen der Kurie am ärgsten. Nichts von alledem ist überraschend. Ämter und Pfründen wurden gekauft und verkauft wie jede andere Ware. Der Klerus hatte keine Übung in Selbstdisziplin. Sie wollten einfach eine Pfründe und ein faules Leben. Viele konnten nicht lesen und schreiben; sie standen am Altar und murmelten unverständlichen Unsinn, weil sie Latein noch nicht einmal nachsprechen konnten. Die schlimmste Beleidigung für einen Laien war es damals, ihn einen Priester zu nennen.

Nach Konstanz erhob sich auf allen Seiten Protest. Martin V. selbst räum-

te ein, daß viele Klöster Lasterhöhlen waren. Bischöfe, Universitäten, Klöster riefen nach einem Konzil, um die Mißbräuche abzuschaffen. Die in Konstanz überlistete und überstimmte Kurie überzeugte den Papst, daß ein Konzil nicht in seinem Interesse wäre.
In Konstanz hatte es aber einen feierlichen Vorsatz gegeben, daß innerhalb von zehn Jahren und danach in regelmäßigen Abständen ein Konzil gehalten werden sollte. Trotz der kurialen Bemühungen, es zu hintertreiben, trat 1432 in Basel ein Konzil zusammen. Die Bischöfe zeigten, daß sie es ernst meinten.

> *Von nun an sollen alle kirchlichen Ernennungen in Übereinstimmung mit den Kanones der Kirche geschehen; alle Simonie soll aufhören. Von nun an sollen alle Priester, ob höchsten oder niedrigsten Ranges, ihre Konkubinen fortschaffen, und jeder, der die Forderungen dieses Beschlusses innerhalb von zwei Monaten mißachtet, soll sein Amt verlieren, selbst wenn er der Bischof von Rom wäre. Von nun an soll die kirchliche Verwaltung jedes Landes nicht länger von päpstlichen Launen abhängen. ... Der Mißbrauch des Banns und des Anathemas durch die Päpste soll aufhören. ... Von nun an soll die römische Kurie, d. h. die Päpste, keine Gebühren für kirchliche Ämter fordern oder annehmen. Von nun an sollte ein Papst nicht an die Schätze dieser Welt denken, sondern nur an die der künftigen.*

Dies war starker Tobak. Zu stark. Der herrschende Papst, Eugen IV., berief sein eigenes Konzil in Florenz ein. Basel nannte er ein »Bettlerpack, vulgäre Kerle vom niedrigsten Bodensatz des Klerus, Abtrünnige, lästernde Rebellen, Gotteslästerer, Galgenvögel, die ohne Ausnahme nur verdienen, zum Teufel zurückgescheucht zu werden, von dem sie gekommen sind«.
Das Papsttum hatte seine Chance verscherzt; weitere sollte es nicht geben. Dasselbe Jahrhundert, in dem Eugen IV. die besten Reformbestrebungen von Basel brandmarkte, sollte mit dem Papst enden, der vor allen anderen vom Teufel gekommen war: Alexander Borgia.

## *Der Sturm braut sich zusammen*

Im fünfzehnten Jahrhundert erhob sich nicht eine Stimme zur Verteidigung des Papsttums. Bei Männern wie Francesco delle Rovere auf dem Thron war das nicht schwer zu begreifen.

Francesco wurde 1471 Sixtus IV. Er hatte etliche Söhne, die nach zeitgenössischer Sitte »Neffen des Papstes« genannt wurden. Sixtus verlieh drei Neffen und sechs anderen Verwandten den roten Hut. Unter den so Bedachten war Giuliano delle Rovere, der künftige Julius II.

Sixtus' Favorit war Pietro Riario, den der Historiker Theodor Griesinger für seinen Sohn von seiner eigenen Schwester hielt. Gewiß hatte der neue Papst eine alarmierende Vorliebe für den Jungen. Er machte ihn zum Bischof von Treviso, Kardinal-Erzbischof von Sevilla, Patriarch von Konstantinopel, Erzbischof von Valencia und Erzbischof von Florenz. Bis dahin war Pietro Franziskaner gewesen. Jedes Jahr hatte er seinen Habit gebacken, um die Parasiten abzutöten. Als er Kardinal wurde, änderte er sich. Er wurde zum Geldausgeber in großem Stil, hielt sich Hofdamen und versorgte sie mit Nachttöpfen aus Gold. Die Chronisten der Zeit beklagen die niedrigen Zwecke, für die die Schätze der Kirche eingesetzt wurden. Riario sollte jung sterben, völlig ausgebrannt.

Sixtus IV. baute die nach ihm benannte Kapelle, in der alle Päpste jetzt gewählt werden. Sie hat Glanz und Elend gesehen. Kardinäle haben dort Picknicks und Biwaks, Nachtlager und oft Schlägereien gehabt. Unter ihren Gewölben stellte Napoleon seine Pferde ein. Die Sixtinische Kapelle ist nur ein Schmuckstück in einem Vatikan, der an Kunst und Architektur rasch immer glänzender wurde, während im Inneren Korruption herrschte.

Sixtus war der erste Papst, der an die Bordelle Roms Lizenzen vergab; sie brachten ihm dreißigtausend Dukaten pro Jahr. Auch verdiente er erheblich an einer Steuer für Priester, die sich Mätressen hielten. Eine weitere Einkommensquelle waren die Privilegien, die er reichen Männern gewährte, »damit sie gewisse Matronen in Abwesenheit ihrer Ehemänner trösten können«.

Im Bereich der Ablässe zeigte Sixtus einen Anflug von Genie. Er war der erste Papst, der beschloß, sie könnten auf Tote angewendet werden. Selbst er war überwältigt von ihrer Beliebtheit. Sie waren eine unerschöpfliche Einkommensquelle, die selbst seine habgierigsten Vorgänger sich nicht erträumt hatten. Die Implikationen waren atemberaubend: Der Papst, ein Geschöpf aus Fleisch und Blut, hatte Macht über das Reich der Toten. Seelen, die für ihre Missetaten in der Pein waren, konnten durch sein Wort befreit werden, vorausgesetzt, ihre frommen Verwandten ließen etwas springen. Und wer hätte das nicht getan, wenn er einen Funken christlichen Anstand hatte? Witwen und Witwer, Eltern toter Kinder gaben alles, was sie hatten, um ihre Lieben aus dem Fegefeuer zu befreien, das in immer schaurigeren Farben ausgemalt wurde.

Für die Toten beten war eine Sache – für sie zahlen eine andere. Man ließ die einfachen Leute glauben, der Papst oder die, die in ihr Dorf kamen und den Ablaß des Papstes verkauften, garantierten ihren Toten den Aufstieg zum Himmel auf den Schwingen des Ablasses. Das Potential zu Mißbräuchen war erheblich. Der Reliquienverkauf seit dem zehnten Jahrhundert war schlimm genug gewesen. Tatsächlich waren lange Zeit Roms wichtigste Exportartikel Leichen gewesen, am Stück oder in Teilen. Sie wurden für große Summen an Pilger verkauft. T. H. Dyer hat geschrieben: »Der Zeh oder Finger eines Märtyrers konnte vielleicht ein Stück für einen Mann von bescheidenen Mitteln sein, doch Fürsten und Bischöfe konnten sich ein ganzes Skelett leisten.« Mit den Katakomben als einer Art päpstliches Eldorado zur Verfügung, verschenkten viele Päpste Märtyrerknochen an Städte, in denen sie sich beliebt machen wollten. Sixtus' Talent bestand in folgendem: Er verschenkte nichts, außer Ungreifbarem. Märtyrerknochen waren wie Öl keine erneuerbare Ressource, doch Ablässe waren unbegrenzt und konnten jedem Geldbeutel in der Preisgestaltung entsprechen. Von dem Geber oder Empfänger wurde nichts verlangt, kein Mitleid oder Gebet und keine Reue – nur Geld. Keine Praxis war je unfrommer als diese. Der Papst bereicherte sich an der Übervorteilung der Armen.

Das Fegefeuer hatte keine Berechtigung, weder in der Schrift noch in der Logik. Seine wirkliche Basis war päpstliche Habgier. Ein Engländer, Simon Fish, legte das 1529 in *A Supplicacyion for the Beggars* zwingend dar.

*Es wird kein Wort von alledem in der Heiligen Schrift gesprochen, und außerdem, wenn der Papst mit seinen Ablässen für Geld eine Seele von dort befreien kann, so kann er sie auch ohne Geld befreien: wenn er eine befreien kann, so kann er auch tausend befreien: Wenn er tausend befreien kann, so kann er sie alle befreien; und so das Fegefeuer zerstören: und dann ist er ein grausamer Tyrann, ohne alles Erbarmen, wenn er sie dort im Gefängnis und in Pein läßt, bis die Menschen ihm Geld geben.*

1478 veröffentlichte Sixtus eine Bulle, die der Kirche sogar noch mehr schadete. Er sanktionierte die Inquisition in Kastilien. Sie breitete sich buchstäblich wie Feuer aus. 1482 wurden allein in Andalusien zweitausend Ketzer verbrannt.

Von Sixtus ist gesagt worden: »Er watete mitratief in Verbrechen und

Blutvergießen«, und dabei stürzte er Italien in endlose Kriege. Als er in einer für das Papsttum relativ friedlichen Zeit starb, meinte ein Witzbold, dieser Kriegsherr sei »vom Frieden erschlagen« worden. Es hieß, er habe »die größtmögliche Konzentration menschlicher Bosheit verkörpert«. Mit Bischof Creightons Worten: »Er ließ den moralischen Ton Europas absinken.«

Als er gestorben war, wusch ihn sein pflichtbewußter deutscher Kaplan Johann Burchard. Die Räume waren geplündert, so daß der Kaplan nichts hatte, um die Leiche abzutrocknen. Er zog Sixtus das Hemd aus und benutzte dies. Schließlich kleidete er ihn in einen kurzen Kittel und ein Paar geborgte Pantoffeln.

Acht Jahre später bereitete sich Burchard darauf vor, den gleichen Dienst an Sixtus' Nachfolger zu tun, dem sechzigjährigen Innozenz VIII. Dünn und anämisch lag der Papst im Bett, auf Kissen gestützt. Von seinen Mundwinkeln tröpfelte Muttermilch, seine einzige Nahrung seit Wochen. Er schaute zurück und fand, er habe Grund, stolz zu sein.

Er hatte seinen Lieblingssohn Franceschetto in die große Familie de' Medici von Florenz hinein verheiratet und dieser so die Tür zum Papsttum geöffnet – mit katastrophalen Folgen.

Innozenz erließ auch ein Edikt gegen die Juden in Spanien. Die, die sich weigerten, das Christentum anzunehmen, wurden von der Halbinsel verbannt. Es gab eine Emigrationswelle, die bis zu den dreißiger Jahren der Nazizeit nicht mehr ihresgleichen hatte. Hunderttausend flohen, etwa ebenso viele blieben und gaben vor, sich bekehrt zu haben. »Dies gab der Inquisition für Jahrhunderte zu tun«, sagt *The Catholic Dictionary* mit unbeabsichtigter Ironie.

Ein oder zwei Schönheitsfehler gab es in seiner Bilanz. Er hatte zum Beispiel nichts getan, um die Stadt zu säubern. Sein Vikar war zu ihm gekommen und hatte gesagt: »Wir sollten die Priester wirklich davon abbringen, sich Frauen zu halten, Eure Heiligkeit.« Innozenz soll geantwortet haben: »Eine Zeitverschwendung. Es ist so verbreitet unter den Priestern, selbst in der Kurie, daß man kaum einen ohne seine Konkubine finden wird.« Als dies durchsickerte, sagte jemand: »Seine Heiligkeit erhebt sich aus dem Hurenbett, um die Pforten des Fegefeuers und des Himmels zu öffnen und zu schließen.«

Während sein eigenes Leben zu Ende ging, untersuchte sein Arzt im Nebenzimmer drei schöne junge Männer. Er sagte ihnen, sie könnten dem Stellvertreter Christi einen großen Dienst erweisen. Das Blut des Papstes sei alt und müde; wenn sie ihm etwas von dem ihren gäben, könnte er die Kirche weiter inspirieren. Burchard ermutigte sie noch mit einem Dukaten für jeden.

Der Arzt war Jude. Innozenz glaubte, gerade die Schlechtigkeit der Juden gebe ihnen Zugang zu geheimem Wissen, das den christlichen Ärzten fehlte.

Der Arzt informierte Burchard, daß er bereit war anzufangen. Mit Kratzfüßen betrat er das päpstliche Schlafzimmer und ließ mit zitternden Händen den Papst zur Ader.

Der erste Jüngling wurde hereingebracht, und sein Blut wurde direkt zum Papst übertragen. Es war keine exakte Wissenschaft. Der Raum stank nach Blut; es floß über die Bettücher und herunter in die Teppiche. Der junge Mann wurde halb bewußtlos herausgetragen. Der zweite Jüngling wurde gerufen, dann der dritte. Bald waren alle drei tot im Vorzimmer. Burchard öffnete ihnen die klebrigen Hände und nahm das Geld zurück. Das Opfer der Jünglinge war vergeblich. Innozenz beichtete seine Sünden und starb in Frieden, mit einem Kalauer auf den Lippen: »Ich komme zu Dir, Herr, in meiner Unschuld (innocentia).« In seinem Grab lagen, wie jemand sagte, »Schmutz, Völlerei, Habgier und Faulheit«.

Wieder einmal schien es, als könne das Papsttum nicht tiefer sinken. Dann kam Borgia.

## *Das Auge des Sturms*

Rodrigo Borgia, ein Katalane, soll seinen ersten Mord im Alter von zwölf Jahren begangen haben. Wiederholt stach er andere Jungen mit seiner Degenscheide in den Bauch. Als junger Mann waren seine amourösen Neigungen nicht gerade das bestgehütete Geheimnis der Welt. Sein Pech war es, daß er einen Papst, Callistus III., zum Onkel hatte.

1456 machte Callistus den damals fünfundzwanzigjährigen Rodrigo zum Erzbischof von Valencia, der wichtigsten Diözese Spaniens. Rodrigo war schon berühmt dafür, seine Liebe gleichmäßig auf eine Witwe und ihre beiden schönen Töchter zu verteilen, von denen eine seine ewiggeliebte Vannozza Catanei war. Er wurde nach Rom berufen, um mit sechsundzwanzig Kardinal und ein Jahr später Vizekanzler der Kirche zu werden; da er es nicht ertragen konnte, allzu fern von seiner Geliebten zu sein, ließ er sie in großem Stil in der stilvollsten aller Städte, Venedig, wohnen.

Als sein Onkel starb, war der neue Papst, Pius II., nicht so tolerant mit ihm. Er bekam Wind von einer Borgia-Orgie in Siena, von der Ehemänner, Väter, Brüder und männliche Verwandte ausgeschlossen waren, um der Fleischeslust freien Lauf zu lassen. »Ist es passend, daß du den ganzen Tag nichts im Kopf hast als Gedanken an sinnliche Vergnügungen?« fragte Pius II. taktvoll, denn er hatte selbst zwei Kinder gezeugt.

Als Rodrigo Papst wurde, nahm er den Namen Alexander VI. an, wobei es ihn offenbar nicht störte, daß Alexander V. als Gegenpapst von Pisa aus den Listen gestrichen war. Nach seiner Wahl wurde Borgia rasch immer schlimmer. Er wurde nicht abgesetzt oder auch nur in Frage gestellt. Das System erlaubte das nicht.
Luther war neun Jahre alt, als Borgia an die Macht kam. Alles in Rom war verkäuflich, von Pfründen und Ablässen bis zu Kardinalshüten und selbst dem Papsttum. Laut Johann Burchard, der im Konklave als Zeremonienmeister fungierte, gewann Borgia die Stimmen des Heiligen Kollegiums nach einer besonders teuren Kampagne. Es ist lehrreich, anhand von Burchards Tagebüchern zu sehen, wie der Heilige Geist bei der Wahl des Nachfolgers Petri vorgeht.
Geld floß nach Rom aus ganz Europa; Bankiers schleusten es ins Konklave. Borgia hatte eine starke Opposition. Auf den Kardinal delle Rovere hatte der König von Frankreich 200000 Golddukaten gesetzt und die Republik Genua weitere hunderttausend. Nur fünf Stimmen waren nicht gekauft. Borgia, der ja Vizekanzler war, war zufällig auch der reichste der Kardinäle. Er konnte Villen, Städte und Abteien bieten. Er gab seinem größten Rivalen, Kardinal Sforza, vier Maultierladungen Silber, um ihn zum Verzicht zu bewegen. Als er praktisch keinen Pfennig mehr hatte, fehlte ihm zu seinem Entsetzen noch eine Stimme.
Kardinal Gherardo von Venedig gab den Ausschlag für ihn, obwohl er in keiner Weise zu tadeln war. Es gibt gute Gründe für die Annahme, daß er senil war. Er war fünfundneunzig Jahre alt, und vor allem bestand er nicht auf Schmiergeld.
Nachdem sie Borgia gewählt hatten, gaben die Kardinäle dem Heiligen Geist ein Ständchen zum Dank dafür, daß er einen Nachfolger Petri gewählt habe. Doch Giovanni de' Medici sagte später zu Kardinal Cibò: »Jetzt sind wir in den Fängen des vielleicht wildesten Wolfs, den die Welt je gesehen hat. Entweder fliehen wir, oder er wird uns ohne Zweifel verschlingen.« Kardinal delle Rovere, der künftige Julius II., ließ sich das nicht zweimal sagen und floh um sein Leben, nur um zehn Jahre darauf wiederzukommen, als Pharao, der Borgia-Papst, tot war.

Vorerst aber war »der Wolf« quicklebendig. In einem Freudentaumel rief er aus: »Ich bin Papst, Oberhirte, Stellvertreter Christi.«

In den Borgia-Zimmern des Apostolischen Palastes gibt es ein Porträt Alexanders VI. in ganzer Länge von Pinturicchio. Es zeigt ihn in einem Überwurf von Brokat und Juwelen; nur sein Kopf und seine Hände sind zu sehen. Er ist großgewachsen, hat eine schmale Stirn, eine dicke Wangen- und Kinnpartie und eine große, fleischige Nase. Sein Hals ist monströs, seine Lippen sinnlich, seine Augen durchdringend. Seine fetten, beringten Hände sind zum Gebet aneinandergelegt.
Dieser Mann, den Gibbon den »Tiberius des christlichen Rom« nennt, war selbst für einen Renaissancepapst böse. Sein Blick für hübsche Frauen soll untrüglich gewesen sein, selbst im hohen Alter. Er hatte zehn bekannte uneheliche Kinder, vier davon, einschließlich der berüchtigten Cesare und Lucrezia, von Vannozza. Als sie welk wurde, nahm sich der Papst im Alter von achtundfünfzig eine andere Geliebte.
Giulia Farnese war fünfzehn und seit kurzem mit Orsino Orsini verheiratet. Er war ein guter Gatte: Blind auf einem Auge, wußte er, wann er das andere zudrücken mußte. Deshalb wurde Giulia in ganz Italien als die »Hure des Papstes« und die »Braut Christi« bekannt. Sie war eine blendende Schönheit, »Herz und Augen« des Papstes, wie ein Diplomat es ausdrückte, ohne die er nicht leben konnte. Mit ihren päpstlichen Beziehungen hatte sie keine Schwierigkeiten, ihrem Bruder, dem künftigen Paul III., einen roten Hut zu vermitteln, was ihm den Titel »Unterrock-Kardinal« eintrug.
Von Giulia hatte der Papst eine Tochter namens Laura. Da er gewöhnlich ein ehrlicher Mann war, war er dem Beispiel Innozenz' VIII. gefolgt und hatte seine Kinder anerkannt – es war das sogenannte Goldene Zeitalter der Bankerte. Pius II. hatte sogar gesagt, Rom sei die einzige Stadt der Welt, in der Bankerte das Sagen hatten. Doch Borgia versuchte, Laura als eine Orsini auszugeben, als sei Giulias Ehemann der Vater von Giulias Kind. Dies war schwer zu glauben. Hinzu kam, wie Lorenzo Pucci, ein Botschafter im Vatikan, seinem Herrn in Florenz schrieb: »Die Ähnlichkeit des Kindes mit dem Papst ist derart, daß sie einfach von ihm sein muß.«
Giulias Sohn Juan, bekannt als *Infans Romanus*, das mysteriöse Römische Kind, war ebenfalls von ihm. Alexander muß bis zum Ende Augustins Gebet wiederholt haben: »Herr, mach mich keusch, aber noch nicht jetzt«, denn La bella Giulia schenkte ihm ein letztes Kind, nach ihm Rodrigo genannt, zum Abschied, als er starb.

Das Leben im Vatikan jener Tage war nie langweilig oder ganz dem Evangelium gemäß. Es gab glaubhafte Erzählungen von Sauf- und Sexorgien. Alexander wurde eine blutschänderische Beziehung zu seiner Tochter, der bildschönen Lucrezia, nachgesagt. Wenn dies zutraf, was nicht sicher ist, war es selbst für einen Renaissancepapst ein Rekord, mit drei Generationen von Frauen geschlafen zu haben: seiner Tochter, ihrer Mutter und ihrer Großmutter.

Cesare, sein Sohn, war Machiavellis Vorbild für den völlig skrupellosen Fürsten. Selbst sein Vater fürchtete ihn. Lord Acton schrieb über ihn: »Da er weder für Gut noch Böse eine Vorliebe hatte, wog er mit ruhigem und kühlem Geist ab, ob es besser war, einen Mann zu verschonen oder ihm den Hals abzuschneiden.« Der florentinische Staatsmann Francesco Guiccardini, der Condottiere der päpstlichen Armeen wurde, vertraute seinem geheimen Notizbuch, den *Ricordi*, an, Cesare sei geboren worden, »damit es in der Welt einen Mann gibt, der niedrig genug ist, die Pläne seines Vaters Alexander VI. auszuführen«. In eindrucksvollem spanischem Stil erstach Cesare einmal fünf Stiere mit einer Lanze auf dem Petersplatz und köpfte dann einen sechsten mit einem einzigen Schwertstreich. Er fand nichts dabei, einem Mann die Frau zu rauben, sie zu vergewaltigen und dann in den Tiber zu werfen.

Früh in seiner Regierungszeit gab der Papst in nostalgischer Erinnerung Cesare seinen alten Bischofssitz Valencia. Sein Sohn war damals ein hübscher Siebzehnjähriger mit hohem Nasenrücken, düsteren schwarzen Augen und leicht rötlichem, dunklem Haar. Ein Jahr später, in dem Konsistorium, bei dem Alexander den Bruder seiner Mätresse und den fünfzehnjährigen Ippolito d'Este beförderte, wurde Cesare Kardinal.

Dies war eine heikle Angelegenheit, denn Kardinäle sollen eigentlich ehelich geboren sein. Alexander löste das Problem auf brillante Weise. Am 20. September 1493 unterzeichnete er zwei Bullen, beide bezeugt von den verläßlichsten Zeugen seines Hofes. Die erste bewies zwingend, daß Cesare der Sohn von Vannozza und ihrem Mann war. In der zweiten, die geheim veröffentlicht wurde, anerkannte der Papst Cesare als seinen Sohn.

In jenen Tagen gab es in Rom durchschnittlich vierzehn Morde pro Tag. Wenn der Schuldige gefangen wurde, hatte Alexander keine Skrupel, ihn für eine kleine Spende laufenzulassen. Wie er mit seinem gewinnenden Lächeln bemerkte: »Der Herr will nicht den Tod des Sünders, sondern daß er zahlt und lebt.«

Eine seiner weniger beliebten Gewohnheiten war es, Kardinäle für eine fette Gebühr zu ernennen und sie dann vergiften zu lassen, um den Umsatz zu steigern. Er bevorzugte Cantarella, ein Gebräu, das vor allem aus weißem Arsen besteht. Die Kirche, bestimmte er, konnte alle Besitztümer des Kardinals erben. Er als Stellvertreter Christi war natürlich die Kirche. Einer der wenigen, die offen gegen den Skandal der päpstlichen Kurie protestierten, war der dominikanische Prior von San Marco in Florenz. Savonarola war der größte Prediger seiner Zeit, und ein späterer Papst, Benedikt XIV., erklärte ihn für würdig, kanonisiert zu werden. Alexander sah das anders. Er versuchte, den Dominikaner zum Schweigen zu bringen, indem er ihm einen kostenlosen Kardinalshut versprach. Als das zu seiner Verblüffung nicht verfing, gab es keine andere Wahl, als ihn statt dessen vor Gericht, an den Galgen und auf den Scheiterhaufen zu bringen – obwohl der Papst, wie es hieß, nicht nachtragend war.

Drei turbulente Jahre vergingen, bevor am letzten Abend des Oktobers 1501 eines der groteskesten Ereignisse in der Geschichte des Vatikans eintrat. Es wurde in seinem üblichen, pedantischen Stil von Burchard aufgeschrieben, dem persönlichen Berater von vier aufeinanderfolgenden Päpsten, in Tagebüchern, die nur durch Zufall ans Licht gekommen sind.
Cesare lud seine Lieblingsschwester Lucrezia und als einzigen anderen Mann den Papst zu einem Fest ein, das »das Hurenturnier« genannt wurde. Fünfzig der schönsten Römerinnen tanzten in immer spärlicher werdender Bekleidung, bevor sie schließlich nackt um den Tisch des Papstes herumtollten. Wahrscheinlich hatten sie das in Rom zirkulierende Gerücht gehört, daß dem Papst eine Orgie lieber war als ein Hochamt. In einem wilden Finale fielen die Huren auf die Knie und wühlten wie Säue in den Teppichen nach Kastanien, die die Borgias ihnen zuwarfen.
Doch der Papst hatte sein Gutes. Er war ein Mäzen der Künste. Er ermutigte einen mittellosen jungen Mönch namens Kopernikus. Er hatte einen Riecher fürs Geschäft und war tatsächlich einer der wenigen Päpste jener Epoche, die ihre Bücher bilanzieren konnten. Er war kein Heuchler und gab nie vor, ein aufrichtiger Christ oder gar ein Heiliger zu sein. Doch wie die meisten Päpste war er ein glühender Verehrer der Jungfrau Maria. Er ließ den alten Brauch wieder aufleben, dreimal täglich den Angelus zu läuten. Er hatte ein Gemälde von einer herrlichen Madonna in Auftrag gegeben, mit dem Gesicht der Giulia Farnese, um seine Liebe zu vertiefen. Und er war auch keiner von denen, die die Dienste ihrer früheren Geliebten vergessen. Als Vannozza einige Jahre nach ihm mit sechsundsiebzig Jahren starb, wurde sie deshalb als Witwe des Papstes behandelt. Mit grö-

ßerem Pomp als Borgia selbst wurde sie in der Kirche Santa Maria del Popolo begraben, und der ganze päpstliche Hof war anwesend, »fast, als wäre sie ein Kardinal«.

Auch muß zur Verteidigung des Papstes gesagt werden, daß er ein stolzer und fürsorglicher Vater war. Er taufte seine Kinder und gab ihnen die beste Erziehung, die mit Simonie zu kaufen war. Er zelebrierte bei ihren Hochzeiten mit den besten Familien der Zeit im Vatikan — doch hatte nicht Innozenz VIII. das gleiche getan? Als er Lucrezia in der Sala Reale traute, ging an ihrer Seite Innozenz' Enkelin und hinter ihr die Hure des Papstes und weitere 150 aufgeregte römische Damen. Für Lucrezia verlegte er anläßlich ihrer dritten Heirat sogar den Anfang der Fastenzeit, damit das Volk von Ferrara, wohin sie gehen sollte, ihre Hochzeit mit Fleisch und Tanz feiern konnte.

Die väterliche Liebe des Papstes war nie so offensichtlich wie als er um seinen Sohn trauerte, den Herzog von Gandia, höchstwahrscheinlich ermordet von seinem anderen Sohn, dem gnadenlosen Cesare. Als Gandia aus dem Tiber gezogen und zu Füßen des Papstes gelegt wurde, sagten die Zyniker: »Na endlich! Ein Menschenfischer!« Er muß das Konsistorium zu Tränen gerührt haben, als er sagte, er würde sieben Tiaras darum geben, wenn sein Sohn wieder lebendig würde. Sie weinten sogar noch mehr, als er in den wenigen Tagen seiner Trauer der Vetternwirtschaft ein Ende bereiten wollte und drohte, die Kurie zu reformieren. Alle Konkubinen von Klerikern, bestimmte er, sollten innerhalb von zehn Tagen entlassen werden; selbst Kardinäle sollten enthaltsam und keusch werden. Giulia muß seine besten Absichten zunichte gemacht haben, denn im folgenden Jahr gebar sie ihm einen Sohn.

Historiker haben gemeint, seine Liebe zu Cesare sei fehl am Platze gewesen. Er wußte, Cesare hatte immer Gift bei sich, falls ein Feind es brauchte. Dann wollte Cesare seinen Kardinalshut aufgeben, nach all den Mühen, die seine Ernennung gekostet hatte. Alexander riskierte den Zorn des Heiligen Kollegiums, indem er ihm erlaubte, »die in Purpur Gekleideten«, wie Corro sie nannte, zu verlassen. Die Rettung von Cesares Seele stehe auf dem Spiel, argumentierte der Papst. Inzwischen war das Gesicht seines Sohnes bedeckt mit dunklen Flecken und auffallenden Schwielen, den Zeichen der Syphilis im zweiten Stadium. Die Eminenzen hätten ob seines Ausscheidens vielleicht erleichtert sein sollen, doch wie ein Berater nüchtern bemerkte, wenn Kardinäle aus so trivialen Gründen zurücktreten dürften, wäre keiner mehr übrig. Als Cesares Pocken schlimm wurden, gewöhnte er sich an, in der Öffentlichkeit eine schwarze Seidenmaske zu tragen.

Nachdem er seinen roten Hut mit zweiundzwanzig abgelegt hatte, war er frei zu heiraten, und – sein größter Ehrgeiz – Gandias Stelle als Oberbefehlshaber der päpstlichen Streitkräfte einzunehmen. Sein Vater hätte wissen sollen, daß er auch mit einem Messer gefährlich war.

Einmal hatte Cesare einen jungen Spanier namens Perroto in Stücke gehackt, Alexanders Lieblingskämmerer, weil er mit seiner Schwester schlief. Es war nicht die Sünde, sondern die Unvernunft dabei, die ihn störte. Es war wichtig für die Interessen der Familie, und speziell Cesares Interessen, daß Lucrezias frühere Ehe mit Giovanni Sforza beendet wurde, damit sie in die Königsfamilie von Neapel heiraten konnte. Die Annullierung wurde mit Nichtvollzug begründet. Eine Kommission bezeugte ihre Jungfräulichkeit nach dreijähriger Ehe und beschuldigte implizit ihren Mann, impotent zu sein. Ganz Rom schrie vor Lachen, als die Nachricht durchsickerte. Lucrezia galt als »die größte Hure, die es in Rom je gab«. Ihr Gatte, Sforza, verweigerte die Zusammenarbeit mit der Kommission und betonte, es habe außerordentlich viel Vollzug gegeben. Er schwor, er habe sie »zahllose Male fleischlich erkannt«. Sein Onkel, Ludovico von Mailand, schlug trocken vor, er solle seine Fähigkeiten vor Zeugen unter Beweis stellen.

Dies war nicht die einzige Scheidung, die Alexander unter dem Anschein einer Annullierung ermöglichte. Nicht, daß es Lucrezias neuem Ehemann half. Als er 1500 seine Schuldigkeit getan hatte, ließ ihn Cesare erdrosseln. Perroto war ein früheres Opfer. In Cesares Augen hatte er den Ruf seiner Schwester in einem heiklen Augenblick kompromittiert und war entsprechend zu behandeln.

Der Papst mit seinen blinzelnden Triefaugen versuchte, seinen Kämmerer unter seinem Umhang zu bergen und schrie auf spanisch: »Nein, Cesare, um Gottes willen, nein!« Cesare stach mit dem Messer zu, so daß das Blut in das Gesicht des Papstes hinaufspritzte. Danach bekam die Leiche die übliche Behandlung: Sie wurde in den Tiber gekippt. Tagelang hörte der Papst die Schreie des Jungen, roch das Blut, das seine Soutane bis auf seine schlotternde Brust durchnäßte, fühlte Perroto bei jedem neuen Stich zurückweichen, bis er im Tod erschauerte.

Alexanders eigener Tod, im voraus angezeigt durch eine Eule, die bei Tageslicht durch sein Fenster flog und zu seinen Füßen verendete, war maßgeschneidert. Wahrscheinlich vergiftete Cesare sich selbst und seinen Vater aus Versehen. Die Cantarella im Wein war für ein paar reiche und eminent entbehrliche Kardinäle bestimmt.

Cesare kam wieder zu Kräften. Er sollte drei Jahre später tapfer auf dem Schlachtfeld von Viana in Spanien sterben, wo er es ganz allein mit einer Armee aufnahm. Als sein Leichnam entkleidet wurde, waren dreiundzwanzig Wunden darin. Der dreiundsiebzigjährige Papst erlag dem Gift. Burchard in seinen Tagebüchern und Botschafter in ihren Depeschen berichteten im Detail, was geschah.

Das weiße Arsen ließ einen Feuerball in seinem Bauch entstehen. Stundenlang lag er auf seinem Bett, mit blutunterlaufenen Augen und gelbem Gesicht, und konnte nicht schlucken. Seine Haut wurde streifig wie die eines Tigers und begann, sich abzuschälen. Das Fett an seinem Bauch verflüssigte sich. Magen und Gedärme bluteten.

Die Ärzte versuchten es mit Brechmitteln und Aderlaß, aber es war sinnlos. Nach dem Empfang der Sterbesakramente hauchte dieser Mann, in dem laut Guicciardini keine Religion war, sein Leben im Borgiaturm aus, in einem von Pinturicchio ausgemalten Zimmer.

Cesare, noch ans Bett gefesselt und tieftraurig, daß sein Papst-Vater und Gönner nicht mehr war, befahl, die päpstlichen Gemächer zu versiegeln, damit seine eigenen Leute sie plündern konnten und nicht Lakaien habgieriger Kardinäle.

Die Leiche wurde zwischen zwei brennenden Kerzen aufgebahrt. Sie war inzwischen pechschwarz und begann zu faulen. Burchard erinnerte sich, daß der Mund schäumte wie ein Kessel über dem Feuer. Die Zunge wurde so dick, daß sie den Mund völlig füllte und ihn offenhielt. Sein Leib war formlos und begann, wie ein Frosch anzuschwellen, bis er ebenso breit wie lang war. Giustiniani, der Botschafter von Venedig, schrieb in einer Depesche, Borgia sei »die häßlichste, monströseste und schrecklichste Leiche, die je gesehen wurde, ohne menschliche Form oder Ähnlichkeit«.

Cesares Diener zogen der Leiche die Ringe von den Fingern, schafften Kerzenleuchter, Schmuck, Gewänder, Gold und Silber fort, selbst die Teppiche. Bei alledem fuhr der Kaplan ruhig fort, die Leiche zu waschen. Als dann das Zimmer kahl war, explodierte sie, und aus jeder Körperöffnung traten schweflige Dämpfe. Sechs Träger und ein paar Zimmerleute klemmten sich die Nasen zu und versuchten, mit Gelächter einen Alptraum durchzustehen. Ihr Hauptproblem bestand darin, diesen riesigen, stinkenden Klumpen in einen engen Sarg zu bekommen. Da sie einen solchen Ansteckungsherd nicht berühren wollten, banden sie einen Strick um den geheiligten Fuß, so oft geküßt von Fürsten, Prälaten und hübschen Frauen, und zerrten ihn von der Bahre. Der dicke Leichnam zischte, als er auf den kalten Boden aufschlug. Sie schlugen ihm die Mitra herunter und hoben ihn mit Seilen an, gerade hoch genug, um ihn in den Sarg plumpsen zu lassen.

Inzwischen, so Burchard, waren da »weder Kerzen, Lichter noch Priester oder sonst irgend jemand, um bei dem toten Papst zu wachen«. Wie die Gnade Gottes war die Leiche zusammengedrückt und dennoch überfließend. Burchard brauchte seine ganze Kraft, sie in die richtige Form für den Sarg zu schlagen. Da sonst nichts da war, bedeckte er schließlich den Knecht der Knechte Gottes mit einem alten Stück Teppich.

Die Träger des Palastes mußten mit den Klerikern der Basilika kämpfen, denn diese weigerten sich, die Leiche zum Begräbnis hineinzulassen. Nur vier Kirchenfürsten wohnten dem Begräbnis bei. Der Sarg durfte nur die kürzeste Zeit in der Krypta von St. Peter bleiben. Papst Julius II. bestätigte später, es sei Gotteslästerung, für die Verdammten zu beten. Deshalb wäre jede Seelenmesse für Alexander ein Sakrileg.

1610 wurde die Leiche ganz aus der Basilika verbannt; heute ruht sie in der spanischen Kirche in der Via di Monserrato und wartet angstvoll auf das Jüngste Gericht.

## 7. Kapitel

# Die unvermeidliche Reformation

Bald nach Borgia kam einer der bemerkenswertesten Männer der Geschichte auf den Papstthron, Julius II. Er war ein Franziskaner aus Genua, groß, gutaussehend und syphilitisch, und schmierte sich den Weg zum Papsttum mit Hunderttausenden von Dukaten. Danach ordnete er an, daß künftig jeder, der ein Konklave bestach, abgesetzt werden sollte. Er war ein athletischer Mann und trug immer einen Stock bei sich, um jeden zu schlagen, der ihn ärgerte. Für diesen Wirbelsturm von Mann war Religion noch nicht einmal ein Hobby. Seine Fastengerichte bestanden aus Garnelen, Thunfisch, Neunaugen aus Flandern und dem feinsten Kaviar. Am besten ist er als Mäzen der Künste in Erinnerung. Eines Tages führte er einen einunddreißigjährigen Bildhauer in die Sixtinische Kapelle. Der junge Mann war breitschultrig, mager, mittelgroß, mit dickem, schwarzem Haar und gebrochener Nase von einer Prügelei in seiner Lehrlingszeit mit einem Jungen, der größer war als er selbst.
Papst Julius zeigte mit seinem Stock zur Decke: »Das. Das sollst du für mich ausmalen.«
Michelangelo sah hinauf und unterdrückte ein Stöhnen. Die Decke war zwanzig Meter hoch und konkav. Wie konnte er oder überhaupt jemand da Perspektiven herausarbeiten? Außerdem war er kein Maler. Bisher hatte er nur ein paar Leinwände bemalt und war nicht allzu stolz auf sie. Er arbeitete lieber in Stein. Stein ist etwas Bleibendes. Nein, er würde ablehnen. Ohne Ankündigung ging er in seine Heimatstadt Florenz; dort war er in der reinen Luft des Arezzolandes aufgewachsen und hatte seine Bildhauerei mit der Ammenmilch eingesogen.
Zwei Jahre später, 1508, zwang Julius ihn ohne seinen Hammer und Meißel nach Rom zurück. So begann das Gemälde, das diesen jungen Mann von der Unbekanntheit zum Gipfel der Größe erheben sollte. Trotzig wie immer, schrieb er auf seine erste Honoraranweisung: »Ich, Michelangelo

Buonarroti, *Bildhauer*, habe 500 Dukaten zur Verrechnung bekommen ... für das *Ausmalen* des Gewölbes der Sixtinischen Kapelle.«

Julius sollte ihn mehr als einmal schlagen, denn es ärgerte ihn, daß dieser Mann ebenso stürmisch war wie er selbst. Einmal mußte Michelangelo als Zeichen der Unterwerfung mit einem Strick um den Hals vor ihm erscheinen.

In vier Jahren sollte er etwa 580 Quadratmeter Decke mit 300 Figuren ausmalen. Seine Erinnerungen an jene Jahre schrieb er in einem Gedicht nieder. Durch das lange Liegen auf dem Rücken bekam er einen Kropf, der wie ein Eimer, aus dem Tiere trinken, an seinem Hals schlenkerte. Sein Rücken wurde krumm wie der eines Bogenschützen. Seine Bartspitze zeigte zum Himmel, so daß Kinn und Bauch praktisch ineinander übergingen. Sein Pinsel tropfte ihm ständig ein Mosaik von Farbe aufs Gesicht. Dies ist keine Stelle zum Bemalen, stöhnte er, und ich bin nicht einmal Maler.

An Allerheiligen 1512 schwang dieser Nichtmaler die Tür der Kapelle auf. Hoch auf dieser unmöglichen Fläche war mehr als ein Kunstwerk. Es war eine Enzyklopädie der Menschheit. Die Themen des Alten Testaments schilderten die Reise jedes Menschen von der Geburt zum Tod. Als Julius triumphierend am Altar die Messe sang, tat er das in dem Bewußtsein, das größte Kunstwerk in Auftrag gegeben zu haben, das die Welt je gesehen hatte.

Durch Michelangelo begann der Papst, einen neuen Vatikan zu schaffen, der bis heute ein Wunder ist. Um den christlichen Glauben war es ihm nicht so sehr zu tun. Dies ist eine der Ironien des Vatikans: Äußerlich, in Kultur, Kunst und Architektur, war die Kirche nie in besserer Form gewesen; Bramante lebte, dann Michelangelo und Raffael. Innen gab es nur Korruption.

Julius' erste und bleibende Passion war nicht Kunst, sondern Krieg. Als militärischer Stratege fand er kaum seinesgleichen. Bei seiner Wahl war er sechzig Jahre; er trug einen eindrucksvollen weißen Bart, den er in seinen Helm stopfte. Dann bestieg er — gegen kanonisches Recht in einer Rüstung — sein Schlachtroß und ritt nordwärts, um für Gott und den Kirchenstaat zu streiten. Obendrein war er erfolgreich. Er wollte die Gebiete tatsächlich für die Kirche, nicht für seine Familie, wie die meisten Päpste seiner Zeit. Er eroberte Territorien, die praktisch unverändert blieben, bis sie im späten neunzehnten Jahrhundert vom neuen Italien geschluckt wurden.

Er hielt schon auch gelegentlich Gottesdienste in der Peterskirche. Es gab

Schwierigkeiten. Großer Schürzenjäger, der er war, hatte er schon als Kardinal drei Töchter gezeugt. So berichtete sein Zeremonienmeister, am Karfreitag 1508 habe Seine Heiligkeit sich den Fuß nicht küssen lassen können, »quia totus erat ex morbo gallico ulcerosus« – »weil er voller Geschwüre von der französischen Krankheit (Syphilis) war«.
Das hielt ihn nicht vom Reiten ab. Keine Szene war repräsentativer für die Renaissance als Julius II. in voller Rüstung, der über zugefrorene Gräben rutschte, um durch die Breschen der Mauer von Mirandola zu klettern, das damals in französischer Hand war, und es für Christus in Anspruch zu nehmen. In jenem schrecklichen Winter war der Po mit Eis bedeckt. Der Oberhirte zog einen weißen Mantel über seine Rüstung, und sein Kopf war mit Schaffell bedeckt, so daß er wie ein Bär aussah, als er schrie: »Mal sehen, wer die dickeren Eier hat, der König von Frankreich oder der Papst!« Im Italienischen ist eindeutig, daß er nicht von Hühnereiern sprach.
Als Michelangelo eine Statue von ihm schuf, betrachtete Julius II. sie mit einem verwirrten Ausdruck. »Was ist das unter meinem Arm?«
»Ein Buch, Heiliger Vater.«
»Was weiß ich von Büchern?« brüllte der Papst. »Gib mir lieber ein Schwert!«
Seiner Heiligkeit Vorliebe für Schwert statt Bibel und Sattel statt Stuhl Petri hatte seine Wirkung auf Rom. Michelangelo, der die Ewige Stadt besser kannte als die meisten, hinterließ in einem Gedicht seine Eindrücke von Päpsten, die er gekannt hatte:

*Aus Kelchen machen sie Helm und Schwert*
*Und verkaufen eimerweise das Blut des Herrn.*
*Sein Kreuz, seine Dornen sind vergiftete Klingen,*
*Und sogar Christus selbst ist nicht mehr geduldig.*

Julius war so wütend auf Ludwig XII. von Frankreich, der seine militärischen Feldzüge nicht unterstützte, daß er eine Bulle aufsetzte, die ihm sein Königreich entzog. Der fromme Heinrich VIII. von England, dessen Lieblingsautor Thomas von Aquin war, sollte es bekommen, vorausgesetzt, er zeigte sich als guter Katholik, indem er ihm bei seinen Kriegen half.
Julius starb, bevor die Bulle veröffentlicht war. Wäre es nicht so gekommen, wäre vielleicht Frankreich wie England in der Reformation, die nun unaufhaltsam näherrückte, protestantisch geworden.

## Der Hof Leos X.

Nach Julius' Tod stürzte Kardinal Farnese aus dem Konklave und schrie: »Kugeln! Kugeln!« Diese Anspielung auf die *Palli* im Wappen der Medici wurde von der Menge sofort aufgegriffen. Sie waren erstaunt.

Giovanni de' Medici war erst achtunddreißig Jahre alt. Es war kein Nachteil für ihn, daß sein Vater der berühmte Lorenzo Magnifico war und seine Mutter eine Orsini. Er war in ihrem Familienpalast auf der Via Larga von Florenz und in anderen, ebenfalls üppigen Umgebungen in Luxus erzogen worden. Mit sieben wurde er bei seiner Erstkommunion zum Abt gemacht. Als er acht war, wollte der König von Frankreich ihn als Erzbischof von Aix-en-Provence haben; glücklicherweise schaute jemand nach und fand gerade rechtzeitig, daß dort schon ein Erzbischof saß, den jahrelang niemand gesehen hatte. Als Entschädigung gab der König dem Jungen eine Abtei bei Chartres und machte ihn zum Kanoniker jeder Kathedrale in der Toskana. Als Giovanni elf war, bekam er die historische Abtei Monte Cassino. Mit dreizehn wurde er der jüngste Kardinal aller Zeiten, wenn er auch nicht ganz an Benedikt IX. herankam, der mit elf Papst geworden war. Selbst der tolerante Innozenz VIII. hatte anscheinend Skrupel, einen Teenager in das Heilige Kollegium zu erheben; er bestand auf drei Probejahren, damit der Junge alle Gelegenheit hatte, Theologie und Kirchenrecht zu meistern.

Bei seiner Wahl zum Papst war Giovanni ein Mann mit teigigem Gesicht, fett, kurzsichtig, glubschäugig und aus zunächst nicht deutlichen Gründen keusch. Das heißt, er hatte keine Mätressen und keine Neffen (oder Bankerte). Der Grund lag wahrscheinlich darin, daß er ein unternehmungslustiger Homosexueller war. Guiccardini sagte, der neue Papst habe eine allzugroße Vorliebe für Fleischliches gehabt, »besonders jene Vergnügungen, die man anständigerweise nicht erwähnen kann«.

Er war krank, als das Konklave begann, und er mußte auf einer Bahre hineingetragen werden. Ein solcher Einzug steigerte seine Chancen. Die Wahlberechtigten hielten aus einem weiteren Grund viel von ihm: Es war bekannt, daß er unter chronischen Geschwüren an seinem Hinterteil litt. Eine Operation würde gewiß für eine neue Wahl sorgen. Trotz alledem war Giovanni, der den Namen Leo X. annahm, ein überschäumendes Temperament. Seine ersten Worte als Papst galten seinem illegitimen Vetter Giulio de' Medici: »Jetzt kann ich mich richtig amüsieren.« Begierig, seine Tiara aufzuprobieren, nahm er seinen roten Hut ab und gab ihn Giulio. »Für dich, Cousin.« Giulio nutzte ihn gut. Er sollte einer der fürchterlichsten Päpste werden, Clemens VII.

Leo wurde in einem provisorischen Pavillon vor der Peterskirche gekrönt. Nur die Fassade der berühmten Kirche war noch da, der Rest ausgeweidet, um ersetzt zu werden. Die leere Hülle der alten Peterskirche erschien im nachhinein als Vorzeichen für die finsteren Zeiten, die dann folgten. Konstantins Basilika hatte fast zwölfhundert Jahre gestanden, als Julius II. sich in den Kopf setzte, sie abzureißen und eine andere zu bauen. Seine Kardinäle versuchten, ihn davon abzubringen. Die Kosten wären zu hoch; sie würden die herrlichen Mosaiken und unersetzlichen Reliquien verlieren, die alle Epochen mit der Kirche der Katakomben verbanden. Während der Bauzeit der neuen Kathedrale würde es eine enorme Lücke im Glauben und in der Andacht der christlichen Welt geben. Julius hörte nicht auf sie. Für die Basilika, die er plante, die größte der Welt, war er zu dem Opfer bereit. Unter Leo sollte der neue Petersdom die Christenheit ihre Einheit kosten.

Statt alles aufzugeben, um Christus nachzufolgen, schnappte sich Leo, was er nur konnte, im Namen Christi. Er war ein Spieler und Geldverschwender, und es hieß, er folgte Jesus nur in einer Hinsicht: Er sorgte sich nicht um das Morgen. Er war die einzige Art Papst, mit der die Römer sich wohl fühlten. Er gab das Geld ihnen, statt es wie Julius in teuren Kriegen zu verpulvern.

Es war ein Zeitalter üppiger Gastfreundschaft. Ein gewisser Kardinal Cornaro gab Diners mit fünfundsechzig Gängen, und jeder Gang bestand aus drei verschiedenen Gerichten. Leos Diners konnten es damit aufnehmen. Auf der Karte waren Leckereien wie etwa Pfauenzungen. Nachtigallen flogen aus Kuchen heraus; nackte kleine Jungen sprangen aus Aufläufen. Sein Oberhofnarr, ein zwergenwüchsiger Dominikaner, Fra Mariano, unterhielt ihn damit, daß er vierzig Eier oder zwanzig Hühner auf einmal aß. In der Karnevalszeit wurden ganze Tage mit dem Genuß von Stierkämpfen verbracht, gefolgt von Banketten und abgerundet mit Maskenbällen, bei denen Leo seine Kardinäle und ihre Damen bewirtete.

Er hatte 683 Höflinge in seinem Dienst. Auch hielt er sich viele Hofnarren, ein Orchester, ein ständiges Theater, das auf Stücke von Rabelais spezialisiert war, und etliche wilde Tiere. Sein Liebling war ein weißer Elefant, das Geschenk König Emanuels von Portugal.

Am 12. März 1514 gab es eine Parade durch Rom zur Engelsbrücke, wo

Leo auf einem Podium den Salut entgegennahm. Nach einer Prozession exotischer indischer Vögel, persischer Pferde, einem Panther und zwei Leoparden kam Hanno, der weiße Elefant, mit einer silbernen Burg auf seinem Rücken. Dreimal beugte er nach strenger Hofetikette das Knie vor dem entzückten Papst. Als Finale bekam er einen Eimer Wasser, um die Menge zu besprengen.

Dieser Elefant, der im Belvedere wohnte, wurde zur Berühmtheit und löste eine Flut von Literatur aus. Hunderte von Gedichten wurden ihm zu Ehren geschrieben. Viele ausgezeichnete Holzschnitte von ihm sind noch erhalten. Auf der unteren Kuppel des Vatikans malte Raffael sein Bild; es ging allerdings bei Renovierungen verloren. In der Vatikanischen Bibliothek gibt es ein geheimes Tagebuch der vielen Aufgaben des Elefanten; es endet mit einem Tod, der mehr beklagt wurde als der vieler Päpste: »Lundi XVI Juin, 1516, mourut l'éléphant.«

Entgegen kanonischem Recht jagte Leo wochenlang in Magliana, seinem spektakulären Landsitz, der fast so schön war wie Castelgandolfo. Magliana lag fünf Meilen vor Rom an der Straße nach Porto. Er ritt immer im Damensattel wegen seines »Leidens«, dessen Geruch seine Höflinge nicht zu bemerken vorgaben.

Wie so viele Renaissancepäpste war Leo ein begeisterter Bauherr und Kunstmäzen. Der zeitgenössische Historiker Scarpi sagte von ihm: »Er wäre ein vollkommener Papst gewesen, wenn er zusätzlich zu dieser (künstlerischen) Bildung auch nur die geringste Kenntnis der Religion gehabt hätte.«

Keine von Leos Interessen war billig, und er mußte zu Zinsen von 40 % Riesensummen von Bankiers leihen. Die Bordelle brachten einfach nicht genug ein, obwohl es siebentausend registrierte Prostituierte in einer Bevölkerung von unter fünfzigtausend gab. Die Syphilis grassierte — »eine Art Krankheit«, sagte der syphilitische Benvenuto Cellini mit echtem Mitleid, »die unter Priestern sehr verbreitet ist«.

Um sein Einkommen aufzubessern, erfand Leo Ämter in der Umgebung des Palastes. Diese Posten brachten Macht und Ansehen und erwiesen sich als beliebt. Sixtus IV. hatte nur 650 Ämter zum Verkauf gehabt; Leo hatte 2150. Er versteigerte sie. Am meisten nachgefragt waren Kardinalshüte, die durchschnittlich für dreißigtausend Dukaten weggingen. Ihre Eminenzen bekamen ihr Geld durch eigene korrupte Verkäufe wieder herein.

Trotz Leos staunenerregender Freigebigkeit beschuldigten ihn etliche jüngere Kardinäle, er hätte die Versprechungen nicht gehalten, die er ihnen im

Konklave gemacht hatte. Alfonso Petrucci von Siena, ein Siebenundzwanzigjähriger von tiefer Unfrömmigkeit und unerschütterlichem Unglauben, war besonders empört. Mit vier anderen Mitgliedern des Heiligen Kollegiums beschloß er, den Papst zu ermorden. Sein Plan war, Seine Heiligkeit an seinem schwächsten Punkt anzugreifen, und das hatte den Vorzug der Originalität. Er bestach einen florentinischen Arzt, Battista de' Vercelli, den Papst an seinen Hämorrhoiden zu behandeln und bei der Operation direkt in seinen Darmausgang Gift einzuführen. Es war einmal etwas anderes als Feigen.

Zweimal wies Leo Battistas Angebot ab, bis sein Geheimdienst einen Brief von ihm an Petrucci abfing. Beide Verschwörer wurden eingekerkert, der Kardinal im Marocco, dem tiefsten und schmutzigsten Verlies der Engelsburg.

Unter der Folter gestand der Arzt. Er wurde öffentlich gehängt, gestreckt und von einem Arzt geviertailt, der viel weniger geschickt war als er selbst.

Leo verzieh vier der aufständischen Kardinäle, freilich gegen riesige Bußgelder. Petrucci als Rädelsführer bekam sein Teil in der Verborgenheit des Marocco. Seine Heiligkeit konnte nicht zulassen, daß ein Christ Hand an einen ehemaligen Kirchenfürsten legte, deshalb setzte er einen Mohren als Scharfrichter ein. Der Mohr legte Petrucci eine Schlinge aus standesgemäßer scharlachroter Seide um den Hals und erdrosselte ihn langsam.

Die ernsteste Gefahr für Leo kam aus einer Richtung, die er in seiner Kurzsichtigkeit nicht erkannte – nicht aus dem päpstlichen Hof, nicht einmal aus Rom, sondern aus dem fernen Deutschland.

## *Luther und der Ablaßskandal*

Mehr als die meisten anderen Länder wankte Deutschland schon unter der Last von hundert päpstlichen Mißbräuchen. Es litt unter schweren Steuern; dem Bezahlen der Annaten, d. h. des Jahreseinkommens aus einer Pfründe; Einkommensteuern für Kreuzzüge gegen die Türken, die nie durchgeführt wurden. Durch die schreckliche Waffe der Exkommunikation häuften Kleriker unermeßliche Reichtümer an. Viele Männer wurden Kleriker, um Immunität vor Zivilgerichten zu erlangen. Die römische Kanzlei veröffentlichte ein Buch mit präzisen Preisen für verschiedene Absolutionen. Ein Diakon, der gemordet hatte, konnte für zwanzig Kronen Absolution bekommen. Ein Bischof oder Abt, der einen Feind getötet hatte, konnte für dreihundert Pfund losgesprochen werden. Das schlimmste Verbrechen hatte sein Preisschild. Diese »gesalbten Übeltäter«, wie sie in Deutschland genannt wurden, waren von der bürgerlichen Rechtsprechung ausgenommen. Statt dessen brachten sie der Kirche jede Art von Rechtsstreit ins Netz, auch um Testamente, Anerkennung von Kindern und Wucher. Jeder Zivilbeamte, der ihnen Einhalt gebieten wollte, wurde exkommuniziert, und das bedeutete den Verlust aller Bürger- und Menschenrechte. Die Besitztümer der Kirche gehörten Gott und waren daher unveräußerlich. In jedem Land hatte die Kirche unschätzbaren Reichtum, doch in Deutschland schätzte man, daß die Hälfte in den Händen des Klerus war. Sie waren von allen Steuern und Pflichten, wie etwa der Landesverteidigung, ausgenommen.

Der Funke, der dies trockene Land in Brand setzte, wurde von Prinz Albert von Hohenzollern entfacht. Mit zweiundzwanzig hatte er schon die reichen Diözesen Magdeburg und Halberstadt, doch sein Ehrgeiz war es, Erzbischof von Mainz und Primas von ganz Deutschland zu werden. Dafür war er bereit zu zahlen. Papst Leo brauchte zufällig Geld für den neuen Petersdom und war bereit zum Handel. Er wollte Albert das Erzbistum Mainz geben und ihm entgegen dem Kirchenrecht erlauben, seine anderen beiden Diözesen zu behalten – für zehntausend Dukaten. Dies kam zu der Gebühr für das Pallium hinzu, in diesem Fall zwanzigtausend Dukaten.

Weil Albert gerade nicht flüssig war, sah Leo über das kirchliche Verbot des Wuchers hinweg. Er arrangierte für Albert ein Darlehen in der nötigen Höhe von den Fuggern zu einem überhöhten Zinssatz. Wie sollte Albert diese Schuld zurückzahlen? Leo hatte an alles gedacht. Nach dem Vorbild von Sixtus IV. und Julius II. versorgte er ihn mit einem lukrativen Ablaß, den er acht Jahre lang ausbeuten durfte, obwohl er vor seiner Wahl feierlich gelobt hatte, alle derartigen Ablässe zu widerrufen. Von den erzielten Einkünften sollte die Hälfte an die Bankiers gehen und die Hälfte an den Stellvertreter Christi für den Petersdom.

Der Dominikaner Tetzel wurde dazu ausersehen, den Ablaß in Deutschland zu predigen. Er war ein eindrucksvoller Redner mit lauter, dröhnender Stimme, und er wurde für seine Dienste gut bezahlt. Außer Spesen bekam er das zwanzigfache Gehalt eines Universitätsprofessors. Als Repräsentant des Papstes zog Tetzel immer feierlich in eine Stadt ein, umgeben von bürgerlichen und kirchlichen Würdenträgern. Vor ihm ging ein Akoluth, der ein Kreuz mit dem päpstlichen Wappen trug. Die Ablaßbulle wurde auf einem Samtkissen mit Goldstickerei getragen. Wenn das

Kreuz auf dem Marktplatz aufgepflanzt war, ging es ans Geschäft. Zum Verkauf standen Passierscheine zum Paradies. Ein Agent der Fugger war zur Stelle, um die Einkünfte in eine Kassette zu schließen.
Tetzel war großartig darin, die Leiden der Seelen im Fegefeuer zu schildern. Wie sie sich in den Flammen wanden und unaufhörlich zu ihren Verwandten auf Erden schrieen: »Erbarmt euch unser! Erbarmt euch unser!« Mit zwölf Pfennigen konnte ein Sohn seinen Vater aus der Qual befreien. Tetzels beliebtester Kehrreim war:

*Sobald das Geld im Kasten klingt,
die Seele aus dem Fegfeuer springt.*

Einer von Tetzels Begleitern versprach einen Ablaß, so wirksam, daß er die Sünde eines Mannes wiedergutmache, der (Gott behüte!) die Jungfrau Maria vergewaltigt hätte.
Tetzel hätte ungehindert so weitermachen können, wäre da nicht ein vierunddreißigjähriger, hagerer Augustinermönch gewesen. Martin Luther war bäuerlicher Herkunft, hatte brennende Augen und ein freundlich-offenes Gesicht und sah aus, als wäre er wie ein Baum in der Erde verwurzelt. Seine Leidenschaft war die Bibel, und da sah er keine Rechtfertigung für diese päpstlichen Mißbräuche. Es machte ihn wütend, die Helfershelfer des Papstes zu sehen, wie sie Ablässe zu Schleuderpreisen verkauften und sie sogar als Spieleinsätze in Gasthäusern und Tavernen benutzten. Der Mißbrauch war schon lange getrieben worden. 1491 hatte Innozenz VIII. den zwanzigjährigen »Butterbrief«-Ablaß gewährt. Für einen zwanzigstel rheinischen Gulden bekamen die Deutschen das jährliche Privileg, selbst an Fastentagen Milchprodukte zu essen. Die Einkünfte aus diesem Ablaß wurden für eine Brücke über die Elbe bei Torgau verwendet. Im Jahr 1509 verlängerte Julius II. den Ablaß um weitere zwanzig Jahre. Was Luther am meisten erzürnte, war der Betrug an den einfachen Leuten, denen man weismachte, sie könnten sich in den Himmel einkaufen.
An Allerheiligen 1517 nahm er einen Hammer und nagelte seine fünfundneunzig Thesen über Ablässe an das große Tor der Kirche von Alberts Burg in Wittenberg. Im Inneren waren Reliquien, unter ihnen eine Haarlocke der Jungfrau Maria, die zwei Millionen Jahre Ablaß einbrachten. Eine von Luthers Thesen lautete: »Der Reichtum des Papstes ist weit größer als der aller anderen Menschen. Warum baut er nicht die Kirche St. Peter mit seinem eigenen Geld statt mit dem Geld armer Christen?«

Laut diesem störrischen Mönch öffneten die Schlüssel des Reiches jede Schatzkiste in der Christenheit; die päpstliche Habgier machte aus Christus selbst einen Gehilfen von Dieben, deren Ziel es war, die Armen zu berauben. Kein Wunder, daß Luther drohte, ein Loch in Tetzels Trommel zu schlagen.

Seit langer Zeit hatte das Papsttum gewöhnliche, fromme Christen in Städten, Marktdörfern und Weilern betrogen. Papst auf Papst hatte Christus den Rücken gekehrt. Das Papsttum irrte nicht nur – es war selbst der Hauptirrtum, denn die Wahrheit hat nicht zuerst mit Reden zu tun, sondern mit Sein und Tun. Sein Betrug am Volk ist noch immer in den Ziegeln und dem Marmor des Petersdoms verkörpert. Der Preis dieser Basilika war die Spaltung der Kirche, die seit Jahrhunderten besteht; sie wird noch viele überdauern.

## *Das unreformierbare Papsttum*

Martin Luther war nicht der erste, der Zwiebeln nach Rom mitnahm und Knoblauch zurückbrachte. Tatsächlich waren die strengsten Kritiker des Papsttums immer Freunde, nicht Feinde; unter ihnen waren viele Heilige – und einige Päpste! Ihr Zeugnis geht weit zurück.

Eine der spannendsten Unterhaltungen in Rom, die je aufgezeichnet wurden, hatte der englische Papst Hadrian IV. (1154–59) mit seinem unverblümt sprechenden Landsmann Johannes von Salisbury, dem späteren Bischof von Chartres. »Was«, flüsterte der Papst, »denken die Leute wirklich vom Papst und von der Kirche?« Johannes antwortete kühn: »Die Leute sagen, daß die Kirche mehr wie eine Stiefmutter handelt als wie eine Mutter; daß sie einen fatalen Zug zur Habgier hat, daß Schriftgelehrte und Pharisäer den Menschen schlimme Lasten auferlegen, kostbares Gerät anhäufen und überaus begehrlich sind. Und«, fügte er hinzu, »daß der Heilige Vater selbst eine Last und kaum zu ertragen ist.«

Papst Innozenz IV. (1243–54) war wegen einer Auseinandersetzung mit Friedrich II. gezwungen, Rom zu verlassen. Er ließ durchblicken, daß er gern nach England ins Exil ginge. Der Hochadel jenes Reiches weigerte sich, ihn aufzunehmen. Sie sagten, das grüne, süßduftende England könne den Gestank des päpstlichen Hofes nicht ertragen. Innozenz ging statt dessen mit der Kurie nach Lyon. Als Friedrich II. starb, konnte Innozenz nach Rom zurückkehren. Kardinal Hugo schrieb dem Volk von Lyon einen Dankbrief im Namen des Papstes. Das Dokument, 1250 datiert, ist eines der schändlichsten in der Papstgeschichte.

*Während Unserer Residenz in eurer Stadt haben wir (die römische Kurie) euch sehr liebreich beigestanden. Bei Unserer Ankunft fanden wir kaum drei oder vier käufliche Schwestern der Liebe, doch bei Unserem Abschied hinterlassen wir euch sozusagen ein einziges Bordell, das sich vom Westtor zum Osttor erstreckt.*

Im selben Jahrhundert verglich Bonaventura, Kardinal und General der Franziskaner, Rom mit der Hure der Apokalypse und nahm Luther so um drei Jahrhunderte vorweg. Diese Hure, schrieb er, macht Könige und Völker trunken mit dem Wein ihrer Hurerei. In Rom behauptete er nichts gefunden zu haben als Fleischeslust und Simonie, selbst in den höchsten Rängen der Kirche. Rom korrumpiert die Kirchenfürsten, diese korrumpieren ihren Klerus, der Klerus korrumpiert das Volk.
Dante, ein frommer Katholik, machte nicht nur einem Papst nach dem anderen die Hölle heiß; er ging genauso energisch mit der Kurie um. Kardinäle, die laut einem frommen Mönch aus Durham einst »glitzerten wie Prostituierte«, werden im vierten Kreis des Inferno nackt ausgezogen. Gruppen dieser einst faulen Prälaten werden gezwungen, auf ewig große Felsbrocken, die Reichtümer darstellen, gegen die Felsbrocken anderer habgieriger Männer anzuschieben. Der englische Dichter William Langland schrieb:

*Das Land, in das Kardinäle kommen, ist um so verdammter ihretwegen,
Und wo sie am längsten bleiben, herrscht die Unzucht.*

Bischof Alvaro Pelayo, ein Papstberater in Avignon, meinte, der Heilige Stuhl habe die ganze Kirche mit dem Gift der Habgier infiziert. »Wenn der Papst sich so verhält, sagen die Leute, warum nicht auch wir?« An einem ganz normalen Tag exkommunizierte Pelayos Herr, Johannes XXII., einen Patriarchen, fünf Erzbischöfe, dreißig Bischöfe und sechsundvierzig Äbte. Ihr einziges Verbrechen: Sie waren im Rückstand mit der Zahlung der Steuern an den Papst.
Und Niccolo Machiavelli schrieb: »Die Italiener stehen tief in der Schuld der römischen Kirche und ihres Klerus. Durch ihr Beispiel haben wir alle wahre Religion verloren und sind vollkommen Ungläubige gewor-

den. Nehmt es als Regel: Je näher ein Volk bei der römischen Kurie lebt, desto weniger Religion hat es.«

Katharina von Siena schrieb Gregor XI., sie brauche den päpstlichen Hof nicht aufzusuchen, um ihn zu riechen. »Der Gestank der Kurie, Heiligkeit, hat meine Stadt seit langem erreicht.«

Im fünfzehnten Jahrhundert mißbilligte der heilige Erzbischof von Florenz, Antoninus, daß seine Stadt Pfandbriefe mit Gewinn verkaufte; dies sei Wucher. Als seine Gegner sagten: »Die römische Kirche erlaubt es«, entgegnete Antoninus: »Kurienkardinäle haben Konkubinen. Beweist das die Rechtmäßigkeit des Konkubinats?« Die Schlichtheit ist gerade das Bestechende an diesem Argument.

Ein Grund dafür, daß es in Rom mehr Prostituierte gab als in jeder anderen großen Stadt, war die große Zahl der Ehelosen. Die Klöster waren oft Bordelle. Frauen nahmen manchmal einen Dolch mit zur Beichte, um sich vor ihrem Beichtvater zu schützen. Chroniken berichten von Klerikern, die ihre Tage in Tavernen und ihre Nächte in den weichen Armen ihrer Mätressen zubrachten. »Der heiligste Einsiedler hat seine Hure.« Wie die heilige Brigitta zu Gregor sagte: »Die Kleriker sind weniger Priester Gottes als Zuhälter des Teufels.« Die besten römischen Chöre sangen in der Messe so laszive Lieder, daß eine Kommission aus Kardinälen beriet, ob Singen in der Kirche ganz zu verbieten sei.

Der Gelehrte Erasmus aus dem 16. Jahrhundert, einer der geistreichsten Männer seiner oder irgendeiner Zeit, sagte, die Tyrannei Roms sei schlimmer als die der Türken. Er schrieb einen Sketch, in dem Papst Julius versucht, an Petrus vorbei die Pforten des Himmels zu stürmen. Petrus verdreht die Augen und kann in diesem bärtigen Krieger nicht seinen Nachfolger erkennen. Julius nimmt seinen Helm ab und setzt die Tiara auf. Petrus ist noch argwöhnischer. Schließlich hält Julius Petrus ungeduldig seine Schlüssel vor die Nase. Der Apostel untersucht sie und schüttelt dann langsam den Kopf: »Tut mir leid, aber die werden in diesem Reich nirgendwo passen.«

Der holländische Papst Hadrian VI. bekannte 1522 vor dem Reichstag in Nürnberg, daß alle Übel in der Kirche von der römischen Kurie ausgingen. »Seit vielen Jahren hat es auf dem Stuhl Petri verwerfliche Vorgänge gegeben, Mißbräuche in geistlichen Dingen, Übertretungen der Gebote, so daß alles hier böse und pervers geworden ist.«

Der Jesuit und Kardinal Bellarmin sollte später einräumen: »Einige Jahre lang vor Luther und Calvin gab es in der Kirche fast keine Religion mehr.« Das Papsttum, sagte er, hatte das Christentum fast ausgemerzt.

1518 sang Luther sein »Narrenlied« und schrieb an den deutschen Adel über die päpstliche Habgier. Den Heiligen Stuhl beschrieb er als »verderbter, als jedes Babylon oder Sodom war ... Es ist eine betrübliche und schreckliche Sache zu sehen, daß das Haupt der Christenheit, das sich brüstet, Stellvertreter Christi und Nachfolger Petri zu sein, in einem weltlichen Pomp lebt, den kein Kaiser oder König erreichen kann; so daß in ihm, der sich am meisten heilig und geistlich nennt, mehr Weltlichkeit ist als in der Welt selbst.«

Zwei Jahre darauf wurde Luther von Papst Leo exkommuniziert. Luther berief sich auf ein Allgemeines Konzil. Fünfundzwanzig entscheidende Jahre lang verweigerten Päpste und Kurie die Berufung auf das einzige Forum, das die schwerwiegenden Fragen in der Kirche hätte entscheiden können.
Bis dahin standen die Dinge so schlimm, daß Contarini zu Papst Paul III. (1539–49) sagte, der ganze päpstliche Hof sei häretisch; er stehe im Gegensatz zum Geist des Evangeliums. Das Gesetz Christi bringt Freiheit; das Papsttum, sagte Contarini unverblümt, bringt nur Knechtschaft und Willkür. »Keine größere Sklaverei, Heiligkeit, als diese könnte den Christgläubigen auferlegt werden.«
Paul III., der Unterrock-Kardinal, dessen einzige Qualifikation zur Eminenz die unwiderstehlichen Reize seiner Schwester Giulia gewesen waren, hatte nicht das Format eines Reformers.
Pauls Konzil – es sollte mit Unterbrechungen zwanzig Jahre dauern – begann im Dezember 1545 in Trient. Edmund Campion, der heiligmäßige Jesuit, der 1580 in London den Märtyrertod erlitt, sagte stolz über Trient: »Guter Gott! Welche Vielfalt der Völker! Welche Auswahl an Bischöfen der ganzen Welt!« Die Wahrheit war, daß in Trient 187 Bischöfe, weit mehr als die Hälfte, Italiener waren. Es war kaum eine »katholische« Versammlung. Auf jeden Fall kam es viel zu spät, um den Schaden zu beheben, den das Papsttum angerichtet hatte. Die Väter waren erstaunt, sich in einer offenen Sitzung als wertloses Gezücht bezeichnet zu hören, als Wölfe, nicht Hirten, Urheber der Verderbnis der Welt in Italien und andernorts.

Wie wurde Rom, statt Vorkämpfer des Evangeliums zu sein, mit Contarinis Worten die Verkörperung der Ketzerei?
Macht war die Wurzel des Übels. Wie zur Bestätigung von Actons berühmtem Ausspruch korrumpierte absolute Macht nicht nur die Amtsin-

haber, sondern auch das Amt des Papstes. Darum waren Männer wie Borgia eben nicht fehl am Platze auf dem Stuhl Petri, sondern wie dafür geschaffen.

Die Reformation kam, nicht als die Kirche noch weiter absackte, sondern als wirkliche Heiligkeit erschien. Die Reformatoren haben das Papsttum gerettet, das zu tief gesunken war, um sich oder die Kirche zu retten. Jacob Burckhardt schreibt: »Die moralische Rettung des Papsttums ist seinen Todfeinden zu verdanken.« Doch der Preis war hoch. Trient machte die mittelalterliche Theologie sakrosankt und stellte so sicher, daß der Katholizismus noch jahrhundertelang beschränkt und rückwärtsgewandt sein würde. Es war der Anfang eines religiösen kalten Krieges. Der Priester Paulo Sarpi schrieb über das Tridentinum: »Dieses Konzil, das fromme Männer gewünscht und verwirklicht hatten, um die auseinanderbrechende Kirche wieder zu vereinigen, hat statt dessen die Spaltung so bestätigt und die Standpunkte so verhärtet, daß Meinungsverschiedenheiten unlösbar wurden.«

Seiner Ansicht nach war das Tridentinum verantwortlich für die »größte je gesehene Deformierung im Bereich der Kirche, mit dem Ergebnis, daß der Name der Christenheit jetzt verhaßt ist«. Nach dem Tridentinum war Roms enorme Macht bestätigt, und die Bischöfe verloren so nachhaltig ihre Unabhängigkeit, daß über dreihundert Jahre kein Konzil mehr gehalten wurde. Dann wurde ein Konzil einberufen, nur um dem päpstlichen Absolutismus einen formellen und endgültigen Ausdruck zu geben. Die römische Kirche, im Westen von den Protestanten getrennt, war künftig weniger eine katholische Kirche als eine nach innen gekehrte und angstvolle Sekte unter der Fuchtel des Papstes.

Das Merkwürdige ist, daß Luther die Kirche nicht verlassen wollte. Bis ihm dämmerte, daß eine geteilte Christenheit besser war als eine, über die der Papst im Widerspruch zum Evangelium herrscht. Besser, von der offenen Bibel geführt zu werden, als von einem korrupten und offensichtlich unreformierbaren Papsttum. Die westlichen Christen sind noch immer uneins über die Weisheit von Luthers Urteil. Seine Analyse war nicht anders als die Dantes. Was mit der Kirche nicht stimmte, war die *libido dominandi* des Papsttums, seine unersättliche Machtgier.

Leo X. war beschränkt genug, Luther zu exkommunizieren, weil er gesagt hatte: »Ketzer verbrennen ist gegen den Willen des Heiligen Geistes.« Die nächsten paar Päpste waren nicht gescheiter.

Der Sturm, der sich lange zusammengebraut hatte, brach endlich los. Der Blitz zuckte, der Donner rollte – und noch immer waren sie unfehlbar überzeugt, die Welt, ihre Welt, würde so friedlich wie immer bleiben.

Calvin führte 1514 die Reformation in Genf ein. Langsam und unaufhaltsam drang sie nach Frankreich, Holland, Schottland vor. Und im Vatikan noch immer kein Zeichen der Erkenntnis, daß seine Macht im Schwinden war.

Im Jahr 1555 erschien ein neuer Oberhirte. Luther war schon seit fast einem Jahrzehnt tot, die Christenheit explodierte förmlich, eine geteilte Kirche war nicht länger willens, dem Geschwafel untüchtiger Päpste zuzuhören. Vor allem die Fürsten nicht.

Der neue Papst war blinder und tauber als jeder vor ihm, wenn auch keineswegs stumm. Er versuchte, den Sturm zu überschreien, und führte sich auf wie ein ins Leben zurückgekehrter Gregor VII.

## 8. Kapitel

# Das Zwielicht absoluter Macht

Die Römer sagten von ihm, seine Mutter hätte ihn bei der Geburt erwürgt, wenn sie seine Laufbahn vorausgesehen hätte. Der Betreffende war Johannes Petrus Carafa, der fleischgewordene Zorn Gottes, der Paul IV. wurde (1555–1559).

Er war groß, kahlköpfig und schmal; als er mit neunundsiebzig gewählt wurde, quälte ihn der Rheumatismus, doch er hatte noch immer einen elastischen Gang. Mit seinen plötzlichen, heftigen Gesten schlug er oft in der Nähe stehende Berater zu Boden. Der Botschafter von Florenz beschrieb ihn als einen Mann aus Eisen, der selbst aus den Steinen, auf denen er ging, Funken schlug. Sein massiver Kopf hatte die Form des Vesuvs, in dessen Schatten er geboren war. Auch er brach ohne Vorwarnung aus und spie Zerstörung und Tod. Sein zottiger Bart und seine buschigen Brauen gaben ihm ein wildes Aussehen; seine tiefliegenden Augen, rot und fleckig, leuchteten wie brennende Lava. Seine krächzende Stimme, selten frei von Katarrh, rollte und donnerte; sie verlangte sofortigen, blinden Gehorsam.

Selbst der Papsthistoriker Pastor hatte Schwierigkeiten, etwas Freundliches über Paul IV. zu sagen. Unflätiger Süditaliener, der er war, ließ er sich laut Pastor »dazu hinreißen, Ausdrücke zu gebrauchen, die unglaublich scheinen würden, wären sie nicht von Zeugen bestätigt, die über jeden Zweifel erhaben sind«.

In seinen Flüchen war er vollkommen katholisch. Er kanzelte durchaus einmal einen Kardinal als Lakaien ab; Botschafter ließ er zwischen vier und sieben Stunden warten, als stünde das dem Nachfolger Petri an. Er ließ sie nie vor, ohne ihnen in die Ohren zu schreien, er stehe höher als alle Fürsten. Als Stellvertreter Christi konnte er, wie er behauptete, alle Monarchen der Erde austauschen, wenn er nur einen Finger bewegte.

Im Jahr 1557 veröffentlichte Paul die Bulle *Cum ex Apostolatus officio*.

Er beanspruchte, Pontifex maximus zu sein, Gottes Repräsentant auf Erden. Als solcher habe er unbegrenzte Macht, jeden Monarchen abzusetzen, jedes Land der ausländischen Invasion preiszugeben, jeden ohne gerichtlichen Prozeß seiner Habe zu berauben. Jeder, der einem Abgesetzten Hilfe anbot — selbst einfache Menschlichkeit — würde exkommuniziert.

## *Eine neue Königin für England*

Anfang 1559 erschien der englische Botschafter Edward Carne vor diesem päpstlichen Vulkan. Er teilte Seiner Heiligkeit mit, daß Elizabeth Tudor, Tochter Heinrichs VIII. von Anne Boleyn, Maria auf den Thron Englands gefolgt war.

Paul haßte alle Frauen mit unbeugsamem theologischem Ingrimm und erlaubte nie, daß ein Wesen dieser Gattung in seine Nähe kam. Er war entschieden gegen Platon, wenn dieser sagte, Frauen seien den Männern gleich. Thomas von Aquin hatte recht: Frauen waren mißlungene Männer. Ihre Seelen waren einfach nicht kräftig genug, um die männliche Gestalt und den überlegenen männlichen Intellekt zu formen. Trotz alledem war ihm Maria Tudor fast sympathisch geworden, als er hörte, wie sie mit den sterblichen Überresten ihres Vaters Heinrich verfahren war. Sie hatte seine ketzerische Leiche exhumiert und verbrannt. Außerdem hatte sie innerhalb weniger Jahre zweihundert lebende Protestanten verbrannt.

Da war Elizabeth etwas anderes. Wußte dieser weibliche Emporkömmling nicht, fragte der Papst Carne, daß England seit König Johann Lehen des Heiligen Stuhls war? Und daß uneheliche Kinder es nicht erben konnten? Hatte sie seine letzte Bulle nicht gelesen? Es war eine schlichte Frechheit von ihr, England regieren zu wollen, wenn es doch ihm gehörte. Nein, das konnte er ihr nicht durchgehen lassen. Sie war eine Usurpatorin, ein Bankert, eine Ketzerin. Wenn sie auf ihre lächerlichen Ansprüche verzichtete und sofort bußfertig zu ihm käme, würde er sehen, was er für sie tun könnte. Andernfalls ...

Innerhalb von ein paar Monaten brach Elizabeth die diplomatischen Beziehungen mit Rom ab.

Der arrogante männliche Chauvinist im Vatikan verstand die fünfundzwanzigjährige Frau nicht, mit der er es zu tun hatte. Bei all ihren Fehlern hatte sie ein Herz von englischer Eiche.

Elizabeth war in einem französischen Prachtbett im Greenwich Palace geboren worden. Sobald Heinrich hörte, daß es ein Mädchen war, verließ er Greenwich in einem Wutanfall, der drei Tage lang dauerte. Er schrie, Anne Boleyn, seine zweite Frau, sei so dumm wie seine erste; hatte er vielleicht für das hier riskiert, vom Papst exkommuniziert zu werden und sein Reich zu verlieren? Da wußte Anne, daß ihr Schicksal besiegelt war. Sie war erst dreißig, als sie für schuldig befunden wurde, Liebschaften zu haben und die Ermordung ihrer Rivalinnen zu planen. Sie wurde mit einem schweren französischen Schwert hingerichtet, das mit beiden Händen geführt wurde. Die dreijährige Elizabeth blieb ganz allein zurück. Das kleine Mädchen hatte die riesengroßen, gehetzten Augen seiner Mutter und die dünne Plantagenet-Nase seines Vaters. Es trifft zu, daß sie sich mehr oder minder redlich durchschlug – das mußte sie. Als sie aufwuchs, wurde sie nacheinander für ehelich, für unehelich und zur Thronfolgerin erklärt, und als ihr Vater starb, war sie nur ein Nicken der Königin von der Hinrichtung entfernt.

Die Historiker sind uneins darüber, ob Elizabeth schon bei ihrer Thronbesteigung entschlossen war, den Protestantismus in England wieder einzuführen. Als Maria, ihre Halbschwester, Königin geworden war und als erste Frau England beherrschte, ließ Elizabeth umgehend eine Messe in ihrem Haus feiern, denn sie meinte, ein Leben sei wohl »eine Messe wert«. Die überflüssigen Beleidigungen Pauls IV. besiegelten das Schicksal der englischen Katholiken. Wenn er dachte, er sei Oberhaupt von England, so würde sie sich zum Oberhaupt der Kirche machen. Dieses Absetzspiel konnten zwei spielen, besonders in den unruhigen Zeiten der Reformation. Wenn sich aus der Geschichte irgend etwas ableiten ließ – mehr Monarchen hatten Päpste abgesetzt als Päpste Monarchen.

Wieder einmal brachte es ein Papst durch Fehldeutung der Ereignisse und überzogene Anmaßung dahin, daß ein Land dem Heiligen Stuhl das Bündnis aufkündigte.

Paul konnte nicht anders. Die Ketzerei machte ihn blind für alle Fakten und Folgen. Sie war eine Seuche. Bei einer Seuche verbrennt man Kleider, sogar Häuser. In dieser Seuche der Seele hatte der Papst keine Wahl, als den Leib zu verbrennen, das Haus der Seele. So blieben andere von der Ansteckung verschont. Dies erklärt, warum er zwar viele Veranstaltungen ausließ, niemals aber ein einziges Donnerstagstreffen des Heiligen Offiziums. Selbst als er im Sterben lag, lud er die Inquisitoren zu sich ins Zimmer ein. Die Inquisition war eingerichtet worden, um mit der Häresie fertig zu werden, doch nun verurteilte sie Unzüchtige, Sodomiten, Schauspieler, Clowns und Laien, die das Fasten nicht einhielten, zum Tode – selbst einen Bildhauer, dessen Arbeit, ein Kruzifix, sie für Christi unwürdig erachtete.

Als Paul im Sommer 1559 starb, brannten die Römer das Inquisitionsgefängnis an der Via Ripetta nieder. Eine Menschenmenge riß seine Statue auf dem Kapitol um, und Juden, die er mehr verfolgt hatte als jeder andere Papst, setzten ihrem abgetrennten Kopf einen gelben Hut auf. Halbstarke spuckten sie an und traten sie, bevor sie durch die Straßen geschleift und in den Tiber geworfen wurde. Sie waren nur traurig, daß sie nicht seine Leiche mit bloßen Händen Glied für Glied zerreißen konnten. Nach der Abschätzung der öffentlichen Meinung begruben die Behörden die Leiche mitten in der Nacht des 19. August tief unter dem Petersdom und stellten eine Wache auf.

Paul IV. hatte nie bezweifelt, daß Jesus, ein loyaler Jude, der wegen Ketzerei hingerichtet worden war, unter vergleichbaren Umständen genauso gehandelt hätte wie er. Er wurde nicht geliebt. Bald sollte einer nachkommen, der nicht mehr geliebt wurde.

## *Der letzte Monarch, der abgesetzt wird*

Paul IV. wußte, was er tat, als er sich als Großinquisitor einen übertrieben skrupulösen Dominikaner aussuchte, Michele Ghislieri. Nach seiner Wahl 1566 setzte er als Pius V. sein mönchisches Leben in einer Zelle im Vatikan fort. Er aß wenig und drohte seinem Koch mit Exkommunikation, wenn er an Abstinenztagen Verbotenes in seine Suppe täte. Sein Hauptziel war es, Rom zu einem Kloster zu machen. Er sprach mit niemandem und hörte auf niemanden als Gott.

Wenn man ihn ansah, war Pius ein Bündel gelber Haut und schlotternder Knochen. Er hatte eine Glatze und einen großen, weißen Bart; seine Stirn überragte hoch und wächsern eine Adlernase. Seine Augen waren Nadelköpfe, seine Lippen krumm wie ein Türkensäbel.

Als erste Amtshandlung vertrieb er alle Prostituierten aus Rom. Die Zahl loser Frauenzimmer in seiner Diözese störte ihn. Der römische Senat widersetzte sich mit dem Argument, lockere Sitten gediehen überall, wo Ehelose seien. Wenn die Prostituierten auszögen, würden nicht nur die Häusermieten ins Bodenlose fallen, sondern keine anständige Frau wäre sicher vor dem Klerus.

Pius verbot den Bewohnern Roms, Tavernen zu betreten. Um Haaresbreite hätte er Ehebruch zum todeswürdigen Verbrechen erklärt. Weiß er denn gar nichts über die Geschichte des Papsttums? klagte ein Kurienkardinal. Als nächstes brachte Pius das heraus, was die Engländer Letzte(r) Bulle nennen; ein Verbot des Stierkampfs für die ganze Christenheit. Es wurde überall veröffentlicht – außer auf der Iberischen Halbinsel, was seine Wirkung etwas minderte. Die spanische Hierarchie entschuldigte sich mit der Begründung, sie wolle die Kirche nicht in Mißkredit bringen.

Pius brauchte nicht lang, bis er England seine Aufmerksamkeit zuwandte. Hinter den Kulissen förderte er den inneren Widerstand gegen Elizabeth. Er steuerte zwölftausend Kronen zu einem Aufstand im Norden bei. Er sei willens, sagte er, wenn nötig persönlich daran teilzunehmen »und in jenen Dienst alle Güter des Heiligen Stuhls zu stellen«. Der Aufstand schlug fehl. Da machte Pius einen fatalen, wenn auch vorhersehbaren Fehler.

In der ersten Fastenwoche 1570 wurde Elizabeth von einem römischen Untersuchungsgericht der Untreue in siebzehn Fällen für schuldig befunden. Das Urteil des Papstes selbst war in der Bulle *Regnans in excelsis* vom 25. Februar ausgedrückt. Er beschrieb Elizabeth als Sklavin des Lasters und angemaßte Königin von England. »Diese nämliche Frau, die das Königreich an sich gebracht und sich widerrechtlich den Platz des Oberhauptes der Kirche in ganz England angemaßt hat«, mußte bestraft werden. Dieser letzte Versuch von einem Papst, einen Monarchen zu stürzen, war der gewagteste und schädlichste von allen.

> *Wir erklären, daß die genannte Elizabeth eine Ketzerin und Spießgesellin von Ketzern ist, und Wir erklären, daß sie und ihre Gefolgsleute sich das Urteil der Exkommunikation zugezogen haben. ... Wir erklären, daß sie ihren angemaßten Anspruch auf das genannte Königreich und auf alle Herrschaft, Würde und jedes Privileg verwirkt hat. Auch erklären Wir, daß die Lords, Untertanen und Völker des genannten Königreiches und alle anderen, die ihr Treue geschworen haben, auf ewig von jedem Eid der Treue und des Gehorsams entbunden sind. Folglich sprechen Wir sie los, und Wir sprechen der genannten Elizabeth ihren angemaßten Anspruch auf das Königreich ab. ... und Wir befehlen und verbieten ihren Lords, Untertanen und Völkern, ihr zu gehorchen. ... Wir werden jeden, der dem zuwiderhandelt, mit einem ähnlichen Urteil der Exkommunikation binden.*

Der Papst, der dies schrieb, sollte innerhalb von zwei Jahren in seinem Bett sterben. Die Zeche für seine Fehler mußten andere zahlen.

Seit zwölf Jahren vor *Regnans in excelsis* mußten die englischen Katholiken unter Elizabeth schon Bußgelder zahlen, wenn sie nicht am anglikanischen Gottesdienst teilnahmen. Nicht einer war hingerichtet worden. Die Wirkung der Bulle bestand darin, daß aus englischen Katholiken Verräter wurden. Zwischen 1577 und 1603 wurden 120 Priester hingerichtet, zusammen mit sechzig Laien, die sie versteckt hatten. Diese tapferen Männer und Frauen mußten 250 Jahre länger auf ihre Kanonisierung warten als Pius V.

Noch lange nach seinem Pontifikat befanden sich die Katholiken in einem Loyalitätskonflikt zwischen Kirche und Staat. Der Papst war es, der »aus der Fülle seiner apostolischen Macht heraus« beschloß, eine doppelte Loyalität sei unmöglich. Er tat etwas Gefährliches, als er versuchte, den Patriotismus der Engländer zu untergraben.

Die von Gregor VII. geschmiedete Waffe, die ihm in Canossa soviel Befriedigung verschafft hatte, war von Innozenz III. zur Vollkommenheit geschliffen worden. Nun forderte sie ihre letzten Opfer.

Gregor hatte die Exkommunikation zu einem politischen Schwert gemacht, um Kaiser und Könige niederzuschlagen. Dieser Fehler war verantwortlich dafür, daß Katholiken in einem Land nach dem anderen verhaßt und rechtlos wurden.

Christen sollten Weltbürger sein, denn ihre Religion ist im Glauben begründet, nicht in der Rasse. Sie gehören dem Christus an, der beansprucht hat, in allen Leidenden zu leiden. Ein Christ sollte, wo er auch ist, ein Zeichen dieser katholischen, allumfassenden Liebe sein. Doch Rom hat den Katholizismus durch seine Tendenz zum Absolutismus und seine Machtgier zum Romanismus gemacht. Häretische Päpste von heldenhafter persönlicher Askese haben von den Katholiken nicht nur geistlichen, sondern auch politischen Gehorsam verlangt. In der Folge schuldeten die Katholiken manchmal scheinbar, manchmal tatsächlich einer ausländischen Macht, die in der Maske der Stellvertreter Christi daherkam, politische Loyalität. Sie war nicht etwa allumfassend, sondern wurde als unpatriotisch angesehen.

Die Katholiken in England sprach Rom von der Pflicht frei, Elizabeth zu stürzen. Allerdings wurden sie gewarnt, im Fall eines Angriffs auf England müßten sie dem Eindringling helfen, die Königin abzusetzen. Von nun an waren die englischen Katholiken jahrhundertelang keine richtigen Engländer.

Wie Trevelyan in *A Shortened History of England* schreibt: »Bis die römische Kirche auf der ganzen Welt aufhörte, die Methoden der Inquisition anzuwenden, das Massaker der Bartholomäusnacht, die Absetzung und Ermordung von Fürsten, wagten die Staaten, die sie mit ihrem schrecklichen Bann belegte, nicht, ihren Missionaren Duldung zu gewähren.«

Im sechzehnten Jahrhundert fiel das Christentum auseinander. Der Protestantismus war eine etablierte Tatsache. Die Reformation hatte in Europa so fest Fuß gefaßt, daß einst durch und durch katholische Länder wie England von »häretischen« Monarchen beherrscht wurden. Selbst in Frankreich war der Protestantismus eine Kraft, der es bestimmt war, die schlimmsten Verfolgungen zu überdauern.

Die katholische Kirche zog sich in der Periode, die später als Gegenreformation bekannt wurde, auf sich selbst zurück. Sie war genauso sektiererisch wie der lutherische und der calvinistische Protestantismus auf der Gegenseite. Polemik beeinträchtigte ihr ganzes Denken. Originalität war Anathema. Es war die Zeit des Schulterschlusses. Überleben war das Beste, das zu erhoffen war; und das Papsttum war der größte Überlebenskünstler der Geschichte.

Die Französische Revolution im Jahr 1789 erschütterte den kirchlichen Seelenfrieden noch mehr. Ein neuer Geist ging um, der Geist »uneingeschränkter Freiheit«. Er schien es darauf anzulegen, nicht nur die alten absolutistischen Monarchien zu zerstören, die *anciens régimes*, sondern auch Religion und moralischen Anstand. Dies war in den Augen der Päpste Teufelswerk. Für eine Institution, die vor allem anderen für Ordnung stand, war es Anarchie. Es war unvermeidlich, daß die katholische Kirche sich noch mehr auf sich selbst zurückzog und von ihrem althergebrachten Erbe zehrte. Wie konnte man von ihr erwarten, »Freiheit« in der Gestalt des Atheismus hinzunehmen?

In den nächsten paar Jahren versetzte Napoleon dem Papsttum einen weiteren schweren Schlag. Er demütigte zwei Oberhirten nacheinander. Pius VI. wurde abgesetzt und ins Exil nach Valencia gezwungen, wo er im letzten Jahr des achtzehnten Jahrhunderts starb. Sein Nachruf im örtlichen Register lautete: »Name: Bürger Johannes Braschi. Beruf: Papst«. Auch Pius VII. wurde nach einem erfolglosen Konkordat 1801 verbannt und mußte bei Napoleons Krönung in Notre-Dame zelebrieren. In dem feierlichen Augenblick hatte Napoleon sich über den Papst hinweggesetzt, indem er sich und Josephine selbst krönte, dann hatte er den Kirchenstaat annektiert. Aber, muß Pius IX. (1846–78) gedacht haben, hatte der Wiener Kongreß (1814–15) diese kostbaren Gebiete nicht ihrem rechtmäßigen Besitzer, Gott, zurückgegeben? Dasselbe würde wieder geschehen, wann

immer Gott es wollte. Oder war König Viktor Emanuel mächtiger als Napoleon? Es war nur eine Frage der Geduld.
Pius IX., ein tapferer Mann, sah nicht, was ihm ins Gesicht starrte.

## *Papsttum: Ende oder Neuanfang?*

Der kleine, alte Mann mit weißem Haar und rundem Gesicht wurde durch Kanonenschläge aus dem Schlaf gerissen. Die Fenster schepperten, sein Eisenbett wackelte ein wenig auf dem Marmorboden. Die Fensterläden waren noch zu, doch weil es ein dunkler Morgen im späten September war, konnte er seine Uhr ohnehin nicht sehen. Schwer atmend und zuckend kämpfte sich der alte Mann in seinen Kissen hoch. Sein Hexenschuß machte ihm jede Bewegung zur Qual; besonders die Hüften taten ihm weh. Sobald er oben auf dem Kissen war, bekreuzigte er sich.
In diesem Moment wurde die Tür aufgestoßen. Eine hagere Gestalt, im Morgenmantel und mit brennender Lampe, verbeugte sich, trat ein und fiel auf die Knie. Der Mann im Bett knurrte: »Che ora?« »Kurz nach fünf, Heiligkeit.« »Also hat es angefangen, Leonardo.« Kardinal Antonelli, altgedienter Staatssekretär Pius' IX., senkte den Kopf. »Und Kanzler?« fragte der Papst. »Der General handelt nach Euren Befehlen, Heiligkeit. Er wird zum Schein Widerstand leisten, um zu beweisen, daß der Feind hier nicht willkommen ist. Aber ...« Antonellis lange, krumme Finger flatterten, um anzudeuten, daß die Stadt fallen würde, und zwar sehr bald.
Als Pius sich mit Hilfe eines Kammerdieners angekleidet hatte, ging er auf Krücken zu seiner kleinen Kapelle, um die Messe zu feiern. Über sein dringliches Anliegen gab es keinen Zweifel. Daß Gott die Ewige Stadt vor diesen piemontesischen Vandalen erretten möge, die sich mit dem Satan verbündet hatten.
Das Krachen und Heulen der Kanonen war deutlich zu hören, während Seine Heiligkeit den Übungen der Frömmigkeit oblag. Bomben fielen weniger als eine Meile entfernt. Es war eindeutig ein Angriff von zwei Seiten. Als er bei der Danksagung angelangt war, wurde ihm mitgeteilt, daß die Hauptstreitmacht unter General Cadorna an der Porta Pia konzentriert war. Zwanzig Verteidiger waren getötet und fünfzig verwundet worden. »Requiescant in pace«, murmelte der Papst und bekreuzigte sich. Diese jungen Männer, im Frühling ihrer Jahre nutzlos gefällt, waren die letzten Opfer der weltlichen Ambitionen des Papsttums.

Pius bat Antonelli, so rasch wie möglich eine Sitzung des diplomatischen Corps zu arrangieren. Die Botschafter versammelten sich am Vormittag in einem Audienzzimmer mit Blick auf die Engelsburg. Der Papst zeigte auf sie und sagte nichts. Sie schauten auf die weiße Flagge über der Burg. Kapitulation.

Es war 1870. Genau drei Jahrhunderte nach *Regnans in excelsis* wurde der König von einem weltlichen Monarchen vom Thron gestoßen. Große Institutionen sind Opfer großer Ironien. Doch in all den fünfzehnhundert Jahren der weltlichen Macht der Päpste war kein Augenblick bitterer als dieser.

Doch er war voraussehbar; er war tatsächlich seit mindestens zwei Jahrzehnten unvermeidbar. Aber Pius IX. war überzeugt, daß die Zukunft immer sein würde wie die Vergangenheit.

Er war seit vierundzwanzig Jahren Papst. Metternich, der österreichische Kanzler, der vierzig Jahre lang Europa dominierte, gab ein beißendes Urteil über ihn ab, das gar nicht so falsch war: »Warmherzig, schwachköpfig und vollkommen unvernünftig.«

Er begann 1846 mit dem Ruf eines Liberalen. Im Haus seiner Vorfahren, hieß es, seien sogar die Katzen Nationalisten. Kaum war er auf dem Thron, erließ er eine Amnestie für politische Gefangene. Auf der ganzen Halbinsel hatten die verschiedensten Arten von Menschen das Gefühl, der Allmächtige habe sich ihrer vielleicht endlich erbarmt. Hatte Er ein Wunder gewirkt und ihnen einen liberalen Papst gesandt, einen, der die acht disparaten Regionen Italiens in die Einheit führen würde, die alle ersehnten? Ich hoffe zu Gott, bemerkte jemand, daß der Papst seine Familienkatze nicht enttäuschen wird. Die Italiener klagten seit langem, Gott habe es mit ihrem sonst lieblichen, meerumspülten Land nicht gut gemeint: unpassierbare Berge im Norden, zwei Vulkane im Süden und, am allerbedrohlichsten, ein Papst in der Mitte.

Zwei Jahre im Amt wandelten Pius. Ein republikanischer Aufstand in Rom zwang ihn, in schwarzer Kutte und dunkler Brille nach Gaeta im Königreich Neapel zu fliehen. Da wurde er zur Sache der Reaktion bekehrt. In seinem zweijährigen Exil lernte er all seine linken Sympathien bereuen und wurde zum härtesten Vertreter der harten Linie. Sein einziger Berater in jenen entscheidenden Jahren war Antonelli, der Sohn eines neapolitanischen Banditen, berüchtigt für seine Liebesabenteuer. Dieser Prälat, der eher für Brechen als für Biegen war, eher für Töten als für Vergeben, starb dann beladen mit Reichtümern, über deren Herkunft bis zum heutigen Tag niemand etwas weiß.

Als Pius ein paar Jahre nach dieser bitteren Erfahrung gebeten wurde, Oberhaupt einer Föderation Italien zu werden, lehnte er kategorisch ab. Er war gegen jede Form von Freiheit und Änderung der Verfassung. Sein eigenes Ziel war es, als absoluter Monarch die Gebiete zu halten, die er beherrschte, ohne daß irgend jemand sich einmischte.

Dieser Kirchenstaat, den die Päpste wie das Dogma der Dreifaltigkeit gehütet hatten, war zu jener Zeit zweimal so groß wie das Heilige Land, mit einer Bevölkerung von fast drei Millionen. Seit die Kirche begonnen hatte, ihn nach Konstantins Abzug nach Byzanz für sich zu gewinnen, war seine Wirkung letzten Endes immer gewesen, ihre geistliche Mission zu korrumpieren und zu lähmen. Im vierzehnten Jahrhundert hatte Giovanni de' Mussi geschrieben: »Seit Sylvesters Zeit waren die Folgen der weltlichen Macht unzählige Kriege gewesen. ... Wie ist es möglich, daß es nie einen guten Papst gegeben hat, der diese Übel behoben hätte, und daß so viele Kriege für diesen vergänglichen Besitz geführt wurden?«

Niemand hatte so verbissen für ihn gekämpft wie Julius II. Er war mehr oder minder intakt, als Clemens VII., benommen von der Plünderung Roms, 1527 den venezianischen Botschafter traf, der bald darauf Kardinal wurde. Contarini versuchte den Papst zu trösten.

*Eure Heiligkeit müssen nicht glauben, das Wohlergehen der Kirche Christi sei in diesem kleinen Kirchenstaat beschlossen: Im Gegenteil, die Kirche hat existiert, bevor sie den Staat besaß, und da war es um sie besser bestellt. Die Kirche ist die Gemeinschaft der Christen; der weltliche Staat ist wie jede andere Provinz Italiens, und deshalb müssen Eure Heiligkeit vor allem danach streben, das Wohlergehen der wahren Kirche zu fördern, das im Frieden der Christenheit besteht.*

1870 hatte nur das zaristische Rußland eine schlimmere Regierung als der Kirchenstaat. Es gab in ihm keine Freiheit des Gedankens oder des Ausdrucks und keine Wahlen. Bücher und Zeitungen wurden zensiert. Juden wurden in Gettos gesperrt. Die Justiz war ein blinder, hungriger Löwe. Es war, offen gesagt, ein Polizeistaat unter päpstlicher Flagge, mit Spionen, Inquisitoren, Repressalien, Geheimpolizei und Hinrichtungen für Bagatellvergehen an der Tagesordnung. Eine kleine, korrupte, sittenlose und eng verbundene klerikale Oligarchie herrschte im Namen Seiner Heiligkeit mit eiserner Knute.

Die Lage hatte sich nur verschlechtert, seit Lord Macauley 1838 Italien bereist hatte. Er hatte damals versucht, sich vorzustellen, wie England wohl aussähe, wenn alle Parlamentarier, Minister, Richter, Botschafter, Kommandeure und Admiräle Bischöfe oder Priester wären. Noch schlimmer: ehelose Bischöfe oder Priester. Um voranzukommen, müßten die größten Schürzenjäger Kleriker werden und ein Keuschheitsgelübde ablegen. Wie Macauley in seinen *Briefen* schreibt, war dies das Resultat: »Korruption steckt alle öffentlichen Ämter an. ... Der Kirchenstaat ist, glaube ich, am schlechtesten in der ganzen Welt regiert; und die Schwachsinnigkeit der Polizei, die Käuflichkeit der Beamten, das Elend des Landes drängen sich der Beachtung des unbekümmertsten Reisenden auf.«
Etwa dreißig Jahre später war der Kirchenstaat reif zur Rebellion.

Viele Avancen wurden Pius gemacht; oft wurde er gebeten, Italien und das Papsttum zu retten. Man wies ihn respektvoll darauf hin, daß Herodes König in Judäa war, nicht Jesus, und daß »weltliche Macht« in den Evangelien nicht erwähnt sei. Vielmehr sagte Jesus deutlich: »Mein Reich ist nicht von dieser Welt.« Trotz der Konstantinischen Schenkung besaßen die Päpste nie eine einzige Stadt außer Rom, bis ihnen der König der Langobarden 728 Sutria schenkte. Der Papst wurde gebeten, zu bedenken, daß das Papsttum in seiner Hochblüte in der Renaissance so wenig erbaulich war, daß es die Gefolgschaft der halben Christenheit verlor. Er bekam Garantien vollständiger Unabhängigkeit als Oberhaupt der Kirche. Ja, seine Führung in Moral und Religion würde um so heller leuchten. Gegen all diese Bitten verhärtete der Papst sein Ohr. Die moderne Zivilisation war des Teufels, meinte er, und er weigerte sich, mit dem Fürsten der Finsternis zu verhandeln.
Nun wurde die Einheitsbewegung unter König Viktor Emanuel im Piemont immer stärker. Cavour, ihr Architekt, verkündete das Ideal einer freien Kirche und eines freien Staates. Wie Moses sollte er das Gelobte Land nicht betreten, doch selbst auf seinem Sterbebett rief er dem Priester, der ihm die Letzte Ölung geben sollte, zu: »Bruder! Bruder! Eine freie Kirche in einem freien Staat.« Pius IX. brandmarkte dies Glaubensbekenntnis mit dem Siegel der Ketzerei.
1862 bekam er eine Petition, unterzeichnet von zwölftausend Priestern. Sie beschworen Seine Heiligkeit, die Zeichen der Zeit zu erkennen. Rom mußte die Hauptstadt des neuen Italien werden. Wollte er nicht ein »Wort des Friedens« sprechen? Pius' Reaktion war, diese Rebellen zu disziplinieren — jeden einzelnen.

Selbst als im schicksalhaften Jahr 1870 die französischen Truppen, die ihn so lange verteidigt hatten, abgezogen wurden, um gegen die Preußen zu kämpfen, und ihn mit einer Operettenarmee zurückließen, wich Pius nicht. Wie er dem diplomatischen Corps an jenem Vormittag des 20. September sagte, konnte er nicht auf ein vierzigtausend Quadratmeilen großes Erbe verzichten, das wesentlich für seine geistliche Autonomie war. Als deshalb Cadornas Geschütze an der Porta Pia Breschen in die Aurelianische Mauer schlugen, drangen die Bersaglieri mit ihren Federhüten, die zu seiner 60000 Mann starken Armee gehörten, in die Stadt ein. An jedem Gebäude strichen sie die gelb-weiße päpstliche Flagge und hißten die Trikolore. Die Massen in den Straßen tobten. Für sie war der Papst nicht so sehr das Kirchenoberhaupt als vielmehr ein weltlicher Tyrann. Dies war der Tag ihrer Befreiung. Eine Volksabstimmung zeigte, daß sie in einem Verhältnis von tausend zu eins gegen den Papst und für den König waren.

Cadorna hatte strikten Befehl gegeben, den Vatikan nicht zu bombardieren. Pius ließ man in Ruhe. Doch als Viktor Emanuel ihn um Audienz bat, lehnte Seine Heiligkeit ab. Er hatte nur ein Wort für den König, und es war das der Exkommunikation — einmal mehr wurde eine geistliche Waffe mißbraucht. Er erneuerte den Bann etwa im Abstand von je zwei Jahren, so daß der König viermal exkommuniziert wurde, bis er 1878 starb. Dann durfte er seinen Frieden mit Gott machen, wenn auch nicht mit Seinem ersten Vertreter auf Erden. Pius verbot auch den Katholiken, am demokratischen Prozeß des neuen Italien teilzunehmen, ob als Wahlberechtigte oder als Kandidaten.

In den acht Jahren, die ihm nach der Invasion blieben, blieb der Papst zu Hause und nannte sich ein wenig dramatisch »den Gefangenen im Vatikan«. Fromme Bildchen zirkulierten überall, besonders in Irland und Deutschland, die den Papst auf einem Strohlager in einem modernden Kerker zeigten. Das Ergebnis war, daß der Peterspfennig, die Gabe der Armen, raketengleich in die Höhe schoß. Sein Kerker war recht komfortabel, keineswegs wie der von St. Petrus im Mamertin. Ehrlich gesagt, er hatte mehr Platz, als alle Juden in Rom jahrhundertelang gehabt hatten. Er besaß einen herrlichen Garten und zahllose Zimmer, in denen er sein Haupt betten oder gelegentlich mit Kardinal Antonelli Billard spielen konnte. Ein jakobinischer Dichter sagte es prosaischer als Pius: »Der Papst ist ein Gefangener seiner selbst.«

Mit dem Garantiegesetz von 1870 bot der König von Italien eine sehr großzügige Regelung an. Auf jedes Angebot, sogar wenn es finanzielle waren, antwortete Pius: »Non possumus«, »Wir können nicht«, als sei er aufgefordert worden, am Karfreitag Rinderbraten zu essen. Bis ganz zum Schluß und noch länger machte er, wie der Vatikan es seit Jahrhunderten getan hatte, aus einer politischen Angelegenheit eine Schlüsselfrage der Religion. Obwohl er beanspruchte, einem Meister zu dienen, der nichts hatte, bestand er darauf, daß er ihm nur als Monarch dienen könnte. Pius VII. hatte dasselbe zu Napoleon gesagt, als dieser päpstliches Territorium raubte. »Wir verlangen die Rückerstattung Unserer Länder, denn sie sind nicht Unser persönliches Erbe, sondern das Erbe des hl. Petrus, der sie von Christus erhalten hat.« Zu glauben, daß Petrus – ein Fischer aus Galiläa, der wahrscheinlich nie mehr besessen hat als ein altes Holzboot – von Christus ein großes Stück Mittelitalien erhalten habe und ohne dies nicht den gekreuzigten Christus predigen konnte, entbehrte nicht einer gewissen Kühnheit. Doch Pius IX. schreckte vor einem solchen Glauben nicht zurück. Und deshalb mußte das Papsttum von einem weltlichen Staat strampelnd und schreiend in das Neue Testament gezerrt werden.

Die Nichtkatholiken waren entzückt, daß das Papsttum endlich annähernd auf die Größe des Neuen Testaments zurechtgestutzt worden war. Die dümmeren prophezeiten sein Abtreten. Sie unterschätzten das Amt und den Mann.

Theologie war nicht Pius' starke Seite. Sein Privatsekretär, Monsignore Talbot, bekannte in einem Brief an W. G. Ward: »Da der Papst kein großartiger Theologe ist, bin ich sicher, wenn er seine Enzykliken schreibt, ist er von Gott inspiriert.« Komplette Ignoranz tue der Unfehlbarkeit keinen Abbruch, schrieb er, denn Gott könne den rechten Weg selbst durch das Maul eines sprechenden Esels zeigen. Ohne es zu wollen, hatte Talbot die Höhen Voltaires erreicht.

Was Pius an Intellekt fehlte, machte er durch animalische List mehr als wett. Er hatte sich auf eine ansonsten düstere Zukunft schon mit einem Schachzug vorbereitet, dessen Kühnheit selbst Gregor VII. bewundert hätte.

Zwei Monate vor der Invasion Roms hatte Pius den Vorsitz über die Schlußsitzung des Ersten Vatikanischen Konzils geführt. Im Gegensatz zur Eröffnung ein Jahr zuvor war der Petersdom fast verlassen. In der Königsloge waren zwei Damen, eine davon die Infantin von Portugal, sowie ein klappriger Offizier mit dem Orden des hl. Januarius auf der Brust. Die Diplomatenloge hatte ebenfalls viele leere Sitze. Die Großmächte hatten ihre Botschafter angewiesen, diese Sitzung zu boykottieren, weil dabei nichts für sie herauskommen würde.

Das Wetter war schlecht. Die ganze Nacht über hatte ein Sturm gedroht. Für einen Morgen Mitte Juli in Rom war das Licht außerordentlich schwach.

532 Bischöfe waren im nördlichen Querschiff der Basilika, alte Männer in weißen Chorhemden und weißen Mitren. Für viele, wie für Manning von Westminster, war dies der größte Tag ihres Lebens. Nur durch das Haupttor des Querschiffes konnten Außenstehende einen Blick auf die Vorgänge erhaschen. Der Papst humpelte fast unbemerkt herein; er legte die Gewänder an und intonierte das *Veni Creator Spiritus*. Dann verlas ein Bischof mit der Stimme eines Bassisten in einer Verdi-Oper die neue Konstitution, *Pastor aeternus*, und die namentliche Abstimmung folgte.

Nun brach der berühmteste Sturm aller Zeiten wie der Zorn Gottes über den Petersdom herein. In der Pause zwischen jedem *placet* der Konzilsväter rollte der Donner. Das Timing war liturgisch präzise. Der Blitz leuchtete durch jedes Fenster; er flackerte durch die große und jede kleinere Kuppel und machte aus der Bronze von Berninis *baldacchino* leuchtendes Gold.

Eineinhalb Stunden wütete der Sturm, bis die Abstimmung beendet war. Nur zwei Bischöfe hatten *non placet* gestimmt: Riccio von Cajazzo in Neapel und Fitzgerald von Little Rock, Arkansas. Doch 140 Bischöfe hatten sich nicht blicken lassen. Ein *placet* hätte ihr Gewissen beleidigt, ein *non placet* hätte den Heiligen Vater vor der Welt beleidigt.

Eine Aufschlüsselung des Wahlergebnisses ist lehrreich. Dreihundert der fünfhundert Bischöfe, die den Papst unterstützten, waren Titularbischöfe oder Vatikanbeamte, die in Rom auf Pius' Kosten lebten. Die meisten Andersdenkenden hatten Diözesen, deren Glaubenshaltungen und Meinungen sie beim Konzil vertraten. Mindestens zwei Drittel der amerikanischen Bischöfe, allen voran Kenrick von St. Louis, waren gegen die Definition, weil sie glaubten, sie würde Bekehrungen erschweren.

Die bloße Zahl der Oppositionellen bewies, daß die Kirche für eine so folgenreiche Entscheidung nicht bereit war; sie wurde getroffen, aber sie spiegelte die Meinung der westlichen Kirche nicht angemessen wider. Es ging um eine sehr wichtige Wahrheit, und viele hielten den Erlaß für fehlerhaft. Wie Bischof Strossmayer in einer Sitzung unverblümt sagte:

*Diesem Konzil fehlt es sowohl an Freiheit als auch an Wahrheit. ... Ein Konzil, das die alte Regel von der Notwendigkeit moralischer Einstim-*

*migkeit mißachtet und anfängt, über Dinge des Glaubens und der Moral mehrheitlich zu entscheiden, wird nach meiner innersten Überzeugung das Recht verwirken, das Gewissen der katholischen Welt als Bedingung des ewigen Lebens oder Todes zu binden.*

Pius IX. weigerte sich, die Opposition anzuhören, und behauptete, er sei »lediglich das Sprachrohr des Heiligen Geistes«.
Durch die Verabschiedung des Dekrets ohne Rücksicht auf die orthodoxe Kirche oder die Protestanten schien Pius die jahrhundertealte Kluft zwischen Rom und den anderen großen christlichen Gemeinschaften zu verewigen.
Die Meinungsunterschiede bei Pius' Konzil standen in scharfem Kontrast zum Konzil von Konstanz im fünfzehnten Jahrhundert, als beschlossen wurde, daß die gesamte Kirche, auch der Papst, einem Allgemeinen Konzil untersteht. Man wird sich daran erinnern, daß dies in Konstanz einstimmig beschlossen wurde. Nicht einmal die Kurie oder der künftige Papst, Martin V., erhoben den geringsten Einwand.
Das Vatikanische Konzil erwies sich als weiterer Pyrrhussieg für das Papsttum, in seinen Folgen sogar noch furchtbarer als der Gregors VII. in Canossa. Es zeigte einmal mehr, daß nicht unheilige Päpste wie Benedikt IX. und Alexander VI. der Kirche den dauerhaftesten Schaden zugefügt haben, sondern heilige wie Gregor VII., Pius V. und Pius IX. Denn Actons Ausspruch über absolute Macht, die absolut korrumpiert, trifft absolut und ohne Einschränkung auf Sünder und Heilige zu. In diesem Fall hatte Pius IX. triumphiert – aber er hatte den Wind gesät.
Als die Wahlergebnisse ihm im Petersdom überbracht wurden, war die Finsternis so dicht, daß er sie nicht sehen konnte. Eine Kerze wurde angezündet, so daß er die Konstitution in seiner leichten, musikalischen Stimme bestätigen konnte: »Nosque sacro approbante Concilio«, »Mit der Zustimmung des Heiligen Konzils dekretieren, beschließen und sanktionieren Wir, was gelesen wurde.«
Die Väter klatschten, die Menge im Hauptschiff der Basilika wedelte mit Taschentüchern wie mit Flügeln geistlicher Tauben. Was war es, dem Seine Heiligkeit gerade Gesetzeskraft verliehen hatte? Die Rufe der Menge gaben die Antwort: »Viva il Papa infallibile.« Pius, den Montalembert »den Götzen im Vatikan« nannte, hatte sich mit der Machtfülle eines Gottes ausgestattet; er hatte unfehlbar seine eigene Unfehlbarkeit beschlossen.
Die beiden tapferen Bischöfe, die vor einem Augenblick dagegen gewesen

waren, bekannten nun auf den Knien Pius IX. – »Modo credo, Sancte Pater« –, daß sie so ehrlich und vorbehaltlos daran glaubten wie an Gott und die Gottheit Christi. Ihre Bekehrung war die schnellste der Geschichte.
Die Bischöfe, die Rom verlassen hatten, um den Heiligen Vater nicht durch eine Abstimmung nach ihrem Gewissen zu verletzen, akzeptierten *Pastor aeternus* auch noch, eher früher als später. Sie mußten es entweder akzeptieren oder die Kirche verlassen, und auch das hätte den Heiligen Vater zweifellos verletzt. Sie kehrten heim, um den Gläubigen zu berichten, daß die vatikanischen Beschlüsse einstimmig gewesen seien, was durchaus etwas weniger war als die ganze Wahrheit. Einige fanden sogar den Mut, gelehrte Theologieprofessoren zu entlassen und zu exkommunizieren, Männer von internationalem Ansehen wie Döllinger in München, weil sie es noch wagten zu sagen, was sie selbst vor und auf dem Konzil gesagt hatten.
Künftig sollte die Autorität mit Vernunft und Gewissen Schindluder treiben, denn Vaticanum I hatte einen Präzedenzfall gesetzt. Jeder katholische Gelehrte, der für Demokratie, religiöse Freiheit oder wissenschaftliche Erforschung der Ursprünge des Menschen eintritt, muß sich auf Prügel gefaßt machen – oder wenigstens den Kopf einziehen.
Denn was beim Konzil beschlossen wurde, war folgendes: Wenn der Papst die Fülle seines Amtes ausübt und eine Lehre für die ganze Kirche definiert, sind seine Definitionen unfehlbar, von sich aus und nicht durch die Zustimmung der Kirche. Der deutliche Eindruck wurde erweckt, daß nicht etwa der Papst seinen Glauben von der Kirche empfängt, sondern die Kirche empfängt ihren Glauben vom Papst. Der Oberhirte steht allein; es gibt keine Kontrollen und Gegengewichte, keine Kabinette, keine parlamentarische Opposition. Die Welt mag immer demokratischer werden – ein Mann (eine Frau), eine Stimme –, die Kirche nie. Ein Mann, eine Stimme hat im Katholizismus einen ganz anderen Klang.

Die Kurie war entzückt. Sie hatte sich vor einem Konzil gefürchtet, und da seit Trient drei Jahrhunderte vergangen waren, glaubte sie ernsthaft, Konzilien seien unnötig. Doch nun hatten die Bischöfe die Führung der Kirche großzügig und endgültig ihr übertragen. Sie hatten ihre Zustimmung dem Papst gegeben, der ihre Zustimmung nie wieder brauchte. Das katholische Episkopat war endlich so bedeutungslos geworden, wie Gregor VII. es sich gewünscht hatte; die Bischöfe hatten vor der ganzen Welt abgedankt. In einer wundersamen Wandlung hatten Hirten sich zu Schafen gemacht.

Das Konzil ging in einer Atmosphäre internationalen Umbruchs auseinander. Wenige glaubten, es würde noch einmal zusammentreten, aber warum auch? Dies, sagten viele Kuriale zuversichtlich voraus, würde das letzte Konzil der Kirche sein. Um ein weiteres einzuberufen, müßte ein Papst ein vollkommener Narr sein. Oder, die Kurie möge entschuldigen, ein vollkommener Heiliger.

Interessierte Nichtkatholiken schauten zu und waren fassungslos. In den Augen vieler von ihnen, etwa des britischen Premierministers Gladstone, war es ein Riesenschritt rückwärts für die Menschheit ins finstere Mittelalter. Viele waren aufrichtig ratlos. Wie kam es, daß es achtzehn Jahrhunderte nach Petrus Wochen qualvoller Debatten brauchte, um mit einem Fragment der Kirche mehrheitlich zu beschließen, diese Lehre, heiß bekämpft bis zur letzten Minute, sei plötzlich dem Evangelium gemäß und entscheidend für das Seelenheil?

Die theologisch Veranlagten waren mit einem feinen Gespür für Ironie erfreut, daß es nun wenigstens einen Protestanten gab, der in der katholischen Kirche seine private Meinung pflegte: den Papst. Dies war eine sehr scharfsinnige Kritik. Vaticanum I hatte den Papst vom »allerkatholischsten« Katholiken zum einzigen Protestanten der Kirche gemacht.

Die eher philosophischen Kritiker fragten, wie der Papst unfehlbar über Gott sprechen kann, wenn dieser unfaßbar ist und in unzugänglichem Lichte wohnt.

Doch die weisesten aller Beobachter meinten: Dies ist nicht so sehr eine religiöse als vielmehr eine politische Aussage. Der Papst, der dabei war, seinen Kirchenstaat zu verlieren, wollte absoluter Monarch in einem Land sein, das nicht einmal der mächtigste Monarch ihm entreißen kann.

Das Streben nach absoluter Macht hatte nicht aufgehört; es sollte auf der Ebene der Wahrheit weitergehen.

Leider war die Geschichte des Papsttums wie bei der Macht, so auch bei der Wahrheit keine gute.

# TEIL II

# WAHRHEIT

»Die Päpste waren nicht nur Mörder im großen Stil, sondern sie machten Mord obendrein zur Rechtsgrundlage der christlichen Kirche und zur Vorbedingung des Seelenheils.«

Lord Acton

## 9. Kapitel

# Die Vernichtung des Abweichenden

### Das Haus des Papstes an der Ecke

Obwohl es sich immer Heilig, Katholisch und Apostolisch genannt hat, gehen es wenige Pilger anschauen — wenn überhaupt jemand. Wenige Führer erwähnen es. Das ist seltsam angesichts seiner Geschichte, denn man könnte sagen, daß dies Gebäude den Schlüssel zum Verständnis der römischen Kirche bedeutet. Es ist noch seltsamer, weil es in unmittelbarer Nähe des Petersdoms steht, in einer stillen Straße links von der Basilika, hinter Berninis vierfacher Kolonnade. Diese Casa Santa, ein großes Eckhaus mit breiter Zufahrt, ist den Anliegern als Palast der Inquisition bekannt.

In den vergangenen Jahren hat die Heilige, Katholische und Apostolische Inquisition eine schlechte Presse gehabt und ist, wie der sowjetische Geheimdienst, mehrfach umbenannt worden. 1908 wurde diese älteste Heilige Kongregation Roms zum Heiligen Offizium; seit 1967 heißt sie Glaubenskongregation. Der gegenwärtige Sekretär und Chef — der Großinquisitor von einst — ist der bayerische Kardinal Ratzinger, doch der Vorsitzende ist seit eh und je der regierende Papst.

Emile Zola beschreibt in seinem brillanten, wenn auch bitteren Roman *Rom*, geschrieben in den letzten Jahren des 19. Jahrhunderts, welchen Eindruck der Palast der Inquisition auf ihn gemacht hat:

> *Es ist ein einsamer, stiller Bezirk, den der Schritt von Fußgängern oder das Rumpeln von Rädern nur selten stört. Die Sonne allein wohnt dort, in Tüchern von Licht, die sich langsam über das kleine, weiße Pflaster breiten. Man errät die Nähe der Basilika, denn da ist der Geruch nach Weihrauch, eine klösterliche Stille wie vom Schlaf der Jahrhunderte. Und an einer Ecke erhebt sich der Palast des Heiligen Offizi-*

*ums mit schwerer, beunruhigender Nacktheit; nur eine einzige Fensterreihe durchbricht seine hohe, gelbe Vorderfront. Die Mauer, die diese Seitenstraße säumt, sieht noch verdächtiger aus mit ihrer Reihe noch kleinerer Fenster, bloßer Gucklöcher mit starblinden Fenstern. Im hellen Sonnenlicht scheint dieser riesige Kubus aus schlammfarbigem Mauerwerk zu schlafen, geheimnisvoll und verschlossen wie ein Gefängnis, mit kaum einer Öffnung zur Kommunikation mit der Außenwelt.*

Die scheinbare Schläfrigkeit ist eine Illusion. Eine riesige Menge Lesestoff wird in diesem Gebäude bewältigt, und aus ihm kommt ein steter Strom von Warnungen, Richtlinien, Zensuren. Die Kerker, in denen einst so viele in gar nicht ferner Vergangenheit gefoltert wurden, sind nicht mehr. Glücklicherweise hat ein weltlicher Staat dem wütend festhaltenden Pius XI. die weltliche Macht entrissen.
Seit 1870 sind die Kerker und Zellen der Inquisition zu Büros und Archiven umgebaut worden, wo die Arbeit so methodisch weitergeht wie von alters her, wenn auch weit weniger brutal.
Die Katholiken leben ihr Leben in der Welt ohne einen Gedanken an die Inquisition. Sie sind als fromm und normal bekannt. Spinner und Fanatiker gibt es wenige unter ihnen. Für einen schrillen, auffälligen Proselytismus haben sie nichts übrig. Katholische Missionare – Priester, Nonnen, Laien – üben Selbstverleugnung. Viele verlassen ihre Heimat, um ihr Leben dem Dienst an den Bedürftigen zu weihen. Wenn sie überhaupt einmal an das Heilige Offizium denken, dann nehmen sie an, es sei eine wesentliche Waffe der Orthodoxie, ein Mittel, den katholischen Glauben zu bewahren. Sie wären schockiert, müßten sie die Mißbräuche entdecken, die von diesem Gebäude in der Via del Sant'Ufficio ausgegangen sind.

## *Papst Johannes Paul II.*

Wo steht der Oberhirte? Er ist nicht frei von offensichtlichen Widersprüchen. Zunächst einmal ist er eindeutig ein gütiger, mitfühlender Mensch. 1987 erlaubte er Mutter Teresa von Kalkutta, ein Obdachlosenasyl innerhalb der Mauern des Vatikans zu bauen. Er hat eine tiefe Liebe zu Kindern und Kranken. Wohin immer er kommt, er plädiert beredt für Menschenrechte und Menschenwürde. Andererseits wirkt er oft wie der strengste Papst, an den sich die jetzt Lebenden erinnern. Man mußte zu

Pius X. an der Jahrhundertwende zurückgehen, um einen Papst zu finden, der weniger zuhört und mehr sofortigen Gehorsam verlangt. Der Grund hierfür ist klar. Der Papst ist von Natur und Ausbildung her ein Platoniker. Er glaubt, daß Wahrheit ewig und unwandelbar ist. Er als Stellvertreter Christi hat eine privilegierte, vom Heiligen Geist inspirierte Sicht dieser Wahrheiten, die er der Kirche vorhalten muß und von der keinem Katholiken die Abweichung um auch nur ein Iota erlaubt werden darf.

Wiederum sagt Johannes Paul öfter, Kleriker müßten sich aus der Politik heraushalten. Doch als er in Polen als Priester, Bischof und Kardinal tätig war, engagierte er sich beständig in »rechtsgerichteten politischen Aktivitäten«, wie jedenfalls die Kommunisten es nannten. Außerdem muß Seine Heiligkeit wissen, daß seine Besuche in seiner Heimat nicht anders gedeutet werden können, als daß er in der Politik mitspielt. Tatsächlich ist dies ganz vatikanische Tradition.

Jahrhunderte hindurch war die katholische Kirche die wichtigste politische Kraft in Europa. Sie mischte sich, wann und wie sie wollte, in die Angelegenheiten jedes Landes ein. Päpste setzten fast nach Laune Kaiser und Könige ab. Pius X. sagte in seinem ersten Konsistorium am 9. November 1903:

> *Wir werden viele Menschen stören, wenn Wir sagen, daß Wir Uns notwendigerweise mit Politik befassen müssen. Doch wer die Frage gerecht beurteilt, muß einsehen, daß der souveräne Papst, von Gott mit dem höchsten Amt ausgestattet, nicht das Recht hat, politische Dinge von dem Bereich des Glaubens und der Moral zu trennen.*

Viele Kleriker und Ordensschwestern in Südafrika, die mit der *Apartheid* konfrontiert sind, waren vor den Kopf gestoßen, daß ein polnischer Papst ihnen sagte, politisches Engagement stehe ihrer religiösen Mission entgegen.

Schließlich ist die katholische Kirche die einzige existierende religiöse Institution, die Kirche und gleichzeitig politische Organisation ist. Darum kann sie als einzige Kirche diplomatische Vertreter austauschen und beansprucht Anerkennung als unabhängiges Mitglied der Völkergemeinschaft. Das tut sie nicht als Kleinstaat (der Vatikan), sondern als weltweite religiöse Organisation.

Die meisten Kommentatoren sind sich heute einig, daß Johannes Paul durch den Vatikan gegangen ist, um die Fenster zu schließen und die Jalousien herunterzulassen. Sogar den kirchlichen Kodex des kanonischen Rechts ließ er 1983, nach dem Zweiten Vatikanischen Konzil, revidieren, ohne die Bischöfe der Welt nach ihrer Zustimmung zu fragen. Anders als sein Vorgänger, Paul VI., ist er in keiner Weise das Opfer von Zweifeln oder Impulsen des Zögerns. Dies erklärt, warum er jedem Theologen heimgeleuchtet hat, der es wagte, seine Entscheidungen zu hinterfragen – sogar nicht-unfehlbare Entscheidungen.

Schon 1979 wies er den bekanntesten katholischen Schriftsteller der Welt, Hans Küng, in seine Schranken. Daraufhin galt Küng nicht mehr als katholischer Theologe und verlor deshalb seinen Posten an der katholischen Fakultät der Universität Tübingen. Hätte ihm nicht der Rektor einen Posten außerhalb der katholischen Fakultät angeboten, so wäre Küng arbeitslos geworden. Rom scheint es zufrieden, ihm einen Maulkorb verpaßt und andere potentielle Abweichler in Europa und Nordamerika gewarnt zu haben.

Der holländische Theologe Edward Schillebeeckx hat oft Ärger mit dem Heiligen Offizium bekommen; Pater Leonardo Boff aus Brasilien, ein Experte für die Harmonisierung marxistischen und katholischen Denkens, wurde ebenfalls gemaßregelt. Beide sind auf Bewährung und haben Wohlverhalten versprochen. Johannes Paul hat deutlich gemacht, was er will: Wie Gregor VII. und Pius IX. begnügt er sich mit nichts weniger als totaler Unterordnung, selbst in heiß umstrittenen Angelegenheiten.

## *Zielscheibe: die Jesuiten*

Eine größere Zielscheibe als einzelne Theologen ist der Jesuitenorden gewesen. Johannes Paul zeigte bald, daß er mit den traditionellen Vorkämpfern des Papsttums nicht zufrieden war. Der damalige Ordensgeneral Pedro Aruppe stand im Ruf, ein Liberaler zu sein. Er versuchte lediglich, die zukunftweisenden Beschlüsse des Vaticanum II bei seinen Mitbrüdern umzusetzen. Als er krank wurde, wurde P. Vincent O'Keefe zum geschäftsführenden Generalvikar ernannt. O'Keefe, ein Amerikaner, war Rektor von Fordham gewesen, der Jesuitenuniversität im Staat New York. Johannes Paul fand ihn unannehmbar. 1981 setzte er dem Orden den neunundsiebzigjährigen und fast blinden Paolo Dezza als seinen persönlichen Delegaten vor die Nase. Kein Papst hatte je so etwas getan.

Karl Rahner, der angesehenste Theologe der Zeit, tat sich mit siebzehn weiteren führenden Jesuiten in Deutschland zusammen, um den Papst zu

bitten: »Heiliger Vater, erlauben Sie uns, unseren künftigen Generaloberen in der Freiheit zu wählen, die seit Anbeginn der Kirche immer eine Grundregel aller Orden dargestellt hat.«
Der Papst war verärgert. Wenn er von Jesuiten keinen blinden Gehorsam verlangen konnte, von wem dann? Hatte der Ordensgründer Ignatius von Loyola nicht in den *Exerzitien* zu seinen Anhängern gesagt: »Um zu der Wahrheit in allen Dingen zu gelangen, sollten wir immer bereit sein zu glauben, das, was uns weiß scheint, sei schwarz, wenn die hierarchische Kirche es so definiert?« Nein, bevor sie einen neuen General haben durften, mußten die Jesuiten aufhören, von päpstlichen Äußerungen abzuweichen. Erst, als er sicher war, daß sie ihr Verhalten ändern und einen General wählen würden, der für ihn akzeptabel war, ließ er sie gewähren. Selbst dann überließ er nichts dem Zufall. Er eröffnete persönlich die dreiunddreißigste Vollversammlung im Jesuitenhaus im Borgo Santo Spirito in der Nähe des Heiligen Offiziums. Er war der erste Papst, der dergleichen tat. Seine Anwesenheit war nicht so sehr eine Ehrung als vielmehr eine Drohung. Beim ersten Wahlgang wählten sie einen Gemäßigten, den Holländer P. Piet Hans Kolvenbach.
Nachdem er die Jesuiten auf die Reihe gebracht hatte, wandte der Heilige Vater seine Aufmerksamkeit der größten aller Zielscheiben zu.

## *Zielscheibe: die Kirche in den USA*

Außer in Holland, wo es fast totale Opposition zur katholischen Morallehre gibt und wo Priesterweihen praktisch versiegt sind, ist die Krise nirgends spürbarer als in den USA. Die Krise betrifft wohlgemerkt Strukturen, nicht den Geist der Gemeinschaft, der weiterhin voller Leben und Hoffnung ist.
1974, sechs Jahre nachdem Paul VI. empfängnisverhütende Mittel verboten hatte, waren nur 13% der amerikanischen Katholiken mit ihm einverstanden. Alles, was Erzbischof Bernardin, der damalige Vorsitzende der Bischofskonferenz, sagen konnte, war: »Ethische Werte lassen sich nicht durch Nasenzählen erreichen.« Doch es gab Anzeichen dafür, daß Bernardin nicht ganz glücklich über die Aussicht einer Armee aus lauter Generälen war.
1986 räumte Bischof James Malone von Youngstown, Ohio, scheidender Vorsitzender der Bischofskonferenz, ein, es gebe »eine wachsende und gefährliche Entfremdung zwischen dem Vatikan und der Kirche der USA«.

Als der Heilige Vater Ende 1987 zum zweitenmal Amerika besuchte, sagte ihm Erzbischof Weakland von Milwaukee, daß von 1958 bis 1987 der Anteil der Kirchgänger in den USA von 75 auf 53% gesunken war.

Jüngste Umfragen zeigen, daß massive Mehrheiten amerikanischer Katholiken für Empfängnisverhütung und Wiederverheiratung von Geschiedenen sind. Nur 14% glauben, Abtreibung sollte in allen Fällen illegal sein, und 93% glauben, sie können gute Katholiken sein, auch wenn sie in moralischen Grundfragen nicht mit dem Papst übereinstimmen. Die Zukunft der amerikanischen Kirche sieht weiterhin stürmisch aus, und die Auseinandersetzungen begannen erst richtig, als Johannes Paul Erzbischof Hunthausen von Seattle disziplinierte. Dem Erzbischof wurde unter dem Siegel der Verschwiegenheit durch Pio Laghi, den päpstlichen Pronuntius, gesagt, daß ihm seine Autorität in fünf entscheidenden Gebieten genommen würde: Morallehre, Laisierung von Priestern, Annullierung von Ehen, Liturgie und Seminarausbildung. Ein Hilfsbischof wurde statt dessen mit allen Vollmachten ausgestattet: der in Rom von Johannes Paul ordinierte Donald Wuerl. Doch Hunthausen war kein päpstlicher Angestellter, sondern ebenso Nachfolger der Apostel wie der Papst selbst. Daher mußte der Vatikan ihn mit diesen unterschwelligen Taktiken niederhalten. Johannes Paul handelt, als sei *er* Bischof von Seattle und Hunthausen sein Stellvertreter. Sollte der Stellvertreter ihm mißfallen, kann er ersetzt werden. Wenn und nur wenn der Stellvertreter beweist, daß er sich gut führt, d. h. jedem vatikanischen Dekret buchstabengetreu gehorcht, wird er vielleicht wieder eingesetzt. Es gibt wenig Spielraum für örtliche Initiative.

Bei alledem scheint der Papst nicht nur Bischof von Rom zu sein, sondern obendrein Bischof der Welt. Benedikt XIV. hat genau das gesagt: »Der Papst ist der oberste Priester in der ganzen Kirche, der jede Ortskirche aus der Rechtshoheit ihres Bischofs nehmen kann, wann immer er will.« Dies hat eine innere Logik; Bischöfe legen einen Eid ab, nicht der Kirche und Religion zu dienen, sondern »die Rechte, Ehren, Privilegien und Autorität ihres Herrn, des Papstes, zu wahren, zu verteidigen, zu mehren und zu fördern«.

Die meisten von Hunthausens Amtsbrüdern waren auf seiner Seite, doch wie gewöhnlich fanden sie, sie hätten keine andere Wahl, als sich hinter den Papst zu stellen, selbst wenn er einen von ihnen ungerecht behandelte. Ordnung ist erste Katholikenpflicht.

Hunthausen wurde Ende Mai 1987 wieder eingesetzt, und Wuerl wurde auf einen anderen Posten versetzt. Dies, nachdem eine amerikanische Bischofskommission auf Befehl des Vatikans für Hunthausens Orthodoxie gebürgt hatte, obwohl »unabsichtlich«, wie ihr Bericht lautete, »andere den Eindruck bekamen, als billige er ›ein Klima der Freizügigkeit‹«. So wurde der Erzbischof einer großen Diözese von Rom diszipliniert, weil katholische Mitläufer einen falschen Eindruck gewonnen hatten. Künftig sind Bischöfe gewarnt; sie sollten nicht nur auf ihre Orthodoxie achtgeben, sondern sogar auf den Eindruck, den sie bei übelwollenden Leuten erwecken.

Ebenfalls 1986, Mitte März, entzog Ratzinger, die rechte Hand des Papstes, P. Charles E. Curran die Lehrbefugnis. Für Johannes Paul ist die Aufgabe eines Theologen einfach, von oben Beschlossenes weiterzureichen. Curran ist offen in einem Beruf, wo Offenheit das Überleben gefährden kann. Er glaubt, daß ein Theologe die heilige Pflicht hat, hierarchische Beschlüsse im Licht von Gottes Wort zu »werten und zu deuten«. Curran verlor 1987 sein Lehramt an der Catholic University of Washington. Papst Johannes XXIII. hatte beim Beginn des Zweiten Vatikanischen Konzils festgesetzt, daß die Tage der Verurteilungen vorbei seien. Und seit dem Konzil war kein Theologe wegen einer ethischen Frage entlassen worden. Ratzingers Behauptung, Curran sei »weder geeignet noch qualifiziert«, in einer katholischen Institution zu lehren, war ein weiterer Warnschuß für Denker mit unabhängigem Geist.

Ratzinger hat ebenfalls festgehalten, daß loyale Katholiken nicht nur der definierten Lehre gehorchen müssen, sondern zusätzlich der gesamten gewöhnlichen Lehre des Lehramtes, wie Papst und Bischöfe sie ausdrücken. In der Praxis heißt dies, wie der Papst sie ausdrückt. Der Fall des Erzbischofs Hunthausen beweist, daß Bischöfe keine Unabhängigkeit haben. Auf gut deutsch: Bischöfe und Theologen können der Wahrheit nur dienen, wenn sie dem Papst gehorchen. Es ist tragisch: Wie im Kreml ist im Vatikan solidarische Kritik ein Selbstwiderspruch.

Eine weitere amerikanische »Premiere« war der Fall des einundvierzigjährigen Paters Terence Sweeney, eines Jesuiten aus Los Angeles. Mit der Unterstützung seines Oberen befragte er die 312 amerikanischen katholischen Bischöfe zu vier Themen im Zusammenhang mit dem Zölibat der Priester und der Priesterweihe für Frauen. Von den 145, die antworteten, waren fünfunddreißig dafür, daß Priester heirateten, weil es zu wenig Berufungen gibt. Elf sagten, sie würden gern weibliche Priester sehen.

Mehr als einmal sagten Ratzinger und der Jesuitengeneral in Rom Sweeney: Verbrennen Sie Ihr Material oder verlassen Sie den Orden. Sweeney, der seit vierundzwanzig Jahren Jesuit war, fand, er habe keine andere

Wahl, als den Orden zu verlassen. Wie konnte er die Wahrheit verbrennen? Welchen Wert hatte Gehorsam, wenn er nicht Vernunft oder Wahrheit hinter sich hatte? Diese Art Gehorsam, behauptete er, »verträgt sich nicht mit menschlicher Würde«.

Es ist schwer einzusehen, warum ein angesehener Jesuit zum Austritt gezwungen wird – nicht wegen Verfehlungen in Lehre oder Moral, sondern weil er die Einstellung von Bischöfen veröffentlichte, die auf seine Fragen frei geantwortet hatten. Der Papst scheint entsetzt bei der Vorstellung, jemand könnte wissen, was die Bischöfe, seine Bischöfe wirklich denken. Das Bild drängt sich auf: Der Papst sieht Bischöfe als Spitzenbeamte. Sie machen keine Politik; sie führen sie aus. Gleichgültig, welche persönliche Meinung sie haben, sie sollten sie für sich behalten. Er allein spricht für die Kirche.

Der Eindruck entstand, daß ein Bischof, der anderer Meinung ist als der Papst, schlimm genug ist, fünfunddreißig in einem Land aber unerträglich. Eine solche Enthüllung zerschmettert die Fassade totaler Einigkeit, die der Stolz des Katholizismus ist. Die Kirche des Schweigens existiert auch diesseits des Eisernen Vorhangs, und in ihr gibt es Prälaten, die nicht wollen, daß es ihnen so geht wie Hunthausen.

Es ist schwer, sich dem Schluß zu entziehen: Die Bischöfe haben zuviel Angst vor dem Papst, um zu sagen, was nach ihrer wirklichen Überzeugung das Beste für die Kirche und ihre Diözesen ist. Es gibt ohnehin keine Mittel, um abweichende Meinungen zu äußern. Auf Gemeindeebene ist die Situation nicht anders. Die Pfarrer beraten ihre Schäflein auf liberale Weise, aber nur in der Beichte. Für die Rolle als öffentliche Märtyrer haben sie nichts übrig. Sie glauben, es ist besser, zu schweigen und zu überleben. Doch wo ist das Zeugnis für die Wahrheit des Evangeliums? Und was wird aus dieser großen Institution, die auf so vielen Verantwortungsebenen eine Lüge lebt?

## *Zwei Riesensysteme prallen aufeinander*

Der Hauptgrund, aus dem der Papst Amerika zur Zielscheibe seiner Geschosse gemacht hat, ist dieser: Eine absolute Monarchie à la Vatikan ist in direktem Konflikt mit den Grundidealen der ersten und größten Republik der Welt. Amerika setzt seinen Stolz darein, das Land der Freien zu sein; und gewisse Formen der Freiheit sind der Vorstellung des Oberhirten von christlichem Glauben fremd. Für ihn ist katholische Wahrheit absolut, und Gehorsam gegen sie eine unabdingbare Notwendigkeit. Er hat als Gottes Gesalbter die Pflicht, sofortigen und unerschütterlichen Gehorsam von allen zu verlangen, vom einfachsten Pfarrkind bis zum gewitztesten Theologen.

Die Geschichte offenbart einen krassen Gegensatz zwischen dem katholischen und dem amerikanischen Freiheitsideal. Es ist dieser Gegensatz, der hinter dem tiefen Mißtrauen des Vatikans gegen die amerikanische Kirche steckt.

Zuerst die Kirche.

1520 bannte Leo X. Luther, weil er gewagt hatte zu sagen, das Verbrennen von Ketzern sei gegen Gottes Willen. Gregor XIII. gedachte mit Freude des Massakers in der Bartholomäusnacht am 24. August 1572, als Tausende von Hugenotten gestorben waren. Clemens VIII. attackierte 1598 das Edikt von Nantes, weil es allen gleiches Bürgerrecht gab, unabhängig von ihrer Religion. Das Edikt wurde 1685 zum Entzücken der Kirche widerrufen: Innerhalb von drei Jahren verließen fünfzigtausend protestantische Familien Frankreich; Voltaire sagte, sie seien noch weiter zerstreut worden als die Juden. Inzwischen hatte Innozenz X. den Westfälischen Frieden verurteilt, weil er es wagte, allen Bürgern Duldung zu gewähren, seien sie religiös oder nicht. Bei jeder Frage und über Jahrhunderte hinweg hat die katholische Kirche stolz ihr Dogma religiöser Intoleranz verkündet.

Im neunzehnten Jahrhundert erfuhr die Politik in Europa einen tiefgreifenden Wandel — nicht aber die katholische Lehre. Kirche und Staat, sagten die Päpste, seien untrennbar vereint, wie in einer vollzogenen christlichen Ehe. Freiheit war unchristlich; Gesetz und Ordnung war das übergeordnete Ziel. Papst auf Papst griff die Freiheit mit der Heftigkeit an, die die Päpste des zwanzigsten Jahrhunderts der Empfängnisverhütung reserviert haben. Sie schienen zu fürchten, Regierung über das Volk durch das Volk und für das Volk würde zu ähnlichen Forderungen in der Kirche führen.

In *Mirari vos* vom August 1832 beschrieb Gregor XIV. die Gewissensfreiheit als einen Wahn. Religiöse Freiheit, hieß es, flösse aus der »stinkendsten Quelle der Gleichgültigkeit«. Er verdammte die Freiheit der Religion, der Presse, der Versammlung und der Bildung als schmutzigen Abfluß voll »ketzerischen Unflats«.

Pius IX. führte die Attacke fort. In *Quanta cura* von 1864 griff er die Religionsfreiheit an und setzte sie mit der Freiheit des Todes gleich. Unter den in seiner Liste der Irrtümer verdammten Aussagen war diese: »In der heutigen Zeit ist es nicht mehr nützlich, daß die katholische Religion die einzige Staatsreligion sei und daß alle anderen Formen der Religionsausübung ausgeschlossen werden.«

Leo XIII., der sein Nachfolger wurde, bemerkte, daß die Welt sich veränderte. Dennoch definierte er die Religionsfreiheit in einer Enzyklika nach der anderen mit gänzlich mittelalterlichen Begriffen. Die Kirche hat ein Recht auf Religionsmonopol in jedem katholischen Staat. Deshalb darf dem Irrglauben keine Verbreitung erlaubt werden. Freiheit und Wahrheit sind unvereinbar. Wo immer möglich, muß die Wahrheit auf Befehl der Kirche vom Staat durchgesetzt werden. Jeder Staat, beharrte er, muß weiterhin den wahren Glauben als seine offizielle Politik bekennen und Gewissensfreiheit so wenig und so kurz wie nur möglich dulden.

Dieser Opportunismus, diese mißgünstige Haltung zur Religionsfreiheit ist der genaue Gegenpol der amerikanischen Erfahrung.

1492 landete Kolumbus aufgrund eines Navigationsfehlers auf den Bahamas, bevor er südwärts segelte. Hätte er den Westkurs gehalten und das nordamerikanische Festland entdeckt, so hätten die USA vielleicht eine ähnliche religiöse Geschichte gehabt wie Mexiko, Brasilien und Argentinien. Tatsächlich brachten die ersten Einwanderer, die selbst Opfer religiöser Verfolgungen in der Alten Welt gewesen waren, traditionelle europäische Vorstellungen über die Beziehungen zwischen Kirche und Staat mit nach Nordamerika. Auch sie glaubten, Intoleranz sei eine hohe Tugend. Deshalb gab es in Neuengland nur eine einzige Organisation: Religion und Regierung waren fast nicht zu unterscheiden. Strikte religiöse Rechtgläubigkeit war gefordert, der Kirchgang Pflicht. Es war eine unhaltbare Situation. Die Kolonisten waren zu unterschiedlich in ihrem Glauben, als daß irgendein einheitliches System, gewöhnlich rechtsgerichtet protestantisch, sich hätte halten können. Die religiösen Minderheiten waren in Europa gehetzt worden, und sie waren entschlossen, nicht nur eine neue Erde zu bauen, sondern auch einen neuen Himmel, in dem alle Menschen gleich waren. In der Neuen Welt wurde selbst die Religion demokratisiert — etwas, das Europa seit den aufgeklärteren Tagen des Römischen Reiches nicht gekannt hatte.

Providence, später Rhode Island und Maryland brachen als erste mit der alten religiösen Intoleranz. In Rhode Island gab es zum erstenmal in der modernen Geschichte eine vollständige Trennung von Kirche und Staat sowie Redefreiheit für jedermann. Dies außergewöhnliche Experiment war nicht nur kühn, es war obendrein erfolgreich. Maryland, von Lord Baltimore als Zuflucht für Katholiken gegründet, öffnete seine Türen ebenfalls für alle, trotz der Versuche der Jesuiten, seine Lordschaft zur mittelalterlichen Raison zu bringen.

1660 waren dann die Liberalisierungstendenzen in den meisten Kolonien stark; eine deutlich amerikanische Haltung zeichnete sich ab. Im achtzehnten Jahrhundert kam mit der nationalen Unabhängigkeit die völlige Religionsfreiheit. So entwarf Jefferson 1786 ein Statut der Religionsfreiheit für Virginia, das erste, das je von einer Volksvertretung verabschiedet wurde. Es lautete:

*Die Vollversammlung möge beschließen,*
*daß niemand gezwungen werden soll, einen religiösen Kult, Ort oder Gottesdienst zu besuchen oder zu unterstützen... sondern daß jedermann frei sein soll, seine Ansichten in religiösen Dingen zu bekennen und mit Argumenten zu behaupten, und daß sie in keiner Weise seine Bürgerrechte schmälern, mehren oder betreffen sollen.*

1787 wurde diese Freiheit in Artikel VI der Bundesverfassung eingebaut: »Keine religiöse Prüfung soll je als Qualifikation für irgendein Amt oder öffentliches Mandat in den Vereinigten Staaten verlangt werden.« 1791 kam der Erste Zusatz: »Der Kongreß darf sich nicht in die Freiheit der Religion, der Rede, der Versammlung und der Anrufung von Institutionen einmischen. Der Kongreß wird kein Gesetz verabschieden, das die Gründung einer Religion betrifft oder ihre freie Ausübung verbietet.«

Diese historischen Erklärungen markieren den endgültigen Bruch mit den religiösen Haltungen der Alten Welt. Die Vereinigten Staaten drückten Unzufriedenheit mit dem Begriff »Duldung« aus: Sie wollten Religionsfreiheit und -gleichheit für alle ihre Bürger. Duldung beurteilten sie als eine Art Heuchelei; sie ist eine Beleidigung für die, die »geduldet« werden. Sie impliziert, daß sie nicht gleichberechtigt sind. Außerdem: Was heute geduldet wird, wird es vielleicht morgen nicht mehr. Vor allem hat die Verfassung mit Jeffersons Worten »eine trennende Mauer zwischen Kirche und Staat erbaut«. Jeder, Katholik oder Protestant, der versuchte, diese Mauer zu durchbrechen oder ganz abzureißen, hatte kein Recht, sich Amerikaner zu nennen.

Zu Roms Verblüffung gedieh die katholische Kirche unter einem Regime, das Rom für einen Feind der grundlegendsten Glaubensüberzeugungen hielt. Gregor XVI. (1831–46) sagte: »In keinem Teil der Welt fühle ich mich so sehr als Papst wie in den Vereinigten Staaten.« Und Pius IX., in dessen Regierungszeit es in den USA 6½ Millionen Katholiken gab, tat den berühmten Ausspruch: »Amerika ist das einzige Land der Welt, wo ich König sein könnte.« Wie es scheint, hatte er nicht bemerkt, daß bei den Amerikanern die Monarchie schon anno 1776 mit der Unabhängigkeitserklärung aus der Mode gekommen war.

Um Pius wurde die faszinierendste Beinahe-Geschichte des Papsttums gewoben. Als er im Vatikan vom wachsenden italienischen Nationalismus bedroht wurde, erhielt Pio Nono zwei unglaublich großzügige Hilfsangebote.
Im Jahre 1863 schrieb der britische Premierminister, Lord John Russell, an Kardinal Antonelli und schlug ihm vor, im Notfall sei die Insel Malta vielleicht ein passender Zufluchtsort für Seine Heiligkeit. Dort »könnte er seine obersten Kardinäle und seine vertrauenswürdigsten Berater um sich haben. Es würde nicht von ihm verlangt, irgendwelchen Bedingungen zuzustimmen, die seinem Gewissen zuwiderliefen«. Die britische Regierung würde ihm vollständigen Schutz garantieren.
Es gibt keinen Beweis dafür, daß der Oberhirte dies Angebot ernsthaft bedacht hat.
Nicht lange danach, als der Himmel sich noch mehr verfinsterte, sprach ein vatikanischer Spitzenbeamter Rufus King an, den amerikanischen Botschafter, der im Vatikan akkreditiert war. Der einzige Ort, wo seine Heiligkeit sich sicher fühlen würde, sagte der Beamte, sei »die große Republik Amerika«. Als die Antwort schließlich kam, war sie großherzig. »Unser Land ist die Heimstatt bürgerlicher und religiöser Freiheit sowie eine Zuflucht für alle, die vor politischen und anderen Wirren in der Alten Welt geflohen sind. Sollte Seine Heiligkeit es für richtig befinden, in die Vereinigten Staaten zu gehen, würde er zweifellos ebenso willkommen geheißen und könnte ohne Verhöre und Belästigungen sein großes Werk als Oberhaupt der katholischen Kirche fortführen.«
Zwei amerikanische Zerstörer fuhren von Lissabon nach Civitavecchia und warteten darauf, Seine Heiligkeit nach Amerika zu bringen. Leider ging er nie an Bord.
1867 war Garibaldis kleine Armee – freilich verfrüht – nur fünfzehn Meilen vom Vatikan entfernt, und der Papst trotzte ihr immer noch: »Ja, ich höre sie kommen«, sagte er und zeigte auf das Kruzifix: »Dies wird meine Artillerie sein.«

Deshalb war es der Menschheit nicht beschieden, einen Papst zu sehen, der in einer Republik lebte, einem zweiten Avignon in der Neuen Welt. Die USA verloren die potentiell lukrativste Attraktion aller Zeiten, doch mehr noch: Das Papsttum verpaßte seine Chance, in einer modernen Demokratie zu funktionieren.

In der Alten Welt geblieben, stand es weiterhin für eine strikt mittelalterliche Theokratie, die Einheit von Kirche und Staat, bei der der Staat der katholischen Kirche die Vorherrschaft im Bereich des Religiösen garantierte.

Dies war immer ein Problem für amerikanische Katholiken. Kardinal James Gibbon von Baltimore hatte zum Beispiel keine Bedenken, die spanische Inquisition zu verurteilen. Er beanspruchte, für alle amerikanischen Katholiken zu sprechen, als er schrieb: »Unsere katholischen Vorfahren haben in den letzten drei Jahrhunderten so viel für die Gewissensfreiheit gelitten, daß sie aufstehen würden, um uns zu verdammen, wenn wir uns zu Fürsprechern oder Verteidigern religiöser Verfolgung machen würden.«

Diese republikanischen Gefühle kamen in Rom nicht gut an. Sie waren gegen den traditionellen Katholizismus. Kardinal Gibbon versuchte, sich von dem Verdacht der Häresie mittels einer Distinktion reinzuwaschen, die ein französischer Bischof einige Jahre zuvor erfunden hatte. In einer vollkommenen Welt (These) wäre die traditionelle Lehre von den Beziehungen zwischen Kirche und Staat gültig. In einer unvollkommenen Welt (Hypothese) wie im modernen Amerika fand sich die Kirche damit ab, den Status quo zu akzeptieren, wenn sie auch unter ihm litt. Vielleicht hinderte der Kardinal den Vatikan durch diesen Winkelzug daran, die amerikanische Verfassung zu verurteilen, wie er alle europäischen verdammt hatte, obwohl sie weit weniger radikal waren.

Im Vatikan mag die Distinktion des Kardinals akzeptiert worden sein – den Amerikanern gefiel sie nicht. Sie sahen den American Way of Life nicht als dem europäischen unterlegen. Für sie war er eine deutliche Verbesserung. Wie Emerson sagte, hatte Amerika eine besondere Mission: »Zu befreien, Königs- und Priesterherrschaft, Kaste und Monopol abzuschaffen; die Galgen niederzureißen, das blutige Statutenbuch zu verbrennen.« Zudem war die Implikation der Worte des Kardinals furchterregend: Wenn es viele Bekehrungen in den Vereinigten Staaten gäbe, müßte seine Eminenz oder sein Nachfolger versuchen, die amerikanische Verfassung zu brechen und ein mittelalterliches Regime einzusetzen. Der Mythos von der Ungeeignetheit der Katholiken für hohe Ämter entstand.

Dieser Mythos machte es 1928 Al Smith, dem demokratischen Gouverneur des Staates New York, unmöglich, Präsident zu werden. Dreißig Jahre später zerstörte er fast John F. Kennedys Hoffnungen.

Kennedy wurde beschuldigt, er wolle die trennende Mauer zwischen Kirche und Staat einreißen. Er wurde, manchmal ernsthaft, beschuldigt, ebenso sehr Gefangener eines religiösen Systems zu sein wie Chruschtschow Gefangener eines politischen Systems war. Kennedy schien deutlich vor der Wahl zu stehen, entweder ein »guter« Katholik zu sein, wie er traditionell verstanden wurde, oder ein guter Amerikaner. Vor dreißig Jahren, als alles in der Schwebe hing, erklärte er:

*Ich glaube an ein Amerika, wo die Trennung von Kirche und Staat absolut ist – wo kein katholischer Prälat dem Präsidenten (falls dieser Katholik wäre) sagen würde, was er tun soll, und kein protestantischer Pastor seinen Pfarrkindern, wen sie wählen sollen ... ein Amerika, das offiziell weder katholisch noch protestantisch, noch jüdisch ist – wo kein Staatsdiener politische Unterweisung von irgendeiner kirchlichen Quelle erbittet oder annimmt ... wo es kein katholisches oder antikatholisches Wahlverhalten gibt, überhaupt keine Blockbildung bei Wahlen ... und wo Religionsfreiheit so unteilbar ist, daß ein Angriff gegen eine Kirche als ein Angriff gegen alle behandelt wird. ... Ich bin nicht der katholische Präsidentschaftskandidat, ich bin der Präsidentschaftskandidat der demokratischen Partei und zufällig Katholik. Ich spreche nicht für meine Kirche über öffentliche Fragen, und meine Kirche spricht nicht für mich.*

Es war ein schöner Ausdruck des amerikanischen Ideals. Kennedy hatte die beste theologische Beratung. Man hatte ihm ohne Zweifel gesagt, daß der christliche Staat ein Produkt des vierten Jahrhunderts war, entworfen von Konstantin. Die Urkirche wußte nichts von ihm, auch die Bibel nicht. Dennoch war sich Kennedy wahrscheinlich nicht voll bewußt, daß er Jahrhunderten katholischer Lehre widersprach. Selbst Leo XIII., jener weise und weitblickende Papst, sagte, politisch sei es »immer dringend, ja die Hauptsache, daran zu denken, wie man den Interessen des Katholizismus am besten dienen kann«. Bei jeder Wahl, fuhr er fort, seien die Katholiken verpflichtet, für die zu stimmen, »die sich der katholischen Sache verschreiben, und ihr nie jemanden vorziehen, der der einzig wahren (katholischen) Religion feindlich gesinnt ist«. Dem Papst zufolge gibt es also eine Blockwahl: Der katholische Block stimmt für katholische Kandidaten; und ein

Angriff gegen den Katholizismus ist ein Angriff nur gegen den Katholizismus. Nach dem Zweiten Weltkrieg war Pius XII. bereit, jeden Katholiken zu exkommunizieren, der einen kommunistischen statt einen katholischen Kandidaten wählte.

Angesichts dieser Tatsachen war Kennedys Wahl ein Triumph – nicht für die katholische Kirche, sondern für die amerikanische Demokratie. Er mußte vor und nach seiner Wahl immer noch beweisen, daß der Papst ihn nicht in der Tasche hatte und daß er durchaus bereit war, dem ganzen katholischen Episkopat Amerikas nein zu sagen.

Kennedy hatte Glück, während des Pontifikats von Johannes XXIII. zu kandidieren, dem am wenigsten bigotten und wahrhaft katholischsten Papst der Geschichte.

## *Das Dilemma der Katholiken heute*

Das Dilemma der amerikanischen Katholiken heute ist schlicht das Dilemma der meisten Katholiken generell. Sie leben in zwei entgegengesetzten Ideologien. Patriotismus und Religion haben wenig gemein. Zur Zeit des Zweiten Vatikanischen Konzils verlor sich dies Gefühl bei den Katholiken. Das Konzil war ein zweiter Frühling, eine Chance für das Aufblühen von Freiheit und offener Diskussion, das die Kirche ebenso wie den Staat bereicherte. Doch mit Paul VI. und Johannes Paul II. starb der zweite Frühling ab.

Im Staat begrüßt der Katholik Offenheit, völlige Religionsfreiheit, Demokratie. Er hält es für selbstverständlich, daß Freiheit zu einer Vertiefung der Wahrheit führt. Er ist daran gewöhnt, daß seine Staatsmänner seine Billigung einholen müssen. Er kann sie wählen, er kann sie auch abwählen. Er fordert Pressekonferenzen, Informationsfreiheit, eine unzensierte Presse, die wie eine zweite Regierung ist.

In der Kirche muß der Katholik totale Geheimhaltung und fehlende Haftbarkeit hinnehmen. Es gibt keine Alternativen, keine Wahlen. Kein Bischof oder Papst wird, soweit es ihn betrifft, gewählt oder abgewählt. Er muß akzeptieren, was man ihm vorsetzt. In der Kirche gibt es keine Pressekonferenzen, keine Kontrollen und Gegengewichte, keine Erklärungen. Die Kontrolle von oben ist absolut. Der Eindruck entsteht, daß Freiheit und Diskussion zur Verwässerung der Wahrheit führen.

Es wäre dumm, Papst und Kurie als die Bösewichter anzusehen. Auch sie sind Opfer einer nicht bekannten oder zumindest nicht bewußten Vergangenheit.

Johannes Paul sieht sich als den großen Vorkämpfer der katholischen Wahrheit. Sie ist absolut. Er kann sie in all ihren Einzelaspekten ebensowenig bezweifeln wie die Existenz Gottes. Er meint, er muß streng mit Abweichlern sein, um gut zu der Masse der Katholiken zu sein, die ein Recht auf die Fülle der Wahrheit haben. Darum ist er bereit, überall außer in seiner eigenen Kirche für Freiheit zu plädieren. Jede Form der Abweichung bei Theologen, wie bei Küng und Curran, und selbst bei Bischöfen wie Hunthausen, muß unterdrückt werden. Ein Gelehrter wird ebenso wahrscheinlich zum Schweigen gebracht, wenn er sagt, Priester sollten heiraten dürfen oder Frauen ordiniert werden, wie wenn er die Gottheit Christi leugnet.

Auf seinen Reisen stellt Johannes Paul das Papsttum als den Vorkämpfer für Wahrheit und Menschenrechte dar. Er hält es für ausgemacht, daß Päpste einander in wesentlichen Dingen nie widersprochen haben und nie von der Wahrheit des Evangeliums abgewichen sind.

Dieser Teil zum Thema Wahrheit soll anhand zahlreicher Beispiele zeigen, daß diese Annahmen falsch sind. Abgesehen von der Tatsache, daß das Papsttum im zehnten und fünfzehnten Jahrhundert *die* Häresie war – *die* Absage an alles, für das Jesus stand –, haben viele Päpste erstaunliche Fehler gemacht. Sie haben einander und dem Evangelium wiederholt widersprochen. Statt für Menschenwürde zu kämpfen, haben sie unzählige Male Katholiken und Nichtkatholiken die elementarsten Rechte vorenthalten. Das Haus des Papstes an der Ecke ist der Beweis.

Die Geschichte sprengt den Mythos eines in bezug auf die Wahrheit lilienweißen Papsttums. In einem Zeitalter der Barbarei führten die Päpste die Meute; in einer Zeit der Aufklärung waren sie Schlußlicht. Und sie waren am schlimmsten, wenn sie – im Widerspruch zum Evangelium – versuchten, die Wahrheit mit Gewalt durchzusetzen.

10. Kapitel

# Die Durchsetzung der Wahrheit

Papst Innozenz III. saß in seinem Thronsaal; seine Gefühle waren eine Mischung aus Erregung und Zorn. Vor ihm hielt ein Berater ein weißes Zisterzienserhabit hoch. Es war vorn und hinten von einer Lanze zerrissen und hatte Blutflecken. »Dies, Heiligkeit, ist das Habit des Bruders Peter von Castelnau.« Der Oberhirte korrigierte seinen Berater feierlich: »des *heiligen* Petrus von Castelnau.«
An jenem zehnten März 1208, als Innozenz Bruder Peter kanonisierte, gab er auch seine Bannbulle gegen die Häretiker des Languedoc heraus. Sie waren es, beschloß er, die seinen heiligmäßigen Botschafter gemeuchelt hatten. Er stand auf und intonierte: »Tod den Ketzern!«

## *Ein blutiger Kreuzzug*

Natürlich war es nicht so einfach, wie der Papst es darstellte. Es ist nicht zu bezweifeln, daß er Peters Tod als Vorwand für etwas benutzte, was er schon seit langem tun wollte.
Seit einem Jahrhundert gedieh die Häresie in dem schönen Lehen Languedoc, der Südostecke Frankreichs zwischen der Rhône und den Bergen mit der Hauptstadt Toulouse. Innozenz wußte genau, daß die Verderbtheit des Klerus schuld war an der Irrlehre dieser Katharer oder Albigenser, wie sie nach ihrer Hochburg Albi genannt wurden. Er schrieb sogar:

> *In dieser ganzen Region sind die Prälaten die Witzfiguren der Laien. Doch die Wurzel dieses ganzen Übels ist der Erzbischof von Narbonne. Dieser Mann kennt keinen anderen Gott als das Geld und hat eine Börse dort, wo sein Herz sein sollte. In den zehn Jahren, seit er sein Amt innehat, hat er seine Diözese nicht einmal visitiert ..., wo man re-*

*gulierte Mönche und Kanoniker sehen kann, die ihre Habite abgelegt, Ehefrauen oder Geliebte genommen haben und von Wucher leben.*

Zeitgenössische Berichte stimmen darin überein, daß Äbte und Bischöfe im Languedoc wie an vielen anderen Orten ausschweifend lebten. Sie spielten und fluchten; sie hörten die Matutin im Bett, schwatzten während des Offiziums, wenn sie sich schon einmal in die Kapelle bequemten, exkommunizierten je nach Laune jeden, der ihnen nicht paßte, erhoben Gebühren für alles von Ordensgelübden bis zu unerlaubten Eheschließungen und erklärten legitime Testamente für ungültig, um die Hinterlassenschaften selbst einzustreichen. Im Gegensatz dazu hatten die Albigenser viele heilige Männer und Frauen. Diese *perfecti* mieden die Ehe und alle weltlichen Vergnügungen. Sie waren mager, bleich, langhaarig und schwarzgewandet, und wegen ihres so guten Lebens wurden sie überall, wohin sie auch kamen, mit Freude begrüßt. Sie waren machtvolle Redner, standen ihrer Herde näher als die Priester und hatten eine immense moralische Autorität. Von ihnen empfingen die Gläubigen, die *credentes*, nur ein Sakrament: das *consolamentum*, die Versöhnung durch Handauflegen an der Schwelle des Todes.

Sie lehnten die Dogmen und Sakramente der Heiligen Mutter Kirche ab, verachteten die Priester, nannten Rom die Hure Babylons und seinen Bischof den Antichrist. Sie predigten die Gleichheit der Geschlechter, die laut Innozenz mit der Bibel nicht vereinbar war. Sie hatten zudem ihre eigene, volkssprachliche Fassung der Heiligen Schrift, die sie tatsächlich lasen. Allein hierfür nannte der Papst sie todeswürdige Ketzer.

Die Albigenser lehrten anscheinend einen Dualismus. Der böse Gott des Alten Testaments war verantwortlich für die materielle Welt, die Quelle von Verderbnis und Tod. Jesus war der Gott der Welt des Geistes. Aus diesem Grund haßten sie das katholische Ritual. Bilder, Reliquien, die heilige Kommunion, das Kreuz selbst rochen nach der sterbenden Welt des Stofflichen. Der Leib war böse, und Sex, durch den Körper sich fortpflanzten, war ebenfalls böse. Die verbotene Frucht des Gartens Eden war die sexuelle Lust. Schwangerschaft war eine Sünde; eine schwangere Frau hatte einen Teufel in sich, und starb sie vor der Niederkunft, so war sie unausweichlich verloren. Ehe war ein Stand der Sünde, Sex in der Ehe nicht besser als Blutschande. So groß war ihr Haß gegen den Körper, daß Selbstmord, die *endura*, eine Tat heldenhafter Tugend war, der Weg zum Himmel.

Man kann schwerlich sicher sein, was die Albigenser wirklich glaubten, denn sie haben fast keine schriftlichen Zeugnisse hinterlassen. Wir haben nur die Meinung voreingenommener Inquisitoren, die ihnen allen, wie der Papst, den Tod wünschten. Es ist möglich, daß sie gegen Priester reagierten, die vorgaben, zölibatär zu sein, aber unkeusch lebten und mit Reliquien Vermögen verdienten.

Innozenz, der sich selbst als »Fundament der ganzen Christenheit« sah, befahl, das blutbefleckte Habit des neuen Heiligen in jeder Kirche des Languedoc zu zeigen, um für einen neuen Kreuzzug Stimmung zu machen. Er richtete sich nicht gegen die Türken, die das Heilige Land besetzt hielten, sondern gegen Jünger Christi, die die Stirn hatten, die Autorität des Papstes zu leugnen. Wissen sie denn nicht, fragte er, daß es ohne mich keine Kirche gibt, keinen Fels, keinen Glauben, keine Erlösung? Die neuen Kreuzfahrer sollten alle Privilegien der Ritter genießen, die nach Jerusalem gezogen waren. Wie Mohammed kombinierte Innozenz Religion und Krieg. Wer Albigenser tötete, so versprach er, würde im Himmel den höchsten Platz haben.

Die echten Kreuzzüge hatten Begeisterung geweckt, seit Petrus Eremita 1096 dem Ruf Urbans II. gefolgt war. Petrus, ein kleiner, magerer Franzose aus Amiens mit rabenschwarzem Haar und grauem Bart, der bis zur Gürtelschnalle reichte, predigte den Armen den Kreuzzug. Walter der Mittellose, ein Ritter wie aus *Don Quixotte*, schloß sich ihm an, und sie ritten auf Eseln vor einem Riesenheer, das zu Fuß ging, Pferde ritt oder in Eselskarren fuhr und so gut bewaffnet war wie Grashüpfer.

Die Reise von Köln über Ungarn und Belgrad nach Konstantinopel dauerte hundert Tage. Es war ein epischer Marsch, voller Entbehrungen und Schrecken; es gab Erzählungen, daß Säuglinge gekocht und gegessen worden seien. Bei jedem Städtchen fragten die Kinder: »Papa, ist das Jerusalem?« Zwar fielen in einer Schlacht auf dem Weg zehntausend, doch dreißigtausend erreichten im Juli den Bosporus. Dort wurden sie am 21. Oktober von den Türken in Stücke gehackt. Petrus Eremita war einer der wenigen Überlebenden. Als die Armee christlicher Ritter im nächsten Frühling eintraf, fand sie in der Umgebung von Nikomedia und Civitol nichts als Berge gebleichter Knochen. »O wie waren die Grenzen des Meeres gesäumt mit abgeschlagenen Köpfen und Gebeinen.« Die Franzosen mischten die Knochen mit Kalk, und so endeten die Pilger von Petrus Eremita buchstäblich in den Mauern der Kreuzritterburgen.

Über ein Jahrhundert war vergangen, da antworteten ganze Städte und Dörfer in Deutschland auf den erneuten Ruf Innozenz' III., dem sie nicht folgen konnten, indem sie sich nackt auszogen und schweigend durch die Straßen rannten. Es war eine Zeit der Verrücktheit. Vier Jahre später, 1212, wurden Tausende französischer Jungen und Mädchen von einem Hirtenjungen, Stephan von Vendôme, inspiriert. Sie verließen ihr Zuhause ohne Landkarten, Führer oder etwas zu essen, um nach Marseille zu gehen. Auf die Frage, wohin sie wollten, antworteten sie: »Jerusalem.« Eltern taten ihr Bestes, um ihre Kleinen einzuschließen, doch diese liefen fort. Leider teilte sich das Wasser des Mittelmeers nicht wie das Rote Meer. Viele wurden auf Schiffe gelockt und vor der Küste Sardiniens als Sklaven an die Sarazenen verkauft.
Etwa zu dieser Zeit hob ein Junge namens Nikolaus zwanzigtausend deutsche Kinder aus. Sie begannen ihre Reise ins Heilige Land, indem sie über die Alpen nach Italien gingen. Viele fielen auf dem Weg tot um; ein paar kehrten zurück und erzählten die Geschichte, die später zu dem Märchen »der Rattenfänger von Hameln« wurde.

Keine Verrücktheit dieser Periode kam der des Papstes gleich. Zwar hatte er seit vierzig Jahren versucht, die Albigenser mit christlicheren Mitteln loszuwerden. 1205 hatte er Dominikus zu ihnen entsandt, der bald darauf den Predigerorden gründete. »Ich habe euch gepredigt«, sagte Dominikus nach vielen Mühen, »ich habe euch unter Tränen gebeten. Aber wie wir in Spanien sagen: ›Wo ein Segen nicht wirkt, hilft ein großer Stock (Wer nicht hören will, muß fühlen).‹ Jetzt werden wir Fürsten und Prälaten gegen euch aufbringen.« Von nun an, verhieß er, würde ihnen Christus nichts geben als Sklaverei und Tod.
Innozenz hatte außerdem Peter von Castelnau und Bruder Raoul ins Languedoc entsandt. Bruder Peter hatte den Herrn dieses weiten Landes, Raimund IV. Graf von Toulouse, beschuldigt, er unterstütze und decke die Ketzer. Ihm wurde befohlen, sie auszumerzen. Das war keine kleine Aufgabe, denn die Häresie wurde seit vier Generationen von der Verderbtheit des Klerus genährt. Die Albigenser stellten die halbe Bevölkerung des Midi. Erwartete man von Raimund, sie zu Tausenden zu verbrennen? Bruder Peter, der bald kanonisiert werden sollte, fand, das sei der Fall. Er exkommunizierte Raimund wegen Pflichtvergessenheit und ermutigte die *seigneurs de Provence*, gegen ihren Herrn zu rebellieren. »Wer dich absetzt«, erklärte Bruder Peter in seinem Bannspruch, »wird als heilig gelten; wer dich totschlägt, wird eine Segnung von Gott verdienen.« Rai-

mund beeilte sich, Seine Heiligkeit seiner vorbehaltlosen Unterstützung zu versichern.
Als die Leute des Papstes am nächsten Tag die Rhône bei Saint-Gilles überqueren wollten, spießte einer von Raimunds Offizieren Bruder Peter mit einer Lanze auf. Dieser Soldat bekam nie ein Gerichtsverfahren oder ein Urteil. Es war vorteilhaft für den Papst, der ganzen Region das Verbrechen anzulasten.
Innozenz' »Kreuzzug« war ein Markstein in der Geschichte der Christenheit. Das Oberhaupt der Kirche befahl und organisierte einen Krieg gegen Mitchristen in einem traditionell christlichen Land. Bekehrung wurde ersetzt durch Ausrottung. Doch Orthodoxe und Unorthodoxe lebten so eng zusammen, daß es unmöglich war, sie auseinanderzuhalten. In auffallendem Gegensatz zu den Gleichnissen Jesu wurde der Weizen mit der Spreu verbrannt.

## *Gewalt in der christlichen Tradition*

In der katholischen Tradition hat die Gewalt eine wechselvolle Laufbahn gehabt. Tatsächlich gibt es nirgendwo klarere Beweise dafür, daß die Kirche ihr Denken geändert hat, als in ihrer Lehre zum Krieg.
Seit Anbeginn hatte die Kirche ein tiefes Gespür für die Heiligkeit menschlichen Lebens. Blutvergießen war eine schwere Sünde. Darum waren die Christen gegen die Gladiatorenkämpfe. Auch das Militär war ein verbotener Beruf. Christen wie Maximilian starben lieber, als zu töten. »Ich kann nicht im Krieg kämpfen«, sagte er schlicht. »Ich kann nicht Unrecht tun. Ich bin Christ.« Krieg und Gewaltanwendung waren nötig zur Erhaltung Roms, doch die Christen sahen sich außerstande, daran mitzuwirken. »Die Welt«, sagte Tertullian, »mag ihre Caesaren brauchen, doch der Kaiser kann nie Christ sein, und kein Christ kann je Kaiser sein.«
Christen verstanden sich selbst, wie Jesus, als Boten des Friedens; unter keinen Umständen konnten sie Tod bringen. Selbst wenn sie zur Armee gingen oder wenn Soldaten sich bekehrten, verbot ihnen ihr Glaube, zu kämpfen, außer durch Gebet und Opfer.
Dann besiegte Konstantin Maxentius an der Milvischen Brücke unter dem Zeichen des Kreuzes. Als Bekehrter ließ er die Nägel, mit denen Christus gekreuzigt worden war, in seinen Helm und den Zaum seines Pferdes einarbeiten. Für Christen einer früheren Zeit wäre keine größere Gottesläste-

rung vorstellbar gewesen; nun waren Christen Teil des Establishments, mit Eigentum und Position, die es zu verteidigen galt. Ein blutrünstiger Krieger war ihr oberster Bischof und Kriegsherr. Sie hörten auf, Pazifisten zu sein, und machten ihre Pflugscharen zu Schwertern.

Zwar mußten Kaiser und Generäle Buße tun, wenn ihre Hände blutbesudelt waren, selbst für eine gerechte Sache. Doch die alten Prinzipien wurden gelockert. Die gleiche Lockerung war in der Durchsetzung der Religion zu beobachten. Die Kirche war ursprünglich gegen Gewaltanwendung, um Menschen zu bekehren oder Irrlehren zu unterdrücken. Doch Leo der Große (440–61) lobte dann einen Kaiser dafür, daß er für die Kirche Ketzer gefoltert und hingerichtet hatte. Inzwischen hatte selbst Augustinus es gebilligt, Häretiker zwar nicht zu töten oder zu foltern, aber mit Hilfe einer ordentlichen Tracht Prügel auf den rechten Weg zu bringen. Bald freuten sich die Christen offen, daß ihre Religion als einzige nicht verfolgt wurde. Nur der Abscheu vor dem Blutvergießen hinderte sie daran, Ketzer zu töten.

Dieser Abscheu wurde mit der Zeit schwächer. Immer mehr Christen gingen in die Armee, nun aber mit der Bereitschaft zum Töten und Sterben. Während es bis zum Jahr 175 nicht einen einzigen christlichen Soldaten gab, durften 416 nach einem Edikt von Theodosius nur Christen in die Armee. Es wurde dem Klerus überlassen – Bischöfen und Priestern, die am Altar des Gekreuzigten dienten –, die alte Aversion der Kirche gegen Blutvergießen aufrechtzuerhalten. Der Klerus allein schuf eine Zone und Zeugnis des Friedens inmitten des Krieges.

Obwohl Gewalt nun sozusagen im Blutstrom des Christentums war, folgte eine Zeit des Friedens, nachdem die barbarischen Horden bekehrt und mehr oder minder zivilisiert waren. Im Mittelalter war religiöse Intoleranz anscheinend vergessen, vielleicht aus Mangel an Interesse. Bis das Christentum unter den Einfluß seines tödlichsten Rivalen geriet: des Islam.

Das Tempo, mit dem der neue Glaube sich ausbreitete, war noch rascher als das der angeblich wundersamen Ausbreitung des Christentums. Er überrannte die alten christlichen Länder Afrikas, Asiens und Spaniens. Er verkündete einen Himmel der Sinnenfreude und eine schreckliche Hölle. Sein Fatalismus – »Was geschrieben ist, ist geschrieben« – ermutigte Tapferkeit auf dem Schlachtfeld. Von dort wurde ein frommer Anhänger Allahs zum Himmel getragen, triefend vom Blut seines Feindes. »Das Schwert«, sagte Mohammed, »ist der Schlüssel des Himmels und der

Hölle.« Ein Blutstropfen, der für die Sache Gottes vergossen wurde, war besser als Gebet und Fasten. Wie Gibbon es zusammenfaßte: »Dem in der Schlacht Gefallenen sind seine Sünden vergeben; am Tag des Gerichtes werden seine Wunden leuchten wie Zinnober und duften wie Moschus; und der Verlust seiner Glieder wird wettgemacht durch die Schwingen von Engeln und Cherubim.«

Wie Santayana in seinen *Kleinen Essays zur Religion* schrieb, sitzt der Krieger im Paradies »in einem wohlbewässerten Garten mit Mohammed, gehüllt in grüne Seidengewänder, trinkt köstliche Erfrischungsgetränke, und ein junges Mädchen, ganz Unschuld und Feuer, heftet ihren Gazellenblick auf ihn«. Gibbons Bild in seinem achten Band von *Decline and Fall* ist weit weniger puritanisch.

> *Zweiundsiebzig Huris, schwarzäugige Mädchen von strahlender Schönheit, blühender Jugend, jungfräulicher Reinheit und auserlesener Empfindsamkeit werden zum Gebrauch des geringsten Gläubigen geschaffen; ein Augenblick der Lust wird verlängert auf tausend Jahre, und seine Fähigkeiten werden um das Hundertfache gesteigert, um ihn der Seligkeit würdig zu machen.*

Der Prophet schwieg darüber, wieviel prächtige männliche Diener für die Frauen geschaffen würden, die das Glück hatten, ins Paradies zu kommen. Vielleicht fürchtete er den Neid ihrer Gatten in einer chauvinistischen Männerwelt.

Das Vordringen des Islam nach Westen wurde erst in Poitiers gebrochen, von Karl Martell, dem Großvater Karls des Großen. Von nun an ging der martialische Geist des Islam auf das Christentum über. Mohammed ersetzte Christus als »Held«. Der Prophet war Staatsoberhaupt gewesen, Oberbefehlshaber von Armeen, Justizverwalter; Jesus hatte nichts getan als zu predigen und am Kreuz zu sterben. Der ideale Christ war nicht länger der einsame, asketische Mönch, sondern der Krieger mit bluttriefendem Schwert, der sich an dem Ungläubigen rächte, weil er es gewagt hatte, das Heilige Land zu erobern und zu entweihen. Nun wurden, dem Evangelium zum Hohn, christliche Ritter aufgestachelt, um Jesu willen zu töten. Die päpstlichen Ablässe waren eine genaue Entsprechung der islamischen Garantie ewiger Seligkeit für den sterbenden Soldaten. Durch eine Art perversen Wunders hatte das Christentum die Vorstellung des *Jihad*, des Heiligen Krieges, geerbt.

Zwei Jahrhunderte lang donnerte von den Kanzeln nicht der Friede Christi, sondern die Pflicht zum Krieg gegen den Ungläubigen. Und so stieß der Kreuzfahrer auf Hügel und Schlachtfeld sein kreuzförmiges Schwert in die Erde und betete, Christus möge beim Abschlachten seiner Feinde bei ihm sein. Wenn er starb, hatte ihm der Papst einen hohen Platz in einem leider speiselosen, freudlosen und engelkeuschen Himmel zugesichert. Hier jedenfalls lag der Islam vorn.

Auf dem Weg ins Heilige Land wandten die Kreuzfahrer ihre Aufmerksamkeit Ungläubigen zu, die nicht so fern von daheim waren. Die Juden hatten als erste das Heilige Land entweiht, indem sie Christus marterten und kreuzigten. Die Kreuzfahrer boten ihnen die Wahl zwischen Taufe und Tod. Sie hätten die Worte des heiligen Kirchenlehrers mit dem goldenen Mund, Johannes Chrysostomos aus dem vierten Jahrhundert, auswendig kennen können. »Ich hasse die Juden«, sagte er immer wieder. Keine Vergebung ist möglich für die schändlichen Mörder des Herrn. »Gott haßt die Juden von jeher.« Deshalb fielen Juden unter dem Schwert der Kreuzritter, alt und jung, Männer und Frauen. Ein Stoß, und dem Tötenden war schon der Himmel verheißen.

Im Jahr 1096 wurde die Hälfte aller Juden in Worms niedergemetzelt, als die Kreuzritter durch die Stadt kamen. Der Rest floh schutzsuchend zur Residenz des Bischofs. Er erklärte sich bereit, sie zu retten, unter der Bedingung, daß sie um die Taufe baten. Die Juden zogen sich zurück, um ihre Entscheidung zu bedenken. Als die Türen des Audienzsaales geöffnet wurden, waren alle achthundert Juden darin tot. Einige waren geköpft; Väter hatten ihre Kleinkinder getötet, bevor sie ihre Frauen und sich selbst erstachen; ein Bräutigam hatte seine Braut getötet. Die Masada-Tragödie des ersten Jahrhunderts wurde überall in Deutschland wiederholt und später überall in Frankreich. Als die Kreuzfahrer den großen Schatz, Jerusalem, erlangten, war eine ihrer ersten Taten, die Synagoge mit allen Juden darin in Brand zu setzen.

In seinem zweibändigen Klassiker *History of European Morals* schrieb Lecky 1911: »Es wäre unmöglich, sich eine vollständigere Umwandlung vorzustellen als die, welche das Christentum so durchgemacht hatte, und es ist betrüblich, ihr Erscheinungsbild während der Kreuzzüge mit dem Eindruck zu vergleichen, den es einst zu Recht auf die Welt gemacht hatte, als der Geist der Sanftmut und des Friedens, der dem Geist der Gewalt und des Krieges entgegentritt.« Die Kirche war völlig zum Römischen Reich bekehrt. Ihre Diener – Papst, Bischöfe, Priester – leugneten die Seligpreisungen, indem sie Blutvergießen als offizielle Lehre verkündeten. Der alte Glaube, der die Heiligkeit des Lebens hochhielt, war aufgegeben.

Trotz der grausamen Vorläufer war Innozenz' Kreuzzug gegen die Albigenser eine Klasse für sich. Unter dem Banner des Kreuzes sollte er der blutigste Feldzug des Mittelalters werden. Seine Soldaten erfanden tatsächlich die Politik der verbrannten Erde. Zum erstenmal schlachteten sie alles ohne Unterschied ab. Und während jedes Verbrechen Innozenz berichtet wurde, drängte er sie voran zu größerem Einsatz im Namen Christi. Der Zweck war erhaben; er rechtfertigte alle Mittel. Es war soviel leichter, Ketzer zu ermorden, als den Klerus zu einem makellosen Leben zu bekehren.

## *Das Morden kann beginnen*

Als der König von Frankreich sich weigerte, den Kreuzzug anzuführen, machte Innozenz seinen Legaten zum Oberkommandierenden, den Zisterziensergeneral von Cîteaux, Arnald-Amalric. Ritter und Gefolgsleute, Bauern und Bürger sowie Scharen von Söldnern folgten dem Ruf zu den Waffen. Im Angebot war ein spezieller Ablaß für nur vierzig Tage Dienst, und möglicherweise noch wertvolles Land im Languedoc dazu. Es waren zwanzigtausend Berittene und fast zehnmal so viele Fußsoldaten da, bischöfliche Lehnsleute und Adlige, Herzöge und Grafen, darunter Graf Raimund von Toulouse.
Erst eine Woche zuvor hatte der Graf seinen Frieden mit der Kirche gemacht. Am großen Portal der Kathedrale Saint-Gilles wurde er, der Landesherr, bis zur Taille ausgezogen wie ein Büßer und mußte auf heilige Reliquien schwören, der Kirche in allem zu gehorchen. Um seine Rechtgläubigkeit zu beweisen, verpflichtete er sich, alle Häretiker abzuschlachten, die es bei ihm gab.
Von Montpellier marschierte die Armee nach Béziers, einer Albigenserhochburg. Die Stadt war gut befestigt, doch Wasser war knapp in jenem trocken-heißen Sommer.
Der zweiundzwanzigste Juli, das Fest der hl. Maria Magdalena, war nach Ansicht des Legaten ein von der Vorsehung bestimmter Tag, um die Belagerung zu beginnen. Er appellierte an die Katholiken der Stadt, die etwa zweihundert bekannten Ketzer auszuliefern; wenn sie das täten, würden sie verschont. Die Stadtbevölkerung beschloß, gegen diese Ausländer zusammenzuhalten.
Sie hätten monatelang durchhalten können, hätte nicht eine Gruppe von Heißspornen die Sicherheit der Mauern verlassen und einige Söldner her-

ausgefordert, die in einem Feld faulenzten. Zu spät wurde den jungen Männern klar, daß sie in Gefahr geraten waren. Sie rasten zurück in die Stadt und direkt hinter ihnen die Söldner.

Die Stadtbevölkerung floh in Panik zur Kathedrale und in die großen Kirchen St. Judas und St. Maria Magdalena. Die eindringenden Ritter schlossen sich den Söldnern an und zogen plündernd und mordend durch die Stadt. Der Befehl kam von Arnald: »Tötet sie alle; der Herr wird für die Seinen sorgen.«

Hinter verschlossenen Türen läutete der Klerus in St. Maria Magdalena die Glocken, während die Zelebranten schwarze Gewänder für ein Requiem anlegten. Die Kirchen, Zufluchtsorte seit jeher, waren brechend voll. Allein in der Magdalenenkirche waren siebentausend Frauen, Kinder und alte Leute. Die Stimmen der Priester, die die Messe sangen, mischten sich mit dem Geräusch der Äxte, die das Holz der Türen zersplitterten. Als die Türen nachgaben, war in der Kirche nur das Latein der Liturgie und das Plappern von Säuglingen in den Armen ihrer Mütter zu hören.

Die Eindringlinge sangen wacker *Veni Sancte Spiritus* und verschonten niemanden, nicht einmal die Säuglinge. Als letzte wurden die Priester im Altarraum gefällt. Einer hielt ein Kruzifix hoch, der andere einen Kelch. Mit einem Scheppern fiel der Kelch zu Boden, und das Blut Christi mischte sich mit dem Blut der Leute von Béziers. Es war, wie Lea in seinem Buch *The Inquisition in the Middle Ages* sagt, »ein Massaker, das in der europäischen Geschichte fast nicht seinesgleichen fand«.

Als es vorbei war, sagten die Kommandeure den Söldnern, die Beute sei abzuliefern, um den Kreuzzug zu finanzieren. Sie rächten sich, indem sie die Stadt in Brand steckten. Alles ging in Flammen auf. Die berühmte Kathedrale von Meister Gervais brach vor Hitze in der Mitte ein. Von Béziers blieb nichts übrig als ein schwelender Haufen, unter dem alle Bürger tot lagen.

In der Abendkühle setzte sich der Mönch Arnald, um an seinen Oberen zu schreiben. »Heute, Hoheit, wurden zwanzigtausend Bürger dem Schwert überantwortet, unabhängig von Alter und Geschlecht.« Das war ungewöhnlich. Nach einer Belagerung wurden Frauen und Kinder verschont, und besonders der Klerus, der Immunität genoß. Säuglinge abzuschlachten, war schlimm genug, doch es war ein unaussprechliches Vergehen, Priester niederzumetzeln, während sie das rituelle Opfer von Golgotha feierten. Der Blutrausch hatte die päpstlichen Kreuzfahrer gepackt und sollte sie nie wieder loslassen. Man hat geschätzt, daß in der letzten, unbarmherzigsten Verfolgung unter Kaiser Diokletian etwa zwei-

tausend Christen auf der ganzen Welt starben. In der ersten bösen Episode von Papst Innozenz' Kreuzzug wurden zehnmal so viele Menschen massakriert. Durchaus nicht alle waren Albigenser. Es ist eine erschreckende Entdeckung, daß ein Papst auf einen Schlag mehr Christen mordete als Diokletian.
Innozenz war tief gerührt über Arnalds Brief. Er dankte Gott für Seine große Gnade. Nicht einmal stellte er die Legitimität eines Mönchs in Frage, der Ketzer und die Katholiken, die ihnen Unterschlupf gewährten, abschlachtete. Es schien richtig, die Wahrheit Christi mit Methoden zu verteidigen, die zur Kreuzigung Christi geführt hatten.

Von Béziers marschierten die Kreuzfahrer nach Carcassonne. Sie brauchten nur ein paar Wochen, um die Festung einzunehmen, denn ihr Oberbefehlshaber ging in die Falle, als er um Frieden bitten wollte. Arnald nahm ihn einfach gefangen. Als er dem Papst über diesen zweiten Sieg schrieb, entschuldigte er sich wortreich dafür, daß niemand getötet worden war. Wenn eine weitere Stadt in Flammen aufging, erklärte er, wäre der Expedition die Beute entgangen. Er ließ die Bewohner abziehen – »nackt bis auf die Sünden, die sie trugen« – und gab ihnen einen Tag freies Geleit. Wer danach gefangen wurde, würde getötet.
An Stelle des Grafen von Carcassonne wählte der Legat einen normannischen Ritter, Simon de Montfort. De Montfort war im mittleren Alter und hatte 1199 tapfer im vierten Kreuzzug gekämpft. Seine neue Aufgabe, den Frieden zu wahren, war gewaltig. Die meisten Truppen verließen ihn, nachdem sie ihre vierzig Tage abgeleistet hatten. Sie gingen mit Frieden, denn sie wußten, daß ihnen all ihre Sünden vergeben und der Einzug ins Paradies garantiert war. Hinter ihnen lagen zwei großartige Siege, aber nicht eine einzige Bekehrung.
Mit einer geschrumpften, aber einheitlicheren Truppe sah sich de Montfort gezwungen, das ganze Land als ketzerisch zu behandeln. Nach katholischen Prinzipien stand es ihm frei, so viele Menschen auszurotten, wie er konnte. Der Legat riet ihm davon ab, Gefangene zu machen.
1210 hatte de Montfort die Burg Bram erobert, tötete aber die Gefangenen nicht. Tote sind schlechte Nachrichtenüberbringer. Er befahl seinen Soldaten, ihnen die Nasen abzuschneiden und die Augen auszureißen. Ein Mann durfte ein Auge behalten, um die anderen zu führen. Jeder legte seinem Vordermann eine Hand auf die Schulter, und wie ein riesiges, blutiges, heulendes Insekt quälten sie sich nach Cabaret, um das Lager dort die Furcht Gottes zu lehren.

Im Juni desselben Jahres belagerte de Montfort Minerve. Als es sich ergab, befahl de Montfort, 140 *perfecti* sollten aus der Stadt auf eine Wiese kommen. Keine Anklage wurde verlesen, es gab kein Gerichtsverfahren oder Urteil. Man hatte Holz gesammelt, es wurde angesteckt. Die Soldaten schickten sich an, die Ketzer in die Flammen zu treiben wie verseuchte Schweine. Doch wie der begriffsstutzige Zisterzienserchronist Vaux de Cernay bemerkt: »Unsere Männer brauchten sie nicht hineinzuwerfen; nein, sie waren so verstockt in ihrer Schlechtigkeit, daß sie sich selbst freiwillig hineinwarfen.« Die Ketzer gingen still und betend in den Tod. Die Luft war dick vom Geruch brennenden Fleisches, doch von den Opfern kein Schrei, kein Ruf.

Dies, die erste große Verbrennung von Ketzern, wurde unter den Augen und mit dem Segen der Kirche getan.

Danach zogen die Kreuzfahrer nach Lavaur. Der Graf, Roger, wurde gehängt und achtzig seiner Ritter verbrannt. Die für ihre guten Werke bekannte Schwester des Grafen wurde lebendig in einen Brunnen geworfen und unter Steinen begraben. Danach wurden 400 *perfecti* aus der Stadt geführt und auf einem riesigen Scheiterhaufen verbrannt. Vaux de Cernay hält zum Nutzen des Papstes fest: »Cum ingenti gaudio combusserunt«, »Sie verbrannten sie mit ungeheurer Freude«. Sie waren entspannt, denn sie wußten, sie hatten den Segen Seiner Heiligkeit.

Nur einer der *perfecti* schwor seinem Glauben ab. Sie waren Pazifisten. Sie starben mit Würde, ohne zu klagen. Das Massaker von Lavaur war das brutalste dieses langen Kreuzzugs.

Der Papst wurde über jedes Stadium auf dem laufenden gehalten. Er begann einen Brief an de Montfort »mit Preis und Dank an Gott für das, was Er in Seiner Gnade durch dich und die anderen vollbracht hat, die der Eifer für den rechten Glauben zu diesem Werk gegen Seine verderblichsten Feinde angefeuert hat«.

Es ist unbezweifelbar, daß Innozenz im voraus alles sanktionierte, was dieser Soldat tat, den er dann beim Vierten Lateranischen Konzil 1215 »diesen tapferen christlichen Edelmann« nannte.

## *Die Lektion des Kreuzzugs*

Innozenz und de Montfort starben wenige Monate nacheinander im folgenden Jahr. 1226 war der Kreuzzug vorbei, nach achtzehn Jahren, in denen Hunderttausende gestorben waren. In einem tieferen Sinn war er nie vorbei. Trotz aller hehren Worte des Lateranischen Konzils hatte die Kirche ihre schrecklichste Niederlage erlitten.

Unter Innozenz war Ungehorsam gegen irgendeinen Aspekt des päpstlichen Systems unverzeihlich. Der lüsterne Erzbischof von Narbonne war ein Ausbund an Tugend im Vergleich mit den *perfecti*, die selbstlos lebten und im Geist Christi starben. Ihr schlimmstes Vergehen war, daß sie dem Papst nicht den Respekt erwiesen, der ihm als Stellvertreter Christi gebührte.

Innozenz' Kreuzzug offenbart, wie tief die Kirche Häresie empfindet und zu wieviel sie bereit ist, um mit ihr fertig zu werden.

Eine weitere Lektion jener Periode ist, daß Wahrheit in der katholischen Tradition vor allem verbal ist; ihr Hauptanliegen sind orthodoxe Formeln. Besonders Innozenz schien niemals zu begreifen, daß die tiefste und böseste Ketzerei die Leugnung des Evangeliums ist, die praktische Ablehnung der Bergpredigt. Er hatte keine Skrupel, den Namen Christi zu benutzen, um alles zu tun, was Christus ablehnte. Für Innozenz war es böser, daß die Albigenser ihn Antichrist nannten, als daß er es bestätigte, indem er sie verbrannte, Männer, Frauen und Kinder zu Tausenden.

Innozenz' Erfolge waren illusorisch. Das Languedoc wurde zum Ödland; die malerischen Traditionen der Provence waren unwiederbringlich zerstört. Doch die Häresie starb nicht; sie ging in den Untergrund. Zur Ausmerzung der Häresie sollte die Kirche künftig nicht eine große Armee brauchen, sondern kleine Gruppen ebenso skrupelloser Männer, die auf der Suche nach echtem oder vermeintlichem Unglauben durch die Christenheit reisten. Diese Männer wurden Inquisitoren genannt. Im Namen des Papstes waren sie für den unmenschlichsten und anhaltendsten Angriff auf den menschlichen Anstand in der Geschichte verantwortlich.

## *Die lange Herrschaft des Terrors*

Der Terror begann erst richtig, als Gregor IX. 1227 den Papstthron bestieg. Er war ein Graf von Segni, Mitglied der Conti-Familie Innozenz' III., und damals über achtzig Jahre alt.

Zwei Jahre später, beim Konzil von Toulouse im Languedoc, bestimmte Gregor, Ketzer seien dem weltlichen Arm zu Bestrafung zu überantworten. »Es ist die Pflicht jedes Katholiken«, sagte er, »Ketzer zu verfolgen.«

Kaiser Friedrich, ein Ungläubiger, wurde dem Papst zu Gefallen ein wild entschlossener Anwalt der Orthodoxie. Gregor billigte all seine Anti-Ketzer-Gesetze und setzte noch eigene, grausame Akzente. Im Jahr 1232 machte er seinen entscheidenden Schachzug.

## *Die Inquisition wird geboren*

Er veröffentlichte eine Bulle, die die Inquisition gründete. Die Bischöfe waren zu lasch, und ohnehin fehlte es ihnen an Zeit und Talent, um gründliche Arbeit zu leisten. Ketzer, d. h. alle, die gegen irgendeine päpstliche Verlautbarung waren, waren den weltlichen Behörden zum Verbrennen zu übergeben. Wenn sie bereuten, sollten sie lebenslänglich ins Gefängnis kommen. Kein Papst hat je die Fackel des Terrors mit mehr Begeisterung ergriffen.

Im April 1233 schränkte er die Inquisitoren auf die Bettelorden ein; bald hatten die Dominikaner die Ehre für sich allein. Der siebenundzwanzigste Juli 1233 war ein Festtag für den Oberhirten: Die ersten beiden hauptamtlichen Inquisitoren wurden ernannt, Petrus Seila und Wilhelm Arnald. Sie waren die ersten in einer langen Reihe heiter-unbeschwerter Verfolger der Menschheit. Als Auftakt reiste der Dominikaner Robert le Bougre 1239, zwei Jahre vor Gregors Tod, in die Champagne, um einen Bischof namens Moranis zu verhören. Er wurde beschuldigt, Ketzer in seiner Diözese leben und sich vermehren zu lassen. In einer Woche hatte Pater Robert die ganze Stadt vor Gericht gestellt. Am 29. Mai schickte er 180 Menschen, darunter den Bischof, auf den Scheiterhaufen.

Dies war ein Rückfall in die Barbarei. Schon 384 hatte eine Synode in Rom die Anwendung der Folter verurteilt, und Gregor der Große befahl den Richtern im sechsten Jahrhundert, durch Folter erzwungene Aussagen zu ignorieren. Selbst im finsteren Mittelalter hatte Nikolaus I. die Folter als Verletzung göttlichen Rechts verurteilt.

Seit Gregor VII. jedoch hatte sich Fanatismus ins Papsttum eingeschlichen. Da der Papst keinen Fehler machen kann, muß man ihm in allen Dingen gehorchen, gleichgültig, wie trivial sie sind. Zwischen 1200 und 1500 räumte eine Reihe päpstlicher Gesetze mit jeder Unterscheidung zwischen Glauben und Disziplin auf. Der Beitrag Innozenz' IV. mit seiner Bulle *Ad exstirpanda* bestand darin, daß er der Inquisition die Folter erlaubte. Von nun an war Ungehorsam selbst in Gedanken strafbar.

Schlechte Gedanken bedrohten die Einheit der Kirche, die auf der Loyalität zum Stellvertreter Christi beruhte.

Die Geschichte bestätigt die Auffassung nicht, daß die katholische Kirche immer für die Menschenrechte eingetreten sei. Im dreizehnten Jahrhundert ging sie so weit, daß sie lehrte, was die frühe Kirche verurteilt hatte: Ketzer haben keine Rechte. Sie dürfen ohne Bedenken gefoltert werden. Wie Landesverräter haben sich Ketzer außerhalb der Gnade des Gesetzes begeben. Sie müssen getötet werden.

Über dreihundert Jahre lang stellte sich kein Papst dieser Lehre entgegen; sie sollte deshalb eigentlich ein bleibender Bestandteil der katholischen Lehre sein. Durch sie erlangte die Inquisition eine nie gekannte Macht. Das Ergebnis war generelle Einschüchterung derer, die keinen Schutz gegen den Vorwurf oder selbst den leisesten Verdacht der Häresie hatten.

## *Alles ist erlaubt*

Der mittelalterlichen Inquisition war alles erlaubt. Die dominikanischen Inquisitoren waren vom Papst ernannt und daher niemandem unterworfen als Gott und Seiner Heiligkeit. Sie standen außerhalb der Rechtshoheit der Bischöfe und außerhalb der weltlichen Gesetze. Im Kirchenstaat waren sie sich selbst Gesetz; sie fungierten als Staatsanwälte und Richter. Ihr leitendes Prinzip war: »Besser, daß hundert Unschuldige sterben, als daß ein Ketzer davonkommt.«

Sie gingen willkürlich und unter völliger Geheimhaltung vor. Jeder Anwesende beim Verhör – Opfer, Schreiber, Henker –, der nicht Schweigen bewahrte, zog sich einen Bann zu, den nur der Papst aufheben konnte. Wie der Papst konnten die Inquisitoren keinen Fehler machen und kein Unrecht tun.

Durch päpstlichen Befehl war ihnen ausdrücklich verboten, Erbarmen mit ihren Opfern zu haben. Mitleid war unchristlich, wenn es um Häresie ging. Man sagte ihnen, Seine Heiligkeit würde jede Schuld auf sich selbst nehmen, wenn sie aus Versehen zu weit gingen. Wie die Nazi-SS im zwanzigsten Jahrhundert konnten sie ruhigen Gewissens foltern und töten, weil ihr Vorgesetzter – in diesem Fall der Papst – ihnen versicherte, ihre Opfer seien ein schmutziger, verseuchter und ansteckender Feind, der um jeden Preis und mit allen Mitteln ausgemerzt werden mußte.

Folter wurde reichlich angewendet. Vor nur hundert Jahren wurde im Haus des Papstes an der Ecke das Schwarzbuch oder *Libro Nero* zur Anleitung der Inquisitoren ausgestellt. Das Manuskript in Folioform war dem Großinquisitor anvertraut. Im Volksmund hieß es das Buch der Toten. Unter anderem stand dies darin:

> *Entweder er gesteht und wird durch sein eigenes Geständnis überführt, oder er gesteht nicht und wird ebenso gültig durch Zeugenaussagen überführt. Wenn jemand alles gesteht, dessen er angeklagt wird, ist er ohne Frage in allem schuldig; wer aber nur einen Teil gesteht, sollte trotzdem als schuldig in allem betrachtet werden, denn was er gesteht, zeigt, daß er in den anderen Anklagepunkten schuldig sein kann. ... Körperliche Folter hat sich schon immer als höchst heilsames und wirksames Mittel erwiesen, um zu geistlicher Reue zu führen. Deshalb ist die Wahl der passendsten Art der Folter dem Richter der Inquisition überlassen, der je nach Alter, Geschlecht und Verfassung des Betroffenen entscheidet. ... Wenn der Unselige trotz aller angewandten Mittel seine Schuld weiter leugnet, hat er als Opfer des Teufels zu gelten; und als solches verdient er kein Mitleid von den Dienern Gottes, auch nicht das Erbarmen und die Milde der Heiligen Mutter Kirche: Er ist ein Sohn des Verderbens. Er sterbe mit den Verdammten.*

Es würde schwer halten, irgendein anderes Dokument zu finden, das so gegen die Prinzipien der natürlichen Gerechtigkeit geht. Nach dem Schwarzbuch muß ein Kind seine Eltern verraten und eine Mutter ihr Kind. Dies nicht zu tun, ist »eine Sünde gegen das Heilige Offizium« und verdient Exkommunikation, d. h. Ausschluß von den Sakramenten und bei fehlender Wiedergutmachung Ausschluß vom Himmelreich.

Bei der Anwendung der Folter durften mittelalterliche Inquisitoren nicht verstümmeln oder töten. Natürlich gab es Unfälle. Arme und Beine wurden oft gebrochen, Finger und Zehen abgedreht. Ein Opfer verlor zwei Finger – kein hinreichender Grund, das Verhör zu unterbrechen.
Die vom Papst spezifisch festgelegte Regel war: Folter darf nur einmal angewandt werden. Da kein Zeitlimit angegeben war, wußte niemand, was »einmal« war. Ein Opfer, das nicht gestand, wurde ein paar Tage allein gelassen, bis es an Geist und Körper erstarrte. Es war in Einzelhaft gehalten worden, gefesselt im Kalten und Dunkeln in seinem eigenen Schmutz, ernährt mit mageren Rationen Brot und Wasser, und so galt die Folter, vielleicht mit Recht, als unterbrochen.
Ein bemerkenswerter Aspekt der mittelalterlichen Inquisition war, daß

Zeugen gefoltert werden durften. Dabei waren Knaben unter vierzehn und Mädchen unter zwölf Jahren ausgenommen.

Wer die Aussage verweigerte, wer sich über die Aussagepflicht beklagte, galt als ein Mensch mit häretischen Neigungen. Es kam vor, daß ganze Familien gefoltert wurden, damit sie ein Familienmitglied belasteten.

Ein grausiger Zug des Gerichtes war, daß es selbst Tote verurteilte. Das Sechste Allgemeine Konzil hatte 680 erklärt, die Kirche könne das Anathema gegen lebende und tote Ketzer aussprechen. Wie wir gesehen haben, wurde Papst Formosus zweimal ausgegraben und exkommuniziert. Das wurde zur Mode. Inquisitoren exhumierten Leichen und brachten sie vor Gericht. Konnten sie die Leichen, die sie suchten, nicht finden, verurteilten sie ein Bild von ihnen. Waren die Toten verurteilt, so gab es ein großes Freudenfeuer mit Knochen. Hunderte von Toten wurden auf diese Weise vor Gericht gebracht. Einige davon waren schon seit dreißig oder vierzig Jahren tot; einer hatte seit fünfundsiebzig Jahren im Grab gelegen. Das bewies, daß niemand die Bereitschaft der Kirche unterschätzen sollte, Ketzer bis zum Tode zu verfolgen und bei Bedarf auch darüber hinaus. Diese Praxis ermöglichte es den Inquisitoren auch, das Erbe der Toten in ihren Besitz zu bringen. Wurde eine Leiche für schuldig befunden, so wurde ihr ehemaliges Eigentum konfisziert. Ihre Hinterbliebenen verloren das Erbe. Ein untadeliger katholischer Sohn fand sich nach der postumen Verurteilung seines Vaters oft nicht nur ohne seine Habe wieder, sondern auch ohne all seine Bürgerrechte. Er hatte noch Glück, wenn er durch einen besonderen päpstlichen Gnadenakt sein Leben behielt.

Die Inquisitoren wurden aus den konfiszierten Werten bezahlt. Deshalb fürchteten die Reichen sie noch mehr als die Armen. Es gab verschiedene Methoden, die Beute zu verteilen, doch wenn die Kosten für Schreiber und Henker bezahlt waren, ging vom Rest gewöhnlich die Hälfte an die Schatulle des Papstes und die Hälfte an die Inquisitoren. Einige Päpste, wie Nikolaus III. (1277–80), rafften so ein Vermögen zusammen.

Die furchterregendsten Inquisitoren waren die unbestechlichen; sie folterten schlicht und einfach aus Gottesliebe. Sie hatten keine finanziellen Interessen; wie Himmler und Heydrich später, handelten sie nur um der guten Sache willen. Gerade ihre Askese machte die meisten dieser frommen, gottesfürchtigen Dominikaner krankhaft streng. Sie waren es gewöhnt, sich selbst Schmerzen zuzufügen, und sie hatten eine geistliche Sehnsucht danach, anderen Schmerz zuzufügen. Die Schreie ihrer Opfer waren eine Art theologische Musik für ihre Ohren, ein Beweis, daß Satan eine Tracht Prügel bekam. Auch jauchzten sie wie die Kindlein über das Wohlwollen, das der Papst für sie hegte; er gab ihnen die gleichen Ablässe wie Rittern, die auf Kreuzzüge gingen.

Die Inquisitoren haben nie einen einzigen Fall verloren. Es gibt keinen Bericht von einem Freispruch. Wenn, selten einmal, das Urteil »Mangel an Beweisen« lautete, wurde niemand für unschuldig erklärt. War der Beschuldigte nicht tatsächlich der Häresie schuldig, gleichviel: Die Inquisitoren glaubten, daß ohnehin nur eine von hunderttausend Seelen der Verdammnis entgehen würde.

## *Die Opfer*

Der kafkaeske Alptraum der Opfer begann mit einem nächtlichen Klopfen an der Tür. Ein Familienvater, sagen wir in Frankreich, Italien oder Deutschland, stand auf und fand an der Tür den Polizeichef, bewaffnete Wachen und einen Dominikaner. Von dem Moment an hatte er keine Hoffnung mehr.

Er wurde zur Casa Santa gebracht und der Ketzerei beschuldigt. Seine Schuld wurde vorausgesetzt, obwohl es die Politik war, ihm nie zu sagen, wessen er beschuldigt war, und er nicht fragen durfte. Zu keiner Zeit durfte er eine Frage stellen. Er merkte bald, daß selbst der Anschein der Gerechtigkeit ihm verweigert wurde.

Er war allein und ohne Freund; ein Rechtsvertreter wurde ihm verweigert. Kein Anwalt hätte es ohnehin gewagt, sich seiner anzunehmen. Da Freisprüche unbekannt waren, riskierte ein erfolgreicher Anwalt, selbst in den Ruch der Häresie zu kommen. Auch er würde wahrscheinlich exkommuniziert und dem weltlichen Arm überantwortet.

Zeugen der Verteidigung waren nicht zugelassen. Alle Zeugen der Anklage — ihre Identität wurde vor dem Angeklagten geheimgehalten — bekamen den gleichen Status. Unter ihnen mochten Dienstboten des Beschuldigten sein, die er wegen Diebstahl oder Untüchtigkeit entlassen hatte. Es konnten Personen sein, die in zivilen Gerichten nicht gehört wurden: überführte Meineidige, Exkommunizierte, Ketzer. Einige Aussagen waren nichts als Hörensagen und dummer Klatsch. Spinner, Perverse, Wahnsinnige, Leute, die Groll oder Blutrache trieb, waren zulässig. Am traurigsten von allem war, daß die Zeugen oft Familienmitglieder des Beschuldigten waren; man sagte ihnen, er habe keine Hoffnung, aber völlige Offenheit würde das Los der übrigen Familie erleichtern.

Gegen das Urteil war keine Berufung möglich. Welches höhere Gericht konnte es geben als eines, das im Namen des Papstes handelte?

Der Katholizität der Zeugen entsprach eine Katholizität der Anklage. Häresie war ein fließender Begriff. Wer im geringsten gegen das päpstliche System war, war »gegen den Glauben«.

Die Verlautbarungen mittelalterlicher Oberhirten schufen dieses Klima der Unterdrückung. Es begann natürlich mit der Aussage Gregors VII. »Der Papst kann keinen Fehler machen«. Paschalis II. (1099–1118) zitierte einen gefälschten Brief des hl. Ambrosius und sagte: »Wer nicht mit dem Apostolischen Stuhl übereinstimmt, ist ohne Zweifel ein Ketzer.« Lucius III. (1181–85) beschloß, alle Differenzen unter Katholiken müßten schwere Sünden sein, denn sie leugneten die päpstliche Autorität, die dem ganzen System zugrunde liege. Innozenz III. (1198–1216) sagte, wer das Wort Jesu wörtlich nehme und seine Rede auf Ja und Nein beschränke, sei ein Ketzer und verdiene den Tod. Als eine Art Höhepunkt dieser Apotheose beschrieb Innozenz IV. (1243–54) sich selbst als »praesentia corporalis Christi«, die »leibliche Gegenwart Christi«, wohl eine Art Transsubstantiation bei seiner Wahl. Jeder, der ihn oder seine Dekrete nicht achtete, war natürlich ein Ketzer. Bonifaz VIII. (1294–1303) wollte sich nicht ausstechen lassen und definierte es als katholische Lehre, daß »jeder Mensch tun muß, was der Papst ihm befiehlt«.

Gewappnet mit diesem dehnbaren Begriff von dem, was dem Glauben widersprach, verhafteten die Inquisitoren Leute, weil sie freitags Fleisch aßen, ihre Osterpflicht nicht erfüllten, die Bibel lasen, sagten, es sei Sünde, jemanden wegen seines Gewissens zu verfolgen, schlecht von Klerikern sprachen – Priester oder Bischof. Jede Bemerkung gegen Seine Heiligkeit war ein unsägliches Verbrechen, selbst wenn sie von einem Betrunkenen gemacht wurde. Jede Abweichung vom Leben der Gemeinde war ein Beweis todeswürdiger Ketzerei. Daraus wird deutlich, daß das Ziel der Inquisition die Verteidigung nicht des Glaubens, sondern des päpstlichen Systems war. Wie ein Opfer der Inquisition schloß: »Es ist ungefährlicher, die Macht Gottes in Frage zu stellen als die Macht des Papstes.«

Weitere Beschuldigungen, die unter Häresie liefen, waren Sakrileg, Gotteslästerung, Hexerei, Sodomie, Nichtbezahlung von Steuern an Papst und Klerus, die Behauptung, Wucher sei keine Sünde. Jeder Getaufte, der an einem kalten Sabbath kein Feuer machte, galt als heimlicher Jude und verdiente den Tod auf dem Scheiterhaufen.

Die letzte Ungerechtigkeit war die Beschuldigung, häretisch zu denken.

Für die Inquisition war Orthodoxie nicht nur rechtgläubiges (d. h. päpstliches) Sprechen und Handeln, sondern auch Denken, wie der Papst es wollte. Wenn ein Gefangener in der Folter zeigte, daß er nie etwas Ketzerisches gesagt oder getan hatte, konnte er noch immer für seine innersten Gedanken, seine Zweifel, seine Versuchungen bestraft werden.

## *Der Prozeß*

Sobald die Inquisitoren in der Stadt ankamen, legten sie den Zivilbehörden ihre Beglaubigungsschreiben vor. Im Namen des Papstes befahlen sie dem Regierenden, mit ihnen zusammenzuarbeiten, ihr Urteil gegen die Angeklagten zu akzeptieren und zu vollstrecken.
Der örtliche Klerus mußte das Volk in der Kirche versammeln, wo die Inquisitoren gegen die Sünde der Ketzerei predigten. Die von Panik ergriffene Gemeinde bekam eine Bedenkzeit von einer Woche oder mehr, um vorzutreten und sich selbst ihrer Verbrechen zu bezichtigen. Es konnte Ketzerei sein oder Gemeinschaft mit Häretikern wie ihren irregeleiteten Eltern oder Kindern. Gestanden sie freiwillig, so bekamen sie eine milde kanonische Buße. Nach der Predigt gingen die Dominikaner in ihre Unterkünfte und warteten. Manchmal kam niemand; manchmal gestanden acht- bis zehntausend, wie 1245–46 in Toulon. Notare wurden eigens angestellt, um sich um sie zu kümmern. Gewöhnlich kamen die Denunzianten im Schutz der Nacht zu den Dominikanern. Mit der im Namen des Papstes garantierten Anonymität war jeder Bigotte und Schuft frei zu lügen, wie er wollte.
Das Gericht bestand aus einem oder zwei Inquisitoren, zwei oder mehr Zeugen und Angestellten der Inquisitoren. Sie alle waren unter Kapuzen versteckt.
Der Satz, den der Richter ständig auf den Lippen hatte, lautete: »Sag die Wahrheit.« Jedesmal, wenn der Gefangene um Erleuchtung bat, sagte der Richter kühl und ruhig: »Sag die Wahrheit.«
Wenn einmal klar war, daß der Beschuldigte nicht von sich aus gestehen würde, wurde er in den Kerker geschleppt, wo der Henker seine Instrumente bereithielt. Das Urteil der Häresie wurde unter einem Kruzifix verlesen; danach zog der Henker den Gefangenen aus und band ihn an ein Gerüst. »Sag die Wahrheit um Gottes willen«, intonierte der Inquisitor rituell, »denn die Inquisitoren wollen dich nicht leiden sehen.«
Jeder Körperteil war zugänglich; Arme und Beine wurden mit Stricken

gebunden. Ein Gurt wurde um die Taille gelegt; an ihm waren Stricke, die über die Schultern von vorn nach hinten gingen. Jedesmal, wenn die Stricke angezogen wurden, unterbrach der Dominikaner sein Rosenkranzgebet zu Ehren der Jungfrau und sagte: »Sag die Wahrheit.« Wenn der Gefangene verstockt war, wurden Stöcke in die Stricke gesteckt, wodurch ein Halseisen entstand. Die Wirkung war eine Aderdrosselung an mehreren Gliedern gleichzeitig. Oft wurde der *strappado* angewandt. Das Opfer wurde an einen Flaschenzug gehängt und vom Boden hochgezogen, manchmal bis zur Decke. Doch es gab eine Folter, die schlimmer war als die anderen.

## *Die Wasserfolter*

Ein milder Fall von Wasserfolter wird im Detail von Henry Charles Lea in seiner unerreichten vierbändigen *History of the Inquisition in Spain* (1907) beschrieben.

Elvira del Campo kam im Jahr 1568 vor das Gericht von Toledo. Die junge Frau war schwanger gewesen, als sie im Juli des vorhergehenden Jahres verhaftet wurde. Ihr Kind wurde Ende August im Gefängnis geboren, doch war nicht bekannt, was aus ihm geworden war. Die Anklage gegen sie lautete, daß sie nie Schweinefleisch aß und daß sie samstags frische Unterwäsche anzog. Es wurde angenommen, sie sei eine Krypto-Jüdin.

Elvira war Christin und mit einem Christen verheiratet. Auch ihr Vater war Christ, doch ihre Mutter hatte jüdische Vorfahren. Als Elvira elf war, hatte ihre Mutter sie gelehrt, Schweinefleisch zu verabscheuen; danach wurde ihr übel, wenn sie versuchte, es zu essen. Ihre Mutter hatte sie auch gelehrt, samstags die Unterwäsche zu wechseln. Für ein junges Mädchen hatte nichts von alledem religiöse Bedeutung.

Die beiden Arbeiter, die in ihrem Haus wohnten, denunzierten ihre »jüdischen Angewohnheiten« bei der Inquisition. Sie meinten es wahrscheinlich nicht böse. Sie hatten Angst, automatisch exkommuniziert zu werden, wenn sie verdächtiges Verhalten nicht angaben. Durch ihre Meldung gewannen sie sogar drei Jahre Ablaß. Die Zeugen sagten übereinstimmend, daß Elvira gut zu jedermann war und regelmäßig zur Messe und Beichte ging.

Der offizielle Prozeß wurde am 6. April eröffnet. Ihr gegenüber saßen zwei Dominikaner und ein bischöflicher Vikar. Sie wurde gewarnt, sie würde gefoltert, wenn sie nicht die ganze Wahrheit sagte. Sie blieb dabei, daß sie nichts wußte. Sie fiel auf die Knie und bettelte, man möge ihr sagen, was sie bekennen sollte, und sie würde es gern bekennen. Die Inquisitoren wiederholten, sie wisse, welches Unrecht sie getan habe. »Sag die Wahrheit.«

Da sie ihre Unschuld beteuerte, wurde sie zur Folterkammer geschleppt und nackt ausgezogen. Man gab ihr *zaraguelles* oder *panos de la verguenza*, eine kleine Hose, um ihre Scham zu bedecken.

»Señores«, schrie sie, »ich habe alles getan, was Sie sagen, und ich gebe falsches Zeugnis gegen mich selbst.«

Damit waren die Richter nicht zufrieden. »Sag die Wahrheit.«

Ihre Arme wurden gebunden, die Stricke schmerzhaft zugedreht.

»Ich habe alles getan, was Sie sagen«, erklärte Elvira.

»Wir wollen Einzelheiten.«

»Ich habe kein Schweinefleisch gegessen, weil mir davon übel wurde, Señores. Ich habe alles getan; bindet mich los, und ich werde die Wahrheit sagen. ... Sagt mir nur, was ich sagen muß.«

Die Stricke wurden angezogen, bis sie schrie, sie brächen ihr die Arme. Bei der sechzehnten Drehung rissen die Stricke. Auf ein Nicken des Inquisitors brachten die Henker sie zum *potro*, einem Gestell mit scharfkantigen Sprossen wie eine Leiter. Es stand schief, so daß ihr Kopf tiefer lag als ihre Füße. Während sie in dieser Stellung gefesselt wurde, wurden die Halseisen an ihren Gliedern verengt.

»Señores«, flehte sie, »erinnert mich an das, was ich nicht wußte. ... Sie reißen mir die Seele heraus.«

»Sag die Wahrheit.«

»Ich habe das Gesetz gebrochen«, sagte Elvira verzweifelt.

»Welches Gesetz?«

»Ich weiß es nicht, Señor. Sagt Ihr es mir.«

Ein weiteres Nicken, und der Henker zwang den Mund der Gefangenen mit einem *bostezo*, einer eisernen Zange auf. Eine *toca*, ein Stück Leinen, wurde ihr in den Hals gestoßen. »Nehmt es weg«, schrie sie. »Ich ersticke, und mir ist übel.«

Langsam goß der Henker Wasser aus einer Literkanne auf die *toca*, so daß es ihr den Hals hinuntertropfen konnte. Einige Gefangene bekamen sechs bis acht Kannen hinuntergegossen und erstickten daran. Elvira versuchte zu sagen, sie sterbe. Als die *toca* entfernt wurde, war sie still, entweder weil sie nichts zu sagen hatte, oder weil sie nicht sprechen konnte. Die Folter wurde für vier Tage unterbrochen.

Bis dahin war Elvira an jedem Glied steif geworden. In der Einzelhaft war ihr Schrecken gewachsen, während sie die nächste Sitzung erwartete. Kaum war sie in der Folterkammer, brach sie zusammen und bat, ihre Nacktheit bedeckt zu bekommen. Von da an war ihre Rede zumeist unzusammenhängend.

Am Ende gelang es den Inquisitoren, ihr abzupressen, daß ihre Weigerung, Schweinefleisch zu essen, und ihr samstäglicher Kleiderwechsel der Beweis ihres Judentums sei. Sobald ihr klar war, was von ihr erwartet wurde, war sie erleichtert, ihre Abtrünnigkeit gestehen und um Gnade flehen zu können.

Ein Richter war dafür, sie zu verbrennen. Dies war die Höchststrafe. Die Kleriker konnten das Verbrennen sanktionieren, wollten aber nichts mit dem Schwert zu tun haben, weil die Bibel Blutvergießen verbot. Wenn ein Gefangener bereute, wurde sein Eigentum konfisziert, und er wurde eingekerkert. Wenn das lebenslänglich in den Verliesen der Inquisition bedeutete, dauerte es wegen der dort herrschenden Bedingungen gewöhnlich nicht lang. Manchmal wurde man für eine bestimmte Zeit zu Gefängnis verurteilt. Die Mindeststrafe war »das Kreuz der Schande«. Zwei Kreuze aus gelbem Filz wurden auf jedem Kleidungsstück, das der Beschuldigte trug, vorn und hinten befestigt. Dies stellte sicher, daß er als Paria behandelt wurde.

Elvira wurde nicht verbrannt. Die meisten Richter waren für Milde. Sie hatte über ein Jahr im Gefängnis verbracht. Ihr Eigentum wurde konfisziert; sie mußte das Kleid der Schande tragen und bekam eine Gefängnisstrafe von drei weiteren Jahren. Aus irgendeinem Grund, vielleicht Wahnsinn, wurde sie nach sechs Monaten freigelassen. Der Fall war abgeschlossen.

Elvira del Campo muß als Beispiel für viele tausend Opfer stehen. Als fromme Christin wurde sie von den Vertretern des Papstes im Namen des Papstes gefangengesetzt und gnadenlos gefoltert. Ihr einziges Verbrechen war, daß sie tat, was Jesus sein Leben lang getan hatte.

## *Die spanische Inquisition*

Die Inquisition, unter der Elvira litt, wurde in Spanien 1480 von Papst Sixtus IV. autorisiert. Als Ferdinand und Isabella über die Mauren siegten, bekehrten sich viele Mauren und Juden zum Christentum, um der Bestrafung zu entgehen. Die Monarchen fürchteten, sie seien keine wahren Christen, eine Bedrohung für den Staat. Deshalb baten sie den Papst um Erlaubnis, die Inquisition in ihrem Herrschaftsbereich einzusetzen. Der berühmteste aller Großinquisitoren war der Dominikaner Thomas von Torquemada. Er wurde 1483 ernannt und herrschte fünfzehn Jahre lang wie ein Tyrann. Von seinen über 114000 Opfern wurden 10220 verbrannt. Viele andere bekamen lebenslängliche Gefängnisstrafen.

Torquemada, der Prior des Klosters Santa Cruz in Segovia und Beichtvater Königin Isabellas, führte ein heiligmäßiges Leben. Er fastete oft, aß nie Fleisch und lehnte den lukrativen Bischofssitz Sevilla ab. Er lebte in einem Palast mit 250 Dienstboten und hatte fünfzig Berittene. Wahrscheinlich waren das seine Leibwächter, und die brauchte er.

Er war kein Sadist. Er verbrannte Tausende von Menschen, beobachtete aber selten das Leiden seiner Opfer. Sein *odium* war streng theologisch; er handelte nur aus Liebe zu Christus und Hingabe für den Papst. Einmal argwöhnte er, Ferdinand und Isabella wollten für einen Preis einige reiche Juden in ihrem Reich bleiben lassen; da stürmte er zu ihnen, fuchtelte mit einem Kruzifix und brüllte: »Judas hat Jesus für dreißig Silberlinge verkauft. Wollt Ihr ihn für mehr verkaufen?«

Das Kuriose ist, daß die Nazis diese Judengeißel in die Gaskammer geschickt hätten, wenn er im zwanzigsten Jahrhundert gelebt hätte. Denn Bruder Thomas von Torquemada hatte eine jüdische Großmutter.

Llorente, Inquisitionssekretär in Madrid von 1790 bis 1792, schätzte in seiner *Geschichte der Inquisition*, daß bis zu seiner Zeit in Spanien dreißigtausend Menschen hingerichtet worden waren. Unter der Herrschaft Philipps II., des spanischen Gatten von »Bloody Mary«, forderte die Inquisition den Schätzungen nach viele tausend Opfer mehr als die Christenverfolgungen unter den römischen Kaisern.

Einige katholische Historiker wie de Maistre haben gemeint, die spanische Inquisition sei eine rein politische Einrichtung gewesen. Die Basis hierfür ist, daß die Päpste ihrer nie ganz froh waren. Dies freilich vor allem deshalb, weil sie absolute Kontrolle wollten, ohne die ihre Einkünfte schrumpften. Denn wie Pastor in seiner *History of the Popes* bemerkt, war sie »eine gemischte, aber hauptsächlich kirchliche Institution«. Die Verurteilten wurden dem weltlichen Arm überantwortet; das wäre nicht nötig gewesen, wenn die Inquisition ein kirchliches Gericht gewesen wäre. Ein Beweis dafür war, daß der Inquisitor bei den großen Autodafés auf einem höheren Thron saß als der Monarch. Diese »Gottesurteile« waren

bei den Spaniern sehr beliebt. Karl Ludwig, Baron von Pollnitz, gibt in seinen 1738 erschienenen Memoiren eine interessante Schilderung.
Ludwig war ein Spitzenbeamter am Hof des Königs von Preußen gewesen. Er war vom Calvinismus zum Katholizismus konvertiert, und das bedeutete, daß er seine Stellung verlor. Doch er hatte gute Beziehungen, und er versuchte sich mit einer Weltreise zu trösten, von der er ein detailliertes Tagebuch führte.
Einmal war er Ostern zufällig bei einem Autodafé in Madrid. Er sah mehrere Leute, die »des Judentums überführt« waren und verbrannt wurden. Unter ihnen war ein achtzehn- bis zwanzigjähriges Mädchen. Er sah auf all seinen Reisen kein schöneres. »Sie ging zu ihrer Hinrichtung«, schreibt er, »mit Freude im Gesicht und starb mit dem Mut, für den unsere eigenen Märtyrer so berühmt sind.«
Später während seines Besuches wurden in einer Nacht vierzig Leute verhaftet, darunter ein berühmter Arzt namens Peralte, den Ludwig kennengelernt hatte. Es schien ihm bestimmt, durch die Inquisition zu sterben. Seine Mutter hatte ihn im Gefängnis geboren und war unverzüglich herausgebracht und verbrannt worden, weil sie Jüdin war. Als er dreißig war, wurde er beschuldigt, insgeheim der Religion seiner Mutter anzuhängen. Er wurde drei Jahre eingekerkert. Nach seiner Entlassung wurde er ein zweitesmal gefangen. Als Ludwig Madrid verlassen hatte, hörte er, Peralte sei verbrannt worden. Es war, als sei das Gebet seiner Mutter erhört worden, denn man erzählte, sie habe auf dem Scheiterhaufen gebetet, daß ihr Sohn eines Tages ebenso sterbe wie sie.
So schließt Ludwig: »Ich war sehr froh, zur Zeit von Peraltes Hinrichtung nicht in Madrid zu sein, denn ich kannte ihn ein wenig, und obwohl er wirklich bigott war, was das Judentum betraf, hielt ich ihn für einen der zivilisiertesten Männer auf der Welt.«

Als Napoleon Spanien 1808 eroberte, berichtete ein polnischer Offizier in seiner Armee, Colonel Lemanouski, daß die Dominikaner sich in ihrem Kloster in Madrid verbarrikadierten. Als Lemanouskis Truppen sich mit Gewalt den Zugang verschafften, leugneten die Inquisitoren die Existenz irgendwelcher Folterkammern. Die Soldaten durchsuchten das Kloster und fanden sie unter den Fußböden. Die Kammern waren voller Gefangener, alle nackt, viele wahnsinnig. Die französischen Truppen waren an Grausamkeit und Blut gewöhnt, doch dieser Anblick war zuviel für sie. Sie räumten die Folterkammern, legten Schwarzpulver in das Kloster und jagten es in die Luft.

## *Die römische Inquisition*

Die römische Inquisition ist nicht mit der mittelalterlichen Inquisition identisch, die jahrhundertelang gedieh. Sie wurde von Paul III. am 21. Juli 1542 eingesetzt und war die erste der Heiligen Römischen Kongregationen. Sie bestand aus Kardinälen, von denen einer die Idee ausgeheckt hatte — Johannes Petrus Carafa, der spätere Paul IV. Als einer der Generalinquisitoren war er berechtigt, jedermann auf den Verdacht der Häresie hin gefangenzusetzen, sein Eigentum zu konfiszieren und ihn als schuldig hinzurichten. Sofort kaufte er auf eigene Kosten ein Haus und rüstete es mit Folterwerkzeugen vom Feinsten aus. »Kein Mensch«, sagte er, »darf sich dadurch erniedrigen, daß er Ketzer duldet.« Ein anderer seiner Aussprüche lautete: »Wäre mein eigener Vater ein Ketzer, ich würde persönlich das Holz sammeln, um ihn zu verbrennen.«

Als er 1555 zum Papst gewählt wurde, war er frei, seine eigene Art Fanatismus zu verbreiten. Er war ein Asket wie Torquemada, haßte Juden und sperrte sie in Gettos ein, haßte Sodomiten und verbrannte sie, haßte Frauen und verbat ihnen den Zutritt zum Vatikan. Ranke hat von ihm gesagt, am Ende seines langen Lebens »lebte und bewegte er sich in seinen Reformen und seinen Inquisitionen, erließ Gesetze, verhaftete, exkommunizierte und hielt seine Autodafés; diese Beschäftigungen erfüllten sein Leben«.

Eine von Pauls Passionen war die Unterdrückung der Gedankenfreiheit. Als Kardinal hatte er alle Bücher verbrannt, die ihm schädlich vorkamen. Als Papst führte er 1559 den Index verbotener Bücher ein. Auf diese Liste kamen alle Bücher von Erasmus, Rabelais, selbst Heinrich VIII., dessen *Sieben Sakramente* noch Leo X. vor versammeltem Konsistorium begrüßt hatte, als sei es vom Himmel gefallen. Auch Boccaccios *Decamerone*, das Shakespeare so gern hatte, war verboten, »bis es gereinigt ist«. Das war, als hätte man gesagt, ein Buch über Honig könne nicht veröffentlicht werden, bevor alle Bezüge zu Bienen getilgt wären.

Die Unterdrückung des freien Denkens war nach 1450 schwieriger geworden, als die neuen Druckerpressen begonnen hatten, massenweise Bücher auszustoßen. Das Drucken war die größte Unterstützung der Demokratie, die die Welt je gesehen hatte. Damals wie später vermochte das Papsttum damit nicht fertig zu werden.

Selbst bei der Zensur gab es Spaßiges. Zuerst vollbrachte Paul IV. die Heldentat, sich selbst auf den Index zu setzen. Es ist eine merkwürdige Geschichte.

Ein paar Jahre zuvor hatte Paul III. ein halbes Dutzend Kardinäle ernannt, die unter Carafas Führung alle zu durchleuchten hatten, die in Glauben und Moral von der Orthodoxie abwichen. »Die Schuldigen und die Verdächtigen«, sagte Paul, »sind zu verhaften und vor Gericht zu stellen bis zum endgültigen Urteil (Tod).« Carafa hatte den Befehl buchstabengetreu ausgeführt. Der Papst wurde nicht belästigt, obwohl er ein hervorragender Kandidat für Nachforschungen war — mit seiner Mätresse, seinen unehelichen Kindern, seinen Geschenken von roten Hüten an seinen Enkel und seine Neffen, die vierzehn und sechzehn Jahre zählten.

Im abschließenden *Consilium* oder Ratschlag an Papst Paul gab es tatsächlich offene Kritik an päpstlichem Absolutismus, Simonie, Mißbräuchen in der Verleihung von Bischofsämtern an unwürdige Kandidaten und vielem mehr. Unglücklicherweise für den Vatikan wurde dies Dokument bekannt. Die Protestanten lasen es mit Entzücken, weil es alles bestätigte, was sie je über das Papsttum gesagt hatten.

Als Carafa Papst wurde, hatte er keine Wahl, als das *Consilium*, das er geschrieben hatte, auf den Index zu setzen.

Ein anderes Beispiel unabsichtlichen Humors hatte mit dem *Decamerone* zu tun. Cosimo de' Medici, der Gründer der Medici-Monarchie, wies später darauf hin, daß dies ein seltener Prosaklassiker auf italienisch war. Er fragte den herrschenden Oberhirten, ob man einen Weg finden könne, es vom Index zu nehmen. Das Ergebnis war, daß das Unmögliche geschah. Eine gereinigte Fassung erschien 1573 unter Papst Gregor XIII. Gregor hatte einen Sohn, Giovanni Buoncompagni, an dem er sehr hing und den er zum Kardinal machte, und er war toleranter als Paul IV. Die neue Version von Boccaccios Meisterwerk muß man einfach anerkennen als das bei weitem seltsamste und höchstempfohlene »unanständige« Buch der Geschichte. Es hatte eine päpstliche Bulle als Vorwort und ein doppeltes Imprimatur: eines vom obersten Gericht der Inquisition, das andere vom Generalinquisitor von Florenz, sowie Beiträge von etlichen Staatsoberhäuptern, darunter den Königen von Frankreich und Spanien.

Woher soviel Beifall? Die Antwort ist, daß der Zensor, Vincenzo Borghini, schon recht genial war. Er setzte nur hier und da die Schere an und bereinigte ansonsten das ganze Buch mit einer sehr einfachen Methode: Jeder Kleriker, der in Boccaccios Text schlecht wegkam, wurde durch einen Laien ersetzt.

Die weniger amüsante Seite des Index war, daß zur Zeit Pauls IV. soviel Bücher verbrannt wurden, daß die Drucker um ihren Lebensunterhalt fürchten mußten. Autoren, denen ihre Haut lieb war, stellten das Schreiben ganz ein. Freiheit des Denkens und Ausdrucks endete in Italien und sollte niemals wiederkehren. Die Wirkung dieser Entwicklung auf die Kurie, und über die Kurie auf die katholische Kirche, war unabsehbar.

Ein umfassenderer Index wurde vom Konzil von Trient 1564 erarbeitet. Unter zehn Rubriken wurden Werke gebannt. Sieben Jahre später wurde in Rom eine Index-Kongregation eingerichtet, die jahrhundertelang regelmäßig neue Listen verbotener Bücher herausgab. Kaum ein Klassiker blieb verschont. So war die Gegenreformation von einer engstirnigen Zensur geleitet, von der die Überreste noch heute in katholischen Büchern zu sehen sind, die ein Imprimatur tragen. Ein Buch von einem Ordensangehörigen hat wahrscheinlich die Namen von fünf Zensoren auf dem Umschlagblatt. In dieser Situation wird eine machtvolle Selbstzensur wirksam. Dieser Unterdrückungsapparat, der totalitären Regimes so teuer ist, hat dem Geist der freien Forschung in der Kirche großen Schaden zugefügt. Dies erklärt, warum in so vielen Bereichen – Theologie, die Bibel, selbst Naturwissenschaften – Beiträge von Katholiken hinter der übrigen akademischen Welt hergehinkt sind. Forschung verkümmert in einem Klima der Angst. Generationen von Studenten, Wissenschaftlern und auch Bischöfen durften entscheidende Bücher nicht lesen, weil sie auf dem Index waren. Die Fälschungen, die zur Schaffung des päpstlichen Systems beigetragen hatten, etwa die Dekrete des Pseudo-Isidorus, die unechten Texte, auf die Gratian und Thomas von Aquin hereinfielen, wurden vom Index geschützt, wenigstens bis 1660 ein französischer Gelehrter begann, die Wahrheit über sie zu sagen. Natürlich wurde auch er auf den Index gesetzt. Erst 1789 gab Pius VI. auf eine Anfrage von deutschen Bischöfen zu, daß die Dekrete gefälscht waren. Das Eingeständnis war seit neun Jahrhunderten überfällig. Wie Lea 1883 in seinen *Studies in Church History* schreibt:

*Nicht die geringste Sorge einer unfehlbaren Kirche ist, daß sie keine je eingenommene Haltung mit Anstand wieder aufgeben kann. Da sie die falschen Dekrete als echt angenommen und auf ihnen ihre Ansprüche auf weltweite zeitliche Oberhoheit aufgebaut hatte, geriet sie in eine schockierend falsche Position, als sie die Verteidigung der Fälschungen aufgeben mußte. Vom neunten bis zum achtzehnten Jahrhundert eine Lüge vertreten zu haben, war schlimm genug, aber die Früchte jener Lüge aufzugeben, die mit soviel Fleiß profitabel gemacht worden war, überstieg das Maß dessen, was vernünftigerweise von der Natur des Menschen zu erwarten ist.*

J. H. Ignaz von Döllinger war Mitte des neunzehnten Jahrhunderts Professor für Kirchengeschichte in München. Direkt vor dem Vatikanischen Konzil veröffentlichte er *Der Papst und das Konzil*; er versuchte darin zu zeigen, wie falsch und übertrieben die päpstlichen Unfehlbarkeitsansprüche waren. Er wurde weniger als zwei Wochen vor der ersten Sitzung des Konzils auf den Index gesetzt. Rom hatte es immer leichter gefunden, Argumente zu ersticken, als sie zu beantworten.
Der Index wurde endlich, nach mehr als vier Jahrhunderten, von Paul VI. ausgesetzt. Man schrieb das Jahr 1966.

Die römische Inquisition setzte ihre offen barbarischen Aktivitäten bis weit ins neunzehnte Jahrhundert fort. Im Jahr 1814 führte Pius VII. nach seiner Befreiung aus französischer Gefangenschaft die Heilige Inquisition wieder ein — für »Gotteslästerung, Unmoral, respektlose Haltung gegen die Kirche, Nichtteilnahme an ihren Festen, Nichteinhaltung ihrer Fastenzeiten und besonders Abweichung vom wahren Glauben«. 1829 sollte jeder im Kirchenstaat, der ein von einem Häretiker geschriebenes Buch hatte, als Häretiker behandelt werden. Das befahl Pius VIII., der anordnete, wer ein Wort der Kritik gegen das Heilige Offizium hörte und es nicht denunzierte, sei so schuldig wie der Kritiker und dementsprechend zu behandeln.
Immerhin wurden die Dinge zu dieser Zeit leichter. Die Inquisition wurde in Spanien 1813 abgeschafft. Drei Jahre später verbot Pius VII. den Einsatz von Folter in den Gerichten der Inquisition — sie ging aber noch zwanzig Jahre weiter. Fast sechs Jahrhunderte verspätet war Seine Heiligkeit, »Lehrer absoluter moralischer Werte«, erleuchtet worden.
Obwohl das Verbrennen nun ungesetzlich war, erlaubte Pius IX. in einem Edikt von 1856 noch immer »Exkommunizierung, Konfiszierung, Verbannung, lebenslängliche Haft sowie heimliche Hinrichtung in schlimmen Fällen«. Auch hörte die Inquisition nicht auf, Jungen und Mädchen zu exkommunizieren, die ihre Eltern nicht verrieten, wenn sie an Fastentagen Milch oder Fleisch zu sich nahmen oder ein indiziertes Buch lasen. Im Kirchenstaat waren dies Verbrechen, auf die Gefängnis stand.
Bis 1870 kamen politische Verbrecher vor ein Spezialgericht, die Santa Consulta. Nur Priester waren die Richter, und ihre Macht war absolut. In bester Inquisitionstradition wurden den Beklagten nie Zeugen gegenübergestellt, auch bekamen sie keinen Verteidiger. Jedesmal, wenn ein Teil des Kirchenstaates an die Armeen des neuen Italien fiel und die Gefängnisse geöffnet wurden, hieß es, die Bedingungen in den Gefängnissen seien un-

beschreiblich. Die schlechten Angewohnheiten der Inquisition waren kaum totzukriegen.

## *Das Urteil über die Päpste*

Das Sündenregister der Inquisition wäre beschämend für jede Organisation; für die katholische Kirche ist es vernichtend. Heute ist sie, weitgehend zu Recht, stolz darauf, Vorkämpferin für Naturrecht und Menschenrechte zu sein. Besonders das Papsttum sieht sich gern als Verteidiger der Moral. Was die Geschichte zeigt, ist, daß das Papsttum über sechs Jahrhunderte lang ohne Unterbrechung der geschworene Feind der einfachsten Gerechtigkeit gewesen ist. Von achtzig Päpsten in einer Reihe vom dreizehnten Jahrhundert an hat nicht einer die Theologie und den Apparat der Inquisition mißbilligt. Im Gegenteil, einer nach dem anderen setzte dieser tödlichen Maschinerie noch seine eigenen Grausamkeiten hinzu.

Das Mysteriöse ist: Wie konnten die Päpste Generation auf Generation diese praktische Häresie weiterführen? Wie konnten sie an jedem Punkt das Evangelium Jesu leugnen, der selbst ein ungerechtes Gerichtsverfahren bekam und trotz seiner Unschuld als Ketzer gekreuzigt wurde?

Die Antwort scheint zu lauten: Sobald ein Papst wie Gregor IX. die Inquisition einmal in Gang gebracht hatte, widersprachen die Oberhirten lieber dem Evangelium als einem »unfehlbaren« Vorgänger, denn das hätte das Papsttum selbst zu Fall gebracht.

Katholische Historiker weisen darauf hin, daß Europa zu jener Zeit ein Christentum war, eine Einheit von Kirche und Staat. Häresie war ebenso sehr ein ziviles Verbrechen wie eine Sünde. Tatsächlich betrachteten alle Fürsten sie als Majestätsbeleidigung; ein Ketzer gefährdete die Einheit des Königreichs und war daher ein Verräter.

Dies beweist nur, daß die Allianz von Kirche und Staat, an der die Päpste so hingen, katastrophale Nebeneffekte hatte. Aus dieser Allianz sind die Grausamkeiten der Inquisition hervorgegangen. Selbst dies erklärt jene besonderen Übel nicht völlig, die aus dem Tribunal ein Vorbild der Ungerechtigkeit gemacht haben: die Annahme, der Beklagte sei schuldig, die Folter von Beklagten und Zeugen und so fort.

Einige Historiker haben versucht, die Päpste von den Verbrechen der Inquisition reinzuwaschen. Das hält schwer, denn die Wurzel der Macht der Inquisitoren war das Wissen, daß sie päpstliche Beauftragte waren und völlig auf päpstlichen Befehl handelten. Zudem kam die Ausweitung des Begriffes »Häresie« auf jede Abweichung vom Gemeinschaftsleben nur von den Päpsten. Wie Döllinger bemerkt: »Sowohl die Einführung als auch die Durchführung dieses neuen Prinzips ist den Päpsten allein zuzuschreiben. Es gab nichts in der zeitgenössischen Literatur, das ihm den Weg bereitet hätte.«

Ebenfalls den Päpsten allein ist die Wiedereinführung der Folter bei Gericht zuzuschreiben. Es war päpstliches Prestige nötig, um eine lange, zivilisierte Tradition zu kippen, nach der Folter ein großes Unrecht war. Lea schreibt in *The Inquisition in the Middle Ages*:

> *Sie (die Inquisition) führte ein System der Jurisprudenz ein, das das Strafrecht aller Länder unter ihrem Einfluß infizierte und die päpstliche Rechtspflege für Jahrhunderte zu einem grausamen Hohn machte. Sie gab dem Heiligen Stuhl eine hochwirksame Waffe zum politischen Machtzuwachs in die Hand, sie verführte weltliche Landesherren, das Beispiel nachzuahmen, und sie prostituierte den Namen der Religion für die niedrigsten weltlichen Zwecke. ... Das Urteil der unparteiischen Geschichte muß sein, daß die Inquisition die monströse Ausgeburt irregeleiteten Eifers war, benutzt von der selbstsüchtigen Habgier und Machtlüsternheit, um das Streben der Menschheit nach Höherem zu unterdrücken und die niederen Gelüste anzuregen.*

Katholische Apologeten wie de Maistre haben eingewandt, die Kirche habe niemanden getötet. Die Inquisitoren überantworteten die Schuldigen dem weltlichen Arm mit der Bitte um Erbarmen.

Dies trifft zu, doch es fügt der Bosheit nur Heuchelei hinzu. Es ist auch eine Ironie, denn die Juden wurden zwar durch die Jahrhunderte beschuldigt, Jesus getötet zu haben, doch kein Theologe hat je vorgebracht, die Juden hätten Jesus nicht getötet, sondern nur dem weltlichen Arm überantwortet.

Es gibt keinen bekannten Fall, in dem ein weltlicher Fürst oder Magistrat sich geweigert hätte, jemanden zu bestrafen, den die Mönche der Inquisition der Häresie überführt hatten. Die Päpste redeten nicht lange herum: Jeder Fürst, der die Häretiker nicht verbrannte, wie von der Inquisition geheißen, würde selbst exkommuniziert und vor dasselbe Gericht gestellt werden. Die Inquisitoren waren nicht etwa schuldlos, sondern um so schuldiger, weil sie die weltliche Macht in ihre Verbrechen hineinzogen. Das Leiden der Katholiken durch die Inquisition wurde dadurch so schrecklich, daß sie nicht von den Feinden der Kirche gefoltert und verbrannt wurden, sondern von ihren heiligsten Verteidigern, die auf Befehl des Stellvertreters Christi handelten.

Die Apologeten stehen scheinbar auf sichererem Boden, wenn sie einwenden, die Inquisition müsse an den Maßstäben ihrer Zeit gemessen werden, nicht an denen des zwanzigsten Jahrhunderts.

Doch die Inquisition war nicht nur böse im Vergleich mit dem zwanzigsten Jahrhundert, sie war böse im Vergleich mit dem zehnten und elften, als Folter verboten war und Männern und Frauen ein fairer Prozeß garantiert wurde. Sie war böse im Vergleich mit dem Zeitalter Diokletians, denn damals wurde niemand im Namen Jesu, des Gekreuzigten, gefoltert und getötet.

Es lohnt sich auch, Länder, die die Inquisition mitmachten, mit anderen, etwa England, zu vergleichen, die nicht mitmachten. Seit Wilhelm dem Eroberer hatte sich das bürgerliche Recht in England immer eine gesunde Geringschätzung der Theokratie bewahrt. Ein Mensch war unschuldig, bis seine Schuld erwiesen war. Das bürgerliche Recht garantierte grundlegende Elemente der Gerechtigkeit, die den Angeklagten der Inquisition verweigert wurden: Ein Mensch wurde durch Gleichrangige beurteilt, durfte Zeugen zu seiner Verteidigung bringen, hatte das Recht auf einen Anwalt und eine öffentliche Gerichtsverhandlung. Das Gesetz verbot Folter, denn man wußte, sie würde nur zu Heuchelei und Meineid führen. Es ist bemerkenswert, daß einer der wenigen Prälaten, die die Größe hatten, sich Innozenz III. entgegenzustellen, Stephen Langton war, ein im bürgerlichen Recht bewanderter Engländer. In großartiger Mißachtung des päpstlichen Absolutismus schrieb er: »Naturrecht ist bindend für Fürsten und Bischöfe gleichermaßen; von ihm gibt es kein Entkommen. Es ist außerhalb der Reichweite selbst des Papstes.«

So weit ging die Einschüchterung durch die Inquisition, daß kein Theologe, außer »Ketzern« wie Marsilio von Padua und Martin Luther, seine Stimme gegen sie erhob. Hätte jemand etwas gesagt – man hätte ihn unverzüglich zum Schweigen gebracht. Hätte er dagegen geschrieben – er wäre im voraus zensiert worden. Die Tyrannei ging ohne Widerstand weiter. Nicht ein einziger Bischof in all den Jahrhunderten erhob seine Stimme im Protest gegen die Greuel an seiner Herde, ein weiterer Beweis dafür, daß Bischöfe in jenen Tagen Marionetten des Heiligen Stuhls waren. Doch Protestanten wie Balthasar Hubmaier hatten klarere Köpfe und mutigere Herzen. Hubmaier schrieb 1524 ein ganzes Traktat gegen das Verbrennen von Ketzern. In einer eindrucksvollen Reihe von Thesen schreibt er:

*Dreizehn: Die Inquisitoren sind die größten Ketzer von allen, weil sie gegen die Lehre und das Beispiel Christi Ketzer dem Feuer überantworten.*

*Vierzehn: Denn Christus ist nicht gekommen, um zu morden, zu zerstören und zu verbrennen, sondern damit die, die leben, das Leben in größerer Fülle haben ...*

*Achtundzwanzig: Ketzer verbrennen ist dem Anschein nach Christus bekennen, in Wahrheit aber ihn leugnen ...*

*Sechsunddreißig: Es ist allen klar, selbst den Blinden, daß ein Gesetz, Ketzer zu verbrennen, eine Erfindung des Teufels ist. »Die Wahrheit ist unsterblich.«*

Der Versuch, das Papsttum mit dem Hinweis auf zeitgenössische Maßstäbe für die Inquisition zu entschuldigen, mißlingt aus einem weiteren Grund. Das Papsttum behielt seine üblen Sitten, lange nachdem jedes zivilisierte Land in Europa sie abgelegt hatte. So, wie die Reformation im sechzehnten Jahrhundert zur Reinigung einiger Aspekte des Papsttums beitrug, räumte der von Rom inbrünstig verdammte Liberalismus des neunzehnten Jahrhunderts schließlich mit der grausamen Tyrannei auf, an der Päpste und Kurie so übermäßig hingen.

Ein letzter Makel haftet dem Hinweis auf frühere Verhaltensnormen an, mit dem das Papsttum entlastet werden soll. Die ganze Betonung der römisch-katholischen Morallehre liegt heute darauf, daß sie über zeitgebundenen, relativierenden Betrachtungen steht. Andere mögen über das Unrecht der Empfängnisverhütung oder Abtreibung wechselnde Ansichten haben, nicht aber vom Papst geleitete römische Katholiken. Johannes Paul II. beansprucht zum Beispiel, eine absolute Moral zu lehren, die auf dem Naturrecht beruht; nicht er, nicht einmal Gott selbst kann sie ändern, denn sie hat ihre Wurzel und ihren Ursprung in der Natur des Menschen selbst.

Wenn dies so ist, wie können Päpste die falschen, folgenschweren, ja verhängnisvollen moralischen Urteile ihrer vielen Vorgänger entschuldigen, indem sie auf die »zeitgenössischen Maßstäbe« hinweisen?

Die katholische Kirche sieht sich einer schweren Entscheidung gegenüber: Entweder ist ihre Lehre so relativ wie die aller anderen, und in diesem Fall hat sie keinen besonderen Anspruch auf Gehör. Oder ihre Lehre ist absolut, und in diesem Fall ist das Verhalten der Päpste und ihrer Inquisition vollkommen unentschuldbar. Sie kann nicht sowohl absolute Weisheit als auch Freiheit von historischer Schuld zugleich beanspruchen.

## *Das Urteil über die Historiker*

Im allgemeinen sind die Historiker unsanft mit der Inquisition umgegangen. Lea, ein Quäker, der viele Jahre seines Lebens mit der Erforschung ihrer Mechanismen zubrachte, spricht von einer »unendlichen Reihe von Greueln«.

Lord Acton, ein Katholik, behauptet, sie sei nichts weniger gewesen als »religiöser Mord... Das Prinzip der Inquisition war mörderisch.« Was die Päpste betrifft, so waren sie »nicht nur Mörder im großen Stil, sondern sie machten Mord obendrein zur Rechtsgrundlage der christlichen Kirche und zur Vorbedingung des Seelenheils«.

Selbst nach dem Zweiten Weltkrieg konnte G. G. Coulton sagen, die Inquisition sei verantwortlich gewesen für »die raffinierteste, verbreitetste und anhaltendste aller rechtlichen Barbareien, die in der ganzen zivilisierten Geschichte überliefert sind«. Nichts, was die römischen Kaiser Christen antaten, kommt in Ausmaß oder Dauer ihrer systematischen Bosheit nahe.

Der ägyptische Okkultist Rollo Ahmed beschrieb 1971 in *The Black Art* die Inquisition als »die gnadenloseste und grausamste Institution, die die Welt je gekannt hat. ...Die Grausamkeiten, die die Inquisition begangen hat, stellen die gotteslästerlichste Ironie der Religionsgeschichte dar und besudeln die katholische Kirche mit dem Tod unschuldiger Opfer, die verbrannt wurden, um nicht die Maxime zu brechen: *Ecclesia non novit sanguinem* – die Kirche hat nie Blut vergossen« (sic).

Ein prägnanteres Zeugnis gab ein frommer englischer Katholik vor 140 Jahren. Robert Richard Madden besuchte Avignon mit einem Freund. Er hinterließ seine Eindrücke in seinem Buch *Galileo and the Inquisition*. Er war erschüttert darüber, wieviel von dem großen Papstpalast die Gerichtsräume, Zellen und Verliese der Inquisition einnahmen.

Er sah die Folterkammer mit ihrer akustischen Einrichtung, den unregelmäßigen Wänden, die die Schreie der Opfer absorbierten. Er stand in der Gerichtshalle, wo die Gefangenen gestanden hatten, und bemerkte über seinem Kopf »mehrere kreisförmige Öffnungen in der Decke, etwa fünf oder sechs Inches im Durchmesser; sie führten zu einer oberen Kammer.

Dort befanden sich, wie man sagt, die Ankläger und die, welche die Verhandlung und die Antworten der Gefangenen mitschrieben. Unsichtbar für ihn, hielten sie doch jedes Wort fest, das er sprach.«
Madden empfand es als böse, daß jemand, um dessen Leben es bei dem Prozeß ging, weder den Ankläger noch die Belastungszeugen sehen durfte, und daß man ihm nicht sagte, wessen er beschuldigt wurde.

> *Könnte überhaupt eine Unschuld, wie tapfer sie auch beteuert würde, mit irgendeiner Zuversicht gegen die Prozedur eines Geheimtribunals dieser Art bestehen, wie fair sie auch durchgeführt wird? ... Ist es nicht unsere Pflicht, die Skandale einzugestehen, die unsere eigenen Kleriker über unsere Kirche gebracht haben, und eher mitfühlend als zornig die Trennung unserer christlichen Brüder zu sehen ..., wenn sie versuchten, sich der offenen Mißbräuche zu entledigen, in die die Disziplin der Kirche gesunken war?*

Madden ging weiter zum schaurigsten Ort in Avignon, wo angebliche Ketzer verbrannt wurden. Durch einen engen Durchgang betrat er eine große, runde Kammer, »genau wie der Ofen eines Treibhauses oder wie ein Kamin«, in der Form eines Trichters. Sie war etwa sechzig Meter hoch, mit Ringen und Gittern, an die die Gefangenen gekettet wurden. Sie mußten Schwefelhemden anziehen, damit sie besser brannten. Die Schwärze der Wände bezeugte, wie viele Männer und Frauen an jenem Ort des Grauens gelitten hatten.
Oben hatten Päpste wie Johannes XXII. Vermögen zusammengerafft, indem sie die Armen betrogen, Pfründen, Ablässe und Dispense verkauften. Andere wie Clemens VI. hatten nackt mit ihren vielen Mätressen auf hermelingesäumten Bettlaken herumgetollt. Unter ihnen schrien zahllose Opfer vor Qual, nackt auch sie, während sie gefoltert und verbrannt wurden, manchmal nur dafür, daß sie in der Fastenzeit Fleisch gegessen hatten.
Als sie in das helle Sonnenlicht hinaustraten, fragte Maddens Freund David Wire, ein Baptist: »Nun, Madden, was denkst du jetzt von deiner Religion?«
Madden dachte angestrengt nach, bevor er antwortete: »Ich fühle mich überzeugt, Wire, daß es eine wahre Religion sein muß, denn wenn sie nicht ein göttliches und lebendiges Prinzip in sich hätte, hätte sie nie die Verbrechen überleben können, die in ihrem Namen begangen wurden.«

Ein anonymer Katholik sagte einmal: »Es wäre besser, Atheist zu sein, als an den Gott der Inquisition zu glauben.« Ein anderer bemerkte, Jesus selbst wäre von den Inquisitoren gefoltert und getötet worden. Er sprach mit Ketzern wie der Samariterin; er aß mit Zöllnern und Prostituierten; er griff die Priester der Religion an, die Schriftgelehrten und Pharisäer; er brach sogar den Sabbath, indem er Ähren ausraufte und aß, als er hungrig war.

Deshalb ist es nicht überraschend, daß das Haus des Papstes an der Ecke noch aktiv ist. Kardinal Ratzinger greift zum Telefon und ruft einen Priester in Los Angeles an; er sagt ihm, seine Forschungsergebnisse zu den Ansichten der Bischöfe über das Zölibat zu unterdrücken oder seine Sachen zu packen und innerhalb einer Stunde zu verschwinden. Es ist nicht überraschend, daß Theologen von ihren Lehrstühlen entfernt und Priester vom Amt suspendiert werden, weil sie nicht-unfehlbaren Aussagen widersprechen. Es ist nicht überraschend, daß ein Bischof diszipliniert wird, weil er handelt wie Jesus, die Gebeugten aufrichtet, sich weigert, jemanden zu exkommunizieren, der Aufrichtigkeit und Liebe im Herzen hat. Angesichts von sechs Jahrhunderten Inquisition wäre es eher überraschend, wenn diese Dinge nicht geschähen.

Doch nicht nur Ketzer verfolgte die Kirche. Sie hatte es auch auf zwei andere Arten Leute abgesehen, die sie für ebenso schlimm hielt: Hexen und Juden.

## 11. Kapitel

# Die Verfolgung von Hexen und Juden

Aberglaube in Form von Zauberei und Magie hat den Menschen auf seiner Reise von der Unwissenheit zur Aufklärung ständig begleitet. Im christlichen Bereich hatten Kirche und Staat lange zusammen daran gearbeitet, den Glauben an Hexen und das Böse, das sie tun konnten, auszumerzen. Gott, argumentierte die Kirche, sei absoluter Herr und Meister des Universums, und Seine Herrschaft sei total. Satan war natürlich eine Realität. Doch Jesus hatte den »starken Mann« gebunden, so daß Satan keine Macht über Mensch oder Tier hatte, außer in der Möglichkeit, die Menschen zu bösem Tun zu versuchen und ihr Denken mit Dunkelheit und Täuschung zu infizieren.
Diese weise Handhabung hatte eine lange Geschichte. Es hatte in den kirchlichen Ritualen nie etwas gegen Hexen gegeben. Die Kanones der Kirche besagten, die Gläubigen seien über die Falschheit und Dummheit der Hexerei zu belehren. Wer sie praktizierte, war böse oder geistesgestört, in jedem Fall aber täuschte er sich. Es galt als unchristlicher Aberglaube, zu meinen, Hexen besäßen übermenschliche Kräfte, die sie zum Schaden der Menschen gebrauchten. Die Kanoniker bezogen sich auf das Konzil von Ankara im Jahr 314, um ihre Argumente zu untermauern. Ankara hatte ihrer Auffassung nach gelehrt, daß Hexerei nur eine teuflische Illusion sei, ohne irgendeine Basis in der Wirklichkeit.
Alle frühen Kirchenrechtssammlungen – Regino, Burchard und Ivo – argumentieren so. Ebenso auch der einflußreichste unter ihnen, Gratian. In Abschnitt 364 seiner Dekrete schreibt er, die Hexen seien verrückt, die »glauben und offen bekennen, sie ritten in der Mitte der Nacht mit der heidnischen Göttin Diana und einer zahllosen Horde von Frauen auf bestimmten Tieren, und in diesen stillen Stunden flögen sie über weite Teile des Landes und gehorchten ihr als ihrer Meisterin«.
Gewöhnliche Sterbliche wußten nicht so gut Bescheid. Sie waren damals

wie heute fasziniert von Geschichten über Hexerei, Astrologie und Horoskopen. Sie kauften auf Jahrmärkten Liebestränke und Amulette, Zauberringe und magische Spiegel. Das Christentum hat die Rituale des alten Heidentums nie ganz ausgerottet. Darum fürchteten die Gläubigen Kometen und Zeichen am Nachthimmel und bezahlten seltsam aussehende Menschen dafür, mit einer Haselrute Wasser oder vergrabene Schätze für sie zu finden. Am meisten fürchteten sie Hexen.

Diese, vor allem alte Weiber, segneten manchmal und verfluchten meist das Dorf, woraufhin das Chaos ausbrach. Wenn sie beim Betteln zurückgewiesen wurden, fügten ihre Verfluchungen den Menschen, ihrem Vieh und Land unvorstellbaren Schaden zu. Sie hatten die Schuld für den Verlust einer Kuh, den Tod eines Kindes oder eine Raupenplage. Diese Hexen waren nicht der zahme Abklatsch des modernen Halloween, obwohl Kinder mit häßlichen Masken, schwarzen, spitzen Hauben, Besenstielen und Pappkatzen an einem dunklen Abend immer noch ein unwillkürliches Schaudern erregen können. Die echten Hexen des Mittelalters, schmutzig und struppig, waren eine Quelle unermeßlichen Grauens, selbst für den Klerus, der sie als Rivalinnen um die Seelen des Volkes ansah.

Trotz alledem hatte die Orthodoxie seit Jahrhunderten die Idee mit Verachtung überschüttet, Hexen »hätten Macht, Menschen zum Besseren oder Schlechteren zu verwandeln, ja sogar in eine andere Form«.

Dann kam eine große Wende.

## *Die Inquisition greift ein*

Gregor IX., der 1231 die Inquisition gründete, war der Hauptverantwortliche. Er bekam bald beeidete Aussagen von seinen Inquisitoren, daß die Hexen begonnen hatten, sich besorgniserregend zu vermehren. Eine Hexe hier und da, in Stadt, Dorf oder Weiler hatte es schon immer gegeben, doch jetzt hatte ein neuer, schrecklicher Fluch die Menschheit heimgesucht. Wenn diese Information zutraf – und daran zweifelte er nie –, kämpfte die Kirche nicht nur um ihr Überleben, sondern für das Überleben der Welt.

Im Verhör bekannten Frauen in großer Zahl, Hexen zu sein und die gräßlichsten Praktiken zu pflegen, von denen er je gehört hatte. Einer seiner wichtigsten Informanten war der sadistische Weltpriester Konrad von Marburg. Er war Asket, und nachdem er zugesehen hatte, wie ein Zisterzienser wegen Häresie verbrannt wurde, kam ihm die Idee, das Heil könne nur durch Schmerz kommen. Seine berühmteste Konvertitin war Elisabeth, Witwe des Markgrafen von Thüringen. Sie war achtzehn und hatte drei Kinder zu erziehen, als Konrad sie überredete, ihre Kleinen im Stich zu lassen und bei Aussätzigen und Armen zu arbeiten. Um sie spiritueller zu machen, befahl er ihr, sich auszuziehen, und geißelte sie, bis das Blut zu Boden floß. Sie sagte ihrem Beichtvater später: »Wenn ich einen solchen Mann fürchte, wie muß dann Gott sein?«

Papst Gregor wählte Konrad persönlich für die Untersuchung einer Gruppe von Ketzern aus, die sich Luziferianer nannten. Durch Folter preßte er ihnen Geständnisse von solcher Greulichkeit ab, daß ganz Deutschland in Sorge war. Die Phantasien gefolterter Wahnsinniger wurden von Konrad als heilige Wahrheit akzeptiert und dem Papst übermittelt. Gregor nahm den Standpunkt ein, diese Ungeheuer müßten vom Angesicht der Erde vertilgt werden, unabhängig von Alter oder Geschlecht. Sie mußten einen Pakt mit Luzifer, dem Fürsten der Finsternis, geschlossen haben, befand er; sie verseuchten die Erde.

Konrad arbeitete hart, um so viele Ketzer zu eliminieren, wie er nur konnte. In Straßburg verbrannte er achtzig Männer, Frauen und Kinder. Niemand blieb verschont, nicht einmal Bischöfe. Sechs Jahre lang führte er eine Schreckenskampagne, bis er ermordet wurde. Sein Werk lebte nach ihm im Denken und in der Gesetzgebung Gregors IX. weiter.

Der Papst akzeptierte ohne Vorbehalt, daß der Teufel zu den Hexensabbaten erschien, verwandelt in eine Kröte, ein blasses Gespenst oder einen Kater. Dort stiftete er seine Anhänger zu den obszönsten Praktiken an.

Sobald Innozenz IV. die Folter billigte, wurden die Geständnisse der Hexen immer unglaublicher. Alte Frauen wurden regelmäßig auf dem Scheiterhaufen verbrannt, weil sie gestanden, mit Satan geschlafen und ihm Kinder geboren zu haben, die niemand gesehen hatte. Diese fehlende Sichtbarkeit machte Satans Brut nur um so bedrohlicher.

Papst Clemens V. (1305–14) wurde vom König von Frankreich dazu überredet, Nachforschungen über den Orden der Tempelritter anzustellen, der zum Schutz des Heiligen Grabes gegen die Sarazenen gegründet worden war. Der König wollte dringend ihre Länder und Besitztümer haben. Die Tempelritter wurden von der Inquisition wegen Ketzerei gefoltert, und einer von ihnen rief aus Angst vor den Flammen: »Ich würde gern zugeben, ich hätte Gott getötet.« Was dabei herauskam, war wieder eine Menge Greuel. Sie gestanden, sie verehrten einen riesigen, Baphomet genannten Götzen in Form einer Ziege. Sie sagten, der Teufel sei ihnen als schwarzer

Kater erschienen, und sie hätten mit Dämonen in Gestalt von Frauen Unzucht getrieben. Neunundfünfzig Tempelritter wurden in einem Holocaust verbrannt.
Durch die Leichtgläubigkeit der Päpste und die Schrecken der Inquisition änderte sich die Lehre zur Hexerei. Sie war nicht länger die Illusion verrückter alter Frauen. Und mit der gewandelten Auffassung ging eine ständig ansteigende Panik einher. Der Antichrist war dabei, die Erde zu übernehmen. Niemand konnte sicher sein, wer die Hexen waren und wo sie auftauchen mochten.
Wie in einem modernen Science-fiction-Roman wachten Männer nachts auf und fanden, daß ihre Frauen, die sie seit Jahren kannten und liebten, insgeheim Hexen waren. Ihre Kinder waren nicht wirklich von ihnen, sondern vom Teufel. An einigen Orten, so glaubte man, gab es mehr Hexen als Nichthexen – ein Beweis, daß das Ende der Welt nahte.

## *Eine Orgie der Zerstörung*

Wie widerlich die Verfolgung der Hexen vom 13. bis zum 15. Jahrhundert auch war – laut Lea war sie nur das Vorspiel zu »blinden und sinnlosen Orgien der Zerstörung, die Schande der nächsten eineinhalb Jahrhunderte. Die Christenheit schien im Delirium zu sein.« Ein zu langer Winter, eine zu späte Ernte bedeutete eine weitere Massenverbrennung dieser armen Frauen.
Was löste diesen neuen Ausbruch des Fanatismus aus? Die Antwort ist eine Bulle von Papst Innozenz VIII. mit dem Titel *Summis desiderantes affectibus* vom Dezember 1484. Sie ging gegen die vorherige, lange Tradition der Kirche. Die Ergüsse alter, verrückter Frauen unter der Folter wurden als Teil des christlichen Glaubens akzeptiert.

> *Männer und Frauen, die vom katholischen Glauben abweichen, haben sich Teufeln, incubi und succubi ausgeliefert (männlichen und weiblichen Sexualpartnern) und haben durch ihre Zaubereien, Bannsprüche, Beschwörungen und andere verfluchte Verbrechen Kinder ermordet, die noch im Mutterleib waren, ebenso wie die Jungen des Viehs, sie haben die Früchte der Erde verflucht ... Sie hindern die Männer daran, den Geschlechtsakt zu vollziehen, und Frauen, zu empfangen, und daher können Männer ihre Frauen nicht erkennen und Frauen von ihren Männern nicht empfangen.*

Dies war die klarste Echtheitsurkunde der Hexerei. Ab 1484 wurde jeder als Ketzer klassifiziert, der sie leugnete, sei er Bischof oder Theologe. Der Papst hatte gesprochen; die Frage war geregelt.

Nun bekannten Hexen unter der Folter, sie hätten sich eine heilige Hostie verschafft, sie einer Kröte verfüttert, die Kröte verbrannt, die Asche mit dem Blut eines Säuglings – vorzugsweise ungetauft – vermischt, dazu die gemahlenen Knochen eines Gehenkten gemischt und zum Schluß eine Prise Kräuter darübergegeben. Das ganze Gebräu wurde über den Körper der Hexe geschmiert. Wenn sie einen Stock zwischen die Beine nahm, wurde sie unverzüglich zum Treffpunkt der Hexen getragen.

Wie fantastisch die Aussage auch war – diese Frauen mußten ausgemerzt werden. Erklärte das Buch Exodus nicht: »Du sollst keine Hexe leben lassen«?

Um das Massaker zu organisieren, gab Innozenz zwei Dominikanern seine eigene, »höchste Autorität«. Diese Inquisitoren, Heinrich Kramer (oder Institoris) und Jakob Sprenger (bekannt als der Apostel des Rosenkranzes) wirkten in Deutschland, der erste im Norden, der zweite entlang des Rheins. Sie schrieben zusammen 1486 den *Malleus Maleficarum,* den Hexenhammer. Er führte den Historikern zufolge zu mehr Elend und Tod als jedes andere Buch.

Tatsächlich ist er ein Handbuch zum Aufspüren und Bestrafen von Hexen. Er enthält eine komplette Theologie der Hexerei, die im Genre des als Wissenschaft posierenden Unsinns unübertroffen ist. Drei Jahrhunderte lang war er auf der Bank jedes Richters, auf dem Schreibtisch jedes Magistrats. Das Vorwort zu den zahlreichen Auflagen dieses unheilvollen Buches war die Bulle Innozenz' VIII.

## *Der »Hexenhammer«*

Die Autoren bringen ihre manichäische Grundüberzeugung früh zum Ausdruck: Satan beeinflußt direkt die Menschen, verwandelt sogar ihre Gestalt und fügt ihnen bleibenden Schaden zu. »Auf diese Weise«, schließen sie, »könnten sie die ganze Welt zerstören und in völlige Verwirrung stürzen.«

Eine der ersten Fragen im Buch lautet: Können Kinder vom Teufel gezeugt werden? Die Antwort ist ja.

Zu den Hexensabbaten werden die Teilnehmer durch die Luft transportiert, auf einem Stock, Hocker oder Dämon in Gestalt eines Hundes oder

einer Ziege reitend. Sie treffen sich mit dem Teufel, der als gehörntes Tier anwesend ist – Hirsch, Bock oder Stier. Nach den höllischsten Riten und sexuellen Zügellosigkeiten paaren sich die Hexen mit Satan selbst.
Wie ist eine solche Paarung möglich? Kramer und Sprenger haben die Antwort: künstliche Besamung.

> *Die Teufel sind an der Zeugung beteiligt, nicht als essentielle Ursache, sondern als sekundäre, künstliche Ursache, denn sie mischen sich eifrig beim normalen Prozeß der Paarung und Empfängnis ein, indem sie sich menschlichen Samen verschaffen und ihn selbst transportieren.*

Der *incubus*-Teufel übernimmt die Rolle des Mannes, der *succubus* die Rolle der Frau bei der Paarung mit Menschen. Im Fall des *incubus* »entspringt der Same nicht so sehr von ihm, denn es ist vielmehr der Same eines anderen Mannes, den er zu diesem Zweck gesammelt hat«. Eigentlich sind die Kinder, die aus satanischem Geschlechtsverkehr stammen, nicht im strengen Sinne vom Teufel; er besamt die Frau nur künstlich. Sein Ziel ist es, die Menschen durch das bereits besudelte Mittel des Sex zu besudeln. Denn wird nicht durch Sex die Erbsünde von einer Generation zur nächsten weitergegeben, die Sünde, die die Menschheit Gott entfremdet? Nirgends ist der Abscheu des mittelalterlichen Klerus vor dem Sex deutlicher als im *Hexenhammer*. Der Teufel belegt, weil er machtlos ist, andere Bereiche menschlichen Tuns zu beeinflussen, den Sex und den Geschlechtsakt mit einem Zauber. Der Grund ist: »Die Macht des Teufels liegt in den Geschlechtsteilen der Menschen.«
Sie erklären auf pseudowissenschaftliche Weise, wie Teufel männlichen Samen über riesige Entfernungen transportieren, ohne daß er seine zeugungskräftige Hitze verliert. Sie bewegen sich zu schnell, als daß er verdunsten könnte.
Teufel haben ein weiteres wunderbares Talent: Sie können Männer ihr Geschlecht verlieren lassen. Stammten diese Passagen nicht aus dem blutrünstigsten Buch, das je geschrieben wurde, so wären sie mit dem Komischsten von Rabelais zu vergleichen. Die erste ist über

> *einen ehrwürdigen Pater vom dominikanischen Haus in Speyer, wohlbekannt für die Ehrbarkeit seines Lebens und für seine Gelehrsamkeit. »Eines Tages«, sagt er, »hörte ich Beichte, und ein junger Mann kam zu mir und sagte bei seiner Beichte traurig, er habe sein Glied verloren. Ich war erstaunt darüber und nicht willens, ihm einfach Glauben zu*

*schenken, denn nach der Meinung der Weisen ist es ein Zeichen der Leichtfertigkeit, zu leicht zu glauben; doch ich erhielt den Beweis, als der junge Mann die Kleider auszog und die Stelle zeigte und ich nichts sah. Dann folgte ich dem weisesten Rat und fragte ihn, ob er irgend jemanden im Verdacht habe, ihn verzaubert zu haben. Und der junge Mann sagte, er habe jemanden im Verdacht, doch sie sei nicht hier und wohne in Worms. Da sagte ich:* »*Ich rate dir, geh so bald wie möglich zu ihr und versuche dein Bestes, sie mit freundlichen Worten und Versprechungen zu besänftigen*«; *und das tat er. Denn nach ein paar Tagen kam er zurück, dankte mir und sagte, er sei geheilt und habe alles wieder. Und ich glaubte seinen Worten, prüfte sie aber wieder mit meinen Augen nach.*

Beichten müssen in jenen Tagen recht interessant gewesen sein. Scholastische Theologie – der hl. Thomas Morus definierte sie als »einen Bock in ein Sieb melken« – wird als nächstes verwendet, um dies Phänomen zu klären. Laut Kramer und Sprenger hatte der junge Mann trotz des Augenscheins sein Glied nicht verloren. Der Teufel würde es nicht so leicht entfernen, denn Sex ist seine wichtigste Quelle der Kontrolle über die Menschen. Statt dessen bewirkt der Teufel durch irgendeinen Kunstgriff, daß das männliche Glied nicht zu sehen oder zu fühlen ist. Der Teufel könnte einen keuschen Mann nicht täuschen – jedenfalls nicht, was sein eigenes Glied betrifft –, doch wenn dieser keusche Mann, wie der heilige Beichtvater in Speyer, nach dem Glied eines anderen schaute, könnte er dies vielleicht nicht sehen.
Der Teufel könnte das männliche Glied abreißen, wenn er wollte, und dies wäre sehr schmerzhaft. Doch aus den bereits angegebenen theologischen Gründen geht er ungern so weit.
Durch Folter hatten die Inquisitoren den Hexen Geständnisse abgepreßt, sie sammelten Geschlechtsorgane, wahrscheinlich nur männliche.

*Was soll man von den Hexen denken, die ... männliche Organe in großer Zahl sammeln, bis zu zwanzig oder dreißig Glieder insgesamt, und sie in ein Vogelnest legen oder in einen Kasten schließen, wo sie sich selbst wie lebende Glieder bewegen und Hafer und Korn essen? ... Es geschieht alles durch das Werk und die Täuschung des Teufels ... Denn ein bestimmter Mann sagt mir, er habe sein Glied verloren, und ging zu einer bekannten Hexe, um sie zu bitten, es ihm wiederzugeben. Sie sagte dem armen Mann, er solle auf einen bestimmten Baum klettern und aus einem Nest, in dem mehrere Glieder waren, das nehmen, was ihm gefiel. Und als er versuchte, ein großes zu nehmen, sagte die Hexe: »Das darfst du nicht nehmen«, und fügte hinzu: »weil es einem Pfarrer gehört.«*

Zur Angst der Autoren vor dem Sex kam ein anerzogener Frauenhaß hinzu. Es fiel ihnen leicht zu glauben, daß Frauen männliche Geschlechtsorgane entfernten. Sprenger äußert seine eigene Sicht in einem anderen Werk: »Ich hätte lieber, daß ein Löwe oder Drache in meinem Haus los wäre als eine Frau. ...Bei ihrer geistigen und körperlichen Schwäche ist es nicht überraschend, daß Frauen so oft Hexen werden. ...Eine Frau ist die personifizierte Fleischeslust. ... Wenn eine Frau keinen Mann bekommen kann, wird sie sich mit dem Teufel selbst zusammentun.«

## *Die große neue Säuberung*

Gewappnet mit unanfechtbarer Macht vom Papst zogen die beiden Inquisitoren durch das Land, schreibt Lea; »sie ließen eine Spur von Blut und Feuer zurück und weckten in allen Herzen grauenhafte Angst, inspiriert von dem absoluten Glauben an alle Schrecken der Hexerei, den sie ihnen so eingeflößt hatten.« Die Autoren des *Hexenhammer* legten das Grundprinzip fest, daß eine Hexe durch ihr eigenes Geständnis überführt werden muß. Wenn nicht freiwillig, dann durch jedes andere Mittel.

Da Hexen als vom Teufel besessen galten, hatten sie keine Rechte. Man durfte sie anlügen, mißhandeln, foltern, töten. Sie wurden als fremdartige, nichtmenschliche Feinde Christi und der Menschheit behandelt. Es wird oft von Päpsten, einschließlich dem gegenwärtigen, gesagt, nicht an den Satan zu glauben sei gefährlich für die Moral. Demgegenüber steht die erschreckende Ungerechtigkeit, die der Glaube an den Satan in den Hexenverfolgungen zur Folge hatte.

Die angewendeten Foltern waren vielfältig. Daumen, Zehen und Beine wurden in Schraubstöcke gepreßt. Die Opfer wurden blutig gepeitscht. Merkwürdigerweise galten Auspeitschungen, Daumenschrauben, selbst die Streckbank nur als Teil des Vorgeplänkels. Sie wurden nicht als »eigentliche Folter« klassifiziert.

Der Erzbischof von Köln stellte einen Folterkatalog auf, der neunundvierzig Maßnahmen nebst Preisen aufführte, zahlbar von der Familie des Opfers an den Folterer. So kostete das Herausschneiden der Zunge und Ausgießen des Mundes mit glühendem Eisen zum Beispiel fünfmal soviel wie ein einfaches Auspeitschen im Gefängnis. Es war eine Art Horror-Supermarkt. Wenn die Hexe die Todesstrafe erlitt, feierten die Folterer das mit einem Bankett, für das die Familie des Opfers ebenfalls zahlen mußte. Wenn eine »Hexe« gestand, sparte sie nicht nur ihrer Familie eine Menge Geld, sie gewann auch für sich selbst einen weniger schmerzhaften Abschied von dieser Welt: Sie wurde vor dem Verbrennen erwürgt.

Die Berichte zeigen, daß eine Frau sechsundfünfzigmal gefoltert wurde und immer noch nicht gestand. In Deutschland wurde 1629 einer Frau Alkohol über den Kopf gegossen und dann angezündet. Danach wurden ihr die Hände hinter dem Rücken gefesselt, und man ließ sie drei Stunden lang an der Decke hängen, bevor die »eigentliche Folter« begann.

Dem *Hexenhammer* folgten andere Handbücher. Eines von ihnen waren die *Abhandlungen über Zauberei* im frühen siebzehnten Jahrhundert, geschrieben von dem Franzosen Henri Boguet. Seiner Meinung nach sollte man Kinder zwingen, gegen ihre Eltern auszusagen. Selbst kleine Kinder mußte man foltern, um die Wahrheit herauszubekommen. Wenn sie selbst Hexen waren, waren auch sie zu töten, freilich mit mehr Erbarmen – etwa durch Erhängen.

Die Hexenjäger schienen nie zu begreifen, daß sie Hexen machten. Unter der Folter sagten ihre Opfer alles, was von ihnen erwartet wurde. Ja, sie hatten zu mitternächtlicher Stunde einen Pakt mit dem Teufel geschlossen und ihre Seele für Gold eingetauscht. Ja, sie hatten sich in Katzen und andere Bestien wie Werwölfe verwandelt. Ja, mit ihrem Bösen Blick hatten sie Brunnen vergiftet und mit einem Fluch Hagel und unzeitigen Frost gebracht. Ja, sie hatten in ihrem hohen Alter mit Satan kopuliert – sein Penis war dünn und gefroren wie ein Eiszapfen, und sein Same, wie kalt! Ja, sie hatten ihm auch einen Sohn geboren, ein Ungeheuer mit Wolfskopf und Schlangenschwanz, das sich zwei Jahre lang vom Fleisch neugeborener Kinder nährte, bis es sich in Luft auflöste.

Hexen gestanden, sie hätten Leute verzaubert, daß sie aus allen Körperöffnungen – Mund, Penis, Vagina – die seltsamsten Gegenstände ausschieden: Haarlocken, Nadeln, Steine, Schweineborsten, Papierbälle mit dämonischen Schriftzeichen. Laut Peel und Southern »stattete ein Autor als Äußerstes seiner verqueren Phantasie den Teufel mit einem langen, gegabelten Penis aus, so daß er Sex und Sodomie gleichzeitig genießen konnte«.

Im Verhör bei den Inquisitoren gestanden ganze Nonnenklöster bereitwillig, regelmäßig mit dem Teufel Unzucht zu treiben. Je wüster ihre Erfin-

dungen, desto leuchtender wurden die Augen der Inquisitoren. Ihre schlimmsten Alpträume bestätigten sich. Sie argwöhnten nie, daß die Beschuldigten einfach das Ende ihrer Qualen wollten.
Durch eine noch immer nicht voll verstandene Perversion traten Unschuldige vor und bezichtigten sich der gräßlichsten Verbrechen. Es war, als wollten sie einmal für kurze Zeit bekannt sein, auch wenn sie dafür auf den Scheiterhaufen mußten.
Diese bizarren Geständnisse zwangen die Handbuchautoren, bislang unbekannte sexuelle Abartigkeiten in die Listen einzufügen. Sodomie bedeutete nun auch die Paarung eines Mannes mit einem männlichen Teufel. Ehebruch bedeutete auch, daß eine Hexe mit Satan schlief.
Als Ergebnis von Folterphantasien wurde einer der angesehensten Berufe zum schändlichsten. Eine der außerordentlichsten Feststellungen in Kramers und Sprengers Buch lautet: »Niemand schadet dem katholischen Glauben mehr als die Hebammen.« Was war ihr Vergehen? Manchmal töteten sie Babys im Mutterleib oder direkt nach der Geburt, indem sie Nadeln in ihre Fontanelle stachen, so daß die Kinder, ungetauft, direkt in Satans feuriges Reich fuhren. Andere Male weihten sie Neugeborene ihrem Herrn und Meister, dem Teufel. Beim Bemühen des Teufels, Gott nachzuäffen und die Welt zu übernehmen, waren Hebammen seine engsten Verbündeten. So wuchs die Bande der Bösen Tag für Tag.
Eineinhalb Jahrhunderte lang fürchtete jeder vom König bis zum einfachen Untertanen diese Geheimorganisation, die die Grundfesten der Welt untergrub. Es gab Geschichten von Hexensabbaten, die Massen von über 25000 Menschen anzogen; sie alle hielten Kerzen, so daß die Nacht zum Tag wurde, und huldigten Satan in der Parodie von Riten, die Christen heilig waren. Nach der Bulle Innozenz' VIII. gab es immer mehr schwarze Magie, die schwarze Messe wurde zur Alltäglichkeit. Viele abtrünnige Priester zelebrierten sie. Dies war zum Teil ein sozialer Protest gegen die Unterdrückung durch die Kirche, zum Teil die Lust am Okkulten. Oft, wenn eine geweihte Hostie verwendet wurde, wurde sie unter obszönen Beschwörungen mit Buchstaben aus Blut beschriftet.
Auf Hochmooren oder in mondbeschienenen Lichtungen, an freitäglichen Hexensabbaten mit dreizehn Teilnehmern oder bei riesigen jahreszeitlichen Sabbatversammlungen veranstalteten Hexen ihre Maskerade, die Verehrung Satans in einem Ziegenkopf. Jedes Ritual der Messe wurde umgekehrt. Sie trampelten auf das Kreuz; sie beteten mit dem Rücken zum Himmel und dem Gesicht zur Erde; sie tanzten sogar rückwärts. Der Teufel predigte ihnen und versicherte, sie hätten keine Seele und es gebe

kein Leben nach dem Tod. Die Zeremonie endete, wie man erzählte, indem sie dem Teufel den Hintern küßten, einen Blutsbund mit ihm schlossen und schließlich wilde, wahllose Sexorgien feierten.

Die Kirche setzte ihre eigenen Formen der Magie gegen die Schwarze Kunst ein. Es gab Weihwasser, geweihte Kerzen, Kirchenglocken, Medaillen, den Rosenkranz, Anrufung der Heiligen, Reliquien, Exorzismen und Sakramente.

Trotz dieser Schutzmittel schien die Kirche die Schlacht zu verlieren. Die Hexerei nahm weiter zu, gerade durch die Methoden, die die Päpste zu ihrer Ausmerzung erdacht hatten. Unter der Folter nannten Hexen Komplizen, die wiederum weitere nannten. Die Welt, die vor nicht langer Zeit im einen oder anderen Dorf oder Flecken ihre Hexe mit der vertrauten Katze, dem Raben oder der Krähe gehabt hatte, war nun voller Hexen. Hexen, hieß es, hatten mehr Anhänger als die Jungfrau Maria. Sie bildeten eine Antikirche, in der angeblich viele Kardinäle aktiv waren. Die Macht Satans war fast so groß wie die Gottes.

Die Lage war verzweifelt und erforderte verzweifelte Heilmittel. Laut dem *Hexenhammer* war jedes Mittel recht, um mit dem Teufel fertig zu werden. So lautete der Rat des Buches an Inquisitoren, die Hexen verhörten: Versprecht ihnen eine geringere Buße, wenn sie sich schuldig bekennen. Wenn sie überführt sind, gebt ihnen eine geringere Buße, bevor ihr sie verbrennt. Versprecht, keine Hexe zu verurteilen, die andere belastet. Danach laßt sie von einem anderen Inquisitor verurteilen. Viele Hexen gingen auf den Scheiterhaufen und beklagten sich, man habe ihnen Gnade versprochen, wenn sie Namen nannten oder ihre Schuld bekannten.

Nicht einmal Kramer und Sprenger konnten erklären, warum sie Hexen, Sprachrohren des »Vaters der Lüge«, glaubten oder warum scheinbar so machtvolle Hexen sich widerstandslos fangen, foltern und verbrennen ließen. Nicht ein einzigesmal wird von einer Hexe berichtet, die erfolgreich einen Inquisitor verfluchte, einen Folterer blendete oder am Leben blieb, nachdem man sie auf dem Scheiterhaufen verbrannt hatte.

Immer mehr wurden hingerichtet. Zuvor waren es eine oder zwei, nun wurden sie in Massen verbrannt. Unter den Verurteilten waren Mädchen von sechs Jahren. »Ein Bischof in Genf«, schreibt Lea in *The Inquisition in the Middle Ages*, »soll innerhalb von drei Monaten fünfhundert verbrannt haben, ein Bischof von Bamberg sechshundert, ein Bischof von Würzburg neunhundert.« So ging es weiter. Im Jahr 1586 ließ der Erzbischof von Trèves 118 Frauen und zwei Männer verbrennen, weil sie den Winter verlängert hätten.

## Päpstliche Verantwortung

Es wäre töricht anzunehmen, das Papsttum hätte die Hexerei erfunden. Sie war da, bevor das Christentum aufkam, und die Kirche hat sie nie völlig ausgemerzt. Es kann jedoch keinen Zweifel geben, daß das Papsttum eine entscheidende Rolle beim erneuten Auftreten und der grausamen Behandlung von Hexen gespielt hat.

Döllinger schreibt in *Der Papst und das Konzil*, die ganze Behandlung von Hexen sei teils direkt, teils indirekt das Ergebnis der unanfechtbaren Autorität des Papstes gewesen. Lea stimmt ihm bei: »Die Kirche gab ihre überwältigende Autorität dazu her, den Seelen der Menschen Glauben aufzuzwingen. Die bösen Kräfte von Hexen wurden in den Bullen aufeinanderfolgender Päpste wiederholt erwähnt, und die Gläubigen mußten implizit an sie glauben.«

Vor Innozenz VIII. stand es im Widerspruch zum Glauben, zu behaupten, Hexen hätten diese Kräfte; nach Innozenz war es Ketzerei, sie zu leugnen, strafbar mit Feuer. Der Widerspruch zur früheren Lehre war so offensichtlich, daß die Theologen sich auf Winkelzüge verlegen mußten, um ihm zu begegnen. Die Inquisitoren argumentierten, die Hexen, die Ankara und Gratian gemeint hatten, die Harmlosen, seien ausgestorben. Eine neue und zähere Rasse sei an ihre Stelle getreten; sie war es, die mit dem Teufel im Bund war, um eine Art satanische AIDS-Kampagne durchzuführen und das Gemeinwesen zu infizieren. Päpstliche Autorität – in der Person Innozenz' VIII., Alexanders VI., Leos X., Julius' II., Hadrians VI. und vieler anderer – garantierte die Existenz der Hexen und ihrer übernatürlichen Kräfte, besonders im Bereich des Sex. Noch 1623 bestimmte Gregor XVI., jeder, der einen Pakt mit Satan schlösse, um Impotenz bei Tieren zu bewirken oder die Früchte der Erde zu schädigen, sei durch die Inquisition zu lebenslänglicher Haft zu verurteilen.

Dann besagte 1657 eine Instruktion von der römischen Inquisition ohne Vorwarnung oder Erklärung, seit sehr langer Zeit sei nicht ein einziger Prozeß korrekt geführt worden. Die Inquisitoren hätten durch rücksichtslose Anwendung der Folter und andere Regelwidrigkeiten gefehlt. Kein Wort wurde über die Rolle des Papstes bei der Sanktionierung von Folter und Lügen gesagt, kein Wort, warum so viele Päpste durch die Bejahung der Realität von Hexen der Tradition widersprochen hatten. Vor allem wurde mit keinem Wort Bedauern über die vielen tausend ausgedrückt, die in einer der schwärzesten Perioden der europäischen Geschichte getötet worden waren.

Über mehrere Jahrhunderte hatten die Päpste einem praktischen Manichäismus Vorschub geleistet, nach dem der Teufel Macht über die halbe Christenheit beanspruchte. Nun wurde ohne ein Wort der Erklärung diese ganze Lehre fallengelassen, als wäre kein Oberhirte je so töricht gewesen, sie zu vertreten. Es ist nie leicht, sich für Fehler zu entschuldigen. Es scheint, als müßte es für eine Autorität, die beansprucht, nicht irren zu können, fast unmöglich sein.

Ein sehr besorgniserregender Aspekt der Hexerei war, daß der Sabbat an einem Freitagabend begann. Konnte es sein, daß die Inquisitoren ihren Opfern dies suggerierten, weil es mit einer anderen dämonischen Zeremonie zusammenfiel, dem jüdischen Sabbath?

## *Verfolgung der Juden*

Papst Paul IV., der Juden haßte, hatte stundenlang an einem Dokument gearbeitet und dabei unablässig an dem schwarzen, melassedicken Wein seines geliebten Neapel genippt. Bald war es fertig. Am 17. Juli 1555, nur zwei Monate nach seiner Wahl, veröffentlichte er *Cum nimis absurdum*, eine Bulle, die in frommen Anthologien päpstlicher Dokumente nie erscheint. Denn sie sollte sich als Meilenstein in der Geschichte des Antisemitismus erweisen.

## *Päpstlicher Antisemitismus*

Mit dieser Bulle hat sich Paul eine Auszeichnung verdient, die er seinem Lieblingsneffen zugedacht hatte, dem Kardinal Carlo Carafa: »Sein Arm ist bis zum Ellbogen von Blut gefärbt.« Es ist keine Überraschung, daß in Pauls kurzem Pontifikat die Bevölkerung Roms fast halbiert wurde. Die Juden, die nirgendwohin fliehen konnten, trugen die Hauptlast seiner Bigotterie.

Er kannte alle kirchlichen Edikte gegen das Judentum auswendig. Der Angriff auf die Juden hatte sehr früh begonnen.

Im Römischen Reich hatten die Juden die anfängliche Feindseligkeit überwunden und durch das Edikt von Caracalla 212 volles Bürgerrecht gewonnen. Ein Jahrhundert später, als Konstantin Christ wurde, begann die Judenverfolgung.

Sie wurden von allen bürgerlichen und verwaltenden Posten ausgeschlossen, durften keine Christen anstellen, keine medizinische Hilfe von ihnen bekommen oder ihnen leisten. Mischehen zwischen Christen und Juden wurden als Ehebruch klassifiziert und mit dem Tod bedroht. In einem Gerichtsverfahren zwischen Christen und Juden waren nur christliche Zeugen zulässig. Kirchenväter wie Ambrosius im Westen und Johannes Chrysostomos im Osten lieferten eine theologische Basis für die Judenverachtung, die noch heute Schrecken verursachen kann.

Der bei weitem gütigste der Päpste, Gregor der Große, verbot zwar Folter und Verfolgung der Juden, war sich aber nicht zu schade, sie durch Bestechung zur Taufe zu bringen. Jeder Jude in Rom, der sich bekehrte, bekam seine Miete um ein Drittel ermäßigt. Er schrieb:

> *Denn selbst wenn sie selbst mit geringem Glauben kommen, so wird gewiß mehr Glaube in ihren Kindern sein, die getauft sind, so daß wir die Kinder gewinnen, wenn wir die Eltern nicht gewinnen. Deshalb ist jede Ermäßigung der Miete um Christi willen nicht als Verlust zu betrachten.*

Innozenz III. und das Vierte Laterankonzil von 1215 nahmen die Sache des Antisemitismus mit Elan auf. Und Paul IV., der jede Art der Abweichung haßte, war entschlossen, mit untadeliger Grausamkeit das Werk des großen Innozenz fortzuführen.

*Cum nimis absurdum* betonte, daß die Christusmörder, die Juden, von Natur aus Sklaven und als solche zu behandeln waren. Zum erstenmal im Kirchenstaat wurden sie auf ein besonderes Gebiet beschränkt, das nach der venezianischen Gießerei »Ghetto« genannt wurde. Jedes Ghetto sollte nur einen Eingang haben. Die Juden mußten den Christen ihr Eigentum zu Dumpingpreisen verkaufen; bestenfalls erreichten sie 20% des Wertes, schlimmstenfalls bekamen sie für ein Haus einen Esel, für einen Weinberg einen Anzug. Sie durften nicht kaufmännisch tätig sein oder mit Korn handeln, nur andere Nahrungsmittel und gebrauchte Kleidung (*strazzaria*) verkaufen. So war ihr Status auf den der Lumpensammler reduziert. Sie durften in jeder Stadt nur eine Synagoge haben. In Rom wurden sieben von acht zerstört, in der Campagna achtzehn von neunzehn. Sie waren schon ohne Bücher; als Kardinal hatte Paul IV. sie alle verbrannt, einschließlich des Talmud. Sie mußten als Kennzeichen in der Öffentlichkeit einen gelben Hut tragen. Sie durften nur Italienisch und Latein beim Sprechen, in ihren Kalendern und Konten benutzen. Sie durften nie Christen irgendeine Arbeit geben oder Dienste von ihnen annehmen, seien es auch nur die einer Amme. Sie durften nicht *signor*, mein Herr, genannt werden, nicht einmal von Bettlern. Sie mußten ein Haus für Katechumenen bauen und bezahlen, d. h. für bekehrte Juden. Zensoren für jüdische Bücher mußten von den Juden bezahlt werden, ebenso wie der nichtjüdische Torhüter, dessen Aufgabe es war, sie für die Nacht einzuschließen.

Seit den römischen Zeiten hatten die Juden dahin tendiert, in den gleichen Vierteln zu wohnen. Dort konnten sie ihr rituelles Schlachthaus und ihre Bäder bauen, ihre Synagogen, Studienhäuser, Gerichte und Friedhöfe. Sie fühlten sich sicherer *af der yiddisher gas* (auf der jüdischen Gasse), wo man sie wenigstens in Ruhe ließ. Doch zwangsweise am gleichen Ort zu wohnen wie Vieh, bei Anbruch der Dunkelheit heimkommen zu müssen, weder das Land noch ihre Häuser zu besitzen – das war etwas bedrohlich anderes.

Die römischen Juden litten besonders, weil ihr Ghetto sich am rechten Tiberufer hinzog, malariaverseucht und oft so überschwemmt wie Venedig. Innerhalb eines Umkreises von zwei- bis dreihundert Metern waren vier- bis fünftausend Menschen zusammengepfercht. Einem jüdischen Autor zufolge »waren sie gekleidet in Lumpen, lebten von Lumpen und gediehen an Lumpen«. Nur Freitag abend kamen sie aus ihren Lumpen heraus, wenn der alte Ausrufer verkündete: »Der Sabbath hat begonnen«, denn nun, am Sabbath, war jeder Jude König in Israel.

Die Wirkung von Pauls Bulle setzte sofort ein. Innerhalb von Tagen gab es ein Ghetto in Venedig, ein weiteres in Bologna, genannt das Inferno. Pauls Ziel war die Bekehrung der Juden en masse. Viele traten auch zum Christentum über; die meisten taten es nicht. Daraus entstanden überall Greuel. In Ancona hatten sich Marranen niedergelassen, bekehrte Juden aus Portugal, denen frühere Päpste zugesichert hatten, sie würden in Frieden gelassen werden, um ihren alten Glauben zu praktizieren, obwohl sie mit Gewalt bekehrt worden waren. Paul IV. zog diese Zusicherungen am letzten Tag des April 1556 zurück. Die Marranen zerstreuten sich rasch, doch vierundzwanzig Männer und eine Frau wurden in Autodafés im Frühjahr und Frühsommer desselben Jahres lebend verbrannt. Fern von den Feuern sprachen die Juden den *Kaddish: Yiskaddal veyiskaddash*, ihr uraltes Gebet.

Paul starb 1559, doch seine Bulle war Vorbild für eine Haltung, die drei Jahrhunderte Bestand hatte. Im Juni 1566 taufte Pius V. persönlich zwei erwachsene Juden und ihre drei Kinder; fünf Kardinäle fungierten als Paten. 1581 kam Gregor XIII. zu der verblüffenden Feststellung, die Schuld der Juden für die Ablehnung und Kreuzigung Christi werde »nur tiefer im Lauf der Generationen und bringt ewige Sklaverei mit sich«.

In der Romagna wurden zwei Priester, ehemalige Juden, dazu abgestellt, sich am Sabbath Zutritt zu den Synagogen zu erzwingen. In einem Akt der Entweihung stellten sie ein Kruzifix vor die Bundeslade und predigten Jesus als Gott und Messias. Überall wurden Synagogen monatelang unter dem Vorwand geschlossen, ein einziges nicht zugelassenes Buch sei dort gefunden worden. Viele Bücher waren offensichtlich dorthin praktiziert worden. Häuser wurden aufgebrochen, durchsucht und zerstört. Jede Entschuldigung war gut genug dafür, das Oberhaupt einer jüdischen Familie zur Gehirnwäsche ins Haus der Katechumenen zu schicken. Ein Jude, der sich dem Gebäude ohne Erlaubnis näherte – etwa ein Rabbi, der seine Mitjuden von der Bekehrung abhalten wollte –, wurde wüst verprügelt. Im Jahr 1604 wurden Rabbi Joshua Ascarelli, seine Frau und vier Kinder in die *Casa* geschickt. Vater und Mutter weigerten sich auch nach langer Haft nachzugeben. Sie wurden entlassen. Ihre Kinder behielt man dort. Ohne ihre Eltern wurden sie schließlich weich, und man taufte sie. Als die Eltern kamen, um sie heimzuholen, sagte man ihnen, sie sollten sich fortscheren, bevor sie gepeitscht würden.

1639 plauderte ein Jude in Rom freundschaftlich mit einem Dominikanerpriester und bot ihm im Scherz an, sein Kind taufen zu lassen, falls der Papst ihm Pate stehe. Sein Scherz kostete ihn seine beiden Söhne, von denen einer noch in der Wiege lag. Diese Beleidigung ihrer Rasse verursachte einen Aufstand im Ghetto; er wurde brutal unterdrückt.

Zwischen 1634 und 1790 »bekehrten sich« 2030 Juden in Rom. Benedikt XIII. taufte sechsundzwanzig als Zeichen seiner Huld. Bekehrungen wurden mit Feuerwerk und Prozessionen in der Nachbarschaft der Ghettos gefeiert, wo die Juden, die meist zum Schweigen verurteilt waren, die Faust in der Tasche ballten. Wenn sie gezwungen wurden, zur Kirche zu gehen und Predigten anzuhören, wurden sie von den Nichtjuden mit Schmutz beworfen. In der Kirche gingen Büttel mit Stöcken um, um sie wachzuhalten. Manchmal wurden sie medizinisch untersucht, um sicherzustellen, daß diese »hinterlistigen Juden« nicht von ihrer Gemeinde ausgewählt waren, weil sie taub waren. Kaum ein demütigendes Detail wurde übersehen. Sie durften bei Beerdigungen keine brennenden Kerzen tragen oder über den Gräbern ihrer Toten Steine aufstellen, und so wurde das römische Recht verletzt, von dem die Christen selbst profitiert hatten: Ein Friedhof ist so heilig wie ein Tempel.

Ein christlicher Aberglaube der Zeit war, daß jeder, der einen Ungläubigen zur Taufe brachte, sich den freien Zugang zum Paradies verdiente. Schläger streiften durch die Stadt, griffen sich jüdische Kinder und tauften sie mit Regenwasser. Im achtzehnten Jahrhundert befand Benedikt XIV., ein Kind, das gegen seinen oder den elterlichen Willen und gegen die Prozeduren des kanonischen Rechts getauft werde, sei trotzdem Christ und müsse als solcher leben. Tat es das nicht, wurde es als Ketzer eingestuft, mit den furchtbaren Strafen, die das nach sich zog. Die Ghettos hallten wider von Klagen, wenn solche Verbrechen verübt wurden. Sie trauerten auch, wenn ein zum Christentum bekehrter Jude tat, was der Priester ihm sagte, und seine Kinder aus dem Ghetto entführte. Sobald sie getauft waren, durfte ihre Mutter sie nie wiedersehen.

In den schlimmsten Tagen päpstlicher Unterdrückung in Rom lebten die Juden in einem mit hohen Mauern umgebenen Bereich. Natürlich mußten sie nach oben bauen. Folglich brachen die Häuser zusammen, manchmal während einer Hochzeitsfeier. Brände griffen rasch um sich. Hygiene gab es praktisch nicht, und so verstärkte sich der Mythos, Juden hätten einen widerlichen Geruch, der erst bei der Taufe verschwände.
Ramazzini, bekannt als Vater der Berufskrankheiten, untersuchte italienische Juden und veröffentlichte seine Befunde 1700 in seinem Buch *De morbis artificum*. Sie zeigten, schrieb er, alle Symptome des seßhaften Lebens. Ihre Frauen litten an früher Blindheit. Sie hatten überdurchschnittlich viel Kopfschmerzen, Zahnschmerzen, Halsschmerzen und Lungenkrankheiten. Die Päpste waren verantwortlich für Generationen von Schmerzen, die nicht im Geschichtsbuch stehen.
Die Französische Revolution brachte das Zeitalter der Aufklärung. Den Vatikan erreichte die Aufklärung nicht. Eine geschlossene Reihe von Päpsten verstärkte die alten Vorurteile gegen Juden und behandelte sie als Aussätzige, unwürdig, durch das Gesetz geschützt zu werden. Auf Pius VII. folgte Leo XII., Pius VIII., Gregor XVI., Pius IX. – alle gute Schüler Pauls IV.
Wenn Juden irgend etwas kauften oder verkauften, das im katholischen Gottesdienst verwendet wurde – einen Kelch, einen Rosenkranz, ein Kruzifix –, mußten sie 200 Scudi Strafe zahlen. Die gleiche Strafe wurde dafür erhoben, Rom ohne Erlaubnis des Inquisitors zu verlassen. Wenn ein christlicher Arzt gerufen wurde, einen Patienten im Ghetto zu behandeln, mußte er zuerst versuchen, ihn zu Christus zu bekehren. Gelang ihm das nicht, so mußte er sofort gehen. Drei oder vier jüdische Kinder wurden jeden Montag zur Taufe geholt und zu Christen gemacht. Wer dem wider-

sprach, selbst wenn es die Eltern waren, wurde vor die Inquisition gezerrt. Wenn zwei Christen bezeugten, ein Jude habe mit Worten oder Taten einen katholischen Priester oder die wahre Religion beleidigt, wurde er hingerichtet.

Leo XII. (1823–29) befand, die Christen würden zu lasch. Er sperrte die Juden wieder in Ghettos ein. Auch verbot er die Pockenimpfung während einer Epidemie, weil es »gegen das Naturgesetz« sei. Aber die wirkliche Enttäuschung war Pius IX.

Er war ein enttäuschter Liberaler und erließ noch strengere Gesetze gegen die jüdische Gemeinschaft. Cecil Roth schreibt in seiner *History of the Jews in Italy* (1946) von einem wohlhabenden Juden, der unter Pius IX. ins Gefängnis geschickt wurde, weil er eine alte Christin seine Wäsche besorgen ließ. Inzwischen hatten die Juden im größten Teil der Welt Freiheit und Würde erlangt. Nicht aber in Rom oder im Kirchenstaat. Das Haus der Katechumenen war noch immer geöffnet. Im Jahr 1858 war es der Schauplatz des vielleicht schlimmsten aller Mißbräuche.

Ein Mädchen in Bologna hatte ihrem Beichtvater sub sigillo gesagt, daß sie vor sechs Jahren illegal als Dienstmädchen bei einer jüdischen Familie namens Mortara gearbeitet hatte. Sie hatten einen Sohn, und weil das Mädchen dachte, er liege im Sterben, taufte sie ihn. Ihr Beichtvater sagte ihr, es sei ihre Pflicht, die Behörden zu informieren. Mit Befehl vom Klerus ergriff die Polizei den siebenjährigen Edgardo und schickte ihn nach Rom, damit er als Christ erzogen würde. Diese *cause célèbre* löste in ganz Europa einen Sturm aus. Franz Joseph von Österreich und Napoleon III. von Frankreich warnten beide den Papst, er errege weltweiten Unmut. Im Mansion House in London wurde ein Massentreffen abgehalten. Der angesehene britische Jude Sir Moses Montefiore reiste nach Rom, um den Papst persönlich zu bitten. Pius IX. blieb eisern.

Nach einer triumphalen Parade durch das römische Ghetto wurde Edgardo Mortara den feierlichen Zeremonien der Taufe übergeben. Er wurde als Christ erzogen und wurde später ein angesehener Missionspriester. Wieder einmal fehlte einem persönlich frommen Papst jedes Gespür für natürliche Gerechtigkeit gegenüber Juden.

Im September 1870 eroberten italienische Truppen Rom. Sie wurden von Jubelszenen begrüßt, die nur mit der Wiedereroberung der Stadt durch die Alliierten nach der Nazi-Besetzung im Zweiten Weltkrieg zu vergleichen sind. Elf Tage nach dem Fall Roms bekamen die Juden am 2. Oktober 1870 durch königlichen Beschluß die Freiheit, die das Papsttum ihnen über fünfzehnhundert Jahre lang verweigert hatte. Das letzte Ghetto Europas wurde aufgelöst. Als das geschah, müssen die Juden gemeint haben, ihre Leiden seien endlich ausgestanden. Wie konnten sie wissen, daß die dunkelste Stunde noch kommen sollte?

## *Pius XII. und das große Schweigen*

Das Christentum hatte den Grund gelegt, indem es sie wegen der Religion verfolgte; der Faschismus verfolgte sie dann wegen ihrer Rasse. Trotz aller Grausamkeit hatten die Päpste gehofft, die Juden zu bekehren; Hitler und sein zögernder Verbündeter Mussolini planten, sie auszurotten.
Trotz der riesigen Unterschiede sind die Ähnlichkeiten zwischen den Dekreten Innozenz' III. und Pauls IV. einerseits und den Nürnberger Gesetzen von 1935 andererseits unbestreitbar. Die Christen hatten es auf die Juden abgesehen: als Parias, Besudler der Erde, verantwortlich als Rasse für das größte Verbrechen, das die Menschheit je gekannt hatte: den Mord an Gott. Christen haben die Idee erfunden, Häuser, Grundstücke und Friedhöfe der Juden zu enteignen, sie zur Auswanderung zu zwingen, sie einzusperren. Als die Nazis die jüdischen Quartiere »Ghettos« nannten, zielten sie ausdrücklich darauf ab, ihrer Politik eine Kontinuität zu der der Päpste und eine Art Achtbarkeit zu geben.
Pius XI., der 1939 starb, war sich bewußt, daß Jesus, Maria und Josef Juden waren. Er stellte sich gegen einen rohen Rassismus in Deutschland und schrieb eine antifaschistische Enzyklika, die bei seinem Tod unveröffentlicht war. Sein Nachfolger war vorsichtiger.

Eugenio Pacelli, Pius XII., wurde 1876 in eine Patrizierfamilie hineingeboren. Wegen seiner schlechten Gesundheit studierte er daheim für das Priesteramt. 1899 wurde er ordiniert und sofort zum vatikanischen Staatssekretariat eingezogen. Sechzehn Jahre später wurde er Bischof, ohne einen einzigen Tag pastorale Erfahrung gemacht zu haben. Er war zum Bürokraten geboren und erzogen.
Sein Großvater Marcantonio war weltlicher Kirchenrechtler gewesen und hatte in der römischen Rota gedient. Sein Vater Filippo, ebenfalls Kirchenrechtler, war Dekan des Kollegiums der Konsistorialanwälte und so angesehen, daß er als einziger Laie an dem neuen Kodex des Kirchenrechtes mitarbeitete, das 1918 in Kraft trat. Eugenio, Jurist in der Familientradition, war die rechte Hand des Kardinals Gasparri, der die Idee gehabt

hatte, den Kodex zu restrukturieren und der die Arbeit in jeder Phase leitete.

Gegen Ende des Ersten Weltkrieges war Pacelli päpstlicher Nuntius in München. Nach dem Krieg wurde er nach Berlin versetzt, wo er das Aufkommen der Braunhemden miterlebte. 1929 wurde er nach Rom zurückberufen, wo er zum Kardinal und Staatssekretär ernannt wurde. Ihn begleitete Schwester Pasqualina, eine deutsche Franziskanerin, die ihm den Haushalt führte.

Obwohl er den Nationalsozialismus aus der Nähe gesehen hatte, fürchtete er den Kommunismus stets mehr.

Kardinal Pacelli wurde am 2. März 1939 Papst. Er war dreiundsechzig Jahre alt. Er war kalt, distanziert und ausdruckslos, außer wenn er auf den Jubel der Menge reagierte, hatte braune, schwache Augen und im Profil das Gesicht eines Adlers.

Als Mussolini begann, die jüdische Gemeinde unter Druck zu setzen, nahm Pius seine Gewohnheit an, nichts zu sagen. Am 4. Juni 1940 trat Italien auf Hitlers Seite in den Krieg ein. Ende 1941 hatten drei Viertel der italienischen Juden ihre Lebensgrundlage verloren. Die Bühne war bereit für die eine päpstliche Enzyklika, die viele, auch Katholiken, für die schändlichste von allen halten, weit schrecklicher als Pauls IV. *Cum nimis absurdum*. Es war die, die nie geschrieben wurde.

In ganz Italien und dem Reich wurden die Juden systematisch zu Opfern gemacht und in vielen genau bekannten Fällen getötet. Nicht ein unmißverständliches Wort der Verurteilung kam vom Vatikan. Dies Schweigen, sagen viele, war schlimmer als jede Häresie. Rom, das sonst so schnell dabei war, die geringste Abweichung vom Glauben, jeden »Fehler« etwa bei der Sexualmoral zu korrigieren und zu verdammen, hielt den Mund fest und, wie sich herausstellte, permanent geschlossen.

Lange vor Ende 1942 war die Massenvernichtung der Juden allgemein bekannt. Am 1. Juli berichtete die BBC-Sendung in französischer Sprache von dem Massaker an 700000 Juden. Eine Woche später wiederholte Kardinal Hinsley von Westminster diese Ziffer in der BBC und fügte hinzu: »Dies unschuldige Blut schreit nach Rache.« In diesem Sommer zeigte sich Vichy-Frankreich begierig, jüdische Kinder zu deportieren, noch bevor die Nazis in der Besetzten Zone bereit waren, sie in Empfang zu nehmen. Vom 21. Juli bis zum 9. September zählte ein Kinderarzt 5500 Kinder, die auf dem Weg zur Vernichtung Drancy passiert hatten. Über tausend waren unter sechs Jahren. Ihre Eltern waren bereits liquidiert. Sie bekamen jüdische Vormunde, um die Tatsache zu verschleiern, daß sie Waisen waren. George Wellers, ein Pariser Rechtsanwalt, war ein solcher Vormund. Er beschreibt die Szene des Durchgangslagers bei Paris in seinem Buch *Drancy*. Die Kinder – in seinem Kontingent waren sechs unter zwei Jahre – waren »wie eine verängstigte Herde Lämmer«. Seine Beschreibung ihrer Qual ist beklemmend. Kleinkinder, die ihren eigenen Namen nicht wußten, warteten auf dem Treppenabsatz, daß ein Erwachsener sie zur Toilette brachte, lagen in ihrem eigenen Schmutz, weil sie Durchfall hatten, weinten nachts ununterbrochen.

Am 17. August wurden 530 Kinder mit ein paar erwachsenen Begleitern in Viehwagen gepfercht und eingeschlossen. Zwei Tage später waren sie in Auschwitz, und am Abend waren sie tot. Direkt danach vertraute ein SS-Arzt im Lager seinem Tagebuch an: »Verglichen mit dem, was ich gesehen habe, scheint einem Dantes *Inferno* fast ein Komödie.« Hitlers Hölle verschlang eine Million Kinder.

Der päpstliche Nuntius in Paris, Valerio Valeri, hatte am 5. August dem Kardinalstaatssekretär in Rom berichtet, die Kinder, die aus Frankreich herausgebracht wurden, führen nach Polen, nicht nach Deutschland. Sieben Wochen später sandte Myron C. Taylor, der amerikanische Gesandte, Details über die Massenvernichtungen polnischer und westlicher Juden in Polen an denselben Kardinalstaatssekretär, Maglione.

Die französische Hierarchie legte bei der Quisling-Regierung einen sogenannten platonischen Protest ein. Laval konnte zu Suhard, dem Kardinal von Paris, sagen, er solle sich aus der Politik heraushalten und schweigen wie Seine Heiligkeit. Als weitere Verhaftungen folgten, schwieg Suhard in der Tat. Aber im Januar 1943 reiste er nach Rom zu einer Audienz bei Pius XII. Er hatte gute Nachrichten im Gepäck, in Form von Pétains finanzieller Unterstützung für die Kirche. Nicht ein Wort über die Juden wurde gewechselt.

Die Massenvernichtungen der Juden waren nun allgemein bekannt. Einen Monat vor Suhards Reise nach Rom, am 5. Dezember 1942, schrieb der Erzbischof von Canterbury an die *Times*, um den Bericht des vorigen Tages zu kommentieren. »Es ist«, schrieb Seine Exzellenz, »ein Schrecken jenseits dessen, was die Vorstellungskraft begreifen kann.« Er bekundete für sich selbst, für die Kirche von England und die Freikirchen »unsere brennende Empörung über diese Greuel, für die es in den Berichten aus barabarischen Zeiten kaum Parallelen gibt«. Es gab einen Mann auf der Welt, dessen Zeugnis Hitler fürchtete, weil viele in seinen Truppen Katholiken waren. Dieser eine Mann sprach nicht. Angesichts dessen, was Winston Churchill »wahrscheinlich das größte und grausigste einzelne Verbrechen, das in der Weltgeschichte je begangen wurde« nannte, zog er es vor, neutral zu bleiben.

Im Sommer 1943 wurde Mussolini abgesetzt, und im darauffolgenden September besetzten die Deutschen Rom. Eine SS-Abordnung traf ein. Sie forderte 50 Kilogramm Gold von der jüdischen Gemeinde. Wenn es nicht innerhalb von sechsunddreißig Stunden bezahlt würde, würden zweihundert Juden deportiert. Pius XII. bot an, das Fehlende dazuzugeben. Trotzdem wurde nicht ein Mensch gerettet.

Im Oktober stellte sich ein SS-Kommando mit Maschinenpistolen an den Grenzen des Vatikans auf. Sie waren scheinbar zum Schutz Seiner Heiligkeit dort, in Wirklichkeit aber zu seiner Einschüchterung. Sie hatten offenbar Erfolg. Er sorgte sich nicht um seine eigene Sicherheit, aber er verfiel – mit Recht oder nicht – in ein noch tieferes Schweigen, weil er fürchtete, es zu brechen würde die Lage der Juden noch verschlimmern.

In der Nacht vom 15. zum 16. Oktober waren die Juden daheim und feierten Sabbath. Tausend wurden zusammengetrieben, unter ihnen Schwangere und Alte. Eine Frau, die in einem Armeewagen fortgebracht wurde, lag in den Wehen. Ein Paar mit zehn Kindern war bei denen, die zur Militärakademie gefahren wurden. In der ersten Nacht dort kamen zwei Frauen nieder. Zwei Tage später, am 18. Oktober, wurde das ganze Kontingent von über tausend Juden zur Bahnlinie transportiert und in versiegelte Viehwagen gesperrt. Der Zug fuhr um 14.05 Uhr ab. Sie fuhren nordwärts, durch Orte, Chiusi, Florenz, Bologna und über die deutsche Grenze. Sie fuhren nach Auschwitz.

Bischof Hurdal, das Oberhaupt der deutschen Kirche in Rom, erkannte, daß die Razzia ein Schlüsselmoment war, und ließ das deutsche Kommando wissen, die Verhaftungen von Juden müßten aufhören. Andernfalls müßte der Papst »offen Stellung beziehen, was der antideutschen Propaganda als Waffe gegen uns dienen wird«. Auch der deutsche Botschafter war tief besorgt. Juden, berichtete er nach Berlin, wurden praktisch unter dem Fenster des Papstes ergriffen. Er würde wie viele französische Bischöfe keine andere Wahl haben, als gegen die deutsche Politik zu protestieren.

Diese Befürchtungen erwiesen sich als grundlos. Pius XII. sagte gar nichts. Als der amerikanische Diplomat Harold Tittman drei Tage später zur Audienz empfangen wurde, erwähnte der Papst die Juden nicht. Seine Sorge galt den kleinen kommunistischen Zellen, die in Rom verstreut waren.

Die Nazis waren verblüfft; sie konnten ihr Glück nicht fassen. Das ermutigte sie, ähnliche Maßnahmen in Florenz, Venedig, Ferrara, Genua und Fiume durchzuführen. Innerhalb von sechs Wochen wurden zehntausend Juden zusammengetrieben und nach Auschwitz gebracht, wo 7550 von ihnen starben. Die Italiener gaben so vielen Juden wie möglich Unterschlupf. Das war deshalb leichter, weil die Juden nicht soviel anders aussahen als sie. Ermutigt durch den Heiligen Stuhl beteiligten sich Kirchen, Konvente und Klöster; ein paar Juden kamen im Vatikan unter.

Im Dezember 1943 wurde den Juden formell die italienische Staatsbürgerschaft aberkannt. In einer Razzia wurden 650 römische Juden verhaftet, in einer weiteren 244. Unter den 335 Geiseln, die im März 1944 in den Höhlen von Ardea erschossen wurden, waren siebzig Juden. Diese Zahl stellte eine Vergeltung im Verhältnis von Zehn zu Eins für deutsche Polizisten dar, die in einem Hinterhalt vom Widerstand erschossen worden waren, wobei fünf fast aus Versehen getötet wurden.

Unter den ersten Geiseln, die in den Hinterkopf geschossen wurden, war Dominico (sic) Rici, ein fünfunddreißigjähriger katholischer Angestellter und Vater von fünf Kindern. In seiner Tasche fand man danach einen in Blockbuchstaben gekritzelten Zettel: »Mein lieber Gott, wir bitten Dich, die Juden vor den barbarischen Verfolgungen zu schützen. Ein Vaterunser, zehn Ave Marias, ein Ehre sei dem Vater.« Mit Rici starben sechs Juden namens De Consiglio: drei Brüder, ihr Vater, Großvater und Onkel. Robert Katz schreibt in seinem Buch *Death in Rome*:

> *Ein Wunder war nicht nötig, um die 335 Männer zu retten, die in den Höhlen von Arden sterben mußten. Es gab einen Mann, der sie hätte retten können und der dafür verantwortlich gemacht werden muß, daß er nichts getan hat, um das deutsche Massaker wenigstens aufzuhalten. Es ist Papst Pius XII.*

Der Papst wußte von Dollmann, dem SS-Chef in Rom, über den deutschen Salvatorianerpater Pankratius, daß es ein Blutbad geben würde. Doch die Sympathien des Papstes waren gemischt. Er glaubte, der Angriff auf die deutschen Kräfte durch den Widerstand sei das größere Verbrechen, weil es nicht provoziert worden war. Der Tag des Massakers fand ihn in Audienz mit den Kardinälen des Heiligen Offiziums und bei der Vorbereitung für seine Fastenexerzitien.

Das Massaker wurde im unabhängigen Radio Vatikan nicht berichtet.

Wenn nur der Papst die Verhaftung riskiert hätte, indem er den Judenstern trug, oder wenn er nur einmal gesprochen hätte, um dem jüdischen Volk zu sagen, daß es in seiner Qual nicht allein war.
Weit entfernt beklagte einer der Führer des polnischen Aufstandes das Schweigen aller Staatsmänner. Er fand es »erstaunlich und schrecklich«. Seine Botschaft lautete: »Die Welt schweigt. Die Welt weiß – es ist unmöglich, daß sie nicht weiß – aber die Welt schweigt. Gottes Stellvertreter im Vatikan schweigt.«

Das römische Grauen endete am 5. Juni 1944, als die Alliierten die Stadt befreiten. Der Militärkaplan entfernte die Siegel, einschließlich das von Pius XII., von den Toren der Großen Synagoge. Die Juden waren wieder frei. Sie kamen aus ihren Verstecken und fanden, daß zweitausend von ihnen fehlten.
Cecil Roth drückte 1946 aufrichtige Dankbarkeit aus, daß die Kirche seinem Volk im Krieg geholfen habe. »So wurde im zwanzigsten Jahrhundert das große Unrecht des italienischen Ghettos wiedergutgemacht.« Pinchas E. Lapide lobte Pius XII. für sein stilles Wirken hinter den Kulissen. Viele Beobachter sind weniger freundlich. Für sie lautet die Frage: Warum hat der Papst seine Stimme nicht erhoben?
Seine Verteidiger sagen, er wollte die Neutralität des Vatikans als Vermittler bewahren; er fürchtete, den deutschen Katholiken eine unerträgliche Gewissenslast aufzubürden. Seine Kritiker entgegnen: Kann es Neutralität zwischen dem Guten und dem so furchtbar Bösen geben? Außerdem, was ist mit der Last der Juden, die Deutsche, Katholiken wie Nichtkatholiken, millionenweise massakrierten?
Hochhuths Darstellung Pius' XII. in seinem Schauspiel *Der Stellvertreter* als eine Art Superkapitalist, der nur den Kursverlust seiner Wertpapiere fürchtet, ist lächerlich. In seinem ganzen Leben hat Pius nie an persönlichen Besitz gedacht. Hochhuth war der Wahrheit näher, als er fragte, wie in diesem sogenannt christlichen Europa der Mord an einem ganzen Volk geschehen konnte, ohne daß die höchste moralische Autorität ein Wort dazu zu sagen hatte.
Im Vatikan selbst traten Meinungsverschiedenheiten zutage. Nach dem Krieg sollte Paul VI. seinen ehemaligen Chef mit dem Argument verteidigen, ein Protest gegen die deutschen Greuel »wäre nicht nur sinnlos, sondern schädlich gewesen«. Kardinal Tisserant, der spätere Dekan des Heiligen Kollegiums, sagte dagegen während des Krieges:

*Ich fürchte, die Geschichte wird den Heiligen Stuhl dafür tadeln, daß er eine Politik selbstsüchtigen Vorteilsdenkens und nicht viel anderes gemacht hat. Dies ist sehr traurig, besonders für uns, die wir unter Pius XI. gelebt haben. Jedermann (in Rom) vertraut darauf, daß Kurienkardinäle keinen Schaden leiden werden, nachdem Rom zur offenen Stadt erklärt worden ist; das ist eine Schande.*

Die Zeiten der abgesetzten Herrscher waren lange vorbei. Katholiken wie Hitler und Goebbels hätte eine Exkommunikation nichts ausgemacht, sie hätten auch mit der Judenverfolgung nicht aufgehört, weil der Papst das wollte. Doch haben einige gefragt: Hätte Seine Heiligkeit, der 1950 unfehlbar erklärt hatte, eine Jüdin sei mit Leib und Seele in den Himmel aufgenommen worden, 1942 mit Autorität sagen können, daß ihre Rasse nicht vernichtet werden sollte, nur weil sie jüdisch war? Was hinderte ihn daran, wie Kardinal Tisserant ihm dringend nahelegte, öffentlich zu sagen, Katholiken dürften sich nicht an Massenmord beteiligen oder es gebe Situationen, in denen rechtmäßigen Staatsoberhäuptern um jeden Preis der Gehorsam zu verweigern sei?
Die einzig befriedigende Erklärung für das Schweigen Pius' XII. ist, daß er zuerst und vor allem Katholik war; Katholik und dann erst Christ oder Mensch, obwohl er ein prächtiger Christ und ein tief barmherziger Mensch war. sein jüdischer Bewunderer Lapide schreibt: »Ein einziges päpstliches Edikt, das den Christen sagte, das jüdische Gesetz ›Liebe deinen Nächsten wie dich selbst‹, das Christus seine Jünger lehrte, sei auch auf Juden anwendbar, wäre besser gewesen als lange Listen von Verboten und Einschränkungen. Doch ein solcher einfacher Brief kam nie aus Rom.« Wenn nur Pius XII. soviel an den Juden gelegen hätte wie Pius XI. an seinem Kirchenstaat.

Auf Pius folgte Johannes XXIII., siebenundsiebzig Jahre alt, der große, wesentliche Mensch. Er strich sofort das »treulos«, das Eigenschaftswort, das für Juden in der Karfreitagsliturgie benutzt wurde. Er wußte, daß der Karfreitag vielmehr eine Art katholisches Yom Kippur sein sollte, ein Tag der Buße für die Sünde der Kirche, über die Jahrhunderte hinweg Jesus in Gestalt seiner jüdischen Geschwister gekreuzigt zu haben. Als er einmal die Führer des amerikanischen United Jewish Appeal empfing, sagte der Papst mit einem Lächeln: »Ich bin Josef, euer Bruder« – »Son'io Giuseppe il fratello vostro.« Josef war der jüngste Bruder.
Unter Johannes' Anleitung erarbeitete Kardinal Bea ein Dokument über

die Juden, das dem Zweiten Vatikanischen Konzil vorgelegt werden sollte. Johannes starb, bevor es verabschiedet war. Es wurde bis zur Unkenntlichkeit verändert und kam ohnehin ein wenig zu spät. Darin klingt nicht wirklich an, wie in Johannes' großem Gebet um Vergebung, daß die kirchliche Lehre und das Verhalten von Katholiken über die Jahrhunderte zum Antisemitismus beigetragen haben. Auf dem Konzil wurden die Juden als Zugeständnis an Einwände einiger Bischöfe nicht einmal von der Anklage des Gottesmordes freigesprochen. Der neue Papst, Paul VI., war für einen abgeschwächten Text. Sein Mangel an Takt gegenüber Juden kam später in einer Predigt zum Vorschein, die er am Passionssonntag 1965 hielt. »Den Juden«, sagte er, »war es verheißen, den Messias zu empfangen, und sie hatten Tausende von Jahren auf ihn gewartet. Als Christus kommt, erkennt ihn das jüdische Volk nicht nur nicht, sondern es ist gegen ihn, verleumdet ihn und tötet ihn schließlich.« Nach dem Holocaust, nach all den Beratungen des Konzils, gab der Papst, ein gütiger Mann, wieder der ganzen jüdischen Rasse die Schuld am Tod Jesu.
Monsignore John M. Oestereicher, der das Originaldokument von Vaticanum II über die Juden entwarf, räumte ein: »Die Konzilsväter hätten den Petersdom von dem Ruf widerhallen lassen können: ›Nie wieder Konzentrationslager! Nie wieder Gaskammern! Nie wieder Versuche des Völkermordes! Nie wieder Judenverfolgung!‹« Sie hatten nicht einmal das Herz zu sagen, man dürfe den Juden nicht die Schuld am Tod Gottes geben.

## *Papst Johannes Pauls längste Reise*

Sie vereinbarten, sich im Frühjahr zu treffen, kurz vor dem Passahfest 1986 nach dem christlichen Kalender. Papst Johannes Paul hatte jeden Kontinent bereist, doch dies sollte seine längste Reise sein. Er holte tief Atem, als er sich anschickte, dies verzierte Gebäude zu betreten, das praktisch in Sichtweite seines eigenen Palastes im Vatikan steht. Vielleicht tausend Menschen drängten sich in dem für ein paar hundert bestimmten Raum. Das Hauptportal war weit offen, als er aus dem hellen Sonnenlicht in den Schatten der Synagoge trat.
In gewissem Sinn sind die Juden die ältesten Pfarrkinder des Papstes. Sie lebten auf den Straßen von Lungotevere de' Cenci, als vor fast zweitausend Jahren ein Fischer aus Galiläa kam, um bei ihnen zu wohnen. Seit damals haben Juden und Päpste, die einzigen Überlebenden des kaiserlichen Rom, einander nie vergessen.

An diesem Tag waren unter den versammelten Juden vierzig, die wie Gespenster eines vergangenen Zeitalters blaue Tätowierungen an den Armen hatten. Sie waren Überlebende der Nazi-Vernichtungslager. Johannes Paul wurde vom Oberrabiner Elio Toaff empfangen, auch er in Weiß, bis auf die schwarzen Streifen auf seiner Gebetsstola. Der Rabbi befühlte seinen spitzen, weißen Bart, der Oberhirte umfaßte sein goldenes Brustkreuz, von dem viele in der Gemeinde die Augen nicht lassen konnten. Sie hatten viel um dieses Kreuzes willen gelitten. Beide Männer wußten, dieses Treffen würde Geschichte machen. Beide waren sich auch bewußt, daß es in ihren Religionsgemeinschaften Mitglieder gab, die es nicht gut aufnehmen würden, daß der Bischof und der Oberrabiner von Rom sich in dieser feierlichen liturgischen Jahreszeit in der Synagoge trafen, die vor dem Aufstieg Hitlers Herz und Seele des letzten europäischen Ghettos gewesen war. Viele der anwesenden Juden wußten, was Pius X. 1904 gesagt hatte, weil Golda Meir es in ihrer *Autobiographie* berichtet: »Wir können nicht verhindern, daß Juden nach Jerusalem gehen, aber Wir würden es nie sanktionieren. ... Die Juden haben Unseren Herrn nicht anerkannt; Wir können die Juden nicht anerkennen.« Toaff hatte ein weiteres Problem. Er konnte nicht vergessen, daß einer seiner Vorgänger, der Oberrabiner Israel Zolli, 1945 Katholik geworden und den Namen Eugenio angenommen hatte, aus Dankbarkeit dafür, daß Pius XII. im Zweiten Weltkrieg Juden Unterschlupf gewährt hatte. Seit Konstantin hatte es keine so überraschende Bekehrung gegeben.
Mit einem traurigen Lächeln und tiefer Achtung blickte der Papst auf die Gemeinde, bevor er eine Rede begann, in der er Haß und Verfolgungen gegen die Juden beklagte, »von wem sie auch kamen«. Die letzten Worte wiederholte er. Ein sporadisches Aufbranden von Beifall wurde von der ganzen Versammlung aufgegriffen, daß sich die Balken bogen. Als er seinen Abscheu vor dem Nazi-Völkermord ausdrückte, weinten viele offen. Sie wußten, daß er, ein Pole aus Krakau, nur wenige Kilometer von Auschwitz entfernt, ihren Schmerz begriff. Drei Millionen der Ermordeten waren ebenso Polen wie Juden.
Als Kantor und Chor das *Ani Ma'amin* sangen, das Glaubenslied der Juden auf dem Weg zum Tod, waren die Gedanken vieler an jenem Frühlingstag in Bergen-Belsen, Dachau und Treblinka.
Am Ende der achtzigminütigen Zeremonie in der Synagoge am Tiber gab es überwältigende Gründe dafür wie auch dagegen, zusammen zu beten, und so beteten Papst und Rabbi zusammen – schweigend. Dann vergaßen Jude und Nichtjude das Protokoll und die tiefe religiöse Trennung, dach-

ten nur an ihr gemeinsames Menschsein und umarmten sich. Wieder brach die Versammlung in Beifall aus. Den Staat Israel hatte der Papst nicht einmal erwähnt. Das, erklärte ein Berater später, sei eine politische Frage. Eine seltsame Zurückhaltung bei einem Oberhirten, dessen Vorgänger begierig waren, den Kirchenstaat zu bekommen und zu behalten. Doch die wenigen, die in diesem geheiligten Augenblick die Juden der Welt repräsentierten, wußten, daß Johannes Paul, wenn auch nur bescheiden und indirekt, einen Teil der Schuld an den unaufhörlichen Tragödien ihres Volkes, die im Holocaust gipfelten, angenommen hatte.
Die lange harte Behandlung der Juden durch die Päpste war das Ergebnis einer schwerwiegenden Mißdeutung des Evangeliums. Denn selbst nach der kirchlichen Deutung des Kreuzes waren es nicht nur Juden, die insgesamt oder teilweise für die Kreuzigung verantwortlich waren, sondern die Sünden der Welt, d. h. die Sünden der ganzen Menschheit. Durch die Verfolgung der Juden versuchten die Christen vielleicht, ihrer eigenen Schuld zu entkommen. Wenn sie die Juden zu Sündenböcken machten, so vielleicht deshalb, weil sie es den Juden nie hatten verzeihen können, daß sie ihnen einen so heiligen und fordernden Heiland gegeben hatten.
Die meisten Historiker würden mit der prophetischen Anklage übereinstimmen, die Henry Charles Lea im letzten Jahrhundert im ersten Band seiner *History of the Inquisition in Spain* erhob:

*Die Kirche lehrte, daß außer Mord keine Strafe, kein Leid, keine Schmähung zu schlimm für die Nachkommen derer sei, die sich geweigert hatten, den Messias anzuerkennen. ... Es ist nicht zuviel zu sagen, daß die Kirche für das unendliche Unrecht, das den Juden im Mittelalter geschehen ist, und für die Vorurteile, die noch heute vielerorts grassieren, hauptsächlich, wenn nicht vollständig verantwortlich ist.*

Ist es zu hart, das, was viele römische Oberhirten über Juden sagten und wie sie sie behandelten, als Häresie, Ketzerei zu bezeichnen?

## 12. Kapitel

# Päpstliche Ketzer

»Viele römische Oberhirten waren Häretiker.« Für Katholiken klingt dies wie ein Zitat von einem bigotten Protestanten. Ein häretischer Papst scheint ein Selbstwiderspruch wie ein quadratischer Kreis. Das Erste Vatikanische Konzil hat gesagt, daß der Papst der unfehlbare Richter der Rechtgläubigkeit ist, ohne die Zustimmung der Kirche zu benötigen. Es ist ja wohl undenkbar, daß ein Papst wie Johannes Paul II. sich von der Wahrheit und deshalb von der Kirche trennen könnte, indem er in Häresie verfiele?

Das Zitat ist tatsächlich nicht von einem Protestanten, sondern von Papst Hadrian VI. aus dem Jahr 1523.

*Wenn man mit der römischen Kirche ihr Oberhaupt oder den Papst meint, so steht außer Frage, daß er in Dingen, die den Glauben berühren, nie irren kann. Er tut es, wenn er nach seinem eigenen Urteil oder Dekret Häresie lehrt. In Wahrheit waren viele römische Oberhirten Häretiker. Der letzte von ihnen war Papst Johannes XXII. (1316–1334).*

Die Themen päpstliche Ketzer und von der Kirche exkommunizierte Päpste waren in der Theologie einmal üblich, doch seit 1870 hat man wenig darüber gehört. Selbst der großmächtige Innozenz III. räumte ein: »Ich kann von der Kirche beurteilt werden, was Glaubensdinge betrifft.« Innozenz IV. beanspruchte zwar, jedes Geschöpf sei ihm als Stellvertreter des Schöpfers untertan, doch er gab zu, daß man einer päpstlichen Äußerung, die häretisch sei oder die Einheit der Kirche gefährde, nicht zu gehorchen habe. »Natürlich«, sagte er, »kann ein Papst in Glaubensdingen irren. Deshalb sollte niemand sagen, ich glaube das, weil der Papst es glaubt, sondern weil die Kirche es glaubt. Wenn er der Kirche folgt, wird er nicht irren.« Aus irgendeinem Grund sind diese Worte, die im Originaltext des *Kommentar zum Dekalog* von Innozenz IV. erscheinen, aus späteren Ausgaben herausgenommen. Der Grund ist schwer zu verstehen, denn jede Menge Päpste haben mehr oder minder das gleiche gesagt.

## Fehlbare Päpste

So groß ist die Aura, die das Papsttum heute umgibt, daß nur wenigen Katholiken klar ist, daß es gegen Glauben und Tradition ist zu sagen, ein Papst könne nicht in Häresie verfallen. Der Papst war lange fehlbar, bevor er unfehlbar wurde. Seit den frühesten Zeiten galt es als selbstverständlich, daß römische Oberhirten nicht nur irren können, sondern in Grundfragen der christlichen Lehre auch geirrt haben. Und niemand beeilte sich in jenen fernen Tagen hinzuzufügen: »Natürlich irrte er nur als privater Lehrer oder Theologe.« Das legt nahe, daß er zusätzlich zu seinen eigenen Überzeugungen und seinen Antworten an Mitglieder seiner Diözese noch den Glauben der ganzen Kirche regulierte. Dafür gibt es keinen Beleg. Was heute als päpstliche Unfehlbarkeit bekannt ist, war in der frühen Kirche noch nicht einmal angedeutet, und jede Behauptung, ein Bischof von Rom sei selbst unfehlbar, hätte zu manchen Zeiten beträchtliche Heiterkeit ausgelöst. Der Glaube der Kirche war Sache der Kirche und wurde von den Nachfolgern aller Apostel, nämlich den Bischöfen, geregelt. Sie bezeugten den Glauben ihrer Gemeinden, besonders wenn sie zum Allgemeinen Konzil zusammentraten. Ein Papst, der in Glaubensdingen aus der Reihe tanzte, wurde als Ketzer verdammt. Petrus hatte Fehler gemacht. Dasselbe galt für den Bischof von Rom. Wenn das der Fall war, hatte die Kirche das Recht und die Pflicht, ihn zu korrigieren oder abzusetzen. Schließlich war auch der Papst Mitglied der Kirche, nicht irgendein von ihr getrenntes göttliches Orakel.
Nicht nur die Idee der Unfehlbarkeit, selbst der Keim dieser Idee fehlt in der Zeit der Kirchenväter. Rom war durch Übereinkunft der wichtigste Bischofssitz des Westens. Petrus und Paulus lehrten und starben dort. Ihre Gebeine machten es zu einem Ort für Pilger, Licht und Hoffnung. Trotzdem verbindet in den ersten drei Jahrhunderten nur einer der Kirchenväter, Irenäus, Roms Vorrang mit der Lehre. Nicht einmal er bringt dies mit der Person des *Bischofs* von Rom in Verbindung.
Bei allen griechischen Kirchenvätern steht nicht ein Wort über die Privilegien des Bischofs von Rom, keine Andeutung, daß er die Rechtshoheit über sie hatte. Niemand, Grieche oder Lateiner, appellierte an den Bi-

schof von Rom als letzten und universalen Schiedsrichter in irgendeiner strittigen Glaubensfrage. Tatsache ist, daß kein Bischof von Rom es wagte, eine Frage des Glaubens selbst für die Kirche zu entscheiden.
*Roma locuta est, causa finita est* – der Satz des hl. Augustinus, »Rom hat gesprochen, der Fall ist abgeschlossen«, wird von katholischen Apologeten endlos zitiert. Mit gutem Grund. In den zehn riesigen Foliowälzern seines Werkes ist das der einzige Satz, der beweist, daß der Bischof von Rom allein das Recht hat, Kontroversen in der Kirche zu entscheiden. Beweist er es wirklich? Der Zusammenhang zeigt, daß Augustinus meint, nach zwei Synoden und der Zustimmung des Bischofs von Rom sei es Zeit, die Frage abzuschließen. Wiederholt appelliert Augustinus an Synoden, Streitfragen zu entscheiden. Als Papst Stephan versuchte, eine Kontroverse zur Taufe für die afrikanische Kirche zu entscheiden, und seine Meinung abgelehnt wurde, sagte Augustinus, das sei richtig so. Dies war eine Angelegenheit für die Kirche, nicht für einen einzelnen.
Augustinus brachte einen Großteil seines Lebens mit Diskussionen gegen die rivalisierende Kirche der Donatisten zu. Nicht einmal sagt er, sie hätten sich vom Zentrum der Einheit, von Rom entfernt; er kennt kein derartiges Zentrum für die Kirche als Ganzes. Er sagt zum Beispiel nie, wie moderne Päpste sagen: »Kommt zurück nach Rom, glaubt alles, was der Papst lehrt.«
434 hielt Vinzenz von Lerins die Kriterien katholischer Lehre fest: Sie muß immer, überall und von allen geglaubt werden. Er erwähnt keine Rolle für Rom oder seinen Bischof. Der Glaube wird von einem Konzil formuliert, nicht von einem individuellen Bischof.
Papst Pelagius (556–60) spricht von Häretikern, die sich von den Apostolischen Stühlen trennen, d. h. von Rom, Jerusalem, Alexandria plus Konstantinopel. In allen frühen Schriften der Hierarchie gibt es keine besondere Erwähnung einer Rolle für den Bischof von Rom, auch noch nicht den Sondernamen »Papst«. Patriarchen werden erwähnt – Rom wegen Petrus und Paulus zuerst –, Erzbischöfe, Metropoliten und Bischöfe. Keine Erwähnung, keine Rolle des Papstes, nicht einmal bei Isidor von Sevilla, dem großen Autor des siebten Jahrhunderts.
Eine weitere, angesichts des Ersten Vatikanischen Konzils erstaunliche Auslassung: Von den rund achtzig Häresien in den ersten sechs Jahrhunderten bezieht sich nicht eine auf die Autorität des Bischofs von Rom, nicht eine wird vom Bischof von Rom geregelt. Das Episkopat als Ganzes gerät manchmal in die Schußlinie; niemand aber greift die Autorität des römischen Oberhirten an, weil niemand davon gehört hat.

Nach Petrus vergehen die Jahrhunderte, voller Kontroversen, von denen heute jede es erfordern würde, sich unverzüglich um Entscheid an Rom zu wenden. In jenen Tagen unternimmt es kein Bischof von Rom, sie zu lösen, und kein Bischof bittet ihn darum. Papst Siricius (384-98) war kein Gregor VII. Als ein gewisser Bischof Bonosius in Irrlehre verfiel, weigerte er sich, ihn zu verurteilen, weil er, wie er sagte, kein Recht dazu hatte. Die Provinzbischöfe müßten das regeln.

Wir haben schon festgestellt, daß nicht ein einziger Kirchenvater irgendeinen Hinweis auf das Petrusamt in den großen biblischen Texten finden kann, die sich auf Petrus beziehen. Päpstliches Primat und Unfehlbarkeit, die in der katholischen Kirche heute so zentral sind, werden schlicht nicht erwähnt. Nicht ein einziges Glaubensbekenntnis, kein Katechismus, keine Passage in den patristischen Schriften enthält eine Silbe über den Papst, geschweige denn darüber, daß Glaube und Lehre von ihm abgeleitet wären.

Alles weist darauf hin, daß der Bischof von Rom fehlbar ist, nicht unfehlbar. Tatsächlich war der erste Papst, der sich auf etwas bezog, wie wir es heute unter päpstlicher Autorität verstehen, Agatho im Jahr 680. Er tat das aus einem sehr peinlichen Grund: Ein Allgemeines Konzil war gerade dabei, einen seiner Vorgänger, Papst Honorius, als Ketzer zu verurteilen.

## *Eine lange Reihe päpstlicher Ketzer*

Die Tradition der Ketzerei bei römischen Bischöfen geht weit hinter Honorius zurück. Zum Beispiel Liberius (352-66). Er tat, wie andere Bischöfe, sein Bestes, um in der arianischen Kontroverse zu einer Klärung zu kommen. Arius glaubte, der Sohn sei geringer als der Vater. Der große Ritter der Orthodoxie war Athanasius. Liberius war ins Exil gezwungen worden, und die Bedingung seiner Rückkehr war, daß er Athanasius verurteilte. Das tat er, und damit legte er nahe, der Sohn stehe unter dem Vater. Dafür handelte er sich den Fluch eines sehr wichtigen Kirchenvaters, Hilarius von Poitiers, ein, der ihn der Abtrünnigkeit zieh. »Anathema dir, Liberius«, war Hilarius' berühmter Ausruf, und jeder rechtgläubige Bischof griff ihn auf. Liberius' Irrtum war das ganze Mittelalter hindurch ein unanfechtbarer Beweis, daß Päpste wie jeder andere in Häresie verfallen können.

Andere Päpste hatten unglückliche Äußerungen getan. Gregor der Große sagte, ungetaufte Neugeborene führen zur Hölle und litten dort für alle

Ewigkeit. Einige Oberhirten gingen noch weiter. Innozenz I. (401–17) schrieb an das Konzil von Milevis, und Gelasius I. (492-96) schrieb an die Bischöfe von Picenum, Säuglinge seien verpflichtet, die Kommunion zu empfangen. Starben sie getauft, aber ohne Kommunion, so führen sie direkt zur Hölle. Dieser Standpunkt wurde vom Tridentinum verurteilt. Der Hamlet ähnlichste aller Päpste war Vigilius (537–55), dessen Laufbahn sich wie eine theatralische Farce liest.

Vigilius war ein dicklicher, skrupelloser römischer Beamter und nie beliebt gewesen. Papst Bonifaz wollte ihn zum Nachfolger haben und schrieb einen Brief, der ihn nach seinem Tod zum Papst ernannte. Eine Menschenmenge, wütend, daß er in ihre demokratischen Rechte als Klerus und Volk von Rom eingriff, zwang ihn, den Brief zu verbrennen. Es war ein interessanter Augenblick. Hätte man Bonifaz dies durchgehen lassen, hätte es möglicherweise keine Papstwahlen mehr gegeben. Mit Sicherheit hätte es nach 1870 als selbstverständlich gegolten, daß ein Papst seinen Nachfolger designierte. Wer konnte besser als der Stellvertreter Christi, der die Fülle der Macht besaß, den nächsten Nachfolger Petri wählen? Doch die Römer im sechsten Jahrhundert bestanden darauf, daß Rom ihre Diözese war und sie ein Recht hatten zu wählen, wer über sie herrschen sollte.
Jahre später brachte Vigilius es doch fertig, sich zum Papst wählen zu lassen. Seine Regierung war keine glückliche. Kaiser Justinian zwang ihn, zu ihm nach Konstantinopel zu kommen, und hielt ihn dort fest, bis der Oberhirte seinen eigenen, heterodoxen Ansichten über Jesus und die Autorität des Konzils von Chalkedon zustimmte. Vigilius änderte seine Ansicht, sooft der Kaiser ihn unter Druck setzte.
Schließlich berief Justinian das Fünfte Allgemeine Konzil ein. Es trat im Mai 553 in der Südgalerie der Hagia Sophia von Konstantinopel zusammen. Nur fünfundzwanzig von den 165 westlichen Bischöfen waren anwesend. Vigilius ließ sich entschuldigen, er sei krank. Seine Abwesenheit wurde nicht als wichtig genug empfunden, um mit der Arbeit zu warten. Das Konzil trat zusammen und befand unter anderem, daß Seine Heiligkeit ein Ketzer sei. Deshalb wurde er exkommuniziert.
Als der Papst davon erfuhr, verdammte er das Konzil und alle, die ihn exkommuniziert hatten. Wütend verbannte ihn Justinian nach Proconessus, einer öden, schmalen Felsenbucht nahe beim westlichen Ende des Marmarameers. Dort erreichten Vigilius Gerüchte, daheim würde ein neuer Papst gewählt, und sein Name werde aus dem Diptychon, der litur-

gischen Liste der Päpste, gestrichen. Seine Gesundheit war schlecht; er hatte ein qualvolles Steinleiden. Nach sechs Monaten hielt er es nicht mehr aus.

Am 8. Dezember 553 sandte er dem neuen Patriarchen von Konstantinopel einen Brief, in dem er behauptete, bis jetzt sei er von den »Listen des Teufels« getäuscht worden. Satan hatte ihn von seinen Mitbischöfen getrennt, aber durch die Strafe der Exkommunikation sei er erleuchtet worden. Seine früheren Ansichten, räumte er ein, seien irrig, und er wolle widerrufen wie der große Augustinus. Er akzeptierte alle Beschlüsse des Fünften Konzils und erklärte sie für wahr und bindend im Westen.

Nun, da der Papst sich zu seiner Denkweise bequemt hatte, war der Kaiser bereit, ihn heimkehren zu lassen. Daheim in Italien erwartete ihn ein frostiger Empfang. Er entging der Lynchjustiz nur, weil er am 7. Juni 555 in Syrakus starb. Ein Grab in der Peterskirche wurde ihm verweigert.

So empört war Italien über Vigilius' Benehmen und seine häufigen Meinungsumschwünge über das entscheidende Thema, ob Jesus eine oder zwei Naturen habe, daß es sich zunächst weigerte, die Legitimität des Fünften Konzils anzuerkennen. Der Erzbischof von Mailand und der Patriarch von Aquileia zogen sich unter Protest von der Gemeinschaft mit dem Heiligen Stuhl zurück. Es blieb Pelagius I., dem nächsten Papst, überlassen, wieder Ordnung in das Durcheinander zu bringen – mit Hilfe des Militärs.

Die Bedeutung dieser Kontroverse liegt nicht darin, was damals debattiert wurde. Sie liegt in der Tatsache, daß ein Konzil sich höher als den Papst einstufte und ihn wegen Häresie exkommunizierte und absetzte. Im Mittelalter war dies einer der berühmtesten Präzedenzfälle, der allen Theologen bewies, daß ein Konzil höher stand als ein Papst. Erst viel später änderten Fälschungen diese feste Überzeugung. Davor wurde nie auch nur angenommen, Päpste seien durch eine Art göttliches Privileg rechtgläubig; sie mußten ihre Rechtgläubigkeit beweisen wie alle anderen.

## *Der häretische Papst Honorius*

Honorius, der von 625 bis 638 Papst war, ist der klassische Fall eines Oberhirten, der von der Kirche wegen Häresie verurteilt wurde. Er war ein bemerkenswerter Mann, heilig, ein guter Führer und ausgezeichneter Staatsmann. In seiner moralischen Statur war er mit Gregor dem Großen zu vergleichen.

Sein einziger, fataler Fehler war, daß er als Tatmensch Kontroversen nicht mochte, weil sie Zeit verschwendeten, die viel besser für den Dienst an Gott und den Armen verwendet wurde.

Das Konzil von Chalkedon hatte entschieden, Christus habe zwei Naturen; er war Gott und Mensch. Nun wurde eine Ergänzungsfrage gestellt: Hatte Christus einen Willen oder zwei? In einem vielzitierten Brief machte sich Honorius über jene »bombastischen und zeitvergeudenden Philosophen« lustig, die die zwei Naturen Christi abwägen und »uns anquaken wie Frösche«. Er war gegen den zweifachen Willen, obwohl nicht klar ist, warum. Vielleicht reagierte er nur auf die Idee eines *widersprüchlichen* zweifachen Willens in Christus. Jedenfalls wurden seine Worte als dem Glauben widersprechend aufgefaßt. Er wurde als Monothelet oder »Ein-Willist« bezeichnet. Honorius starb, bevor er seine Meinung ganz deutlich machen konnte. Doch sein Brief begründete eine Häresie in der Ostkirche. Diese Ketzer beriefen sich auf ihn als Beweis dafür, daß der Papst den Monotheletismus billige.

Vierzig Jahre nach Honorius' Tod wollte der Kaiser die Angelegenheit geklärt haben. Er schlug ein Allgemeines Konzil vor, und der neue Papst Agatho war damit einverstanden. Er bereitete es vor, indem er seine eigenen Synoden in Rom abhielt. Die Ostersynode 680 verurteilte den Monotheletismus und beanspruchte zum allerersten Mal, Rom habe Vorrang vor der ganzen Kirche. Sie informierten den Kaiser, die römische Kirche sei seine Mutter, und niemand solle wagen zu sagen, sie hätte in Glaubensdingen je geirrt. Hatte die Synode nie von Vigilius gehört? Es war wahrscheinlich dieser stolze, noch nie dagewesene Anspruch, der Honorius' Schicksal besiegelte.

Das Sechste Allgemeine Konzil fand im Kaiserpalast von Konstantinopel statt; es dauerte vom 7. November 680 bis zum 16. September 681. Die Monotheleten behaupteten, Papst Honorius sei auf ihrer Seite. Das Konzil stimmte dem zu. Als die Konzilsväter die Monotheleten verurteilten, verurteilten sie auch ihn.

Die 174 Delegierten billigten die Beschlüsse; die päpstlichen Legaten unterschrieben zuerst und ohne jeden Widerspruch. Der neue Oberhirte, der 682 gewählte Leo II., bestätigte die Verurteilung seines Vorgängers. Er schrieb: »Honorius hat mit profanem Verrat versucht, den makellosen Glauben zu untergraben.« Es war nicht, als würde irgendeine Privatmeinung oder theologische Spielerei verurteilt. Leo verurteilte ihn dafür, den Glauben der Kirche öffentlich untergraben zu haben. Warum wurde sonst ein Allgemeines Konzil bemüht? Von dieser Zeit an mußten sich alle Päpste bei ihrer Weihe zur Konzilsentscheidung bekennen, indem sie mit einem Eid Papst Honorius' Häresie verurteilten.

In seinem Buch *Geschichte der Stadt Rom im Mittelalter* schreibt Gregorovius: »Der einzigartige Fall eines römischen Papstes, der von einem Ökumenischen Konzil öffentlich der Häresie bezichtigt und mit Anathema belegt wird, ist eine der bemerkenswertesten Tatsachen in der Kirchengeschichte.« Es ist unwichtig, ob Honorius ein Ketzer war oder nur ein schlichter Mann, der nicht herumredete, Taten lieber hatte als Worte und mit einem eilig hingeworfenen Brief versuchte, eine Kontroverse zu beenden. Der zentrale Punkt ist, daß ein Allgemeines Konzil, bestätigt durch eine lange Reihe von Päpsten, bezeugt hat, daß die Kirche nicht glaubt, der Papst sei unfehlbar. Im Gegenteil, wenn er einen Fehler macht, der die Kirche in die Irre führt, ist er als Ketzer zu verdammen wie jeder andere. In Glaubensdingen untersteht der Bischof von Rom dem Konzil ebenso wie alle Bischöfe. So wurde fast zwölf Jahrhunderte im voraus die päpstliche Unfehlbarkeit abgelehnt, die ein geringeres Konzil der gespaltenen Westkirche 1870 definierte.

## *Roms sakramentale Häresien*

Roms hartnäckigster Mangel an Rechtgläubigkeit lag im Bereich der Sakramente. Dies erklärt sich zum Teil durch den Zusammenbruch der Bildung infolge der Barbareninvasionen. Die Griechen neigten dazu, Rom spöttisch als Ansammlung von Einfaltspinseln zu betrachten.

Vom achten Jahrhundert an annullierten und wiederholten Päpste Priesterweihen. Es begann 769 mit einem Gegenpapst, Konstantin II. Doch wie wir sahen, wurde Papst Formosus nach seinem Tod 896 nicht nur exhumiert und wegen Häresie exkommuniziert, sondern auch seine Priesterweihen wurden für ungültig erklärt. Das brachte die alarmierende Frage auf: Gibt es in Italien gültige Sakramente, wo der Papst Patriarch ist? Die Päpste Stephan VII. und Sergius III., Marozias Liebhaber, lehrten beide, die Ordinationen von häretischen Päpsten seien ungültig.

Dieser Angriff auf die Sakramente ging weiter bis ins elfte Jahrhundert hinein. Päpste beschlossen, die Ordination eines Bischofs sei ungültig, wenn dabei Simonie – d. h. Bezahlung – eine Rolle gespielt hatte. Daraufhin weihte Leo IX. (1049–54), wahrscheinlich auf Hildebrands Rat hin, viele Priester ein zweitesmal. Als Hildebrand Gregor VII. wurde, bestätigte er klar, alle Ordinationen, bei denen Geld eine Rolle gespielt hatte, seien ungültig. Wäre diese Entscheidung ernst genommen worden, so hätte sie die meisten Priesterweihen in der westlichen Welt annulliert. Es hätte in einem Land nach dem anderen keine gültigen Messen, Beichten oder Letzte Ölungen mehr gegeben. Die Apostolische Sukzession wäre faktisch ausgelöscht gewesen – eine Katastrophe, die laut Leo XIII. der englischen Kirche nach der Reformation zustieß.

Urban II. (1088–99) ging noch weiter als Hildebrand. Selbst wenn ein Bischof für seine Weihe nicht zahlte, sagte er, wäre sie ungültig, wenn der Bischof, der ihn ordinierte, für seine Weihe bezahlt hatte! Diese Deutung der Sakramente, die in klarem Widerspruch zur gesamten Tradition stand, fand ihren Weg in die Dekrete des Gratian. Trotz dieser unermeßlichen Autorität von Päpsten und Kirchenrecht faßte diese Häresie aus irgendeinem unerfindlichen Grund – der Heilige Geist? – im Westen nicht Fuß. Der Osten hielt sich von solch heterodoxen Ansichten fern.

Paul IV. definierte 1557 in seiner Bulle *Cum ex Apostolatus officio* »aus der Fülle seiner Macht«, alle Handlungen früherer Päpste seien null und nichtig, wenn sie häretische oder schismatische Neigungen gehabt hätten. Das schien logisch: Ein häretischer Papst war nicht einmal Christ, schon gar nicht Papst. Doch wäre es wirksam geworden, so hätte es das ganze katholische sakramentale System gesprengt, das seiner Natur nach auf Vererbung beruht. Es wird von einer Generation an die nächste weitergegeben. Wenn eine Generation es verliert – etwa, indem sie falsche Formeln benutzt oder die falsche Intention hat –, ist es für immer verloren. Wie seltsam dies auch klingen mag, es ist orthodoxe katholische Lehre. Es ist seltsam, weil es von Natur aus Unsicherheit schaffen muß. Ein Kind zum Beispiel, das ungültig von einem Priester getauft wird, der im Rausch die falschen Worte spricht oder eine andere Flüssigkeit als Wasser verwendet, könnte Priester werden – all seine Messen und Beichten sind ungültig; oder es wird Bischof – all seine Ordinationen sind ungültig; oder Papst – die meisten Vorgänge in der Kirche sind ungültig. Glücklicherweise führt nicht einmal Rom, die intellektuell rigoroseste Kirche, diese Dinge zu ihrem logischen Schluß. Dies mag erklären, warum es in der Frage der Sakramente sogar Gregor VII. und Gratian den Rücken kehrte.

Nicht nur bei den Priesterweihen kam Rom vom Pfad der Rechtgläubigkeit ab.

Papst Pelagius hatte – der Tradition nach korrekt – gesagt, zu einer gültigen Taufe müsse die Dreifaltigkeit angerufen werden. Nikolaus I. (858–67) sagte, es genüge, den Namen Christi anzurufen. Noch ärger, er beschloß, von Priestern vorgenommene Firmungen seien ungültig. Auf einen Schlag löschte er praktisch die Firmung in der griechischen Kirche aus. Diese hatte es Priestern seit jeher gestattet, Kinder zu firmen. Papst Nikolaus sagte, die Praxis sei ungültig, und die östlichen Bischöfe müßten die Kinder noch einmal firmen. Vielleicht mußten die Bischöfe selbst noch einmal gefirmt werden! Roms Entscheidung, Jahrhunderte von Firmungen in ihrer Kirche zu »annullieren«, verärgerte die Griechen natürlich und bereitete den endgültigen Bruch zwischen Ost und West mit vor. Auch Roms Lehre zur Ehe war nicht ohne Irrtümer.

Stephan II. (752) schwamm gegen den Strom der Tradition, als er sagte, eine Ehe zwischen einem freien Mann und einer Sklavin könne gelöst werden, und der Mann dürfe wieder heiraten. Urban III. (1185–87) meinte auch, es gebe Umstände, unter denen eine vollzogene Ehe zwischen Christen beendet werden könne. Coelestin III. (1191–98) entwickelte dies. Eine Ehe zwischen Christen, sagte er, kann gelöst werden, wenn einer der Betroffenen Ketzer wird. Hierfür erklärte Papst Hadrian VI. Papst Coelestin zum Ketzer. Selbst Innozenz III. leistete sich zu diesem Thema einen Schnitzer. Er beharrte darauf, Christen müßten das Buch Deuteronomium *buchstabengetreu* befolgen. Seine Heiligkeit hatte übersehen, daß das Buch Deuteronomium Männern gestattet, sich von ihren Frauen zu scheiden.

Selbst über die Eucharistie haben Päpste geirrt. Abgesehen von den frühen Päpsten, die, wie wir gesehen haben, sagten, der tatsächliche Empfang sei erforderlich zum Seelenheil, selbst für Säuglinge, sagte Papst Nikolaus II. (1059–61), der Leib Christi könne fühlbar mit den Händen berührt und mit den Zähnen gebissen werden. Die Kirche lehnte diesen Standpunkt ab. Nikolaus hatte eine vollkommen irrige Vorstellung von Realpräsenz – überhaupt nicht sakramental –, und er schien auch zu behaupten, Christus leide nach seiner Auferstehung weiter.

Doch es war ein Avignon-Papst, Johannes XXII., den Hadrian VI. in seinem Buch über die Sakramente als den Ketzer von ungewöhnlichem Format herausgriff.

## *Die Häresien Papst Johannes' XXII.*

Als Clemens V. im Jahr 1314 starb, versuchte das Konklave zwei Jahre lang, sich auf einen Nachfolger zu einigen. Schließlich wählten sie in ihrer

Verzweiflung Jacques Duèse aus Cahors. Das Datum war der 7. August, der Ort Lyon. Der neue Oberhirte nahm den Namen Johannes XXII. an. Er schien der richtige Mann zu sein. Der zweiundsiebzigjährige Sohn eines Flickschusters war klein, zierlich und sah kränklich aus — es war unwahrscheinlich, daß er lange leben würde. Johannes XXII. sollte sich als harter und zählebiger Papst herausstellen, ehrgeizig, habgierig, weltlicher als ein Zuhälter und mit einem meckernden Lachen voll unverbesserlicher Boshaftigkeit. Dies zerbrechliche kleine Ungeheuer sollte sich noch achtzehn stürmische Jahre halten.

Als er das Amt antrat, war die Schatulle leer. Clemens IV. hatte absolut alles seinen Verwandten geschenkt. Johannes machte sich daran, die Dinge in Ordnung zu bringen. Als genialer Finanzmann arbeitete er auf der Basis: »Was ein Papst geben kann, kann er auch verkaufen.« Und er verkaufte alles, was einem phantasievollen Franzosen einfallen konnte. Vergebung für jedes Verbrechen hatte ihren Preis. Katholiken konnten zum Beispiel für die Absolution von Mord, Inzest oder Sodomie jeweils eine bestimmte Summe zahlen. Je schlimmer die Katholiken sich aufführten, um so reicher wurde Seine Heiligkeit. Als die Raubkopie einer Liste von Sünden und Provisionen veröffentlicht wurde, glaubte man, es sei eine von Feinden der Kirche zusammengeschmierte Fälschung. Sie war echt, aber die Feinde waren der Papst und die Kurie. Mit der abseitigsten Alchimie verwandelten sie Laster in Gold. Sie gaben Sündern das Recht, zu sündigen und ihre Gelübde zu brechen, oder zumindest die Freiheit, sich den Folgen solchen Handelns zu entziehen.

Johannes XXII. brauchte Geld. Er hatte eine Leidenschaft für Krieg, besonders die italienischen Kriege. Man schätzte, daß er 70% seines Einkommens für Rüstung ausgab, was Petrus zum Zorn und Julius II. zum Neid erregt hätte. Besonders Johannes' Fehden mit den Visconti von Mailand erwiesen sich als kostspielig. Ein Zeitgenosse sagte von ihm: »Das Blut, das er vergossen hat, hätte den Bodensee rot gefärbt, und die Leichen der Gefallenen hätten ihn von Ufer zu Ufer überbrückt.«

Dieser habgierigste aller Päpste, der seinen Bruder und seine Neffen wie Gott in Frankreich leben ließ, widersprach mehreren Päpsten in der Frage der Armut Christi.

Schon zu Lebzeiten des hl. Franz von Assisi hatten sich unter seinen Brüdern zwei Parteien gebildet: Die eine war für strikte Observanz, die andere für Mäßigung. Im Jahr 1279 hatte Nikolaus III. den Bruch mit seiner Bulle *Exiit qui seminat* notdürftig repariert. Sie wurde kanonisches Recht. Nikolaus sagte, Armut sei nicht so sehr eine Angelegenheit der In-

dividuen als vielmehr der Gemeinschaft. Als solche sei sie verdienstvoll und heilig. Denn dies war die Praxis Christi und seiner Apostel.
Päpste nach ihm bestätigten, daß Christus und die Apostel in Armut gelebt hatten; die Evangelien sagten das deutlich. Honorius III., Innozenz IV., Alexander IV., Nikolaus III. und Nikolaus V., Bonifaz VIII. und Clemens V. – sie alle waren sich einig.
Nicht aber Johannes XXII. In einer Bulle vom 12. November 1323, *Cum inter nonnullos*, behauptete er: Zu sagen, Christus und die Apostel hätten kein Eigentum gehabt, ist eine Perversion der Schrift.
Die Franziskaner-Spiritualen, bis dahin vom Heiligen Stuhl gepriesen, wurden nun als Häretiker bezeichnet; die Fürsten mußten sie auf den Scheiterhaufen schicken oder sich selbst auf die Exkommunikation gefaßt machen. Es war typisch für jene Zeit, daß diese theoretische Frage zu einem politischen Fußball wurde. Der Kaiser, Ludwig von Bayern, hatte sich schon mit Johannes XXII. angelegt, als dieser sagte, in einem Interregnum würde er Verweser des Reiches, und der neue Kaiser müsse einen Treueid auf ihn schwören. Johannes wollte die Geschichte auf den Kopf stellen. Ludwig war seinerseits entzückt, den Papst der Ketzerei bezichtigen zu können. Er nannte ihn Antichrist, setzte ihn ab und ernannte einen anderen.
Die Wahl des Kaisers fiel auf Pier di Corbario, einen hinfälligen Franziskaner, der sich Nikolaus V. nannte. Unglücklicherweise hatte Ludwig seine Hausaufgaben nicht gemacht. Bald tauchte eine ältere Dame auf und behauptete, sie sei Frau di Corbario. Das waren schlimme Nachrichten. Anscheinend war Pier verheiratet gewesen und hatte Kinder, als er ohne die Zustimmung seiner Frau von daheim fortging, um in ein Kloster einzutreten. Kirchenrechtlich gesehen war er regelwidrig; er war nicht einmal ein echter Mönch und schon gar kein Papst. Zwar stimmte es, daß Johannes XXII. einen Sohn hatte, der als Kardinal sein Leben genoß, doch die Sünde der Heirat hatte er nie begangen. Angesichts der Wahl zwischen einem häretischen Papst und einem verheirateten, regelwidrigen Gegenpapst entschied sich Ludwig für den letzteren. Die Frau Nikolaus' V. wurde ausbezahlt, und er machte sich daran, eigene Kardinäle und eine eigene Kurie zu ernennen. Zumindest, sinnierte der Kaiser, ist mein Papst ein Katholik.
Am Ende war Ludwig das Spiel leid. Er ließ Nikolaus in Pisa im Stich und lieferte ihn den kirchlichen Behörden aus. Es war der 18. Juni 1329.
Johannes gelobte, diesem Abtrünnigen ein gütiger Vater zu sein, was in etwa war, als gelobte ein Sperber einem Spatzen Liebe. Auf dem Weg nach

Avignon wurde Nikolaus auf jede mögliche Weise mißhandelt. Die Menschen dachten an Johannes' psalmartigen Fluch gegen ihn: »Mögen seine Kinder Waisen sein, und seine Frau eine Witwe! Mögen sie von ihrem Herd getrieben werden und betteln!«

Als Nikolaus als schlichter Pier di Corbario in der Provence eintraf, war Johannes allen Voraussagen zum Trotz wirklich gütig zu ihm. Sein Leben wurde verschont, er bekam Räume im päpstlichen Palast, wurde allerdings in Hausarrest gehalten. Als er vier Jahre später starb, wurde er in einem franziskanischen Habit bestattet.

Johannes XXII. hatte triumphiert. Nun war es offizielle katholische Lehre: Christus und die Apostel hatten kein Leben der Armut geführt.

Der Papst war siebenundachtzig Jahre alt, als er Allerheiligen 1331 für einen neuen Skandal sorgte.

Es fing an, als ein englischer Dominikaner vor dem päpstlichen Hof predigte, die Seelen der Gerechten sähen Gott sofort. Johannes ließ ihm von der Inquisition den Prozeß machen. Um Seiner Heiligkeit einen Gefallen zu tun, steckten die verdutzten Inquisitoren den Mönch ins Gefängnis und ließen ihn fast verhungern.

In der Kirche Notre-Dame des Doms in Avignon hielt der Papst nun eine Predigt, die eine Sensation auslöste. Die Seelen der Heiligen, sagte er, schauen Gott nicht vor der Auferstehung des Fleisches. Sie sind noch *sub altare Dei*, unter dem Altar Gottes. Erst beim Jüngsten Gericht werden sie auf den Altar gehoben, um das göttliche Wesen zu betrachten.

Niemand in seiner Umgebung hatte den Mut, ihm zu sagen, daß er Häresie predigte.

Am 5. Januar 1332 weitete er seine Theorie auf die Verdammten aus. Bislang, erklärte er seiner erstaunten Gemeinde, sei noch niemand in der Hölle. Erst am Ende der Welt würden die Verdammten zum Ort der Pein gehen.

Wieder einmal wurde ein theologischer Disput zum Politikum. Diesmal wurde der Kaiser vom General der Franziskaner unterstützt, den Johannes im Zusammenhang mit der Armutsfrage exkommuniziert hatte, sowie von dem großen franziskanischen Philosophen Wilhelm von Occam. Zum zweitenmal wurde der Papst zum Ketzer erklärt.

Wenn die Heiligen und die Selige Jungfrau nicht im Himmel sind, argumentierte der Kaiser, wie können sie dann für uns Fürbitte leisten? Warum Schreine von Heiligen besuchen, die nicht bei Gott im Himmel sind? Und am gezieltesten: Warum sollten die Christen den Papst für Absolution und Ablässe bezahlen, wenn sie nach ihrem Tod bis zum Jüngsten Tag auf das Paradies warten müssen?

Ebenso, wie ein toter Mensch nicht länger ein Mensch ist, folgerte der Kaiser, ist ein häretischer Papst nicht länger ein Papst. Der Expapst Johannes XXII. war nun schlicht Jacques von Cahors.

Philipp von Valois unterstützte Ludwig. Er schrieb Johannes, seine Ansichten seien häretisch, und wenn er sie nicht widerriefe, würde er verbrannt. Die Universität von Paris verlautbarte als ihre Lehrmeinung, der Papst sei in einem schweren Irrtum und sollte unverzüglich widerrufen. Johannes, hochmütig wie immer, bot jedem eine reiche Belohnung, der ihm eine Passage von Augustinus zeigen könnte, die seine Ansicht stützte. Niemand war dazu in der Lage. Schließlich dämmerte ihm, daß die ganze Kirche gegen ihn war. Gegen jeden Instinkt schrieb er nach Paris zurück, er habe nie positiv geleugnet, daß die Heiligen Gott direkt nach dem Tod sehen, sondern er habe die Frage nur offengelassen. Selbst diese Lüge war nicht gut genug. Die europäischen Theologen antworteten wie aus einem Munde: Dies ist keine offene Frage. Die Meinung der Kirche hätte nicht einheitlicher sein können.

An diesem Punkt wird die Geschichte unklar. Einige sagten, er habe seine Meinung geändert, kurz bevor er mit neunzig Jahren starb. Andere sagen, er habe seine Meinung nie geändert und sei gestorben, wie er gelebt habe – als Ketzer. Sicher aber ist folgendes:

Am 3. Dezember 1334 spürte er, daß seine Ideen bald in der Praxis geprüft werden würden, und beorderte seine Kardinäle zu sich ans Bett. Er drängte sie, wenn er nicht mehr lebe, »einen würdigen Nachfolger für den Stuhl Petri« zu wählen. Sie wiederum drängten ihn, seine Seele und die Ehre der Kirche zu retten, indem er seine ketzerischen Ansichten über die Gottesschau zurückzog. Er starb am nächsten Tag. Danach wurde in seinem Namen eine Bulle veröffentlicht, die alles widerrief, was er im Widerspruch zur Kirche gesagt und getan hatte, und in der er sich ganz ihrem Urteil unterwarf.

Drückte die Bulle wirklich Johannes' letzte Meinung aus? Selbst dort behauptet er, die vom Körper getrennten Seelen »sehen Gott und das göttliche Wesen deutlich von Angesicht zu Angesicht, soweit Stand und Bedingung einer getrennten Seele dies erlauben«. Solche Subtilitäten scheinen außerhalb der Reichweite eines Neunzigjährigen am Rand des Grabes. Zudem waren sie sinnlos, weil immer noch nicht akzeptabel für die Theologen.

Wenn man diesen Papst nach der Lehre der Kirche beurteilt, war er ein

Ketzer, wie Hadrian VI. zugab. Er leugnete hartnäckig über längere Zeit einen wichtigen Glaubensartikel. Als er herausgefordert wurde, änderte er öffentlich seinen Standpunkt, nur um eine Lehre offenzulassen, die offiziell abgeschlossen war. Er zweifelte noch immer, deshalb war er noch immer ein Ketzer. Was sein endgültiger Standpunkt war, ist nicht klar; selbst wenn er für die letzte Bulle verantwortlich war, so war sie immer noch heterodox.
Sein Nachfolger, Benedikt XII., ließ keinen Zweifel an der Sache. Am 29. Januar 1336 sagte er in einem öffentlichen Konsistorium, nach dem Tod genössen die Heiligen ohne Verzögerung die Gottesschau. Jeder, der eine dem widersprechende Meinung vertrete, sei als Ketzer zu bestrafen.

Selbst nach seinem Abgang blieb Johannes XXII. eine kontroverse Figur. Er, die Geißel der Ketzer, war selbst zum Ketzer erklärt worden. Er hatte eine große Zahl heiligmäßiger Franziskaner der Inquisition zum Verbrennen ausgeliefert – am Ende waren es 114 –, deren einziges Verbrechen darin bestand zu sagen, Jesus und seine Apostel hätten ein Leben äußerster Armut geführt.
Denn die letzte Ironie ist diese: Als er starb, war die Kasse, die er leer vorgefunden hatte, voll zum Überfließen. Die florentinischen Bankiers, die hinzugezogen wurden, um sich um den Schatz zu kümmern, waren verblüfft. Noch nie hatten sie etwas auch nur entfernt Vergleichbares gesehen. Sie zählten 25 Millionen Goldflorin und noch einmal den gleichen Wert in Edelsteinen und Wertgegenständen.
Die wahre Häresie Johannes' XXII., des Stellvertreters Christi und Nachfolgers Petri, war, daß er die Ärmsten der Armen Christi verbrannte und als reichster Mann der Welt starb.

## *Der Papst, der die Bibel umschrieb*

Als Gregor XIII. 1572 Papst wurde, zog sich der Franziskanerkardinal Montalto aus dem öffentlichen Leben zurück. Seine Gefolgsleute streuten das Gerücht aus, Seine Eminenz stehe mit einem Fuß schon im Grab und wünsche vom Leben nichts mehr, als sich auf den Tod vorzubereiten. Bei den seltenen Treffen des Heiligen Kollegiums, denen er beiwohnen mußte, hustete er ständig, als sei er im Endstadium der Schwindsucht. Zu jedem Vorschlag beugte er sanftmütig seinen großen, tonsurierten Kopf als Zeichen der Zustimmung. Er war zu schwach zum Streiten. Als seine Kollegen beteuerten, er sei viel zu jung zum Sterben, zuckte Felice Peretti da Montalto traurig mit den Schultern und machte sich acht Jahre älter, um sie von seinem nahen Ende zu überzeugen. Ein englischer Besucher in Rom konnte zufällig einen seltenen Blick auf Seine Eminenz erhaschen, über sein Feuer gebeugt, und schrieb nach Hause über diesen »gebücktesten, demütigsten Kardinal, der je an einem Ofen hockte«.

Papst Gregor starb 1585. Montalto erschien hohlwangig, trübäugig und mit sorgsam angebrachten Falten zum Konklave. Sein Gang war schneckenähnlich, seine Stimme kaum hörbar. Er ging auf Krücken und so krumm, daß sein Kopf fast den Boden berührte. Bei der Wahl war es für alle zweiundvierzig stimmberechtigten Kardinäle klar, daß Montalto für das Papsttum geschaffen sei. Sie bemerkten ihren Irrtum sofort. Sobald Montalto die Wahl gewonnen hatte, streckte er sich, wie sein Biograph Leti schreibt, warf seine Krücken fort und schrie: »Jetzt bin ich Caesar«, bevor er mit Donnerstimme das *Te Deum* intonierte.

In fünf Jahren leistete Sixtus V. die Arbeit von fünfzig Jahren. Er ließ Gruppen von Männern Tag und Nacht arbeiten, um dem Petersdom die Kuppel aufzusetzen. Er ließ den Obelisk Zentimeter für Zentimeter durch Hunderte von Arbeitern und Maultieren auf seine heutige Stelle mitten auf dem Petersplatz versetzen. Er baute die Bibliothek des Vatikan. Er baute ein Aquädukt über Täler und Hügel, um über zwanzig Meilen Wasser nach Rom zu leiten. Sein Spitzname war wohlverdient: »der geweihte Wirbelwind«.

Mit seiner titanischen Energie ging ein heftiger, lärmender Egoismus einher. Er beanspruchte weltliche Rechtshoheit über alle Könige und Fürsten. Als der Jesuit Robert Bellarmine, der unbeirrteste Verteidiger des Papsttums seit Thomas von Aquin, in seinem Buch der *Streitfragen* nahelegte, der Papst habe nur indirekte Rechtshoheit über weltliche Herrscher, beschloß Sixtus, ihm heimzuleuchten. Er konnte, sagte er, aus jedem Grund und wann immer es ihm beliebte, einschließlich Kaisern jeden ernennen oder absetzen. Auch der Theologe Vittorio mißfiel ihm, weil er zu schreiben wagte, es sei richtig, ungerechten Befehlen eines Papstes nicht zu gehorchen. Ja, er, Sixtus, der Oberhirte, würde die Bücher dieser beiden Abtrünnigen bannen.

Die Kardinäle der Index-Kongregation waren zu verängstigt, um Seiner Heiligkeit mitzuteilen, daß diese hervorragenden Autoren ihre Ansichten auf die Werke zahlloser Heiliger und Gelehrter gegründet hatten. Graf Olivares, der spanische Gesandte in Rom, schrieb seinem Herrn Philipp II., daß die Kardinäle stillschweigen, »aus Angst, daß Sixtus sie sein heftiges Temperament spüren läßt und vielleicht die Heiligen selbst auf den Index setzt«.

Sixtus war besonders ungnädig mit Bellarmine. Der Jesuit hatte tapfer für die Werkausgabe des hl. Ambrosius mit ihm zusammengearbeitet. Es kann nicht leicht gewesen sein. An jedem Punkt hatte Sixtus sich über sein Urteil hinweggesetzt. Danach befahl der Papst, seine Fassung sei nun der Standardtext. Sie war und ist die unzuverlässigste, die es gibt.

Ebenso rücksichtslos verfuhr er mit der Bibel. Die Ergebnisse waren katastrophal.

Die lateinische Bibelübersetzung, die Vulgata, war im vierten Jahrhundert vom hl. Hieronymus angefertigt worden. Im Mittelalter war sie eine Institution geworden. Inzwischen hatten sich viele falsche Lesarten eingeschlichen, weil die Kopisten schläfrig gewesen waren. Mit der Erfindung der Buchdruckerei vermehrten sich die Ausgaben und auch die Fehler. Bei der Reformation hatten die Protestanten ihre eigenen Bibelübersetzungen; die Katholiken mußten unbedingt einen verläßlichen Text der Vulgata für alle Streitfragen haben.

Das Konzil von Trient hatte 1546 die Vulgata als die echte Bibelfassung der Kirche bezeichnet. Sie allein sollte bei Lesungen, Diskussionen und Predigten verwendet werden. »Echt« bedeutet, die Katholiken können sicher sein, daß sie frei von Irrtümern in Lehre und Moral ist und im wesentlichen die Originale getreu wiedergibt. Als die Konzilsväter von Trient eine neue Ausgabe der Vulgata in Auftrag gaben, hatten sie keine Vorstellung vom Umfang der Aufgabe. Elf Päpste lebten und starben, und nichts geschah. Bis zu Sixtus V.

Drei Jahre nach Beginn seines Pontifikats, Ende 1588, legten ihm die Gelehrten, die er mit der Herausgabe der Vulgata beauftragt hatte, ihre endgültige Fassung vor. Für den Geschmack des Papstes steckte zuviel Gelehrsamkeit darin, und sie hatten zu viele Varianten aufgenommen. Er schrie, der Vorsitzende der Kommission, Kardinal Carafa, solle sein Zimmer verlassen, er könne es allein weit besser machen. Diesen verblüffenden Anspruch gedachte er nun zu belegen. In einer Bulle erklärte er mit einem Satz von 300 Wörtern, er, der Papst, sei die einzig geeignete Person, um die Frage einer echten Bibel für die Kirche zu entscheiden.

Stunde um Stunde mühte er sich ab, und Nacht um Nacht, denn er schlief nachts nicht. Er hatte nur einen hauptamtlichen Sekretär, den er fast ins Grab brachte. In der Hauptsache hielt sich Sixtus an den Text von Louvain, der ihm vertraut war. Er war nicht besonders wissenschaftlich. Wo er dunkel war, scheute sich Sixtus nicht, klärende Worte und Sätze hinzuzufügen. Oft übersetzte er nach Laune. Eine weitere Eigentümlichkeit war, daß er die Verweise änderte. Ein System von Kapiteln und Versen war 1555 von Robert Stephanus erarbeitet worden. Es war nicht vollkommen, doch es war bequem und allgemein in Gebrauch. Sixtus schaffte es zugunsten seines eigenen Schemas ab. Alle vorherigen Bibeln waren auf einen Schlag veraltet; alle Bücher in den Schulen mit ihren Textarsenalen mußten neu gedruckt werden. Er änderte nicht nur die Titel von Psalmen, die viele für inspiriert hielten, sondern ließ auch — wahrscheinlich aus Achtlosigkeit — ganze Verse aus.

Nach nur achtzehn Monaten war seine Arbeit getan. 1590 erschienen die ersten Folioexemplare. »Herrlich«, murmelte er und bewunderte den schönen Einband. Dann sah er beim ersten Blick viele Druckfehler, und dann immer mehr. Auch von den Druckern hatte man erwartet, Tag und Nacht in der Art des Wirbelwindes zu arbeiten.

Um keine Zeit zu verlieren, begann Sixtus, die Dinge allein zu flicken. Er schrieb mit Tinte Korrekturen auf winzige Papierstückchen — Quadrate, Rechtecke, Dreiecke — und klebte sie über die Druckfehler. Er brauchte sechs Monate dazu, und er verpfuschte eine Menge. Die Veröffentlichung wurde immer wieder aufgeschoben, und der Alptraum des Papstes ging weiter. Seine Bulle *Aeternus Ille* war seit langem fertig. Nie gab es ein autoritativeres Dokument:

> *Durch die Fülle Apostolischer Macht bestimmen und erklären Wir, daß diese Ausgabe ... bestätigt durch die Uns vom Herrn gegebene Autorität, als wahr, rechtmäßig, echt und unangefochten in allen öffentlichen und privaten Diskussionen, Lesungen, Predigten und Erklärungen angenommen und gehalten werden soll.*

Kein Drucker, Herausgeber oder Buchhändler durfte um ein Iota von dieser endgültigen und echten Fassung der lateinischen Bibel abweichen. Jeder, der der Bulle zuwiderhandelte, sollte exkommuniziert werden, und nur der Papst konnte ihm Absolution erteilen. Auch weltliche Strafen wurden angedroht.

Mitte April wurden den Kardinälen und Gesandten endlich Exemplare geliefert. Sie inspizierten sie und rissen die Augen auf. Vier Monate später, am 27. August, verkündeten die Glocken des Kapitols, daß der Papst tot war. In jener Nacht kam ein so heftiger Sturm auf, daß es schien, Sixtus' scheidender Geist habe die Elemente zu einem Tobsuchtsanfall aufgepeitscht. Rom war außer sich vor Wonne, aber niemand war so entzückt wie seine Feinde im Heiligen Kollegium.

Der nächste Papst starb nach einem zwölftägigen Pontifikat. Gregor XIV. (1590–91) war die Schadensbegrenzung überlassen. Aber wie? Eine Bibel war mit der Fülle päpstlicher Macht, komplett mit dem Zubehör der Exkommunikation, der ganzen Kirche aufgezwungen worden – und sie wimmelte von Fehlern. Die akademische Welt war in Aufruhr; die Protestanten hatten einen Heidenspaß am Dilemma der römischen Kirche.

Am 11. November 1590 kam Bellarmine von einer Auslandsmission heim nach Rom. Er war persönlich erleichtert, daß Sixtus, der ihn hatte indizieren wollen, tot war, fürchtete aber für das Ansehen des Papsttums. Er schlug dem neuen Papst vor, wie er mit dieser Zwangslage fertig werden konnte. In seiner *Autobiographie* verriet er dann alles.

> *Einige Männer, deren Ansichten großes Gewicht hatten, meinten, sie solle öffentlich verboten werden. Ich fand das nicht, und ich zeigte dem Heiligen Vater, statt die fragliche Bibelausgabe zu verbieten, wäre es besser, sie so zu korrigieren, daß sie ohne Schaden für die Ehre von Papst Sixtus veröffentlicht werden konnte. Dies Ergebnis konnte erreicht werden, indem man unratsame Veränderungen so rasch wie möglich entfernte und dann das Buch mit Sixtus' Namen darauf herausgab, mit einem Vorwort, das sagte, in der Eile und durch die Schuld von Druckern und anderen hätten sich in die erste Ausgabe Fehler eingeschlichen.*

Kurz, Bellarmine riet dem Papst zu lügen. Einige seiner Bewunderer haben dies widerlegen wollen. Ihre Aufgabe ist ungeheuer schwer.

Die Alternativen waren klar: entweder öffentlich zugeben, daß ein Papst in einer entscheidenden Angelegenheit der Bibel geirrt hatte, oder eine Vertuschungsaktion, deren Ergebnis unvorhersehbar war. Bellarmine schlug das letztere vor.

Vielleicht wurde er in die Versuchung geführt, so zu argumentieren, weil das selbstlos war: Er verteidigte die Ehre eines Mannes, der seine eigene mißachtet hatte. Vielleicht wollte er Sixtus auch in den vagen Hinweis auf die Schuld von Druckern »und anderen« einschließen. Aber ob irgendein Leser hätte erraten können, daß der Papst einer von den »anderen« war? Zudem waren die einzig entstellenden Fehler vom Papst, nicht von den Druckern.

Doch der Betrug hörte dort nicht auf.

Eine gründliche Überarbeitung von Sixtus' Bibel hätte Jahre gedauert. Jahre, die sie nicht hatten. Eine kleine Gruppe Gelehrter, unter ihnen Bellarmine, ging in einem Landhaus auf einem Hügel der Sabinerberge, achtzehn Meilen vor Rom, an die Arbeit. Sie leisteten Beachtliches. Mitte Juni 1591 schlossen sie ihre Revision ab. Das Problem war nun, wie sie der Welt vorgelegt werden sollte. Als der neue Oberhirte Bellarmine fragte, entwickelte dieser den Vertuschungsplan.

Die neue Fassung sollte sofort gedruckt werden. Sixtus' Version mußte unvermeidlich Ketzern in die Hände fallen. Sie würden auf die Änderungen, Auslassungen, Fehlübersetzungen hinweisen und sagen: »Schaut, Päpste scheuen sich nicht, Bibeltexte zu verderben, um ihre eigenen Ziele zu fördern.« Der neue Text sollte ein Vorwort bekommen, in dem stand, Sixtus habe eine nach seinen Befehlen überarbeitete Bibel veröffentlicht, doch als er sie prüfte, habe er entdeckt, daß sich viele Fehler aufgrund allzugroßer Eile eingeschlichen hatten. Sixtus habe deshalb beschlossen, die Arbeit müsse noch einmal neu getan werden. Nach seinem Tod seien seine Nachfolger begierig, seine Wünsche auszuführen. Daher die neue Ausgabe.

Dies war von der Wahrheit weit entfernt. Die einzigen wirklich störenden Fehler waren die, die Sixtus nicht gesehen hatte: seine eigenen. Er hatte nie die geringste Absicht, seine eigene Arbeit zu revidieren, nur die der Drucker. Die Entscheidung, sie zu überarbeiten und neu herauszugeben, wurde nach seinem Tod getroffen.

Bellarmine dachte vor allem an eines: Man darf nie sehen, daß Päpste die feierlichen Dekrete ihrer Vorgänger verdammen. Das würde ein schlechtes Licht auf die päpstliche Autorität selbst werfen. Andererseits gebührte auch der Bibel Respekt; sie war unfehlbar wie das Papsttum. Aus der Notwendigkeit, das Unvereinbare zu vereinen, entstand die Vertuschung. Bellarmine schlug vor, die neue Fassung sollte nicht die einzig zugelassene sein. Sie war in Eile entstanden und enthielt zweifellos Fehler, die die Zeit offenbaren würde. Außerdem, fügte er hinzu, »obwohl der Papst uns unseren Auftrag erteilt hat, konnte er uns nicht die Hilfe des Heiligen Geistes geben, die sein alleiniges Privileg ist«. Bellarmines Denken hatte, trotz aller Größe und Subtilität, etwas beinah Kindliches, wenn es um das Papsttum ging. Er machte sich nicht die Mühe zu erklären, was mit der Hilfe des Heiligen Geistes war, als Papst Sixtus die Vulgata bearbeitete.

Ende 1592 war die Bibel bereit zur Veröffentlichung, und Clemens VIII. war einverstanden, sie nur unter Sixtus' Namen erscheinen zu lassen. In *The Church and the Papacy* (1944) schreibt Jalland ironisch: Diese Angelegenheit *dient zur Beschaffung einzigartiger dokumentarischer Belege für die Möglichkeit, daß selbst der römische Stuhl seine Ansicht ändern kann. Diese Tatsache wurde freilich in der Zwischenzeit verschleiert, denn als die neue Ausgabe 1592 erschien, wurde sie der Welt ein wenig unredlich als die »Sixtinische« Bibel vorgestellt. Zwar wurde der Name Clemens später eingefügt; doch das konnte kaum eine seltsame Heldentat literarischer Unehrlichkeit wiedergutmachen oder die Wahrheit verbergen, daß der römische Stuhl in seiner Nachgiebigkeit gegen Klagen des Volkes so weit gegangen war, eine seiner früheren Entscheidungen als reversibel zu behandeln.*

Nach den Lügen blieb ein Problem: wie man die Exemplare der echten Sixtusbibel zurückbekam. Bellarmine riet dem Papst, sie zurückzukaufen, ohne Ansehen des Preises, der wahrscheinlich hoch sein würde. Sie waren nicht nur prachtvoll ausgestattet, sondern jeder Schwachkopf konnte ihren Sammlerwert sehen.

Die Inquisition in Venedig und der Jesuitengeneral erhielten Anweisungen, Druckerwerkstätten und Privathäuser zu durchsuchen, besonders in Deutschland, um die Ehre des Papsttums zu retten. Die Suche hatte possenhafte Züge. Zu einer Zeit, als Protestanten kostenlose Bibeln verteilten, versuchte die katholische Kirche verzweifelt, Bibeln zurückzukaufen. Wie viele Exemplare wiedergefunden wurden, ist nicht bekannt, doch im Höchstfall waren es zehn. Eines fand seinen Weg in die Bodleian Library in Oxford. Ihr erster Bibliothekar, Dr. Thomas James, behandelte es wie Manna vom Himmel. 1611 schrieb er ein Buch, in dem er die Bibel von Sixtus mit der von Sixtus-Clemens verglich. Er fand, »die beiden Päpste waren untereinander notorisch uneinig, nicht nur in der Zahl der Verse (der spätere ging zum Verweissystem nach Stephanus zurück), sondern im Wortlaut des Textes und in den Vorworten und Bullen selbst«.

James behauptete, etwas Bemerkenswertes zu sehen: zwei Päpste, die einander bekriegten und offen widersprachen. »In diesem Krieg ist ihr Oberhaupt so besudelt und ihre Kirche so tödlich verwundet worden, daß aller Balsam Gileads sie nicht heilen wird. Wir haben hier einen Papst gegen den anderen, Sixtus gegen Clemens, Clemens gegen Sixtus; sie disputieren, schreiben und streiten über die Hieronymus-Bibel.« Was Katholiken betraf, schrieb James, sei die Bibel wie eine Wachsnase, die die Päpste in jede ihnen genehme Form bogen. »Wenn der Papst sagen würde, was weiß ist, sei schwarz, und was schwarz ist, sei weiß, so würde kein Katholik es wagen, nicht zuzustimmen.«

Das war gute Polemik, und Sixtus hatte sie wahrhaftig verdient. Doch selbst Dr. James fand nicht mehr als einen oder zwei grundlegende Unterschiede zwischen den beiden Päpsten, auch keinen wirklichen Versuch bei einem der beiden, den Leser zu täuschen. Enorme Dummheit war am Werk gewesen, aber verschwindend wenig böser Wille.

Was die Angelegenheit offenbarte, war etwas ganz anderes.

In jeder anderen Institution wären Fehler wie die von Sixtus nur eine vorübergehende Peinlichkeit gewesen, über die man sich einfach lachend hinwegsetzte und die man bald vergaß. Nur in der römischen Kirche konnte es eine Krise auslösen, die in Bellarmines Augen die größte seit der Reformation war. Als Reaktion auf diese Krise fühlte sich ein Mann von Bellarmines Integrität genötigt, Lügen und Halbwahrheiten zu verbreiten, die mehr als ein Papst mit Erleichterung schluckte. Wenn ein heiligmäßiger Mensch wie Bellarmine für das Papsttum zu lügen bereit war, was werden dann andere tun? Was haben andere getan? Was tun andere heute?

Bellarmine, selbstlos und arm, war das traurige Opfer des Papsttums, für dessen Verteidigung er sein Leben gab. So wichtig war es ihm, daß Dr. James' Seitenhieb sich buchstäblich bewahrheitete. Tatsächlich sagte er dem Papst zu Gefallen, schwarz sei weiß und weiß sei schwarz, und dies in einem sehr heiklen Bereich: Ethik. In seinem Buch über den römischen Oberhirten schreibt er, was auch immer der Papst befehle, sei es auch noch so böse oder lächerlich, müsse befolgt werden, als sei es die Tugend selbst. Was der Papst auch tut, selbst wenn er unter dem fadenscheinigsten Vorwand einen Kaiser absetzt, muß von Katholiken akzeptiert werden, die dann künftig dem Papst und nicht dem Kaiser zu gehorchen haben.

Die Affäre des Papstes, der die Bibel umschrieb, beweist einmal mehr, daß die Lehre, der Papst könne nicht irren, ihre eigene Version der Geschichte schafft und selbst heiligmäßige Menschen verführt, für sie zu lügen. Doch Bellarmine ist nicht deshalb im Gedächtnis geblieben, weil er einen Papst deckte, sondern vor allem, weil er dazu beitrug, die Karriere eines Laien zu ruinieren – eines der berühmtesten, die je gelebt haben.

### *Der größte Skandal der Christenheit*

Galileo war nun alt, Mitte Siebzig, und völlig blind. Im Sommer 1640 wußte er, daß seine Tage gezählt waren.

Warum verfolgte man ihn immer noch? Im Dorf gab es noch immer bezahlte Spitzel, die der Inquisition alles über ihn sagten. Sie fingen seine Post ab, schrieben Berichte über jeden Besucher, den er empfing. Seine Heiligkeit Urban VIII. würde ihm nie vergeben, das wußte er. Als er in Rom um Erlaubnis ersuchte, zu einer medizinischen Behandlung nach Florenz zu gehen, hatte die Inquisition erwidert: »Sanctissimus (der Heiligste) hat abgelehnt, dem Ersuchen zu entsprechen, und befohlen, der besagte Herr sei davor zu warnen, weitere Gesuche einzureichen, sonst werde er zu den Kerkern des Heiligen Offiziums zurückgebracht.« Das tat dem »besagten Herrn« weh, nicht nur, weil er den Papst immer für einen Freund gehalten hatte, sondern weil die Antwort an dem Tag kam, als seine Tochter im Alter von dreiunddreißig Jahren an der Betrübnis über das Schicksal ihres Vaters starb.

Ach, aber es war gut, in seiner geliebten Villa »Il Gioiello« (das Juwel) mit all ihren vertrauten Geräuschen und Gerüchen zu sein. Und mit ihren vertrauten Anblicken, die vor seinem inneren Auge vorbeizogen. Wenn er in der Abendkühle hinausging, konnte er sich unterhalb seiner Villa in Arcetri lebhaft Florenz vorstellen, die babylonisch hohe, blumenartige Kuppel der Kathedrale aus roten Ziegeln unterhalb von Giottos Glockenturm, den Palazzo Vecchio mit seinem himmelstürmenden Turm, die breite Schleife des Flusses Arno. Um sich herum konnte er in der stillen Luft die Zikaden hören und die aschgrauen Olivenbäume und Weinstöcke riechen; der Wein, den er trank, war immer das Produkt seiner eigenen Hände.

Aber kostbarer als diese toskanische Villa oder selbst Florenz in der sanften Landschaft war der Himmel droben: Mond und Sterne. War es Stolz, wenn er empfand, daß diese himmlischen Formen ihm mehr gehörten als den meisten anderen Menschen, ihm mehr gehörten als selbst Il Gioiello? Zwar war er blind wie Homer, doch er diktierte weiterhin seinem Sekretär seine wissenschaftlichen Arbeiten. Seltsamerweise gehörten sie zu seinen besten. Die Inquisition hatte ihm verboten, etwas Neues zu veröffentlichen oder seine alten Werke neu herauszugeben. Lebenslänglich gebannt, sagten sie. Aber nur in Italien und nicht für immer. Inquisitoren waren, auch wenn sie anderer Meinung waren, nicht Gott.

Außerdem – obwohl er jetzt blind war, wer konnte ihm die Erinnerung an das nehmen, was seine Augen gesehen hatten? Diese seine Augen hatten Dinge gesehen, die seit Anbeginn der Welt verborgen gewesen waren. Sie hatten neue Amerikas am Himmel eröffnet, und eines Tages, daran zweifelte er nie, würde sein Name so berühmt sein wie – nein, berühmter als Columbus.

Galileo Galilei war 1564 geboren worden, in dem Jahr, als Michelangelo starb. Sein Vater Vincenzo, ein Tuchhändler, stammte aus Florenz, doch sein erstes Kind wurde in Pisa geboren. Galileo trat als Medizinstudent in die Universität ein, brach das Studium aber bald ab. Sein brennendes Interesse galt der Mathematik, der reinen und der angewandten. Später sagte er, die Mathematik gebe ihm Flügel, um sich über die Welt zu erheben und die Sterne zu sehen. Schlichter ausgedrückt, machte sie ihn zum Erfinder. Er entwarf ein Instrument zur Bestimmung des Gravitationszentrums in verschieden geformten Körpern.

1589 wurde er Mathematikprofessor in Pisa. Mit seinen Kollegen vertrug er sich nicht gut; er klagte ständig über sein Gehalt und seine Arbeitsbedingungen. Je nutzloser die Professoren waren, sagte er, desto höher ihre Gehälter. Er wechselte nach Padua, wo die Bezahlung geringfügig besser war. Er mußte noch immer Studenten aufnehmen, um seine Kosten zu decken. Dort blieb er achtzehn Jahre lang.

1609 war er fünfundvierzig Jahre alt und hatte nur wenige Veröffentlichungen aufzuweisen. Ein Jahr später wurde er wegen eines Pamphlets, das er schrieb, zu einem der berühmtesten Männer der Welt. Kepler pries seinen intellektuellen Mut und nannte ihn den größten Philosophen seiner Zeit. Sein Schicksal begann sich mit einer Portion Glück, befruchtet durch Genie, zu wenden. Er hörte von einem optischen Gerät, einem Fernglas oder *occhiale*, erfunden von einem Holländer. Sofort beschloß er, selbst eines zu bauen und es auf der Theorie der Brechung von Strahlen zu basieren. Er nahm ein Bleirohr und paßte in jedes Ende Glaslinsen ein. Die Linsen waren auf einer Seite flach und auf der anderen konvex bzw. konkav. Er setzte die konkave Linse an sein Auge und fand zu seiner Verblüffung, daß der betrachtete Gegenstand dreimal näher und neunmal größer erschien. Da er ein erfahrener Glasschleifer war, fertigte er ein weiteres Fernrohr an, das den Gegenstand sechzigfach vergrößerte. Schließlich, nach großem Aufwand an Mühe und Geld, holte es einen Gegenstand dreißigmal näher und vergrößerte ihn tausendfach.

Sofort wandte er die Erfindung für einen militärischen Zweck an. In einer öffentlichen Zeremonie übergab er dem Dogen von Venedig in Gegenwart des Senats ein Teleskop. Die Republik war entzückt, ein Instrument zu haben, das feindliche Armeen und Flotten entdecken konnte, lange bevor sie mit bloßem Auge sichtbar waren. Sie bestätigten seine Professur auf Lebenszeit und verdoppelten sein Gehalt für ein Instrument, das von nun an jeder Handwerker anfertigen konnte.

Als nächstes richtete Galilei sein Teleskop auf den Nachthimmel. Das war der Augenblick, in dem die ganze Menschheitsgeschichte sich wendete. Die wissenschaftliche Revolution war geboren.

Zuerst betrachtete er den Mond. Das waren mehr als Schatten auf seiner Oberfläche, bemerkte er; es waren Berge. Bald fand er heraus, wie er ihre Höhe anhand der Länge ihrer Schatten ermitteln konnte. Auch weite Ebenen sah er, die er für Ozeane hielt und die seither die Mondmeere heißen. In einer sensationellen Extrapolation nahm er an, daß die Erde für einen Betrachter auf dem Mond genauso aussehen müßte wie der Mond für einen Betrachter auf der Erde. Er erriet sogar, daß die Erde vom Mond aus in dunkle Zonen (Meere) und helle Zonen (Land) aufgeteilt wäre. In einem Augenblick instinktiver Poesie sprach er von Erdenschein, vom »alten Mond in den Armen des neuen Mondes«, nämlich dem Sonnenlicht, das von der Erde auf den Mond und zurück reflektiert wird. Er konnte herausfinden, warum unregelmäßige Oberflächen mehr Licht reflektieren als glatte, und warum der Rand des Mondes zwar für das bloße Auge glatt aussieht, aber nicht die perfekte Rundung ist, für die man ihn einst hielt. In einem zweiten, spektakulären Augenblick der Offenbarung begriff Galileo, daß »Wissenschaftler« seit über zweitausend Jahren geirrt hatten. Aristoteles und in der Folge Scholastiker wie Thomas von Aquin hielten es für ausgemacht, daß die himmlische Welt vollkommen verschieden von der irdischen war. Dort oben, dort draußen gab es keinen Wandel, keinen Verfall, nur ewiges Bleiben. Dies implizierte eine andere Art Materie als »hinieden« auf der Erde. Doch durch sein Teleskop sah der Mond der Erde verdächtig ähnlich. Was, wenn die ganze Schöpfung eins war, ein echtes »Universum«? Was, wenn die Erde nichts Besonderes war, sondern schlicht ein Klumpen Materie unter anderen? Und wenn der Mond, so erdähnlich, ohne Schaden um die Erde kreisen kann, warum kann dann nicht die Erde selbst kreisen? Was, wenn das ganze Schöpfungsbild, das der Mönch Kopernikus entworfen hatte, real und nicht bloße mathematische Hypothese war?

Über zehn Jahre zuvor hatte Galileo an Kepler geschrieben, er glaube, Kopernikus habe recht. Die Erde war nicht statisch; sie drehte sich um die Sonne. Doch was, wenn er jetzt anfangen konnte, diese Überzeugung plausibel zu machen? Nicht nur plausibel, sondern nachweisbar?

Von dem Moment an, als Galileo durch eine Anordnung von Glasstücken den Mond betrachtete, erlebte die Erde ihr größtes Beben. Sie war nicht länger ein Zentrum, das Zentrum des Weltalls. Und der Mensch? Wenn er nicht mehr auf dieser zentralen, unbeweglichen Erdscheibe stand, was sollte man dann über ihn sagen? Selbst der geniale Geist wagte zuerst

nicht, allzu scharf hinzusehen, aus Furcht vor der Erschütterung des Glaubens, seines Glaubens an die Bibel und die Kirche.
Eine Frage jagte die andere, und er antwortete, soweit er konnte. Doch er begriff schnell, daß am wichtigsten nicht die hundert- oder tausendfache Erweiterung der Weltsicht war. Was in seinem Kopf umging und ihn berauschte, war der Gedanke, daß niemand vor ihm je auf diese Weise gesehen hatte.
Zu seinem Entsetzen weigerten sich viele Aristoteliker, durch sein Teleskop zu schauen und seine Befunde zu überprüfen, als er sie darum bat. Sie wußten, sagten sie, schon durch Berechnungen, die sie auf dem Papier gemacht hatten, und aus dem Vergleich von Texten, daß der Mond eine glatte, ebene Oberfläche sei. Wie konnte ein Rohr mit Glasenden Aristoteles und eine jahrhundertealte Deutung der Schrift widerlegen? Von den wenigen, die einen Blick riskierten, behaupteten die meisten allen Ernstes, das, was sie sahen, sei in den Linsen, nicht in den Sternen. Galileo scherzte, wenn sie stürben, würden auch sie auf dem Weg zum Himmel sehen, was er sah.

Mit fast fünfzig war er nach zwanzig Jahren der Geldknappheit endlich ein freier Mann. Sein Buch *Nuntius sidereus*, Botschaft oder *Botschafter der Sterne*, wurde sofort ein Erfolg.
Zu dieser Zeit hatte Galileo viele Freunde aus dem Klerus, sogar in Rom selbst, wie den eminenten jesuitischen Mathematiker Clavius. Clavius bestätigte seine Entdeckungen und informierte den altgewordenen Kardinal Bellarmine. Dies inspirierte Galileo, im Frühling 1611 nach Rom zu reisen. Der jesuitische Kardinal war freundlich, ebenso Kardinal Barberini. Beide rieten ihm, seine Ideen nur als Hypothesen zu äußern, um Ärger mit den Theologen zu vermeiden. Er wurde in die angesehene Lynceanische Akademie aufgenommen, die als erste sein Instrument »Teleskop« nannte.
Er reiste in der naiven Überzeugung, in der Ewigen Stadt dauerhafte und einflußreiche Freunde gewonnen zu haben, nach Florenz zurück. Vielleicht wurde er deshalb deutlicher. Er griff die Aristoteliker erbarmungslos an, und er schrieb auf italienisch, um über die Köpfe der trockenen Akademiker hinweg das allgemeine Publikum anzusprechen.
Trotz seiner besten Absichten erregte er Fragen nach der Beziehung zwischen Wissenschaft und Offenbarung, dem kopernikanischen System und der Bibel. Waren sie miteinander vereinbar? Zu seiner Verteidigung zitierte er Kardinal Baronius' Bonmot: »Das Ziel des Heiligen Geistes ist, uns den

Weg zum Himmel zu zeigen, nicht die Wege des Himmels.« Die Bibel war kein wissenschaftlicher Text, und es war nicht nötig, ihre »wissenschaftlichen Aussagen« wörtlich zu nehmen. Es gibt viele literarische Formen in der Schrift. Am wichtigsten ist: Wenn eine wissenschaftliche Theorie schlechte Wissenschaft ist, wird gute Wissenschaft sie korrigieren. Das ist keine Herausforderung des Glaubens. Im Gegenteil – Natur und Bibel sind zwei göttliche Texte, die einander nicht widersprechen können.

Seine Argumente sollten ein paar Jahrhunderte später die Kirchenmänner überzeugen – die Kleriker seiner Zeit ließen sie kalt. Galileo schien dem klaren Sinn der Schrift zu widersprechen. Er hatte sich in ihr Gebiet vorgewagt, indem er das kopernikanische System als nicht nur mathematische Theorie vertrat. Eine Frage für die Inquisition vielleicht? Der Bischof von Fiesole rief aus, Kopernikus sei sofort einzukerkern. Seine Exzellenz war tief enttäuscht, als er hörte, der ketzerische Mönch sei bereits seit siebzig Jahren tot. Auf ominöse Weise fand eines von Galileos Büchern schließlich seinen Weg in die gefürchtete Casa Santa des Heiligen Offiziums.

Man hatte ihn gewarnt, daß Bellarmine nie geschwankt hatte in seiner Auffassung, das kopernikanische System widerspreche, als wissenschaftliche Tatsache verstanden, der Schrift. Dennoch ging Galileo nach Rom und argumentierte jeden in Grund und Boden, der an Kopernikus zweifelte. Doch selbst er, so naiv in weltlichen Dingen wie er war, begann langsam Lunte zu riechen.

Ein Priester, der mit ihm sympathisierte, schickte ihm eine Abschrift eines Briefes, den er von Bellarmine erhalten hatte. Dem Kardinal zufolge waren sich Kirchenväter und moderne Schriftfachleute, wenn sie die relevanten Bibelpassagen analysierten,

> *alle darin einig, sie wörtlich zu deuten; sie lehrt, daß die Sonne am Himmel ist und sich mit ungeheurer Geschwindigkeit um die Erde dreht, und daß die Erde sehr weit vom Himmel entfernt ist, im Zentrum des Weltalls und unbeweglich. Bedenke dann in deiner Klugheit, ob die Kirche dulden kann, daß die Schrift auf eine Weise gedeutet wird, die den Heiligen Vätern und allen modernen Kommentatoren, lateinischen wie griechischen, widerspricht. ... Die Schrift sagt: »Die Sonne geht auf und die Sonne geht unter.«*

Galileo las es hundertmal. Er konnte es immer noch nicht glauben. Der alte Bellarmine war ein guter und weiser Mann. Wie konnte er das Alte

Testament so kindlich verstehen? Seine Eminenz schrieb weiter, jedermann könne, indem er einfach seine Sinne befragte, sicher wissen, daß die Erde unbeweglich sei. Erwartete er, daß ihm schwindlig wurde, wenn die Erde um die Sonne kreiste? Wäre er auf dem Mond, würde er erwarten, seine Bewegung zu fühlen? So groß Bellarmine als Theologe sein mochte – in der Astronomie war er so ahnungslos wie die Leute, die ernsthaft sagten, wenn die Erde um die Sonne kreiste, müßten alle Türme Italiens einstürzen. »Ihre Sinne sagten ihnen«, daß alles im Weltall sich bewegte, außer der Erde!

Galileo machte sich langsam wirkliche Sorgen. Seine Eminenz verbot ihm, sich in die Schrift einzumischen, predigte aber gleichzeitig ohne jede Schulung über die Wissenschaft. Er wußte jetzt, daß Bellarmine ihn ohne Skrupel zum Schweigen bringen würde, indem er ihn vor die Inquisition zitierte.

Genau das geschah. Papst Paul V., fromm, fett und kurzsichtig, mit Bärtchen und spitzem Schnurrbart, bei allen als Philister bekannt, übergab seinen Fall der Indexkongregation. Im März 1616 gab es einen Beschluß.

Die Auffassung, daß die Sonne das unbewegliche Zentrum des Weltalls ist, wurde als »dumm und absurd, philosophisch falsch und formal häretisch« befunden. Die Meinung, daß die Erde nicht der Mittelpunkt ist, sondern um die Sonne und um sich selbst kreist, wurde als zumindest »irrig im Glauben« verurteilt.

Nicht Galileo, sondern seine kopernikanischen Ansichten wurden getadelt. Dennoch wies der Papst Bellarmine an, Galileo zur Aufgabe seiner Meinung zu bewegen. Andernfalls mußte er sich verpflichten, seine Ansichten nicht zu lehren oder zu verteidigen, sie nicht einmal zu diskutieren. Bei Zuwiderhandlung würde er ins Gefängnis kommen.

Obwohl Galileo von seiner Orthodoxie überzeugt war, gab er die Garantien. Er bat Bellarmine nur, ihm einen Brief zu schreiben, was dieser am 26. Mai 1616 tat. Der Kardinal bezeugte die Tatsache, daß er nicht zum Widerruf gezwungen oder bestraft worden war. Auch war er nicht gezwungen, seine Forschungen einzustellen, nicht einmal in der Astronomie. Er war nur gehalten, das System des Kopernikus nicht zu lehren oder zu vertreten, als ob es wahr sei. Kopernikus wurde auf den Index gesetzt, wo er bis 1822 blieb.

Galileo war nicht gesund und froh, daß die Prüfung vorbei war. Was ihn bestürzte, war, daß »von Gott frei geschaffene Geister gezwungen sind, sich sklavisch einem Willen von außen zu unterwerfen«. Er war *der* Experte für Astronomie, und er wurde von völlig Inkompetenten beurteilt. Der Papst hatte persönlich Bellarmines Auffassung bekräftigt, es sei gegen die unfehlbare Lehre der Kirche zu sagen, daß die Erde sich dreht. Wenn die Erde sich bewegt, wäre der Himmel nicht »dort oben« und die Hölle nicht »dort unten«. Die gesamte Lehre über die Letzten Dinge müßte revidiert werden. Wie ein Papstberater seufzend sagte: Nun sind wir »wieder in Sicherheit auf der festen Erde, und wir müssen nicht mit ihr fliegen wie Ameisen, die auf einem Ballon herumkriechen«.

Ein paar ruhige Jahre vergingen, und Galileo schrieb *Il Saggiatore (Der Experimentator)*. Es war 1623. Im selben Jahr wurde sein »Freund«, der fünfundfünfzigjährige Kardinal Barberini, Papst Urban VIII. In den elf Tagen des Wahlvorgangs gab es eine Hitzewelle; das Konklave wurde von der Malaria heimgesucht. Acht Kardinäle und vierzig Helfer starben. Urban selbst hatte Malaria, aber er überlebte. Ihm widmete Galileo sein neues Buch.
Der Papst wußte das Kompliment zu schätzen. Als der sechzigjährige Galileo im folgenden Jahr nach Rom kam, schenkte er Seiner Heiligkeit ein Mikroskop. Urban sah hindurch und schüttelte den Kopf vor Staunen. In seiner Dankbarkeit schenkte er dem großen Wissenschaftler mehrere Agnus Dei gegen das Handeln Gottes und, was wertvoller war, einen Rat gegen das Handeln der Menschen. Was er sagte, war folgendes: »Du magst unwiderlegbare Beweise für die Bewegung der Erde haben. Das beweist nicht, daß die Erde sich wirklich bewegt.« Galileos Augen wurden rund. »Gott ist über dem menschlichen Verstand; und was Menschen vollkommen vernünftig erscheint, kann sich für Gott als Dummheit erweisen.« Weiter sagte Urban, er als Papst sei für die Rettung der Seelen verantwortlich. Manchmal bringe wissenschaftliche Diskussion Seelen in Gefahr. Das kopernikanische System könnte, wenn man es nicht als rein mathematisches Konstrukt verstehe, Zweifel an der Schrift aufkommen lassen. Wenn das geschähe, müsse er Schritte unternehmen, um es zu vernichten.
Die Ansichten des Papstes über Gott und die Beziehung zwischen Wissenschaft und Religion waren so absurd, daß Galileo den ausgezeichneten Rat von ganz oben nicht annahm. Tatsächlich war es ein Entgegenkommen von Urban, sich die Zeit dafür zu nehmen, obwohl er große Bauprojekte hatte: die Barberini-Paläste, für die er das Kolosseum plünderte, die Bernini-Kolonnaden um den Petersplatz, den *baldacchino* unter Michelangelos Kuppel, für den er die Bronze vom Pantheon stahl. Die Römer sagten bitter: »Was die Barbaren nicht getan haben, das taten die Barberini.«

Leicht verwirrt kehrte Galileo nach Florenz zurück, wo er sich alsbald an *Das System der Welt* machte. Da er es in der Form eines platonischen Dialogs anlegte, dachte er wohl, er könne seine eigenen Überzeugungen verbergen und gleichzeitig der Opposition eins auswischen. Als es 1630 fertig war, mußte er nur noch eine Lizenz zur Veröffentlichung haben, und vorsichtshalber ein päpstliches Imprimatur.

Wohlgemut ging er wieder nach Rom, wo ihn Urban wieder herzlich empfing. Der Papst betonte noch einmal, er müsse die hypothetische Natur seiner Ansichten jedermann deutlich machen. Was das Buch betraf, so sollte Galileo es vielleicht *Dialog der beiden Hauptsysteme* nennen. Ja, ja, versprach der Papst, er würde selbst ein Vorwort schreiben, in dem er betonte, daß es sich um einen Versuch handelte.

Als die Zensoren ihr Exemplar bekamen, waren sie über seinen Inhalt beunruhigt. Aber Seine Heiligkeit hatte das Buch gebilligt, nicht wahr? Und wollte er nicht ein Vorwort schreiben?

Es gab unvermeidliche Verzögerungen in der Publikation, und Galileo ließ es im Februar 1632 in Florenz drucken. Es sorgte für eine Sensation. Die Argumente für die Bewegung der Erde waren meisterhaft vorgetragen. Der aristotelische Standpunkt im Dialog wurde dem Schwachkopf Simplicius in den Mund gelegt, und dessen Ansichten entsprachen genau denen, die der Papst vor einigen Jahren im Gespräch mit dem Autor ausgedrückt hatte.

Als Urban von dieser anscheinend beabsichtigten Beleidigung Wind bekam, war er wütend. Er wies das Heilige Offizium an, den Fall zu übernehmen und den Autor sofort nach Rom zu zitieren. Als der fast siebzigjährige Galileo wahrheitsgemäß zurückschrieb, er sei nicht gesund, befahl ihm Urban zu kommen, freiwillig oder in Ketten.

Als er nach dreiundzwanzigtägiger Reise in Rom ankam, mußte er zwei Monate auf den Beginn seiner Prüfung warten. Die Zeit verging langsam. Zwei Nächte hintereinander hörte man ihn vor Ischiasschmerzen schreien.

Seine Kindlichkeit verließ ihn nie. Er erwartete tatsächlich, er dürfte sich verteidigen, sogar vernünftig mit den Inquisitoren diskutieren, als hätten diese Herren Kleriker ein Interesse an der Wahrheitsfindung. In Wirklichkeit ähnelten sie seinen Professorenkollegen, mit denen er in den Salons reicher römischer Damen diskutiert hatte, durchaus nicht. Allerdings hatte er eine Art Versicherungspolice in der Tasche. Seit Jahren hielt er Bellarmines Brief unter Verschluß, für gerade diese Art Notlage.

Als das Verfahren im April 1633 begann, wurde er von der toskanischen

Botschaft in die Casa des Heiligen Offiziums gebracht. Die Anhörung fand im oberen Zimmer eines Dominikanerklosters statt. Man sagte ihm sofort, die Inquisition sei nicht da, ihm zuzuhören, sondern ihn zu verurteilen. Beweise durfte er nicht sehen, Zeugen nicht hören.

Sein Hauptvergehen war die Verletzung der Auflagen von 1616, nach denen er über das kopernikanische System nicht sprechen und nicht schreiben durfte. Er bat Ihre Eminenzen um Vergebung, doch er habe einen Brief von dem verstorbenen Kardinal Bellarmine, der beweise, daß ihm nur verboten worden war, Kopernikus' Ansichten als wahrheitsgemäßes Weltbild zu vertreten. Das hatte er nie getan. Er hatte es nur besprochen, und wie sein jüngstes Buch zeigte, auf hypothetische Weise. Er wies darauf hin, daß der Dialog ohne Schlußfolgerungen endete.

Die Inquisitoren setzten seinem Brief ein inoffizielles Protokoll von 1616 ohne Unterschrift entgegen, das sie in ihren Akten gefunden hatten und in dem ihm verboten wurde, Kopernikus' Theorien auch nur zu besprechen. Dies Dokument wurde Galileo nie gezeigt. Außerdem, argumentierten Ihre Eminenzen, konnte trotz der Dialogform seines jüngsten Buches kein Leser Zweifel über seinen eigenen Standpunkt haben, und dieser stehe im Widerspruch zum Glauben der Kirche. Er sei des Ungehorsams und der Ketzerei schuldig. Milde konnte er nur erwarten, wenn er sich bedingungslos unterwarf und seine Dankbarkeit für die ihm erwiesene Güte der Inquisition erklärte.

Nach vier Sitzungen erging Ende Juni 1633 das Urteil. Der Papst war eingeschritten und hatte angeordnet, seinen alten Freund zu foltern, wenn er sich nicht fügte.

*Der genannte Galileo [ist] ... in der Einschätzung des Heiligen Offiziums dringend der Häresie verdächtig, nämlich die Lehre geglaubt und vertreten zu haben, die falsch und im Widerspruch zur Heiligen und Göttlichen Schrift ist, daß die Sonne der Mittelpunkt der Welt ist und sich nicht von Osten nach Westen bewegt, und daß die Erde sich bewegt und nicht der Mittelpunkt der Welt ist. ...*

Galileo hatte sich entschlossen nachzugeben, doch um seiner Ehre willen bat er, zwei der Anklagepunkte zurückzuziehen. Er wollte festgehalten haben, daß er den katholischen Glauben nicht geleugnet und nicht wissentlich einer früheren Entscheidung des Heiligen Offiziums widersprochen habe. Die Richter akzeptierten diese nebensächlichen Änderungen. Galileo hatte zugegeben, daß er in der Astronomie unrecht und sie recht hatten.

So kniete Galileo Galilei an jenem Mittwoch Ende Juni auf dem kühlen Steinboden des Dominikanerklosters Santa Maria sopra Minerva, um zu bekennen: »Ich, Galileo, Sohn des verstorbenen Vincenzo Galilei, Florentiner, siebzig Jahre alt ... muß die falsche Meinung ganz aufgeben, daß die Sonne der Mittelpunkt der Welt und unbewegt ist.«

Äußerlich schwor er einen Meineid, indem er seine tiefsten Überzeugungen leugnete. In seinem Herzen muß er wenigstens über die Erde gesagt haben: »Eppur si muove« – »Und sie bewegt sich doch«.

Als Galileo im Herzen Roms das Evangelium berührte und seine »ketzerische Verdorbenheit« bekannte, war es ein feierlicher Augenblick in der Kirchengeschichte. Nur der Prozeß Jesu vor Pilatus kann ihn an Bedeutungsschwere übertreffen.

Der Gründer der modernen Wissenschaft wurde auf Geheiß der römischen Inquisition gezwungen, in Übereinstimmung mit dem katholischen Glauben zu versichern, die Erde sei das bewegungslose Zentrum des Weltalls. Ein Gelehrter, der auf jeder Liste der großen Männer der Welt unter den ersten zwanzig wäre, wurde von einer Gruppe von Klerikern verurteilt, von denen nicht einer unter der ersten Million wäre.

Kopernikus war auf dem Index, Galileo von der Inquisition verurteilt, und die katholischen Astronomen mußten nun wählen, ob sie gute Katholiken oder gute Astronomen sein wollten. Nach allen normalen Kriterien war die Unbewegtheit der Erde katholische Lehre. Sie wurde jahrhundertelang von jedem Papst, Bischof und Theologen vertreten. Und dies nicht nur implizite. Als die Lehre in Frage gestellt wurde, als Kopernikus und Galileo sie in Zweifel zogen, bestätigten der herrschende Papst und die Päpste Jahrhunderte nach ihm sie mit der Fülle ihrer Macht. Und sie waren im Irrtum. Die Erde bewegt sich, wie viele Päpste das auch bestritten und gesagt haben, es widerspreche der Schrift und dem Glauben. Wenn Katholiken heute behaupten, es sei nie katholische Lehre gewesen, kann man sich dann irgendeiner katholischen Lehre sicher sein?

1686 machte Newtons Gravitationsgesetz es jedem Wissenschaftler unmöglich zu glauben, daß die riesige Sonne um eine winzige Erde als ihr Zentrum kreist. 1725 wurde dieser theoretische Beweis von Bradleys gründlicher Beobachtung bestätigt. Es dauerte weitere hundert Jahre, bis Kopernikus vom Index genommen wurde. Anfang der 1980er Jahre hörte man Johannes Paul II. über die »Rehabilitierung Galileos« sprechen, obwohl bis heute nichts daraus geworden ist. Nach dreieinhalb Jahrhunderten hat es Rom nicht eilig mit der Entschuldigung.

Rom weigerte sich, die Dokumente zur Affäre Galileo zu veröffentlichen. Dann verlegte Napoleon die vatikanischen Archive in einer gigantischen Operation nach Paris. Als sie später zurückgegeben wurden, fehlten die Dokumente über diese Affäre. Die angestrengtesten Nachforschungen brachten sie nicht zum Vorschein. Kritiker der Kirche nahmen an, der große Mann sei gefoltert worden. Ohne jede Warnung oder Erklärung tauchten die Dokumente dann wieder auf. Aus ihnen ging hervor, daß man Galileo gedroht, ihn aber nicht gefoltert hatte. Auch seine Haft war nicht so streng. Nach zehn Prozeßtagen durfte er in ein Haus zurückkehren, das den Medici gehörte. Schließlich durfte er sich in seine eigene Villa in Arcetri zurückziehen. Dies war eine milde Behandlung, wenn man bedenkt, daß Urban VIII. Bigamisten zu lebenslangem Galeerendienst verurteilte.

Was Galileo am meisten verletzte, war die Schande. Sie war aus keinem ihm verständlichen Grund über ihn hereingebrochen. Er sah sich als frommen Katholiken. Wie konnte irgend jemand darauf bestehen, die Genesis wörtlich zu nehmen, wenn es überwältigende Gründe dafür gab, daß sie ein Mythos war! Er war überzeugt, daß wissenschaftliche Probleme nicht von einer klerikalen Polizeimacht gelöst werden konnten. Was da gegen ihn angetreten war, war in seinen Augen nur Ignoranz, Bosheit und Unfrömmigkeit in der Pose christlicher Lehre und Tugend. Engstirnige vatikanische Kleriker hatten ihn gedemütigt, aber sie konnten den Fortschritt der Wissenschaft nicht aufhalten. Sein Fall war typisch: Die Wahrheit wurde von der Macht erdrückt, das Genie von kleinlicher Bürokratie zum Schweigen gebracht. Das zeugte von Roms Angst und Haß gegen den forschenden Geist, die sich in den kommenden Jahrhunderten immer wieder zeigen sollten. Der Rückwärtsmarsch der Kirche in die Zukunft bedeutete, daß ihr Krieg gegen Wissenschaft und Fortschritt weiterging. Sie bekriegte Freiheit und Demokratie in und nach der Französischen Revolution. Sie bekriegte Darwin und Freud, Bibelgelehrsamkeit und Versuche, die Welt in ihren eigenen Gesetzen zu verstehen, frei von »Eingriffen von außen«. Heute bekriegt sie Geburtenkontrolle und Gleichberechtigung der Frau. Bei ausnahmslos jeder Gelegenheit verweist die katholische Kirche auf der höchsten Ebene auf die Bibel und das Naturrecht, wenn sie – mit den besten Absichten – versucht, den Weg der Welt nach vorn zu versperren. Es ist eine betrübliche Tatsache, daß man in den letzten vier Jahrhunderten schwerlich eine Gelegenheit finden würde, bei der Rom einen entscheidenden Fortschritt des menschlichen Geistes mit uneingeschränkter Freude begrüßt hätte. Jeder Theologe, der heute zensiert wird, kann sich wenigstens mit der Tatsache trösten, daß er nicht so hart behandelt wird wie der Vater der modernen Wissenschaft.

Nach acht Jahren Hausarrest starb Galileo Galilei im Januar 1642, im Geburtsjahr Newtons. Der Großherzog von Florenz wollte über seinem Grab in der Kirche Santa Croce, neben dem Grab Michelangelos, ein Denkmal aufstellen. Doch Papst Urban VII. war noch nicht fertig mit seinem Freund. Er warnte den Herzog, Galileo habe hartnäckig eine Lehre vertreten, die der Schrift entgegenstand. Er würde deshalb jedes Denkmal für ihn als persönliche Beleidigung seiner Autorität verstehen. So kam es, daß der Leib des größten Wissenschaftlers seiner Zeit fast hundert Jahre lang in einem Keller unter dem Glockenturm von Santa Croce begraben lag.
Urban hatte in fast allem unrecht, aber wenigstens in dem Grund, den er dafür angab, daß er ihm die gebührenden letzten Ehren verweigerte, hatte er recht: Galileo hatte durch seine Sünden den »größten Skandal der Christenheit« ausgelöst.

## *Der große Fehler Clemens' XI.*

Clemens XI. hielt hof in seinem Palast auf dem Monte Cavallo. Es war kühler dort als im Vatikan, die Luft weniger verseucht. Am Mittwoch der Karwoche 1715 zog er mit allem Pomp zum Petersdom.
Am nächsten Tag bestieg Clemens nach der Messe im Petersdom seine *sedia* und ließ sich zur Loggia tragen. Die Menge füllte den Petersplatz und quoll in jede Seitenstraße. Sobald er erschien, dröhnten Kesselpauken und schmetterten Trompeten. Im tiefen Schweigen, das darauf folgte, verlas ein Kardinal die Gründonnerstagsbulle der Exkommunikation gegen alle Ketzer, Schismatiker, Heiden, Mittelmeerpiraten und alle, die dem Heiligen Vater nicht Gehorsam leisteten oder nicht ihre Steuern zahlten, wenn sie fällig waren.
Diese Bulle, *In coena Domini*, stammte in groben Zügen von 1372. Pius V. sagte 1568, sie solle ewiges Gesetz im Christentum bleiben, und sie wurde von einem Papst nach dem anderen bestätigt, bis sie schließlich unter Clemens XIV. (1769–74) ohne Erklärung fallengelassen wurde. Irgendeine Erklärung wäre schon angebracht gewesen, denn die Bulle drückte die Hochblüte der päpstlichen Häresien aus: daß der Papst die gesamte christliche Welt beherrscht, in religiöser und weltlicher Hinsicht. Dieser Glaube ist nie ausdrücklich vom Vatikan aufgegeben worden.

Während der Lesung der Bulle hielt der Papst eine brennende Fackel, sein langes, hageres, glattrasiertes Gesicht war voller Melancholie. Als die Lesung vorbei war, hoben seine acht Träger ihn in seinem Stuhl empor, und mit lauter Stimme exkommunizierte er praktisch die ganze Welt, bevor er seine Fackel über die Brüstung warf. Sie sprühte Funken und wirbelte in der Luft; dann traf sie die Menge unten – ein Zeichen der Rache der Kirche an ihren Feinden.

Clemens XI. war ein beispielhafter Donnerer. Doch seine endlosen Anathemata, die seine Zeitgenossen für große Heiligkeit hielten, verbargen eine furchtbare Unsicherheit. Bei seiner Wahl fünfzehn Jahre zuvor, am 20. November 1700, war Gian Francisco Albani einundfünfzig Jahre alt gewesen. Er war erst seit zwei Jahren ordiniert und fühlte sich der Aufgabe nicht gewachsen; deshalb lehnte er die Krone zunächst ab. Erst als vier gelehrte Ordensleute ihm sagten, es sei Widerstand gegen Gottes offensichtlichen Willen, die einstimmige Entscheidung des Konklave nicht anzunehmen, gab er nach. Seltsamerweise nahm er ihre Entscheidung sofort an.

Diese vier Ordensmänner sollten niemals erfahren, daß buchstäblich das ganze Antlitz des Katholizismus vielleicht anders geworden wäre, wenn sie Kardinal Albani anders beraten hätten.

Clemens schien eine gute Wahl für einen Oberhirten: diszipliniert, gelehrt und keusch; er schlief wenig, aß wenig und las sogar täglich die Messe – was bei einem Papst ungewöhnlich war. Doch – ein weiteres Zeichen seiner Schwäche – er beichtete auch täglich seine Sünden. Er lebte in einer kleinen, skrupulösen Welt persönlicher Frömmigkeit.

In seiner Konstitution *Unigenitus* von 1713 verurteilte dieser chronisch unsichere Oberhirte zum Beispiel den französischen Jansenismus in Bausch und Bogen, nachdem er sich mit zwei so gesinnten Kardinälen beraten hatte. Einige seiner Verurteilungen schienen vernünftig; andere sollten in künftigen Jahren Gelächter und Verlegenheit hervorrufen.

»Das Lesen der Heiligen Schrift ist für alle Menschen.« Verurteilt. Daß Gottes Wort gebannt wurde, war zunächst überraschend, paßte aber zur katholischen Haltung seit der Reformation. Einige Menschen lasen die Bibel auf unkluge Weise. Statt ihnen zu helfen, sie klug zu lesen, war es ja viel einfacher, ihnen das Bibellesen ganz zu verbieten. Außerdem machte diese Haltung deutlich, daß Rom über der Bibel steht und Gottes Autorität für ihre Deutung hat.

»Christen sollen den Tag des Herrn heiligen, indem sie fromme Bücher lesen, besonders die Heilige Schrift.« Verurteilt.

»Den Christen das Neue Testament zu entreißen bedeutet, ihnen den Mund Christi zu verschließen.« Verurteilt.
»Den Christen das Lesen der Heiligen Schrift und besonders des Evangeliums zu verbieten, bedeutet, den Kindern des Lichts den Gebrauch des Lichts zu verbieten und sie mit einer Art Exkommunikation zu bestrafen.« Verurteilt.
»Die Furcht vor ungerechter Exkommunikation sollte uns nicht davon abhalten, unsere Pflicht zu tun.« Verurteilt. Laut Voltaire bedeutete dies, daß Gott uns befiehlt, nie unsere Pflicht zu tun, wenn wir Ungerechtigkeit fürchten. Clemens war der Ansicht, es gebe keine höhere Pflicht als den Gehorsam gegenüber dem Papst. Gehorcht ihm, und eine Verurteilung von Gott kann nicht in Frage kommen.
Hatte er sich in seiner Unsicherheit einmal eine Meinung gebildet, ließ er die Kirche nicht darüber im ungewissen.

*Wir erklären, verurteilen und verbieten alle und jede dieser Aussagen als falsch, verfänglich, übelklingend, beleidigend für fromme Ohren, skandalös, verderblich, unbedacht, schädlich für die Kirche und ihr Tun, nicht nur als verbrecherisch gegen die Kirche, sondern selbst gegen die weltlichen Mächte, aufrührerisch, unfromm, gotteslästerlich, häresieverdächtig, mit dem Ruch der Ketzerei selbst behaftet wie auch ermutigend für Ketzer, Häresien und selbst Schisma, irrig, oft verdammt und schließlich auch häretisch, da sie verschiedene Häresien enthalten, die offensichtlich zur Neuerung tendieren.*

Der Oberhirte hielt, wie es scheint, nicht viel von diesen Aussagen.
Wie die meisten Päpste nahm Clemens an, daß Diskussion nicht zur Wahrheit führt, sondern zu weiterem Irrtum, oder bestenfalls zu ein wenig Wahrheit und großem Irrtum. Sie ist das Risiko nicht wert. Wie das Bibellesen verbietet man besser auch das Diskutieren wichtiger Fragen ganz. Rom hat gesprochen, und Rom weiß es am besten.
Zwei Jahre später veröffentlichte Clemens dann die Bulle *Ex illa die*, und die Wirkungen waren weit katastrophaler. Um sie zu verstehen, muß man über eineinhalb Jahrhunderte zurückblenden.
1552 war der edelste aller Jesuiten, Francisco Xavier, auf einer Insel vor dem chinesischen Festland gestorben. Er hatte sich durch Arbeit ein frühes Grab bereitet. Als er im Sterben lag, war sein einziges Bedauern, daß jenseits des Wassers ein riesiges Land voller Heiden war, die ewig in der Hölle braten würden, weil sie nicht getauft waren.

Dreißig Jahre später betrat sein Ordensbruder Matteo Ricci den kaiserlichen Hof in Peking. Wegen seiner mathematischen Kenntnisse wurde er als »weiser Mann aus dem Westen« geehrt, doch er war auch ein großer und origineller Missionar. Seine Methode bestand darin, daß er Chinese wurde, um die Chinesen zu gewinnen. Er und seine jesuitischen Mitarbeiter begriffen, daß es entscheidend wichtig war, eine Kirche in Harmonie mit den Traditionen Chinas zu präsentieren. Nirgends auf der Welt gab es größere Ehrfurcht vor den Eltern, größere Achtung vor rechtmäßiger Autorität und Traditionen der Ahnen. Als Ricci nach fast dreißig Jahren Arbeit starb, hinterließ er dreihundert Kirchen, eine in Peking selbst. Ihm folgten andere Jesuiten – nur diesem Orden hatte Gregor XIII. diese Mission anvertraut.

1631 durften sich auch Dominikaner an ihr beteiligen. Recht bald beschuldigte Pater Morales, OP, die Jesuiten, sie bekehrten Menschen um den Preis, daß sie den Chinesen ihre alten »Götzendienste« ließen. Die Jesuiten hatten seit Ricci eine tolerante Haltung gegenüber den chinesischen Riten eingenommen. Sie sagten, die Verehrung der hölzernen Ahnentafeln, die ihnen geopferten Kerzen, Weihrauch, Speisen und Geld sei einfach ein Ausdruck von Höflichkeit und Dankbarkeit. Die Ehrfurcht der Mandarine vor Konfuzius, dem Lehrer der Weisheit, schien ebenfalls harmlos, ein erhaltenswerter Teil ihrer Kultur.

1643 sandte Morales siebzehn Aussagen der Jesuiten nach Rom, mit der Bitte, sie zu verurteilen. Die Inquisition, wie immer mit Dominikanern an der Spitze, unterstützte ihn; Innozenz X. stimmte zu, die Jesuiten sollten sich zurückziehen, bis die Angelegenheit näher untersucht wäre. Der Jesuit Martini wandte ein, die Praktiken seien rein zivil; sie zu verurteilen, würde Bekehrungen unmöglich machen. Wissenschaftliche Forschungen zeigten, sagte er, daß die Chinesen eine Vorstellung von dem einen Gott hätten, die in ihrer Reinheit unter Heiden nicht ihresgleichen habe.

Die Auseinandersetzung wütete viele Jahre lang. Über die Jesuiten vor Ort wurde ständig nach Rom berichtet.

Das Jahr 1692 war bedeutungsschwer. Die Jesuiten erreichten nach über einem Jahrhundert ihren Durchbruch. Kaiser Kang Hi gab ihnen die Erlaubnis, die christliche Frohbotschaft in seinem ganzen Reich zu predigen und zu bekehren, wen sie wollten. Die Jesuiten waren überzeugt, daß Kang Hi mit seiner riesigen Macht und seinem Ansehen der chinesische Konstantin sein würde. Er konnte das ganze Reich Christus zu Füßen führen. Unglücklicherweise mußten die Jesuiten inzwischen Weisungen von Apostolischen Vikaren befolgen, die ihrer Mission feindlich gesinnt waren.

Der vom Schicksal ausersehene Clemens XI. bestieg den Papstthron. Lange konnte er sich nicht entscheiden, was zu tun sei. Er reservierte einen Tag der Woche, um das Problem der chinesischen Riten zu studieren. Er nahm die Überzeugung des Kaisers zur Kenntnis, daß sie nicht den geringsten Aberglauben beinhalteten. »Niemand«, erklärte Kang Hi, »glaubt wirklich, daß die Seelen der Toten in den Ahnentafeln anwesend sind.«
Clemens sandte einen Bischof als seinen persönlichen Vertreter nach Peking, um Nachforschungen anzustellen. Seine Exzellenz war so außerordentlich dumm, die öffentlichen Riten als Götzendienst zu verdammen. Der Kaiser, verärgert und verwirrt darüber, daß die Christen nicht nur getrennt waren, sondern einander haßten, schickte den Bischof ins Gefängnis. Clemens beantwortete das, indem er ihn zum Kardinal machte, bevor er 1710 tapfer in Macao starb. Clemens faßte die Verhaftung seines Legaten als persönliche Beleidigung auf. Seine Unentschlossenheit endete abrupt. In seiner erheblichen Wut bestätigte er alle Dekrete der Inquisition gegen die jesuitische Haltung. Nun, im Jahr 1715, mußte jeder Missionar in China seinen Abscheu vor den chinesischen Riten beschwören und geloben, sie niemals zu dulden.
Gerade diese Unduldsamkeit, erklärte Clemens, werde das Unkraut ausrotten und den chinesischen Boden fruchtbarer für das Christentum machen. Die Kirche hatte römisch zu sein, selbst in Peking.
Es war eine Schreibtischentscheidung, Tausende von Kilometern vom Schauplatz der Handlung getroffen. Wahrscheinlich wurde von keinem Papst je ein verheerenderer Fehler begangen. Von der Veröffentlichung von *Ex illa die* an waren die Tage der christlichen Mission in China gezählt.

Im gleichen Jahr wurde Giuseppe Castiglione, ein siebenundzwanzigjähriger Jesuit, von einem Oberen nach Peking gesandt. Die Chinesen ehrten ihn als einen der weisesten und revolutionärsten Ausländer, die je zu ihnen gekommen waren. Sein Ruhm beruhte nicht auf seinen Predigten, sondern auf seinen künstlerischen Gaben.
Am 16. April 1717 hörten die Obersten Neun, die Berater des Kaisers, von *Ex illa die*. Sie rieten Seiner Majestät, wegen der Beleidigung Chinas durch die Christen und deren völligem Mangel an Achtung vor den Ahnen alle Missionare zu verbannen, ihre Kirchen zu zerstören und ihre Bekehrten zu zwingen, dem neuen Glauben abzuschwören. Zögernd schloß sich der Kaiser ihrem Urteil an. »Was würde der Papst sagen«, fragte er,

»wenn der Kaiser ihm vorschriebe, wie er in Rom beten soll?« Er behielt sich das Recht vor, Europäern, die seinem Reich nützlich waren, einen *piao*, eine Sondererlaubnis, zu gewähren.

Unter denen, die einen *piao* bekamen, war Castiglione, der offizieller Kaiserlicher Hofmaler wurde. Nur die besten Maler und Uhrmacher durften frei im Sommerpalast herumstreifen. Castiglione bekam einen eigenen Palast, in dem er malen konnte. Fast jeden Tag besuchte ihn der Kaiser und bestaunte die Natürlichkeit seiner Arbeit, besonders die Pferde, die der Jesuit, nun Lang Shining genannt, besonders gut malte. Meist arbeitete er im Haus. Wenn er nach der Natur malen wollte, ging er aus Respekt vor dem Kaiser auf Zehenspitzen wie ein Einbrecher, begleitet von Kaiserlichen Eunuchen. So lebte Lang Shining fünfzig Jahre lang. Hätte er nur in der Zeit den huldreichen Chinesen mehr lehren dürfen als die Technik, Pferde zu malen.

Zwei Jahrhunderte vergingen. Im Jahr 1939, als die Mission in China tot und begraben war, erklärte die Heilige Kongregation Propaganda Fide, die Zeiten hätten sich geändert. Die Chinesen hatten ihnen versichert, in ihren Riten sei nichts Religiöses. Zum Christentum Bekehrte müßten nicht aufhören, ihre Ahnen zu ehren.

Ohne es zuzugeben, widerrief Propaganda Fide Clemens' Entscheidung. Da päpstliche Entscheidungen nie »widerrufen« werden, mußten sie einen Vorwand für diesen Umschwung finden. Kaiser Kang Hi, der verhinderte asiatische Konstantin, hatte es bereits deutlich gemacht, daß an den Riten nichts Gotteslästerliches oder Unchristliches war; die Jesuiten waren die ganze Zeit im Recht gewesen. Hätten unfreundlich gesinnte Spione Kang Hi berichtet, daß Katholiken in Rom dem Papst und sogar Statuen die Füße küßten, so hätte er versucht sein können, Katholiken für Götzendiener zu halten. Clemens' Fehler war von solcher Art.

Die Folgen von *Ex illa die* sind unabsehbar. China könnte heute so katholisch sein wie Irland oder Polen.

Angesichts der kirchlichen Opposition gegen die Geburtenkontrolle könnte es jetzt in China statt einer Milliarde Kommunisten zwei bis drei Milliarden Katholiken geben. Von drei Katholiken auf der ganzen Welt würden zwei chinesische Gesichter haben und Chinesisch sprechen. Aber dann wären die Probleme der Menschheit – Hunger, Streß, Mangel an Lebensraum und natürlichen Ressourcen – seit langem völlig unlösbar geworden. Man könnte also sagen, daß Papst Clemens XI., indem er China den Katholizismus vorenthielt, die Welt vor der Katastrophe rettete.

## *Schlußfolgerungen*

Dieser kurze Überblick zeigt, daß alle Päpste fehlbar sind, daß viele sehr schwere Fehler machten und daß etliche häretisch waren. Sie widersprachen der Lehre der Kirche, widersprachen einander und widersprachen sich nicht selten selbst in wesentlichen Bereichen der christlichen Lehre. Als Folge davon war es Tradition, daß jeder Papst, einschließlich des regierenden, sich irren kann wie alle anderen. Er hat keine besondere Gnade, die ihn daran hindert, in Häresie zu verfallen.

Außerdem kann es nicht möglich sein, daß der Papst recht hat und die Kirche unrecht. Wenn der Papst sich von der Kirche entfernt – vielleicht, indem er nicht auf sie hört –, muß der Papst umdenken, nicht die Kirche. Wenn er sich weigert, auf sie zu hören, und in Häresie verfällt, ist er nicht länger Papst, denn weil er den Glauben verlassen hat, ist er nicht einmal Christ.

Theologen neigen dazu, hier eine Distinktion zu fordern. Ein Papst kann, wie jeder Christ, in privaten Glaubensdingen irren. Was der Geist verheißt, ist, daß er die Kirche nicht in die Irre führen wird, wenn er eine Definition zu Glauben und Moral *ex cathedra* gibt.

Die Distinktion von dem Papst, der (1) als Papst spricht und (2) mit irgendeinem anderen Hut auf dem Kopf – entweder als privater Theologe oder als Diözesanbischof oder als Pastoralprediger –, hat einen gravierenden Fehler: Sie war in der frühen Kirche unbekannt. Wenn ein Papst der Ketzerei überführt war, hat niemand je gesagt: »Er ist ein Ketzer, aber zu unserem Glück hat er nicht *ex cathedra* gesprochen.« Warum? Weil niemand meinte, er könne den Glauben der Kirche definieren. Das war die Aufgabe der Allgemeinen Konzilien. Und das taten die Allgemeinen Konzilien auch. Ein Papst konnte den Glauben der Kirche gefährden, wie Honorius es tat, doch kein Papst formulierte je von sich aus den Glauben für die Kirche. Es gab Anlässe, bei denen eine solche Gabe willkommen gewesen wäre – etwa in der arianischen Kontroverse oder als die Gottheit des Geistes in Frage stand. Heute würden sich alle Katholiken um eine Entscheidung selbst in kleinen Dingen an Rom wenden; damals wandte sich niemand um ein »letztes Wort« an Rom, selbst wenn die Grundfesten des Glaubens schwankten.

Päpstliche Unfehlbarkeit bringt eine noch größere Schwierigkeit mit sich. Wenn päpstliche Häresien der Vergangenheit nicht unter die Kategorie *ex cathedra* fallen, welche päpstlichen Aussagen fallen dann darunter? Wann haben Päpste zum erstenmal definierend zur und für die ganze Kirche gesprochen? Bestimmt nicht im ersten Jahrtausend. Einige würden sagen, nicht vor 1302, andere, nicht vor 1854. Wenn dies zutrifft, haben römische Oberhirten einfach deshalb nicht geirrt, weil sie diese Funktion gar nicht ausübten.

Päpstliche Unfehlbarkeit ist angeblich entscheidend für den Glauben der Kirche und reguliert ihn. Wie kann das sein, wenn sie im größten Teil der Kirchengeschichte nicht ausgeübt wurde? Man kann verstehen, daß die Kirche unfehlbar ist, entweder im Konzil oder durch ihre normale bischöfliche Lehre auf der ganzen Welt. Aber es hält schwer, Sinn in einer entscheidenden Rolle des Papstes zu sehen, die nie ausgeübt wurde, bis er tatsächlich von einem Konzil für unfehlbar erklärt wurde, und die im letzten Jahrhundert nur einmal ausgeübt wurde.

Diese Analyse ist nicht ganz zutreffend. Ein Papst hat mit Sicherheit vor dem Ersten Vatikanischen Konzil Unfehlbarkeit ausgeübt. Pius IX. ist so zentral für das Verständnis des modernen Papsttums, daß er ein eigenes Kapitel erfordert.

## 13. Kapitel

# Der erste unfehlbare Papst

Am 18. Dezember 1854 definierte Papst Pius die Unbefleckte Empfängnis der Jungfrau Maria in *Ineffabilis Deus*:

*Wir erklären, verkünden und definieren, daß die Lehre, derzufolge die Selige Jungfrau Maria im ersten Augenblick ihrer Empfängnis durch eine einzigartige Gnade und Bevorzugung Gottes des Allmächtigen angesichts der Verdienste Jesu Christi, des Heilands der Welt, von jedem Makel der Erbsünde frei geblieben ist, eine von Gott offenbarte Lehre ist, und daß sie deshalb fest und treu von allen Gläubigen geglaubt werden muß.*

Dieser Akt der Frömmigkeit zur Mutter Jesu war außerdem die berechnendste politische Entscheidung eines Papstes in der jüngeren Vergangenheit. Sie verdient den Vergleich mit der Absetzung und tiefen Demütigung des Kaisers im Schnee und Wind von Canossa durch Gregor VII.

## *Die Unbefleckte Empfängnis*

Bis zum zwölften Jahrhundert haben Christen es für selbstverständlich hingenommen, daß Maria in Erbsünde empfangen wurde. Papst Gregor der Große sagte mit Emphase: »Christus allein wurde ohne Sünde empfangen.« Immer wieder sagte er, daß alle Menschen sündig sind, selbst die heiligsten, mit der einzigen Ausnahme Christus. Seine Argumente und die aller Kirchenväter lassen keinen Zweifel an der Angelegenheit. Geschlechtlichkeit hatte immer etwas mit Sünde zu tun. Maria wurde normal empfangen, deshalb in Sünde; Jesus wurde jungfräulich empfangen, deshalb ohne Erbsünde.

Ambrosius und Augustinus waren zwar der Ansicht, Maria habe keine tatsächliche Sünde begangen, doch viele Kirchenväter dachten anders. Tertullian, Irenäus, Chrysostomos, Origenes, Basilius, Kyrill von Alexandria und andere beschuldigten Maria vieler Sünden, ausgehend von Bibeltexten. Sie wurde in Sünde empfangen, sie beging tatsächliche Sünden; das sagte das Neue Testament.

So gefestigt war die Tradition, daß Maria in Sünde empfangen war, daß für einen großen mittelalterlichen Heiligen und Gelehrten wie Anselm das einzige Problem war, wie der sündlose Christus von einer Sünderin geboren sein konnte. Anselm pries Maria auf vielfältige Weise: Ihre Fülle des Geistes machte »alle Geschöpfe wieder grünen«. Doch er folgte Papst Gregor und der großen Tradition standhaft: »Die Jungfrau selbst war in Ungerechtigkeit empfangen, und in Sünde hat ihre Mutter sie empfangen, und mit Erbsünde wurde sie geboren, denn auch sie sündigte in Adam, in dem alle gesündigt haben.«

Die griechisch- und die russisch-orthodoxe Kirche haben diese Tradition beibehalten. Der Gedanke, Maria sei sündenlos geboren worden, beraubt sie ihrer Größe und Verdienste, die in jeder Hinsicht die eines Menschen wie wir sind.

Im Westen hingegen entwickelte sich der Marienkult im Mittelalter rasch. Die Katholiken neigten dazu, die Menschheit Christi aus den Augen zu verlieren. Deswegen erschien er fern, nicht so sehr der Vermittler zwischen Gott und Mensch als vielmehr Gott selbst. Dies führte zum Bedürfnis einer Vermittlung zum Vermittler durch eine heilige und mächtige Instanz. Der Aufstieg der Mariologie ging mit dem Niedergang der Christologie einher.

Maria war die Mutter Christi, sie hatte ihn in ihren Armen gehalten. Ihre Tugend war immer gepriesen worden. In den Zeiten der Kirchenväter wurde sie als Vorbild der Jungfräulichkeit gesehen. Nun sollte sie eine noch wichtigere Rolle spielen.

In der Mitte des zwölften Jahrhunderts wurde in Lyon die Empfängnis der Jungfrau mit einem neuen Fest geehrt.

Der hl. Bernhard von Clairvaux war entsetzt. Er schrieb an die Domherren von Lyon und warnte sie, ihr Argument für Marias sündlose Empfängnis wäre auf all ihre Vorfahren anzuwenden, männliche wie weibliche. Sie würden gezwungen sein, eine ganze Linie — eine Art unendliche Regression — von Vorfahren Mariens zu postulieren, die alle unbefleckt empfangen waren. Und damit wäre der Alptraum nicht zu Ende. Wenn sie alle unbefleckt empfangen waren, mußten sie alle von Jungfrauen geboren sein. Bernhard folgte den Kirchenvätern in seinen Ansichten zum Geschlechtsverkehr. Er ging immer mit Sünde einher. Deshalb fragt er die Prälaten Lyons: »War der Heilige Geist an der Sünde der Konkupiszenz (bei Marias Eltern) beteiligt? Oder sollen wir annehmen, daß die Sünde der Fleischeslust nicht vorhanden war?« Bernhard wiederholt einfach Gregors Argument: Sex heißt Fleischeslust. Maria stammte aus einer geschlechtlichen Vereinigung, sie war in Sünde empfangen. Er meinte, Maria sei geheiligt geboren. Ein Fest Mariä Geburt sei angebracht, nicht aber Mariä Empfängnis.

Petrus Lombardus, der einflußreichste mittelalterliche Theologe vor Thomas von Aquin, folgte dem griechischen Kirchenvater Johannes Damascenus. Maria war in Erbsünde empfangen und nicht von ihr gereinigt, bevor sie zustimmte, den Heiland zu gebären. Innozenz III. billigte diese Ansicht. Selbst dies hielt die Verbreitung des neuen Kultes nicht auf, nicht einmal in Rom selbst.

Bonaventura, der Doctor seraphicus des dreizehnten Jahrhunderts, verneinte, daß Maria frei von Erbsünde sei. Sein Zeitgenosse Thomas von Aquin, der Doctor angelicus, war der gleichen Meinung. Er folgte Aristoteles, der sagte, die Beseelung des Ungeborenen sei ein gradueller Prozeß. Zuerst ist der *conceptus* vegetativ. Deshalb war für Thomas die Idee der Unbefleckten Empfängnis etwa so verständlich wie die einer sündenlosen Karotte. Er glaubte allerdings, daß Maria zu irgendeiner nicht näher bestimmten Zeit vor der Geburt geheiligt worden war.

Die Dominikaner waren mit ihrer Galionsfigur Thomas von Aquin einig, und auch die Franziskaner waren es eine Zeitlang. Im 14. Jahrhundert hatte Bischof Pelayo, der franziskanische Beichtvater Johannes' XXII., keinen Zweifel daran, daß Maria in Erbsünde empfangen sei.

Dennoch nahm der Kult zu, und zum erstenmal unterstützte ihn ein Theologe von Format, der Franziskaner Duns Scotus. Das Problem des Doctor subtilis war, wie Maria unter den Erlösten sein konnte, wenn sie keine Erbsünde hatte, von der sie erlöst wurde. Seine Lösung basierte auf dem Prinzip »Vorbeugen ist besser als Heilen«. Maria wurde nicht von der Sünde geheilt, sondern durch die vorausgesehenen Verdienste Christi davor bewahrt, sündig zu werden. Dies hält einer Untersuchung kaum stand. Ein Neugeborenes kann gegen Diphtherie, Tetanus, Polio u. ä. geimpft werden. Durch Fortschritte der Medizin werden möglicherweise einmal einige Impfungen vor der Geburt vorgenommen, wenn das Kind noch im Mutterleib ist. Doch wie kann ein Kind vor der Empfängnis geimpft werden? Laut Scotus war Maria gegen Erbsünde »geimpft«, bevor sie empfangen war. Wahrscheinlich hätte man von dieser merkwürdigen Ansicht nichts mehr gehört, wenn nicht Pius IX. sie benutzt hätte, um seine unfehlbare Definition von der Unbefleckten Empfängnis Mariens zu untermauern.

Nachdem Scotus die Thomas entgegengesetzte Meinung vertrat, wurde Partei ergriffen. Franziskaner und Dominikaner fochten blutige Schlachten, nicht nur auf dem Papier. Kaiser mischten sich ein, etwa Karl VI., der die Dominikaner aus Paris vertrieb und jeden auf der Straße verhaftete, der die Unbefleckte Empfängnis leugnete.

Jahrhundertelang gingen die Auseinandersetzungen und Rangeleien weiter. Jede Partei prangerte die andere als häretisch an. Wenn je eine päpstliche Entscheidung nötig war, um den Streit zu beenden, dann jetzt. Es gab gute Gründe dafür, daß sie nicht kam. Die Schrift sagte nichts über Unbefleckte Empfängnis; die Kirchenväter waren alle dagegen; bis Scotus hatte sie nicht ein Theologe von Rang angenommen, und die größten hatten sie abgelehnt. Doch für sie sprach eine mächtige Strömung der öffentlichen Meinung.

Sixtus IV. befahl, das Fest Mariä Empfängnis in allen Kirchen zu feiern; dazu gab er – kostenlos – einen besonderen Ablaß. Das verschärfte die Kontroverse zwischen Dominikanern und Franziskanern. Um sie zu beenden, schrieb er eine weitere Bulle. Das Fest ehre Mariä Empfängnis, sagte er, nicht ihre Heiligung. Die Dominikaner müßten dies akzeptieren, oder sie würden exkommuniziert; doch wenn die Franziskaner sich über die Dominikaner ins Fäustchen lachten, würden sie exkommuniziert.

Diese Bulle wurde von Alexander VI. Borgia bestätigt. Doch Borgia, ein Realist, drohte den Ordensbrüdern mit der Armee, wenn sie nicht friedlich wären.

Die Dominikaner blieben unerschütterlich. Ihre Galionsfigur Thomas hatte sich gegen die Unbefleckte Empfängnis ausgesprochen, und hatte nicht Johannes XXII., der von seinen Ansichten zum Papsttum entzückt war, gesagt, es komme der Häresie gleich, irgend etwas zu leugnen, das Thomas sagte? So wurden die Dominikaner, obwohl sie die Frömmigkeitsübung des Rosenkranzes verbreiteten, von den Franziskanern unbarmherzig als »Makulisten« (Vertreter einer befleckten Empfängnis) verhöhnt.

Dann kam ein Ereignis, das die Waagschale zugunsten der Dominikaner zu senken schien.

Im Jahr 1507 erschien Maria einem einfachen Dominikaner in einem Berner Kloster, Bruder Letser. Sie offenbarte Letser ihren Ärger über die Franziskaner, weil sie ihre angeblich unbefleckte Empfängnis lehrten. Sie bestätigte Letser, daß sie in Erbsünde empfangen war. Erst drei Stunden nach der Empfängnis war sie geheiligt worden. Die Ansicht des hl. Thomas von Aquin war, versicherte sie, vollkommen orthodox in diesem wie in allen anderen Punkten. Um die Zuverlässigkeit dieser Vision zu beweisen, gab Maria dem Bruder ein Kreuz mit Blutflecken von Jesus, dazu drei Tränen, die Jesus über Jerusalem vergossen hatte. Auch händigte sie ihm einen Brief an den regierenden Papst, Julius II., aus, der zu jener Zeit mit dem Schwert in der Hand an den italienischen Kriegen teilnahm.

Die Erscheinung war die Sensation des Tages. Menschenmengen strömten zum Konvent in Bern. Bruder Letser war ein guter Mann für Marienerscheinungen: Er war keusch, er fastete, er geißelte sich, er fiel leicht in Ekstase, er entwickelte die Stigmata – die Wundmale des Gekreuzigten an Händen und Füßen, die viele Heilige beglaubigt haben. In der Konventskapelle war ein Standbild der Jungfrau, das ständig über die Irrtümer der Franziskaner weinte; sie flehte Maria an, ihre Befleckte Empfängnis zu glauben.

Dann geschah aus heiterem Himmel etwas noch Überraschenderes. Bruder Letser selbst erschien. Er erschien nämlich vor dem Berner Magistrat und bat um Asyl. Seine Oberen, behauptete er, folterten ihn und versuchten, ihn zu vergiften. Was er offenbarte, war eine dominikanische Verschwörung.

Die Ordensoberen hatten im Kapitel zu Wimpffen beschlossen, die Falschheit der Unbefleckten Empfängnis mit Hilfe eines selbstgemachten Wunders zu beweisen. Bern wurde als Schauplatz gewählt, weil es eine große und leichtgläubige Bevölkerung hatte. Die vier Führer des Priorats stießen auf Johannes Letser, einen kürzlich in den Orden aufgenommenen Schneider, als passenden Visionär. Sie bereiteten ihn mit Drogen auf seine Aufgabe vor. Letser fiel vollkommen darauf herein. Bis er eines Tages das Zimmer des Lektors Bolshorst betrat, ohne anzuklopfen, und ihn in den weiblichen Gewändern der Seligen Jungfrau antraf. Dies war für Letser ein viel größerer Schock als die echte Erscheinung der Jungfrau. Er wollte seinen Dienst aufkündigen, doch weil man ihm drohte, machte er weiter, bis er es nicht mehr aushielt.

Die Angelegenheit kam vor die Inquisition. Letser und die vier Verschwörer wurden gefoltert. Die letzteren bekannten, daß sie eine Hostie rot gefärbt, die Statue mit nassen Schwämmen zum Weinen gebracht und Bruder Letser die Wundmale mit einem Pinsel aufgemalt hatten.

Obwohl die vier verbrannt wurden, erklärte der Orden der Dominikaner sie zu Märtyrern der guten Sache. Sie schlugen zurück, indem sie ein Handbuch aller großen Denker der Kirche veröffentlichten, die gegen die Unbefleckte Empfängnis gewesen waren. Es beinhaltete die meisten angesehenen Theologen und zahlreiche Päpste. Viele Franziskaner waren auf der Liste, auch der hl. Antonius von Padua und der hl. Bonaventura.

Die offizielle Kirche spielte noch immer auf Zeit. Das Konzil von Trient konnte die Frage nicht entscheiden, und Paul IV. verbot jede Diskussion des Themas. Doch die Zeit arbeitete gegen die Dominikaner. Eine Nebenursache war das Werk des römischen Arztes Paulo Zacchia. Er verneinte die aristotelische Vorstellung von der progressiven Animation des Ungeborenen. Zacchia sagte 1621, im Augenblick der Empfängnis selbst werde ihm eine vernunftbegabte Seele eingegeben. Auf Maria angewandt: Wenn sie nicht zuerst als rein vegetatives Leben empfangen worden war, ergab es ein wenig mehr Sinn, von ihrer sündenfreien Empfängnis zu sprechen.

1622 sagte Gregor XVI., niemand könne etwas gegen das Fest Mariä Empfängnis haben, nicht einmal privat, doch er verbot den Ausdruck »unbefleckt«.

Im Jahr 1701 machte Clemens XI. das Fest der Unbefleckten Empfängnis zur Pflicht für die ganze Kirche; so stützte er Zacchias Auffassung von der sofortigen Beseelung.

Benedikt XIV. (1831–46) sagte in seinem Dekret zur Seligsprechung, daß die Kirche zur Unbefleckten Empfängnis neigt, aber nie einen Glaubensartikel daraus gemacht hat.

Sein Nachfolger hatte keine derartigen Vorbehalte.

Pius IX. hatte wie Gregor VII. eine scharfe Nase für Politik. Die Tage des Kirchenstaates waren gezählt, das wußte er. Kaum war er Papst, da wurde in Rom eine provisorische Republik gegründet, und er floh nach Gaeta. Dort hatte er Zeit, über den Bereich nachzudenken, den er souverän beherrschen konnte. Er bereitete dies mit der Enzyklika *Ubi primum* vom 2. Februar 1849 vor, in der er das folgende Bild von Maria zeichnete:

*Die strahlende Herrlichkeit ihrer Verdienste, die alle Chöre der Engel weit übertrifft, erhebt sie zu den Stufen des Thrones Gottes selbst. Ihr Fuß hat den Kopf Satans zertreten. Zwischen Christus und die Kirche gestellt, hat Maria, immer lieblich und voll der Gnade, die Christen stets von ihren größten Anfechtungen und von den Listen und Angrif-*

*fen all ihrer Feinde befreit und sie immer vor dem Untergang gerettet.*

Das Marienbild Pius' IX. verdankte Murillos dunkelhaariger, cherubgetragener Schönheit mehr als den Evangelien.

In Gaeta begann Pius, mit Jesuiten als Mentoren, die Bischöfe über die Notwendigkeit einer Definition für die Lehre der Unbefleckten Empfängnis zu »konsultieren«. Er bekam fast einstimmige Unterstützung von den annähernd fünfhundert Italienern, Spaniern und Portugiesen. Der Rest war nicht begeistert.

Ein oder zwei Tage vor der Definition 1854 sagte der Privatsekretär des Papstes, Monsignore Talbot, einem Freund im Vertrauen: »Wissen Sie, am wichtigsten ist jetzt nicht das neue Dogma, sondern die Art, wie es verkündet wird.« Frei heraus gesagt steckte der Papst sozusagen heimlich seine eigene Unfehlbarkeit hinein.

Vor 1870 war dies alles andere als allgemein akzeptiert. Die französische Kirche zum Beispiel war berühmt für ihre Opposition. Der vierte der Gallischen Artikel von 1682, unterzeichnet von dem großen Bischof Bossuet, lautete: »Der Papst hat den Hauptanteil in Fragen des Glaubens. ... Dennoch ist sein Urteil ohne die Zustimmung der Kirche nicht unanfechtbar.« Die Beschlüsse des Konzils von Konstanz waren im Frankreich des siebzehnten Jahrhunderts noch in Kraft, und Rom zum Trotz vertraten sie viele noch bis 1870.

Auch die englischsprachige Welt war weit davon entfernt, die päpstliche Unfehlbarkeit einstimmig zu akzeptieren. 1822 sagte Bischof Barnes, der Apostolische Vikar von England: »Bellarmine und andere Theologen, zumeist Italiener, haben geglaubt, daß der Papst unfehlbar ist, wenn er *ex cathedra* einen Glaubensartikel formuliert. Aber ich glaube, in England und Irland behauptet nicht ein einziger Katholik die Unfehlbarkeit des Papstes.« Noch später sagte Kardinal Wiseman, der 1850 an der Spitze der wiederhergestellten Hierarchie in England und Wales stand: »Die katholische Kirche vertritt ein oft verkündetes Dogma, daß sie (d. h. die Kirche, nicht der Papst) in der Definition von Glaubensdingen unfehlbar ist.« Und weiter: »Alle stimmen überein, daß Unfehlbarkeit der einmütigen Zustimmung der Kirche innewohnt.« John Henry Newman, ein Konvertit und der größte Theologe des neunzehnten Jahrhunderts, sagte zwei Jahre vor dem Ersten Vatikanischen Konzil: »Ich vertrete die Unfehlbarkeit des Papstes, aber als theologische Meinung; d. h. nicht als Gewißheit, sondern als Wahrscheinlichkeit.«

In den USA war vor dem Vaticanum I Pfarrer Stephen Keenans sehr beliebter *Controversial Catechism* im Druck. Er trug das Imprimatur des Erzbischofs Hughes von New York. Hier ein Auszug. »Frage: Müssen Katholiken nicht glauben, der Papst selbst sei unfehlbar? Antwort: Dies ist eine protestantische Erfindung, es ist kein katholischer Glaubensartikel. Keine Entscheidung von ihm kann bei Strafe der Häresie binden, wenn sie nicht vom Lehrkörper, d. h. den Bischöfen der Kirche, angenommen und durchgesetzt wird.« Es war schon etwas peinlich, als 1870 eine »protestantische Erfindung« definierter katholischer Glaube wurde. Die nächste Ausgabe des *Catechism* zog diese Frage ohne ein Wort der Erklärung zurück.

Als Pius IX. sich 1854 vor allem die Unterstützung der italienischen und anderen romanischen Bischöfe sicherte, kanonisierte er bereits »die italienische Lehre« der päpstlichen Unfehlbarkeit.

Die Art, in der die Unbefleckte Empfängnis verkündet wurde, war einzigartig. Sie kam nicht von einem Allgemeinen Konzil, sondern vom Oberhirten allein. Zehn Jahre später nannte der jesuitische Theologe Clemens Schrader die Definition einen Akt, der typisch für das Pontifikat Pius' IX. war und zu dem kein früheres Pontifikat eine Parallele aufweisen konnte.

Die stark umstrittene Lehre der Unbefleckten Empfängnis war nur der Versuchsballon für die Definition der päpstlichen Unfehlbarkeit von 1870. Was allen Bischöfen, die gegen die Definition von Vaticanum I waren, nicht schmeckte, war die Tatsache, daß Pius IX. sechzehn Jahre zuvor schon im Angesicht der ganzen Welt diese Macht ausgeübt hatte – und daß sie nichts dagegen unternommen hatten. Pius IX. hatte die Unfehlbarkeit der Kirche zu einem persönlichen Privileg gemacht, das unabhängig von Kirche oder Konzil gebraucht wurde.

Nach 1854 mußten die Dominikaner sich geschlagen geben. Keine Erscheinungen der Seligen Jungfrau konnten ihnen noch helfen.

Die nichtkatholischen Christen waren noch bestürzter. Die Definition bestätigte ihre schlimmsten Befürchtungen über das Papsttum. Die Unbefleckte Empfängnis war kein frommer Glaube mehr, den Katholiken in Freiheit annehmen oder ablehnen konnten. Sie waren nun mit Exkommunikation bedroht, wenn sie nicht daran glaubten oder auch nur ihre Zustimmung nicht gaben. Ohne einen ausdrücklichen Akt des Glaubens daran, sagte Pius IX. ihnen, konnten sie nicht erlöst werden. Andersdenkende »sind durch ihr eigenes Urteil verdammt, haben im Glauben Schiffbruch erlitten und sind von der Einheit der Kirche abgefallen«.

Es war nicht nötig für den heiligen Papst Gregor den Großen, die Kirchenväter, die Heiligen Anselm, Bernhard, Bonaventura, Thomas von Aquin – die es leugneten. Auch nicht für Irenäus, Hieronymus, Chrysostomos, die wie Petrus und Paulus nie davon gehört hatten. Über achtzehneinhalb Jahrhunderte nach Mariä Empfängnis war es häretisch zu leugnen, daß sie unbefleckt empfangen war. Diese nebensächliche Meinung war nun so wichtig für das Seelenheil wie der Glaube an die Dreifaltigkeit, die Gottheit Christi, die Versöhnung und die Auferstehung.

Absolute Macht hatte sich eine absolute »Wahrheit« zurechtgemacht; und andere Christen fanden eine weitere, himmelhohe Barriere zwischen sich selbst und der römischen Kirche. Einige fragten, wohin das führen würde. Vielleicht würde ein künftiger Papst definieren, auch Maria sei jungfräulich empfangen. Der phänomenale Aufstieg der Unbefleckten Empfängnis von kategorischer päpstlicher Ablehnung bis zur päpstlichen Definition zeigt, daß nichts unmöglich ist. Denn in dieser Frage widersprach der Papst grundlegenden Prinzipien: daß die Evangelien die Basis des Glaubens sind; daß keine Einzelperson, nicht einmal der Papst, katholische Lehre beschließen kann, weil dazu das ganze Episkopat – im Konzil oder in seiner allgemeinen Lehre – als Repräsentant für den Glauben der Kirche notwendig ist; daß der Katholizismus mit einer Tradition, die aus der Zeit der Kirchenväter stammt, nicht so leichtfertig umgehen kann. Gegen all dies konnte Pius IX. nur sagen: »Die Tradition bin ich.«

So freundlich er als Mensch war – er sollte sich als der selbstherrlichste Papst seit dem Mittelalter erweisen.

Die Definition der Unbefleckten Empfängnis war nicht nur in Inhalt und Methode der Verkündigung außergewöhnlich. Trotz ihrer scheinbaren Nebensächlichkeit hat sie fast die gesamte Theologie der katholischen Kirche beeinflußt. Dies ist offensichtlich, was päpstliche Autorität betrifft, speziell bei der Definition der Lehre. Doch sie hat auch die Theologie der Erbsünde und der Sexualität beeinflußt.

Erbsünde: Pius stärkte die Vorstellung der Erbsünde als Erbe von einem fernen Vorfahren (Adam), der gesündigt hatte und diese Sünde auf den Rest der Menschheit übertrug. Pius IX. war vor allem verantwortlich dafür, daß die katholische Kirche Darwins Befunde nicht akzeptieren konnte, so wie sie zwei Jahrhunderte früher Galileos Aussagen nicht hatte akzeptieren können. Der *Ursprung der Arten* erschien fünf Jahre nach der Definition der Unbefleckten Empfängnis. Trotz der zunehmenden wissenschaftlichen Beweise, daß der Mensch sich über Jahrmillionen aus niedrigeren Formen entwickelt hatte, bestand Rom darauf – und tut dies noch heute –, daß es ursprünglich nur ein Paar gegeben habe, vollkommen an Leib und Geist, von dem die ganze Menschheit abstamme. Selbst auf der Ebene der Ethik hätte eine Theorie wie die Darwins der Kirche aus einer Schwierigkeit geholfen. Denn wenn am Anfang der Menschheit ein einziges Paar stand, könnte sich der Mensch nach Gottes Plan nur durch Inzest fortgepflanzt haben, der den katholischen Moraltheologen zufolge gegen das Naturgesetz verstößt und den Gott selbst nicht billigen kann.

Sex: Die Lehre von der Unbefleckten Empfängnis hat auch die katholische Lehre zu Sexualität und besonders Empfängnisverhütung, Abtreibung und Befruchtung in vitro beeinflußt.

Seit 1854 haben sich die Katholiken immer mehr an den Glauben gewöhnt, daß Gott dem Ungeborenen die Seele im ersten Augenblick der Empfängnis eingibt. Laut Pius IX. war Maria im ersten Augenblick ihrer Empfängnis eine Heilige. Dies stützt die Vorstellung, daß schon bei der Empfängnis ein Mensch mit allen Rechten eines Menschen im Mutterleib ist. Daraus folgt, daß Abtreibung in jedem Stadium wirklicher Mord ist. Empfängnisverhütung ist das Zweitschlimmste nach der Abtreibung, weil sie die Entstehung eines weiteren Menschen verhindert. Es zeigt sich, daß zwischen dem Dekret Pius' IX. von 1854 und der Enzyklika Pauls VI. von 1968 eine enge Beziehung besteht.

Diese Themen werden ausführlicher in Teil III behandelt, wo wir sehen werden, daß das Zölibat ebenfalls mit Roms Lehre der Unbefleckten Empfängnis verknüpft ist. Ehelose, die gelobt haben, sich nicht sexuell auszudrücken, also keine Erbsünde weiterzugeben, gelten als Menschen, die vollkommener leben als Eheleute.

## *Die Liste der Irrtümer*

Auf den Tag genau zehn Jahre nach der Definition der Unbefleckten Empfängnis veröffentlichte Pius IX. seine Liste der Irrtümer, zusammen mit der Enzyklika *Quanta cura*. Seit neunzehn Jahren hatte Pius alles Neue verdammt, Gutes wie Schlechtes. Ohne Sympathie mit den Idealen der Französischen Revolution war er besonders streng mit allem, was nach Freiheit roch.

Pius glaubte, daß die römische Kirche die größtmögliche Fülle der Wahrheit auf Erden besitze und deshalb von Gott her zur Intoleranz verpflichtet sei. Hierfür setzte er zwei Jahre vor Erscheinen seiner Liste ein Beispiel, als er mit dem Präsidenten von Ecuador ein Konkordat schloß. Dieser rechtsgerichtete Katholik war durch einen Staatsstreich gegen liberale, antiklerikale Elemente an die Macht gekommen. Das Konkordat war eines der ungerechtesten Dokumente, die je zwischen zwei souveränen Mächten verabschiedet wurden. Der römische Katholizismus sollte die einzige in Ecuador erlaubte Religion sein. Der Kirche wurde völlige Kontrolle über das Bildungswesen und eine beherrschende Rolle im Leben des Landes garantiert. Dies war das Idyll Pius' IX. Er träumte davon, daß der Rest der Welt, besonders Frankreich und Amerika, dem Beispiel folgen würden. *Quanta cura* ist freilich eher ein Alptraum.

Pius schreibt voller Angst und schlimmer Ahnungen, wie ein Hoffnungsloser. Er steht für den Absolutismus: Kirche und Staat sollen sich die Welt teilen wie seit Jahrhunderten; der Staat soll der Kirche in moralischen Fragen unterworfen sein und sie schützen, selbst wenn sie vollkommene Intoleranz gegenüber anderen Religionen vertritt.

Die Liste der Irrtümer von Pius IX. ist durchgehend reaktionär. Unter den zeitgenössischen Ansichten, die er verdammte, sind die folgenden:

*15. Jedermann ist frei, die Religion zu wählen und zu bekennen, die er, geführt vom Licht der Vernunft, für wahr hält.*

*24. Die Kirche hat nicht die Macht, Gewalt anzuwenden, und sie hat keine direkte oder indirekte weltliche Macht.*

*30. Die Immunität der Kirche und kirchlicher Personen ist vom bürgerlichen Recht abgeleitet.*

*38. Die römischen Oberhirten haben durch ihr zu willkürliches Verhalten zur Teilung der Kirche in Ostkirche und Westkirche beigetragen.*

*76. Die Abschaffung der weltlichen Macht, die der Apostolische Stuhl besitzt, würde in höchstem Maße zur Freiheit und zum Wohlergehen der Kirche beitragen.*

*77. In der heutigen Zeit ist es nicht mehr angebracht, daß die katholische Religion die einzige Staatsreligion ist und alle anderen Formen des Glaubens ausgeschlossen werden.*

*79. Deshalb wurde in einigen katholischen Ländern weise durch Gesetz beschlossen, daß Personen, die dort ihren Wohnsitz nehmen, ihren je eigenen Glauben öffentlich praktizieren dürfen.*

*80. Der römische Oberhirte kann und sollte sich mit Fortschritt, Liberalismus und moderner Zivilisation versöhnen und abfinden.*

In ihrem hauptsächlich italienischen Kontext des Antiklerikalismus, den Roms Unvernunft zum Sieden gebracht hatte, waren diese mittelalterlichen Lehren schlimm genug. Aus dem Zusammenhang gerissen und aneinandergereiht sahen sie aus wie eine Karikatur des Katholizismus. Kein Feind der Kirche hätte ihr halb soviel schaden können wie Pius IX. Gladstone in England und Lincoln in Amerika waren entrüstet, einen Papst Fortschritt, Liberalismus und moderne Zivilisation verdammen zu hören.

Die Reaktion der Weltpresse war vorhersehbar. Besonders Großbritannien drückte seine Ungläubigkeit aus.
Die Liste kam rechtzeitig zu Weihnachten heraus. In der ersten Nummer des neuen Jahres ließ Punch einen Clown deklamieren:

*Ich war bereit, mit fragloser Fügsamkeit*
*Die größten Dinge, erklärt von der Höheren Unfehlbarkeit, zu glauben;*
*Ich hätte mich nicht gesträubt, meinen Mund von Ohr zu Ohr zu dehnen,*
*Hätte ihn willig in jeder befohlenen Weite geöffnet.*

*Doch wirklich, diese so vernunftwidrige Enzyklika,*
*Die Eure Heiligkeit gerade in dieser besonderen Zeit veröffentlichen ließ,*
*Die auf dem göttlichen Vorrecht der Priesterherrschaft*
*Über bürgerliche Macht, Familie und öffentliche Bildung beharrt;*

*Die Aufstand gegen despotische Regierung anprangert,*
*Die den Völkern das Recht verweigert, ihre Führer durch Wahl zu bestimmen,*
*Die die Pflicht der Kirche verkündet, den Staat in Not zu unterstützen,*
*Die die Freiheit von Presse und Gewissen, eine freie und liberale Verfassung verdammt. ...*

All das war selbst für einen Clown mit einem großen Mund zuviel zu schlucken.

Der *Spectator* meinte, der Papst könne »genausogut gegen das erste Gesetz der Bewegung beten«. Die anglikanische *Church Times* sah den Papst als trennende statt vereinende Kraft des Christentums und begrüßte die Enzyklika mit »Abscheu und Hohn«. Der Leitartikel wies darauf hin, daß Pius keine Sympathie mit Zivilisation, Fortschritt, Wissenschaft oder Intellekt hatte. Er betrachtete sie als »Todfeinde des Glaubens«.

Der Kommentar der *Times* war der pfiffigste: »Es gibt in Europa kaum ein politisches System außer der päpstlichen Regierung, das nicht auf Prinzipien beruht, die hier zu verdammungswürdigen Irrtümern erklärt werden.«

Dies war zutreffend. Im ganzen neunzehnten Jahrhundert hatte das Papsttum Druck auf die Regierungen ausgeübt, ihren Bürgern die Rechte zu verweigern, die Bürgern des Kirchenstaates verwehrt waren. Von 1813 an attackierten die Päpste jede neue Verfassung — die österreichische, französische, belgische — als »gottlos«. Warum? Weil sie es wie Atheisten wagten, Gewissensfreiheit, Pressefreiheit, freie parlamentarische Institutionen, für die alle unangesehen ihrer Religion oder Religionslosigkeit wählen durften, und völlige Gleichheit aller Bürger vor dem Gesetz zu garantieren. Das Papsttum drängte immer wieder andere italienische Staaten, seine eigene Unterdrückung nachzuahmen. 1852 brachte Pius IX. zum Beispiel die Toskana dazu, jüdischen Ärzten das Praktizieren zu verbieten.

Der Gesamteindruck war: Das eine, das Rom nicht ertragen kann, ist Freiheit in jedweder Form.

In dieser ganzen Zeit lieferten die Päpste dem Antiklerikalismus in ganz Italien Nahrung. Pius IX. konnte vielleicht mit der Zeit in der Kirche bedauert und beliebt werden — in Italien war er fast durchwegs unbeliebt. Eine Folge der päpstlichen Ablehnung der neuen Verfassungen war, daß katholische Bürger der neuen Republiken bald als unpatriotisch galten. Als zum Beispiel die österreichische Verfassung veröffentlicht wurde, verlautbarte der Vatikan:

*Wir erklären, daß diese Gesetze und ihre Konsequenzen null und nichtig waren und in Zukunft sein werden. Wir ermahnen und beschwören ihre Urheber, besonders die, die sich Katholiken nennen, und alle, die es gewagt haben, sie vorzuschlagen, anzunehmen, zu billigen und auszuführen, die Verweise und Kirchenstrafen zu bedenken, die sich alle, welche die Rechte der Kirche verletzen, ipso facto nach den apostolischen Konstitutionen und den Dekreten der ökumenischen Konzilien zuziehen.*

Pius IX. ging so weit, diese Verfassung zu verdammen, weil sie es Protestanten und Juden erlaubte, ihre eigenen Schulen und Hochschulen zu haben.

In Frankreich machte sich Bischof Dupanloup solche Sorgen, daß er eine Distinktion einführte, die, wie wir gesehen haben, Kardinal Gibbons von Baltimore später nützlich fand. Die Liste des Papstes galt für eine vollkommene Welt (These), nicht für eine unvollkommene Welt (Hypothese). Leider war die Vorstellung des Papstes von Vollkommenheit nicht die der meisten Katholiken, die einem theokratischen Staat mißtrauten. Wie ein Pariser geistreich kommentierte: »Die These ist, wenn die Kirche die Juden verdammt; die Hypothese ist, wenn der päpstliche Nuntius mit Baron de Rothschild diniert.«

Die Zeit war sehr nah, in der die Demokratie, unermüdlich verdammt von Pius IX., die Katholiken selbst von der Tyrannei des Kirchenstaates befreite und der Kirche einen Hauch Freiheit brachte, den Pius IX., wenn er nur gekonnt hätte, für immer von ihr ferngehalten hätte.

Es hätte kaum einen Papst in der Geschichte geben können, dem die Kirche die Auszeichnung »unfehlbar« mit mehr Befürchtungen zusprechen könnte.

## *Päpstliches Supremat*

Bezeichnenderweise wurde als Datum für die Eröffnung des Ersten Vatikanischen Konzils 1869 der 8. Dezember gewählt, der Jahrestag der rein päpstlichen Definition der Unbefleckten Empfängnis.

Nach *Pastor aeternus*, dem wichtigsten Beschluß des Vaticanum I, ist der Papst nicht nur der Leiter und höchste Verwalter der Kirche. Er besitzt »volle und höchste Rechtshoheit über die Kirche in den Dingen, die Disziplin und Leitung der in der ganzen Welt verstreuten Kirche betreffen«. Die Macht des Papstes ist die höchste; sie erstreckt sich direkt und indirekt auf jede Kirche, jeden Pfarrer, jeden Laien.

Das Konzil behauptet, dies »beruht auf den deutlichen Zeugnissen der Heiligen Schriften und ist in Übereinstimmung mit den klaren und ausdrücklichen Dekreten unserer beiden Vorgänger, den römischen Oberhirten und den allgemeinen Konzilien«. Diese Annahmen halten einer Untersuchung nicht stand. Werfen wir einen kurzen Blick auf das Beweismaterial:

Was die Heiligen Schriften betrifft: Nicht einer der frühen Kirchenväter sah in der Bibel irgendeinen Hinweis auf päpstliche Rechtshoheit über die Kirche. Im Gegenteil, sie setzen voraus, daß Bischöfe, besonders Metropoliten, das volle Recht haben, ihr eigenes Gebiet ohne Einmischung von irgend jemandem zu regieren und zu verwalten. Die Ostkirche hat das päpstliche Supremat niemals anerkannt; Roms Versuch, es durchzusetzen, führte zum Schisma.

Was die allgemeinen Konzilien betrifft: Das Konzil von Konstanz stellte im fünfzehnten Jahrhundert ein Konzil in vielen wichtigen Bereichen über den Papst. Das wäre genug, um die Berufung von Vaticanum I auf Konzilien zu untergraben. Doch es ist weit schlimmer als dies.

Die acht Konzilien der ungeteilten Kirche wurden nicht vom römischen Bischof einberufen. Beginnend mit Nizäa 325 wurden Konzilien vom Kaiser einberufen, der auch ihre Entschlüsse bestätigte. Der Kaiser herrschte; er bestimmte die Glaubensbekenntnisse. Kanon 6 von Nizäa bestimmte, daß alle Bischofssitze ihre alten Rechte behalten sollten. Alexandria sollte über Ägypten, Libyen und Pentapolis herrschen, »denn es gibt eine ähnliche Sitte im Fall des Bischofs von Rom. Ebenso in Antiochia.«

Fünfzig Jahre später, beim Konzil von Konstantinopel 381, rangierte der Bischof von Konstantinopel gleich nach dem Bischof von Rom. Kanon 3 des Konzils erklärt den Grund. »Nach dem Bischof von Rom soll der Bischof von Konstantinopel Vorrang haben, weil Konstantinopel das neue Rom ist.«

Dieser Kanon wurde 451 beim Konzil von Chalkedon wiederholt. Papst Leo der Große wollte für seinen römischen Bischofssitz mehr Anerkennung. Er bekam sie nicht. Das Konzil sagte einfach:

*Die Väter haben mit Recht dem Thron des älteren Rom Vorrang gegeben, weil das die Kaiserstadt war. Und die hundertfünfzig sehr frommen Bischöfe, die von der gleichen Absicht geleitet waren, gaben dem hochheiligen Thron des neuen Rom [Konstantinopel] die gleichen Privilegien, denn sie meinten mit Recht, daß die Stadt, die durch den Souverän und den Senat geehrt war und die gleichen Privilegien wie das ältere Rom genoß, auch wie dieses in Kirchendingen verherrlicht werden und nach ihm an zweiter Stelle stehen sollte.*

Es gibt keinen Hinweis auf die Schrift oder die Rolle Petri, die der Bischof von Rom geerbt hätte, kein Supremat, das »dem Papst« gegeben wäre. Der Papst wird geehrt, weil er Bischof der Kaiserstadt, des alten Rom ist. Es ist nicht etwa deutlich, wie Vaticanum I erklärte, daß die Schrift und die ökumenischen Konzilien dem Papst universale Rechtshoheit gegeben hätten, sondern es gibt hierfür keine Belege. Wie Kardinal Manning von Westminster sagte: »Das Dogma muß die Geschichte überwinden.«
Selbst päpstliche Aussagen über die Rechtshoheit des Papstes tauchten erst auf, nachdem Konstantin Sylvester als seinen Vasallen in Rom aussetzte und im Stich ließ. Bald wurde ein Ton der Drohung am römischen Bischofssitz hörbar. Dann nannte Leo I. sich Pontifex maximus und setzte einen Bischof ab.
Trotzdem sucht man im ersten Jahrtausend vergeblich nach einer einzigen Lehre oder Rechtsvorschrift, die Rom allein dem Rest der Kirche aufzwang. Die einzigen allgemeinen Gesetze kamen von Konzilien wie Nizäa. Und überhaupt, wie hätte der Bischof von Rom in jenen frühen Jahrhunderten universale Rechtshoheit ausüben können, als es keine Kurie gab, als andere Bischöfe Einmischungen in ihre Diözesen von niemandem hinnahmen, als Rom keine Dispense erteilte und keine Tribute oder Steuern forderte, als alle Bischöfe, nicht nur der Bischof von Rom, die Macht hatten, zu binden und zu lösen, als kein Bischof, keine Kirche, keine Einzelperson von Rom zensiert wurde? Außerdem wurde der Bischof von Rom jahrhundertelang von den dort ansässigen Bürgern gewählt – Klerus und Laien. Wenn er Rechtshoheit über die gesamte Kirche hatte, hätte dann nicht der Rest der Welt bei seiner Ernennung mitsprechen wollen? Als man wirklich glaubte, er habe die Oberhoheit, verlangte der Rest der Kirche auch wirklich ein Mitspracherecht bei seiner Wahl. Dies geschah im Mittelalter.
Vaticanum I definierte das päpstliche Supremat in Begriffen, die mittelalterliche Oberhirten gebilligt hätten, die allerdings keine Beziehung zu Schrift, Tradition oder Geschichte der ökumenischen Konzilien der ungeteilten Kirche aufweisen.

## *Päpstliche Unfehlbarkeit*

Die Unfehlbarkeit des Papstes wurde von Vaticanum I als Teil seines Supremats über die ganze Kirche gesehen. Dies ist die Formulierung der Definition:

*Wenn der römische Oberhirte ex cathedra spricht, d. h. in Ausübung seines Amtes als Hirte und Lehrer aller Christen kraft seiner höchsten apostolischen Autorität die Lehre in Glauben und Moral definiert, die von der gesamten Kirche geglaubt werden muß, ist er durch die ihm in der Person Petri verheißene Hilfe Gottes im Besitz jener Unfehlbarkeit, mit der der göttliche Erlöser Seine Kirche ausgestattet sehen wollte, wenn sie die Lehre in Glauben und Moral definiert; und daß aus diesem Grund solche Definitionen des römischen Oberhirten in sich und nicht wegen der Zustimmung der Kirche unanfechtbar sind.*

Fassen wir kurz die Beweise gegen päpstliche Unfehlbarkeit zusammen: Petrus war fehlbar, sowohl vor als auch nach der Kreuzigung. Auch gibt es keinen Hinweis im Neuen Testament, daß Petrus irgendeine Macht hatte, die ein Nachfolger erben würde. Den Kirchenvätern zufolge hatte Petrus als solcher keinen Nachfolger. Sie sehen alle Bischöfe als Nachfolger der Apostel, nicht einen einzelnen Bischof als Nachfolger eines einzelnen Apostels, in diesem Fall Petri. Sie hätten deshalb die Behauptung, der »Nachfolger Petri« habe den Bischofssitz Rom zu beherrschen, unmöglich akzeptieren können.
Wir haben ebenfalls gesehen, daß alle großen Lehraussagen, besonders die Glaubensbekenntnisse, nicht von Päpsten, sondern von Konzilien kamen. In den ersten Jahrhunderten kamen die Bischöfe von Rom nie auf den Gedanken, sie könnten die Lehre für die ganze Kirche definieren. Vaticanum I mußte in der Tat erklären, warum die päpstliche Unfehlbarkeit, wenn sie entscheidend wichtig für die Kirche ist, in den Glaubensbekenntnissen und Konzilien der ungeteilten Kirche nicht erwähnt und erst 1870 durchgesetzt wurde. Davor wurde der Glaube an päpstliche Unfehlbarkeit keineswegs von Katholiken verlangt; sie konnten — und ganze Länder taten es — sie leugnen, ohne im geringsten als schlechte Katholiken zu gelten. Wenn aber die Katholiken vor 1870 nicht an päpstliche Unfehlbarkeit glauben mußten, stand es ihnen frei, zu glauben oder nicht, was der Papst sagte. In den Worten von Kardinal Newman, es war »eine theologische Meinung ... eine Wahrscheinlichkeit«. Bis 1870 konnten Katholiken eine Lehre aufgrund einer päpstlichen Definition nie glauben; es stand ihnen bestenfalls frei, sie für wahrscheinlich zu halten. Wenn jedoch diese Option bestand, kann der Papst den Glauben der Kirche nicht reguliert haben, wie ein Konzil dies tat. Mit einem Wort, päpstliche Aussagen *ex cathedra* wurden der Kirche in ihrer ganzen Geschichte erst ab 1870 aufgezwungen, selbst wenn man um der Argumentation willen annimmt,

es hätte sie gegeben. Natürlich hätten andere Gründe für die Unfehlbarkeit des Papstes vorliegen können, und sie haben vorgelegen. Er war ein Bischof neben anderen Bischöfen, die im sogenannten ordentlichen Magisterium lehrten. Doch genau in der Formulierung des Vaticanum I konnten die Gläubigen seine Aussagen akzeptieren oder ablehnen. Mit anderen Worten, päpstliche Unfehlbarkeit wurde für die Kirche erst 1870 entscheidend. Die Vorstellung mancher Katholiken, sie bekämen ihren Glauben an Gott und Jesus vom Papst als solchem, ist irrig. Die Kirche hat für ihren Glauben nie päpstliche Unfehlbarkeit gehabt oder gebraucht.

Laut Vaticanum I ist der Papst nur unfehlbar, wenn er *ex cathedra* spricht. Dann erscheint es angemessener, zu sagen, der Papst ist fehlbar, außer wenn er bei seltenen Gelegenheiten Aussagen *ex cathedra* macht. Wie ein Bischof im Konzil selbst bemerkte, ist der Satz »Der Papst ist unfehlbar« in etwa wie der Satz »Herr X ist ein Säufer, weil er sich einmal betrunken hat«, oder noch schlimmer, »Herr X ist ein Säufer, weil sein Urgroßvater sich einmal betrunken hat«, denn *Ex-cathedra*-Aussagen sind außerordentlich selten. Es ließe sich schwerlich eine vor der Definition der Unbefleckten Empfängnis von 1854 finden. Und alle sind sich einig, daß es seit 1870 nur eine gegeben hat. Das war, als Pius XII. 1950 eine weitere mariologische Lehre definierte, Mariä Himmelfahrt. Er erklärte, am Ende ihres Lebens sei sie mit Leib und Seele in den Himmel entrückt worden. Selbst mit seiner »besonderen Hilfe Gottes« konnte er nicht mit Gewißheit sagen, ob sie gestorben war oder nicht. Dies hielt ihn nicht davon ab, das übliche Anathema hinzuzugeben: »Sollte irgend jemand, was Gott verhüten möge, es wagen, eigenmächtig zu leugnen oder zu bezweifeln, was Wir definiert haben, so soll er wissen, daß er vollkommen vom göttlichen und katholischen Glauben abgefallen ist...«

Die Seltenheit von Aussagen *ex cathedra* macht die Bemerkung Johannes' XXIII. zu mehr als einem Scherz: »Ich bin nicht unfehlbar. Ich wäre nur unfehlbar, wenn ich *ex cathedra* spräche, was ich nicht vorhabe.« Selbst Paul VI. berief sich nicht auf die Unfehlbarkeit, als er 1968 die Empfängnisverhütung verurteilte.

Die wenigen unfehlbaren Äußerungen hätten jene Katholiken des neunzehnten Jahrhunderts, die sich jeden Morgen darauf freuten, mit ihrer *Times* ein neues Dogma auf dem Frühstückstisch zu finden, kaum zufriedengestellt. Aber könnte ein Papst nicht wenigstens eine Liste der bisherigen *Ex-cathedra*-Aussagen liefern, oder Kriterien, um sie zu erkennen? Die Unsicherheit, welche Aussagen nun unfehlbar sind, tendiert das Vertrauen zum System zu untergraben. Auch Nichtkatholiken wüßten gern, was sie vor der Wiedervereinigung glauben müßten.

Katholische Theologen legen Wert auf den Hinweis, daß Unfehlbarkeit nicht bedeutet, der Papst sei inspiriert, könne in die Zukunft blicken, jede Frage nach Lust und Laune entscheiden oder drücke notwendig die Wahrheit vollkommen aus, so daß sie nie revidiert oder erweitert werden müßte. Worauf sie fast alle nicht hinweisen, ist, daß Päpste im großen und ganzen selbst nach katholischen Maßstäben alles andere als unfehlbar sind. Sie sprechen nicht einmal dann unfehlbar, wenn die Kirche und die Welt nach Licht in der Finsternis schreien.

Seit 1870 möchte jeder die Antworten auf viele ungeheure Fragen wissen: Gibt es Menschen auf anderen Planeten, und wenn ja, wie sind sie von der Fleischwerdung Christi betroffen? Ist Atomkrieg unter irgendwelchen Umständen zu rechtfertigen, und darf ein Katholik sich an der Erforschung und Entwicklung solcher Waffen beteiligen? Hunderte ähnlicher Fragen sind von Wissenschaft und Technik aufgebracht worden. Nicht eine unfehlbare Antwort kam aus Rom. Es wäre hilfreich gewesen, wenn ein Papst, gestützt durch die Bibel, definiert hätte: »Jesus, der arme Mensch, ist immer auf der Seite der Armen«; oder: »Wer es in seiner Macht hat, die Hungrigen zu speisen und es nicht tut, läßt Christus selbst verhungern.« Pius IX. und Pius XII. zogen es vor, ihre Unfehlbarkeit in mariologischen Aussagen ohne Grundlage in Bibel oder Tradition auszuüben. Die Ernte der Unfehlbarkeit ist mager.

Päpstliche Unfehlbarkeit trägt zur Erleuchtung der Kirche nichts bei. Was ist dann ihre Funktion?

Sie scheint weniger mit der Wahrheit zu tun zu haben als mit Macht. Das Ansehen des Papstes beruht nicht auf der Unfehlbarkeit, sondern auf etwas, das »schleichende Unfehlbarkeit« genannt worden ist. Der Papst ist sozusagen auch dann unfehlbar, wenn er nicht unfehlbar ist. Dies erklärt, warum sich Papst und Heiliges Offizium frei fühlen, selbst in anderen als Glaubensdingen Schweigen zu verordnen. Diskussion würde die Harmonie zerstören, und diese ist der Segen, den der Papst der Kirche bringt. Leider ist ihr Preis manchmal die Wahrheit, denn die Wahrheit kann nur von freier und offener Diskussion kommen. Ihr Fehlen ist der Grund dafür, daß Rom seit Jahrhunderten, seit Galileo, dazu neigt, außer Atem und zu spät am Schauplatz jedes echten menschlichen Fortschritts einzutreffen, sei es nun Freiheit der Meinungsäußerung, allgemeines Wahlrecht, Abschaffung der Sklaverei, die Rolle der Frau in Gesellschaft und Priesteramt oder Bevölkerungskontrolle mit wissenschaftlichen Mitteln. In den letzten hundert Jahren hat die Kirche besonders ertragen müssen, was

Newman in seinen Tagebüchern prophezeit hat: »Eine finstere Nemesis für Herrschaftsakte ... einen tyrannischen Gebrauch seiner [Pius' IX.] Macht ... Er beanspruchte, er übte größere Macht aus als jeder Papst zuvor.«

Unfehlbarkeit erweckt obendrein den Eindruck der Allwissenheit oder wenigstens eines Zugriffs auf göttliche Wahrheit, der kaum ehrerbietig ist. Gott ist der Unerkannte und Unerkennbare. Josef Pieper zufolge hat Thomas von Aquin seine *Summa theologica* nicht unvollendet gelassen, weil der Tod ihn ereilte, bevor er sie fertigstellen konnte, sondern weil er eine Gotteserfahrung machte, die alles, was er geschrieben hatte, wie Stroh erscheinen ließ. Monatelang war er außerstande, zu schreiben, wegen dessen, was er gesehen hatte und nicht ausdrücken konnte. Wenn nur die Kirchenführer den Eindruck machten, daß ihre besten Bemühungen nur Stroh wären, würde es zu weniger Intoleranz führen.

## *Pius IX. und die Macht zum Absetzen*

Bald nach Vaticanum I gab die jesuitische Publikation *Civiltà Cattolica* eine Predigt von Pius IX. wieder. Er sprach zornig über die »vielen böswilligen Fehler zur Unfehlbarkeit«. Der böswilligste, sagte er, betreffe das Recht des Papstes, Monarchen abzusetzen und ihre Untertanen für frei von der Bindung an sie zu erklären. Dieses Recht, räumte er ein, war »manchmal in extremen Fällen von Päpsten wahrgenommen worden«. Doch das hatte »nichts zu tun mit der Unfehlbarkeit«. Es war eine Frage der Autorität, »jener Autorität nach dem damals geltenden öffentlichen Recht und der Zustimmung der christlichen Völker, die im Papst den höchsten Richter der Christenheit ehrte und Urteile, auch in weltlichen Angelegenheiten, über Fürsten und Staaten einschloß«.

Pius sagte weiter, die Zeiten hätten sich völlig geändert. »Und nur Böswilligkeit könnte so verschiedene Dinge und Zeiten verwechseln, als hätte ein unfehlbares Urteil über ein Prinzip offenbarter Wahrheit irgendeine Ähnlichkeit mit einem Recht, das die Päpste auf Begehren des Volkes ausüben mußten, wenn das Allgemeinwohl es erforderte.« Pius wußte, warum 1871 »eine so absurde Idee« glaubhaft war, »an die niemand mehr denkt, am wenigsten der Oberhirte. Sie suchen Vorwände, selbst die frivolsten und unwahrsten, um Fürsten gegen die Kirche aufzuwiegeln.«

Selbst von Pius IX. nach dem Vaticanum I ist dies bemerkenswert. Fast alle Päpste von Gregor VII. an behaupteten, ihre Macht zum Absetzen

komme von Gott. Der Papst herrscht auf Erden, ob in Kirche oder Politik, an der Stelle Gottes; und Gottes Macht kennt keine Grenzen.
Andererseits führte kein Papst seine Macht je auf eine Gabe von der Gemeinschaft der Christen zurück. Wenn sie eine Gabe wäre, wo ist dann eine einzige Aussage darüber von Papst, Kaiser oder König, irgendein Gesetz oder Kodex, der ihm dies Recht einräumt?
Ein Historiker des achtzehnten Jahrhunderts zählte fünfundneunzig Päpste, die behaupteten, göttliche Macht zum Absetzen von Königen zu besitzen. Alle ihre Argumente waren mit der Schrift begründet. »Was du auf Erden binden wirst«, sagt Christus. Dies war uneingeschränkt, sagten die Päpste. Christus gab den Päpsten die Schlüssel von Himmel *und* Erde; er weidet alle Schafe, auch den Leithammel, den Kaiser.
Als Gregor VII. Heinrich IV. absetzte, als Pius V. Elizabeth I. absetzte, beriefen sie sich auf ihre Macht von Gott, dies zu tun. Als Bellarmine versuchte, die päpstliche Macht zum Absetzen ein wenig einzuschränken, schickte Sixtus V. sich an, ihn auf den Index zu setzen.
Es ist nicht die Böswilligkeit der Nichtkatholiken, die eine Verbindung zwischen päpstlicher Autorität zum Absetzen und päpstlicher Unfehlbarkeit herstellt. Es sind unzählige Päpste selbst, deren Lehre Pius IX. entstellen oder ignorieren muß, weil sie nicht zu seiner These passen.
Angesichts einer so erdrückenden Beweislast würde jede andere Institution sagen: Unsere Vorgänger haben einen Fehler gemacht. Sie haben die Evangelien falsch verstanden. Es war ebenso falsch, daß Päpste Kaiser absetzten, wie daß Kaiser Päpste absetzten. Wir sollten sie nicht zu streng verurteilen; sie gehörten in ihre Zeit wie wir in die unsere. Was wir tun müssen, ist dafür zu sorgen, daß diese Dinge nie wieder geschehen.
Leider kann eine unfehlbare Kirche es sich nicht leisten, auch nur einen einzigen derartigen Fehler einzugestehen. Sie kann sich nicht irren oder selbst widersprechen. Sie ist versucht, wie Pius IX., zu sagen, ihre Kritiker seien entweder blind oder böswillig.
So tendiert die Unfehlbarkeit dazu, aus der Geschichte eine Hilfswissenschaft der Theologie zu machen. Päpstliche Fehler in der Vergangenheit sind Illusionen. In einer katholischen Form des »Orwellianismus« muß die Geschichte offiziell »vergessen« werden – oder aber umgeschrieben, um die gesamte Laufbahn des Papsttums, was die Lehre betrifft, makellos erscheinen zu lassen.
Pius IX. starb 1878. Fünfundzwanzig Jahre später bestieg ein weiterer Pius den Thron Petri. Auch er war überzeugt, daß kein Papst, er selbst eingeschlossen, je einen Fehler machen konnte.

# 14. Kapitel
# Die große Säuberung

Es war früher August 1903 in der Sixtinischen Kapelle. Im Schatten von Michelangelos Fresko des Jüngsten Gerichts schien die Abstimmung nach Plan zu verlaufen – da brach eine Krise aus. Kardinal Puszyna, der polnische Bischof von Krakau, das damals zu Österreich gehörte, stand auf, um zu seinen einundsechzig Kollegen im Konklave zu sprechen. Vor dem dritten Wahlgang für den Nachfolger Leos XIII. hatte er etwas auszurichten. Er hustete verlegen. Es kam von Franz Joseph. Kraft seines lange bestehenden Privilegs als Oberhaupt des Kaiserreichs Österreich-Ungarn machte Seine Majestät Gebrauch von seinem Vetorecht gegen einen von ihnen: Kardinal Rampolla, den Staatssekretär Leos XIII.

Die trotz der hohen Decken heiße Temperatur in der Sixtina wurde noch heißer. Ihre Eminenzen kochten. Dies war eine offensichtliche Einmischung in die Freiheitsrechte der Kirche im heikelsten Augenblick: einer Papstwahl. Sie war doppelt beleidigend, weil das Papsttum seit dreiundvierzig Jahren seiner weltlichen Macht beraubt war. Nun ließ ihnen ein irdischer Herrscher durch diese scharlachrote Marionette sagen, wer die päpstliche Krone tragen durfte und wer nicht.

## *Der ewige Vater*

Gioacchino Pecci, Leo XIII., war am 19. Juli 1903 gestorben. Rom war so heiß, daß man fürchtete, die Leiche würde vor aller Augen zerfallen. Leo und sein Vorgänger Pius IX., dessen Kopf er als Camerlengo nach seinem Tod mit einem Silberhammer angeklopft hatte, waren beide länger als alle anderen Päpste im Amt gewesen. Zusammen herrschten sie stolze siebenundfünfzig Jahre. Leo war schon bei seiner Wahl alt gewesen, und als er starb, hatte er sechzig Enzykliken und vierundneunzig Lebensjahre hinter sich. In seinen späteren Jahren hörte man seine Berater oft murmeln: »Wir haben in Pecci einen heiligen Vater gesucht, keinen ewigen Vater.«

Er war zierlich von Statur, hatte eine riesige Adlernase, von der zerlaufener Schnupftabak auf seine Soutane tropfte, dünne Lippen und weiße, durchscheinende Haut. Er hatte die Kirche beherrscht. Die Gläubigen würden diese riesigen Augen wie schwarze Brillanten vermissen, und diese schmalen, schwanengleichen Hände, die seine Untertanen mit der Güte eines alten Mannes segneten.

Zwar war er wie Pius IX. ein »Gefangener« im Vatikan gewesen. Er konnte seine eigene Basilika, San Giovanni in Laterano, nie besichtigen, nie den Hundstagen durch erfrischende Besuche in seiner Villa in Castelgandolfo am Albanersee entkommen. Doch er konnte noch in seinen Gärten reiten und die süßen Düfte von Pinien, Eukalyptus und frischen Orangenblüten riechen.

Leo stand in dem Ruf, ein Liberaler zu sein. Das war er wohl kaum, obwohl er das vatikanische Archiv mit den Worten öffnete: »Die Kirche hat keine Angst vor der Geschichte.« Er forderte immer noch die Art Gehorsam, die ihm, wie er meinte, als absolutem Monarchen der Wahrheit Gottes zukam. Sein Freund und Biograph Julien de Narfon gibt ein typisches vatikanisches Gespräch der Zeit wieder. »›Was würden Sie tun‹, wurde einer der Kirchenfürsten gefragt, ›wenn der Heilige Stuhl versuchte, Sie zu der Aussage zu zwingen, daß zwei und zwei sechs sind?‹ ›Ich würde es sofort sagen‹, war die Antwort; ›und bevor ich unterschriebe, würde ich fragen: Soll ich nicht vielleicht sieben daraus machen?‹«

1896 befand Leo, daß anglikanische Ordinationen ungültig waren. Dies bedeutete, daß diese weltweite Gemeinschaft keine christlichen Kleriker und keine Sakramente außer der Taufe hatte. Das Oberhaupt der anglikanischen Religionsgemeinschaft war ein bloßer Laie, hoffentlich getauft, in einer »Kirche«, die keine apostolische Grundlage hatte. Deshalb bezeichnete ihn der *Osservatore Romano*, die vatikanische Zeitung, bis 1950 als »der ›Erzbischof von Canterbury‹«. Das Wort »Erzbischof« wurde im Original immer klein geschrieben und der ganze Titel in Anführungszeichen gesetzt. Es war eine fein abgestimmte literarische Beleidigung.

Trotzdem hatte Leo im Unterschied zu Pius begonnen, die politischen Realitäten in Europa anzuerkennen. Er hatte darauf bestanden, daß die französischen Bischöfe die Republik akzeptierten und aufhörten, den Tagen der absoluten Monarchie nachzujammern. So hatte ein Hauch frischer Luft einige Soutanen der päpstlichen Umgebung leicht bewegt.

## *Ein Bauernpapst*

Leos Staatssekretär Rampolla war der Favorit für seine Nachfolge. In jenem schicksalhaften Sommer 1903 ging er mit hohen Erwartungen ins Konklave. Beim ersten Wahlgang bekam er vierundzwanzig von zweiundsechzig Stimmen. Sein stärkster Rivale war der kahl werdende Karmeliter Kardinal Gotti mit seinen seltsamen, verstörten Augen. Gotti hatte siebzehn Stimmen und Sarto, der Patriarch von Venedig, fünf.
Sarto mit seinem breiten, freundlichen Gesicht und seinem weißen, dicken Haar deutete das, vielleicht zu Recht, als ein kleines Späßchen von seinen Kollegen. Er war nicht wirklich von dem Stoff, aus dem die Päpste sind; er hatte nicht den Kopf und nicht die Erfahrung für den Posten, nicht nachdem Leo solche Maßstäbe gesetzt hatte. Außerdem war er mit seinen fast siebzig Jahren ein zu alter Hund, um neue Tricks zu lernen. Beim zweiten Wahlgang erreichte Rampolla neunundzwanzig Stimmen, Gotti sechzehn und Sarto zehn. Ein letzter Ruck zu Rampollas Gunsten, und die Wahl würde vorbei sein.
Dann kam die Intervention des Kardinals von Krakau. Als der erste Ausbruch des Ärgers sich gelegt hatte, stand Rampolla unter seinem Baldachin auf. Sein langes, gutaussehendes Gesicht verriet, mit welcher Anstrengung er seinen Zorn beherrschte. Seine dunklen, intelligenten Augen loderten, die Flügel seiner klassisch geraden Nase bebten. Das Weiß seines Gesichtes schien neben dem Schwarz seines glatten Haars und dem Purpur seiner Gewänder zu glühen.
»Ich bedaure außerordentlich«, gelang es ihm mit der Glätte des geschulten Diplomaten zu sagen, »diesen schweren Schlag von einer weltlichen Macht gegen die Würde des Heiligen Kollegiums und die Freiheit der Kirche, ihr Oberhaupt zu wählen. Deshalb protestiere ich mit äußerster Schärfe.« Seine Stimme wurde erheblich milder, als er hinzufügte: »Was mich persönlich angeht, so könnte mir nichts Angenehmeres geschehen.«
Seine Eminenz setzte sich in atemlosem Schweigen.
Ein drittesmal wurde abgestimmt. Rampolla hatte nicht eine einzige Stimme verloren. Es war Gotti, dem das Veto schadete. Es war bekannt, daß er hinter Österreich stand, während Rampolla als Freund Frankreichs galt. Gotti bekam neun Stimmen, Sarto aber, der Außenseiter, schnellte auf einundzwanzig empor.
Der nächste Wahlgang folgte. Dreißig für Rampolla. Gotti war mit drei Stimmen abgeschlagen. Sarto war auf vierundzwanzig gekommen.
Als die Kardinäle an jenem zweiten Abend zu Bett gingen, wußten sie,

daß Krakaus Intervention trotz aller Unwürdigkeit den Verlauf der Wahl verändert hatte. Es war offenbar geworden, daß die Wahl Rampollas zu einer Feindseligkeit zwischen zwei traditionell katholischen Mächten führen würde. Unter diesen Umständen war es unumgänglich, einen Kompromißkandidaten zu wählen. Die nächste Runde, schätzten sie, würde die entscheidende sein. Sie war es denn auch.

Von dem Moment an, als Sarto mit siebenundzwanzig drei Stimmen mehr als Rampolla bekam, wußte jeder, daß er Papst werden würde. Wenn er nur dazu bereit war.

Jahrhunderte zuvor hatten Kanoniker die Kriterien erarbeitet, nach denen man Papst wurde. Das Problem war: Wenn der Papst allein die Fülle der Macht hat, wie kann diese ihm von der Kirche verliehen werden, sei es durch Kardinäle oder wie früher durch die Kleriker und Laien Roms? Die bevorzugte Antwort war: Durch die Abstimmung bezeichnet das Heilige Kollegium nur den Kandidaten. Es braucht die Zustimmung des Benannten selbst, damit Gott ihm die Fülle der Macht direkt verleiht. Die Frage war jetzt nur, ob Sarto annehmen würde oder nicht.

Monsignore Merry del Val, der achtunddreißigjährige Sekretär des Konklave, gebürtiger Engländer und spanischer Abstammung, wurde zu Sarto gesandt, um ihn zur Annahme zu bewegen. Als er ihn fand, war das Gesicht des Kardinals tränenüberströmt; seine Bedenken waren eher noch stärker geworden. Doch beim nächsten Wahlgang hatte er mit fünfunddreißig Stimmen mehr als doppelt so viele wie Rampolla.

Am vierten Morgen, beim siebten Wahlgang, hatte Sarto fünfzig Stimmen; er war Papst, wenn er nur zustimmte. Kardinal Gibbons von Baltimore, der Rom schockiert hatte, als er in einem schwarzen Anzug mit einem Strohhut über seinem roten Käppchen ankam, war unter denen, die ihn dazu drängten. In Seelenqual stimmte Sarto zu; er nahm den Namen Pius X. an, denn er assoziierte seine Vorgänger dieses Namens mit Leiden.

Merry del Val, der bald Staatssekretär werden sollte, gab schon damals Kardinal Puszyna eine Abreibung. Es wurde gesagt, nie, nicht einmal in den idyllischen Tagen Alexanders VI., sei die Luft der Borgiagemächer so blau gewesen.

Der neue Oberhirte, Gefangener im Vatikan, gab seinen Segen nicht vom Balkon über dem Petersplatz, sondern von der inneren Loggia des Petersdoms. Die Symbolik sollte sich als entscheidend erweisen: Im Augenblick der Amtsübernahme wandte er der Welt den Rücken. Wie Kardinal della Chiesa, der künftige Benedikt XV., sofort bemerkte, sah Pius X. Pius IX. unheimlich ähnlich.

## *Einfache Herkunft*

Giuseppe Sarto wurde 1834 in der kleinen norditalienischen Provinzstadt Riese als Sohn eines Arbeiters geboren. Er war das zweite von zehn Kindern. Sein Vater fegte das Rathaus aus. Der kleine Giuseppe sollte unfehlbar werden und die Kirche der Welt ausfegen.

Der Junge war fromm, zärtlich, schlank, lockenköpfig und liebte seine Mutter innig. In jenem Alter fühlte er sich zum Priester berufen, und er trat in das Knabenseminar von Castelfranco ein. Oft ging er mit seinen großen, bloßen Füßen die sieben Kilometer dorthin und zurück, um Schuhleder zu sparen.

Nie änderte er seine einfache Lebenshaltung; er hatte eine natürliche Güte. Das höhere Seminar besuchte er in Padua; dort bekam er die übliche Kurzausbildung in mittelalterlicher Philosophie und Theologie. Im Jahr 1858 wurde er mit dreiundzwanzig Jahren zum Priester geweiht. Danach war er neun Jahre lang Hilfspfarrer in Tombolo — er versetzte seine Uhr, um die Hungrigen zu speisen. Weitere neun Jahre war er Gemeindepfarrer in Salzano — seine Tür war nie geschlossen —, bis er mit einundvierzig Diözesankanzler in Treviso wurde. Er wohnte im Seminar in einem Zimmer mit Blick auf die farbenfrohe Ebene. Er war zufrieden in seinem Dienst. Er war bekannt für seine Güte und seine Großzügigkeit gegen Arme. Er arbeitete hart, aus keinem anderen Grund als seiner Gottes- und Menschenliebe.

1884 wurde Sarto zum Bischof von Mantua ernannt. Er war erstaunt und fand, ein Bistum sei zuviel für seine Fähigkeiten. Er tat sein Bestes, um abzulehnen, aber Papst Leo bestand darauf.

Im Juni 1893, als er neunundfünfzig war, wurde er Patriarch von Venedig. Sechzehn Monate lang konnte er seinen Sitz nicht übernehmen, weil eine antiklerikale Regierung ihm das Exequatur verweigerte. Das war wieder ein Zeichen der Zeit. Die Kirche war überall Gefahren ausgesetzt. Ein Trost, den er hatte, war ein dreitägiger Besuch daheim in Riese, wo er seiner bettlägerigen, über achtzigjährigen Mutter eine Freude machen konnte, indem er seine Kardinalsgewänder anlegte.

Das Exequatur kam schließlich am 5. September 1894, und er feierte es mit seinem ersten Hirtenbrief. Dieser gütige, warmherzige Mann zeigte, daß er ebenso kämpferisch sein konnte wie seine Feinde.

»Gott«, schrieb er, »ist durch die Trennung von Kirche und Staat aus dem öffentlichen Leben vertrieben worden.« Seine Haltung zum Papsttum war von der striktesten Art. »Wenn wir vom Stellvertreter Christi sprechen, müssen wir nicht kritteln, wir müssen gehorchen; wir müssen nicht messen, was er gesagt hat, um die Reichweite unseres Gehorsams zu beschränken. ... Die Gesellschaft ist krank. ... Die einzige Hoffnung, das einzige Heilmittel ist der Papst.« Selbst für diesen heiligen und tiefunglücklichen Mann war die einzige Hoffnung nicht Christus, sondern der Papst.

Kaum war er Patriarch, da prangerte er die »heimtückischen Anschläge« des Liberalismus, besonders der katholischen Liberalen an, die er »Wölfe im Schafspelz« nannte.

Am 24. November fuhr er mit der Kardinalsgondel zur Goldenen Stadt. Jede Brücke und Brüstung war voller Menschen; sie lehnten aus jedem Fenster und balancierten gefährlich auf schmalen Mauerabsätzen über dem Kanal, um seinen Segen zu bekommen. Die Gondel glitt zu den Kais hinauf, bis Kardinal Sarto am Markusplatz ausstieg. Jedes Gebäude war geschmückt, außer dem Rathaus. Das war ein Affront von den Antiklerikalen, den er nie vergaß oder vergab.

So begann er das Leben eines — wie er es nannte — »armen Landkardinals«. Seine beiden Schwestern kümmerten sich um seine Bedürfnisse; es waren nicht viele. Von fünf Uhr früh bis Mitternacht arbeitete er unermüdlich. Er hatte nichts dagegen, daß man ihn Don Beppe (»Hochwürden Sepp«) nannte. Das Einkommen der Kirche, sagte er als einer, der nie Geld gehabt hatte, ist das Erbteil der Armen. Er bestand auf einer Liturgie, die Gottes würdig war, statt der üblichen nachlässigen italienischen Angelegenheit. Sie sollte mit gregorianischem Gesang verschönt werden, der Musik der Engel; die Eucharistie sollte oft empfangen werden.

Auf diese Weise verlebte er neun relativ ruhige Jahre, bis er nach Rom fuhr, um den Nachfolger Leos XIII. zu wählen. Er kaufte eine Eisenbahnrückfahrkarte und versprach den Menschen seiner Diözese, zu ihnen zurückzukommen – tot oder lebendig. Das war das einzige Versprechen, das er je machte und nicht einhielt.

## *Fremder im Vatikan*

In Rom war er ein völlig Fremder. Sein ganzes Leben lang war er an schlichte Leute und einfache Probleme gewöhnt gewesen, die mit harter Arbeit und persönlicher Güte zu lösen waren. Seine Regierung sollte keine glückliche sein. Seine großen, leuchtenden Augen waren von ständiger Traurigkeit erfüllt. Berater wie Merry del Val und Kardinal de Lai legten

ihm nicht nur Fakten vor, sondern Deutungen von Fakten, die ihn überzeugten – wenn das noch nötig war –, daß die Menschheit krank war. Sein größter Schmerz war die Abtrünnigkeit von Gott. Er sprach privat und öffentlich von moralischem Verfall, vom Niedergang der Welt. Die meisten Päpste seit der Französischen Revolution waren unheilbare Pessimisten.
Was Pius IX. als Katastrophe gesehen hatte, war das Aufkommen der Demokratie. Was Pius X. als sterbende Welt sah, war eine neue Welt im Entstehen. Wissenschaftliche und technische Fortschritte wie nie zuvor wurden gemacht. Die Archäologie offenbarte, wie alt die Welt tatsächlich ist. Die Christen folgten John Lightfoot, einem Cambridger Gelehrten des siebzehnten Jahrhunderts, und nahmen an, die Erschaffung der Welt habe an einem Herbstmorgen – auf der nördlichen Halbkugel, wohlverstanden – im Jahr 4004 v. Chr. stattgefunden. Um genau zu sein, Gott hatte am 23. Oktober 4004 um 9 Uhr früh gesagt: »Es werde Licht.« Wissenschaftler verneinten nun, daß der Mensch vollkommen geschaffen wurde, wie eine wörtliche Lesung von Genesis 1 nahelegte; auch der Mensch war Teil des evolutionären Prozesses. Historiker fanden bislang unbekannte Dinge über die Vergangenheit der Kirche, besonders in den Jahren der Entstehung. Am meisten alarmierte Pius X., daß die Exegese eine wörtliche Deutung des Alten und Neuen Testaments in Frage stellte. Renans *Vie de Jésus* hatte zahllose Werke des »Unglaubens« angeregt, wie Pius IX. prophezeit hatte.
Pius X. war überwältigt von der Größe der Aufgabe, die Gott ihm, einem Bauern aus Riese, gegeben hatte. Ein weiteres Beispiel dafür, daß Gott die törichten Dinge der Welt erwählt, um die Weisen zuschanden zu machen. Er war Papst, die einzige Hoffnung und Rettung einer kranken Welt. So hoch erhoben, fast göttlich, war er bereit, für sich selbst den gleichen Gehorsam zu fordern, den er Leo XIII. gelobt hatte. Er vertraute darauf, daß der Geist ihm helfen würde, die Kirche vor den schweren Gefahren zu retten, die sie von innen bedrohten. Eine Verschwörung trieb ihr Unwesen mitten im Herzen der Kirche, davon war er überzeugt. Theologen, Bibelwissenschaftler waren mit all den gottfeindlichen Kräften in einer postrevolutionären Welt verbündet. Ihr einziges Ziel: die Kirche zu vernichten. Die zweite Enzyklika Pius' X. erschien an jenem magischen Tag, dem 8. Dezember 1904. Es war der fünfzigste Jahrestag der Definition der Unbefleckten Empfängnis. Sein Brief offenbart, mit welcher Art Denken er an die Probleme heranging, mit denen die Menschheit in diesem Augenblick rang, einem der originellsten und aufregendsten Augenblicke der Geschichte.

*Adam weinte in seiner Strafe, doch er sah, wie Maria den Kopf der Schlange zertrat. Noah freute sich in der Sicherheit seiner Arche auf sie. Ebenso auch Abraham, als seine Hand aufgehalten wurde. Ebenso auch Jakob, als er die Leiter auf der Erde stehen sah, eine Treppe, an der die Engel Gottes auf- und niederstiegen. Mose sah sie im Busch, der brannte und nicht verbrannte. David sang von ihr, als er vor der Bundeslade tanzte. Elia sah sie in der kleinen Wolke, die aus dem Meer aufstieg. Aber warum weitersprechen?*

Diese Fehldeutung der Schrift wäre in einem obskuren italienischen Dorf der Zeit vielleicht unbemerkt geblieben; als Meditation eines Papstes in der Zeit nach dem Ersten Vatikanischen Konzil war sie kein gutes Zeichen. Er hatte die Fülle der Macht. Er war oberster Herrscher der Kirche. Er war persönlich unfehlbar und sollte praktisch auf sich allein gestellt alle schwierigen Fragen gegen das traditionelle Christentum lösen, die die Wissenschaft aufbrachte. Kein Wunder, daß er von Problemen überwältigt war, die er nach 1870 allein lösen sollte.

## *Biblische Wahrheit für Katholiken*

Schon vor Pius X. hatte sich die Kirche über die Bibel zerstritten, besonders über eine Passage im Ersten Johannesbrief (5,7), die als Johanneisches Komma bekannt ist.

*Denn drei sind es, die Zeugnis geben im Himmel:
der Vater, das Wort und der Heilige Geist,
und diese drei sind eins.
Und drei sind es, die Zeugnis geben auf Erden:
der Geist, das Wasser und das Blut, und diese drei sind eins.*

1897 maßte das Heilige Offizium sich die Entscheidung an, daß all dies echte Heilige Schrift war. Es verbot katholischen Gelehrten, etwas anderes zu sagen. Dies war der erste in einer langen Reihe offizieller Fehler. Das Zeugnis im Himmel kommt in keinem einzigen griechischen Manuskript vor. Es wurde in die lateinischen Manuskripte eingefügt, wahrscheinlich in Nordafrika, denn Cyprian erwähnt es 258 und Augustinus um 400. In ihrem Text kamen die irdischen Zeugen zuerst. Im vierzehnten

Jahrhundert wurde der Text verändert, um die himmlischen Zeugen an die erste Stelle zu setzen. Dies war eine rein akademische Diskussion. Die Intervention des Heiligen Offiziums bedeutete, daß katholische Gelehrte die Beweise vergessen und sich auf der Grundlage blinden Gehorsams einem törichten Urteil beugen mußten. Folglich mußten sie so tun, als habe das Heilige Offizium recht, obwohl jeder Gelehrte, der etwas taugte, wußte, daß es unrecht hatte.

Von dieser Zeit an war Bibelwissenschaft in der römischen Kirche eine riskante Beschäftigung. Der Beschluß von 1897 blieb dreißig Jahre lang in Kraft. Dann sagte das Heilige Offizium unter Mißachtung der Wahrheit, es habe nur die »Vorwitzigkeit« privater Lehrer im Zaum halten wollen, die sich anmaßten, die Echtheit biblischer Texte zu beurteilen, statt die Dinge dem Papst zu überlassen. So durften Katholiken von 1927 an »gegen die Echtheit des Kommas geneigt sein, vorausgesetzt, sie erklären sich bereit, dem Urteil der Kirche zu folgen, der Jesus Christus das Amt anvertraut hat, nicht nur die Heilige Schrift zu deuten, sondern sie auch treulich zu bewahren«.

Die Implikation war, daß die Kirche keine Wissenschaftler braucht. Ihre Rolle ist nur die Weitergabe von Entscheidungen der Päpste, die allein der Welt die wahre Bedeutung der Schrift sagen können. Die lange Geschichte päpstlicher Bibelfehldeutungen – bis hin zur Rolle des Kaisers als Marionette des Papstes – legte den Wissenschaftlern kein völliges Vertrauen in seine Entscheidungen nahe.

Leo XIII. hatte begriffen, daß mit seinen theologischen Wachhunden im Heiligen Offizium und ihren päpstlichen Beschlüssen zur Schrift etwas nicht stimmte, und so hatte er in den Jahren vor seinem Tod eine Bibelkommission eingesetzt. Er hatte einundvierzig Berater ernannt, darunter viele Liberale.

Pius X. ersetzte unverzüglich die Liberalen durch Reaktionäre, und zwischen 1906 und 1914 faßten sie eine Reihe grotesker Beschlüsse, an die alle katholischen Bibelwissenschaftler sich halten mußten.

Nach Vaticanum I wurde alles in der Kirche zentralisiert. Jede biblische Schwierigkeit, jeder moralische Zweifelsfall wurde, gewöhnlich von ultrakonservativen Bischöfen und Gelehrten, zur Entscheidung nach Rom übermittelt.

Durch den Gehorsam gegenüber den Dekreten der Bibelkommission manövrierten sich die katholischen Wissenschaftler effektiv außerhalb des anerkannten akademischen Lebens. Gegen alle zunehmenden Beweise mußten sie annehmen, daß Mose den gesamten Pentateuch geschrieben hatte (die ersten fünf Bücher der Bibel), und daß die Kapitel 40—66 des Buches Jesaja aus einer Hand stammten. Fünfzig Jahre nach dem *Ursprung der Arten* mußten sie glauben und lehren, daß die ersten drei Kapitel der Genesis strikt historisch seien. Die erste Frau wurde aus Adams Rippe geformt; die erste Sünde war die Übertretung eines ganz bestimmten göttlichen Gebotes auf die Versuchung des Teufels in Form einer Schlange hin. 1907 »beschloß« die Bibelkommission, daß alle vier Evangelien von denen geschrieben seien, deren Namen sie tragen, und daß Paulus alle Pastoralbriefe sowie den Hebräerbrief geschrieben habe.

Die katholischen Gelehrten rannten in Deckung wie aufgestörte Krebse. Sie lebten in Angst, von ihren Studenten oder Kollegen nach Rom gemeldet zu werden. In der Angst vor der Exkommunikation für einen einzigen falschen Schritt konnten sie bestenfalls die aufgeklärten Forschungen ihrer protestantischen Brüder mit dem Anschein der Mißbilligung vortragen: Das war eine Möglichkeit, vernünftige Ansichten zu vermitteln. Nur so konnten sie überleben und gegen alle Hoffnung auf bessere Tage hoffen. Selbst der beste Bibelwissenschaftler der Zeit, Père Lagrange, durfte seinen Genesiskommentar nicht veröffentlichen.

Und doch war seit weit über hundert Jahren, lange vor Darwin, kein Gebildeter, religiös oder areligiös, imstande gewesen, die ersten Kapitel der Genesis wörtlich zu nehmen. Hätte die Kirche Voltaire nicht auf den Index gesetzt, so hätte sie von ihm lernen können. In seiner Predigt über das Alte Testament zeigte er die Fehler und Widersprüche des Genesis-Texts auf. Die Idee, daß alle Leiden des Menschen, selbst Krankheit und Tod, auf den Fehler eines Urvaters der Menschheit zurückgehen, ist nicht glaubhafter als die Büchse der Pandora. Erst wenn der Mythos als Mythos akzeptiert wird, hat er Schönheit und Bedeutung.

Voltaire war satirischer, als er die Sintflut und die Arche Noah aufs Korn nahm:

> *Es ist fruchtlos, wenn Leute einwenden, daß wir in den feuchtesten Jahren keine 76 cm Regen bekommen... daß die Tiere die Arche nicht von Amerika und südlichen Ländern aus erreichen konnten; daß sieben Paare von den reinen und zwei Paare von den unreinen Tieren nicht in zwanzig Archen gepaßt hätten. ... Ihre Schwierigkeiten nehmen kein Ende. Doch sie sind alle durch den Hinweis gelöst, daß dies große Ereignis ein Wunder war — das beendet alle Diskussion.*

Über hundert Jahre vor Voltaire hatte Galileo den Kirchenoberen praktisch den gleichen Schlüssel angeboten, um die Mythen und Mysterien der Genesis zu erschließen. Die Vernunft war der Kirche um Jahrhunderte voraus in dem Bereich, der vor allem der der Kirche hätte sein sollen: der Schrift. Statt dessen ernährte die Kirche ihre Kinder, um mit Voltaire zu sprechen, »mit einer Diät von Eicheln«.
In der Zeit Pius' X. waren katholische Wissenschaftler einer schrecklichen Verfolgung ausgesetzt. Der unmittelbare Grund dafür war Pius' Verständnis dessen, was er »Modernismus« nannte.

## *Der Sturm auf den Modernismus*

So, wie Pius IX. seine Liste der Irrtümer gegen alle liberalen Tendenzen veröffentlichte, schrieb Pius X. im Juli 1907 *Lamentabili*, eine Attacke gegen »Neuerungen«. Besonders hart ging er mit den neuesten Deutungen von Dogma und Bibel ins Gericht. Unter den Aussagen, die er willkürlich aus den Schriften von Theologen und Exegeten herausgriff, um sie zu verdammen, waren diese:

2. *Die kirchliche Deutung der Heiligen Bücher darf unter keinen Umständen abgelehnt werden; dennoch ist sie dem zutreffenderen Urteil und der Berichtigung durch Exegeten unterworfen.*

5. *Da der Schatz des Glaubens nur offenbare Wahrheiten enthält, hat die Kirche kein Recht, die Aussagen der Wissenschaften zu beurteilen.*

12. *Wenn der Exeget sich auf sinnvolle Weise biblischen Studien widmen will, muß er zuerst alle vorgefaßten Meinungen über den übernatürlichen Ursprung der Heiligen Schrift hintanstellen und sie deuten wie jedes andere rein menschliche Dokument.*

16. *Die Erzählungen des Johannes sind nicht eigentlich Geschichte, sondern eine mystische Betrachtung der Frohbotschaft. Die im Evangelium enthaltenen Reden sind theologische Meditationen, denen historische Wahrheit über das Geheimnis der Erlösung fehlt.*

*13. Heterodoxe Exegeten haben den wahren Sinn der Schrift getreuer ausgedrückt als katholische Exegeten.*

*22. Die Dogmen, die die Kirche als offenbart vertritt, sind keine vom Himmel gefallenen Wahrheiten. Sie sind Deutungen religiöser Tatsachen, die der menschliche Geist sich mit mühevollem Streben erarbeitet hat.*

*33. Jeder, der nicht von vorgefaßten Meinungen geleitet ist, kann leicht sehen, daß entweder Jesus etwas Falsches über das unmittelbar bevorstehende Kommen des Messias gesagt hat, oder daß der größte Teil seiner Lehre, wie sie in den Evangelien enthalten ist, der Autorität entbehrt.*

*53. Die organische Verfassung der Kirche ist nicht unwandelbar. Wie die menschliche Gesellschaft ist die christliche Gesellschaft der ständigen Entwicklung unterworfen.*

Mit ein paar Einschränkungen würden diese Aussagen heute das ausdrücken, was die meisten Wissenschaftler glauben.
*Lamentabili* war ein trauriger Versuch, allen Fortschritt auszumerzen, als wäre er eine Ketzerei. Oft macht Pius X. den Eindruck, daß er seine eigene Fantasie verdammt. Vieles von dem, was er verurteilt, ist entstellt, und es ist zweifelhaft, ob irgend jemand es je vertreten hat. Er neigte dazu, alles, was ihm nicht paßte, auf einen Haufen zu werfen und »Modernismus« zu nennen, »eine Ansammlung von Häresien«, und er warnte die Katholiken davor, etwas damit zu tun zu haben. Er, der Stellvertreter Christi, würde sie durch die Sumpfgebiete der modernen Welt in Sicherheit führen. Er hatte natürlich recht damit, sich Sorgen zu machen. Die Kirche, um Jahrhunderte im Rückstand, wurde nun von Geschichte, Naturwissenschaft, Paläontologie, Exegese darin entlarvt. Die Kirche mußte wählen, entweder sehr rasch zu lernen oder den Kopf in den Sand zu stecken. Die Enzyklika *Pascendi*, die bald auf *Lamentabili* folgte, zeigte, daß Pius es vorzog, den Kopf in den Sand zu stecken.
Leider ist sie voll von der schwarzen Rhetorik päpstlicher Verlautbarungen in jener Zeit. Es gibt Feinde des Kreuzes Christi, Protestanten im Schoße der Kirche selbst, deren Ziel es ist, die Kirche Christi zu zerstören und sein Werk zunichte zu machen. Diese Kryptoprotestanten wollen Christus auf den Status eines gewöhnlichen Menschen reduzieren. Diese

»Modernisten«, sagt er, glauben nicht an die Offenbarung, nicht an Gott, auch nicht an die Kirche als eine göttliche Institution. Sie sind eine durchorganisierte Einheit; sie verstecken sich in jedem Bereich, Philosophie, Theologie, Bibelwissenschaft, Politik.

Nichts von alledem war auch nur ansatzweise plausibel. Es ist schwer zu glauben, daß Katholiken mit ausdrücklich protestantischen Überzeugungen sich im Schoße der Kirche verbargen, mit dem einen Ziel, sie durch die Verbreitung ihres Unglaubens zu zerstören.

Was wirklich geschah, war, daß die Welt erwachsen wurde. Eine Revolution ereignete sich im Denken des Menschen, die Fortsetzung dessen, was sich im Denken Galileos ereignet hatte. Die Naturwissenschaft begann, Fragen zu beantworten, die frühere Generationen Priestern und Gebeten überlassen hatte. Pius lebte geistig noch in einer mittelalterlichen Welt, wo Gott von »dort draußen« oder »dort oben« durch Wunder oder durch Propheten und Päpsten eingeflüsterte Aussagen eingriff. Er glaubte zum Beispiel, daß ein Papst, auch er selbst, ohne irgendeine besondere Kompetenz in der Schrift die Bedeutung eines Bibeltexts ein für allemal deuten konnte, wenn er ihn nur einfach ansah. Pius vertrat die Zeitlosigkeit und Absolutheit aller Lehraussagen in einer geschichtlichen Epoche, in der immer deutlicher wurde, daß alle moralischen Urteile und Glaubensaussagen der Relativität unterlagen. Die Gelehrten sagten, daß alles neu gedacht werden mußte.

Der Mensch ist kein Geschöpf des Absoluten, außer in seinem Streben nach dem, was über ihn hinausgeht; er ist notwendig Teil einer sich wandelnden Welt. Alles wandelt sich, auch sein Verständnis von sich selbst, Gott und Offenbarung. Das Alte Testament liefert Beispiele dafür. Nach und nach entwickelt sich ein jüdischer Stammesgott mit begrenzter Macht und noch begrenzterer Anhängerschaft zu einem Gott der Heerscharen, bis er schließlich als der Gott der Schöpfung und der Geschichte wahrgenommen wird. Auch das Neue Testament zeigt, daß Jesus kein Geschöpf ist, das von außerhalb der Welt über sie gekommen wäre, sondern ein Mensch, der in einem bestimmten Sinn wie alle Menschen immer gegenwärtig war. Neutestamentliche Offenbarung ist nicht Verlautbarung und Rezeption göttlicher Aussagen, sondern ein stufenweises Verstehen der Bedeutung von Jesu Leben, Tod und Auferstehung, durch Predigt und Lehre zu einem pädagogischen Werkzeug geworden, an verschiedenen Orten und je nach den verschiedenen Bedürfnissen unterschiedlicher Gemeinden, Griechen und Juden.

Die Geschichtlichkeit des Menschen, die die Gelehrten der Zeit so erregte, war Anathema für Pius X. Er empfand sie als Bedrohung für die Kirche und für seine Stellung in ihr als Sprachrohr ewiger Wahrheiten.

## *Zwei Modernisten*

Fast die beste Art, ein Regime zu beurteilen, ist zu untersuchen, wie es Intellektuelle behandelt. Zur Zeit Pius' X. wurden katholische Intellektuelle sehr streng behandelt.
George Tyrrell war einer von ihnen. Er wurde 1861 in Dublin geboren und in der irischen Kirche erzogen; doch mit achtzehn ging er nach England, wo er Katholik und Jesuit wurde. Er war ein talentierter Schreiber und dazu bestimmt, wie es schien, der Elite der Gesellschaft Jesu anzugehören. Bis ihm auffiel, daß Thomas von Aquin nicht alle Antworten auf die Fragen gab, die der moderne Mensch stellte. Es war absurd zu glauben, daß Thomas nicht eine seiner Ideen geändert hätte, wenn er in der Lage gewesen wäre, Galileo, Newton und Darwin zu lesen. Er hätte vielmehr fast jede Zeile geändert, die er geschrieben hat. Doch Pius X. schrieb in seiner Enzyklika zum Priestertum von 1906, *Pieni l'anima*: »Das Studium der Philosophie, Theologie und verwandter Gebiete, vor allem der Heiligen Schrift, werde im Geiste päpstlicher Dokumente und des hl. Thomas von Aquin betrieben.«
Da sich Tyrrell bedroht fühlte, schrieb er Bücher unter verschiedenen Pseudonymen: A. R. Waller, Hilaire Bourdon, Dr. Ernest Engels. Er wurde ertappt und am ersten Januar 1906 aus der Gesellschaft Jesu entlassen. Er durfte keine Messe zelebrieren, obwohl er nie formal der Häresie angeklagt wurde.
Erzbischof Mercier von Malines war bereit, ihn in seiner Diözese aufzunehmen. Doch Kardinal Ferrata, Präfekt der Heiligen Kongregation für Bischöfe und Ordensgeistliche, stellte strenge Bedingungen. Der berühmte, fünfundvierzigjährige Tyrrell mußte sich »formell verpflichten, weder etwas über religiöse Fragen zu veröffentlichen noch irgendeine Korrespondenz ohne die vorherige Billigung einer kompetenten Person zu führen, die der Erzbischof ernennt«.
Tyrrell konnte den Gedanken nicht ertragen, daß man seine Briefe zensierte. Dies sei, sagte er, »die Behandlung, die der Zar einem Anarchisten zukommen lassen mag«. Aber schließlich war er in den Augen der Kirche ein Anarchist, verbündet mit anderen Anarchisten, um die Grundfesten der Kirche zu untergraben.

Er schrieb dem Papst einen persönlichen Brief. »Wir haben ein Recht, von Eurer Heiligkeit positive ebenso wie negative Führung zu erwarten, das Aufbauen von Wahrheit ebenso wie die Zerstörung der Unwahrheit.« Er bekam nie eine Antwort.

Als Pater Tyrrell am letzten Tag des September 1907 etwas Kritisches über *Pascendi* schrieb, durfte er die Sakramente nicht empfangen. Inzwischen litt er sehr an Migräne und einer Nierenkrankheit.

Er war versucht, zur Kirche seiner Kindheit zurückzukehren, doch er hatte für den Katholizismus soviel gelitten und wollte seinen Mitkatholiken nützlich sein. Er blieb auf der kalten Schwelle der Mutter Kirche und hoffte auf ein gutes Wort, das niemals kam.

Auf seinem Totenbett wurde er von seinen Sünden losgesprochen, obwohl er deutlich gemacht hatte, daß er nicht widerrufen würde. Dies war in dem Dorf Storrington am Rand der South Downs. Sein alter Freund, der Abbé Bremond, war zu ihm gerufen worden. In einem klaren Augenblick konnte Tyrrell mit ihm sprechen. Der Abbé erteilte ihm nochmals Absolution für seine Sünden.

Trotzdem wurde Tyrrell eine Seelenmesse verweigert. Er hatte sich dem Heiligen Stuhl nicht unterworfen. Ein Begräbnis auf einem katholischen Friedhof wurde ihm verweigert, und so begruben seine Freunde ihn auf einem anglikanischen Friedhof. Nach ein paar schlichten Gebeten hielt Abbé Bremond an seinem Grab eine großartige Lobrede, die dem Bischof von Southwark zu Ohren gekommen sein muß. Denn drei Tage später erhielt der Prior von Storrington ein Telegramm von ihm: »Erlauben Sie Bremond nicht, Messe zu lesen.«

Kurz vor seinem Tod hatte Tyrrell einem Freund geschrieben: »Meine eigene Arbeit – die ich als getan betrachte – war, eine Frage aufzuwerfen, die ich nicht beantwortet habe.« Das ist ein gutes Nachwort für einen großen und heiligen Priester, für den Rom keinen Platz hatte.

Ein weiterer Priester, der unter den päpstlichen Hammer geriet, war Abbé Loisy. Er war ein Schüler des großen Monsignore Louis Duchesne und sah schon früh, daß Roms Einstellung zur Bibel unhaltbar war. Ihr gegenüber Loyalität auch nur zu heucheln, war ruinös für das christliche Gewissen. 1903 veröffentlichte er *L'Evangile et l'Eglise*. Pius X. reagierte mit sofortiger Zensur. Im März des folgenden Jahres schrieb Loisy an den Papst. Es war ein Akt großer Demut von einem Mann, dem Demut nicht leichtfiel. Er begann seinen Brief: »Heiligster Vater, ich kenne Ihre Herzensgüte wohl, und es ist Ihr Herz, an das ich mich jetzt wende.«

Er bot an, sein jüngstes Buch öffentlich zu widerrufen, seine Lehrstelle an der Ecole des Hautes Etudes aufzugeben und wissenschaftliche Veröffentlichungen, die er an der Hand hatte, zurückzuhalten.

Pius X. antwortete ihm nicht. Statt dessen schrieb er an den konservativen Kardinal Richard von Paris: »Ich habe einen Brief von Abbé Loisy erhalten, in dem er an mein Herz appelliert, doch dieser Brief kommt nicht von Herzen.« Er bestand auf einer absoluten, uneingeschränkten Unterwerfung des Abbé. Besonders müsse er gedrängt werden, »zu verbrennen, was er anbetete, und anzubeten, was er verbrannt hatte«.

Als dies Loisy mitgeteilt wurde, bekannte er, daß in ihm etwas zerriß. War es das letzte Band zwischen ihm und dem Glauben seiner Kindheit? »In meinen Brief gepreßt«, schrieb er, »war der letzte Tropfen Gefühl, der in meiner katholischen Seele geblieben war.«

Pius X. hatte den rauchenden Flachs gelöscht und das geknickte Rohr zerbrochen.

Im März 1908 exkommunizierte Pius X. Loisy und nannte ihn *vitandus*, die strengste Form der Verurteilung, die das Kirchenrecht kennt. Es bedeutet, daß Katholiken nichts mit ihm zu tun haben dürfen, außer wenn es absolut notwendig ist, nicht nur in der Kirche, sondern auch außerhalb der Kirche. Was Pius X. betraf, so existierte Abbé Loisy nicht mehr.

Als Abbé Bremond, ein Freund von Tyrrell und Loisy, 1924 in die Académie Française aufgenommen wurde, sagte er in seiner Rede: »Ich habe unter vier Päpsten gelebt: Pius IX., Leo XIII., Benedikt XV. und Pius XI.« Was war da impliziert? Daß weder er noch irgend jemand sonst unter dem heiligmäßigen Pius X. gelebt hatte? Oder daß Pius X. für ihn nicht mehr existierte?

Wozu sollte Tyrrell oder sonst jemand eine Frage aufwerfen, wenn Pius X. alle Antworten schon in petto hatte?

## *Nachspiel*

Tyrrell und Loisy waren nicht die einzigen Opfer. Pius X. löste eine solche Säuberung unter den Wissenschaftlern aus, daß die Wirkungen fünfzig Jahre nach seinem Tod noch spürbar waren. Lagrange in der Bibelwissenschaft und Duchesne in der Geschichte waren gezwungen, die päpstliche Linie zu vertreten oder sich auf dem Abfallhaufen zu finden. Duchesne mußte seinen Lehrstuhl am Institut Catholique in Paris aufgeben; sein bahnbrechendes Buch über die Ursprünge des Christentums wurde auf den Index gesetzt.

Alle Bücher und Zeitschriften wurden vor ihrer Veröffentlichung scharf zensiert. Priester brauchten die Genehmigung, an oder für Zeitungen zu schreiben. In jeder Diözese wurde ein Überwachungsrat eingerichtet. Es gab sogar einen Geheimbund, unterstützt vom Papst, um den Machenschaften eines angeblichen Geheimbundes der Feinde Christi entgegenzuwirken. Lehrer in Seminaren und Universitäten wurden durchleuchtet und, wenn sie für zuwenig »loyal« befunden waren, ersetzt. Zum Glück für die Zukunft der katholischen Kirche war ein Priester, der in Verdacht geriet, ein junger Italiener; er wurde Rom zur Überprüfung als möglicher »Modernist« gemeldet. Sein Name war Angelo Roncalli, der künftige Johannes XXIII.

Pius X. entwarf einen Antimodernismus-Eid, den alle Kleriker und Lehrer leisten mußten. Nicht einmal die Inquisition in ihrer Blütezeit war effizienter in der Ausmerzung jedes Zeichens von Abweichung. Für viele örtliche Katholiken gilt noch heute, daß Pius X. die Kirche gerettet hat. Für andere rettete dieser heilige und tragischste aller Päpste sie nur vor dem Einfluß des beschleunigten Fortschritts der Menschheit.

Es heißt, der Modernismus sei 1910 tot gewesen. Zutreffender ist es zu sagen, daß er so, wie Pius X. ihn verstand, nie gelebt hat. Dennoch waren unter den verbotenen Aussagen Elemente, die der römischen Kirche für Generationen in der Zukunft zu schaffen machen sollten.

Die Probleme, die sich der Kirche in jedem Bereich stellten, konnten nicht für immer auf die lange Bank geschoben werden. Der Katholizismus hinkte der Welt hinterher. Die Gefahr bestand, daß die Kirche sich intellektuell lächerlich machte, wenn dies allzu lange weiterging.

Die nächsten beiden Päpste, Benedikt XV. und Pius XI., waren intellektuelle Leichtgewichte. Sie taten wenig, um der Kirche zu helfen, sich der modernen Welt zu stellen.

Pius XI. war ein Papst ganz in der Tradition Pius' IX. Zur Ökumene hatte er zu sagen:

*Dieser Apostolische Stuhl hat seinen Untertanen nie erlaubt, an den Versammlungen von Nichtkatholiken teilzunehmen. Es gibt nur einen Weg, auf dem die Einheit der Christen gefördert werden kann, und das ist durch die Förderung der Rückkehr der Getrennten zur einen, wahren Kirche.*

Pius XII. war im Vergleich zu Pius XI. ein intellektueller Riese. Es ist gesagt worden, daß wenige der Fortschritte, die bei Vaticanum II gemacht wurden, nicht auf irgendeine Weise in seiner Arbeit vorauszuahnen waren. Doch wenige Oberhirten in diesem Jahrhundert haben besser als er den Absolutismus des Papsttums verkörpert. Der Eindruck, den er vermittelte, war, daß er und nur er die Lösung zu jedem Problem hatte. Als Kirche blieb der Katholizismus immer mehr hinter den Entdeckungen der Wissenschaft und dem Streben des modernen Menschen zurück.
Als Pius XII. 1958 starb, betrauerte die katholische Welt den Heimgang eines sehr großen Mannes, dessen Platz, wie es schien, niemand am Horizont ausfüllen konnte.
In jenem düsteren Augenblick geschah ein Wunder.

# TEIL III

## LIEBE

»Der Teufel hat der Kirche nie so geschadet, wie als die Kirche selbst das Gelübde des Zölibats einführte.«

PETER COMESTOR im zwölften Jahrhundert

## 15. Kapitel

# Der Papst, der die Welt liebte

Es sah nicht wie ein Wunder aus, als Angelo Roncalli 1958 auf die Loggia des Petersdoms hinausschlurfte, um seinen Segen *urbi et orbi*, der Stadt und der Welt zu erteilen. Er wirkte weniger wie der höchste Oberhirte als wie eine freundliche italienische Großmutter.
Pius XII. hatte die Katholiken an eine majestätische Erscheinung und Zeichen eines messerscharfen Geistes gewöhnt. Roncalli, so schien es, war ein Lückenbüßerpapst, ein alter Mann, der ein paar Jahre halten würde, bis die Kardinäle beim nächstenmal beschließen konnten, wer den Unersetzbaren ersetzen sollte. Wahrscheinlich würde es Montini von Mailand sein, Pius' einstiger Vertrauter. Wenn Montini nur 1958, als das Konklave begann, Kardinal gewesen wäre, wäre er vielleicht gleich gewählt worden. Und der Name dieses netten alten Burschen? Johannes XXIII. Es hatte seit über fünfhundert Jahren keinen Papst Johannes mehr gegeben. Davor war es mit Abstand der beliebteste Papstname gewesen. Schließlich war es der Name des Täufers und des Lieblingsjüngers. Die Gelehrteren in der Menge auf dem Petersplatz wußten, daß es einen Papst Johannes XXIII. schon gab. Tatsächlich war er verantwortlich dafür, daß der Name nun mit einem Makel behaftet war. Er war 1415 durch das Konzil von Konstanz abgesetzt worden. Er lag in einem von Donatello entworfenen Grab im achteckigen Baptisterium des Doms von Florenz. Sein steinernes Abbild trägt die Inschrift: »Hier liegt der Leib von Baldassare Cossa, der Papst war.« Im Streß der Wahl hatte es kein Papst seit Cossa gewagt, den Namen Johannes anzunehmen. Warum ein Pontifikat mit dem Ausbruch einer Kontroverse beginnen? Roncalli erklärte dann, seines Wissens hätten Päpste namens Johannes nicht lange gelebt, und er war Ende Siebzig. Die Situation war noch merkwürdiger, als wohl selbst Roncalli wußte. Abgesehen von Cossa (»Johannes XXIII.«) war Johannes XVI. (997–98) ein Gegenpapst gewesen. Außerdem gibt es auf der Li-

ste keinen Johannes XX. Der Papst, der 1276 diesen Namen hätte annehmen können, nannte sich Johannes XXI., denn er war überzeugt, daß es im neunten Jahrhundert einen Papst extra gegeben hatte. Dieses »Extra« war Papst Johannes – alias Päpstin Johanna! Obwohl Roncalli viele verwirrte, weil er sich nicht Johannes XXIV. nannte, war er in Wahrheit erst Johannes XXI.

Angelo Roncalli wurde am 25. November 1881 im Dorf Sotto il Monte bei Bergamo in Norditalien geboren. Sein Vater Giovanni Battista war ein armer Bauer. Angelo war das dritte von dreizehn Kindern, der älteste Junge. Sein Geburtshaus hatte drei Zimmer, wenn man die Küche mitzählt, doch bald nach Angelos Geburt zog die Familie in ein etwas geräumigeres Haus.
Angelo wurde am Tag seiner Geburt getauft. Sein eifriger Onkel wickelte ihn gegen die schneidende Kälte und den peitschenden Regen ein und trug ihn zu der kleinen Kirche Santa Maria in Bruscio. Das war am frühen Nachmittag. Der Gemeindepfarrer war zu Besuchen unterwegs, und sie mußten alle später am Abend noch einmal kommen. Inzwischen hatte Giovanni Battista seinen Neugeborenen schon registrieren lassen. Die Verzögerung bedeutete, daß seine kräftige Frau Marianna auch dabeisein konnte.
Angelos Erinnerungen an seine frühen Tage blieben lebendig bis zum Ende. Das Haus war immer überfüllt mit seinen Geschwistern, vielen Cousins und Cousinen. Manchmal lebten sie von der Hand in den Mund. Er schrieb:

*Auf unserem Tisch war nie Brot, nur Polenta; kein Wein für Kinder und junge Leute, und selten Fleisch; nur Ostern und Weihnachten bekamen wir ein Stück selbstgebackenen Kuchen. ... Und doch, wenn ein Bettler an unsere Küchentür kam, wenn die Kinder – es waren zwanzig – ungeduldig auf ihre Minestra warteten, war immer Platz für ihn, und meine Mutter beeilte sich, diesen Unbekannten neben uns zu setzen.*

Der Bettler war natürlich nicht wirklich ein Unbekannter. In Marianna Roncallis Augen war er Jesus selbst. Diese Einsicht vermittelte sie all ihren Kindern durch diese schlichte Tat der Nächstenliebe.
Mit zehn Jahren beschloß Angelo, daß er eine Berufung zum Priesteramt hatte. Für die Familie bedeutete das ein großes Opfer, doch er bekam ei-

nen Platz im Knabenseminar von Bergamo. Inzwischen hatte er von seinem Gemeindepfarrer schon Grundkenntnisse in Latein erworben.
1900 kam er ans Collegio Cesarola in Rom. Am 10. August 1904 wurde er ordiniert, und er las seine erste Messe am Beichtaltar des Petersdoms. Als er seinen Doktortitel in Theologie erworben hatte, wurde er zum Sekretär des liberalen Bischofs von Bergamo ernannt; diesen Posten hatte er neun Jahre lang inne. Während dieser Zeit lehrte er Kirchengeschichte am Seminar.
Im Ersten Weltkrieg war er Sanitäter. Aus irgendeinem nie erklärten Grund ließ er sich einen buschigen schwarzen Schnurrbart wachsen. Vielleicht war es eine Art Experiment.
Als er 1922 in der Bibliothek von Mailand recherchierte, traf er den Direktor, Monsignore Achille Ratti, den späteren Pius XI., der eine Zuneigung für diesen eifrigen Priester mit den wachen Augen faßte. Drei Jahre später, am 19. März 1925, wurde Angelo Roncalli Bischof. Wieder zelebrierte er die Messe über dem Grab Petri. Nun, mit vierundvierzig Jahren, kam er in das Diplomatische Corps der Kirche.
Wer Papst Johannes als einen ungelehrten Mann sieht, sollte bedenken, daß er außer seiner Muttersprache fließend Latein, Griechisch, Französisch und Bulgarisch beherrschte. Er sprach nicht wenig Spanisch, Türkisch und Rumänisch. Er las Englisch, Deutsch und Russisch. Er hatte eine lange, erfolgreiche Karriere auf dem Balkan, bevor er bei Kriegsende als Nuntius nach Paris gesandt wurde. Sein Ziel war es, die Kirche dort nach ihrem unrühmlichen Verhalten während der Nazi-Besatzung, als einige Bischöfe mit dem Feind kollaboriert hatten, wieder respektabel zu machen. Sein Werk der Versöhnung war bewundernswert.
Als Dekan des diplomatischen Corps war es seine Pflicht, es bei offiziellen Anlässen zu repräsentieren. Seine Reden sind aufgezeichnet. Sie bezeugen einen ungewöhnlichen Geist der Vertrautheit und Entspanntheit. Das Thema, das er immer wieder hervorhob, war Freiheit und Achtung der Rechte aller Menschen. In einer Rede an Präsident Auriol bezog er sich 1947 auf das Neue Testament als Magna Charta der Zivilisation, die uns groß gemacht hat. »Selig sind die Sanftmütigen, denn sie werden das Land erben; selig sind die Friedensstifter, denn sie werden Kinder Gottes heißen.«
In einer anderen Neujahrsansprache an den Präsidenten sprach er von

*Freiheit, Freiheit in allen Bereichen des Lebens ...*
*Unter den Erinnerungen an meine Kindheit ist mir die an einen mächti-*

*gen Ausspruch Ciceros teuer, den wir bei unseren ersten Lateinübungen lernen mußten; er ist ein Ausdruck römischer Weisheit: Legum servi sumus, ut liberi esse possumus. Wir sind Sklaven des Gesetzes, damit wir frei sein können.*

Inzwischen – es war 1947 – schrieb er schon in privaten Briefen, seine Gesundheit sei zwar gut, aber »ich werde alt, und man sieht mir das Alter an«. Er war unverwechselbar der Papst Johannes, wie die Geschichte ihn überliefern wird. Alles an ihm außer seiner Körpergröße war groß: Augen, Ohren, Mund, Nase, Hals, Herz. Vor allem sein Herz. Sein Gesicht war wie ein Puzzle aus geborgten Stücken; sein Herz war eines von Gottes Meisterstücken.
Obwohl er ein Mann von Welt war, verlor er nie die Sichtweise eines Kindes. Seine Fähigkeiten kamen am besten zur Geltung, wenn er zu jungen Menschen sprach. Als er 1946 eine Rede vor einem Jugendkongreß in Angers hielt, offenbarte er seine eigene Grundeinstellung gegenüber dem Leben:

*Euer Leben, Kinder, ist auf die Zukunft ausgerichtet. Ich bitte euch: Verschwendet keine Zeit, indem ihr die Gegenwart anprangert und nach der Vergangenheit seufzt, die kein Interesse für euch hat, außer insofern sie euch nützliche Lektionen und Warnungen bieten kann, nicht die Fehler zu wiederholen, die verhängnisvoll für Menschen und Völker waren und sind.*

Wie ein Kind war Angelo Roncalli ganz auf die Zukunft ausgerichtet. Das war das unschätzbare Geschenk, das er dem Papsttum machen sollte. Dies und seine völlige Furchtlosigkeit. In seiner Abschiedsrede an Präsident Auriol sagte er: »Wenn wir uns einen festen Glauben bewahren, einen unbesiegbaren Optimismus und Herzen, die ein Gespür haben für die aufrichtigen Appelle an menschliche und christliche Bruderschaft, dann haben wir alle das Recht, furchtlos zu sein und auf die Hilfe Gottes zu vertrauen.« Liebe, Freundlichkeit, Optimismus, dies waren Tugenden, die er in reichem Maße hatte. Und seine Kollegen erkannten das ebenso wie seine Gegner, die sich weigerten, ihn Feind zu nennen. Roncalli war außerhalb solcher Kategorien. Bei dem Abschiedsbankett, das ihm zu Ehren in Paris gegeben wurde, gab Edouard Herriot, der Führer der Radikalen Partei, sein eigenes Zeugnis. »Wenn alle Priester wären wie Nuntius Roncalli«, sagte er, »würde es keine Antiklerikalen mehr geben.«

Es war Zeit, sein neues Amt als Patriarch von Venedig anzutreten. In einer Zeremonie im Elyséepalast ließ sich sein Freund, Präsident Auriol, sein althergebrachtes Privileg nicht nehmen, dem Mann, den er zu verehren gelernt hatte, den roten Hut zu verleihen. In seiner Rede sagte Roncalli, in Venedig würde immer ein Licht für seine Freunde brennen. »Vorsicht«, sagte der Vizedekan, der kanadische General Vanier, in seiner Antwort. »Wir sind alle Ihre Freunde, und wenn wir nach Venedig gehen, werden wir als erstes nach der brennenden Lampe vor dem Haus des Patriarchen schauen. Wir wissen, wir brauchen nur zu klopfen, und die Tür wird geöffnet werden.«

Nach einem kurzen Aufenthalt in Rom zu einer Audienz bei Pius XII. nahm er sein neues Amt in Venedig auf. Die Großartigkeit des Empfangs überwältigte ihn. Es war eine Palmwoche, sagte er. An einen früheren Kollegen in Paris schrieb er: »Oh! Welcher Enthusiasmus! Welch triumphaler Einzug in der unvergleichlichen Umgebung der Lagune, überall Schmuck wie für ein Fest.« Er nahm den Markusdom aus dem neunten Jahrhundert in Besitz, zu dem die türkischen Standarten 1571 nach der Schlacht von Lepanto gebracht worden waren. Zu dieser großen Diözese sagte er: »Ich bin das Kind armer Eltern. Die Vorsehung hat bestimmt, daß ich meine Heimat verließ und in die Welt hinausging. ... Seht euren Erzbischof nicht als Politiker, sondern als Seelsorger.« Dies war sein ständiges, unverändertes Thema. Er hatte keine andere Rolle als der gute Hirte. »Ich umarme mit besonderem väterlichen Schutz«, sagte er in seiner ersten Botschaft an seine Diözese, »die Kinder, die Armen, die Leidenden und die Arbeiter.«

Als Patriarch hatte Roncalli eine Handvoll Jahre Frieden und Zufriedenheit. Sein Optimismus war ansteckend. Es schien der Gipfel einer erstaunlichen Karriere zu sein. Der Bauernjunge konnte mit Homer sagen: »Viele Städte sah ich und viele Menschen.« Er hatte zehn Jahre in Sofia, Bulgarien, hinter sich, und zehn weitere in Istanbul. Paris war sein letzter Auslandsposten gewesen. Er war bereit, eine Welt zu verlassen, der zu dienen er sein Bestes getan hatte. Jedes Jahr kam er in seine alte Heimat Sotto il Monte zurück, um seine Kräfte aufzufrischen, um er selbst unter seinen Geschwistern zu sein. Sie waren eine langlebige Familie. Sein Vater starb mit sechsundneunzig und seine Mutter mit vierundneunzig Jahren. Die Fotos aus dieser Zeit zeigen den Patriarchen mit seinen Brüdern Giovanni, Zaverio, Alfredo und Giuseppe, in dunklen Anzügen und mit gewienerten Schuhen; alle außer Angelo sehen ein wenig unbehaglich aus. Auf Angelos Gesicht, dem einzigen dicken, ist nichts als Stolz auf seine Brüder.

Wie Giuseppe Sarto vor ihm erwartete Roncalli natürlich, seine Tage in Venedig zu beschließen. Auch er irrte sich.

Einundfünfzig Kardinäle wählten den Nachfolger Pius' XII. Der erste Wahlgang war am 26. Oktober 1958. Erst beim elften Wahlgang wurde Roncalli als Übergangspapst gewählt, und Kardinal Canali präsentierte ihn der dreihunderttausendköpfigen Menschenmenge auf dem Petersplatz.
Es brauchte nicht lange, um zu bemerken, daß Johannes XXIII. anders war als jeder Papst, den sie je gesehen oder von dem sie je gelesen hatten. Er war zuerst und vor allem ein Mensch. Er war ein schlichter Christ. Er war ein katholischer Katholik. Er war der Papst der Welt. Eigentlich sollte man von ihm sagen, er war der erste nichtitalienische Papst seit Jahrhunderten. Er hatte nicht ständig die italienische Situation im Blick und kompromittierte die Kirche und das Papsttum, weil er ihr Vorrang gab. Seine Berater sollten sich bitter beklagen, daß er den Kommunisten zu vielen Stimmen bei nationalen Wahlen verholfen hätte. Er hatte sogar Chruschtschows Schwiegersohn, dem Redakteur der *Iswestja*, in einem äußerst heiklen Augenblick der italienischen Politik ein Interview gegeben. So wurde er der erste Papst, der je von der rechten Presse seines Herkunftslandes angegriffen wurde. Die Wahrheit war, daß er nicht zuerst darum besorgt war, Italien vor dem Kommunismus zu retten; seine Priorität war, die frohe Botschaft von Christus in der ganzen Menschheit und vor allem in der ganzen Kirche zu verbreiten.
Seine Vorgänger hatten die Welt gescholten, angeprangert, gewarnt, verdammt – Johannes XXIII. liebte sie, ermutigte sie, lächelte sie an wie ein Cherub.
Man hat von Giotto, dem Maler des dreizehnten Jahrhunderts, gesagt, er habe »mit Farbe Skulpturen geschaffen«. Er hatte der Malerei ganz neue Perspektiven gegeben, so daß es schien, als wäre eine neue Welt »ausgebrochen«, die die Renaissance werden sollte. Johannes war der große Künstler des Geistes. Er gab dem Katholizismus neue Dimensionen mit dem alten Material, und gerade deshalb konnten manche Menschen, selbst gewiefte wie Kardinal Heenan von Westminster, seine Originalität nicht wahrnehmen. Heenan sagte mehrfach: »Ich habe den Mann nie kennengelernt. Er ist einfach ein altmodischer Katholik vom Typ Garten der Seele.« Seine Eminenz war nicht allein in seiner Blindheit für die wahre Größe dieses außergewöhnlichen Mannes, der das Antlitz der römischen Kirche menschlich machte. Mit Johannes, so schien es,

begann die Renaissance des Papsttums selbst. Im und durch dies absolutistischste aller Ämter war er in Berührung mit der ganzen Welt, weil er nie die Berührung mit dem Evangelium verlor. Er bewies, daß es möglich war, ein Heiliger zu sein und seine Arbeit trotzdem gut zu machen.

Es gab Geschichten zuhauf. Die Wahrheit war besser als viele Legenden. Er verließ den Vatikan am Fest St. Stephan 1958, um zum Gefängnis Regina Coeli zu gehen. »Ihr könnt mich nicht besuchen«, sagte er den Insassen, »also bin ich zu euch gekommen.« Ein Junge schrieb ihm, er könne sich nicht entscheiden, ob er Papst oder Polizist werden solle. Johannes antwortete ihm: »Eine Ausbildung bei der Polizei wäre sicherer für dich. Papst kann jeder werden, wie du sehen kannst, denn ich bin es geworden.« Er plante seine Spaziergänge in den Gärten nicht sehr sorgfältig, so daß Besucher auf der Kuppel des Petersdoms ohne Vorwarnung weggeschickt wurden, weil der Papst sich in den Gärten ergehe und von der Kuppel aus zu sehen sei.

»Aber was ist daran so schlimm?« fragte Johannes einen verzweifelten Beamten der Basilika.

»Sie werden Sie sehen, Heiligkeit.«

»Warum nicht?« fragte Papst Johannes ehrlich verwundert. »Ich tue doch nichts Unrechtes, oder?«

Eines Tages brachte ihm Monsignore Helm, ein Schweizer und sein früherer Sekretär in Paris, ein neues Wappen, das er für Seine Heiligkeit entworfen hatte. Es zeigte einen Markuslöwen, aufgerichtet mit ausgestreckten Klauen. Johannes sah es sich eine Weile an. »Glauben Sie nicht«, fragte er sanft, »daß er zu wild für mich ist?« Ein weiterer Blick. »Ein bißchen germanisch vielleicht?« Lächelnd fügte er hinzu: »Er hätte zu Gregor VII. gepaßt, finden Sie nicht auch? Glauben Sie, Sie könnten ihn ... menschlicher machen?«

Helm ging zurück ans Zeichenbrett. Er brachte einen venezianischen Löwen, der, wie Papst Johannes im April 1963 in einer Audienz sagte, »niemandem Angst machen würde«.

Es gibt ein Bild, das Papst Johannes vollkommen verkörpert. Er spricht mit einem kleinen Mädchen in einem weißen Erstkommunionskleid, das zu seiner weißen Soutane paßt. Ihre Köpfe sind sehr dicht beieinander, und sie sind ganz ineinander versunken. Dies kleine Mädchen, das wußte er, starb an Leukämie; er selbst sollte bald an Krebs sterben. Der Papst blickt dieses Kind mit tiefer Achtung an, einer Ehrfurcht von seltener Schönheit. Es ist, als schaute der Papst in das Gesicht Gottes.

Der Welt gefiel, was sie sah. Bei Johannes gab es einen Vorrang der Liebe, eine Väterlichkeit, auf die selbst Protestanten neidisch waren. Was war mit so einem Menschen auf dem Papstthron nicht möglich? Schon sprach man davon, daß die Strömung der Reformation sich zu seinen Füßen umkehrte. Die Orthodoxen, bittere Kritiker des päpstlichen Absolutismus, hatten nichts gegen Roms Primat apostolischer Liebe, und hier war ein Mann, der sie vollkommen verkörperte. Die Zeit der vatikanischen Klagelieder war vorbei; die Musik, die von Rom ausging, war mehr wie Strawinskis *Frühlingsritus*.

Wie unterschied sich Johannes XXIII. von Pius X.? Beide waren von bäuerlicher Herkunft. Beide waren zutiefst heilige, selbstlose, gotterfüllte Männer, deren Privatleben keinen Makel aufwies. Sie unterschieden sich in der Auffassung vom Papstamt und daher ihrer Rolle als Oberhirten.

Pius X., ein Mann von großer Demut, verlangte für sich als Papst einen blinden Gehorsam, eine sklavische Unterwerfung, die er für sich als Giuseppe Sarto nicht einmal im Traum verlangt hätte. Selbst als er Bischof und später Patriarch von Venedig war, fühlte er sich verpflichtet, auf seine Autorität als Vertreter des Papstes und Christi zu pochen. Es ist klar, daß er nie vergaß, wie die Stadtregierung von Venedig ihm bei seiner Amtsübernahme die kalte Schulter gezeigt hatte. Sie mißachteten nicht ihn, sondern Christus in ihm. Pius X. war ebenso feindselig gegen jeden, den er für einen Feind des Evangeliums Christi hielt; daher seine Härte gegen die »Modernisten« Tyrrell und Loisy.

Johannes XXIII. war viel entspannter. Er hatte keine Ängste irgendwelcher Art, außer davor, nicht wie Christus zu handeln. In ihm gab es keine Trennung zwischen dem einfachen Christen und dem Papst. Auch glaubte er nicht wie Pius X., er als Papst müsse alle Probleme der Welt lösen. Er war kein Außerirdischer, kein Höchster Theologe. Er war nichts als ein Guter Hirte. Was er bald nach der Wahl hierzu sagte, gehört vielleicht zum Bemerkenswertesten seiner Karriere.

*Einige erwarten, daß der Papst ein Staatsmann, ein Diplomat, ein Gelehrter und ein Verwalter ist — ein Mann, der alle Formen des Fortschritts im menschlichen Leben ohne Ausnahme versteht. Doch solche Leute machen einen großen Fehler, denn sie mißverstehen die wahre Funktion des Papsttums. Für Uns ist die Funktion des Papsttums die, der ganzen Herde ein Hirte zu sein.*

Dies erklärt, warum Johannes gar nichts von der üblichen herrischen Kälte eines Papstes hatte. Es erklärt, warum er die Kirche nicht immer wieder an seine Autorität erinnern mußte; er hatte die größte und einzig bedeutsame Autorität: die der Liebe und des Dienstes. Sein Segen umarmte die ganze Welt und nicht nur Katholiken. Er war einfach der Vater der Menschheit. Um ein guter Papst zu sein, dachte er, mußte er nicht Menschen verfolgen, Theologen terrorisieren, düstere Warnungen für die Zukunft verlautbaren, immer engere Gesetze machen; er mußte nur ein guter Christ sein. Dazu gehörte, daß er zu jedem Vertrauen hatte. Er mußte nicht alles selbst tun. Er brach völlig mit der Idee des Papsttums, die Pius X. mit Pius IX., Innozenz III. und Gregor VII. geteilt hatte. Deshalb hatte er, obwohl er so »uralt« war, den Nerv, ein Konzil einzuberufen. Nach viel Nachdenken und Gebet verkündete er seinen Entschluß am 25. Januar 1959 achtzehn Kardinälen in einer Feier in San Paolo fuori le Mura. Sie waren wie vor den Kopf gestoßen. Er war ein Lückenbüßerpapst — warum benahm er sich so? Johannes bat sie um Rat. Sie hatten keinen. Später schrieb er: »Menschlich gesprochen hätten Wir erwarten können, daß die Kardinäle, nachdem sie Unsere Ansprache gehört hatten, sich um Uns geschart hätten, um Zustimmung und gute Wünsche auszudrükken. ... Statt dessen gab es ein frommes, beeindruckendes Schweigen.« Warum sollten sie Begeisterung an den Tag legen? Das einzige Konzil in über vierhundert Jahren hatte den Papst für unfehlbar erklärt. Wofür brauchte Papst Johannes ein Konzil?

Die Inspiration, ein Konzil einzuberufen, zeigte Johannes als etwas ganz Besonderes. Er war der erste Oberhirte, der ein Konzil einberief, ohne daß irgendein Druck dahinterstand. Die Kirche war nicht in einem Zustand der Revolte; es standen keine dogmatischen Fragen an. Er tat es, weil er glaubte, ein Konzil würde der Kirche und der Welt guttun. Er wollte, daß die Kirche »zeitnah« wurde – dies bedeutet das Schlüsselwort *aggiornamento* – und ihre Arme weit für die getrennten Brüder öffnete. Er riß symbolisch die Fenster des letzten Ghettos auf, des Vatikans, um die abgestandene Luft heraus- und frische Luft hereinzulassen. Kein Wunder, daß die Kurie ihr Bestes tat, ihm das auszureden.

Es würde zwanzig Jahre Vorbereitung brauchen, sagten sie ihm. Solche Dinge durfte man nicht überstürzen. Und dann erforderte die Organisation, 2500 schwerbeschäftigte Bischöfe von allen Enden der Welt zusammenzuholen und sie angemessen unterzubringen! Warum dieser Aufwand? Und warum nicht eine Synode in Rom, Heiligkeit, um den Boden zu bereiten, sozusagen?

Johannes fand die Idee einer Synode ausgezeichnet, aber er entschied sich auch für ein Konzil. Die Synode mit ihren begrenzten Zielen war ein Erfolg. Seine Berater sagten ihm, rechtlich sei sie nicht zufriedenstellend. Johannes wußte, sie meinten, sie wären nur mit Gesetzen und Strafen zufrieden gewesen. Davon wollte er nichts wissen. Die Zeit der Verdammungen war lange vorbei. Die Kirche selbst hatte das Erbarmen Christi nötig. Dies Erbarmen gab er an Priester weiter, die ihr Amt aufgegeben hatten. Selbst das Gesetz Italiens war ungerecht gegen sie, denn es schloß sie aufgrund des Konkordats von 1929 von vielen Stellungen aus. Er bat die Priester, ihre früheren Kollegen mit der Liebe Christi zu begrüßen und, wo nötig, mit ein paar tausend Lire.

## *Das Konzil beginnt*

Papst Johannes war einundachtzig Jahre alt, als er an einem herrlichen Oktobermorgen 1962 in seiner *sedia gestatoria* zum Petersdom getragen wurde. Sein Gesicht war tränennaß.
Nie hatte das Papsttum so hohes öffentliches Ansehen genossen. Wären alle Päpste wie er, sagte man, würden alle Schlange stehen, um Katholiken zu werden. Er verkörperte den Satz des Horaz: »Nichts hindert einen, die Wahrheit mit einem Lächeln im Gesicht zu sagen.« Das Konzil zeigte, daß selbst ein Papst bereit war, zuzuhören und zu lernen.
In seiner Eröffnungsansprache machte er deutlich, daß die Kirche auf die Propheten des Untergangs nicht hören sollte. Die Kirche mußte sich radikal erneuern, und ohne Angst. Der Kalte Krieg der Kirchen war, was Rom betraf, vorüber. Es sollte kein Anathema mehr geben; statt dessen eine Rückkehr zur Frohbotschaft des Meisters, Jesus Christus. Die Anwesenheit nichtkatholischer Beobachter in der Aula war ein Zeichen für die Umkehr der Kirche. Johannes hatte gemeint, es würde den Bischöfen schwerfallen, in Gegenwart angesehener Besucher und Besucherinnen bei Belanglosigkeiten zu bleiben. Einige seiner Berater murrten schon »communicatio in sacris«, eine Phrase, die bedeutete, daß der Papst verbotene Gemeinschaft mit Ketzern pflege.

Die Vorstellung des *aggiornamento* fiel einigen der versammelten Kirchenfürsten nicht leicht. Die Kardinäle Spellman von New York, McIntyre von Los Angeles und Godfrey von Westminster sahen die Notwendigkeit einer derartigen Erneuerung nicht ein. Der Katholizismus hatte Oberwasser. Jeden Tag wurden Schulen und Kirchen fertiggestellt, und vom ersten Tag an waren sie brechend voll. Konvertiten kamen in Scharen, um eine Zuflucht vor der Permissivität des modernen Lebens zu finden. Gebraucht wurde mehr vom Gleichen, nicht Neues und Unerprobtes. Und was sollte diese Unterscheidung zwischen althergebrachten Wahrheiten und ihrem Ausdruck? War es nicht die Stärke der Kirche, daß die alten Ausdrücke immer galten und daß so eine Kontinuität zwischen heute und jedem anderen Tag auf dem langen Marsch der Kirche durch die Geschichte entstand?

Dieser reaktionäre Geist herrschte in der Kurie vor. Die ursprünglichen Entwürfe der Konzilsdokumente stammten von der Kurie. Ihre Sprache war legalistisch und konfliktorientiert, in der Tradition der Gegenreformation. Eine wohlbegründete Geschichte erzählt, daß Papst Johannes einen alten Freund, einen Priester, im Vatikan empfing. Er hielt einen imaginären Zollstock an die jüngste Gabe der Kurie. »Schau, fünf Zoll Vorschriften, sieben Zoll Verurteilungen.« Bei der ersten Sitzung der wichtigsten Konzilskommission, die für die Lehre zuständig war, sprach die alte Garde, angeführt von dem sternackigen Kardinal Ottaviani, dem Leiter des Heiligen Offiziums, nacheinander fast zwei Stunden lang. Sie erklärten den gewählten Mitgliedern, warum nichts an den Vorbereitungsdokumenten geändert werden sollte. Es sei »geboten«, gegen die »häretischen Tendenzen« fest zu bleiben. Laut Bernhard Häring, einem anwesenden Moraltheologen, hielt Kardinal Léger von Montreal es schließlich nicht mehr aus. »Sie werden die Arbeit allein machen müssen«, sagte er, »wenn Ihre Einstellung ist, Sie sind orthodox und alle anderen sind häretisch. Auf Wiedersehen.«

Die erste Niederlage der alten Garde war dem Mut zweier Kardinäle zu verdanken, Frings von Köln und Liénart von Lille; bei der ersten öffentlichen Sitzung protestierten sie gegen die Zusammensetzung der Kommissionen, deren Mitglieder alle von der Kurie ernannt waren. Ihr Protest wurde von der Mehrheit des Konzils unterstützt. Johannes, der über das Hausfernsehen zusah, muß sein Mona-Lisa-Lächeln der Zustimmung gelächelt haben. Schon war eine wichtige Lektion gelernt. Die Kurie, die seit so langer Zeit über Lehre und Politik entschieden hatte, repräsentierte nicht im geringsten die Kirche. Es war eine weise Forderung des Konzils von Konstanz gewesen, daß häufige Konzilien die Kirche informieren, lehren und leiten sollten, eine Forderung, die jahrhundertelang von Päpsten und Kurien hintertrieben worden war. Roms zaristisch-zentralistische Bürokrat'e war gegen die wahre Katholizität der Kirche. Viele, die beim Zweiten Vatikanischen Konzil dabeiwaren, begannen zum erstenmal, das zu sehen.

So faßte das Konzil sich ein Herz, in der Gewißheit, daß es den Geist auf seiner Seite hatte, während es dringende Fragen der Gegenwart erörterte. Für den Augenblick war Papst Johannes zufrieden.

Die Zusammensetzung der Kommissionen wurde verändert, um das neue Bewußtsein der Bischöfe von ihrer Autorität zu berücksichtigen. Kommissionen begannen, die liberaleren Ideen zu überdenken, die die Redner des Konzils zum Ausdruck brachten. Doch es gab einen weiteren Vorstoß des Papstes, der in den Reihen der Kurie eine Art Panik auslöste. Er setzte eine kleine Gruppe oder Kommission ein, um ihn und das Konzil zur Geburtenkontrolle zu beraten.

Warum tut er das? war die Frage, die von kurialen Lippen am meisten zu hören war. Der Standpunkt der Kirche war klar: Alle Handlungen zur Empfängnisverhütung sind Todsünde. Keine Umstände, wie extrem sie auch seien, können aus etwas wesentlich Bösem etwas Gutes und Moralisches machen. Damit war das Thema abgeschlossen, fanden sie alle. Es ist Unrecht, immer Unrecht, schlimmes Unrecht. Pius IX. hatte dies 1930 in *Casti connubii* gesagt und damit Jahrhunderte unerschütterlicher katholischer Tradition bestätigt. Was hatte Johannes XXIII. vor? Die Kritiker des Papstes waren sogar noch wütender, als durchsickerte, daß die Kommission mehrheitlich aus Laien bestand. Was wußten denn sie über Empfängnisverhütung? Dies war eine rein theologische Angelegenheit, und die Theologen waren alles andere als uneinig. Spezialisierte Laien konnten den Papst über Bevölkerungswachstum, die Einstellungen feindlicher Regierungen und dergleichen informieren. Doch es sollte von Anfang an kristallklar sein, daß es nicht die geringste Möglichkeit eines Wandels gab. Dies war das ewige Gesetz Gottes.

Kaum hatte das Konzil seine Arbeit aufgenommen, da wurde ein Mann zur prophetischen Gestalt. Er war vierundachtzig Jahre alt und ehrwürdig. Seine Tage auf Erden waren gezählt; er sollte tatsächlich bald nach dem Ende des Konzils sterben. Selbst seine Kleidung hob ihn von den meisten anderen Prälaten ab, denn er war ein Patriarch der Ostkirche. Maximos IV. Saigh von Antiochia mit seinen langen, dunklen Gewändern, rundem Hut und großem, grauem Bart fürchtete niemanden außer dem Herrn. Er gehörte zu den Melkiten, der griechisch-katholischen Kirche von Antiochia, die sich im frühen achtzehnten Jahrhundert dem Heiligen Stuhl unterstellt hatte. Ihr niederer Klerus durfte vor der Ordination heiraten. Sie hat Mitglieder in Syrien, Ägypten und Galiläa sowie weitverstreute Gemeinden in den USA.

Papst Johannes muß an jenem 28. Oktober wie gebannt auf den Bildschirm geschaut haben, als der Patriarch alle damit verblüffte, daß er nicht Latein sprach, sondern Französisch. Der Moderator des Tages war Kardinal Spellman, der 1932 eine siebenjährige Dienstzeit in Rom abgeschlossen hatte. Er war der erste Amerikaner, der offiziell dem Staatssekretariat zugeordnet wurde. Spellman war überrumpelt, denn er überhörte die Herausforderung ganz am Anfang der Rede von Maximos IV.: »Eure Seligkeiten.« Papst Johannes muß darüber gekichert haben. Maximos ehrte zuerst, wie er das für richtig hielt, seine Mitpatriarchen. Für ihn waren Kardinäle eine geringere Rasse von Klerikern, die erst neuerdings zu Ansehen gelangt war. Patriarchen waren einst in ihrer Bedeutung gleich nach dem Papst gekommen; sie hatten an den frühen Konzilien der ungeteilten Kirche teilgenommen. Wo waren in Nizäa Kardinäle? Selbst das Vierte Lateranische Konzil hatte 1215 den Vorrang der Patriarchen festgestellt, und war Maximos nicht Patriarch des ersten, von Petrus selbst gegründeten Bistums?

Doch warum Französisch? Es war Maximos' Art zu betonen, daß Latein nicht die Sprache der Kirche ist, die er vertrat. Darum zog er es vor, eine katholischere Sprache zu sprechen. Durch den Gebrauch des Französischen lancierte Maximos einen verdeckten Angriff gegen das enge Denken der Kurialen, die das Konzil organisiert hatten. Dann kritisierte er ein vorläufiges Dokument; es behandle die Privilegien des Hauptes der Kirche »auf so isolierte Weise, daß der Rest des Leibes im Vergleich dazu zwergenhaft erscheint«. Als Nichtlateiner protestierte er gegen diesen Versuch Roms, sich seinem Volk aufzuzwingen.

Dann kam er auf den Ton zu sprechen, in dem die Schemata von der Kurie entworfen waren. Viel zu legalistisch, lebensfremd. Die Darstellung des gegenwärtigen Glaubens sei vollkommen falsch. Das Mittelalter sei vorbei, die Menschheit erwachsen geworden. Es sei fruchtlos, Gesetze ohne Begründung durchzusetzen.

Dann meinte der Patriarch, die katholische Morallehre müsse durch und durch erneuert werden.

*Nehmen Sie zum Beispiel den Katechismus. Wir machen es den Gläubigen zur Pflicht, bei Strafe der Todsünde freitags abstinent zu sein und sonntags der Messe beizuwohnen. Ist das vernünftig, und wie viele Katholiken glauben daran? Was die Nichtgläubigen angeht, so bedauern sie uns nur.*

Die Kommentare des Patriarchen waren zwar einfach, aber auf die Konzilsväter hatten sie eine dramatische Wirkung. Die meisten unter ihnen hatten seit ihrer Kindheit den Verdacht, daß Kirchenrechtler die Bergpredigt umgeschrieben und einen Gott gezeichnet hatten, der mit Argusaugen über die Fehler der Menschen wachte. Kann man sich wirklich vorstellen, daß Jesus sagt, es sei Todsünde, des ewigen Feuers würdig, freitags Fleisch zu essen und sonntags die Messe auszulassen?
Alles, fuhr Maximos fort, muß nach der Liebe ausgerichtet werden. Nicht Befehle, sondern durch Liebe inspirierte Richtlinien. »Eine Mutter möchte ihr Kind nicht mit einem Stock züchtigen müssen.«
Papst Johannes, der nach seinen Jahren als Nuntius in Paris fließend Französisch sprach, muß dieser Rede mit nachdrücklichem Nicken gefolgt sein. Jeder wußte, daß katholische Kinder über sieben, »dem Alter des Verstandes«, mit einer Kost der Angst ernährt wurden. Den Kleinen Jesu wurden detaillierte Regeln aufgezwungen, verbunden mit Sanktionen, die Christus weiß vor Wut gemacht hätten. Liebe war in dem schwarzen Labyrinth des Gesetzes schwer zu finden. Selbst die Heilige Kommunion, das Empfangen Christi in der Eucharistie, war nicht verschont geblieben. Die Katholiken durften vor der Kommunion weder essen noch trinken. Doch was stellte »Essen und Trinken« dar? Bedeutete ein Stück Bonbon, das man vom Abend zuvor noch im Mund hatte, »essen«? War es »trinken«, wenn man beim Zähneputzen einen Tropfen Wasser schluckte? Als hätten sie nie gehört, wie Jesus die Kleinlichen anprangerte, die endlos über das Waschen von Tassen und Tellern diskutierten, fragten Moraltheologen: »Bricht das Kauen eines Streichholzes oder das Verschlucken einer Fliege das Fasten vor der Kommunion?«
Diese Kasuistik der schlimmsten Sorte wurde auf jedes Detail der Moral angewandt. Sie lähmte das Leben des Geistes. Gott wurde nicht vermittelt als ein Gott der Liebe, der in Jesu Leben, Tod und Auferstehung Fleisch geworden war, sondern als ein legalistischer Richter, der versuchte, seine Geschöpfe zu erwischen, und sie, wenn sie dem Buchstaben nicht entsprachen, aus sehr geringen Anlässen in die Hölle schickte.
Die Hölle war weit lebendiger als der Himmel, der kaum besser schien als ein mittelalterliches Kloster. Es gab kein Essen dort und keinen Sex. Wozu man einen auferstandenen Leib brauchte, war unklar. Was tat man im Himmel, außer sich in hochintellektuellen Übungen zu ergehen und ununterbrochen das göttliche Wesen zu schauen, als mache der Tod alle versessen auf Theologie?

Je länger das Konzil dauerte, desto mehr Konservative fanden sich in Rückzugsgefechten wieder. Sie mußten an allen Fronten zurückweichen. Die Listen der Irrtümer von Pius IX. und *Lamentabili* von Pius X. wurden vom Konzil beiseite gefegt, als wären sie nie geschrieben worden. Sie wußten, daß Johannes XXIII. einen Fehler begangen hatte. Standpunkte, die sie als geheiligte und unveränderliche Lehre vertraten, wurden von riesigen Mehrheiten der Konzilsväter fröhlich aufgegeben.

Das Konzil erwies sich als lehrreich für die meisten Bischöfe. Ideen, die sie heimlich in ihren Herzen als vielleicht exzentrisch gehegt hatten, wurden offen geäußert und zunehmend akzeptiert. Diese Lektion war entscheidend: Der Genius der Kirche war nicht etwa eine unwandelbare Institution, sondern er wandelte sich mit den Zeiten. Die Kirche hat Traditionen so gern, sagte ein Bischof, daß sie ständig neue macht.

Doch eine Sorge kam immer wieder in privaten Diskussionen zur Sprache und schlug sich schließlich in den Schlußdokumenten nieder. Wegen des Mythos, es würden ewige Wahrheiten gelehrt, wollte das Konzil leugnen, es änderte sich etwas, gerade als sich etwas zum Besseren änderte. Es wurde von »Evolution« oder »Entwicklung« der Lehre geredet, was in manchen Fällen stimmte, in anderen eindeutig falsch war. Die Metapher erklärte den Wandel nicht, sondern verdunkelte nur, was tatsächlich geschah. Eine Eichel entwickelt sich »wunderbarerweise« zu einer Eiche, nicht zu einem Boot. Wie ein katholischer Autor es ausdrückte: »Die Kirche hat mit dem Prinzip absoluter Tolerierung begonnen; geendet hat sie mit dem Scheiterhaufen.« War das echte »Entwicklung«? Ähnlich sprachen alle Päpste des neunzehnten Jahrhunderts von Religionsfreiheit als Wahnsinn, Atheismus und Gotteslästerung. War es »Entwicklung«, wenn das Zweite Vatikanische Konzil Religionsfreiheit zu den Menschenrechten zählen wollte?

Außerdem sollte in der nahen Zukunft ein weiterer Mangel sichtbar werden. Statt die Verfassung der Kirche ganz neu zu denken, nahmen die Konzilsväter Vaticanum I als gegeben und flickten ihre eigenen Zusätze an.

Vaticanum I hatte zur Folge gehabt, daß der Papst praktisch der einzige Protestant in der Kirche war. Vaticanum II fügte schlicht schöne Worte über das bischöfliche Amt hinzu. Tatsächlich blieb das frühere Konzil in Kraft. Es wurde unvermeidbar, daß die Kurie sofort nach Ende des Konzils die Dinge in die Hand nehmen und zusehen würde, daß alles wieder wurde wie zuvor. Es sollte ein Versprechen für eine Bischofssynode geben, doch sie war nur ein beratendes Gremium.

Doch als die erste Sitzung des Konzils am 8. Dezember 1962 endete, zweifelte niemand, Katholik oder Nichtkatholik, daß die Kirche als Organisation begann, sich auf das zwanzigste Jahrhundert zuzubewegen. Johannes' Abschlußansprache legte nahe, daß er nicht allzu glücklich über das Tempo des Fortschritts war. Er drängte die Bischöfe, mit dem *aggiornamento* fortzufahren – das Pius der IX., wie ein Kurienkardinal flüsterte, in der achtzigsten Aussage seiner Liste verurteilt hatte.

Im März 1963 erhielt Papst Johannes den Balsan-Friedenspreis. Die vier Sowjets im Komitee waren offensichtlich von Chru.chtschow angewiesen, für ihn zu stimmen. Wieder kritisierten ihn Kurienkardinäle dafür, daß er »blutbesudelte Hände schüttelte«. Außerdem, wie kommt ein Papst und Stellvertreter Christi dazu, drittrangige Preise von weltlichen Komitees anzunehmen? Der Mann war ein Kryptokommunist. Kein Wunder, daß die *Iswestja* seine Eröffnungsansprache an das Konzil in voller Länge druckte.

Im selben Frühling 1963 veröffentlichte Johannes seine Enzyklika *Pacem in terris*. Er begrüßte den Fortschritt. Er verkündete das Recht jedes Menschen, »Gott nach den Geboten seines eigenen Gewissens zu ehren und seine Religion sowohl privat als auch öffentlich zu bekennen«. Hier war ein Papst, der nicht ständig über die Schulter zurückblickte. Wie E. E. Hales in *Pope John and His Revolution* schrieb:

> *Papst Johannes' Haltung zu den richtigen Geboten des menschlichen Gewissens stellt einen klaren Fortschritt gegenüber den Lehren seiner Vorgänger im neunzehnten Jahrhundert dar; sie impliziert sogar eine Ablehnung vieler ihrer Lehren, und es wäre das beste, diese schlichte Tatsache offen anzuerkennen.*

Er brach völlig mit der Idee, daß Irrende keine Rechte hätten, einem Prinzip, das die Inquisition beseelt hatte. Er ersetzte es durch das Prinzip, daß Menschen gottgegebene Rechte haben, die ihnen niemand nehmen kann.

Als *Pacem in terris* veröffentlicht wurde, zeigten sich bei Johannes schon Zeichen einer Krankheit zum Tode. Ende Mai begann er an inneren Blutungen zu leiden, dann bekam er eine Bauchfellentzündung. Man gab ihm die Sterbesakramente.

Vor dem Ende kamen drei seiner Brüder mit seiner Schwester Assunta. Sie kannten ihn nur als ihren geliebten Bruder, nicht als Papst oder Heiligen. Mit ihnen fühlte er sich zu Hause.

Er litt sehr, aber mit fröhlichem Herzen, für die Kirche, besonders für das Konzil, und für die Welt, die er mit unvergleichlicher Liebe gesehen hatte. Der 3. Juni war ein Montag, ein strahlend heller Tag. Auf dem Petersplatz wurde eine Abendmesse für ihn gehalten. Später, kurz vor acht Uhr abends, starb er. Auf dem großen Platz kniete eine Menge von zehntausend Menschen im Schatten. Die Vorhänge seines Zimmers wurden zurückgezogen, ein hartes Licht war zu sehen; sie wußten, ihr geliebter Papst war zu Gott gegangen.

Sein Selbstbild war das eines Menschen, der Frieden um jeden Preis wollte. Er sah sich wirklich als Feigling, der Risiken scheute. Als er zum erstenmal auf der Loggia des Petersdoms erschien, wurde er mit Enttäuschung begrüßt; sein Heimgang ließ eine Lücke in der Welt zurück, die niemand füllen konnte. Er hatte Güte und Heiligkeit anziehend gemacht; er hatte die römische Kirche wahrhaft katholisch gemacht.

Er hatte dem Katholizismus einen neuen Geist und ein neues Herz gegeben. Doch das Werk war gerade erst begonnen. Noch kein einziges Dokument war vom Konzil verabschiedet. Wer würde sein Nachfolger sein, und wie würde es ihm ergehen?

Das Konklave traf sich am 17. Juni zu seiner ersten Sitzung in der Sixtinischen Kapelle. Wie vorausgesehen wählte es Montini von Mailand, der den Namen Paul VI. annahm.

16. Kapitel

# Die neue Affäre Galilei

Giovanni Battista Montini wurde am 26. September 1897 in der norditalienischen Stadt Brescia geboren. Er wurde wie Pius XII. zu Hause ausgebildet und 1920 ordiniert. Zwei Jahre später wurde er zum Staatssekretariat des Vatikans abgestellt und diente dort unter zwei hochherrschaftlichen Päpsten, Pius XI. und Pius XII. 1954 schickte ihn Pius XII. als Erzbischof von Mailand ins Exil, vielleicht wegen seiner Sympathien für gewisse linke Elemente in der Laienbewegung. Pius XII. machte ihn nie zum Kardinal.
Sobald Johannes XXIII. Pius XII. folgte, erhob er Montini ins Heilige Kollegium; er war ganz oben auf seiner Liste. Als Vaticanum II begann, war Montini der einzige beobachtende Prälat, der im Vatikanpalast untergebracht wurde. Es schien, als wäre Johannes klar, daß Montini sein wahrscheinlicher Nachfolger war, auch wenn er ihn als »amletico«, hamletähnlich, beschrieb, unfähig, sich zu entscheiden.
Paul VI. war humorlos, mittelgroß und von schlanker Gestalt; er hatte das blasse Gesicht und die bläulichen Augen des Norditalieners – Augen, die milchig vor Schmerz wurden, als die Jahre vergingen und die Ängste zunahmen.
Eine seiner Prioritäten war die Erweiterung der päpstlichen Kommission zur Geburtenkontrolle. 1964 hatte sie über sechzig Mitglieder, ein Drittel von ihnen Priester, die übrigen Laien. Später wurde sie noch um sechzehn Kardinäle und Bischöfe vergrößert.
Zum Entsetzen der Kurie entließ Paul die Laien nicht. Wollte er etwa in die Fußstapfen Johannes' XXIII. treten? Ihr einziger Trost bestand darin, daß die Theologen, die er berief, zum größten Teil ultrakonservativ waren. Schrecken verbreitete sich, als die drei Liberalen begannen, »Bekehrungen« zu verzeichnen. Neue Lösungen wurden offen diskutiert, alte Standpunkte aufgegeben. In erstaunlich kurzer Zeit waren alle Laien

überzeugt – und das war entscheidend –, daß zwischen der Kalender-Thermometer-Methode der sicheren Tage (Knaus-Ogino-Methode, d. Ü.) und etwa einem Kondom kein moralischer Unterschied besteht. Wenn ein Paar Geschlechtsverkehr hatte und plante, daß Ei und Samen nicht zusammenkommen sollten, war das nach traditionellen Prinzipien eine schwere Sünde. Es bedeutete eine bewußte Absicht, Liebe und Vergnügen um ihrer selbst willen zu leben. Vor Pius XII. galt dies als Form gegenseitiger Masturbation. Als Pius XII. die sicheren Tage als Methode der Geburtenkontrolle erlaubte, gab er implizit die Fortpflanzung als einzigen Zweck jedes einzelnen Geschlechtsaktes auf. Angesichts der Tatsache, daß die gegenwärtige Lehre unklar war, mußte die Wahl mit Sicherheit sein: Entweder Empfängnisverhütung zusammen mit der unfruchtbaren Zeit verdammen, die eine als räumliche, die andere als zeitliche Barriere, oder beide zulassen.

Überraschender als die Bekehrung der Laien war es, daß vier Fünftel der Theologen gewonnen wurden. Sie hielten den Wandel nicht etwa für unmöglich, sondern für notwendig. Jeder Bereich der Forschung – Theologie, Geschichte, Demographie – wies sie in eine Richtung: radikalen Wandel. Als Gerüchte über diese Tendenzen sich im Vatikan verbreiteten, ergriff die alte Garde und Seine Heiligkeit eine Stimmung der Verzweiflung. Er gab bekannt, daß er die Frage der Empfängnisverhütung aus der Kompetenz des Konzils zurücknahm. Es war ein zu kontroverses Thema, um es vor den Augen der Welt auszutragen, und zu peinlich, um es mit den anwesenden Nichtkatholiken zu debattieren. Er würde die Befunde der Kommission entgegennehmen, über sie nachdenken und seine abschließende Entscheidung bekanntgeben.

Es war eine erstaunliche Entscheidung im Licht der Dinge, die das Konzil von Papst Johannes über Ehrlichkeit und Offenheit gelernt hatte; über das Lernen voneinander und die Kirche als *collegium* der Liebe und Brüderlichkeit.

Dies war die *Erbsünde* des Konzils. Von ihr stammten all die Übel, die die Kirche in den kommenden Jahren befielen. Selbst damals waren einige Prälaten hellsichtig genug, um wahrzunehmen, daß Vaticanum II bereits zur Grundeinstellung von Vaticanum I zurückgekehrt war. Der Papst war der einzige Bischof der Christenheit; die anderen waren bestenfalls seine Beamten.

So nahm die Kirche wieder die Haltung von nach 1870 ein: »Il Papa weiß es am besten.« Die Katholiken und ein Konzil mitten in den Beratungen hatten abzuwarten – hoffnungsvoll? sorgenvoll? –, daß der Papst ihnen

sagte, was sie denken sollten. Es war so absurd, als wäre auf den Konzilien von Nizäa und Chalkedon die Gottheit Christi diskutiert worden, alle Bischöfe wären versammelt gewesen und der Papst hätte sich angeschickt, die Frage allein zu entscheiden.
Pater F. X. Murphy schrieb, noch bevor Paul 1968 seine Entscheidung bekanntgab:

> *Das Versäumnis der Hierarchie, sich ausdrücklich an der Diskussion [der Empfängnisverhütung] zu beteiligen, ist beinahe kriminell. Die Last allein in den Händen des Papst zu lassen, erscheint unter den gegenwärtigen Umständen [von Vaticanum II] nicht gut und richtig.*

Die Bischöfe gaben nach. Sie akzeptierten die päpstlich-kuriale Argumentation, selbst wenn die Forderungen nach Empfängnisverhütung vom Konzil abgelehnt würden, könnte die Welt sehen, daß eine sehr große Gruppe von Bischöfen für sie sprach. Das wäre schlecht für das Image des Katholizismus.
Paul glaubte, er stehe über dem Konzil. Es war sein Privileg zu handeln, wie er es für richtig hielt. Er verbot Bischöfen, die von überall in der Welt gekommen waren, um ihre kollektive Weisheit zusammenzutragen, ihre Überzeugung und die ihrer Herden auszudrücken. Vielleicht glaubten die progressiveren Bischöfe, die den Trend in der Kommission zur Geburtenkontrolle schon kannten, daß dem Papst keine andere Wahl bleiben würde, als nachzugeben. Im Licht der Geschichte war dies ein schwerer Fehler, für den man sie verantwortlich machen muß. Ihr Versäumnis zu protestieren muß mit dem Versäumnis andersdenkender Bischöfe bei Vaticanum I verglichen werden, gegen die päpstliche Unfehlbarkeit zu stimmen, obwohl ihr Gewissen ihnen sagte, daß sie das tun sollten. Doch eine Handvoll Bischöfe sagten, was sie dachten, und gaben der Welt eine Vorstellung von dem, was hätte sein können, wenn der Papst die freie Diskussion nicht blockiert hätte.

## *Ein kleinerer Aufstand*

Die beiden explosivsten Tage des Konzils waren der 29. und 30. Oktober 1964. Die Konzilsväter berieten über »die Kirche in der modernen Welt«, als die Konzilskammer von den Beiträgen dreier Bischöfe elektrisiert wurde.

Zuerst Kardinal Léger von Montreal. Er schlug vor, Fruchtbarkeit in der Ehe sollte nicht jedem einzelnen Geschlechtsakt zugeordnet werden, sondern der Ehe als Ganzem. Die Liebe, beharrte er, muß als ein Zweck in sich gesehen werden, nicht nur als Mittel zu einem anderen Zweck, etwa der Fruchtbarkeit. »Sonst könnte diese Angst im Zusammenhang mit der ehelichen Liebe, die unsere Theologie so lange gelähmt hat, weiterbestehen.« Jeder verheiratete Laie hätte dies für selbstverständlich gehalten. Von einem Prälaten der römischen Kirche, deren gesamte Hierarchie ehelos ist, klang das nach etwas Neuem.
Selbst Suenens hatte nicht solche Geschütze aufzufahren wie der siebenundachtzigjährige Patriarch Maximos IV. Saigh. Er brachte die Sorge der liberalen Prälaten zum Ausdruck, daß die Kirche, die er liebte und der er sein ganzes Leben gegeben hatte, am Rand der Katastrophe stand.

*Es ist ein dringendes Problem, weil es an der Wurzel einer großen Krise des katholischen Gewissens liegt. Es geht hier um eine Kluft zwischen der offiziellen Lehre der Kirche und der gegenteiligen Praxis der überwältigenden Mehrheit christlicher Paare. Die Autorität der Kirche ist in großem Umfang in Frage gestellt. Die Gläubigen sehen sich gezwungen, in Konflikt mit dem Gesetz der Kirche zu leben, abgeschnitten von den Sakramenten, in ständiger Angst, außerstande, einen gangbaren Weg zwischen zwei entgegengesetzten Geboten zu sehen: dem Gewissen und dem normalen Eheleben.*

Dem Patriarchen zufolge mußte das Konzil einfach eine praktische Antwort erbringen; es war ihre Pflicht als Seelsorger. Er muß gewußt haben, daß er im Licht von Pauls Veto gegen Diskussionen des Ungehorsams schuldig war. Doch gegen Ende eines langen Lebens war ihm bewußt, daß seine erste Pflicht die gegenüber Gott, seinem Gewissen und seiner Herde war. »Ehrwürdige Väter«, flehte er, »denken Sie an den Herrn, der für die Erlösung der Menschen starb und auferstand, an die wirklich traurige Gewissenskrise unserer Gläubigen, und haben Sie den Mut, das Problem unvoreingenommen anzugehen.«
Er rief nach einer freimütigen Überprüfung der offiziellen Haltung im Licht der Theologie und der modernen Wissenschaften. Er fegte die Unterscheidung zwischen dem »Hauptzweck« der Ehe (Fortpflanzung) und den Nebenzwecken (Liebe und Gemeinschaft der Partner) vom Tisch. Alle Bischöfe in der berstend vollen Aula saßen nun auf der Kante ihres Stuhls, als Maximos sagte:

*Haben wir nicht das Recht zu fragen, ob gewisse Einstellungen nicht das Produkt veralteter Ideen und vielleicht einer Junggesellenpsychose von Menschen sind, die mit diesem Teilbereich des Lebens nicht vertraut sind? Führen wir nicht vielleicht unbewußt eine manichäische Vorstellung vom Menschen und von der Welt ein, bei der das Werk des Fleisches, in sich lasterhaft, nur im Hinblick auf Kinder geduldet wird? Ist die äußerliche, biologische Richtigkeit eines Aktes das einzige Kriterium der Moral, unabhängig vom Familienleben, von seinem moralischen und familiären Klima und von den ernsten Geboten der Klugheit, die die Grundregel all unseres menschlichen Handelns sein müssen?*

In diesen kurzen Ausführungen sprach der Patriarch jedes Thema an, das der katholischen Kirche über die nächste Generation und wahrscheinlich über das nächste Jahrhundert zu schaffen machen sollte. Die Unterscheidung, auf der die kirchliche Opposition gegen Geburtenkontrolle beruhte, der Hauptzweck und die Nebenzwecke der Ehe, sei nicht biblisch. Es kam, sagte er, von einer Furcht vor der Leiblichkeit, einem fast manichäischen Haß gegen das Fleisch, verstärkt durch eine Junggesellenpsychose, derzufolge Fortpflanzung die einzige Rechtfertigung für Sex sei. Diese Forderung der Ehelosen nach mehr Kindern werde ohne Rücksicht auf die existierenden familiären Verpflichtungen der Partner erhoben. Ihr Folge zu leisten, meinte der Patriarch, sei die Verleugnung einer Kardinaltugend, der Klugheit, an der alle Moral zu messen sei. Es gibt keinen Beleg dafür, daß Jesus auf Unklugheit besteht. Dann sagte Maximos, als Grundlage der Sexualmoral sollte ein biologisches und nicht moralisches Kriterium verwendet werden.

Er war noch nicht fertig. Ist es nicht offensichtlich, sagte er, daß die Kirche viel zu lange *die* Eheexperten, nämlich hervorragende verheiratete Christen, ausgeschlossen hat? Außerdem, warum hat das Konzil unsere getrennten Brüder gelobt, wenn es ihre Erfahrung als Eheleute und auch als Kirche abschreibt? Dies ist kein katholisches Problem, sondern ein Menschheitsproblem. Er schloß:

*Laßt uns die Augen öffnen und praktisch sein. Laßt uns die Dinge sehen, wie sie sind, und nicht, wie wir sie gern hätten. Sonst laufen wir Gefahr, in der Wüste zu predigen. Was auf dem Spiel steht, ist die Zukunft der Sendung der Kirche für die Welt.*

Mit diesem dramatischen Akzent setzte sich der alte Mann in einem Beifallssturm, den der Moderator sofort erstickte.

Nun war die Reihe zu sprechen an einem anderen tapferen alten Mann, Kardinal Alfredo Ottaviani, Großinquisitor, verantwortlich für das Haus des Papstes an der Ecke. Er ist als herzloser Mann dargestellt worden. Er war alles andere als das. Er war schlicht ein extremer Konservativer. Dieser Konservatismus von seiner strahlenden Jugend an hatte ihn paradoxerweise dazu geführt, für eine liberale Praxis in der Auflösung von Ehen einzutreten. Der Stellvertreter Christi, behauptete er, hatte so unendliche Macht, daß er viel mehr Ehen auflösen könne, als man bislang geglaubt hatte. An diesem Herbstmorgen war seine Stimmung finster.

Etwas im Text über »die Kirche in der modernen Welt« störte ihn. Sein Beitrag war improvisiert und zeugte von der Tiefe seiner Sorge. Er war nicht der einzige in der Kurie, der dachte, die Grundfesten des Glaubens seien ins Rutschen geraten. Mit immer lauter werdender, zitternder Stimme sagte er: »Ich bin nicht einverstanden mit dem Text, wenn er sagt, Ehepaare können selbst entscheiden, wie viele Kinder sie haben wollen. Dies ist noch nie zuvor in der Kirche gehört worden.«

Dies war ein bestürzendes Eingeständnis von dem vierundsiebzigjährigen Wachhund des katholischen Glaubens, wenn man bedenkt, was das Konzil schließlich verabschiedet hat. Die Konzilsväter billigten die »verantwortete Elternschaft«, mit der im Katholizismus völlig neuen Implikation, daß ein Kind zu haben unverantwortlich sein kann, d. h. Sünde. Andererseits wußte Ottaviani, daß Pius XII. von »geplanter Elternschaft« gesprochen hatte, als wäre sie ein Werk des Teufels. Eine Idee, von der Ottaviani, wie er zugab, noch nie gehört hatte, sollte so zu einem wesentlichen Bestandteil der katholischen Moral werden. Seine mit »Nichtwissen« begründete Opposition legte nahe, daß, hätte irgendein Moraltheologe die Idee vor dem Konzil vorgetragen, er sie als Leiter des Heiligen Offiziums verurteilt hätte. Das führte zu der Frage: Inwieweit ist das Heilige Offizium repräsentativ für das Denken der Kirche? Was, wenn die »Bewahrer des Glaubens« die Berührung mit der übrigen Kirche verloren haben? Und wenn der Papst sich auf ihren Rat verließ, welche Hoffnung bestand dann auf eine katholische Lösung zum Problem der Geburtenkontrolle?

Die Verhütungsdebatte war noch voll im Schwung, als Kardinal Agagianian nach weniger als zwei Tagen, am Freitag, dem 30. Oktober um 11.15 Uhr, zu einer Abstimmung durch Aufstehen aufforderte, um sie zu beenden. Einige Bischöfe waren im Café. Eine ungewöhnliche Zahl war in der Kammer und blieb sitzen. Offenbar blind dafür erklärte Agagianian, der Antrag sei angenommen.

Dies war das letztemal, daß katholische Bischöfe dieses Thema frei debattieren durften, das wichtigste, das die Kirche betraf. Danach wurde den Bischöfen wie den Frauen beschieden, »in der Gemeinde zu schweigen«. Soweit bekannt ist, wurde die Entscheidung des Papstes, sich das Thema vorzubehalten, nicht angegriffen. Selbst Kardinal Suenens sagte in einer Pressekonferenz: »Die Methoden, die in diesen Studien [zur Geburtenkontrolle] angewendet werden sollen, müßten dem Papst vorgelegt und von seiner höchsten Autorität beurteilt werden.«

Viele *periti*, theologische Experten, fanden dies schwer nachvollziehbar. Wenn der Papst die Angelegenheit nicht *ex cathedra* entschied, müßte er zuerst die Meinung der Kirche detailliert prüfen. Das hatte er nicht getan. Andererseits, wenn er nicht *ex cathedra* sprach, würde seine Entscheidung zwar autoritativ sein, nicht aber die Art Zustimmung erzwingen können, die die Diskussion ein für allemal beilegen konnte. Der Zustand konnte danach schlimmer sein als davor.

Es läßt sich kaum abstreiten, daß die Bischöfe es versäumt haben, die Herausforderung von Maximos IV. anzunehmen. Im Namen Christi, des Gekreuzigten und Auferstandenen, hätten sie eine praktische Lösung erbringen sollen; ohne sie war die Sendung der Kirche für die Welt in Gefahr.

Am 25. November, einen Monat nach jener explosiven und gescheiterten Debatte, sandte der Papst fünf *modi* oder Zusätze zum Text über die Ehe im Dokument »Die Kirche in der modernen Welt«. Diese hätten den Text verändert, nachdem er von zwei Dritteln des Konzils gebilligt worden war. Die Konzilskommission war erzürnt. Kardinal Léger stand auf und protestierte gegen diesen Bruch der Regeln, die Johannes XXIII. und Papst Paul selbst festgelegt hatten. Daraufhin sagte der päpstliche Theologe, der irische Dominikanerkardinal Michael Browne, der Papst habe gesprochen, das Thema sei abgeschlossen. Er wollte eine Neubestätigung von *Casti connubii*. Als die Kommission dies ablehnte, mußte Kardinal Ottaviani dem erstaunten Oberhirten ausrichten, daß eine große Mehrheit der Kommission nein gesagt hatte. Ein anderer Kardinal, Garrone, informierte den Papst freimütig, daß er mit Feuer spielte. Zuerst hatte er das Recht der Konzilsväter, die Geburtenkontrolle zu diskutieren, blockiert; nun wollte er einseitig seine eigene Lösung durchsetzen und sie für konziliar ausgeben! Ein Kompromiß wurde erarbeitet. Die Zusätze sollten akzeptiert werden, aber nicht verbatim, und es sollte keine Wiederholung von *Casti connubii* geben.

Nun war die Falle aufgestellt. Und Paul VI., ein selbstloser, unentschlossener Mann, bereitete sich darauf vor, hineinzutappen. Oder zumindest fragte er sich, ob er das sollte.

## *Hamlet geht ans Werk*

Paul sah das Problem, mit dem er es zu tun hatte, als das schwerste der Kirchengeschichte. Dies sagte er in einer Verlautbarung vom 23. Juni 1964. Er würde die endgültige Entscheidung treffen. »Doch inzwischen sagen Wir offen, daß Wir bis jetzt keinen ausreichenden Grund haben, um die von Papst Pius hierzu gegebenen Normen als veraltet und deshalb nicht bindend anzusehen. Sie müssen daher als gültig betrachtet werden, zumindest, bis Wir uns von Unserem Gewissen verpflichtet fühlen, sie zu ändern.« Vielen Kommentatoren schien seine Haltung eher unentschlossen als dem Wandel verschlossen.

Zwar sagte er in seiner großartigen Rede zum Frieden vor den Vereinten Nationen am 4. Oktober 1965: »Sie müssen danach streben, das Brot zu vermehren, damit es für die Tische der Menschheit ausreicht, statt eine künstliche Geburtenkontrolle vorzuziehen, die unvernünftig wäre, um die Zahl der Gäste beim Gastmahl des Lebens zu verringern.« Diese simplizistische Alternative – Brot oder Geburtenkontrolle – ließ Schlimmes für die Kirche ahnen. Andererseits veröffentlichte die italienische Zeitung *Corriere della Sera* am selben Tag ein Interview mit dem Papst, in dem das Hamlet-Syndrom schlimmer geworden schien.

*Die Welt fragt sich, was Wir denken, und Wir müssen Antwort geben. Aber was? Die Kirche hat nie in ihrer Geschichte einem solchen Problem gegenübergestanden. Dies ist ein seltsames Gesprächsthema für Kirchenmänner, sogar menschlich peinlich. Die Kommissionen tagen, und Berge von Berichten türmen sich auf. Es werden eine Menge Untersuchungen angestellt; aber Wir müssen eine Entscheidung treffen. Dies ist allein Unsere Verantwortung. Beschließen ist nicht so leicht wie Untersuchen. Doch Wir müssen etwas sagen. Was? ... Gott muß Uns wahrhaft erleuchten.*

Demut vor einer so bedeutsamen Aufgabe war verständlich. Er war wie alle Kleriker ein Leben lang Eheloser ohne Wissen aus erster Hand und mit wenig intuitivem Verständnis für das Thema, das er zu beurteilen hatte. Selbst er gibt zu, es sei »peinlich«. Er ging auf die Siebzig zu, war müde und erschöpft und hatte sich um die ganze Kirche zu kümmern. Jeden Tag wurde er gebeten, Streitfragen zu entscheiden, Tausende von Dokumenten zu unterzeichnen, ausländische Würdenträger und Botschafter zu treffen. Hinzu kam noch der »Berg« von Berichten zur Geburtenkontrolle, der besorgniserregendsten Frage, die ein moderner Papst je vor sich gehabt hatte. Für unabhängige Beobachter kam die Situation einer Posse nahe. Diese große, dauerhafte Institution war in der Krise wegen einer Sache, die die meisten Menschen innerhalb und außerhalb der Kirche seit Ewigkeiten für sich geregelt hatten. Eine Gemeinschaft von 700 Millionen Menschen schaute auf diesen heiligen, zölibatären, eingepuppten alten Mann als die Konzentration der Weisheit in Sachen Sexualität und Ehe. Paul war intellektuell fähig, besonders in seinem erwählten Bereich der Diplomatie; doch es hätte Genie gebraucht, um mit einem Problem fertig zu werden, das zu lösen er allein sich vorbehalten hatte. Mit der Hilfe seiner Bischöfe im Konzil hätte er vielleicht eine progressivere Haltung eingenommen, wie es beim Judentum, der Religionsfreiheit usw. gewesen war. Doch er hatte die kollektive Weisheit des Episkopats beiseite gefegt und die Welt wie Atlas auf seine Schultern genommen. Es war heldenhaft, aber war es klug? Seine einzigen engen Berater waren nun Kurienkardinäle wie Ottaviani und Browne, gerade die, deren Ansichten von den Konzilskommissionen und den Konzilsvätern rundweg abgelehnt worden waren, wenn es zur Abstimmung kam. Der Oberhirte war in den Händen der alten Garde, die, wenn es in ihrer Macht gestanden hätte, überhaupt kein Konzil gehalten hätten.

Paul erweckte kein größeres Vertrauen zu seiner endgültigen Entscheidung, als er am 29. Oktober 1966 zu Delegierten der Italienischen Gesellschaft für Geburtshilfe und Frauenheilkunde sprach. In einem Auftritt, der eines Salvador Dalì würdig gewesen wäre, sagte er:

*Für Uns ist die Frau ein Widerschein einer Schönheit, die sie transzendiert, Zeichen einer Güte, die Uns unendlich scheint, das Spiegelbild des idealen Menschen, so, wie Gott ihn sich zum Bilde erdachte. Für Uns ist die Frau eine Vision jungfräulicher Reinheit, die die höchsten moralischen und emotionalen Regungen des menschlichen Herzens wiederherstellt. ... Für Uns ist sie das formbarste, gelehrigste Geschöpf. ... Deshalb scheint sie singend, betend, sehnsüchtig, weinend ihrer Natur nach mit einer einzigartigen und hohen Gestalt zu verschmelzen, unbefleckt und schmerzensreich, die zu werden einer auserwählten*

*Frau, gebenedeit unter allen, bestimmt war, der jungfräulichen Mutter Christi, Maria.*

Es ist nicht überliefert, ob die Frauenärzte in diesen Worten die durchschnittliche Schwangere wiedererkannten, die zu ihnen in die Praxis kam. Es ist eine Tatsache, daß jedesmal, wenn ein päpstliches Dokument Frauen und Maria zusammen erwähnt, die Sache der Frauen in der modernen Welt eher leidet.
»Sehen Sie, meine Herren«, sagte Paul, »dies ist die Ebene, auf der Wir der Frau begegnen.... Zweifeln Sie nicht daran. Es wird Ihnen Nahrung für neue, edle und gute Gedanken geben, und Sie werden Würde und Verdienst für Ihren Beruf hinzugewinnen.«
Als nächstes sprach der Oberhirte über Geburtenkontrolle. Es war keine Hilfe, daß der Verkauf von Verhütungsmitteln in Italien damals ungesetzlich war und daß das Familienrecht kinderreiche, sogar sehr kinderreiche Familien bevorzugte. Zwei Jahre waren seit dem Konzil vergangen, und er studierte, wie er sagte, noch immer wissenschaftliche und demographische Daten sowie die Implikationen für Lehre und Seelsorge. Kein Papst war so von Papier überhäuft, seit Sixtus V. die ganze Bibel allein revidiert hatte. Paul sprach von seiner Kommission als »breit, vielfältig und außerordentlich kompetent«.
»Diese Kommission ... hat ihre große Arbeit vollendet und Uns ihre Schlüsse vorgelegt.« Die Feststellung ihrer extremen Kompetenz ist gefolgt von einem typischen Zusatz nach der Art Hamlets: »Es scheint Uns dennoch, daß diese Schlüsse nicht als definitiv gelten können.« Der Bericht hatte schwerwiegende Implikationen, und es war allein seine Verantwortung, sie zu lösen. Inzwischen, erinnerte er sie, war die bis dahin von der Kirche gelehrte Verhaltensnorm noch in Kraft.

*Sie kann nicht als nicht bindend angesehen werden, als wäre das Magisterium der Kirche gegenwärtig im Zustand des Zweifels; vielmehr ist es in einem Zustand des Forschens und Nachdenkens über Angelegenheiten, die schon zuvor die aufmerksamste Überlegung lohnten.*

Die Kommentatoren waren verwirrt. Seit Papst Johannes XXIII. die Kommission eingesetzt hatte, waren etliche Jahre vergangen. Paul hatte sie erweitert und sie gedrängt, die Frage umgehend zu behandeln. Wenn es keinen Zweifel gab, warum brauchte er dann überhaupt eine Kommission? Und warum nicht selbst zu diesem späten Zeitpunkt einfach die Lehre seines Vorgängers wiederholen, wie die Kurie es wünschte?

An der Basis ereignete sich eine stille und nachhaltige Revolution wie noch nie in der Geschichte des Katholizismus. Viele Laien begannen, ermutigt von ihren Priestern, für sich selbst zu denken. Sie nahmen an, daß es für das endlose Zögern des Papstes keine andere Erklärung gab als Zweifel; inzwischen waren sie selbst zu Schlüssen gekommen. Die Knaus-Ogino-Methode – bekannt als Vatikanisches Roulette – war lästig und wirklich künstlich. Sie warf selbst die Berechnungen fortgeschrittener Mathematiker mit der Hilfe von Computern über den Haufen, was zu gewissen Witzeleien führte: »Die sicheren Tage sind nur erlaubt, weil der Papst weiß, daß sie nicht sicher sind« und: »Die einzig sicheren Tage sind bei manchen Frauen im Alter von sechzig bis neunzig Jahren.«
Vom medizinischen Standpunkt aus funktionierte die Methode am besten bei denen, die sie am wenigsten brauchten. Es ist relativ einfach für ein alleinstehendes Mädchen, ihre unfruchtbaren Tage herauszufinden. Einer Frau mit Familie ist es praktisch unmöglich. Sie springt wahrscheinlich nachts aus dem Bett, um bei ihren Kindern zu sein; sie wird deren Infektionen bekommen, was ihre Temperatur erhöht und ihre Berechnungen durcheinanderbringt. Auch in der Stillzeit ist die Methode nutzlos, wenn die Menstruation aufhört, aber trotzdem eine Empfängnis möglich ist. Schließlich ist die Knaus-Ogino-Methode nutzlos, wenn eine Frau sich der Menopause nähert und ihre Zyklen hoffnungslos unregelmäßig werden.
Das fehlende Vertrauen kann zu neuen Ängsten führen, selbst zu Bitterkeit und Auflehnung, wenn die Methode trotz aller Vorsicht versagt. Einige Frauen finden sie so künstlich, so hinderlich für echte Liebe, daß sie totale Enthaltsamkeit vorziehen. Einige frohlocken über eine Fehlgeburt, wenn die Methode versagt und sie schwanger werden. Solcherart sind die merkwürdigen Folgen der »natürlichen« Empfängnisverhütung.
Für Frauen, die eine Schwangerschaft um jeden Preis vermeiden müssen – aufgrund von Krankheit in der Familie, bei sich selbst, ihren Männern oder einem behinderten Kind –, wird die Knaus-Ogino-Methode zum Alptraum. Dies geschieht, wenn sie in einem Monat zwei Eisprünge haben oder jahrelang keine Menstruation hatten, weil sie nach Niederkunft und Stillzeit immer wieder schwanger wurden.
Wie können diese Frauen ihren Priestern erklären, daß die Ehe selbst, auch wenn der Geschlechtsverkehr an den sicheren Tagen natürlich sein

sollte, hoffnungslos unnatürlich ist? Viele Eheleute begannen sich schon in den frühen 1960er Jahren diese Frage zu stellen. Ist es richtig, den Klerus in seiner Ignoranz und Arroganz zu belassen? Ignoranz über die vielen Facetten der Geschlechtlichkeit und das Chaos der Kinder, und Arroganz, die sie überzeugt, Ignoranz sei die beste Grundlage, um über Ehe zu predigen. Wie eine Frau in *The Experience of Marriage* (1964) schrieb: »Warum haben Kleriker so wenig Mitgefühl mit den Problemen von Eltern? Wahrscheinlich, weil sie nicht verheiratet sind. ... Vielleicht gründen Ordensleute viele ihrer Vorstellungen vom Familienleben auf Erinnerungen an ihre Familien, in denen sie als Kinder lebten, nicht als Erwachsene, die sich um die Probleme Sorgen machen mußten. Die Verantwortung der Elternschaft muß man leben, um sie völlig zu verstehen.« In den Jahren direkt nach Vaticanum II erwarteten viele Paare einen Wandel und trafen ihre eigenen Entscheidungen. Sie riskierten nicht, ihre Familien zu überlasten oder sich voneinander zu entfremden, indem sie ihre Liebe nicht ausdrückten, oder sich ihre Liebe vom Kalender diktieren zu lassen. Enthaltsamkeit vor der Ehe war eine Sache; Enthaltsamkeit in der Ehe eine ganz andere. Wie sollten sie Priestern erklären, daß Sex nicht rohe Begierde war, sondern Ausdruck der Liebe, manchmal entscheidend in einer Familienkrise oder als Mittel der Versöhnung nach einer Auseinandersetzung? Sich zu enthalten, als wären sie Ehelose, würde die physische Grundlage der Ehe untergraben und ihnen ein grundlegendes Recht rauben. Die Anwendung von Verhütungsmitteln war kaum »unnatürlicher« als eine Ehe ohne Sex oder mit von Ängsten ruiniertem Sex. Wenn Kleriker glaubten, es sei »natürlich«, daß junge, verliebte Paare jahrelang zusammen schliefen, ohne ihre Liebe voll auszudrücken, dann sollten sie es einmal versuchen.

Eine Generation von Eheleuten erhob sich als eine Art trennende Schwelle zwischen den Katholiken vor und nach der Einsetzung der Kommission für Geburtenkontrolle. Selbst konservative Kleriker neigen dazu, Papst Paul die Schuld für das Chaos in der Kirche seit Vaticanum II zuzuweisen. Angesichts seiner Versuche, dem Konzil *Casti connubii* aufzuzwingen, ist es unumgänglich, seine Worte so zu nehmen, wie er sie sagte. Er hat die »traditionelle« Lehre zur Empfängnisverhütung persönlich nie angezweifelt. Alle Barrieremethoden waren in sich unrecht. Es konnte therapeutische Gründe geben, die Pille zu nehmen – etwa, um den Monatszyklus zu regulieren –, aber keine Rechtfertigung dafür, sie als Verhütungsmittel anzuwenden. Vielleicht hoffte er, die Kommission würde ihn hierin unterstützen, ihn mit soliden »naturrechtlichen« Argumenten versorgen, die alle Menschen guten Willens akzeptieren konnten. Doch seine Hoffnungen zerschlugen sich.

Eine überwältigende Mehrheit der Kommission stellte sich gegen ihn. Ihre vier konservativen Theologen gaben zu, daß sie die alte Haltung nicht allein aufgrund der Vernunft oder des Naturrechts rechtfertigen konnten. Sie brauchte die Unterstützung von Autorität und Offenbarung.

Kurz – nach mehreren Jahren des Forschens durch dies gelehrte Gremium fand sich der Papst weit hinter seinen Ausgangspunkt zurückgefallen. Es gab ihm nicht nur keine Unterstützung, sondern seine konservativen Mitglieder sagten, es gebe keine überzeugenden Argumente, auf denen sich das traditionelle Verbot gründete.

Ottaviani weigerte sich, Paul den Bericht der Mehrheit vorzulegen, obwohl er Vorsitzender der ganzen Kommission war. Die vier unerschütterlichen Theologen gaben dem Papst eine private Zusammenfassung.

## *Die beiden Berichte*

Nach dem Mehrheitsbericht ist es eine »Entwicklung« katholischer Lehre im Licht veränderter Umstände, zu sagen, daß Empfängnisverhütung nicht immer unrecht ist. Da die traditionelle Lehre war, daß Empfängnisverhütung in sich unrecht sei und keine Umstände dies wesentliche Unrecht ändern können, war es sehr viel verlangt von einem unentschlossenen Papst, den Inhalt des Berichts zu akzeptieren.

Auch die Art, wie er in eine personalistische Philosophie eingebettet war, machte die Annahme des Berichts unwahrscheinlich. Er sprach vom »Prinzip der Ganzheit«. Die sexuelle Fähigkeit dürfe nicht als Person gesehen werden; sie sei Teil einer Person. Und die Person sei in der Ehe Teil eines Paares und einer Familie. Daraus folgt, daß man die Moral des Geschlechtsverkehrs nicht erfaßt, indem man die Funktion einer Fähigkeit untersucht, auch nicht auf der Basis isolierter Geschlechtsakte. Die Ehe muß als Ganzheit betrachtet werden. Es ist die Ehe als solche, die mit Gottes Gesetz übereinstimmt oder nicht, d. h. fruchtbar ist oder nicht. Die Mehrheit bezieht sich auch auf die Lehre des Konzils, daß Paare das Recht haben, selbst im Angesicht Gottes zu entscheiden, wie viele Kinder sie haben sollten. Verantwortete Elternschaft war eine Vorbedingung ehelicher Keuschheit. Doch wie ist solche Elternschaft heute zu bewerkstelligen? Durch die Anwendung moderner Methoden, von denen eine, zuerst von Pius XII. erlaubt, die Nutzung unfruchtbarer Tage ist. Der Bericht wiederholt die Aussage des Konzils – die von der Kirche nie zuvor akzeptiert worden war –, daß langes Fehlen des Liebesaktes zur Untreue führen kann.

Die Kommission schloß, daß es keine moralischen Einwände gegen empfängnisverhütende Mittel gibt, wenn Sex nicht länger zuerst und immer als Zeugungsakt gesehen wird, wenn Sexualität im vollen Kontext der Ehe als Liebemachen und nicht immer als Kindermachen gesehen wird. Moralische und geistige Werte sollten das Verhalten bestimmen, nicht Biologie.

Das Dokument, das hier nur kurz zusammengefaßt ist, war wohlbegründet, doch für Paul war es längst nicht so einleuchtend wie der Minderheitsbericht.

»Ist Empfängnisverhütung immer böse?« Das Minderheitspapier – es war nie ein offizieller Bericht – ging gleich aufs Ganze. Mit der trügerischen Klarheit eines scholastischen Lehrbuchs analysieren die Autoren jeden Begriff der Frage.

Empfängnisverhütung: jeder Vollzug der Ehe, in dem der Akt durch menschliches Eingreifen seiner natürlichen Kraft zur Weitergabe des Lebens beraubt wird. Immer böse: etwas, das nie, durch keinerlei Motiv und keinerlei Umstand, gerechtfertigt werden kann. Es ist immer böse, weil es in sich böse ist, durch das Naturrecht. Es ist nicht böse, weil es verboten ist – es ist verboten, weil es böse ist.

Als nächstes fragt das Papier: »Welche Antwort hat die Kirche bisher auf diese Frage gegeben? Eine ständige und bleibende Bejahung ist in den Dokumenten des Magisteriums und in der gesamten Geschichte der Lehre zu dieser Frage zu finden.«

Das Papier zitiert Quellen. Bezeichnenderweise geht es nicht weiter zurück als bis zur Enzyklika *Casti connubii* von Pius XI. aus dem Jahr 1930. War es ausreichend für ihre Zwecke, daß die Enzyklika von »beständiger christlicher Tradition« sprach? Es gab einen anderen Grund dafür, nicht weiter in der Vergangenheit zu graben, der später erwähnt werden wird.

Laut Pius XI. ist Empfängnisverhütung ein »verbrecherischer Mißbrauch«.

*Kein Grund, wie schwer er auch wiegt, kann vorgebracht werden, durch den etwas in sich Naturwidriges naturgemäß und moralisch gut werden kann. Da der eheliche Akt von der Natur zur Zeugung von*

*Kindern bestimmt ist, sündigen deshalb die, die seine natürliche Kraft absichtlich behindern, gegen die Natur und begehen eine Tat, die schändlich und in sich lasterhaft ist.*

»Die göttliche Majestät«, fährt Pius fort, »verabscheut dies unsägliche Verbrechen mit dem tiefsten Haß und hat es manchmal mit dem Tod bestraft.« Die Idee einer Gottheit, die bereit ist, Empfängnisverhütung mit Tod heimzuzahlen, ist wahrhaftig erschreckend.

Pius XI. sprach dann von der katholischen Kirche, die »aufrecht inmitten des moralischen Niedergangs steht, der sie umgibt, damit sie die Keuschheit des ehelichen Bundes davor bewahrt, von diesem Schandfleck besudelt zu werden«. Wer der Empfängnisverhütung »frönt«, ist »einer schweren Sünde schuldig«.

Es war ein virtuoser Auftritt in der besten italienischen Operntradition. Der Anlaß war die Lambeth-Konferenz gewesen, die früher im Jahr 1930 die künstliche Geburtenkontrolle sanktioniert hatte. 1951 war Pius XII. immer noch gegen das eingestellt, was in katholischen Kreisen als »der Lambeth-Weg aus der Enge« (The Lambeth Walk from the Straight and Narrow) bekannt war. »Diese Vorschrift [gegen Empfängnisverhütung]«, sagte Pius XII., »ist heute ebenso gültig wie gestern, und so wird es morgen und immer sein, denn es geht nicht um eine Vorschrift des menschlichen Gesetzes, sondern um den Ausdruck eines Gesetzes, das natürlich und göttlich ist.«

Die Autoren des Papiers bringen nach den Zitaten von Pius XI. und Pius XII. ihren machtvollsten Appell an Papst Paul vor. Seit Jahrhunderten hat die Kirche Empfängnisverhütung ohne Ausnahme verdammt. Wenn sie ihre Meinung ändert, wird sie nicht nur sich und ihre Ansprüche, für alle Zeit gültige Wahrheit zu lehren, verleugnen; sie wird sich mit etwas sehr viel Demütigenderem abfinden müssen.

*Wenn Empfängnisverhütung für nicht in sich böse erklärt würde, müßte man ehrlicherweise anerkennen, daß der Heilige Geist 1930, 1951 und 1958 [Daten päpstlicher Verlautbarungen] den protestantischen Kirchen beigestanden hat und daß seit einem halben Jahrhundert Pius XI., Pius XII. und ein großer Teil der katholischen Hierarchie nicht gegen einen sehr schweren Fehler protestiert haben, der äußerst verderblich für die Seelen ist; denn so würde nahegelegt, daß sie sehr unweise unter Androhung der ewigen Bestrafung Tausende über Tausende menschlicher Handlungen verurteilt haben, die nun gebilligt werden.*

Es würde schwerhalten, ein brillanteres Argument in der katholischen Literatur zu finden. Sie forderten Papst Paul praktisch heraus zu sagen, die Reformation sei letztendlich doch etwas Gutes, und Protestanten wäre es mit ihrem privaten Urteil besser ergangen als Katholiken unter den Päpsten.

Wenn der Papst Empfängnisverhütung jetzt erlaubt, wird das das Ende päpstlicher Autorität bedeuten. Er wird seine eigene Autorität und die seiner Vorgänger zunichte gemacht haben; er wird implizit eingeräumt haben, daß die anglikanische Kirche inspirierter war als die römische; er wird zugestimmt haben, daß viele Katholiken für etwas verurteilt wurden, das ihm, Paul VI. zufolge, gar keine Sünde ist, sondern ein Akt ehelicher Tugend. All diese Angst, all diese Opfer loyaler, gehorsamer Katholiken, all diese verlorenen Seelen wegen eines päpstlichen Irrtums?

Bei aller Brillanz, das sollte hier angemerkt werden, ist das Argument freilich nicht ganz ehrlich. Die Autoren betonen zwar die Ungebrochenheit der Tradition zur Geburtenkontrolle, doch sie weisen nicht darauf hin, daß diese »Tradition« auf einer Auffassung von Sexualität gründete, die die Kirche entschieden abgelehnt hatte. Sie gingen nicht weiter zurück als bis Pius XI., um ihre Sicht zu bestätigen, denn das konnten sie nicht. Vor ihm hätten sie nur päpstliche Zustimmung gefunden. Über fünfzehnhundert Jahre lang hatte die Kirche eine Auffassung von Sexualität gebilligt, die nun aufgegeben wurde.

Sie hatten zum Beispiel Pius XII. soweit auf ihrer Seite: Er sagte, Empfängnisverhütung sei immer unrecht. Doch er sagte auch, Sexualität in der Ehe sei rein und heilig. Die erste These ist traditionell, die zweite gänzlich gegen die Tradition. Hätten die Autoren auf diese unangenehme Tatsache hingewiesen, hätte der Papst seine Hamletiade vielleicht bis zu seinem Tod fortgesetzt.

Das Minderheitenpapier legte außerdem nahe, es würde einen Dominoeffekt geben, wenn der Papst in der Geburtenkontrolle nachgab. Es würde sofort einen Aufschrei geben, Geschlechtsverkehr vor der Ehe, Masturbation, Sterilisation, Scheidung, Abtreibung zuzulassen. Sobald der Hauptzweck der Ehe aufgegeben würde, würden liberale Theologen anfangen zu behaupten, außerehelicher Geschlechtsverkehr sei akzeptabel, vorausgesetzt, daß empfängnisverhütende Mittel angewendet würden. Doch was den Papst am meisten beeindruckte, war die Haltung der Minderheit zur päpstlichen Autorität.

Als er beide Berichte gelesen hatte, war ihm bewußt, daß seine Position unhaltbar war. Eine große Düsterheit befiel ihn und verließ ihn nicht mehr, obwohl er noch zwölf Jahre zu leben hatte.

Sein Dilemma war: Wenn er nein zur Empfängnisverhütung sagte, würde er eine ungeheure Opposition gegen das Papsttum innerhalb der Kirche auf den Plan bringen; sagte er ja, würde es kein Papsttum mehr geben. Nicht, wie er es verstand. Leider hatte er von Papst Johannes wenig gelernt und klammerte sich noch immer an die mittelalterliche Vorstellung vom Papsttum, die seit Gregor VII. vorgeherrscht hatte.
Die ganze Welt schaute gebannt auf die Vorgänge im Vatikan. Nie wurde eine Enzyklika mit solchem Interesse erwartet. Doch Paul brauchte weitere zwei Jahre, um seine Gedanken zu einem Abschluß zu bringen. Hamlet mußte noch eine Menge lesen.

Als erstes war das die Attacke Pius' XII. auf geplante Elternschaft, als er 1958 vor den italienischen Verbänden für kinderreiche Familien sprach. Sie schien damals fromm, in keiner Weise eine Parodie. Der Oberhirte sagte:

*Wo immer man viele große Familien findet, sind sie ein Zeichen für die physische und moralische Gesundheit eines christlichen Volkes. ... Gesunder Menschenverstand hat große Familien immer und überall als Zeichen, Beweis und Quelle physischer Gesundheit gesehen. ... Tugenden erblühen spontan in Häusern, wo die Schreie eines Säuglings von der Krippe schallen. ... Die Reihe glücklicher Pilgergänge zum Taufstein ist noch nicht beendet, wenn eine neue zur Firmung und Erstkommunion beginnt. ... Mehr Ehen, mehr Taufen, mehr Erstkommunionen folgen einander wie die immer wieder neuen Frühlingszeiten. ... Ihre [der Eltern] Jugend scheint nie zu welken, solange der süße Duft einer Krippe im Hause bleibt, solange die Wände des Hauses von den silbrigen Stimmen der Kinder und Enkelkinder widerhallen.*

Der Papst wies darauf hin, daß Heilige aus großen Familien gekommen sind. Bellarmine war eines von zwölf Kindern, Pius X. von zehn, Katharina von Siena von fünfundzwanzig. Es ist allerdings schwer zu glauben, daß selbst 1958 alle »Pilgergänge« italienischer Eltern zur Kirche glücklich waren.
Als Paul VI. mehr von Pius XII. las, muß er bemerkt haben, daß eine wichtige Voraussage, die zehn Jahre zuvor gemacht worden war, sich als falsch erwiesen hatte. Die neuen Energiequellen, hatte er gesagt, garantierten »Wohlstand für alle, die auf Erden wohnen, für lange Zeit«.

Paul wußte, daß sich die Welt seit dem Optimismus von Pius' Zeiten tiefgreifend verändert hatte. In dem Berg von Dokumenten auf seinem Schreibtisch waren etliche, die von Demographen stammten. Sie waren eine düstere Lektüre. Der biblische Auftrag »Mehret euch und füllet die Erde« war mehr als erfüllt. Die menschliche Fruchtbarkeit ist ungeheuer; das muß sie sein, um das Überleben in Zeiten von Seuchen, Kriegen, hoher Kindersterblichkeit und frühem Sterben zu sichern. Dann kam die moderne Medizin, und das Bild wurde sofort anders. In entwickelten Staaten ging die Kindersterblichkeit gegen Null, die Älteren starben immer später. Selbst in Entwicklungsländern verhungerten viele, während die Medizin Menschen am Leben hielt, die in der Vergangenheit gestorben wären, ein Viertel davon im ersten Lebensjahr und ein Drittel der übrigen, bevor sie fünfundvierzig Jahre alt wurden.

Dies zog ein radikales Umdenken zur Fortpflanzung nach sich. Davon waren Staaten wie die sie bildenden Familien betroffen.

Auf der staatlichen Ebene schätzte man, daß, wenn die Sterblichkeit gesunken wäre, nicht aber ihr entsprechend die Geburtenrate, Frankreich jetzt eine Bevölkerung von 500 Millionen hätte. Die Bevölkerung von Frankreich und England zusammen könnte heute gleich groß sein wie die von China.

Papst Paul muß das World Population Data Sheet (Datensammlung zur Weltbevölkerung) gelesen haben, das das Bevölkerungsbüro in Washington auf Quellen der Vereinten Nationen gegründet und veröffentlicht hatte. Die Statistiken zeigten, daß die Weltbevölkerung um 1,9 % wuchs. Seit 1958, als die Alarmglocken zum erstenmal schrillten, lebten 500 Millionen Menschen mehr; die Gesamtsumme war 3520 Millionen. Indiens 500 Millionen wuchsen um 2,7 %; Pakistan schnellte um 3,1 % empor. Gleich danach kam Lateinamerika mit 3 %. Das letzte Wachstum bedeutete, daß die Bevölkerung sich in knapp über dreiundzwanzig Jahren verdoppeln würde. Slums wachsen immer schneller als andere Wohngebiete; die Armen werden ärmer, die Hungrigen hungriger. Anfang der 1960er Jahre — lange vor der gegenwärtigen Schuldenkrise — gab es absolut keine Hoffnung, daß Länder mit hohem Bevölkerungszuwachs je ausreichend Nahrung, Bildung, Gesundheitseinrichtungen, Wohnungen, Freizeiteinrichtungen und, entscheidend, Arbeitsplätze haben würden. Auch Arbeitslosenunterstützung gab es nicht.

Empfängnisverhütung war nie *die* Antwort auf dies so große und vielschichtige Problem; ohne sie war jedoch keine Antwort möglich. Wenn alle, auch die Armen, sich in der Nähe des biologischen Maximums weiter fortpflanzten, würden ganze Staaten zu Bettlern werden. Die Menschheit wäre am oder unter dem Existenzminimum und würde von den traditionellen Geißeln heimgesucht: Krankheit und Krieg.

In den 1960er Jahren, als Paul seine Enzyklika schrieb, lebten die Völker Südamerikas unter schlimmeren Bedingungen, als die Europäer in den finstersten Tagen der Industriellen Revolution ertragen mußten. Eine Art, diese Bedingungen zu verbessern, war Abtreibung. Es ist bekannt, daß der Papst offizielle Berichte aus fast jedem Land in Südamerika auf seinem Schreibtisch hatte. In Chile wurde einer Erhebung von 1967 zufolge jede zweite oder dritte Schwangerschaft abgebrochen; jahrelang war über ein Drittel der Müttersterblichkeit durch Abtreibung verursacht. In Kolumbien fanden 60 % der Abtreibungen statt, wenn Frauen siebenmal oder öfter schwanger gewesen waren. Uruguay führte die Liste an; Untersuchungen zeigten ein Verhältnis von 750 Abtreibungen auf 1000 Schwangerschaften. Eine strikte katholische Ethik führte zu einer unkontrollierten Fruchtbarkeit, die wiederum zu Abtreibungen in massiven Zahlen und dem Tod vieler Mütter führte.

Indien, die größte Demokratie der Welt, war schon übervölkert; ein Abbremsen des Zuwachses war lebenswichtig. Genaue Befolgung katholischer Lehre hätte die Demokratie in Indien bald vernichtet. Wenn nur China die katholische Haltung übernähme, gäbe es für die Menschheit keine Hoffnung. 1965 war von vier Menschen auf der Erde einer Chinese. Katholische Priester wie Kardinal Heenan von Westminster machten geltend, daß wenige Inder und fast keine Chinesen katholisch seien; sie würden ohnehin nicht auf den Papst hören. Das ging freilich an der Hauptsache vorbei. Eine Lehre, die den Planeten zerstören würde, wenn sie allgemein befolgt würde, kann wohl kaum beanspruchen, die Vernunft sei auf ihrer Seite. Außerdem soll die katholische Lehre Teil des natürlichen Gesetzes sein, das in die Herzen der Menschen geschrieben ist. Der Rest der Welt konnte Gott danken, daß die Chinesen und Inder es nicht in ihren Herzen lasen.

Die einzige Lösung der Kirche für die Übervölkerung war totale sexuelle Enthaltsamkeit oder Beschränkung auf die »sicheren Tage«. Es war unrealistisch, bereits verzweifelnde Regierungen zu bitten, die Pille, Pessare und Kondome zu verbieten und sie durch Thermometer und Kalender zu ersetzen sowie eine Riesenarmee von Lehrern zur Verfügung zu stellen, damit die Rhythmusmethode verstanden wurde. Außerdem würden die Armen es sein, die Slumbewohner und Unterernährten – die, die ihre Geburtenraten am nötigsten drosseln müssen –, die sexuelle Enthaltsamkeit unerträglich und die Knaus-Ogino-Methode unmöglich finden.

Von der staatlichen zur Familienebene übergehend, verbot die katholische Lehre jede Empfängnisverhütung. Gott würde natürlich verstehen, daß manche Leute bis an die Grenzen des Erträglichen in Versuchung geführt werden. Doch nie darüber hinaus. Mit der Gnade kann sich jedes Paar an die Lehre des Naturrechts halten. Traurige Fälle machen Gesetze schlecht. Papst Paul konnte zwar wegen mangelnder seelsorgerlicher Erfahrung solche Fälle nicht persönlich kennengelernt haben, doch sie waren in den Akten auf seinem Tisch.

Ein Ehemann ist arbeitslos und ohne Hoffnung auf Arbeit. Er und seine Frau müssen bei den Eltern der Frau wohnen — oder in einer elenden Mietskaserne oder im obersten Stock eines Hochhausblocks. Sie haben drei Kinder. Das sind zu viele für ihre beengten Verhältnisse. Ihnen sagt man, sie sollten sich vom Sex enthalten, was für viele gleichbedeutend mit Enthaltsamkeit von Liebe und Mitgefühl ist, oder die Knaus-Ogino-Methode anwenden. Alle drei Kinder sind Ergebnisse dieser Methode. *Deus providebit*, Gott wird für euch sorgen.

Nach einem Autounfall ist ein Mann lebenslang behindert. Seine Frau arbeitet, um beide zu ernähren. Eine Schwangerschaft würde sie mittellos machen. *Deus...*

Nach der sechsten Schwangerschaft in sieben Jahren ist eine Ehefrau gerade aus der Nervenklinik gekommen. Sie hat verzweifelte Angst vor einer weiteren Schwangerschaft. *Deus...*

Das letzte Kind eines Paares ist geistig behindert zur Welt gekommen und braucht die ganze Aufmerksamkeit der Mutter. *Deus...*

Eine Frau wird von ihrem Arzt gewarnt, daß eine weitere Schwangerschaft ihre Gesundheit ernsthaft gefährden, vielleicht ihr Leben kosten wird. Sie hat schon acht Kinder. *Deus...*

Viele Frauen fühlen sich heute nicht imstande, eine große Familie zu wagen. Sie haben weder den Wunsch noch die geistige und emotionale Ausrüstung, um damit fertig zu werden. *Deus...*

Eine Frau hat Drillinge geboren, eine andere nach fruchtbarkeitsfördernden Medikamenten Sechslinge. Beide haben Schwierigkeiten, damit zurechtzukommen. *Deus providebit*, Gott wird für euch sorgen.

Im September 1967 sprach Präsident Carlos Lieras Restrepo von Kolumbien, einem erzkatholischen Land, vor der Interamerikanischen Konferenz.

*Ich habe die ärmsten Slums der Republik besucht, und ich empfehle Leuten, die die Bevölkerung vom moralischen Gesichtspunkt her un-*

*tersuchen, den gleichen Besuch. ... Was können wir von dem häufigen Inzest sagen, von der primitiven sexuellen Erfahrung, von der elenden Behandlung der Kinder, vom schrecklichen Überhandnehmen der Prostitution bei beiden Geschlechtern, von häufiger Abtreibung, von fast tierischer Vereinigung aufgrund alkoholischer Ausschweifungen? Es ist mir deshalb unmöglich, mich zurückzulehnen und die Moral oder Unmoral empfängnisverhütender Praktiken zu untersuchen, ohne gleichzeitig an die unmoralischen und oft kriminellen Bedingungen zu denken, die ein einfacher Akt der Empfängnis im Lauf der Zeit bewirken kann.*

Ein Jahr danach war Papst Pauls langes Studium der Geburtenkontrolle beendet. Seine Schlußfolgerungen waren so unvermeidlich wie der Ausgang einer griechischen Tragödie. Ihre Ursprünge lagen weit zurück in der Zeit der Päpste Gregor VII. und Pius IX. Wäre doch Seine Heiligkeit nur in die Slums von Kolumbien gegangen, um dort zu wohnen, während er seinen Entschluß faßte.

## *Eine bittere Pille*

*Humanae vitae* wurde der Welt am 25. Juli 1968 gegeben. Ihre Eröffnungsworte gaben den Ton für das vor, was da kommen sollte: »Die außerordentlich ernste Pflicht, menschliches Leben weiterzugeben...« Auch der nächste Satz enthält das Wort »Pflicht«.
Paul legt ein Lippenbekenntnis zu modernen Problemen ab, etwa daß die Bevölkerung rascher wächst als die verfügbaren Ressourcen. Er untersucht in Kürze die Idee, daß das Geschlechtsleben von Ehepaaren moralisch und ganzheitlich beurteilt werden sollte, nicht bloß in Begriffen biologischer Organe und ihrer Funktionen. Was von ihm als Papst gefordert ist, meint er, ist eine neue und tiefere Reflexion der moralischen Grundprinzipien der Ehe.
Diese neue und tiefere Reflexion erweist sich als folgendes: Kein irgendwie gearteter Wandel in der Lehre der Kirche. Er bezeichnet sie wiederholt als »beständig«. Er weiß nicht, wie spät diese »beständige« Lehre eigentlich aufgetaucht ist.
Paul sanktioniert die Knaus-Ogino-Methode, wenn Paare finden, daß sie vorläufig oder auf unbestimmte Zeit keine Kinder mehr wollen. Abtreibung und Sterilisation werden beide verurteilt. Ähnlich verurteilt wird

*jede Handlung, die entweder vor, während oder nach dem Geschlechtsakt eigens dazu dienen soll, die Fortpflanzung zu verhindern – ob als Zweck oder als Mittel. ... Es ist nie zulässig, nicht einmal aus den schwerwiegendsten Gründen, Böses zu tun, um Gutes dadurch zu bewirken... selbst wenn die Absicht ist, das Wohl eines Einzelnen, einer Familie oder Gesellschaft allgemein zu schützen oder zu fördern.*

Eher soll ein Einzelner, eine Familie oder eine Gesellschaft sterben, als empfängnisverhütende Mittel anzuwenden. Es paßt zu Newmans berühmtem Ausspruch:

*Die Kirche glaubt, daß es besser wäre, wenn Sonne und Mond vom Himmel fallen, die Erde untergeht und all die vielen Millionen, die auf ihr sind, in äußerster Qual Hungers sterben, was zeitliches Leiden betrifft, als daß eine Seele, ich will nicht sagen, verlorengeht, sondern eine einzige läßliche Sünde begeht, eine bewußte Unwahrheit sagt, auch wenn sie niemandem schadet, oder einen erbärmlichen Groschen ohne Entschuldigung stiehlt.*

Für Paul ist jeder Gebrauch empfängnisverhütender Mittel in sich keine läßliche Sünde. Zwar spricht er nicht von ihrer Schwere, doch offensichtlich mildert er die Lehre Pius' XI. nicht, daß Empfängnisverhütung immer Todsünde ist.

Deshalb ist es Todsünde, die Empfängnis eines Kindes zu verhindern, das zu Elend und Hunger geboren werden wird oder das, wie die Ärzte sagen, behindert sein wird. Es ist Todsünde, eine Empfängnis zu verhüten, wenn sie, wie Pius XII. einräumte, wahrscheinlich zu gesundheitlicher Schädigung oder Tod der Mutter führen würde. Die einzige Möglichkeit für ein Paar ist ein völlig geschlechtsloses Leben; Gott wird den Paaren durch die Gnade der Ehe die Kraft geben, ein Leben der Ehelosigkeit zu führen. Wie schlimm die familiäre Situation auch ist, wie krank die Mutter, nicht eine Ausnahme kann von der katholischen Kirche gebilligt werden.

Dies ist eine extreme Lehre. Die einzige Parallele – obgleich mitnichten so extrem – ist die Weigerung der Zeugen Jehovas, einem sterbenden Kind eine Bluttransfusion zu geben. Der Papst kann keinen einzigen Bibeltext bieten, der seine Ansicht stützt. Das Verbot der Scheidung und die Macht des Papstes, bestimmte Ehen aufzulösen, haben etwas in der Art einer biblischen Rechtfertigung. Das Verbot der Empfängnisverhütung hat keine.

Paul zitiert in *Humanae vitae* mehrfach das Zweite Vatikanische Konzil, obwohl er dem Konzil verbot, zu der damals in der Kirche virulenten Diskussion beizutragen. Außerdem steht und fällt *Humanae vitae* mit einer Unterscheidung zwischen Haupt- und Nebenzwecken der Ehe, die das Konzil ausdrücklich ablehnte. Der Versuch des Papstes, sie durch seine *modi* einzuführen, wurde von der theologischen Kommission abgewiesen.

»Gott«, fährt der Papst fort, »hat die Gesetze der Natur und die Häufigkeit der Fruchtbarkeit weise so geordnet, daß aufeinanderfolgende Geburten schon natürliche Abstände haben.« Selbst konservative Theologen können dem schwer folgen. Abgesehen von seiner üblichen Gleichsetzung von Gesetzen der Natur (biologisch) und Naturrecht (moralisch) – was ist diese »weise Ordnung«, diese »natürlichen Abstände« von Geburten? Er kann nicht meinen, daß eine Frau, die im März empfangen hat, im April, Mai, Juni usw. nicht empfangen kann und so ein Fließbandeffekt von Kindern, die jeden Monat herauskommen, verhindert wird. Auch kann es ihm nicht unbekannt sein, daß der Eisprung zwar nur einmal im Monat stattfindet, aber Geburten regelmäßig jedes Jahr erfolgen können – wenn nicht Vorsichtsmaßnahmen getroffen werden.

Tatsächlich ist bei Tieren der Sexualtrieb hauptsächlich auf die Erhaltung der Art ausgerichtet. Deshalb gibt es Paarungszeiten. Paul scheint Menschen und Tiere gleichzusetzen; der Hauptzweck menschlicher Sexualität ist ebenfalls die Erhaltung der Art, und alles muß sich dem unterordnen. Tatsächlich sind die Menschen schlechter dran als Tiere, weil sie keine Paarungszeiten haben und ihre Geburten keine natürlichen Abstände aufweisen. Dies legt nahe, daß Sexualität bei Menschen mehr als nur Fortpflanzung bedeutet. Menschen haben zum Beispiel Geschlechtsverkehr, wenn die Frau schwanger ist oder die Wechseljahre hinter sich hat. Mit anderen Worten, Sexualität hat eine viel breitere Bedeutung bei Menschen als bei Tieren, doch worin sie besteht, kann der Papst nicht sagen, denn mit seinem rein biologischen Kriterium der Moral setzt er Menschen mit Tieren gleich.

Eigentlich kann der Papst mit »natürlichen Abständen« nur meinen, daß es den Paaren überlassen ist zu raten, wann der Eisprung geschieht, und hoffentlich die Natur mit Thermometern und Kalendern zu überlisten. Doch wenn Gott es so schwergemacht hat, die Natur zu überlisten, kann das kaum eine »weise Ordnung« der Natur zugunsten des Menschen genannt werden.

Der Papst sagt weiter: »Wir glauben, daß Unsere Zeitgenossen besonders befähigt sind einzusehen, daß diese Lehre in Harmonie mit dem Verstand ist.« Er schreibt dies in dem Wissen, daß einige der ranghöchsten Kardinäle beim Vaticanum II das Gegenteil einsahen. Die meisten Kardinäle in seiner Kommission sahen es nicht ein und nicht einer von den Laien. Die vier unerschütterlichen Theologen sagten, die Lehre könne vom Verstand allein nicht eingesehen werden. Die Statistiken bewiesen, daß die meisten normalen Katholiken es ebenfalls nicht einsahen. Paul hätte sagen sollen, Unsere Zeitgenossen werden es beim besten Willen nicht einsehen können. Katholiken müssen es akzeptieren, weil ich es sage.

Da Pauls Argument gegen empfängnisverhütende Mittel auf einer Einmischung in die biologischen Abläufe der Natur beruht — warum hat er nicht den größten Teil der modernen Medizin mit verdammt? Er ist für Medikamente, für Operationen, um Unfruchtbarkeit zu heilen, für Bypass-Herzoperationen und Nierentransplantationen. Warum, wenn die Einmischung in »natürliche Prozesse« ihn zur Verurteilung der Empfängnisverhütung motiviert? Wie ein gequälter Katholik es ausdrückte: »Wird dieser Papst mir meine Lesebrille lassen?« Gewiß scheint es merkwürdig zu sagen: Wenn man bei einer Frau, die schon sechs Kinder hat, die Empfängnis verhindert, ist es Todsünde; wenn man einer unfruchtbaren Frau dazu verhilft, künstlich Sechslinge zu empfangen, ist es naturgemäß und moralisch akzeptabel.

Aus *Humanae vitae* ergibt sich ein Frauenbild, das zu Pauls früheren Reden über Frauen und die Jungfrau Maria paßt.

> *Ein Mann, der sich an die Anwendung empfängnisverhütender Methoden gewöhnt, kann die Ehrfurcht vergessen, die einer Frau gebührt, und sie in Mißachtung ihres physischen und emotionalen Gleichgewichts zu einem bloßen Instrument der Befriedigung seiner eigenen Begierden reduzieren.*

Dachte er an eine Frau, die in einem Loch in einem kolumbianischen Slum lebt und schon ein Dutzend Kinder hat? Oder eine Frau, die mit einem Wochenendsäufer verheiratet ist? Und was ist mit den Männern, deren einziges Ziel darin besteht, ihre Frauen als gleichberechtigte Partner zu behandeln, nicht als bloße Kindermachmaschinen, Männern, die zusammen mit ihren Frauen, verantwortlich vor dem Angesicht Gottes, entscheiden wollen, was die richtige Kinderzahl für sie als Familie ist? In jeder Umfrage in jedem Land der Welt würde die überwältigende Mehrheit der Frauen bejahen, daß empfängnisverhütende Mittel ihren Status sowie ihr physisches und emotionales Gleichgewicht verbessert haben.

Nachdem er alle Formen der Empfängnisverhütung verurteilt hat, macht der Papst sich Sorgen, daß die öffentlichen Behörden seine Ansichten nicht berücksichtigen werden. Den Regierungen sagt er: »Duldet keine Gesetzgebung, die in den Familien jene Praktiken einführen würden, die dem natürlichen Gesetz Gottes entgegen sind.« Einige südamerikanische Regierungen hörten wirklich auf diesen Appell von einem Papst, der zwei Jahre später sein Bestes tat, um die zivile Scheidung in Italien aufzuhalten.

Gegen Ende von *Humanae vitae* rief der Papst die Priester auf zu

> *jenem aufrichtigen Gehorsam, innerlich sowohl wie äußerlich, der dem Magisterium der Kirche gebührt. Denn wie Sie wissen, genießen die Hirten der Kirche ein besonderes Licht vom Heiligen Geist bei der Lehre der Wahrheit. Und dies, nicht die Gründe, die sie vorbringen, ist der Grund, aus dem Sie an diesen Gehorsam gebunden sind.*

Ist dies eine Andeutung, daß der Heilige Vater weiß, daß er seinen Priestern keine naturrechtlichen Argumente für eine naturrechtliche Moral anzubieten hat? Da es auch keinen biblischen Beleg gibt, wird den Priestern beschieden, ihm auf der Grundlage der Autorität allein Gehorsam zu leisten. Kein Priester kann sich päpstlichen Gesetzen »aus Gewissensgründen verweigern«. Obwohl die päpstliche Autorität seit Jahrhunderten in den Menschenrechten sehr schlecht abgeschnitten hat, müssen Priester dem Papst schlicht ihr Gewissen abliefern.

## *Erste Reaktionen*

Die Reaktion der Presse war vorhersehbar. Eine solche Gelegenheit hatten die Journalisten nicht bekommen, seit die Liste der Irrtümer 1864 allen Fortschritt verdammt hatte.

In England nannte der *Guardian Humanae vitae* »einen der verhängnisvollsten Fehler der modernen Zeit«. Erhebungen hatten gezeigt, daß »zwischen der Hälfte und zwei Dritteln der Katholiken in fortschrittlichen Ländern die Lehre ihrer Kirche zur Empfängnisverhütung weder für richtig halten noch befolgen und daß das lange Schwanken des Vatikans die Priester weiter ermutigt hat, die Entscheidung der individuellen Wahl zu überlassen«.

Die *Times* schrieb:

*Die eingeschränkte Freigabe der »sicheren Tage« oder Rhythmusmethode zur Geburtenkontrolle macht die Position noch wirrer, denn sie scheint zuzugestehen, daß Geschlechtsverkehr aus anderen Gründen als zur Zeugung von Kindern geübt werden darf.*

The Economist wies auf Südamerika hin, das der Papst im August desselben Jahres besuchen sollte. Die Zuwachsrate von 3 % sagte fast unvorstellbares Elend voraus. »Obwohl sie im Brennpunkt bitterer Auseinandersetzungen stehen wird, ist die Enzyklika Tage nach ihrem Erscheinen schon toter als ein Dodo [ausgestorbene Riesentaube].«
Selbst die katholische Wochenschrift *The Tablet* wollte wissen: »Wo ist die neue und tiefere Reflexion, die der Kirche versprochen worden war?«
Natürlich waren einige Bischöfe erfreut. Bischof (bald Kardinal) Wright von Pittsburgh unterstützte die Enzyklika begeistert. Er war entzückt, daß der Papst »nicht durch Statistiken erschüttert« worden sei, als zählten die Millionen verhungernder Kinder und viele abtreibende Mütter in klerikalen Kreisen nicht. Kardinal Heenan von Westminster war Gesamtvorsitzender der Kommission gewesen. Er schrieb: »Mehrheitsbeschlüsse sind notorisch unzuverlässig. ... eine Mehrheit von Nazis beschloß die Sterilisation Behinderter und die Liquidation der Juden.« Die Analogie machte ihn bei den Lesern nicht beliebt; die meisten konnten keinen Zusammenhang zwischen der Anwendung eines Kondoms und Hitlers Gaskammern sehen. Zudem versäumte Heenan zu sagen, daß er sich enthalten hatte, als die päpstliche Kommission zur Abstimmung kam, weil er sich nicht entscheiden konnte; der Papst hatte für ihn entschieden. Erzbischof Murphy von Cardiff sagte, Empfängnisverhütung sei für einen Mann »eine wohlfeile Art, seine Instinkte zu kontrollieren und sich seiner Verantwortung zu entziehen«. Später, prophezeite Seine Exzellenz, würde diese Enzyklika einmal »als Magna Charta nicht nur aller Frauen, sondern aller Menschen und Kinder begrüßt werden«. Seine Exzellenz wußte offenbar nicht, daß Papst Innozenz III. die Magna Charta für null und nichtig erklärt hatte.
Korrespondentenkolumnen in aller Welt brachten meist feindselige Beiträge von Katholiken. Ein führender englischer Laie, der Abgeordnete Norman St. John Stevas, sprach von der »theologischen Unfruchtbarkeit der Enzyklika, ihrem Mangel an Realismus und ihrer Unklugheit. Öffentliche Organe unserer zeitgenössischen, pluralistischen Gesellschaft aufzurufen, empfängnisverhütende Mittel zu verbieten, offenbart eine Ferne

von den Tatsachen der heutigen Welt, die ebenso unglaublich wie bestürzend ist.«

Den meisten katholischen Korrespondenten erschien der päpstliche Standpunkt gleichgültig gegenüber der riesigen Vielfalt menschlicher Zwangslagen. Die Enzyklika kümmerte sich nicht um die Folgen des Verbots. Sie fragte nicht einmal, ob es besser ist, ein Kind nicht zur Welt kommen zu lassen, als es verhungern oder bei der Geburt sterben zu lassen. Viele protestierten gegen den Angriff auf die Reinheit der meisten katholischen und praktisch aller nichtkatholischen Ehen. Einige sagten, Papst Paul habe mehr Menschen zu einem Leben im Elend und einem häßlichen Tod verurteilt als Hitler. Die Enzyklika würde zu neuen Ghettos und Konzentrationslagern führen, besonders in Ländern der Dritten Welt.

Konservative Katholiken waren begeistert. Paul hatte die traditionelle Lehre bestätigt und seine Rolle als Lehrer absoluter moralischer Wahrheit gewahrt. Dann präsentierte der siebenundfünfzigjährige Monsignore Ferdinando Lambruschini das Dokument in den Medien. Er sagte, eine aufmerksame Lektüre mache deutlich, daß es nicht den theologischen Ton der Unfehlbarkeit habe. Die Konservativen waren niedergeschmettert. Wenn *Humanae vitae* die unerschütterliche Tradition der Kirche ausdrückte, war sie doch reif für das päpstliche Siegel unfehlbarer Billigung? Wenn nicht in dieser Frage, in welcher dann? Es dämmerte ihnen, daß die lange Verzögerung, dann das Chaos und die Bitterkeit nicht mit einer unfehlbaren Aussage wiedergutgemacht würden. Da sie fehlbar war, konnte sie das Gewissen nicht absolut binden. Die Diskussion würde weitergehen, wahrscheinlich kontroverser als zuvor.

Liberale Katholiken waren weit härter getroffen. Der Papst hatte jeden Rat außer dem der Kurie in den Wind geschlagen und darin wie ein Protestant gehandelt. Um einen berühmten Satz abzuwandeln, er hatte der Kirche den Rücken gekehrt und dann behauptet, er habe die Kirche hinter sich. Die Hoffnung, die sie gehegt hatten, daß Sexualität und Ehe moralisch und nicht in biologischen Begriffen gesehen werden würden, war zerschlagen. Es gab keine Hoffnung mehr, die Geburtenkontrolle zu »christianisieren« und den Menschen ihre Vorteile und Gefahren in einem christlichen Zusammenhang von Liebe und Fürsorge bewußt zu machen. Der Papst hatte gesagt, sie habe keine Vorteile; sie sei nur gefährlich. Mit dieser Entscheidung liefen die Katholiken Gefahr, ihren moralischen Einfluß in der Welt zu verlieren; sie würden künftig als vom Mittelalter übriggebliebene Hinterwäldler eingestuft werden. Viele fanden, daß der Papst an der falschen Front gekämpft hatte. Er hatte sich der Empfängnisverhütung entgegengestellt, ohne die Abtreibung unvermeidlich war. Er hätte, sagten sie, Abtreibung verbieten und nicht wahrscheinlicher machen sollen.

## *Überlegte Reaktionen*

So weit ging der Zustand der Furcht und Einschüchterung in der Kirche, daß Priester sich zum Schutz zusammentaten. In England schrieben fünfundfünfzig Priester an die *Times* und brachten respektvoll zum Ausdruck, daß sie mit *Humanae vitae* nicht übereinstimmten. In den USA beanspruchte eine Gruppe von siebenundachtzig Theologen unter der Führung von P. Charles Curran eine kreativere Rolle für sich, als nur zur Enzyklika zu nicken. Päpstliche Dokumente hätten in der Vergangenheit ungeheuren Schaden angerichtet — etwa an Juden, Hexen, gewöhnlichen Katholiken, die der Inquisition zum Opfer gefallen waren. »Die Geschichte zeigt«, sagten sie, »daß mehrere Aussagen von ähnlichem oder gar größerem autoritativem Gewicht sich in der Folge als ungeeignet oder sogar irrig erwiesen haben. Vergangene autoritative Aussagen zu Religionsfreiheit, Kreditzinsen, dem Recht der Aussageverweigerung und den Zielen der Ehe sind alle später korrigiert worden.« Zu den Mängeln der Enzyklika zählen diese Theologen »Überbetonung der biologischen Aspekte ehelicher Beziehungen als ethisch normativ; Überbetonung von Geschlechtsakten und der geschlechtlichen Fähigkeit, die in sich, losgelöst von der ganzen Person und dem Paar gesehen werden ... eine fast völlige Mißachtung der Würde von Millionen Menschen, die ohne die geringste Möglichkeit zur Welt kommen, anständig ernährt und erzogen zu werden«.
Nicht einmal die Liste der Irrtümer von Pius IX. hatte unter katholischen Priestern und Theologen auf der ganzen Welt soviel Ärger und Ablehnung ausgelöst. Warum dies? Weil die Erinnerung an das Konzil Papst Johannes' bei allen noch frisch war. Das Konzil hatte mit Offenheit und Mut Aussagen widersprochen, die die meisten Päpste des neunzehnten Jahrhunderts über so unterschiedliche Dinge wie Judentum und Religionsfreiheit gesagt hatten. Die Kirche hatte sich vorwärtsbewegt; sie war nun auf höchster Ebene Ideen verpflichtet, die eine Menge Päpste für verrückt und atheistisch erklärt hatten.
Pauls Hauptfehler war sein Alleingang. Er konnte in aller Aufrichtigkeit nicht sehen, wie etwas, das seine Vorgänger als »moralische Obszönität«

gebrandmarkt hatten, sich zu einem »Akt der Gnade« entpuppen konnte. Für ihn war es daher eine klare Entscheidung zwischen dem Festhalten an seiner Unfehlbarkeit und der Erleichterung des Elends von Millionen. Er hatte nichts dagegen gehabt zuzustimmen, daß eine »Verrücktheit« zu einem »Menschenrecht« wurde, nämlich die Religionsfreiheit; doch dabei hatte er die Rückendeckung des Konzils gehabt. *Humanae vitae* bewies einmal mehr, daß die Ausübung päpstlicher Oberhoheit ohne die Zustimmung der Kirche und besonders der Bischöfe die Kirche nicht immer eint; manchmal entzweit sie sie. *Humanae vitae* machte mit einem Schlag eine Menge von dem zunichte, was das Konzil erreicht hatte. Der Papst konnte nicht länger als Vorkämpfer der Menschenrechte und als Mittelpunkt der Einheit für alle Christen posieren. Er hatte sogar seine eigene Kirche entzweit. Hätte das Konzil 1962 *Humanae vitae* als Entwurf für ein Dokument bekommen, so hätte es sie zusammen mit den übrigen Entwürfen der Kurie als archaisch und als Ausdruck eines einzelnen, engstirnigen theologischen Standpunkts verworfen. Als Paul die Empfängnisverhütung aus der Zuständigkeit des Konzils zurückzog, hoffte er, seine Autorität würde dem Endergebnis einstimmige Billigung sichern. Das Gegenteil geschah. Diese eine päpstliche Entscheidung riß die Kirche entzwei.

Ein weiterer Grund für die noch nie dagewesene Revolte katholischer Theologen war das Wissen, daß *Humanae vitae* die Kasuistik der Sexualität verstärken würde, die die Seiten der Moraltheologie seit so langer Zeit schwärzte.

Die Angelegenheit ist viel zu geschmacklos, um zu sehr ins einzelne zu gehen, und selbst manche Englisch schreibenden Moraltheologen besprechen Sexualität auf latein. Es gibt bei respektablen Moraltheologen Seiten, die grober sind als Rabelais und so obszön wie der *Hexenhammer*. Denn Paul VI. wiederholte, daß der Geschlechtsakt allein vom biologischen Gesichtspunkt aus zu beurteilen sei. Es muß eine *penetratio* und eine *inseminatio* vorliegen, der Penis muß seinen Samen in der Scheide abgeben. Der Same darf nicht in einem Kondom aufgefangen werden oder mit einem Pessar daran gehindert werden, sein »natürliches Ziel« zu erreichen. Das, sagt der Papst übereinstimmend mit seinen jüngsten Vorgängern, ist moralisch; alles andere ist es nicht. Die Folgerungen daraus kann man nur mit Vorsicht drucken.

Wenn sich zum Beispiel ein Ehemann seiner Frau nähert und ein Kondom trägt, muß sie ihm Widerstand leisten, sagte das päpstliche Bußgericht, »wie eine Jungfrau einem Vergewaltiger«. Kann die Frau nicht ohne schweren körperlichen Schaden oder Tod widerstehen, darf sie ihn »passiv« dulden, d. h., sie darf kein Vergnügen am Geschlechtsakt empfinden, sondern muß sich bis zum Ende steif und ablehnend halten.

Wenn ein katholisches Paar keine Kinder bekommen kann, wird der Frauenarzt es wahrscheinlich weniger kooperativ finden als andere Patienten — wenn es seiner Kirche gehorcht. Denn es gibt keine Ausnahmen von der Regel, daß der einzig richtige Platz für den Samen eines Mannes die Scheide seiner Ehefrau ist. Wie soll ein Arzt dann Samen von Katholiken bekommen, um seine Fruchtbarkeit zu untersuchen, wenn dieser Same noch nie ein Ei befruchtet hat? Der Mann darf nicht masturbieren. Das ist immer unrecht, selbst wenn es zum Zweck der Fortpflanzung geschieht. Als ein berühmter Moraltheologe vorschlug, den Samen direkt aus den Hoden zu nehmen, weil das kein Vergnügen mit sich bringe, sagte Rom nein, denn er müsse natürlich gewonnen werden, d. h. durch normalen Geschlechtsverkehr. Manche Moraltheologen schlagen vor, daß Eheleute direkt vor der gynäkologischen Untersuchung Geschlechtsverkehr haben, obwohl der Arzt zweifellos den Samen in einer besser zugänglichen Form vorziehen würde. Ist er nicht außerdem ohnehin gezwungen, den Samen zur Untersuchung aus seinem »natürlichen Gefäß« zu entfernen? In der Tat, antworten die Moraltheologen, aber der Same wurde zuerst am richtigen Ort abgegeben, und es bleibt genug *in situ*, um das Ei zu befruchten, falls die Natur und Gott das wollen. Einige Moraltheologen brachten eine kühne Idee auf, die von Rom gebilligt wurde: Mann und Frau sollten mit Kondom verkehren, vorausgesetzt, das Kondom wurde zuvor durchlöchert. Sie definieren das Ausmaß der Durchlöcherung nicht, aber wahrscheinlich muß genug Samen in die Frau gelangen können, um sie zu befruchten, falls das Gottes Wille ist. Der Frauenarzt bekommt dann ein durchlöchertes Kondom, mit dem er die Analyse der Spermendichte beginnen kann. Der Arzt zieht dies gewiß einer anderen Lösung der Moraltheologen vor, bei der ein Zervixlöffel eingesetzt wird, nachdem das Paar direkt vor dem Betreten seiner Praxis miteinander verkehrt hat.

Dies sind nur einige der vielen absonderlichen Folgen der päpstlichen Regel, daß Recht und Unrecht des Geschlechtsakts anhand seiner biologischen und nicht moralischen Bedingungen zu beurteilen sind. Selbst dann ist trotz aller Pedanterie keine Logik in der Lehre der Moraltheologen. Denn wenn man sich an »korrekte Biologie« halten muß, muß die Entfernung jedweden Samens aus der Scheide oder das Zurückhalten jedweden Samens im Kondom unmoralisch sein. Zwar gilt alles Wasser als gleich, wenn es den Durst löscht, aber nicht aller Same gilt als gleich.

Vielmehr ist jede Samenzelle anders. Indem er einige zur Untersuchung entfernt, läuft der Arzt Gefahr, die eine unter Millionen fortzunehmen, die das Ei befruchten könnte. Es ist fast, als glaubten diese Moraltheologen, daß dasselbe Kind herauskäme, gleichgültig welche Samenzelle ein bestimmtes Ei befruchtet. Ihren biologischen Prämissen zufolge ist es mit Sicherheit immer unrecht, ein Kondom zu benutzen, ob es nun so »sicher« ist wie Fort Knox oder durchlöchert wie ein Sieb. Streng logisch dürften sie nie zulassen, daß eine Samenzelle irgendwo außer in der Scheide abgesetzt wird. Dies würde bedeuten, daß jede wissenschaftliche Untersuchung von Sperma unmoralisch ist.

Wie die liberalen Theologen äußerten auch Bischöfe Unbehagen über *Humanae vitae*. Natürlich vollzogen sie sofort den Schulterschluß, wie ihre Vorgänger nach Vaticanum I. Doch eine Untersuchung ihrer Aussagen zeigt die Tiefe des Dilemmas, in das der Papst sie manövriert hatte.
In Südafrika sagte Bischof van Nielsen, ein Mitglied des Sekretariats für christliche Einheit, das Verbot des Papstes sei »eher eine Disziplin [kirchliche Vorschrift] als eine Lehre und lasse die Tür weit offen für persönliche Entscheidung«. Der Papst hatte tatsächlich die Tür mit voller Absicht zugeschlagen. Erzbischof Hurley von Durban gab zu, die Enzyklika sei »das Schmerzlichste in meinem Leben als Bischof. ... Ich habe mich nie so in zwei Hälften zerrissen gefühlt.« Als Resultat des Konzils hatte er seine lebenslang konservative Einstellung aufgegeben. Das Konzil zeigte, »welche wunderbaren Ergebnisse durch eine umfassende und offene Debatte erreichbar sind. ... Es war Kollegialität in ihrer besten, oder fast besten Form, denn Methode und Umfang der Beratung können erweitert werden und mehr von Gottes Volk umfassen – seine Kleriker, Ordensleute und Laien. ... Als Brüder Papst Pauls im Episkopat dürfen die Bischöfe das Thema nicht scheuen, wie nach ihrer Meinung die Autorität ihres ältesten Bruders ausgeübt werden sollte. Dies mit ihm zu besprechen, ist nicht Mangel an Loyalität, sondern die Wahrheit in Liebe zu sagen.«
Gemeinsame Hirtenbriefe zeigen die gleiche Verlegenheit nach Vaticanum II. In Holland, wo eine Umfrage zeigte, daß 80 % der Katholiken gegen *Humanae vitae* waren, sagten die Bischöfe kühl: »Möge die Diskussion über diese Enzyklika zu einer klareren Würdigung und Funktion der Autorität innerhalb der Kirche führen.«
Die kanadischen Bischöfe sperrten sich ebenfalls, wie auch die Belgier, angeführt von Kardinal Suenens. In einem noch nie dagewesenen Vorstoß betonten die Belgier, daß Katholiken nicht gebunden sind, diesem nicht-

unfehlbaren Dokument bedingungslos zu gehorchen. Wer in diesen Dingen kompetent und verantwortungsvoll ist, »hat das Recht, seinen eigenen Überzeugungen zu folgen«. Selbst die vom Papst vorgebrachten Argumente wurden als fehlerhaft bezeichnet, so daß Andersdenkende nicht selbstsüchtig oder vergnügungssüchtig genannt werden dürfen. Die Bischöfe fahren fort:

*Wir müssen nach der traditionellen Lehre anerkennen, daß die letztgültige praktische Norm des Handelns das Gewissen ist, das von allen in* Gaudium et spes *[dem Konzilsdokument] dargestellten Faktoren in rechter Weise erleuchtet ist. Ferner müssen wir anerkennen, daß die letzte Entscheidung über den rechten Zeitpunkt, neues Leben weiterzugeben, bei den Eltern liegt und daß sie im Angesicht Gottes diese Entscheidung treffen müssen.*

Die konservativeren Hierarchien wie die englische und die amerikanische betonten den Gehorsam gegenüber Seiner Heiligkeit. Sie drängten die Katholiken, weiterhin die Sakramente zu empfangen. Da viele in ihrer Herde die Pille nahmen, war es nicht leicht einzusehen, wie sie eine Bereitschaft zur Besserung haben sollten, eine Vorbedingung für die aufrichtige Beichte und die Heilige Kommunion. Katholiken wurden aufgefordert, sich nicht nur als Sünder zu sehen, sondern als reuige Sünder, während sie tatsächlich jeden Tag die Pille als empfängnisverhütendes Mittel nahmen. *Humanae vitae* war nahe daran, einen Rückschritt zu den schlimmsten Exzessen der Moraltheologie auszulösen. Viele Frauen, deren einzige Absicht die Empfängnisverhütung war, nahmen die Pille mit dem Argument, dies helfe ihren Menstruationszyklus regulieren.

Die meisten Bischöfe wiesen andersdenkende Priester auf Anweisung des Heiligen Offiziums zurecht – diejenigen, die mit Shakespeares Worten »von des Gedankens Blässe angekränkelt« waren. Die Bischöfe sagten: »Seid still, oder ihr fliegt.« Bestand der Papst nicht in *Humanae vitae* darauf, daß Priester seiner Lehre inneren und äußeren Gehorsam leisten müßten? Nachdenkliche Priester fanden das unbegreiflich. Sollte es nicht einmal in strittigen und korrigierbaren Angelegenheiten religiöse Freiheit geben?

Sie sahen die Sache so: Wenn *Humanae vitae* nicht unfehlbar ist, ist sie fehlbar. Wenn sie fehlbar ist, könnte der Papst sich irren. Wenn er sich irren könnte, ist es gefährlich, seine Lehre so zu behandeln, als könne sie nicht irrig sein. Die einzig vernünftige Haltung ist, sie mit Vorsicht zu behandeln, um so mehr, als das Glück von Millionen Eheleuten auf dem Spiel steht. Hätte Papst Paul VI. gesagt: »Dies ist unfehlbar, d. h. es ist der Glaube der Kirche, deshalb verlangt Gott inneren und äußeren Gehorsam«, hätte das einen Sinn ergeben. Daß er aber gesagt hat: »Dies ist nicht unfehlbar, aber ich, der Papst, bestehe trotzdem auf innerem und äußerem Gehorsam gegenüber einer Aussage, die möglicherweise irrig ist«, war zuviel verlangt. Einige glauben aufrichtig, daß es unmoralisch war. Denn der Papst verlangt Zustimmung zu etwas, das nicht absolut sicher ist. Wenn er nicht für seine Wahrheit garantieren konnte, hätte er nicht bedingungslosen Gehorsam fordern dürfen. Überhaupt, wenn ein Priester überzeugt war, Geburtenkontrolle sei gut, wie konnte er dann der entgegengesetzten Auffassung inneren Gehorsam leisten? Vielen Bischöfen war dies klar, und sie verlangten nur äußeren Gehorsam gegenüber der Entscheidung des Papstes. Dies war zwar wiederum barmherzig, aber doppelbödig und ermutigte Kriechertum. Wenn die Bischöfe nicht einmal selbst dem Papst gehorchten, indem sie inneren wie äußeren Gehorsam forderten, hätten sie von ihren Priestern gar nichts fordern dürfen.

Trotz der angestrengten Bemühungen um Schadensbegrenzung war es, als hätte ein Hurrikan die katholische Kirche heimgesucht. Nach *Humanae vitae* durchgeführte Umfragen zeigten, daß jetzt mehr Katholiken für Empfängnisverhütung waren. Das bewies, daß im Bett die meisten Katholiken zu Protestanten werden.

Die Laien wurden zornig auf die Hierarchie. Es dämmerte ihnen, daß die einzige Qualifikation des Klerus, Unkenntnis, in Fragen der Sexualität nicht ausreichte. Jeder verheiratete Mann, jede verheiratete Frau ist mehr »Sexperte« als alle Priester zusammen. Viele Laien begannen zu sagen, ein eheloser Klerus sei trotz all seiner Opfer für die Kirche ein Luxus, den sie sich nicht mehr leisten konnte. Die Haltung der Priester schien zu sein: »Wenn Sie nicht die moralische Kraft haben, ehelos zu sein wie wir, müssen Sie die Folgen tragen – einschließlich aller Kinder, die Gott Ihnen schenkt.« Ein amerikanischer Jesuit meinte, das Zölibat sollte für Priester freiwillig sein, für Bischöfe aber Pflicht, damit sie zur Besinnung kämen. Wie Erzbischof Hurley andeutete, war nicht einmal beim Konzil die ganze Kirche vertreten. Wie können alte, ehelose Männer den *sensus fidelium* in Angelegenheiten vertreten, worin sie nicht kompetent sind, wo selbst der freie Gebrauch ihrer Phantasie sie in Sünde stürzen würde? Es war so unrealistisch, wie wenn Laien den Mönchen und Klerikern sagen wollten, wie sie ihr Leben der Ehelosigkeit führen sollten.

Der Reichtum an Weisheit, den die Laien besitzen, wurde in den gemeinsamen Vorrat, der die Kirche ernähren sollte, einfach nicht eingebracht. Fünfundzwanzig Jahre nach dem Konzil hält der Klerus noch immer Synoden über »die Laien«, ohne daß ein einziger Laie ein Stimmrecht hat. Besonders Frauen fanden, *Humanae vitae* habe ihnen übel mitgespielt. Sie porträtierte einen Gott, der Frauen nicht liebt. In Christus ist weder Mann noch Frau, doch in der katholischen Kirche ist nur Mann. Bei allen wohltönenden Worten Pauls VI. über die Würde der Frauen – tatsächlich beschrieb er Wesen, die es nur in seiner Vorstellung gab. Zum erstenmal war es Frauen möglich, gleichberechtigte Partner in der Ehe zu sein; das Vorurteil, Männer seien höher entwickelt, war von wissenschaftlichen Fortschritten weitgehend korrigiert worden. Katholische Prälaten konnten das nicht sehen; sie zogen Frauen als ewige »Puppenhaus«-Leute vor, an Haus und Kinder gefesselt. Die Frauen sahen das anders.
Für sie hatte die Empfängnisverhütung nicht nur dazu beigetragen, die ehelichen Beziehungen gleichberechtigt zu machen; sie hatte die Sexualität humanisiert. Sex war nun eine Sache der Freude für Mann und Frau, ohne die endlose Angst vor der Empfängnis. Sie hatte Kinderhaben und Kindererziehung zu einer Sache der Entscheidung gemacht. Die Paare waren endlich in der Lage, dann Kinder zu bekommen, wenn sie dafür bereit waren, wenn es für die Familie gut war, so daß jedes Kind ein Wunschkind war.
Der Klerus, in Einsamkeit geschult und versunken, konnte Frauen nicht verstehen. Für ihn stellen Frauen Versuchung dar, ein Abfallen von seiner Berufung. Deshalb ist »die Frau« in päpstlichen Dokumenten eigentlich ein Porträt der Jungfrau Maria; sie allein bedeutet unter allen Frauen keine Gefahr für die Berufung eines Priesters.
Im neunzehnten Jahrhundert griffen die Päpste ständig die bürgerliche und religiöse Freiheit an; im zwanzigsten befassen sie sich vor allem mit Sexualität. Sie haben mit der besten Absicht versucht, die Freiheit in diesem intimsten und privatesten Bereich der Liebe zu ersticken. Angesichts der explosionsartigen Vermehrung von Menschen – Häusern und selbst Kontinenten, die vor Überfüllung platzen – hatte päpstliche Weisheit nur die höchst unsicheren »sicheren Tage« und eheliche Ehelosigkeit zu bieten, um die Fruchtbarkeit zu kontrollieren. Beides zeigte, wie wenig der Klerus vom Leben wußte. Er sprach, als sei sexuelles Begehren etwas, das nach Bedarf an- und abgestellt werden kann. Die Laien waren enttäuscht.

Die Priester betraf *Humanae vitae* auf andere Weise. Die Enzyklika

zwang sie, ihre eigene Sexualität neu zu überdenken. Viele hinterfragten das Zölibat zum erstenmal. Die Enzyklika zeigte ihnen, daß der Papst über Sex in der Ehe unrecht hatte. Was, wenn er über Sexualität insgesamt unrecht hatte? Was wurde dann aus ihnen?
Aus welchem Grund auch immer erhielt Rom eine Flut von Anträgen von Priestern, die den Dienst aufgeben wollten, als die Frage der Empfängnisverhütung 1962 aufkam. Der am häufigsten angegebene Grund war Unfähigkeit, das Zölibat durchzuhalten. Die Geschichte zeigt, daß das Zölibat fast immer eine Katastrophe war, doch nie zuvor waren so viele Priester bereit gewesen, das einzugestehen und Rom um ihre Entlassung zu bitten.

Ein Mitglied der päpstlichen Kommission fehlte, als die Schlußabstimmung stattfand: Karol Wojtyla, Kardinal von Krakau. Seine Abwesenheit wurde nie erklärt. Zweifellos glaubte er wie Paul VI., daß kein Wandel möglich war. Vielleicht wollte er einfach nichts mit etwas zu tun haben, das nach einer nahenden Katastrophe aussah. Am 12. November 1978, genau drei Wochen nach seiner Amtsübernahme, druckte er zwei seiner früheren Artikel im *Osservatore Romano* noch einmal ab. Der erste trug den Titel »Die Wahrheit der Enzyklika *Humanae vitae*«.
Zwanzig Jahre sind seit *Humanae vitae* vergangen, und nichts ist grundlegend anders geworden. Die Positionen haben sich höchstens verhärtet. Merkwürdigerweise ist das Papsttum selbst das Hauptopfer seiner eigenen Entscheidungen. Amerika liefert deutliche Beweise dafür.
Über die Jahre haben P. Andrew Greely und sein Forscherteam soziologische Daten zusammengetragen, die erklären helfen, warum die katholische Kirche gegenwärtig einen steilen Abstieg erlebt. Der Hauptgrund ist nicht Vaticanum II, wie Theologen gern annehmen. Es ist vielmehr die päpstliche Führung im Bereich der Sexualmoral.
In seinem Buch *The American Catholic* konnte Greely 1977 sagen:

> *Wir konnten keine Beweise dafür finden, daß das Konzil mit dem Schwinden katholischen Glaubens und Praktizierens zu tun hat; wir fanden umfangreiche Beweise, daß der Schwund mit einer Ablehnung der kirchlichen Sexualethik und einer Erosion der Glaubwürdigkeit päpstlicher Führung zu tun hat. ... Man findet die kirchliche Sexuallehre falsch, lehnt die Autorität des Führers ab, der diese Lehre durchsetzen will, und entfremdet sich dann von den anderen Dimensionen religiösen Glaubens und Praktizierens.*

Die Schlußfolgerung muß sein: Vaticanum II ohne *Humanae vitae* hätte es der Kirche ermöglicht, einen Riesenschritt vorwärts in die moderne Welt zu tun. *Humanae vitae* ohne Vaticanum II wäre eine totale Katastrophe gewesen, nichts weniger als eine Rückkehr in das Mittelalter. Vaticanum II und *Humanae vitae* zusammengenommen ergeben eine abgemilderte Katastrophe. Der gegenwärtige Schmerz ist das Ergebnis eines Konflikts zwischen zwei mächtigen und unversöhnlichen Kräften in dieser bemerkenswerten Institution.

Ein Grund muß darin liegen, daß Katholiken die Weltbevölkerung weit weniger optimistisch betrachten als Päpste. Ein Blick auf die Bevölkerungskurve zeigt, daß die Menschheit vom Jahr Null bis 1800 brauchte, um eine Milliarde Geburten zu erreichen. Von 1800 bis zu den 1920er Jahren war es eine weitere Milliarde. Die dritte Milliarde wurde 1958 erreicht, die vierte 1975 und die fünfte im Sommer 1987. Von allen je geborenen Kindern leben an die vier Fünftel heute. Die meisten leben in der Dritten Welt. Trotz der Agrarrevolution gibt es heute mehr hungernde Menschen als je zuvor. Millionen in Afrika und Südamerika essen wenig und schlecht; sie benutzen nie eine Toilette; sie leben und sterben in Gossen voller menschlicher Exkremente, Abfall und verseuchtem Wasser. 1920 hatte Mexiko eine Bevölkerung von 20 Millionen. Heute hat Mexico City allein fast so viele Einwohner. Bis Ende des Jahrhunderts wird Mexiko mindestens 100 Millionen Menschen haben. Schon heute gibt es in der Hauptstadt eine als *pepinadores* bekannte Gruppe; es ist eine Müllverwertergewerkschaft, die die Rechte, von der örtlichen Müllhalde zu leben, verteilt.

Johannes Paul weigert sich, wie ein Sprecher es ausdrückte, das Zahlenspiel zu spielen. Im Juni 1987, einen Monat bevor die Vereinten Nationen die Geburt des 5000000000sten Babys bekanntgaben, wiederholte er noch einmal: »Was die Kirche über Empfängnisverhütung lehrt, ist kein Gegenstand, der von den Theologen frei diskutiert werden kann.« Wenn katholische Theologen zusammenkommen, um Empfängnisverhütung zu diskutieren, müssen sie von der Annahme ausgehen, daß kein Wandel möglich ist. Da die meisten von ihnen von der Annahme ausgehen, daß ein Wandel unvermeidbar ist, ist es klüger von ihnen, still zu sein.

»Jeder Geschlechtsakt muß für die Weitergabe des Lebens offen sein«, sagt Johannes Paul. Es erschüttert seinen Glauben nicht, daß eine solche Lehre, von nur einem Land wie Indien oder China praktiziert, die Erde übervölkern und zu Elend und Hunger der Massen, Kriegen und Bürgerkriegen führen würde. Gott wird für euch sorgen.

Für einen Wandel der offiziellen Haltung in diesem Jahrhundert ist keine Chance in Sicht. Johannes Paul hat das Episkopat mit Männern aufgefüllt, die entweder *Humanae vitae* voll unterstützen oder keine Opposition gezeigt haben, selbst wenn sie überzeugt sind, daß sie falsch ist. Ganze Hierarchien wie die holländische und die amerikanische werden mit Bischöfen von einer theologischen Überzeugung aufgefüllt. Dies garantiert, menschlich gesprochen, daß Johannes Pauls Lehre überleben wird, wenn er geht. In dieser so geladenen Atmosphäre führt der geringste Widerspruch bei Bischöfen und Theologen zu sofortiger Entlassung.

Eine nebensächliche Lehre ohne biblische Grundlage ist im Guten wie im Bösen zum Prüfstein der Orthodoxie geworden. Es ist eine Situation, der nur Voltaire und Jonathan Swift gerecht werden könnten. Unter vielen frommen Katholiken erhebt sich die beängstigende Frage: Ist der Papst in dieser Sache ein Katholik? Könnte es sein, daß er als ein Protestant in der Kirche handelt, da er sein eigenes Privaturteil befolgt, entgegen dem *sensus fidelium*, der wirklichen Meinung des Katholizismus in aller Welt?

Seit 1968 hat, abgesehen vom massiven Bevölkerungszuwachs, der vorhersehbar war, ein gänzlich unerwarteter Faktor Einzug in die Debatte gehalten. Es ist die Seuche AIDS. Papst Paul hat festgesetzt, daß alle künstlichen Formen der Geburtenkontrolle einschließlich der Barrieremethoden in sich böse sind. Doch die Ärzte halten heute Kondome für die beste Methode, um Infektionen zu verhindern. Ohne Kondome werden viele unschuldige Ehepartner und ihre Kinder zu einem schrecklichen Tod verurteilt sein. Auch Bluter sind durch Bluttransfusionen infiziert worden. Möchte die Kirche ihrem doppelten Unglück ein drittes hinzufügen, die Ehelosigkeit? Dies ist die Logik der katholischen Position, festgelegt von Papst Paul und wiederholt vom gegenwärtigen Oberhirten bekräftigt. Die Anwendung von Kondomen verstößt gegen die biologische Integrität des Geschlechtsakts und ist deshalb unrecht, selbst wenn sie die Verbreitung einer Krankheit verhindern hilft, die wahrscheinlich die schlimmste seit dem Schwarzen Tod 1348 ist. Nichts kann die Anwendung von etwas in sich Bösem rechtfertigen, nicht einmal das Überleben der Menschheit. Newmans hypothetische Situation ist Realität geworden.

Laut *Humanae vitae* kann der Zweck die Mittel niemals rechtfertigen. Katholiken dürfen nicht argumentieren, Empfängnisverhütung sei nur ein sekundärer Effekt bei der Anwendung eines Kondoms. Natürlich verhindern Kondome die Verbreitung von AIDS nur, weil sie den Samen nicht in die weibliche Scheide eintreten lassen und so die biologische Integrität des Geschlechtsakts verletzen. Laut Paul VI. kann die katholische Kirche keine breiteren Parameter betrachten als die sexuelle Fähigkeit selbst. Wenn der primäre Zweck der Fähigkeit blockiert wird, wie wenn Kondome verwendet werden, ist der Akt in sich böse, eine Todsünde. Dies ist der Fall, selbst wenn ein Mann infiziert ist, entweder weil er bei einer Prostituierten war, weil er beim Spritzen von Drogen eine infizierte Nadel genommen hat oder weil er als Bluter eine Infusion mit infiziertem Blut bekommen hat. Er und seine Frau dürfen keine Barrieremethoden zur Empfängnisverhütung anwenden. Sie müssen ohne Kondome Geschlechtsverkehr haben oder gar nicht.

Nun, da es Millionen von AIDS-Überträgern gibt, sind die einzigen Alternativen der katholischen Kirche: Betet um ein schnelles Gegenmittel für den Virus oder predigt Millionen von Ehepaaren praktische Ehelosigkeit. Für den Rest der Welt ist diese Haltung nicht vernünftig, sondern unverantwortlich und lebensbedrohend.

Es ist Zeit zu fragen: Hatte Papst Paul recht, als er sagte, seine Lehre in *Humanae vitae* sei »beständige« katholische Tradition? Die Frage, was katholische Tradition zur Sexualität wirklich ist, hat, wie sich herausstellt, einige sehr überraschende Antworten. Um mit der Suche danach zu beginnen, muß man sehr weit zurückgehen.

## 17. Kapitel

# Eine lieblose Sicht der Sexualität

Der kleine, vogelähnliche Mann mit großen, tiefen Augen war schätzungsweise sechsunddreißig Jahre alt, als er in der kleinen, geschäftigen Hafenstadt eintraf. In seiner groben, grauen Kutte war er auf der geraden, gepflasterten, römischen Straße durch ein baumloses Land voller Getreidefelder gewandert. Er war als der Große Sünder bekannt, und auf diesen Titel war er stolz. Wer hatte nicht von seiner Versklavung an die Fleischeslust gehört, seinem sinnlichen, heißblütigen Studentenleben in Karthago, seiner ersten Geliebten, von der er einen Sohn hatte, seiner zweiten Geliebten, die er nahm, während er die Volljährigkeit der ihm bestimmten Braut abwartete? Wer hatte nicht von seiner Leidenschaft für Schauspiele und Gladiatorenkämpfe gehört, seiner Faszination von jeder widerwärtigen Ketzerei? Neun Jahre der Zügellosigkeit hatten in seinem Gesicht und in seinem Herzen ihre Spuren hinterlassen.

Man schrieb das Jahr 391 in Hippo Regis in der römischen Provinz Numidien, dem heutigen Algerien. Der Fremde war Augustinus, ehemals Rhetorikprofessor, das Genie, das die westliche Christenheit lehrte, Latein zu sprechen und dessen Version von der Botschaft Christi für die nächsten fünfzehnhundert Jahre bestimmend sein sollte.

Er war ein Bekehrter. In einer Weile sollten Sätze aus seinen *Bekenntnissen* in aller Munde sein. »Für Dich hast Du uns geschaffen, o Gott, und unruhig ist unser Herz, bis es Ruhe findet in Dir.« »Wie Wasser kochte ich über, erhitzt von meinen Unkeuschheiten.« Und am berühmtesten: »Zu spät habe ich Dich liebengelernt, o Du Schönheit, so alt und so lieblich.«

Der alte Bischof Valerius war auf Bitten seiner Gemeinde bereit, diesen Fremden zu seinem Assistenten zu machen. Augustinus wurde dann sein Nachfolger und der größte Theologe, den der Westen je hervorgebracht hat. Die meisten seiner Ideen wurden in Predigten formuliert, und das mag der Grund für ihre Popularität sein. Er war ein großartiger Kommunikator.

## *Seine Angst vor der Sexualität*

Sex war sein Steckenpferd, klagte seine Gemeinde oft. Er verlangte von Männern die gleichen Maßstäbe wie von Frauen. Er protestierte dagegen, daß Männer sich Konkubinen hielten. Doch seine Lehre hatte andere, fragwürdigere Seiten – und das Gute wie das Schlechte sollte die Norm des christlichen Glaubens werden.

Seine Bewunderer sagen, er sei nach seiner Bekehrung reiner Geist gewesen. In Wahrheit wurde er das Fleisch nie los. Er hegte immer ein tiefes Mißtrauen und einen Abscheu dagegen, den er nie ganz verbergen konnte. Seine sexuelle Erfahrung hatte sich auf verbotene Liebesaffären beschränkt, die ihm ein Gefühl von Schuld und Elend gaben. Im späteren Leben extrapolierte er dies auf die ganze Sexualität und verband sie, selbst in der Ehe, mit Schlechtigkeit und Sünde.

»Nichts«, schrieb er in seinen *Alleingesprächen*, »ist so machtvoll, den Geist eines Mannes hinabzuziehen, wie die Liebkosungen einer Frau und jener körperliche Verkehr, der zur Ehe gehört.« Voller Angst und in Erinnerung an seine eigenen Fehltritte erlaubte er nie, daß eine Frau sein Haus betrat oder auch nur mit ihm sprach, außer, wenn Zeugen zugegen waren. Nicht einmal für seine ältere Schwester machte er eine Ausnahme. Enthaltsamkeit war der Anfang des Dienstes für den Herrn, doch er verstand sie auf rigoristische Weise. Der heilige Born des Lebens, sagte er, werde immer von der Fleischeslust (*libido*) verschmutzt, selbst im Gärtlein der Ehe. Seine Überzeugung, daß sexuelles Begehren von Natur aus böse sei, wurde die große Tradition der Kirche. Aufgrund des Sündenfalls wird der Mensch an seinem verwundbarsten Punkt angegriffen: der Sexualität. Selbst in der Ehe wird sie von Fleischeslust korrumpiert. Das ist die größte, unausweichliche Strafe für Adams Sünde. Fleischeslust ist nur durch den Wunsch nach Fortpflanzung zu rechtfertigen. Ohne diesen Wunsch wird die läßliche Sünde der Fleischeslust in der Ehe zur Todsünde gegen die Ehe selbst. Die Partner werden zu »Huren«, ihre Ehe zu systematischem Ehebruch.

In Predigt auf Predigt wiederholt er: »Männer, liebt eure Frauen, aber liebt sie keusch. Besteht nur soweit auf dem Werk des Fleisches, wie es zur Zeugung von Kindern notwendig ist. Da ihr auf keine andere Weise Kinder zeugen könnt, müßt ihr euch gegen euren Willen dazu erniedrigen, denn es ist die Strafe Adams. ... Ein Mann sollte sich nach jener Umarmung sehnen, in der es keine Verdorbenheit mehr geben kann.«

Wenn ein Paar doch nur ohne die Schmutzigkeit des Geschlechtsverkehrs Kinder haben könnte, etwa indem es auf Knien zusammen betet. Augustinus zufolge sollte sich ein Mann in den Armen seiner Frau eisig auf das Kind konzentrieren und sich auf den Himmel freuen, wo er sie wie eine Statue umarmen kann.

Dies hilft erklären, warum er Jungfräulichkeit pries. Sie ist frei von der Fleischeslust, die selbst den rechtmäßigen Vollzug der Ehe schändet. Ein jungfräulicher Mensch ist Gott nahe, weil er oder sie sich von den unvermeidlichen Sünden der Ehe abgewendet hat. Es ist schwer zu wissen, wie er die Ehe gut nennen kann, wenn die der Ehe eigenen Handlungen notwendig böse sind.

In Augustins Zeit gab es einen unbeholfenen Versuch, die »sicheren Tage« zu nutzen. Die Manichäer mit ihrem Haß gegen das Fleisch hatten dies entwickelt und rieten ihren Anhängern, nur dann Verkehr zu haben. Auf diese Weise würden sie den schlimmsten Aspekt der Fleischlichkeit vermeiden, nämlich einen neuen Körper in die Welt zu setzen. Der Körper, von einer bösen Gottheit geschaffen, war zur Verderbnis bestimmt.

Augustinus war Manichäer gewesen; er war der erste Heilige, der je die Methode der »sicheren Tage« anwandte. Bei ihm funktionierte sie auch, denn in über elf Jahren hatten er und seine Geliebte nur ein Kind, den schönen Adeodatus, der in der Blüte seiner Jugend starb. Wie viele Bekehrte war Augustinus heftig gegen seine früheren Freunde. Er hatte nicht nur einen Abscheu vor der Unkeuschheit, sondern auch vor der manichäischen Billigung der »sicheren Tage«. Als er hörte, daß die Katholiken begonnen hatten, diese Methode zur Vermeidung der Empfängnis zu benutzen, sagte er kategorisch, es sei eine sehr schwere Sünde. Es sei Vergnügen am Geschlechtsakt ohne die Absicht der Fortpflanzung. Diese Auffassung hielt sich in der katholischen Kirche, bis Pius XII. 1951 die Methode der »sicheren Tage« zur einzigen von Gott gebilligten Methode machte.

### Das Gute der Ehe

Im Jahr 401 schrieb Augustinus ein Traktat *Über das Gute der Ehe (De bono coniugali)*, das die ganze christliche Tradition beeinflussen sollte. Darin legte er die drei *bona* – Güter, Werte, Ziele – der Ehe fest. Sie wa-

ren: Nachkommen, Unauflöslichkeit und Treue. Fünfzehn Jahrhunderte später, 1930, benutzte Pius XI. diese Kategorien als Grundlage für *Casti connubii*. Aus ihnen, sagt er, besteht eine Ehe; fehlt eine von ihnen, würde das Paar keine echte Ehe schließen. Dies war ein wenig taktlos von ihm, weil er damit die meisten Ehen in der Welt für nichtig erklärte.
Im zwanzigsten Jahrhundert ist Augustins Traktat geschmacklos wegen seiner Grobheit und seines tiefen Unverständnisses für das, was Sexualität ist. Sein Grundprinzip ist: Geschlechtsverkehr in der Ehe mit dem Ziel der Zeugung ist gut und recht, aus jedem anderen Grund ist er Sünde. Heute muten die Schlüsse, die er aus diesem Prinzip zog, etwas seltsam an.
Ältere Menschen »sind besser in dem Maße, wie sie früher beginnen, den Geschlechtsverkehr zu unterlassen«. Wenn sie keine Kinder mehr bekommen können, sollten sie nach Keuschheit der Seele streben – d. h. ganz ohne Sex auskommen.
Für jüngere Leute »macht der eheliche Verkehr etwas Gutes aus dem Übel der Fleischeslust« – vorausgesetzt, sie denken beim Verkehr nicht als Eheleute an sich, sondern als Eltern.
Aber angenommen, die Frau kann nicht empfangen. Welches Recht hätte ein Mann dann, mit seiner Frau zu schlafen? Nun, es hilft ihm, nicht fremdzugehen. Es ist die Entscheidung für das kleinere Übel. Selbst nach Augustins eigenen Prinzipien ist dies schwer zu rechtfertigen. Es kommt gefährlich in die Nähe der Auffassung, der Zweck (Ehebruch zu vermeiden) heilige die Mittel (die eheliche Sünde der Fleischeslust).
Wäre demzufolge nicht ehelicher Verkehr mit einer schwangeren Frau sündige Fleischeslust? Natürlich. Er schreibt: »Es gibt Männer, die so unbeherrscht sind, daß sie ihre Frauen nicht verschonen, wenn sie schwanger sind.« Die Folgerung sollte gewiß sein, daß die Frau ihren Mann abweisen und ihm nicht erlauben sollte, mit ihr zu sündigen. Im Gegenteil, sagt Augustinus, sie muß ihren Gatten dulden, weil er ihr Herr ist. Außerdem ist es besser für die Frau, wenn er mit ihr statt mit einer anderen Frau sündigt. Abgesehen von dem männlichen Chauvinismus ist dies Argument auch unlogisch. Wäre es nicht besser, daß ein Mann mit einer willigen Prostituierten sündigt, als mit einer unwilligen Ehefrau, deren Keuschheit er verletzt? In der Sprache der Moraltheologie: Sollte seine schwangere Frau ihn nicht abwehren wie eine Jungfrau einen Vergewaltiger?
Da die Paare auch dann zumindest läßlich sündigen, wenn sie ein Kind haben wollen, folgen andere seltsame Schlüsse, die Augustinus gern akzeptiert. »Enthaltung von allem Verkehr ist gewiß besser als selbst eheli-

cher Verkehr, der zu dem Zweck, Kinder zu haben, stattfindet.« Die ideale Ehe ist ein Bund von »Ehelosen«. Der hl. Paulus hat von Kommentatoren vieles erlitten, aber wer hätte gedacht, daß er etwas Derartiges meinte? Laut Augustinus müssen sich die meisten Paare mit weniger als dem Ideal begnügen. »Zwar ist Enthaltsamkeit [in der Ehe] von größerem Verdienst, doch ist es keine Sünde, die eheliche Pflicht zu erfüllen; sie aber über das Notwendige hinaus zu fordern, ist eine läßliche Sünde.« Offensichtlich ist Sex in der Ehe nur für Leute, die sich nicht beherrschen können. Das Ideal ist kein Sex, jetzt oder in der Ewigkeit. Die Jungfrau ist das Vorbild.

Maria war völlig enthaltsam, eine Jungfrau. Doch sie vereinte auch das Unvereinbare: Jungfräulichkeit und Mutterschaft. Das war Vollkommenheit: Mutterschaft ohne Sex, Jungfräulichkeit mit der Segnung eines Kindes. Es ist fast, als wünschte Augustinus, Gott hätte Jungfrauengeburten zur Norm gemacht. Tatsächlich ist der einzige Weg, auf dem er Gott von der Schuld für die Einsetzung der Ehe freisprechen kann, das Argument, die unvermeidliche Fleischeslust beim Sex sei Adams Schuld, nicht Gottes.

Das Kind rechtfertigt sozusagen die Ehe, wie wir sie kennen. Gott macht aus Bösem Gutes. Dennoch ist Frigidität anzustreben (Augustinus nennt es »Spiritualität»), nicht sexuelles Vergnügen (*libido*). Die vollkommene Ehe würde diesem Muster folgen: Frau und Mann sollten vor der Einforderung der ehelichen Pflicht herausfinden, ob der Partner in einer heiligen Stimmung ist, d. h. nicht sexuell erregt, und von der Absicht zur Fortpflanzung erfüllt.

Augustinus scheut die paradoxeste Folgerung nicht: Die ideale Ehe besteht aus zwei Jungfrauen. Würde dies zur Norm, so wäre die Stadt Gottes bald komplett. Das mindeste, was die Paare tun können, ist mit fortschreitendem Alter keusch zu werden, d. h. sexuell inaktiv und hoffentlich langfristig impotent. Hätte Paulus nicht geschrieben, daß ein Mann nicht sündigt, wenn er ein Mädchen heiraten läßt, so wäre es Augustinus nach seinen Prinzipien schwergefallen, das zuzulassen.

Geschlechtsverkehr ohne den Gedanken an Kinder — noch schlimmer, Geschlechtsverkehr während der unfruchtbaren Tage, wenn die Absicht vorliegt, keine Kinder zu haben, ist schwere Sünde. »Denn Verkehr, der über die Notwendigkeit der Fortpflanzung hinausgeht, gehorcht nicht der Vernunft, sondern der Leidenschaft.« Sexuell aktive ältere Paare oder Paare, die miteinander verkehren, wenn die Frau schwanger ist, laden unausweichlich eine riesige Sündenlast auf sich.

Wie steht es mit den jüdischen Patriarchen, die nach der Schrift mehrere

Frauen hatten? Augustinus antwortet, sie nahmen nicht zum Vergnügen oder wegen der Abwechslung zusätzliche Frauen, sondern aus der Notwendigkeit heraus, mehr Kinder zu haben. Wahrscheinlich handelten diese noblen Gestalten ohne Leidenschaft und mit einem tiefen Gefühl der Pflicht gegenüber ihrem Volk, als sie ihre Gattinnen und Konkubinen bedienten. Es war Selbstlosigkeit in heroischem Ausmaß. Übrigens ist es auch ein weiteres Beispiel dafür, daß der Zweck (die Zahl des auserwählten Volkes zu mehren) die Mittel (außereheliche Geschlechtsverkehr) heiligt. Augustinus war das Modell eines Moraltheologen: ein Rigorist mit dem Talent, so gut wie alles zu rechtfertigen.

Augustins Betonung der Jungfräulichkeit Mariens ermutigte das Zölibat in der Kirche, obwohl Maria ja einen Ehemann und, den Evangelien zufolge, außer Jesus noch andere Kinder hatte. Da die kritische Bibelauslegung in den Kinderschuhen steckte, begriffen die Kirchenväter nicht, daß Marias Jungfräulichkeit nichts mit Keuschheit zu tun hatte. Es war ein theologisches Mittel, mit dem die Evangelisten ausdrückten, daß Jesus Gottes Sohn war, nicht die Frucht eines Menschen und menschlicher Macht, sondern Frucht Gottes und göttlicher Macht. Das Alte Testament hatte ähnliche Mittel: Kinder wurden von Frauen geboren, die unfruchtbar oder, wie in Saras Fall, an die hundert Jahre alt waren. Leider hat Marias »Jungfräulichkeit« nicht nur Frauen inspiriert, Großes für Gott und Mitmenschen zu tun, sondern auch zur Entwürdigung der christlichen Ehe beigetragen. Sie verstärkte die wachsende Überzeugung, daß Jungfräulichkeit der in sich unvollkommenen Ehe überlegen sei; sie nährte die Idee, daß Priester am Altar ehelos sein sollten. Diese Vorliebe wurde später zur Vorschrift; Priester mußten ehelos sein, oft mit ernsten Folgen für den guten Namen der Kirche.

Der Haupteinfluß auf Augustinus war, ohne daß er das wußte, nicht die Bibel, sondern die Stoa. In den Schriften Senecas zum Beispiel stand die Pflicht im Vordergrund. In seiner strengen Philosophie tötete die Vernunft, wo immer sie obsiegte, die Emotionen, die nichts als eine Krankheit waren. Das Ziel des Lebens war die Ausschaltung der Selbstsucht; nichts sollte um einer Belohnung willen getan werden. Im Zusammenhang hiermit hatte Sex nur ein Ziel: Fortpflanzung. Freuden, Befriedigungen, Vergnügen waren verboten und, so weit als möglich, ausgeschaltet. Das Ideal war ein kalter, leidenschaftsloser Geschlechtsakt.

Augustinus kam auf anderem Wege zu seinem Abscheu vor dem Sex: Er analysierte die Wirkungen der Erbsünde. Was die Stoiker *perturbatio* nannten, nannte er Konkupiszenz, aber das war ein und dasselbe. Dennoch ist es eine Sache, die Ohren steifzuhalten, wenn man Schmerzen erduldet; für ein Paar in der Agonie des Geschlechtsakts ist es kaum das Richtige. Eine absichtliche Kälte, ein Ersticken menschlicher Gefühle im Ehebett ist im strengen Sinn unnatürlich, nämlich gegen die menschliche Natur.

Es wäre unnütz, die Lehre dieses großen, wenn auch in dieser Frage irrenden Lehrers auszugraben, wenn nicht die katholische Kirche sie total übernommen hätte. Es gab keinen Papst, keinen Theologen, der Augustins Sicht von Sexualität und Ehe nicht gefolgt wäre. Durch sie beeinflußte er Laien von Generation zu Generation. Die stoische Auffassung, Sexualität sei nur zur Fortpflanzung da, wurde für über tausend Jahre katholische Orthodoxie. Die Laien haben daraus abgeleitet, daß Sex unanständig und lächerlich ist. Ein bleibendes Gefühl der Sünde hielt Einzug ins Schlafzimmer, mit dem Ergebnis, daß viele Christen Sünde mit Unkeuschheit identifizierten. Nicht wenige Päpste verstärkten diesen Eindruck, indem sie Unkeuschheit vor allen anderen Lastern, etwa Habgier und Gefühllosigkeit, kritisierten.

In seiner Zeit war Augustinus nicht der einzige christliche Lehrer mit einem Vorurteil gegen Sexualität; er war nur der einflußreichste. Betonung von Keuschheit und Jungfräulichkeit bedeutete, daß die Ehe als mildeste und am wenigsten anstößige Form der Unzucht angesehen wurde. Für Verheiratete war es schwer, wenn nicht unmöglich, ins Himmelreich einzugehen – wie für Reiche. Jungfräulichkeit, sagte Johannes Chrysostomos, steht über der Ehe wie der Himmel über der Erde oder die Engel über den Menschen. »Berufung« war gleichbedeutend mit »Verzicht auf Sex«. Hieronymus sagte, Petrus selbst habe den Schmutz der Ehe nur durch das Blut des Martyriums abgewaschen. Das Ziel eines Heiligen ist laut Hieronymus, »den Wald der Ehe mit der Axt der Jungfräulichkeit niederzuhauen«. Die einzige Rechtfertigung der Ehe ist die Produktion von Jungfrauen.

In seiner *History of European Morals* schreibt Lecky, er habe in einer Masse patristischer Schriften nur zwei oder drei schöne Beschreibungen der Ehe gefunden. »Man könnte sich nur schwer etwas Grobschlächtigeres und Abstoßenderes vorstellen als die Art, wie sie sie betrachteten.« Sex wurde als nichts anderes gesehen als ungezügelte Geilheit. Ehelicher Verkehr mit einer schwangeren Frau galt einhellig als Sünde; es war eine Verschwendung lebenspendenden Samens auf ein schon gesätes Feld. Selbst Tiere tun etwas so »Schmutziges« nicht. Es gibt in der Zeit der Kirchenväter keine einzige Erwähnung der zärtlichen Liebe, die Eheleute füreinander haben, kein Zeichen für ein Wissen der Väter um die Tatsache, daß der Geschlechtsakt ein Liebesakt ist. Der Beweis seiner Schändlichkeit ist der Schmerz des Gebärens. Besonders die Frau — auch Gott war ein männlicher Chauvinist! — leidet an der Stelle, wo sie gesündigt hat. Selbst wenn ein Kind auf die Welt kommt, zeigt Gott tadelnd mit dem Finger.

»Erbauliche« Geschichten berichteten von Ehemännern, die ihre Frauen und Kinder im Stich ließen, um »ein keusches Leben zu führen«, von Frauen, die in der Hochzeitsnacht flehten, ihre Ehre zu achten. Der Held war der Mann, der seine Frau in der Hochzeitsnacht verließ, um in der Wildnis zu leben. Das Ideal war Askese, gedeutet als Befreiung von der Sexualität. Dies unterschrieben alle Päpste, auch Gregor I.

## *Papst Gregor der Große*

Gregor, der von 590 bis 604 regierte, war eins der Wunder seiner Zeit. Nur Leo I. (440–61) konnte es als Pastoralbischof und Theologe mit ihm aufnehmen.

Gregor war mittelgroß und hatte einen großen, kahlen Kopf, von dem später viele Städte – Konstanz, Prag, Lissabon, Sens – behaupteten, sie besäßen ihn als Reliquie. Er hatte eine breite Stirn und winzige, gelbbraune Augen. Seine Nase war gebogen mit breiten Nasenflügeln, seine Lippen voll und blühend. Er kam aus einer adligen Senatorenfamilie und hatte schon früh beschlossen, Mönch zu werden. Seine Gesundheit war nie gut, besonders in den letzten fünfzehn Jahren seines Lebens. Er ruinierte sie mit Fasten und Bußübungen. Er litt auch an Verdauungsstörungen und war ein Märtyrer des Zipperleins. Dies mag an dem Wein gelegen haben, den er direkt aus Alexandria einführte; er war geharzt und hieß Cognidium.

Papst Gregor gab als einer der ersten Oberhirten den Werken Augustins das Siegel der Billigung. Geschlechtsverkehr, sagte er, ist nicht nur während der Schwangerschaft Sünde, sondern auch während der Stillzeit. Nachdem ein Mann mit seiner Frau geschlafen hat, darf er keine Kirche betreten, bevor er sich mit Bußübungen und Waschungen gereinigt hat, denn sein Wille bleibt böse. Die Ehe ist nicht sündig, Geschlechtsverkehr zwischen den Partnern aber ist es gewiß. Gregor folgt Augustinus auch in der engen Verbindung von Sexualität und Erbsünde.

Erbsünde ist eine angeborene Verdorbenheit der Seele. Sie nimmt die

Form der Fleischeslust oder Konkupiszenz an, einer Rebellion des Fleisches gegen den Geist. Letztlich kommt sie von Adam, dem ersten Vertreter der Spezies Mensch. Wegen Adams Sünde ist die Substanz der Menschheit selbst besudelt. Es ist, als hätte Adam, der erste Mensch, eine geistige Krankheit bekommen, die unausweichlich zum Tod führt. Diese Krankheit wird bei der Geburt auf jeden Menschen übertragen. Adam handelte im Namen der Menschheit — es war gerade niemand anderer in der Nähe —, und deshalb hat jeder getan, was er tat. Deshalb ist jeder schuldig für das, was er tat.

Hierin nahm Gregor Paulus wörtlich: »In Adam haben alle gesündigt.« Dies bedeutet, daß ein Mensch vom ersten Augenblick seiner Existenz an schuldig ist. Das ist kein persönlicher Makel, sondern ein Makel der Natur und deshalb unvermeidlich. Die Natur kommt von den Eltern. Von Anfang an ist die Seele des Neugeborenen von dieser geerbten, dieser Erbsünde verseucht.

Gregor war nicht blind für die Probleme, die das mit sich brachte. Zum Beispiel waren die Eltern durch die Taufe von der Erbsünde gereinigt. Wie konnten sie ihren Kindern die Erbsünde weitergeben? Er antwortet: Obwohl sie selbst geheiligt sind, haben sie die verdorbene Natur durch den Geschlechtsakt weitergegeben, durch von Fleischeslust erregtes Begehren. Kinder werden als die verdammte Frucht der Fleischeslust ihrer erlösten Eltern geboren. Von Anfang an sind sie die Brut der Gehenna oder Hölle; sie werden mit Recht Kinder des Zorns genannt, denn sie sind Sünder. Wenn sie ungetauft sterben, sind sie zu ewigen Qualen verurteilt, nur für die Schuld ihrer Geburt. Das Dasein selbst ist ein Stand der Sünde; Geborensein ist Grund für die ewige Strafe. Um zu beweisen, daß Gregors Ansichten nicht nur von historischem Interesse sind, braucht man nur Kanon 747 des Kirchenrechts von 1917 zu untersuchen. Dieser Kanon wurde aus dem revidierten Kodex von 1983 ausgespart, doch er bestimmt noch immer die Praktiken, die die Moraltheologen fordern. Es gibt wenige Passagen in der Literatur, die trauriger wären. Wenn Gefahr besteht, daß ein Kind im Mutterleib stirbt, muß es vor der Geburt getauft werden. Der große Erweckungsruf Christi »Geht und taufet alle Völker« wird darauf reduziert, daß jemand — ein Arzt, eine Krankenschwester, ein Priester oder Ehemann — während einer schwierigen Geburt im Mutterleib herumfuchtelt, um das Ungeborene mit Wasser aus einer Spritze zu taufen. Man kann sich das zweifache Grauen der Mutter vorstellen. Nicht einmal Swift mit all seiner satirischen Erfindungsgabe hätte sich ein solches Verhalten erträumen können.

Gregor stimmt mit Augustinus überein, daß sexuelles Begehren in sich sündhaft ist. Er schrieb an den anderen Augustinus, den Apostel Englands: »Geschlechtliches Begehren ist absolut unmöglich ohne Schuld«, so daß jeder sexuelle Akt in der Ehe gebüßt werden muß.

»Wir kommen in die Welt«, sagt Gregor großartig, »aus der Verdorbenheit und mit der Verdorbenheit, und wir tragen die Verdorbenheit in uns.« Er ist überzeugt, »der Fürst dieser Welt ist am Handeln, Sprechen und Denken all derer beteiligt, die mit fleischlicher Lust zu tun haben«. Nur Jesus gelang es zu entkommen. »Er allein ist wahrhaft heilig geboren, der, damit er ebendiese Bedingung einer verdorbenen Natur überwinde, nicht in fleischlicher Vereinigung empfangen wurde.« Hierin liegt, wie wir schon angemerkt haben, eine Verneinung der Unbefleckten Empfängnis Mariens.

Nichts, was hier gesagt ist, ist als Verunglimpfung von Gregors Andenken gemeint. Seine Ideen wurden von vielen großen Männern vor ihm und nach ihm geteilt. Das Problem stellt sich nur, weil er Papst war; und Päpste werden nun für unfehlbare Führer gehalten – sie lehren ewige Wahrheiten und legen moralisch absolut Gültiges fest. Gregors Ansichten sind nur peinlich wegen des katholischen Glaubens, daß Päpste unmöglich im Irrtum, und zwar in schwerem Irrtum, über etwas so Grundlegendes wie Sexualität und Ehe gewesen sein können.

Eine weitere enorme Schwierigkeit für Katholiken sollte hier erwähnt werden. Wenn Paul bei der Abfassung von *Humanae vitae* meinte, mit seinen illustren Vorgängern wie Pius XI. und Pius XII. übereinstimmen zu müssen, warum beachtete er dann Papst Gregor nicht? Er war kein Leichtgewicht. Auf jeder Päpsteliste würde er unter den ersten sechs rangieren. Er erbte Rom in Ruinen, umgeben von Barbaren. Innerhalb eines Jahrzehnts hatte er es zum Erben der Caesaren im Westen gemacht. Wenn das Papsttum wirklich moralisch absolut Gültiges lehrt, hätte Paul VI. mit Sicherheit ebenso bestrebt sein müssen zu lehren, was Gregor im sechsten Jahrhundert gelehrt hat, wie die Lehre Pius' XI. im zwanzigsten zu wiederholen. Oder ist es unwichtig, daß moderne Päpste Gregors Lehre feierlich widersprechen?

## *Nach Papst Gregor*

Augustins tiefer Pessimismus über Sexualität, Ehe und Erbsünde fand seinen höchsten Vorkämpfer in Papst Gregor. Seine Lehre stieß bis zum Mittelalter nicht auf Widerspruch. Ehepaare wurden gewarnt, in der Hochzeitsnacht miteinander zu schlafen, für den Fall, daß sie das Sakrament der Ehe entweihten. Warum die Zeit das Übel von etwas in sich Schmutzigem mildern sollte, wurde nie klargemacht. Lecky erinnert an die Vision des hl. Alberich im zwölften Jahrhundert, bei der ein See der Pein – Harz, flüssiges Blei, brennendes Pech – in der Hölle auf Ehepaare wartet, die die Frechheit gehabt haben, an kirchlichen Festtagen oder Fasttagen miteinander zu schlafen. Zentral im *Hexenhammer* von Kramer und Sprenger war der Glaube, Sex sei so unwiderruflich böse, daß Satan vor allem durch diese Tür in die Welt komme.

Angesehene Theologen des Mittelalters arbeiteten Gregors Ansichten einfach auf mehr scholastische Weise aus. Jahrhundert folgt auf Jahrhundert, und der Geschlechtsakt wird als Sünde beschrieben, nie als Liebe. Die ausnahmslos ehelosen Theologen begriffen nicht den grundlegendsten Unterschied des menschlichen Geschlechtsakts zum tierischen: Er ist ein Liebesakt.

Diese negative Einstellung hat sich in der Moraltheologie dieses Jahrhunderts gehalten. 1966 wurde in England ein Buch mit dem Titel *Birth Regulation and Catholic Beliefs* veröffentlicht. Es war angeblich von G. Egner geschrieben und ursprünglich in München erschienen. Es hat eine deutsche Widmung und ein Vorwort, worin dem Übersetzer gedankt wird. Tatsächlich wurde das Buch auf englisch von einem Durhamer Priester mit einem sehr irischen Namen geschrieben.

Pater Egner stellte interessante Passagen zur Sexualität von den angesehensten zeitgenössischen Moraltheologen zusammen. Sie sind eine trostlose Lektüre.

> *Capello sagt über das Liebesspiel, daß die Eheleute jede Art unvollständige wollüstige Handlung ausführen dürfen. Dies schließt oral-genitale Kontakte ein, denn sie sind immer noch erlaubt, freilich enorm obszön. Génicot, für den solche Handlungen überaus widerlich und gewöhnlich Todsünde sind, spricht von unzüchtigen Handlungen, die den Eheleuten erlaubt sind, von widerlichen Worten und Blicken, von Berührungen an anständigen, weniger anständigen und unanständigen Körperteilen.*

Wie Egner aufzeigt, sind die Urteile dieser Moraltheologen ebenso beklagenswert wie ihre Sprache. Das Liebesspiel geschieht »in einer Atmosphäre, die nur als die geduldeter läßlicher Sünde beschrieben werden kann«, als wäre Sünde »ein technischer Verstoß gegen irgendein triviales Nebengesetz«. Es war tapfer von ihm, diese und andere Bemerkungen aus Textbüchern herauszuholen und den Katholiken einen Einblick zu geben, wie ihr Klerus auf das Verständnis ihrer Probleme vorbereitet wurde. Denn was Egner enthüllt hat, ist, daß ihre moralischen Führer keine Ahnung hatten, wovon sie redeten. Insgesamt völlig unerfahren in der Praxis, waren sie wie eine Gruppe Blindgeborener, die über »Farbe in der modernen Kunst« dozierte.

Vor diesem Hintergrund war Pius' XI. *Casti connubii* von 1930 aufgeklärt. Am faszinierendsten an dieser Enzyklika ist die Art, wie der Oberhirte sich aus den Lehren seiner Vorgänger das Passende aussucht.

In Abschnitt 14 folgt er Papst Gregor und sagt, selbst heilige Eltern könnten ihre Heiligkeit nicht an ihre Kinder weitergeben. Die Geburt ist »eine Art Tod, bei dem die Erbsünde an die Nachkommen weitergegeben wird«. Das Neugeborene braucht die Erneuerung im Wasser der Taufe. Warum geht Pius XI. nicht bis zum Ende mit Gregor konform und beharrt darauf, daß Kinder die Brut der Hölle seien, und wenn sie ungetauft sterben, dazu verdammt, ewige Qualen zu leiden? Warum akzeptiert Pius Gregors Prämissen, aber nicht seine Folgerungen?

In Abschnitt 23 zitiert Pius XI. Augustins Ausdruck »die Treue der Keuschheit«. Er zitiert zustimmend Augustins Worte: »Eheliche Treue erfordert, daß Mann und Frau in einer besonders heiligen und reinen Liebe vereint sind, nicht wie Ehebrecher einander lieben.« Was er ausläßt, ist, daß Augustinus damit etwas verdammen wollte, was er, Pius, erlaubt. Denn in Abschnitt 59 schreibt Pius:

> *Auch gelten diejenigen nicht als gegen die Natur handelnd, die im Ehestand ihr Recht in angemessener Weise nutzen, obwohl aus natürlichen Ursachen, entweder der Zeit oder gewisser Defekte, kein neues Leben daraus hervorgehen kann. Denn in der Ehe ebenso wie im Gebrauch der ehelichen Rechte gibt es auch sekundäre Ziele, so wie gegenseitige Hilfe, die Pflege der gegenseitigen Liebe und das Stillen der Konkupiszenz, das Eheleuten nicht verboten ist, solange sie dem primären Zweck untergeordnet sind und solange die innere Natur des Aktes gewahrt bleibt.*

Obwohl Pius in Abschnitt 54 gerade von der »ununterbrochenen christlichen Tradition« gesprochen hatte, ist fast alles in dieser Passage gegen die christliche Tradition. Augustinus und Gregor haben allem darin ausdrücklich widersprochen. Sie unterschieden nicht zwischen primären und sekundären Zielen der Ehe. Die Ehe war zur Fortpflanzung da; das war nicht der Hauptzweck, sondern der einzige Zweck, der sexuellen Verkehr rechtfertigen konnte. Jeder andere Zweck, der zur Fortpflanzung hinzukam, war Sünde. Deshalb ist es naiv von Pius zu sagen, wenn die Natur nicht gestört werde, sei es keine Sünde; ein Paar dürfe Geschlechtsverkehr haben, um die gegenseitige Liebe zu nähren, die Konkupiszenz zu stillen usw. Papst Gregor hätte gesagt, Sex ist nicht dafür da, er ist für nichts da außer für das Kind. Alles andere muß Sünde sein. Dies war die ununterbrochene christliche Tradition, nicht Pius' Meinung. Selbst Innozenz XI. (1676–89) verkündete feierlich, es sei Sünde, nur zum Vergnügen miteinander zu schlafen. Das war logisch. Wenn Sex für das Kind da war und wenn der Geschlechtsakt kein Kind hervorbringen konnte, weil die Frau entweder unfruchtbar, schwanger oder zu alt war, dann mußte Sex Sünde sein.

Daß Pius eine Tradition radikal änderte, war eine Sache; daß er sagte, seine Lehre stimme mit ihr überein, eine ganz andere. Denn durch die Unterscheidung zwischen primären und sekundären Zielen der Ehe und durch die Zulassung der sekundären unter der Bedingung, daß das Hauptziel nicht behindert wird, führte er ein ganz neues Kriterium zur Beurteilung der Sexualität ein. Was ist dieses Kriterium?

Die Tradition war, daß die Moral der Sexualität nur an einem zu messen ist, nämlich: Ist sie auf das Kind ausgerichtet? Pius ersetzte dies durch die natürliche Integrität des Geschlechtsaktes. Wenn er erfüllt wird, d. h. wenn Penetration und Insemination vorliegen, ist alles andere unwichtig. Wenn also die Frau schon schwanger oder steril ist, ist dies eine tugendhafte Handlung, vorausgesetzt, Penetration und Insemination liegen vor. Diese Ansicht hat zwei große Schwächen. Erstens widerspricht sie über fünfzehnhundert Jahren christlicher Tradition. Zweitens ersetzt sie ein wenn auch unangemessenes moralisches Kriterium durch ein biologisches. Pius begann eine neue Tradition, die Moral der Sexualität nicht anhand von Menschen und was sie als Menschen tun, zu beurteilen, sondern anhand der physischen »Integrität« eines Akts. Wenn natürlich das biologische das einzige Kriterium ist, kann nichts die Empfängnisverhütung rechtfertigen, nicht die Liebe der Partner, die Gesundheit der Frau, die Stabilität der Familie usw. Deshalb muß man sagen, daß Paul VI. sich mit seiner Berufung auf die »beständige« Lehre der Kirche zur Empfängnisverhütung in Wirklichkeit auf eine Lehre berief, die vierzig Jahre zurückreichte, bis *Casti connubii*, und gegen die echte Tradition ging.

Als Vaticanum II es ablehnte, die Unterscheidung zwischen Haupt- und Nebenzwecken der Ehe zu verwenden, war es sehr weise. Diese Unterscheidung macht jede Lösung des Dilemmas Empfängnisverhütung unmöglich.

In jüngster Zeit sind sich Moraltheologen der vielen Dimensionen der Sexualität bewußt geworden. Freud hat gezeigt, daß es dabei nicht vor allem um Genitalien und Genitalkontakt geht, sondern um Menschen und Beziehungen. Die alte Lehre war eine rein genitale Sicht der Sexualität. Nachdem einmal anerkannt war, daß es in der Sexualität um Menschen und um Liebe geht, war es wichtig, dies in die christliche Sexualmoral zu integrieren. Statt die Sexualität neu zu überdenken, wurden die Moraltheologen durch das Heilige Offizium und *Casti connubii* gezwungen, den alten Befunden einfach ein paar neue anzufügen. Das Resultat war ein Zwitter. *Casti connubii* hat durchaus moderne Elemente — gegenseitige Hilfe, gegenseitige Liebe —, doch sie sind Anhängsel dessen, was jetzt das Hauptziel der Ehe heißt, nämlich der Fortpflanzung.

Doch die neue Zwitterlösung ist ebenso unannehmbar wie die traditionelle und viel weniger logisch. Tatsächlich ist die neue Lösung überhaupt keine moralische. Sie nennt die Liebe »sekundär« und ordnet sie einem biologischen Kriterium der Sexualität unter. Was wirklich zählt, ist die korrekte Paarung. Liebe, Achtung, Mitgefühl, Sorge für die schon geborenen Kinder — all diese moralischen Elemente erhalten den zweiten Platz nach den biologischen, nämlich Penetration und Insemination. Sind diese biologischen Elemente vorhanden, ist der Geschlechtsakt »in Übereinstimmung mit dem Recht der Natur«. Doch wirklich naturrechtliche Elemente wie Liebe und Mitgefühl dürfen nicht die entscheidende Rolle bei der moralischsten aller Handlungen, dem Geschlechtsverkehr zwischen Eheleuten, spielen. In *Casti connubii* war die Tragödie vorgezeichnet, die mit *Humanae vitae* zur vollen Entfaltung kommen sollte.

Es ist durchaus nicht boshaft zu sagen, daß die katholische Kirche heute tief in der Tragödie steckt, weil Päpste ihre eigene Tradition mißverstanden haben. Pius XI. hat eine Enzyklika auf der Basis von Augustins Lehre strukturiert und dann vieles gesagt, was der ganzen von Augustinus bestimmten Tradition zuwiderläuft. Pius XII. schien nicht zu bemerken, daß auch er die lange Tradition der Kirche leugnete.

Er sagte 1940 in einer Ansprache an gerade getraute Paare:

*Derselbe Schöpfer, der in Seiner Güte und Weisheit wollte, daß das Werk von Mann und Frau der Erhaltung und Fortpflanzung der*

*Menschheit diene, indem Er sie in der Ehe vereinte, hat auch bestimmt, daß das Paar in dieser Funktion Vergnügen und Freude an Leib und Seele erfahre. Das Paar, das dieses Vergnügen sucht und erlebt, tut also kein Unrecht.*

Der Papst spricht von Vergnügen — offenbar kann er sich nicht dazu bringen, vom Geschlechtsverkehr als einem Akt, *dem* Akt der Liebe zu sprechen. Seine Wortwahl ist aus zwei Gründen interessant. Erstens, weil sie der Lehre der meisten früheren Päpste widerspricht, die gesagt hatten, sexuelles Vergnügen sei nie frei von Sünde, und Paare sollten am Morgen nach dem Geschlechtsverkehr nicht kommunizieren. Zweitens, weil er die Fortpflanzung als Hauptzweck der Ehe setzt, indem er sich auf das »Vergnügen« konzentriert und das Wort »Liebe« nicht ausspricht. »Vergnügen« riecht nach Hedonismus, doch wie steht es mit »Liebe«? Hätte Pius XII. im Licht des Evangeliums die Liebe so leicht der Fortpflanzung unterordnen können? Mit Sicherheit nicht.

Pius' XII. größte Abweichung von der Tradition kam jedoch, als er 1951 zu Hebammen sprach. Zum erstenmal gab hier ein Papst eine eingeschränkte Zustimmung zur Rhythmusmethode der Empfängnisverhütung.

Zwar hatte es im neunzehnten Jahrhundert Versuche gegeben, diese Methode wissenschaftlich abzusichern, doch sie war zu unzuverlässig, bis Ogino und Knaus in den späten 1920er Jahren ihre Ergebnisse veröffentlichten. Während Rom sich früher gegen die Moral der Rhythmusmethode ausgesprochen hatte, brachte die Rede Pius' XII. einen völligen Wandel im katholischen Denken mit sich.

Ihm zufolge ist die Nutzung der unfruchtbaren Zeit legitim, weil sie die Natur des Akts nicht schädigt. »Sie verhindert oder gefährdet in keiner Weise den Vollzug des natürlichen Akts und seine weiteren natürlichen Folgen.« Eheleute brauchten gute Gründe, um die Knaus-Ogino-Methode anzuwenden, aber in sich war sie kein Unrecht. Diese Lehre wiederholt Paul VI. in Abschnitt 11 von *Humanae vitae*.

Keiner der beiden Päpste schien zu bemerken, daß dies das erstemal in der katholischen Geschichte war, daß der Geschlechtsakt als tugendhaft in sich bezeichnet wurde, nicht nur wenn Fortpflanzung nicht möglich war, sondern weil Fortpflanzung nicht möglich war.

Leider machte Pius XII. wie Pius XI. die Biologie zum Kriterium der Moral. So gab er zwar Katholiken das Recht, Geburten selbst zu regulieren und nicht alles der »Vorsehung« zu überlassen, doch er enthielt ihnen geeignete Mittel dazu vor. Durch diese eine Entscheidung brachte Pius XII. die Katholiken auf einen mit Thermometern und Kalendern übersäten Weg. Es wäre vielleicht barmherziger gewesen, den Katholiken die eine, traditionelle Alternative zu lassen, nämlich sich fortzupflanzen oder ganz auf Sex zu verzichten.

Für die überschaubare Zukunft ist die katholische Kirche mit einer Lehre zur Geburtenkontrolle belastet, die all ihre Bindungen an die christliche Vergangenheit und die moderne Welt abgeschnitten hat. Moderner Vergnügungssucht zum Trotz an alten Prinzipien festzuhalten, ist eine Sache; eine ganz andere ist es, ein neues Prinzip einzuführen, das die Paare daran hindert, angesichts der Bevölkerungsexplosion ihre Familien zu regulieren.

Ein schon angesprochenes historisches Beispiel mag helfen, das gegenwärtige katholische Dilemma zu beleuchten.

## *Erbsünde und Geburtenkontrolle*

Der uralten, von Augustinus formulierten und von Papst Gregor und all seinen Nachfolgern sanktionierten Tradition zufolge war die Taufe eine Vorbedingung zur Erlösung. Neugeborene Kinder christlicher Eltern gingen zur Hölle, wenn sie ungetauft starben. Dasselbe galt für Katechumenen, wenn sie unerwartet starben. Natürlich war die gesamte heidnische Welt zur Verdammnis verurteilt. Laut Augustinus wurde der gerechte Schächer nur deshalb gerettet, weil er auf irgendeine nicht näher bezeichnete Art getauft wurde.

Es gibt keinen besseren Beweis für die Fehlbarkeit der Kirche als diesen. Päpste und Kirchenväter sagten nicht etwa, sie wüßten nicht, wie Neugeborene gerettet werden könnten; sie sagten kategorisch, es sei unmöglich. Sie erklärten sich nicht für unwissend über das Schicksal der vielen Menschen, die nie von Christus gehört hatten; sie versicherten ohne Einschränkung, sie führen alle zur Hölle. Es gab kein Heil außerhalb der Kirche; und mit Kirche meinten sie die katholische Kirche, in die man nur durch Taufe mit Wasser aufgenommen wurde. Diese Ansichten wurden Jahrhundert auf Jahrhundert ohne eine Stimme des Widerspruchs wiederholt. Es war katholische Lehre, immer, überall und von allen gelehrt. Wir haben angemerkt, daß der hl. Franz Xaver, als er nach Indien ging, sicher war, ungetaufte Heiden könnten nicht ins Himmelreich gelangen, wie tugendhaft sie auch waren.

Die Herzenshärte der Christen früherer Generationen erstaunt heute jeden, doch gleichgültig warum – sie ist eine Tatsache. Jeder Katholik, der daran zweifelte, wäre von der Inquisition verbrannt worden. Laut Lecky übertraf diese Lehre in ihrer Grauenhaftigkeit jede Glaubensaussage der Heiden. Sie verdiente Tacitus' Etikett des »verderblichen Aberglaubens«. Lecky schreibt:

> *Daß ein kleines Kind, das nur ein paar Minuten nach der Geburt lebt und stirbt, bevor es mit dem heiligen Wasser besprengt wurde, in einem solchen Sinn dafür verantwortlich ist, daß sein Urahn vor sechstausend Jahren eine verbotene Frucht gegessen hat, daß es vollkommen zu Recht auferweckt und in einen Abgrund ewigen Feuers geworfen werden kann, um dies Verbrechen seines Urvaters zu sühnen, daß ein allgerechter und allerbarmender Schöpfer in voller Ausübung dieser Attribute absichtlich fühlende Wesen ins Dasein ruft, die Er von Ewigkeit her unwiderruflich dazu bestimmt hat, unsägliche, ungemilderte Qual zu leiden, sind Aussagen, die gleichzeitig so extravagant absurd und so unfaßbar grauenhaft sind, daß ihre Annahme einen wohl dazu bringen kann, die Universalität moralischer Einsicht zu bezweifeln. Eine solche Lehre ist in Wirklichkeit schlichte Teufelei, und zwar Teufelei in ihrer extremsten Form.*

Extreme Teufelei oder nicht, es war katholische Orthodoxie bis fast in die Moderne hinein. Gottes Bild ging nie besudelter aus einem Hexenhandbuch hervor. Die monströsesten menschlichen Grausamkeiten, die Attila der Hunne oder Hitler begingen, verblassen im Vergleich mit den Grausamkeiten, die sanfte christliche Theologen und kontemplative Mönche Gott, dem Vater unseres Herrn Jesus Christus, zuschrieben. Tatsächlich ist nicht einmal der Teufel in solch finsteren Farben gezeichnet worden. Das wirkliche Elend ist, warum die Christen diese Ansichten so lange vertreten haben. Es gibt nur eine Antwort: Autorität. Die Autorität der Bibel zunächst einmal, aber der Bibel, wie die Lehrer der Kirche (das Magisterium) sie deuteten. Paulus' mystische Worte »In Adam haben alle gesündigt« wurden stur so verstanden, daß selbst Neugeborene für die Erbsünde verantwortlich und zur Hölle verurteilt seien, wenn sie ungetauft starben.

Christen, die es sich nie verziehen hätten, wenn sie einem Kind unnötig weh taten, fanden sich mit dem Gedanken ab, Gott würde es mit unsäglicher und ewiger Qual für etwas bestrafen, das es gar nicht vermeiden konnte. Keine christliche Mutter, kein christlicher Vater hätten das jemals wirklich von Herzen glauben können; aber sie sagten ja dazu. Es ist vielleicht das beste Beispiel der Geschichte für katholische Autorität, die gegen alle Vernunft und Menschlichkeit Gehorsam gegenüber einer moralisch absurden Lehre verlangt. Wie Lecky außerdem bemerkt:

> *Die Christen halten es für eine Sache der Pflicht und eine empfehlenswerte Übung der Demut, die moralischen Empfindungen ihrer Natur zu ersticken, und letztendlich gelingt es ihnen, sich zu überzeugen, daß ihre Gottheit außerordentlich beleidigt wäre, wenn sie zögerten, ihr die Eigenschaften eines Teufels zuzuschreiben. ... Ihre Lehre wird als eine Art moralisches Wunder hingenommen, und wie es bei einer gewissen Schule von Theologen üblich ist, nennen sie eine Aussage, die sie machen und die sichtbar selbstwidersprüchlich ist, ein Mysterium und einen Anlaß zum Glauben.*

Dies ist eine Entsprechung der päpstlichen Lehre zur Geburtenkontrolle. So, wie Papst Gregors Gott Säuglinge zu den ewigen Feuern der Hölle verurteilte, überantwortet Papst Pauls Gott Millionen Menschen einer Hölle auf Erden. Der Unterschied liegt darin, daß heute gewöhnliche Katholiken sagen, ihrer Ansicht nach habe Papst Paul unrecht gehabt.

Es gibt keine stichhaltigen Argumente, die die Moralauffassung Pauls VI. oder seine Idee von der Gottheit hinter der menschlichen Natur stützen. Unklar bleibt, warum Papst Paul, der an den Mythos glaubte, alle Päpste sagten dasselbe, so selektiv bei der Wahl seiner Vorgänger war, denen er nicht widersprechen mochte. Warum hatte er nichts dagegen, Papst Gregor zu widersprechen, dessen Ansicht, Sex sei immer Sünde, selbst wenn er zu Kindern führe, von vielen Päpsten wiederholt wurde, auch von Gregor VII. und Innozenz III.? Warum hatte er nichts dagegen, der Tradition zu widersprechen, daß Kinder, die ungetauft sterben, sofort für alle Ewigkeit zur Hölle fahren? Warum hatte er nichts dagegen, jeder beliebigen Zahl von Päpsten zu widersprechen, die gesagt hatten, Sex und Liebe seien unvereinbar? Und Sixtus V., der gesagt hatte, Empfängnisverhütung sei eine Art Mord? Warum war es nicht Pauls vornehmste Sorge, Pius XI. und Pius XII. zu widersprechen?

Ist die Antwort einfach, daß Paul unter Pius XI. und Pius XII. gelebt hatte? Daß diese zufällige Tatsache es unannehmbarer machte, ihnen zu widersprechen, als Gregor, Augustinus und der großen Tradition zu wider-

sprechen? Oder wußte er nicht, daß das, was er »beständige Tradition« nannte, erst vierzig verwirrende Jahre alt war?
Was auch der Grund für diese Widersprüchlichkeit war – der Kirche blieb es überlassen, mit einer biologischen Moral zurechtzukommen. Eine Zölibatärenethik hatte die Laien auf die Folterbank gelegt. Ein Paar, das mit einem Dutzend Kindern in einem Loch lebt, muß die Knaus-Ogino-Methode anwenden oder Rücken an Rücken schlafen. Masturbation ist immer Todsünde, selbst wenn sie geschieht, um herauszufinden, warum ein Mann seine Frau nicht schwängern kann. Nach der Logik ist Masturbation sündhafter als Ehebruch, weil weniger natürlich. Ein Vergewaltiger, der ein Kondom trägt, sündigt mehr als einer, der keines trägt. *In-vitro*-Befruchtung ist automatisch verboten, gleichgültig, welche Fortschritte die Wissenschaft in diesem Bereich macht, denn der einzig »natürliche« Weg, auf dem ein Paar Kinder haben darf, ist durch Geschlechtsverkehr; wenn das bei ihnen nicht funktioniert, müssen sie sich mit ihrer Kinderlosigkeit abfinden. Die katholische Sexualmoral verrät in jedem Stadium ihre priesterliche Herkunft. Nicht, daß die Ehelosen etwas gegen Männer haben, die sie beneiden, oder gegen Frauen, die sie hassen: Sie verstehen einfach nicht.
Ein letzter Punkt: Pius XII. gab zögernd sein *nihil obstat* für die Knaus-Ogino-Methode. Sie ist inzwischen zur katholischen Standardmethode der Empfängnisverhütung geworden. Die offizielle Lehre ist: Es ist moralisch richtig, miteinander zu verkehren, wenn man beabsichtigt, sich nicht fortzupflanzen, um sexuelle Befriedigung ohne die Belastungen einer Schwangerschaft zu erlangen. Es ist kurios, daß Marie Stopes in England und Margaret Sanger in Amerika einst von der katholischen Kirche attackiert wurden, weil sie dasselbe breite Prinzip befürworteten. Da erhebt sich die Frage: Wenn Pius XII. wirklich die große katholische Tradition hätte fortführen wollen, was hätte er dann sagen sollen?
Logischerweise hätte er so argumentieren müssen: Sex ist nur zur Fortpflanzung da. Alles, was außer dem Wunsch nach Kindern noch in den Geschlechtsakt hineinspielt, ist Sünde. Deshalb ist es, wie Augustinus deutlich sagte, ebenso sündig, die »sicheren Tage« zu nutzen wie ein Kondom zu tragen. Eigentlich hätte Pius XII. noch weiter gehen müssen.
Da die Tradition lautet, Sex sei nur zur Fortpflanzung da, sollte die Kirche die Entdeckung der unfruchtbaren Tage aus einem ganz anderen Grund begrüßen. Die Paare sollten es sich zur dringenden Pflicht machen herauszufinden, wann der Verkehr nicht sicher für sie ist, und nur dann miteinander schlafen. So werden sie keinen kostbaren, lebenspendenden Sa-

men vergeuden, was jedem Kirchenvater zufolge unrecht ist. Dies bedeutet, daß fromme Katholiken sich nicht etwa auf die unfruchtbare Zeit beschränken, sondern sie gänzlich meiden werden. Sobald ihre Familien komplett sind, werden sie dem Sex adieu sagen.

Daß Pius XII. und seine Nachfolger nicht so argumentierten, spricht mehr für ihre Barmherzigkeit als für ihren Sinn für Logik oder Kirchengeschichte.

Da die jüngsten Päpste trotz aller Rhetorik über »Beständigkeit« zumeist die Ansichten ihrer Vorgänger über Sexualität und Geburtenkontrolle abgelehnt haben, sind sie vielleicht auch in anderen Dingen von der Tradition abgewichen. Zum Beispiel Abtreibung. Und vor allem Scheidung.

## 18. Kapitel

# Die Päpste, Pioniere der Scheidung

Die katholische Kirche, heißt es immer wieder, ist gegen Scheidung. Das Verbot reicht weit. Der Vatikan gewährt Botschaftern oder niederen Diplomaten keine Akkreditierung, wenn sie geschieden oder mit Geschiedenen verheiratet sind. Sie dürfen Protestanten sein, selbst Atheisten, aber sie und ihre Frau müssen, ehelich gesprochen, untadelig sein.
Daß die Kirche Scheidung nie erlaubt, glauben die meisten Menschen, auch die Katholiken, obwohl viele hinter vorgehaltener Hand munkeln, die Kirche erlaube sie unter anderen Bezeichnungen. Selbst geschiedene Katholiken neigen zu der Meinung, ihre Kirche verstehe jede Ehe als lebenslang gültig und verweigere jedem die Scheidung, aus welchem Grund auch immer.
Mit Stolz verweisen die Katholiken auf Papst Clemens VII., der einem so mächtigen Monarchen wie Heinrich VIII. die Scheidung verweigerte. Heinrich wollte Katharina von Aragon wegen der jungen, schönen Anna Boleyn verlassen. Um genau zu sein, er bat um eine Annullierung seiner Ehe, einen Gefallen, den Papst Alexander VI. seiner Tochter Lucrezia nach drei Jahren ausgiebig vollzogener Ehe gewährte. Heinrichs Gründe waren besser als Lucrezias. Katharina war zuerst die Geliebte, dann die Frau seines Bruders Arthur gewesen, der gestorben war. Daher sei der päpstliche Dispens, der ihm erlaubte, Katharina zu heiraten, ungültig gewesen, behauptete er. Das quälte ihn. Vielleicht hatte die Tatsache, daß Katharina ihm keinen männlichen Erben geliefert hatte und er alt wurde, etwas mit seinen Skrupeln zu tun. Doch seine Schwester Margaret, Königin von Schottland, hatte ihre Ehe kürzlich unter einem noch fadenscheinigeren Vorwand von Rom annullieren bekommen.
Unglücklicherweise für Heinrich hatte Katharinas Neffe, Kaiser Karl V., den Papst zu jener Zeit in der Tasche. Zuerst hatte der Papst den Eindruck erweckt, Heinrichs Antrag sei unproblematisch. Als aber Karl sein erheb-

liches Gewicht geltend machte, wurde Heinrichs Wunsch, nach zwanzigjähriger Ehe als Junggeselle klassifiziert zu werden, schließlich abgelehnt. Jeder weiß von schlimmeren Zwangslagen als der Heinrichs VIII. Ehepartner werden verlassen, manchmal innerhalb von Wochen nach der Hochzeit. Ihre Gatten sind vielleicht mit jemand anderem zusammengezogen und haben eine neue Familie in einem anderen Land, vielleicht einem anderen Erdteil gegründet. Frauen sind an Säufer und Spieler gekettet, an Gewalttäter, die sie und die Kinder prügeln. Um der Fairness willen muß hinzugefügt werden, daß manche Männer mit Frauen verheiratet sind, die *sie* regelmäßig verprügeln. Manche Ehepartner finden zu spät heraus, daß sie mit jemandem verheiratet sind, der homosexuell, bisexuell oder geschlechtskrank ist, der verrückt wird oder einen religiösen Wahn hat. Die endlosen Abwandlungen des häuslichen Dramas liefern den Grundstoff für Seifenopern im Fernsehen. Für all diese komplexen Situationen hat die katholische Kirche eine Lösung: Trennung, aber keine Scheidung. Der Bund der Ehe, sagt ein Papst nach dem anderen, ist von seiner Natur her unauflöslich. »Ehen werden im Himmel geschlossen«, selbst wenn sie in der Hölle enden. »Was Gott verbunden hat, soll kein Mensch trennen.« Jede Lockerung dieser Regel würde die Schleusentore öffnen.

Ist das nicht schon geschehen? In der westlichen Welt ist die Zahl der Scheidungen ungeheuer angestiegen. Vor 1858 wurde eine Scheidung in England nur durch einen speziellen Parlamentsbeschluß gewährt. Zwischen 1669 und 1858 gab es nur 229 Scheidungen, und davon wurden nur drei auf Wunsch der Frau ausgesprochen. Heute halten Ehen im Durchschnitt neun Jahre, und Scheidungsgrund ist die unheilbare Zerrüttung der Ehe.

In den USA, wo es vor der Revolution keine Scheidungen gab, ist Scheidung ein Geschäft wie jedes andere, etwa wie der Verkauf von Autos oder Erdnüssen, geworden. Scheidungen tragen zur Produktivität der Wirtschaft bei. 1930, im Jahr von *Casti connubii*, gab es weniger als 200000. 1975 waren es weit über eine Million im Jahr. Heute ist die amerikanische Scheidungsrate die höchste der Welt.

Im England des siebzehnten Jahrhunderts war John Milton allein auf weiter Flur mit seinem Protest gegen das Fehlen der Scheidung. Heute spricht er für die Massen. Der Dichter, der von seiner Frau verlassen worden war, kommentiert in seinem *Tetrachordon* die Worte »Was Gott verbunden hat«:

*Sollen wir sagen, daß Gott Irrtum, Betrug, Unfähigkeit, Jähzorn, Streit, ständige Einsamkeit, ständige Zwietracht verbunden hat; wenn Geilheit, Wein, Hexerei, Drohung oder Unbeherrschtheit Treu und Untreu, Christ und Antichrist, Haß mit Haß oder Haß mit Liebe verbunden hat – sollen wir sagen, dies hat Gott verbunden?*

## *Der Papst allein kann Ehen scheiden*

Bis vor kurzem hielten sich Katholiken, die sich scheiden ließen und wieder heirateten, für »schlechte Katholiken«. Da sie in Sünde lebten, waren sie auf dem Weg zur Hölle. Jüngere Umfragen haben nicht nur gezeigt, daß die Scheidungsraten bei Katholiken nur unbedeutend unter dem Durchschnitt liegen, sondern daß die Geschiedenen sich nicht länger für schlecht halten. So, wie Katholiken dem Papst in der Empfängnisverhütung ins Angesicht widerstehen, so lassen sie sich auch ohne ein Gefühl von Sünde oder Schande scheiden. Freilich ist Scheidung gewöhnlich ein traumatisches Erlebnis, doch katholische Geschiedene haben heute nicht die zusätzliche Belastung ihrer Vorfahren: Sie halten sich nicht für Verdammte. Oft scheinen sie nicht zu empfinden, daß sie in der Ehe versagt haben, sondern daß die Ehe für sie versagt hat. Wie dem auch sei – wenn eine Ehe vorbei ist, ist sie vorbei, selbst wenn sie ihre eigene Verantwortung, ganz oder teilweise, für den Bruch anerkennen. Wozu vorgeben, da sei eine Art Bund – mystisch, metaphysisch –, wenn sie wissen, es ist aus zwischen ihnen? Die Liebe ist gestorben. Ohne Liebe zu leben, ist Sünde. Nicht wieder zu heiraten, würde den Versuch bedeuten, ohne Liebe zu leben: nur eine weitere Sünde. Ehelosen Klerikern ist nicht klar, daß es oft so sinnvoll ist, eine zerbrochene Ehe zu kitten, wie ein zerrissenes Spinnengewebe mit bloßen Händen zu flicken.

Heute glauben die meisten Katholiken, wenn die Umfragen zutreffen, daß ihre Kirche Scheidungen ermöglichen sollte. Es gibt ein Leben nach der Scheidung, und viele wollen dieses Leben für sich und ihre Kinder. Warum zieht die Kirche es vor, daß Kinder ohne Familie aufwachsen? Freilich halten die Katholiken einen Wandel nicht für wahrscheinlich.

Wie im Fall *Humanae vitae* gezeigt wurde, ändert sich die Kirche nie. Ihre Stärke ist es, daß sie sich nicht ändert. Sie demonstriert eine Beharrlichkeit, eine Kompromißlosigkeit in grundlegenden Prinzipien der Moral. Wenn man sie in die Enge triebe, würden viele Katholiken, die für Scheidung sind, vielleicht zustimmen, daß die Kirche, wenn sie mit der Zeit ginge, moralische Autorität und viele Mitglieder verlieren würde. Sie tröstet ihre Kinder damit, daß sie ewige Wahrheiten lehrt, statt ihr Mäntelchen nach dem Wind zu hängen. Die Wahrheiten mögen nicht mehr geglaubt werden, die Moral nicht länger akzeptiert, aber sie sind da, und die Katholiken sind im großen und ganzen zufrieden damit, daß der Papst die Werte hochhält, als Ideale, die man anstreben kann. Es ist, als seien Glaubensinhalte sehr wichtig, selbst wenn sie unwahr sind.

Dies Buch hat schon einige der vielen Themen aufgezeigt, in denen die Kirche sich gewandelt hat, während sie gleichzeitig verkündete, der Wandel sei unmöglich. Der Genius der Kirche ist Wandel in gerade den Momenten, wo sie am lautesten »Kein Wandel« schreit. Sogenannte »Traditionen« erweisen sich bei der Überprüfung oft als nur eine Generation alt. Wie John T. Noonan in seinem gelehrten Buch *Power to Dissolve* gezeigt hat, hat sich die Kirche entgegen der verbreiteten Auffassung in der Frage der Scheidung mehr verändert als in den meisten anderen Fragen. Dies überrascht kaum angesichts der Komplexität menschlichen Lebens und der Vielfalt gesellschaftlicher Erfahrung. Wenn die Kirche sich nur nicht hinter dem Mythos verschanzte, sie erlaubte nie die Scheidung, wenn die Wahrheit fast das Gegenteil ist.

Sie erlaubt die Scheidung – sie zieht den Ausdruck »Auflösung des ehelichen Bundes« vor – in jedem Fall außer einem: der vollzogenen Ehe zwischen zwei Christen. Der Papst ist nicht etwa völlig gegen Scheidung in jeder Form; er meint vielmehr, er sei die einzige Person auf der Welt, die sie gewähren kann. Pius XI. sagte, nicht einmal Regierungen dürfe man diese göttliche Macht anvertrauen. Sie können Gesetze erlassen, richten, verhaften, ja hinrichten, aber Scheidung kann man ihnen nicht anvertrauen. Man muß der verblüffenden Tatsache ins Auge sehen, daß das Papsttum Pionier der Scheidung in Europa war, wie es Pionier der Folter war. Nicht Regierungen, sondern das Papsttum hat im sechzehnten Jahrhundert die Scheidung in der Christenheit wieder eingeführt, nachdem sie jahrhundertelang, während Kirchenrecht auch an zivilen Gerichten angewendet wurde, ungesetzlich gewesen war.

Bonifaz VIII. behauptete, alle Geschöpfe seien den römischen Oberhirten untergeben. Dies ist von den Päpsten bis ins gegenwärtige Jahrhundert auf alle Ehen ausgedehnt worden. Selbst die Ehen von Ungläubigen, Juden, Mohammedanern. Sie alle unterstehen dem römischen Papst, und er kann sie zum Heil der Seelen auflösen. In der Praxis heißt dies zum Vorteil der römischen Kirche. Zu jeder Zeit gibt es Millionen von Ehen, die an Verlassen, Grausamkeit, Unverträglichkeit, Kindesmißhandlung,

Frauenmißhandlung, Untreue zerbrochen sind – sie finden sich in obskuren Städtchen und Dörfern in Zaire und Schottland, Finnland und Kanada. Doch nur ein Mensch auf der Welt, ein ältlicher Eheloser, der in einem Palast im Vatikan residiert, ist von Gott ermächtigt, sie aufzulösen. Dies tut er nie, wenn nicht irgendein katholisches Interesse darin liegt; in einem solchen Fall handelt er als Stellvertreter Gottes, um Erlösung zu bringen. Dies strapaziert die Leichtgläubigkeit ein wenig. Der natürliche Bund ist so stark – »unauflöslich«, sagt Rom –, daß die Gesetzgebung in den USA oder England, in China oder der Sowjetunion zu seiner Trennung ein schweres Unrecht ist. Doch in den Händen des römischen Papstes kann dies von Natur aus unlösbare Band ruhig zerschnitten werden, und die Partner dürfen wieder heiraten.

In den 1940er und 1950er Jahren dehnte Pius XII. seine Macht der Auflösung von Ehen auf ein Maß aus, das selbst für Christen eine Generation zuvor undenkbar gewesen wäre. Alle frühen Konzilien der Kirche hätten ihn wegen Häresie abgesetzt.

Da der Papst durchaus nicht gegen die Scheidung ist, sondern vielmehr alle Arten der Ehe außer einer auflösen kann, kann er diese dann nicht auch auflösen? Die meisten Katholiken wünschten, er würde eine christliche, vollzogene Ehe auflösen und den Kreis schließen, doch kann er das? Dazu hat die Geschichte etwas zu sagen.

Kurz im voraus. Einige Päpste haben mit persönlichem Einsatz, der an Donquichotterie erinnert, Ehen aufgelöst. Dadurch setzten sie Kräfte in Bewegung, die sich fast unkontrollierbar beschleunigten. Es hat Augenblicke in der Geschichte gegeben – unserer ist einer von ihnen –, da erließen Päpste Bestimmungen, die die meisten Ehen auf der Welt implizit in Frage stellten oder für null und nichtig erklärten. Die zivilrechtliche Scheidung verursacht in diesem Szenario nicht Böses, sondern hilft das öffentliche Konkubinat beenden.

So falsch ist das Bild von der katholischen Kirche, die ihre Lehre zur Ehe nie ändert, daß ein Christ des dritten Jahrhunderts über die mittelalterliche Lehre gestaunt hätte; ein mittelalterlicher hätte über die moderne Lehre noch mehr gestaunt. Zweifellos würde ein Christ von heute staunen, wenn er wüßte, was die Kirche im nächsten oder übernächsten Jahrhundert lehren wird. Im Licht der Geschichte ist das einzig Unwahrscheinliche, daß die heutige Lehre das letzte Wort ist. Was Päpste auch denken oder zu denken vorgeben: Die katholische Tradition ist keine bloße Wiederholung der Vergangenheit, auch nicht immer eine Entwicklung aus der Vergangenheit. Oft ist sie eine radikale Abkehr von allem, was vorausging.

## *Was Jesus zur Ehe lehrt*

Die Lehre Jesu, wie das Evangelium nach Matthäus sie wiedergibt, scheint klar.

> *Es ist auch gesagt [in der jüdischen Bibel]: »Wer sich von seiner Frau scheidet, der soll ihr einen Scheidebrief geben.«*
> *Ich aber sage euch: »Wer sich von seiner Frau scheidet, es sei denn wegen Unkeuschheit [griech. porneia], der macht, daß sie die Ehe bricht; und wer eine Geschiedene heiratet, der bricht die Ehe« (Mt. 5, 31–32, rev. Lutherbibel – dort statt »Unkeuschheit« »Ehebruch«, d. Ü.).*

Später im Matthäusevangelium fragten die Pharisäer Jesus: Warum hat Mose dann die Scheidung erlaubt?

> *Er sprach zu ihnen: Mose hat euch erlaubt, euch zu scheiden von euren Frauen, eures Herzens Härte wegen; von Anfang an aber ist's nicht so gewesen.*
> *Ich aber sage euch: »Wer sich von seiner Frau scheidet, es sei denn wegen Unkeuschheit, und heiratet eine andere, der bricht die Ehe« (Mt. 19, 8–9).*

Die unterschiedlichen Auslegungen dieser Passagen im Lauf der Jahrhunderte beweisen, daß die Dinge nicht so einfach sind, wie sie scheinen. Das erste Problem stellt der Ausdruck »es sei denn wegen Unkeuschheit«. Was war mit »Unkeuschheit« gemeint? War es im rituellen Sinn gebraucht, daß jemand eine Regel gebrochen hatte und nicht wirklich verheiratet war? Bedeutete es einfach Untreue? Was es auch bedeutete, ist es nicht offensichtlich, daß Jesus selbst Ausnahmen von der Regel vorsah? Viele westliche und die meisten östlichen Kirchenväter, besonders der hl. Basilius, hielten es für selbstverständlich, daß Scheidung wegen Ehebruch erlaubt war. Diese von allen frühen Synoden Galliens, Spaniens und des Königreichs Franken akzeptierte Tradition ist in der Ostkirche in Kraft geblieben. Zu sagen, die Kirche habe immer gelehrt, keine christliche Ehe sei auflösbar, gleichgültig aus welchem Grund, ist deshalb historisch falsch. Es sei denn, die Ostkirche war selbst vor dem Schisma, ihrem formalen Bruch mit Rom 1054, nicht wahrhaft katholisch.

Seit der Reformation im sechzehnten Jahrhundert ist nur die katholische Kirche dabei geblieben, daß Scheidung für alle Christen verboten ist, die ihre Ehe vollzogen haben. Dieses harte Wort bleibt in Kraft, selbst wenn ein unschuldiger Partner verlassen worden ist. Andere Kirchen haben es wenigstens für möglich befunden, unschuldigen verlassenen Ehepartnern nach der Scheidung die Wiederheirat zu erlauben.

Entgegen dem allgemeinen Glauben hat die Kirche nie definiert, daß christliche, vollzogene Ehen nicht gelöst werden können. Das Konzil von Trient hat das 1563 fast getan, da erinnerten die Botschafter der Republik Venedig die Konzilsväter höflich daran, daß die Ostkirche Scheidung zuließ. Dieser Brauch, fügten sie hinzu, war nie von einem Papst oder ökumenischen Konzil verurteilt worden. So gewarnt, überschritten die Bischöfe die Schwelle nicht. Sie änderten den Text. Statt die östliche Praxis uneingeschränkt zu verdammen, begnügten sie sich mit der Aussage: »Wenn jemand sagt, die [katholische] Kirche irre, wenn sie lehrt, ... daß der Bund der Ehe nicht gelöst werden kann, so sei er Anathema.« Das ließ die Möglichkeit offen, daß die Kirche diese Position irgendwann einmal überprüfte. Seit dem Tridentinum ist dies nicht geschehen. Die Tür ist nicht geschlossen worden.

Bibelwissenschaftler haben kürzlich nahegelegt, die Kirchen von Ost und West gingen die Schrifttexte auf die falsche Weise an. Jesus werde vor allem als Gesetzgeber gesehen, etwa wie Mose. Tatsächlich wurde er als Kirchenrechtler gesehen, dem es darum ging, präzise Kriterien für gültige Ehen und Scheidungen festzulegen. Deshalb hat die Kirche im Lauf der Jahrhunderte diesen Teil der Bergpredigt zu einem rechtlichen Dokument verfälscht. Seither haben Kirchenrechtler an Details genagt wie ein Hund an einem Knochen. Was sind die Bedingungen für eine rechtmäßig gültige Ehe? Was sind gültige Gründe für Dispense von Ehehindernissen wie Blutsverwandtschaft, Mischehe oder Ehe mit Ungetauften? Und so fort. Natürlich gehört die Ehe zum Recht der Kirche, und da die Gesellschaft sich ändert, muß sie mit manchmal komplexer Gesetzgebung reagieren. Der Fehler lag in dem Gedanken, daß die Bergpredigt irgend etwas mit derlei Dingen zu tun hätte.

Jesus stellte seinen Jüngern das Ideal der Ehe vor Augen. Es ist höchst unwahrscheinlich, daß er irgendeine bestimmte Ausnahme im Sinn hatte, ob nun Verlassen oder Untreue. Doch es ist eine Sache, ein Ideal der Ehe darzustellen, und eine andere, Scheidungsgesetze von fast talmudischer Komplexität festzulegen. Der Kontext der Rede Jesu macht das deutlich. Direkt vor den Worten zur Ehe sagte Jesus in der Bergpredigt: »Wenn dich deine rechte Hand zum Abfall verführt, so hau sie ab und wirf sie von dir.

Es ist besser für dich, daß eins deiner Glieder verderbe und nicht der ganze Leib in die Hölle fahre (Mt. 5, 30).« Einer der griechischen Kirchenväter, Origenes, gehorchte aufs Wort und schnitt sein schuldiges Glied ab; es war nicht die Hand. Dies war eine persönliche Tragödie, denn Origenes, der in mystischen Auslegungen überragend war, nahm fast nichts sonst in der Bibel wörtlich.

Die Kirche mißbilligte Origenes' Anwendung des Messers, weil sie fürchtete, sie könnte Schule machen. Jesus wollte nicht, daß einer, der ihm nachfolgte, sich die Hand oder sonst etwas abschnitt. Anders war es, wenn Päpste, Kirchenväter und Theologen sich das Höllenfeuer vornahmen, das niemals ausgeht. Dies, sagten sie, müsse man wörtlich nehmen. Das war ein schlimmerer Fehler als der des Origenes. Er führte sie über etliche Jahrhunderte hin zu Fragen wie dieser: Welche Art Feuer kann endlos brennen und nie ausgehen? Welche Art Körper haben die Toten bei der Auferstehung, daß sie für immer brennen können? Und wie kann ein Mensch den Schmerz des Brennens fühlen, bevor sein Leib am Jüngsten Tag aufersteht? Auch unbeantwortbare ethische Fragen gab es. Wie kann man für eine in der Zeit geschehene Handlung eine Bestrafung in Ewigkeit rechtfertigen? Gott ist unendlich, argumentierten sie oberflächlich, also ist auch eine Sünde gegen ihn unendlich. Es kamen psychologische Fragen auf. Wie können Eltern im Himmel frohlocken, wenn sie wissen, daß ihre Söhne und Töchter in der Hölle braten? Wir haben gesehen, daß die Kirche über den größten Teil der christlichen Geschichte hin ungetaufte Neugeborene zum ewigen Feuer verurteilte – als Gottes gerechtes Urteil über sie. Dies schmälert mysteriöserweise nicht die Seligkeit der Eltern, wenn sie ins Paradies kommen. Wie ist das möglich? Und wieder machten sich die Theologen an ein vergebliches Unterfangen.

Für moderne Exegeten ist die Antwort einfach. Jesus sprach nicht wortwörtlich über »ewige Flammen«. Er bezog sich auf das Begräbnistal Gehenna außerhalb von Jerusalem. Es rauchte Tag und Nacht von den verbrannten Abfällen der Stadt und den Leichen gekreuzigter Verbrecher. Eine wörtliche Deutung trivialisiert seine Aussage. Dasselbe gilt für seine Lehre zur Ehe. Er sprach prophetisch.

Er hält die Ehe als lebenslange Bindung zwischen einem Mann und einer Frau hoch. Gegen diese Bindung zu sündigen, ist Ehebruch. Dies ernst nehmen ist nicht dasselbe wie es wörtlich nehmen, wie es die Kirche leider oft getan hat. Es brachte Kirchenrechtler dazu, sich sinnlos im Kreise zu drehen, genau wie die Theologen das über Hölle und Höllenfeuer taten. Ein Ideal kennt keine Ausnahmen, und Jesus drückte ein Ideal aus.

Dies mißverstehen heißt, ein Ideal der Ehe zu Scheidungsregeln zu machen. Ist der Fehler einmal gemacht, beginnen die Kirchenrechtler zu fragen: Was ist erforderlich zu einer rechtmäßig gültigen Ehe? Was ist ein gültiger Dispens? Und so fort. Ob die Kirche Scheidung zulassen kann oder nicht, und wenn ja, unter welchen Umständen, sind Dinge, die Jesus nicht im geringsten interessierten. Er war ein Prophet, kein Kirchenrechtler.

Das Merkwürdige ist: Die Kirche behauptet, daß Jesus in der Bergpredigt eine allgemeine und ausnahmslos gültige Regel lehrte. Diese Regel müsse die Kirche bewahren. Doch nicht ein Element dieser Regel ist im Text zu finden.

Erstens wurde die Bergpredigt von Jesus, einem Juden, vor seinen Mitjuden gehalten. Sie waren nicht getauft, und wahrscheinlich wurde keiner je getauft. Ihnen, heißt es, habe Jesus »die Regel« gegeben, daß Ehen getaufter Christen, wenn sie einmal vollzogen sind, nicht aufgelöst werden können. Mit anderen Worten, man nimmt an, daß Jesus die Scheidung unter allen Umständen eben der Gruppe von Menschen verboten hat, der die Päpste die Scheidung regulär gewährten. Es gibt Berichte von Martin V. (1417–31), der Juden erlaubte, sich nach ihrem Gesetz zu scheiden und wieder zu verheiraten. Tatsächlich durften Juden im ganzen Kirchenstaat sich mit Billigung der Päpste scheiden und wieder verheiraten. Die Päpste hatten die Macht; sie hätten es mit einem Federstrich verbieten können – aber sie taten es nicht. In heutiger Zeit haben die Päpste sich das Recht zugebilligt, die Ehen von Juden aufzulösen, die zum Katholizismus konvertieren wollen. Dies bedeutet, daß die Päpste, obwohl sie das Ideal Jesu als strenges Gesetz deuten, sich selbst Ausnahmen davon einräumen. Das war im Licht der Geschichte eine merkwürdige Entwicklung.

## *Frühkirchliche Lehre zur Scheidung*

Die Kirche entstand in der Zeit des Römischen Reiches. Die Römer hatten eine liberale Regelung für Scheidungen. Cicero trennte sich von seiner Frau, weil er eine zusätzliche Mitgift brauchte. Augustus zwang Livias Ehemann, sich von ihr zu scheiden, als sie schwanger war, damit er sie selbst heiraten konnte. Ehefrauen waren einem römischen Schriftsteller zufolge wie Schuhe: Sie zwickten da, wo andere es nicht sehen konnten. Wenn einem die Schuhe weh tun, zieht man ein anderes Paar an. Der hl. Hieronymus berichtet, daß im Rom seiner Zeit eine Frau zum dreiundzwanzigsten Mal heiratete. Sie war die einundzwanzigste Frau ihres Mannes. Offensichtlich war die Ehe nichts als eine lockere Liäson, die fast beliebig zu lösen war.

Dagegen bestand die Kirche darauf, daß Geschlechtsakte verboten sind, wenn sie nicht im Kontext einer dauerhaften Beziehung stattfinden. Als das Christentum sich etablierte, wurden Ehen in einer besonderen religiösen Zeremonie gesegnet. Bis zum zehnten Jahrhundert war der kirchliche Segen jedoch nicht vorgeschrieben. Die natürliche Verbindung von Mann und Frau kam nun unter die Kontrolle des Klerus. Doch erst beim Konzil von Trient 1563 wurde die Form der Eheschließung endgültig festgelegt. Von dann an war eine Ehe nicht mehr gültig, wenn das Paar nicht vor dem Gemeindepriester (oder seinem Beauftragten) und zwei Zeugen sein Einverständnis kundtat. Selbst dies wurde in der Kirche erst mit der Veröffentlichung von *Ne temere* im Jahr 1908 allgemein üblich.

In den frühen Jahrhunderten galt die Ehe bei Christen, ob sie von der Kirche gesegnet war oder nicht, ob der Staat sie anerkannte oder nicht, als unauflöslich. »Was Gott verbunden hat, soll kein Mensch trennen.« Das Zivilrecht ließ Scheidungen noch lange Zeit zu. Versuche von Kaisern wie Konstantin, sie einzuschränken, schlugen fehl. Das Recht auf Scheidung blieb im Justinianischen Kodex, der das Reich beherrschte, ungeschmälert. So gingen Kirche und Staat jahrhundertelang getrennte Wege. Die Kirche erlaubte höchstens einem verlassenen Ehepartner die Scheidung und Wiederheirat, der Staat hingegen erlaubte es jedem.

Karl der Große als Haupt der Christenheit tat sein Bestes, die beiden Kodizes zu harmonisieren. Selbst geschieden, erklärte er Scheidung zum Verbrechen, bedrohte sie aber klugerweise nicht mit einer Strafe. Die Kirche exkommunizierte Geschiedene manchmal, jedoch bestimmt niemand so Wichtigen wie Konstantin oder Karl den Großen.

Erst im zwölften Jahrhundert, als Europa eine Christenheit war, taten sich Kirche und Staat im Verbot der Scheidung zusammen. Die Kirche hatte gewonnen. Um so seltsamer war es, daß die Kirche, nicht der Staat, damit begann, die Institution Ehe zu untergraben.

Mischehen sind ein Bereich, in dem sich im Lauf der Zeit phänomenale Änderungen ereignet haben. Es geht um Ehen zwischen Christen und Heiden.

Von Anfang an verbot die Kirche sie als dem Evangelium zuwiderlaufend. Wie konnte ein Christ sich mit jemandem verbinden, der, wie er glaubte, durch seinen Unglauben zum Höllenfeuer verurteilt war? Wie konnte ein

Christ dulden, daß seine Kinder unter einem heidnischen Einfluß aufwuchsen, vielleicht selbst als Heiden, was ihnen ewige Qualen bestimmte? Vor dem Christentum wurden Religionsunterschiede nicht allzu ernst genommen. Nur das Christentum war so exklusiv, daß es alle Ungläubigen als Brennstoff betrachtete. Übrigens brachte das Christentum auch eine nie zuvor gekannte Angst vor dem Tod mit sich.

Die Kirchenväter nannten die Ehe zwischen Christen und Heiden geradeheraus »Ehebruch« oder »Unzucht«. Sie mache die Glieder Christi selbst zu Huren, indem sie sie mit den Gliedern ketzerischer Huren verband. Sobald die Kirche Reichsreligion wurde, wurde die Ehe zwischen Juden und Christen mit der Todesstrafe bedroht. Konzil auf Konzil brandmarkte alle Ehen zwischen Christen und »Andersgläubigen« als Verbrechen.

So verbreitet war diese Einstellung, daß Gratian im zwölften Jahrhundert alle Ehen zwischen Gläubigen und Ungläubigen als »wider die Befehle Gottes und der Kirche« beschrieb. Hatte ein Christ sich auf eine derartige Liaison eingelassen, sollte er sich umgehend trennen. Sein Glaube war in Gefahr, er verdarb seine Moral und gefährdete die Erlösung seiner Kinder. Die meisten Theologen sagten wie Petrus Lombardus, Mischehen seien null und nichtig.

Diese Tradition ließ keine Ausnahmen zu. Vom Tridentinum bis zum neunzehnten Jahrhundert sorgte die Inquisition dafür, daß Katholiken keine Protestanten heirateten. Doch obwohl Mischehen gegen das göttliche Gesetz waren, entstanden entgegengesetzte Sitten in Ländern wie England und Deutschland. Da die Katholiken eine Minderheit waren, hatten sie oft keine andere Wahl, als Protestanten zu heiraten, wenn sie überhaupt heirateten. Andere Ausnahmen wurden von Rom offiziell erlaubt. Im Jahr 1604 erlaubte Clemens VIII. einem katholischen Fürsten, »zum Wohl der Allgemeinheit« eine protestantische Prinzessin zu heiraten. Es war nie klar, wie etwas dem göttlichen Gesetz Zuwiderlaufendes und in sich Böses für irgendein Wohl erlaubt sein konnte, sei es das der Allgemeinheit oder eines anderen. Um die schädlichen Auswirkungen von Mischehen so gering wie möglich zu halten, bestand Rom auf gewissen Garantien. Der katholische Partner mußte sein Bestes tun, um den anderen zu bekehren; die Kinder, Jungen wie Mädchen, waren als Katholiken zu erziehen. Dies mußte schriftlich zugesichert werden.

Im neunzehnten Jahrhundert wurde es den Katholiken in England und Deutschland verboten, weiterhin ohne Erlaubnis Protestanten zu heiraten. Als Ausgleich wurden diese Dispense immer einfacher erteilt. Was die Kirche ohne Vorbehalt verdammt hatte, wurde zum Regelfall. Was als gegen das göttliche Gesetz und in sich böse verboten worden war, wurde nun in das kanonische Recht hineingeschrieben.

Zwar blieb die Sprache der Päpste dieselbe, doch die Praxis veränderte sich merklich. Im Jahr 1748 nannte Benedikt in einem Brief an die polnische Hierarchie die Ehe zwischen Katholiken und Protestanten eine »gotteslästerliche Verbindung«. Am 25. März 1830 bezeichnete Pius VIII. Mischehen in *Litteris alto* als »schwere Verbrechen«. »Die Kirche«, schrieb er, »hat einen Abscheu vor diesen Verbindungen, die so viele Mißbildungen und geistliche Gefahren mit sich bringen.« Solche Verbindungen waren »direkte Sünden gegen kanonisches und göttliches Recht«. Die frühe Kirche sagte dasselbe und verbot sie. Vom achtzehnten Jahrhundert an dispensierte die Kirche von ihnen. War das wirklich eine Entwicklung – oder ein grundlegender Meinungsumschwung?

1858 sagte Pius IX. in seiner üblichen, bombastischen Art, der Heilige Stuhl erlaube solche »verderblichen und verabscheuungswürdigen« Ehen nur aus ernsten Gründen. Ohne einen gerechten und ernsthaften Grund, fügte Propaganda hinzu, wären Dispense ungültig. Doch als Propaganda 1877 eine Liste von sechzehn »gerechten und ernsthaften« Gründen für einen Dispens herausgab, entpuppten sich viele von ihnen als trivial. Zum Beispiel wird ein Dispens automatisch erteilt, wenn die Frau über vierundzwanzig ist (*superadulta*). Oder der katholische Partner ist fest entschlossen, auf jeden Fall zu heiraten, wenn nicht in der Kirche, dann außerhalb, in einer zivilen Zeremonie. Ein herrliches Beispiel für den Lohn des Ungehorsams. Seit 1970 werden nicht einmal mehr schriftliche Garantien gefordert; das Wort des Katholiken oder der Katholikin, sein oder ihr Bestes für künftige Kinder zu tun, reicht aus. Manchmal darf ein Katholik in einer Mischehe sogar von einem protestantischen Geistlichen getraut werden. Hier hat sich die Kirche um 180 Grad gedreht, wie es scheint.

Die Päpste schienen zu hoffen, eine gleichbleibende Sprache – so heftig wie die der Kirchenväter – würde die Tatsache verschleiern, daß sich etwas geändert hatte. Diese Änderungen sind so weitreichend, daß jeder heute auferstandene Kirchenvater denken würde, der Satan hätte obsiegt und Mutter Kirche sei dem Heidentum anheimgefallen.

Die Lehre zu Mischehen lehrt uns dies: Wenn die katholische Kirche sich radikal wandelt, sagt sie, unveränderte Prinzipien würden mit Milde auf veränderte Umstände angewandt; wenn sie sich dem Wandel verweigert – wie bis heute im Zusammenhang mit Empfängnisverhütung und Scheidung für Christen –, sagt sie, ihre unwandelbaren Prinzipien gestatteten unter keinen Umständen eine Änderung. Ein früher Christ hätte jeden Wandel aus jedem Grund in Fragen der Empfängnisverhütung, Mischehe oder Scheidung gleichermaßen unglaubhaft gefunden. Bei Mischehen hat die Kirche sich gewandelt. Wie sieht es damit bei der Scheidung aus?

## *Päpstliche Scheidung nicht vollzogener Ehen*

Mitte des zwölften Jahrhunderts legte der englische Bischof von Exeter Papst Alexander einen kniffligen Fall vor. Ein Adliger in seiner Diözese hatte bei seiner Verlobung einen Eid abgelegt, seine Braut zu heiraten. Doch vor der Heirat erfuhr er eine Berufung zum Ordensleben. Es kam zu einem Konflikt zwischen seinem Eid zu heiraten, und seiner göttlichen Berufung, Gott als Mönch zu dienen. Alexander war der führende Rechtsexperte seiner Zeit. Seine Lösung hatte keinen Präzedenzfall und keine Logik, und sie löste eine kirchenrechtliche Schnitzeljagd aus, die noch anhält. Viele verrückte Schnitzeljäger haben sich daran beteiligt.
Dem Papst zufolge mußte der Edelmann seinen Schwur halten und seine Braut heiraten. Sofort nach der Trauung sollte er sie ohne jede fleischliche Vereinigung verlassen und ins Kloster gehen. Seine Entscheidung war von Geschichten über Heilige beeinflußt — Männern und Frauen mit einer krankhaften Angst vor der Sexualität —, die ihre Angetrauten in der Hochzeitsnacht verlassen hatten.
Nur ein extremer Eheloser, durchdrungen von einer ehefeindlichen Tradition, hätte sich ein so gemeines Spielchen ausdenken können. Die Ehe des Edelmannes, sagte Alexander, wäre gültig, denn nach Gratian sei es die Zustimmung, nicht die Paarung, die die Ehe gründe. Waren Maria und Joseph nicht verheiratet, obwohl ihr Bund jungfräulich war? Ihr jungfräulicher Bund war überdies nicht nur eine echte Ehe, sondern die ideale Ehe. Der Edelmann aus Exeter konnte, nachdem er seine Hochzeit durchgezogen hatte, seine nicht vollzogene Ehe lösen, indem er Mönch wurde. Das war ein reichlich leichtfertiger Umgang mit dem großen Sakrament Christi und Seiner Braut, der Kirche. Und wo war die Gerechtigkeit gegenüber der Braut? Ihre ehelichen Rechte, ihre Ehre und die ihrer Familie wurden völlig ignoriert. Seine Heiligkeit achtete nicht auf die Worte des hl. Paulus: »Der Mann ist nicht Herr seines Leibes, sondern die Frau.« Die Kirchenrechtler fragten nun: Wie konnte die einseitige Entscheidung des Mannes die Ehe lösen? In seinem Dekret *Commissum* antwortete Alexander, dies sei ein Sonderfall. Das Gut des Ordenslebens hatte Vor-

rang vor dem geringeren Gut der Ehe, Ordensgelübde annullierten die Ehegelübde. Päpste behaupten, sie könnten die Bibel auslegen. Hatte Jesus wirklich diese Ausnahme im Sinn, als er sagte: »Was Gott verbunden hat, soll kein Mensch trennen«? Hätte der hl. Augustinus zugestimmt, daß die Zwecke der Ehe — Nachkommen, Unauflöslichkeit, Treue — von Seiner Heiligkeit gewahrt wurden, der einem Ehemann erlaubte, sofort nach der Trauung das Weite zu suchen? Weiter: Bedeutete die Entscheidung des Papstes nicht, daß die ideale Ehe, die Ehe zwischen jungfräulichen Menschen wie Maria und Joseph, die einzig auflösbare Art Ehe war? Es war immer schwer verständlich gewesen, warum eine jungfräuliche Ehe das Ideal sein kann, wenn das Hauptziel der Ehe doch Fortpflanzung ist. Alexanders Entscheidung zur Auflösbarkeit verschlimmerte das Problem.

Weil Alexander Papst war, hatte seine alberne Entscheidung weitreichende Folgen. Er hatte die Idee gebilligt, daß zur absoluten Unauflösbarkeit einer Ehe sowohl Zustimmung als auch Vollzug erforderlich ist, ja sagen und miteinander schlafen.

Einer seiner Berater hätte Seine Heiligkeit darauf hinweisen sollen, daß sich daraus zwei absurde Konsequenzen ergeben. Erstens: Wenn Vollzug zur Unauflöslichkeit nötig ist, würde jeder, der nicht vorhätte, zu kopulieren, die Unauflöslichkeit nicht wollen, also nicht heiraten wollen. Der Edelmann hatte eine Zeremonie über sich ergehen lassen, aber er war nicht wirklich verheiratet. Statt seiner Braut den Schwur zu halten, hatte er ihn gebrochen. Zweitens: Seit Jahrhunderten hatte die Kirche gelehrt, daß Sex in der Ehe immer Sünde sei. Wie konnte dies sündige Element Ehen so heilig machen, daß sie unauflösbar wurden? Oder sollte man statt »Was Gott verbunden hat« sagen: »Was die Fleischeslust verbunden hat, soll kein Mensch trennen«?

Da »der Papst keine Fehler machen kann«, mußte die Kirche mit diesem Stück päpstlicher Frivolität leben. Dank Alexander entstand eine neue Sorte auflösbarer christlicher Ehen. Ein Mann konnte sich auf eigene Initiative von seiner Frau scheiden! Eine Kirche, die sagt, jede Ausnahme würde die Schleusentore öffnen, hatte der Institution Ehe einen großen Knacks verpaßt.

Alexanders Meinung wurde — natürlich — Teil der Orthodoxie. 1563 bestimmte das Tridentinum, die Ordensprofeß löse die Ehe auf. Wie das? Die mystische Vorstellung kam auf, daß die Ordensprofeß eine Art geistlicher Tod sei, der wie der leibliche Tod eine Ehe beendete. Es war nicht der Papst, der die Ehe auflöste, sondern die Ordensprofeß. Doch schon begannen eifrige Papisten, neue päpstliche Machtmöglichkeiten zu wittern. Wenn ein bloßer Ehepartner seine eigene Ehe auflösen konnte, konnte vielleicht auch der Papst bestimmte Ehen aus geistlichen Gründen auflösen. Schließlich war er Stellvertreter Gottes auf Erden. Wer wagte seine Autorität von vornherein zu begrenzen?

Dreihundert Jahre vergingen, bis Antonino, Erzbischof von Florenz und ehemals angesehenes Mitglied der Kurie, in der Mitte des fünfzehnten Jahrhunderts behauptete, er habe die Bullen zweier Päpste gesehen, die nicht vollzogene Ehen auflösten. In beiden Fällen durfte der Ehepartner wieder heiraten. Trotz seiner Referenzen – er war der Moraltheologe Nummer eins seiner Zeit – glaubte niemand Seiner Eminenz. Die Ordensprofeß konnte eine Ehe auflösen, aber ein Papst? Gewiß nicht. Und ein Geschiedener durfte wieder heiraten? Unmöglich! Jesus sagte: »Was Gott verbunden hat...«

Später stellte sich heraus, daß die päpstliche Angewohnheit, solche Ehen aufzulösen, vor Antoninos Zeitgenossen, Papst Martin V., zurückging. Was konnte diese Umkehrung der klaren Lehre des Meisters rechtfertigen? Dies waren die fraglichen Fälle. Nach der Hochzeit und vor dem Vollzug findet ein Mann heraus, daß seine Frau von jemand anderem schwanger ist. Er bittet um Auflösung der Ehe, damit er eine Jungfrau heiraten kann. Ein anderer Mann heiratete in einer Ferntrauung. Seine Frau wurde auf der Reise zu ihm von Piraten entführt. Ihr Mann lernte sie nie kennen und würde sie wahrscheinlich nie kennenlernen. Obwohl er mit ihr verheiratet war, durfte er noch einmal heiraten.

Die Kirchenrechtler argumentierten, die Päpste müßten diese Ehen als Stellvertreter Christi aufgelöst haben. Ihr Motiv sei wahrscheinlich Erbarmen gewesen. Erbarmen als Grund zur Bewilligung einer Scheidung wirkt allerdings seltsam in einer Kirche, die ihren Kindern in Situationen, die gerade so herzzerreißend wie die eben erwähnten sind, die Scheidung erbarmungslos verweigert. Außerdem lassen sich diese Ausnahmen schwerlich von der Bergpredigt ableiten, die die Kirche weiterhin als ehernes Gesetz auslegt: Keine Scheidung. Es muß gesagt werden, daß die Kirche sich nicht an die absolute Unauflösbarkeit gehalten hat. Päpste haben sie gebrochen, zum anfänglichen Erstaunen der Kirchenrechtler.

Dank Roms Leidenschaft für Geheimhaltung sind diese Dokumente zur Scheidung fünfhundert Jahre lang nicht ans Tageslicht gekommen. Antoninos Aussage konnte daher nicht überprüft werden.

Sobald die päpstliche Praxis der Scheidung einmal Fuß gefaßt hatte, war die Frage in kurialen Kreisen jedoch folgende: Wie kann der Papst das tun, wenn kein Mensch eine Ehe trennen kann? Die Antwort kam laut und deutlich: Der Papst ist kein Mensch, sondern Stellvertreter Gottes. Er wendet göttliche Macht an, um das Unauflösliche zu lösen. Auf gut deutsch: Unauflösbarkeit hat eine Anzahl Unterarten, von denen eine auflösbar ist.

Hätten die Kirchenrechtler die Lehre Jesu als ein Ideal der Ehe verstanden, so wären alle Probleme gelöst gewesen. Als Rechtsvorschrift hingegen mußte sie auf immer abstrusere Weisen ausgelegt werden. Jesus meinte eindeutig, daß das, was Gott verbunden hat, immer und unter allen Umständen verbunden bleiben muß. In der Praxis geht Rom damit nicht konform, und um das zu rechtfertigen, werden äußerst subtile Distinktionen bemüht.

Die Passage mit dem Verbot der Scheidung muß demnach im Denken der Katholiken mit anderen biblischen Schlüsselpassagen in Verbindung gebracht werden: »Du bist Petrus« und: »Was du auf Erden löst, wird im Himmel gelöst sein.« Impliziert wird auch, daß Jesus in der Bergpredigt die Macht zur Bewilligung von Scheidungen nicht nur Petrus geben wollte, sondern seinen Nachfolgern, den Bischöfen von Rom. Nicht umsonst behaupten die Päpste, sie könnten die Schrift auslegen.

Diese ersten päpstlichen Scheidungen haben eine weitere merkwürdige Folge. In Kirchendokumenten wird der Bund der Ehe als dem Naturrecht und dem göttlichen Recht zugehörig bezeichnet. Mit dieser Sprache soll ausgedrückt werden, daß nicht einmal Gott Ausnahmen davon machen kann. In diesem Fall allerdings kann das Naturrecht gebrochen werden. Aus irgendeinem nicht erklärten Grund behauptet die Kirche, sie habe Macht, das Naturrecht in der Scheidung, nicht aber in der Empfängnisverhütung abzuwandeln oder rückgängig zu machen.

Wenn Rom dann sagt, selbst der Papst könne eine vollzogene christliche Ehe nicht auflösen, wollen die Leute wissen, warum. Theologen verweisen auf die Schrift und sagen, eine christliche Ehe sei Abglanz der Liebe zwischen Christus und seiner Kirche. Doch vor dem fünfzehnten Jahrhundert verwiesen die Theologen auch auf die Schrift, um zu beweisen, daß der Papst selbst nicht vollzogene Ehen nicht auflösen könne.

Doch dieser Sprung geht zu weit nach vorn.

Alexanders absonderliche Entscheidung für den Edelmann aus Exeter zog eine große Zahl päpstlicher Scheidungen nach sich. In der Folge lösten Martin V. und andere Päpste Ehen auf, die mit beiderseitigem Einverständnis geschlossen, aber nicht vollzogen waren. Was Antonino Mitte

des fünfzehnten Jahrhunderts verblüffte und was die Gelehrten seiner Zeit für unglaubhaft erklärten, war im siebzehnten Jahrhundert übliche Praxis. Aufgrund seiner göttlichen Macht löste der Papst regelmäßig nicht vollzogene Ehen auf.
Konnte er auch vollzogene Ehen auflösen?

## *Päpstliche Scheidung vollzogener Ehen*

Mit Ausnahme der »Unkeuschheit« hielt es die frühe Kirche für selbstverständlich, daß Jesus jede Auflösung einer Ehe verboten hatte. Es gab jedoch eine Passage in Paulus' erstem Korintherbrief, die andere Ausnahmen zuzulassen schien:

> *Den anderen aber sage ich, nicht der Herr: Wenn ein Bruder eine ungläubige Frau hat und es gefällt ihr, bei ihm zu wohnen, so soll er sich nicht von ihr scheiden.*
> *Und wenn eine Frau einen ungläubigen Mann hat und es gefällt ihm, bei ihr zu wohnen, so soll sie sich nicht von ihm scheiden.*
> *Denn der ungläubige Mann ist geheiligt durch die Frau, und die ungläubige Frau ist geheiligt durch den gläubigen Mann. Sonst wären eure Kinder unrein; nun aber sind sie heilig.*
> *Wenn aber der Ungläubige sich scheiden will, so laß ihn sich scheiden. Der Bruder oder die Schwester ist nicht gebunden in solchen Fällen. Zum Frieden hat euch Gott berufen (1. Kor. 7, 12–15).*

Paulus antwortete auf Fragen der Menschen, die er bekehrt hatte. Es hatten sich Heiden bekehrt. Die Frage hinter dem obigen Text mag gewesen sein: Dürfen gerade getaufte Christen mit ihren noch heidnischen Partnern verheiratet bleiben? Müssen sie verheiratet bleiben? Als guter Diplomat antwortet Paulus: Wenn die Ehe funktioniert, laßt sie bestehen. Es ist eine echte Ehe; er spricht von ungläubigen Partnern als »Gatten«. Es ist eine gute Ehe, denn der Gläubige heiligt den Ungläubigen. Auch die Kinder sind heilig; das bedeutet, daß die Ehe nun von Gott geheiligt ist. Wenn jedoch der ungläubige Partner die Bekehrung seines Partners zu Christus unerträglich findet und sich trennt, dann sei es, wie es sei. Der Gläubige darf nicht als erster gehen. Dann sagt Paulus, nach der Trennung sei der Bruder oder die Schwester »nicht gebunden«. Heißt das, der verlassene, christliche Partner hat das Recht, wieder zu heiraten?

Augustinus, der Pionier katholischer Lehre zur Ehe, sagte: Natürlich nicht. Das Scheidungsverbot Jesu kennt keine Ausnahmen. Selbst unter Heiden ist die Ehe ein Bund, den kein Mensch trennen kann. Er implizierte, daß der verlassene christliche Partner der Ehe treu bleiben müsse; Wiederheirat würde Ehebruch bedeuten. Die Alternative war, daß ein Apostel innerhalb weniger Jahre nach der Kreuzigung eine neue Gruppe Menschen »geschaffen« hätte, deren ehelicher Bund auflösbar war. Wohin hätte das geführt?

Trotz seiner Autorität wurde Augustins Meinung abgelehnt. Zu seiner Zeit vertrat ein vom Judentum bekehrter römischer Rechtsgelehrter namens Isaak ein anderes Argument. Die Tatsache, daß Isaaks Buch über dies Thema später Gregor dem Großen zugeschrieben wurde, erhöhte sein Prestige. Isaak legte die Worte des Apostels so aus: Paulus dachte an einen Heiden, der sich aus Haß gegen Gott aus der Ehe mit einem bekehrten Christen zurückzieht. Den Bekehrten trifft keine Schuld. Er oder sie hat sich einfach entschieden, auf Gottes Ruf zu antworten, und wenn dies das Ende der Ehe bedeutete, sei es, wie es sei. In kanonischer Sprache: Der Heide verweigerte der Ehe nach der Bekehrung seines Partners die Zustimmung. Es war Gottesverachtung auf seiten des Heiden, die die Ehe auflöste und dem Christen die Freiheit gab, wieder zu heiraten. Dies wurde dann das »Paulinische Privileg« genannt.

Isaaks Deutung warf so viele Fragen auf, wie sie beantwortete. Die Kasuistik, die besonders im Mittelalter nachkam, war labyrinthisch. Was stellte »Haß gegen Gott« dar, von dem übrigens bei Paulus nicht das geringste erwähnt wird? Ein verlassener, gläubiger Partner konnte wieder heiraten. Konnte auch ein Gläubiger wieder heiraten, der seinen Partner um des Glaubens willen verlassen hatte?

Die vorherrschende Ansicht war, daß nur ein verlassener Christ wieder heiraten durfte. Dies fand seinen Weg in Gratians Dekrete und wurde 1142 Kirchenrecht. Innozenz III. sanktionierte es in seinem Dekret *Quanto te* von 1199.

Nun begannen die Theologen, an dem Knochen zu nagen. Wann und wie wurde die erste Ehe gelöst? Wurde sie gelöst, sobald der heidnische Partner das Haus verließ? Die allgemeine Ansicht war, sie werde erst gelöst, wenn der verlassene Partner wieder heiratete.

Der entscheidende Punkt war, daß ein Papst, der herrische Innozenz III., die Idee billigte, eine vollzogene Ehe könne aufgelöst werden. Sie wurde auch nicht von einem Papst oder der Hierarchie aufgelöst, sondern vom christlichen Ehepartner. Eine fatale Bresche war in den christlichen Glauben geschlagen, die Ehe sei immer und unter allen Umständen unauflöslich. Der Grund, der angegeben wurde, war gut: Die Sache Gottes wog schwerer als eine naturgemäß gültige und vollzogene Ehe. So barmherzig dieser Schritt der Kirche auch war, er war doch gewiß seltsam, da sie ja weiterhin auf der wörtlichen Deutung der Worte Jesu bestand. Jesus hatte ohne Einschränkung von der unzerbrechlichen Einheit der Ehe gesprochen. Wenn er damit »das Gesetz einsetzte«, wäre es nicht logisch zu sagen: Der oder die verlassene Bekehrte muß unverheiratet bleiben, um die Unauflöslichkeit des ehelichen Bundes zu demonstrieren, wie Gott ihn seit Anbeginn der Zeit vorgesehen hat?

Nachdem die Bresche einmal geschlagen war, erhoben sich neue Fragen in endloser Folge — nicht notwendigerweise sofort, aber unvermeidlich. Wenn zum Beispiel der Gotteshaß eines Ungläubigen einem Christen oder einer Christin erlaubt, sich aus einer Ehe zurückzuziehen, warum kann ein Christ sich dann nicht aus einer christlichen Ehe zurückziehen, wenn sein Partner ungläubig wird und ein wirklich christliches Leben unmöglich macht? Der Dominoeffekt war von der Kirche selbst ausgelöst.

Es ist eine wenig bekannte Tatsache, daß im zwölften Jahrhundert zwei Päpste vor Innozenz III., nämlich Urban III. und Coelestin III., sogar sagten, einige vollzogene christliche Ehen könnten aufgelöst werden. Coelestin nannte folgendes Beispiel. Eine christliche Frau wird von ihrem christlichen Mann verlassen; dieser wird abtrünnig und heiratet eine Heidin. Sie ist frei, sagt der Papst, mit Zustimmung ihres Priesters wieder zu heiraten. Wenn der Mann es sich anders überlegt und zu seiner ersten Frau zurückkehren möchte, muß sie ihn nicht wieder nehmen. Coelestin zitiert Isaaks Buch, das er für ein Werk Papst Gregors hielt, und argumentiert, der »Gotteshaß« des Mannes habe die Ehe aufgelöst. Deshalb ist die Frau vollkommen frei von ihm. Es mag überraschen, daß zwei mittelalterliche Päpste sagen, es gebe gute Gründe für die Auflösung einer vollzogenen christlichen Ehe. Tatsächlich waren sie nicht die ersten.

Gregor II. war ihnen zuvorgekommen. Am 22. November 726 schrieb er an den hl. Bonifaz, den Apostel Deutschlands, um über das Schicksal eines Mannes zu entscheiden, dessen Frau so schwer krank war, daß sie nicht mit ihm leben konnte. Er sollte nicht noch einmal heiraten, beschloß Gregor II., doch er war frei es zu tun, vorausgesetzt, er sorgte für seine erste Frau.

Katholische Kommentatoren von Gratian an waren nicht begeistert über einen Papst, der einem Mann die Scheidung bewilligte, weil seine Frau nicht mit ihm schlafen konnte. Ein jesuitischer Autor, Pater G. H. Joyce, schreibt: »Es ist vernünftig anzunehmen, daß er [der Brief des Papstes] eine Ehe betraf, bei der die Braut vor dem Vollzug von einer Krankheit befallen worden war, die das Eheleben unmöglich machte.« Mit anderen Worten: Es ist undenkbar, daß ein Papst dem Glauben der Kirche widersprochen hat, selbst wenn es eindeutig der Fall ist. Gregor II. muß eine nicht vollzogene Ehe aufgelöst haben, sagt Joyce. Joyces großartige Hypothese, die Frau habe sich zwischen der Hochzeit und dem Vollzug eine Krankheit zugezogen, ist schwer genug zu akzeptieren. Obendrein versäumt er aber hinzuzufügen, daß Auflösung wegen Nichtvollzug erst fünfhundert Jahre später aufkam. Selbst als sie aufkam, ermöglichte sie nur den Eintritt ins Ordensleben, nicht den Eintritt in eine neue Ehe.

Ebensowenig kann man, wie einige versucht haben, einwenden, Gregor II. habe die Ehe wegen der Unfähigkeit der Frau zum Geschlechtsakt annulliert. Denn Gregor II. hat immer betont, im Fall solcher Impotenz hätten Eheleute wie Geschwister zusammenzuleben. Tatsächlich ist Impotenz ein weiteres Beispiel dafür, daß die Päpste alles andere als einig, sondern mehrere Jahrhunderte hindurch uneinig waren. Noch ein Bereich, in dem die Idee päpstlicher Harmonie der Lehre ein Mythos ist.

Um zur »heterodoxen« Meinung Coelestins III. über die Auflösung vollzogener christlicher Ehen zurückzukehren: Es ist einen Hinweis wert, daß sein Nachfolger Innozenz III. sich darüber nicht aufregte. Er sagt seelenruhig: »Obwohl einer unserer Vorgänger anscheinend anders geurteilt hat«, ist die Ehe zweier Christen lebenslang und kann nicht dadurch aufgelöst werden, daß einer der beiden vom Glauben abfällt. Wenn eine Verbindung durch Geschlechtsverkehr bestätigt worden ist, kann sie nicht getrennt werden.

Die Kirchenrechtler waren nervöser als Innozenz. Für sie war es so geschmacklos, daß ein Papst dem Glauben der Kirche widersprach, daß Coelestins Ansichten ein Vierteljahrhundert später aus der Sammlung päpstlicher Dekrete gestrichen wurden.

Cajetan, der dominikanische Gelehrte und Kardinal des sechzehnten Jahrhunderts, der in direkten Konflikt mit Luther geriet, hatte ähnliche Ansichten wie Papst Coelestin. Er lehrte, vollzogene christliche Ehen könnten wegen Ehebruchs aufgelöst werden. Das sagte Jesus. Die Ostkirche hatte es immer gesagt. Wenn die Päpste nicht übereinstimmten, war das nicht wichtig. Die Päpste, sagte Cajetan, haben schon oft Fehler in Sachen Ehe gemacht.

## Päpstliche Scheidung für die Mission

Wie Noonan in *Power to Dissolve* zeigt, begann die Verbreitung der Kirche in Amerika im späten fünfzehnten Jahrhundert neue Probleme zu schaffen. Indianerhäuptlinge mit mehreren Frauen bekehrten sich. Später wurden schwarze Sklaven Christen, die ihre Frauen in ihren Heimatländern gelassen hatten; sie hatten keine Hoffnung, je wieder mit ihren Familien vereint zu werden. Die katholische Kirche, die sich etwas darauf zugute hält, daß sie nie ihre Grundprinzipien geändert hat, hat sie gewiß mit Genialität und tiefem Mitgefühl dieser neuen Lage angepaßt.

Die Hauptfrage war: Mußten diese Bekehrten sozusagen ehelos bleiben, und wenn nicht, warum nicht?

Roms erste Antwort war vorsichtig negativ: Sie mußten ihrer ersten Frau treu bleiben. Dann wurde Papst Paul zu Häuptlingen mit mehreren Frauen befragt und antwortete, wenn der Häuptling sich nicht erinnern könne, welche Frau zuerst gekommen sei, könne er sich die aussuchen, die er mochte. Seine Entscheidung half Indianern mit schlechtem Gedächtnis. Dreißig Jahre später sagte Pius V., ein Häuptling mit mehreren Frauen dürfe sich die Frau aussuchen, die mit ihm getauft worden sei, auch wenn sie nicht die erste war. Pius sicherte sich ab, indem er beharrte, wenn die erste Frau ohne große Schwierigkeit auffindbar sei, müsse der Häuptling mit ihr verheiratet bleiben.

Dann kam Gregor XIII., der im Jahr 1585 die päpstliche Autorität über die Ehe auf bemerkenswerte Art erweiterte. Er gab bekehrten Sklaven eine Blankoerlaubnis zur Wiederverheiratung. Ihre ursprünglichen Ehen waren echt, aber nach der Taufe des Sklaven nicht bekräftigt und deshalb nicht unter allen Umständen unauflöslich. Er als Papst war Richter darüber, welche Umstände eine Scheidung gestatteten. Diese Macht delegierte er großzügig an Bischöfe und Priester.

Das war ein Riesenschritt vorwärts. Er bedeutete, daß die Päpste sich imstande fühlten, die Ehe zwischen einem Gläubigen und einem Ungläubigen aufzulösen. Mit welcher Begründung? Wahrscheinlich um des Glaubens willen. Es war kein Fall des Paulinischen Privilegs, bei dem ein Ungläubiger einen Christen verließ. Paulus' Text wurde auf den Kopf gestellt. Ein Christ verließ in gewisser Weise einen Ungläubigen. Diese Autorität, den natürlichen Bund zu lösen, kam nicht von Paulus, deshalb mußte sie von Christus kommen; und der Papst war Stellvertreter Christi. Einigen Kirchenrechtlern kam es vor wie Weihnachten. Gierig suchten sie nach weiteren Fällen, in denen der Papst eine Scheidung gewähren konnte.

Nach 1585 zog die Kurie allerdings die Fühler ein. Es war Zeit zum Nachdenken im Vatikan. Sie wurden in Ruhe gelassen, weil noch keins der drei außergewöhnlichen päpstlichen Dokumente zur Mission veröffentlicht war. Offenbar wollten die Päpste die Welt nicht wissen lassen, daß sie hinter den Kulissen eifrig Ehen auflösten, besonders weil der Staat das nicht erlaubte. Es ist eine der verblüffenden Tatsachen, auf die man als Historiker von Zeit zu Zeit stößt. Es waren nicht Regierungen, sondern Päpste, die die Scheidung wieder einführten, nachdem sie über vierhundert Jahre ungesetzlich gewesen war.

Das Potential für Veränderungen war nun enorm.
Am Anfang konzentrierte sich das Interesse auf Bekehrte, die von ihren heidnischen Partnern verlassen wurden: das Paulinische Privileg. In der Missionszeit löste Gregor XIII. insgeheim Ehen zwischen Heiden und neubekehrten Christen. Was war mit Christen, die von ihren heidnischen Partnern verlassen wurden? Rom sprach ein ohrenbetäubendes Nein.
Amerikas erster großer Moraltheologe, Francis P. Kenrick, später Erzbischof von Baltimore in der Mitte des neunzehnten Jahrhunderts, ließ sich nicht beirren. Er glaubte, ein Christ, der einen Heiden geheiratet hatte und verlassen wurde, dürfe wieder heiraten. Niemand teilte seine Meinung. Auf Anfragen sagte das Heilige Offizium stets: Wenn ein Christ mit kirchlichem Dispens einen Heiden heiratet, ist die Ehe unauflöslich.
Als jedoch das neunzehnte Jahrhundert voranschritt, begannen die geheimen Dekrete von Paul III., Pius V. und Gregor XIII. durchzusickern. Den Kirchenrechtlern dämmerte allmählich, was die Päpste die ganze Zeit betrieben hatten. Wenn sie Macht hatten, nicht vollzogene Ehen und Ehen zwischen Heiden und neubekehrten Christen aufzulösen, wo endete dann die Macht der Päpste?

## *Von modernen Päpsten gewährte Scheidungen*

Leo XIII. prangerte die Scheidung oft an. Sie sei, sagte er, geboren »aus der pervertierten Moral eines Volkes und führt ... zu schlimmen Gewohnheiten im öffentlichen und privaten Leben. ... Ist Scheidung einmal erlaubt, wird es keine ausreichenden Mittel geben, um sie in Grenzen zu halten.« Dies macht eine Entscheidung, die er 1894 traf, schwer verständlich. Sie wurde in den offiziellen *Acta*, den Protokollen des Apostolischen Stuhls, nie veröffentlicht. Der Fall war folgender:

Zwei Juden, Isaak und Rebekka, heirateten und ließen sich scheiden. Rebekka wurde Katholikin, Isaak heiratete in zivilrechtlicher Trauung eine Katholikin namens Antonia. Als nächstes wollte Isaak katholisch werden, um seine Verbindung mit Antonia in den Augen ihrer Kirche zu legalisieren. Am 23. Mai 1894 schied Leo XIII., strikter Gegner der Scheidung, Isaak und Rebekka ganz einfach. Dieser verwunderliche Fall wurde klugerweise vierzig Jahre lang unter Verschluß gehalten.

1917 wurden die drei Missionsdokumente von Paul III., Pius V. und Gregor XIII. als Anhang zum neuen Kodex des Kirchenrechts gedruckt. Diese einst privaten Ausnahmen, gewährt angesichts einer Notsituation in der Neuen Welt, wurden plötzlich Teil des allgemeinen Kirchenrechts. Die Kirchenrechtler fanden Möglichkeiten in ihnen, die sie sich zuvor nicht hatten träumen lassen. Konnte zum Beispiel der Papst nicht sogar die Ehe zweier Nichtkatholiken, etwa einer Protestantin und eines Juden auflösen?

Aus heiterem Himmel löste der Papst tatsächlich eine Ehe zwischen einer Protestantin und einem Juden auf. Die Protestantin war schon getauft, als sie heiratete, also kam eine Berufung auf das Paulinische Privileg nicht in Frage. Sie wollte katholisch werden und einen Katholiken heiraten. In einer historischen Entscheidung löste Papst Pius XI. ihre erste Ehe im April 1924 auf. Da er schon einmal dabei war, löste er drei Monate später die Ehe zwischen einer Protestantin und einem Heiden auf. Es war der dritte Fall, der am meisten Aufsehen erregte.

1922 wandte sich Gerard G. Marsh, ungetauft, an den Bischof von Helena, Montana, John P. Carroll. Drei Jahre zuvor hatte er eine Anglikanerin geheiratet. Ihre Ehe war beim Scheidungsrichter geendet, und seine frühere Frau hatte wieder geheiratet. Marsh verliebte sich in eine Katholikin mit dem Tennessee-Williams-typischen Namen Lulu La Hood, und äußerte den Wunsch, zu konvertieren. Bischof Carroll, der im Kirchenrecht nicht auf dem neuesten Stand war, wandte sich an Rom, um zu sehen, ob Marshs erste Ehe wegen Verschiedenheit der Religion annulliert werden konnte. Der neue Kodex von 1917 sagte deutlich, daß es in diesem Fall keinen Annullierungsgrund mehr gab. Das Heilige Offizium ignorierte die Argumentation in der Einlassung des Bischofs und machte sie zu einem Antrag an den Papst, die Ehe um des Glaubens willen aufzulösen. Am 6. November 1924 gewährte Pius XI. Marsh die Scheidung. In dem Schriftsatz wurde nicht erwähnt, daß sie von Marshs Konversion zum Katholizismus abhinge. Zum Erstaunen der Kirchenrechtler hatte der

Papst die erste Ehe einfach getrennt. Eine gültige, bindende, unauflösliche Ehe war schlicht durch das Wort Pius' XI. gelöst.
Vier Jahre später, in der Zeit der Lateranischen Verträge, verlangte derselbe Papst von Mussolini das Versprechen, daß zivilrechtliche Scheidung in Italien verboten sein würde. Im Jahr danach wurde *Casti connubii* veröffentlicht, worin Pius XI. nicht nur Empfängnisverhütung verurteilte, sondern auch gegen Scheidung wetterte.

*Die Vertreter des Neuheidentums von heute ... fahren fort, durch Gesetzgebung die Unauflöslichkeit des ehelichen Bundes anzugreifen, und verkünden, die Rechtmäßigkeit der Scheidung müsse anerkannt werden und die antiquierten Gesetze sollten einer neuen, humaneren Gesetzgebung weichen. ... All diesen leichtfertigen Meinungen steht das unveränderte Gesetz Gottes gegenüber, das Christus vollkommen bestätigt hat. .... Was Gott verbunden hat, soll kein Mensch trennen. ... Diese Worte beziehen sich auf jede Art Ehe, selbst solche, die nur natürlich und legitim sind; denn ... die Unauflöslichkeit, durch die das Lösen des Bundes ein für allemal dem Belieben der Partner und jeder weltlichen Macht entzogen ist, ist eine Eigenschaft jeder echten Ehe.*

Dies von einem Mann, der selbst im Scheidungsgeschäft war. Seine Arroganz steht nicht hinter der mittelalterlicher Päpste wie Gregor VII. oder Bonifaz VIII. zurück. Niemand auf Erden kann selbst die unerträglichste Ehe trennen. Doch der Papst kann es, denn er, hoch erhaben über alle weltlichen Regierungen, der einzige Mann auf der Welt, dem Gott in einer so heiklen Sache trauen kann, handelt an Gottes Stelle und für das Wohl der Kirche Gottes.
Dieser Papst, der sich jede Macht absprach, die »Tradition« zur Geburtenkontrolle zu ändern, hatte eine radikale Veränderung in der Natur der Ehe und der Scheidung bewirkt. Der Kodex kam 1917 heraus. Innerhalb von vier Jahren ging er weit über den Kodex hinaus und löste im Angesicht einer völlig unvorbereiteten Welt vollzogene Ehen zwischen Christen und Nichtchristen auf. Kein Theologe hatte ihn darum gebeten. Seit zweihundert Jahren verneinte das Heilige Offizium unerschüttert, daß der Papst es könne. Pius XI. — war es Herzensgüte, war es der Wunsch, päpstliche Muskeln zu zeigen, war es schiere Ignoranz? — tat es einfach.
Zum Paulinischen Privileg war nun das Petrinische Privileg hinzugekommen. Das letztere war so breit angelegt, daß es das erstere schlicht überflüssig machte. Die Kirchenrechtler mit ihrem wundervollen Flair für Hy-

pothesen sagten dann, der hl. Paulus müsse sich mit dem hl. Petrus abgestimmt haben. Petrus müsse Paulus' Privileg ratifiziert haben, denn es war nur Teil einer viel weiter reichenden Macht zur Auflösung von Ehen, die er, Petrus, und seine päpstlichen Nachfolger haben. Man fragt sich, ob Paul sich das schriftlich geben ließ.

Pius XI. hatte sich wie viele Päpste vor ihm zur Quadratur des Kreises fähig gezeigt. Er hatte gelöst, was er selbst als unauflöslich bezeichnete, er hatte das Ewige zeitlich gemacht, einfach »zum Heil der Seelen«, sehr großzügig ausgelegt. Marsh war schließlich kein Katholik; der Schriftsatz zur Auflösung seiner ersten Ehe verlangte kein Versprechen, daß er konvertierte. Das »Heil«, das der Papst im Sinn hatte, war das seiner zweiten (katholischen) Frau.

Vier Jahre nach *Casti connubii* billigte Pius XI. »Normen für die Auflösung von Ehen um des Glaubens willen durch die höchste Autorität des Papstes«. Die Bedingungen für eine päpstliche Scheidung waren einfach. Eine Partei war ungetauft, und das ursprüngliche Paar hatte nach der Taufe des Nichtchristen keinen Geschlechtsverkehr gehabt. Unter diesen Bedingungen war der Papst bereit, stapelweise Scheidungsfälle positiv zu bescheiden, die ein kurialer Berater ihm vorlegte.

Nicht, daß Rom jetzt reinen Tisch machte. Die Normen wurden nicht publik gemacht. Nur Eingeweihte konnten von ihnen profitieren. Man mußte in bester vatikanischer Verschwörermanier über die Sache flüstern. Die wohlbegründete Furcht des Papstes war, daß er weit weniger gegen Scheidung eingestellt wirken könnte, als man nach dem Donnergrollen seiner Enzyklika denken sollte. Zudem wollte Rom gern den Schein wahren, der Heilige Vater gewähre die Scheidung als Vergünstigung (oder Privileg). Vergünstigungen müssen nicht gewährt werden. Die landläufige Meinung, in Rom lasse sich jeder schmieren, ist grundfalsch. Viel schlimmer als gelegentliche Mauscheleien und Bestechungen ist ein System von Gefälligkeiten, die nur durch Augenzwinkern und Schulterklopfen zu haben sind. Tausend Gefälligkeiten sind kein Ersatz für ein gerechtes Gesetz.

Man hat auch gesagt, die neuen Normen Pius' XI. hätten nur deshalb funktioniert, weil es zivilrechtliche Scheidungen schon gab. Die Christenheit gab es nicht mehr. Nach achthundert Jahren gingen kirchliche und zivile Ehegesetze getrennte Wege, abgesehen von Ländern wie Italien, wo Mussolini und Pius XI. eine funktionierende Beziehung hatten. Ehen wurden in ständig steigender Zahl vor Zivilgerichten geschieden. Trotz ihrer Beteuerung des Gegenteils profitierte die Kirche davon.

In der Frage der Scheidung hatte der Staat die »Schmutzarbeit« für die Kirche getan. Er hatte die Scheidung respektabel gemacht. Er hatte sich auch um rechtliche Einzelheiten wie Eigentum und Erbschaft gekümmert. Die Kirche brauchte nie die Initiative zu ergreifen oder eine Scheidung als erste Instanz zu gewähren. Sie schien einfach die sakramentalen Scheidungsfolgen zu regeln, ohne Scheidungen zu ermutigen oder zu billigen. Auch hierin legte die Kirche ihr gewöhnliches Anpassungsgenie an den Tag; allerdings war auch ein Element der Heuchelei dabei. Statt dem Staat zu danken, beschuldigten die Päpste ohne Unterschied die Regierungen, sie täten das Werk des Teufels. Im Vatikan gewährte der Papst still und leise weiter seine eigenen Scheidungen.

Nach den Normen von 1934 wurde das Tempo von Scheidung und Wiederheirat in der Kirche spürbar schneller. In Rom wuchs die Überzeugung, daß die Macht des Papstes so weit reichte wie die des Allmächtigen. Alle Völker, Christen wie Nichtchristen, waren ihm in Sachen Ehe untertan.

Pius XII. bestätigte dies zwei Jahre nach seiner Wahl. Im Oktober 1941 hielt er eine Ansprache vor der Rota, dem römischen Ehegericht. Über die normale, vollzogene christliche Ehe halte er seinen väterlichen Schutz, sagte er. Jede andere Form der Ehe sei »in sich unauflöslich«. Meinte er, niemand könne sie auflösen? Nicht ganz. Er konnte. War er nicht Stellvertreter Christi auf Erden?

Dies Thema entwickelte er 1942 in der Enzyklika *Mystici corporis*. Er zitierte die Bulle *Unam sanctam*: Christus und der Papst sind eins als Haupt der Kirche. Man hätte denken können, daß Pius XII. sich von einem Ungeheuer wie Bonifaz VIII. distanzierte. Er behauptet nicht, zwei Schwerter zur Verfügung zu haben; die weltliche Macht war vergangen, was, wie wir sahen, zahllosen Päpsten zufolge theologisch unmöglich war. Allerdings folgt Pius Bonifaz in dem Anspruch, die ganze Welt zu beherrschen – jedenfalls in Form der Herrschaft über alle Ehen. Als Stellvertreter Christi kann er im Bedarfsfall diese Ehen zum Heil der Seelen auflösen.

Als er im siebten Jahr Papst war, erhielt Pius eine Einlassung vom Bischof von Monterey-Fresno, Kalifornien. Dies war der erste von drei epochemachenden Fällen, die Bischof Willinger an Rom weiterleitete.

Eine ungetaufte Frau hatte einen Katholiken geheiratet. Der letztere hatte einen Dispens für die Religionsverschiedenheit eingeholt. Dies war die normale Prozedur und kostete ein wenig. Das Paar wurde vor einem Priester und zwei Zeugen getraut. Später ließ sich die Frau von ihrem katholischen Mann scheiden, aber da sie offenbar eine Vorliebe für Katholiken hatte, heiratete sie wieder einen solchen in ziviler Trauung. Nun hoffte sie darauf, Katholikin zu werden. Es sah nicht so aus, als gäbe es Hoffnung für sie. Bischof Willinger bat Rom, die zweite Verbindung zu legalisieren. Als Grund gab er an, die erste Ehe könne wegen Nichtvollzug annulliert werden. Das vereinfachte die Sache erheblich. Nur konnte der Nichtvollzug nach Roms strengen Regeln nicht bewiesen werden. Wieder sah es hoffnungslos aus. Dann aber wandelte das Heilige Offizium den Antrag des Bischofs in eine Empfehlung an den Heiligen Vater um, die Ehe um des Glaubens willen aufzulösen. Dies tat Pius XII. am 17. Juli 1947. Er gewährte einem ungläubigen Partner die Scheidung einer Ehe mit einem Katholiken, einer Ehe, die mit Dispens geschlossen und wohl vollzogen worden war. Das Kirchenrecht hatte dergleichen nie vorgesehen.

Drei Jahre später versuchte Bischof Willinger sein Glück noch einmal. Er fragte an, ob in einem ähnlich gelagerten Fall nach einer Auflösung nicht nur die Konvertitin in spe, sondern auch ihr erster, katholischer Mann wieder heiraten dürfe. Am 4. Mai 1950 kam die Antwort: Er durfte.

Willinger war überzeugt, eine Glückssträhne erwischt zu haben, und legte Rom einen dritten Fall vor. Er bat auf Antrag des katholischen Partners um die Auflösung einer Ehe zwischen einem Katholiken und einer Ungetauften. Das war etwas ganz Neues.

Der Katholik war Alfred Cinelli aus Bakersfield, Kalifornien. Er hatte Elinor Robbins geheiratet, zuerst zivilrechtlich und dann in der Kirche, mit dem erforderlichen Dispens. Bei seiner Rückkehr aus dem Kriegsdienst in Übersee fand er, daß seine Frau ihm gegenüber kühler geworden war. Im April 1946 ließ sie sich von ihm scheiden und heiratete wieder. Cinelli wollte eine Frau heiraten, die zu konvertieren wünschte. Bischof Willinger unterstützte ihn und plädierte mit wohlgesetzten Worten, der Glaube einer Konvertitin stehe auf dem Spiel, und der Glaube der noch nicht geborenen Kinder, und der besagte Cinelli stamme aus gutkatholischer Familie, Italiener wie der Heilige Vater, und niemand würde im geringsten Anstoß nehmen; im Gegenteil, jeder würde die große Milde der Kirche loben. Kurz, er ließ all die Gründe aufmarschieren, die Kirchenväter, Theologen und Päpste durch Jahrhunderte einhellig als Scheidungsgründe abgelehnt hatten.

Am 23. Januar 1955 löste Pius XII. die erste Ehe auf. Das Petrinische Privileg war auf eine Weise ausgeübt worden, die selbst eine Generation zuvor noch undenkbar gewesen wäre.

In den späten 1950er Jahren sprangen andere Diözesen auf den fahrenden Zug, den Monterey-Fresno ins Rollen gebracht hatte. In Ländern wie den USA, wo viele Menschen nicht getauft waren und Scheidungen epidemische Ausmaße annahmen, hagelte es Anträge. So sehr, daß die amerikanische Hierarchie es mit der Angst bekam und Rom warnte, es entstünde der falsche Eindruck – oder war es der richtige Eindruck? –, Rom sei aktiv für die Scheidung, wenigstens unter bestimmten Umständen. Rom sagte, sie sollten sich keine Sorgen machen. Inzwischen hatte das Petrinische Privileg ein eigenes Antragsformular und, natürlich, eine eigene (bescheidene) Gebühr.

In den ersten tausend Jahren hatte kein Papst den seltenen Fall des Paulinischen Privilegs gebilligt. Es dauerte vier weitere Jahrhunderte, bis der Papst die Ehen von Indianern und amerikanischen Sklaven auflöste. Noch einmal dreieinhalb Jahrhunderte vergingen, bis diese Macht zur Auflösung von Ehen 1917 in den Kodex des Kirchenrechts Eingang fand. Dreißig Jahre danach führte der Bischof von Fresno seinen eigenen Feldzug, um die Bandbreite päpstlicher Scheidungen zu erweitern. Und nur drei Jahre nachdem Cinelli seine Scheidung vom Papst bekam, kam die letzte Scheidung – oder die vorletzte, je nach dem theologischen Standpunkt.

Kein Papst hatte je vollkommen Ungläubige geschieden. 1957 geschah es. Am 12. März jenes Jahres löste Pius XII. die Ehe zweier Moslems auf. Die Frau hatte nach der zivilrechtlichen Scheidung das Kind in ihre Obhut genommen. Ihr Mann ging nach Frankreich und heiratete dort standesamtlich eine Katholikin. Er war ein Konvertit in spe. Das Heilige Offizium unter der Leitung Kardinal Ottavianis empfahl das Petrinische Privileg – es ging schneller als das Paulinische. Pius XII. löste die Ehe auf, ebenso später fünf weitere, an denen kein Christ beteiligt war. Er trat wirklich in die Fußstapfen Bonifaz' VIII.

Johannes XXIII. folgte ihm. Inzwischen war es klar, daß der Ausdruck »um des Glaubens willen« breit genug war, um jeden geistlichen Vorteil aus der Scheidung abzudecken.

Paul VI. nahm sich, als er *Humanae vitae* schrieb, Zeit, um am 7. Februar 1964 zwei Chicagoer Juden zu scheiden. Der Mann hatte sich von seiner Frau scheiden lassen und dann eine Katholikin geheiratet. Er hatte nicht den Wunsch zu konvertieren, das sagte er ganz offen. Er wollte einfach das Gewissen seiner neuen Frau beruhigen. Erzbischof Meyer unterstützte seinen Antrag auf Legitimierung dieser Verbindung. Die frühe Kirche hätte jede Ehe zwischen Katholiken und Juden als Verbrechen und

Gotteslästerung bezeichnet, und als zweite Ehe erst recht. Doch Paul VI. ließ sich von Mitleid rühren. Er zeigte der Katholikin ein Mitgefühl, das er nicht mit gutem Gewissen auf die Millionen ausdehnen konnte, die unter dem Verbot der Empfängnisverhütung litten. Daß er mit der Zustimmung zu dieser Scheidung hundert Päpsten widersprach, machte ihm nichts aus. Wenn Pius XII. sagte, es sei richtig, war es für ihn richtig. Wieder wählte er sorgsam die Päpste, mit denen er übereinstimmte.

Durch all diese Veränderungen, wobei die jüngste die folgenreichste war, paßte sich die Kirche neuen Situationen an. Man mußte etwas tun für die Bekehrten in der Neuen Welt, die in dem Christentum fremden Gesellschaftsstrukturen aufgewachsen waren, und sie tat etwas. In der Moderne paßte sie sich der Tatsache weitverbreiteter zivilrechtlicher Scheidung an, indem sie ihrerseits und zu ihren eigenen Bedingungen Scheidungen gewährte, gewöhnlich in der Form »Mit Speck fängt man Konvertiten« oder Trost für ihre katholischen Partner. Diese Praktiken führten zu der Frage: Warum ist die Kirche nicht ehrlicher und konsistenter? Wenn sie die Lehre Jesu nach wie vor wörtlich nimmt, warum besteht sie nicht darauf, daß zuvor verheiratete Konvertiten in spe ehelos bleiben, etwa wie verlassene katholische Partner einer christlichen und vollzogenen Ehe? Oder andersherum gefragt: Warum bestrafte sie nur als Katholiken Geborene?
Da sie die Bergpredigt weiter als ein Stück Gesetzgebung behandelt, pfuscht die Kirche an einem Problem von alarmierender Tragweite nur herum. Sie wahrt den Schein, sie sei ganz gegen die Auflösung der Ehe, sie werde sie unter keinen Umständen dulden, die Regierungen täten etwas unsagbar Böses, wenn sie Scheidung zuließen. Gleichzeitig bastelt sie weiter an ihren »Regeln«, in dem erfolglosen Versuch, mit der weltlichen Gesellschaft Schritt zu halten.
Weil sie es versäumt hat, vernünftige Gesetze zu verabschieden, weil sie jede Scheidung zu einer »Vergünstigung«, noch schlimmer, zur Vergünstigung von einem Mann macht, hat sie eine besondere Art kurialer Anwälte hervorgebracht: gute Köpfe mit trivialer Beschäftigung. Sie bei der Arbeit zu beobachten ist wie Aalen beim Ringen zuzusehen. Sie haben durchaus kein Vorurteil zugunsten der Mächtigen und Reichen, wie oft behauptet wird – sie sind überhaupt nicht wirklich an Menschen interessiert. Prinzipien und ihre Anwendung sind ihr Anliegen. Es ist nicht ihre Schuld, daß ihre Arbeit oft grotesk ist.
Sie müssen vielleicht die Aussagen von Zeugen lesen, die angeben, sich mit engelgleicher Klarheit an Ereignisse zu erinnern, die dreißig Jahre zu-

rückliegen. Das Gedächtnis von Zeugen reift mit den Jahren wie Wein, denn häufig funktioniert es ein Jahrzehnt nach ihrer ersten Aussage besser. Kurienbeamte müssen lesen oder höflich zuhören, wenn italienische Antragsteller ihre gesamte *famiglia* aufbieten — Brüder, Schwestern, Eltern, Großeltern, Onkel, Tanten, Ammen, Cousins und Cousinen x-ten Grades, verflossene Geliebte, Geliebte verflossener Geliebter — die alle loyal Meineide schwören, um einem der Ihren aus einer ehelichen Klemme zu helfen. Im echten Dickens-Stil hat ein Antragsteller oft als junger Mann einen Fall begonnen, ist mit ihm alt geworden und vor dem Abschluß gestorben. Manche Fälle haben wegen Wiederaufnahmeverfahren zwanzig bis dreißig Jahre lang der Kurie vorgelegen.

Und wie Noonan angemerkt hat, ist kein Fall überliefert, in dem irgendeine Ehe von den Anstrengungen der Kurie profitiert hätte. Nicht einer, der einen Antrag auf Annullierung seiner ersten Ehe gestellt hat, ist je zu seiner ersten Frau zurückgegangen. In dem ganzen elenden Prozeß mögen die Regeln der Ehe geklärt worden sein, doch die Ehe selbst hat nie einen Nutzen davon gehabt.

Im Gegensatz zur Frohbotschaft Jesu diktiert die Regel alles. Kaum gewährte Rom Dispense, da wurden auch sie Teil des verrückten Prozesses. Zu den Disputen über gültige Ehen kamen Dispute über gültige Dispense hinzu. Haben die Antragsteller den richtigen Dispens eingeholt? Wenn jemand ihn für sie beantragte, ohne ihnen Bescheid zu sagen, war er dann gültig oder nicht?

Heute enden ungeheuer viele Nachforschungen über die Ehe als Nachforschungen über die Taufe der Betroffenen. Es macht einen großen Unterschied, ob einer der beiden als Katholik getauft ist. Selbst wenn jemand als Nichtkatholik oder Atheist aufgewachsen ist, bedeutet die bloße Tatsache, daß er von einem katholischen Priester getauft wurde, daß er der kirchlichen Rechtsprechung untersteht. Wenn diese Person daher nicht vor ihrem Gemeindepfarrer und zwei Zeugen geheiratet hat, war ihre Ehe ungültig. Jede kleine Windung der Gesetzgebung öffnet neue Bereiche der Komplexität.

Die Kirchenrechtler, die dieses System im Namen des Papstes betreiben, sind eher zu bedauern als zu tadeln. Was ihr Los noch trauriger macht, ist die Tatsache, daß sie vor nicht langer Zeit noch zwanzig Jahre oder länger an einem Fall arbeiteten, der dann negativ beschieden wurde, während ein moderner Papst solche Fälle heute mit einem Nicken löst.

Die meisten, wenn nicht alle diese zeitvergeudenden und kapriziösen Prozeduren könnten abgeschafft werden, wenn die katholische Kirche nur ak-

zeptieren wollte, daß einige Ehen zerbrechen. Wenn es nach der Beratung klar und deutlich ist, daß sie unheilbar zerrüttet sind, sollte die Scheidung als die einzig christliche und anständige Lösung gewährt werden.
Selbst Roms Scheidungen sind endlosen Haarspaltereien ausgesetzt. Und das Seltsame ist, daß nur Christen, die heiraten und ihre Ehe vollziehen, von der neugefundenen Großzügigkeit der Kirche nicht profitieren können. Doch auch hier hat es große Fortschritte gegeben.

## *Wenn eine Scheidung keine Scheidung ist*

Anders als Gregor II. und Coelestin III. haben moderne Päpste wieder und wieder gesagt, keine Macht im Himmel und auf Erden könne eine vollzogene christliche Ehe auflösen. Die leibliche Vereinigung zweier Christen ist von einem Sakrament besiegelt. Sie ist die lebendige Verkörperung der Liebe zwischen Christus und seiner Kirche. Ohne Ehe könnte die Kirche nicht weiter für Christus und den nie versagenden Charakter seiner Liebe Zeugnis geben.
Es ist ein hehres Ideal: Kinder, Unauflöslichkeit, Treue. Die Kirche muß das immer predigen, denn täte sie es nicht, wäre es ein schwerer Verlust für sie und die ganze Menschheit.
Leider erlaubt das Leben, wie jeder weiß, nicht immer die Verwirklichung des Idealen. Oft kann dafür niemand etwas.
Ein junges Paar ist seit der Kindheit befreundet, heiratet und gelobt einander ewige Liebe. Nach einem Jahr ist der Junge seiner Frau leid geworden und hat sich aufgemacht zu neuen Ufern. Das verlassene Mädchen muß allein zurechtkommen. Die Kirche sagt, sie ist mit ihrem entwichenen Ehemann noch verheiratet. Die meisten Menschen, auch Katholiken, meinen, sie sollte ermutigt werden, wieder zu heiraten.

Katholiken, die die Disziplin der Kirche respektieren, suchen nicht um Scheidung nach, wenn ihre Ehen scheitern. Einige bitten wie Heinrich VIII. um Annullierung. Auch hier liegt ein erhebliches Potential für Kasuistik.
Die Ehe, sagt die Kirche, ist vor allem für Kinder da. Was, wenn einer der Partner nicht beabsichtigt, Kinder zu haben? Das würde, wie es scheint, eine Ehe nichtig machen. Müßte dieser Partner aber ausdrücklich sagen, daß er oder sie keine Kinder will? Oder wäre eine Ehe nichtig, wenn einer von beiden für sich beschlösse, kinderlos zu bleiben?

Diese Frage hat mit der Verbreitung empfängnisverhütender Mittel an Bedeutung gewonnen. Beweist ihre Verwendung oder selbst die ständige Anwendung der Knaus-Ogino-Methode eine Unwilligkeit, Kinder zu haben, die dem Hauptzweck der Ehe entgegensteht? Der Vollzug, sagen die Moraltheologen, erfordert *penetratio* und *inseminatio*. Wenn immer empfängnisverhütende Mittel benutzt wurden, kann die Ehe dann sogar nach häufigem Geschlechtsverkehr wegen Nichtvollzug annulliert werden?
Auch die Unauflösbarkeit ist ein Problem. Vielleicht wollte einer der Partner nie heiraten, »bis der Tod uns scheidet«. Würde eine ausdrückliche Erklärung, nicht für das Leben zu heiraten, die Ehe nichtig machen? Hätte eine implizite Entschlossenheit diese Wirkung?
Schließlich das Problem Treue. Würde die Kirche eine Ehe für echt halten, wenn ein Partner zum Zeitpunkt der Eheschließung eine Affäre mit jemand anderem hatte? Oder wenn ein Mann ausdrücklich zu einem Freund sagte, wenn seine Frau sich als untreu erwiese, würde er sich scheiden lassen?
Die Fragen sind endlos ebenso wie die Möglichkeiten, die Regeln mit der Hilfe eines Kirchenrechtlers zu manipulieren.
Zur Absicht kommt die Frage der Zustimmung hinzu. Nicht einmal Gott kann die Zustimmung geben, wenn einer der Partner sie innerlich nicht gibt oder dazu gezwungen wird. Was aber konstituiert Zwang? Hängt das nicht davon ab, wer gezwungen wird?
In jüngster Zeit haben sich vor allem junge und beeinflußbare Menschen auf Zwang berufen. Ein berühmter amerikanischer Fall betraf Consuela Vanderbilt, die 1916 Charles Spencer, den Herzog von Marlborough, ehelichte. Nach zehnjähriger, mit zwei Kindern gesegneter Ehe bat sie Rom, ihre Verbindung zu annullieren, weil ihre Mutter sie dazu gedrängt hatte. Die Öffentlichkeit hörte und staunte, daß Pius XI. eine Ehe annullierte, die zwei Protestanten vor einem protestantischen Bischof eingegangen waren. Manning, der Bischof der Episkopalkirche von New York, nannte Roms Entscheidung einen »erstaunlichen und unglaublichen« Angriff auf »die Heiligkeit und Dauerhaftigkeit der Ehe«.
In Teilen Italiens und Spaniens ist man raffinierter. Es ist nicht unüblich, daß Wohlhabende vor der Hochzeit nach dem Diktat ihrer Anwälte Briefe schreiben, die Zwang oder einen Defekt in der Absicht beweisen sollen. Diese Briefe werden in einem Safe aufbewahrt, für den Fall, daß die Ehe kein Erfolg wird.

Jahrhundertelang ist die Kirche nach Innozenz III. davon ausgegangen, daß jeder, der heiratete, richtig zustimmte und die rechte Absicht hatte.

Was taten sie schließlich anderes, als den Geboten der Natur zu folgen? Seit dem Kodex von 1917 sind diese Annahmen in Frage gestellt worden. Den Kirchenrechtlern ist immer deutlicher geworden, daß die Gebete der Trauungsfeier nicht dem Denken und Wollen der Partner entsprechen. Bis vor kurzem mußte ein Ehepartner, der um Annullierung bat, beweisen, daß er vor zwei verläßlichen Zeugen gesagt hatte, er heirate nicht fürs Leben. Heute kann diese Verneinung aus seinem Glauben, dem seiner Familie und Gemeinschaft, seinem Verhalten vor der Ehe und direkt danach abgeleitet werden.

Es war ein großer Schritt vorwärts, als die Kirche zu akzeptieren begann – freilich zaghaft –, daß Eheleute in vielen Kulturen wohl nicht die rechte Absicht haben, eine Ehe zu schließen. Wie viele Menschen verpflichten sich heute beispielsweise zu einer ausschließlichen, lebenslangen Liebe? Die alten, naturrechtlichen Annahmen der Kirche werden auf globaler Ebene über den Haufen geworfen.

Seit dem Dekret *Gaudemus* von Innozenz III. aus dem Jahr 1202 hat die Kirche gegen die unvermeidlichen Konsequenzen ihrer Lehre angekämpft, nämlich daß die meisten Trauungen nicht Eheschließungen in ihrem Sinn sind. Wenn sie darauf beharrt, daß jede Ehe die Güter Nachkommen, Unauflöslichkeit und Treue hat, sollte sie sich damit abfinden, daß die meisten modernen Ehen null und nichtig sind.

Zum Beispiel China mit seiner strikten Politik der Kleinfamilie. Die meisten Paare dürfen nur ein Kind haben. Es ist unleugbar, daß es streng nach katholischen Prinzipien praktisch keine Ehen in China gibt und daher keine göttliche Gnade für diese Verbindungen. Doch warum in die Ferne schweifen: Im Westen ist es der ausdrückliche Glaube der meisten Menschen, daß es falsch ist, wenn Paare weiter zusammenleben, obwohl sie keine Zuneigung mehr füreinander empfinden. In ihren Augen ist das Weiterleben in einer solchen Verbindung Sünde, nicht Scheidung. Diese Ablehnung grundlegender Aussagen über die christliche Ehe hat die kirchenrechtliche Praxis sowohl in Rom als auch in den Diözesen beeinflußt, die als erste mit Problemehen zu tun haben.

Katholiken sind unweigerlich Teil ihrer Kultur. Sie teilen deren Annahmen, Wertmaßstäbe und Ziele. Und diese sind unvereinbar mit der Tradition der christlichen Ehe.

Es erfordert einiges Nachforschen, um herauszufinden, daß die Normen der Kirche nicht nur das nicht spiegeln, was die Weltgemeinschaft glaubt, sondern nicht einmal, was die Mehrzahl ihrer eigenen Kinder wirklich glaubt.

Wenn geschiedene Katholiken sich an Rom wenden, um ihre Ehen annullieren zu lassen, erhebt sich der Verdacht, daß die Kirche Scheidung unter anderem Namen zuläßt. Es ist weithin bekannt, daß katholische Paare nach zwanzig Jahren Zusammenleben und einem halben Dutzend Kindern kirchliche Annullierungen bekommen. Wie soll man dies Phänomen erklären, besonders wenn ein Priester sie vor der Trauung sorgfältig darüber belehrt hat, was die Kirche mit einer echten Ehe meint?

Oberflächlich betrachtet sieht die Ehe echt genug aus; die Annullierung ist die Fiktion. Um von einem Partner frei zu sein, den sie nicht mehr lieben, müssen sie vorgeben, sie seien nie wirklich verheiratet gewesen, sie hätten die ganze Zeit in Sünde gelebt, und ihre Kinder seien illegitim in den Augen Gottes. Wie kann ein kirchliches Gericht eine so tiefe Realität für ein Nichts erklären? Es gehört nicht wenig Subtilität dazu, und es legt nahe, daß ein schwerer Fehler im Gesetz diese fast clownesken Ausnahmen erlaubt.

Die Gründe, die Annullierungen rechtfertigen, sind zahlreich; sie haben jedoch alle die Gemeinsamkeit, daß ein »Defekt« entdeckt wird. Es mag ein Defekt in der Zustimmung sein: Furcht war im Spiel, oder Gewalt wurde angewandt. Oder ein Defekt in der Absicht bei einem der beiden Partner, der entweder offen oder sehr verschleiert und bruchstückhaft zum Ausdruck gekommen ist. Oder aus ihrem späteren Verhalten kann ein Defekt abgeleitet werden. Kurz, katholische Ehen sind auch Zeugnis dafür, daß ein wichtiges Element zur Zeit der Eheschließung fehlte, aber erst später, manchmal sehr viel später, erkennbar wurde. Die Gerichte in Rom und in örtlichen Diözesen scheinen besonders darin einig zu sein, daß eine lebenslange Verpflichtung selbst bei Katholiken alles andere als der Regelfall ist. Sie nutzen hierbei ihren weiten Ermessensspielraum.

So bekommt die katholische Kirche von allen Möglichkeiten die schlechtesten Aspekte.

Sie hatte damit begonnen, die Lehre Jesu zum Ideal der Ehe in ein ehernes Gesetz umzuwandeln, das die Scheidung verbot, dann dies eherne Gesetz für praktisch jeden außer ihre eigenen Kinder gelockert, und nun findet sie, daß es selbst für sie im gegenwärtigen Zustand gesellschaftlicher Fluktuation nicht angemessen ist. Katholiken selbst beklagen sich bitter, daß »die Kirche« – damit meinen sie die vom Papst geleitete, zölibatäre Priesterschaft – sie und ihre Probleme nicht versteht. Das Ideal der Ehe, sagen sie, sollte nicht dazu benutzt werden, Verheiratete zu zerbrechen und zu Ehelosen zu machen und die Bindung zu einer Fessel zu machen, wenn die Ehe offensichtlich und für immer zu Ende ist. Die Ehe sollte der Einsamkeit ein Ende setzen, nicht sie verewigen, indem man den Partnern die Wiederheirat verbietet. Wie kann die Kirche einen Mann oder eine Frau zwingen, für immer allein zu sein – um der Ehe willen? Das hieße, die Worte Christi ohne den Geist Christi zu wiederholen. Wenn Freiheit zum Wesen der Ehe gehört und Zwang sie zunichte machen würde, löst Zwang sie dann nicht auf? Der Zweck der Ehe ist, daß zwei einander beistehen und in einer Gemeinschaft der Liebe zusammenleben. Wenn es geschieht, oft durch Schuld verursacht, daß die Gemeinschaft unmöglich ist, existiert die Ehe nicht mehr. Ohne Liebe wäre das Paar nicht zwei in einem Fleisch, sondern mit Miltons Worten »zwei Leichen, wider die Natur zusammengekettet«. Wie sollte der ehelose Klerus wissen, daß die Ehe nicht nur vereinen, sondern auch trennen und zerstören kann? Die letzte Frage, die sich direkt aus der Bibel ergibt, lautet: Wurde die Ehe für den Menschen gemacht oder der Mensch für die Ehe?

Wie gezeigt wurde, hat die Kirche sich verändert, und in diesem Jahrhundert radikaler als in jedem anderen. Doch sie hat bei alledem nur am System herumgebastelt. Sie hat sich geweigert, es in dem großen Stil zu überdenken, den ein neues Verständnis von Bibel, Psychologie, Soziologie und Moraltheologie fordert.

Die Belastungen des katholischen Systems sind inzwischen ungeheuer. Seine Ehenormen ähneln sehr den Regeln der englischen Grammatik: Alles ist eine Ausnahme von der Regel. Mehr und mehr katholische Paare argumentieren, sie seien Ausnahmen. Sie lassen sich etwa so oft scheiden wie der Durchschnitt, was zu erwarten war. In vergangenen Epochen und anderen sozialen Umfeldern haben Ehen ganze Familien und Clans verbunden. Heute binden Ehen gewöhnlich zwei Einzelpersonen. Wenn sie nicht mehr einig sind, bleibt nichts übrig. Wenn sie miteinander brechen, fällt das Ganze auseinander.

Man hat geschätzt, daß die Zahl amerikanischer Katholiken in zerbrochenen Ehen höher als zehn Millionen liegt. Der Versuch, auch nur die amerikanischen Fälle zu behandeln, als wären sie Kandidaten zur Annullierung, wäre absurd; er würde endlose Nachforschungen nach möglichen Beweisen dafür erfordern, daß sie von vornherein nie Ehen waren. Außerdem greift selbst in der Kirche die Ansicht Platz, daß Annullierungen Scheidungen unter anderem Namen sind.

Johannes Paul II. selbst scheint diese Furcht zu teilen. In seiner feierlichen Ansprache vor der Rota vom 5. Februar 1987 sagte er, daß Eheannullierungen eine »übertriebene und fast automatische Steigerung« erfahren hätten. Das sei auf den Einfluß psychologischer Experten zurückzuführen, sagte er abschätzig, deren Sichtweise oft unvereinbar mit kirchlicher Lehre sei. Solche Milde, meinte er, führe nur zu mehr zerbrochenen Ehen. »Das Prinzip muß klar bleiben, daß nur Unmöglichkeit und nicht Schwierigkeit, sich zu einigen und eine wirkliche Gemeinschaft des Lebens und der Liebe zu verwirklichen, eine Ehe nichtig machen kann.« Doch wer soll beurteilen, wann eine Schwierigkeit eine Unmöglichkeit ist? Die Kirchenrechtler? Der Papst selbst?

Unterdessen werden in jeder anderen Hinsicht loyale Katholiken von der Kirche, die sie lieben, an den Rand gestellt; ihre Kinder müssen sich weiter wundern, warum Mutti und Vati nicht mit ihnen Kommunion empfangen. Diese Katholiken müssen weiter traurig darüber grübeln, warum sie das Pech hatten, in der Kirche getauft zu werden. Wenn sie erst nach ihrer ersten Ehe konvertiert wären, könnten sie sich kirchlich wiederverheiraten. Warum verfolgt die Kirche ihre Kinder? Vor allem verlangen sie eine Erklärung, warum sie nicht kirchlich geschieden werden können, obwohl etliche Päpste gesagt haben, sie könnten es. Bei der Scheidung wie bei der Empfängnisverhütung: Warum sollten sie sich als Sünder fühlen, wenn es keine ausreichenden Gründe für das Verbot gibt?

## *Die letzte päpstliche Scheidung*

In katholischen Kreisen geht man davon aus, daß Rom unwiderruflich entschlossen ist, Christen nach einer vollzogenen Ehe nie die Scheidung und Wiederheirat zu erlauben. Die Geschichte legt im Gegenteil dazu nahe, daß es nur eine Frage der Zeit ist, bevor sich dies ändert, obwohl nicht vorausgesagt werden kann, wann und in welcher Form. Auf jeden Fall ist es immer gefährlich, wenn irgendeine Institution, vor allem eine mit dem Genius Roms, »Nie« sagt.

Wir haben schon gesehen, daß Rom durch die Freigabe der Knaus-Ogino-Methode kürzlich etwas der Tradition völlig Entgegengesetztes gebilligt hat: die Trennung von Sex und Fortpflanzung. Von Augustinus und Papst Gregor an wäre dies Todsünde genannt worden. Solche Autoritäten hätten es auch für undenkbar gehalten, daß Päpste Mischehen, die Scheidung nicht vollzogener Ehen und die Scheidung vollzogener Ehen mit einem nichtkatholischen Partner zulassen könnten. Papst Johannes Paul II. scheint sich nicht darüber im klaren zu sein, daß vieles von dem, was er sagt, von seinen Vorgängern zu Beginn dieses Jahrhunderts verdammt worden wäre.

Der Oberhirte hielt zum Beispiel in seinen regelmäßigen Mittwochaudienzen zwischen dem 5. August 1979 und dem 21. Mai 1980 eine Serie von Ansprachen über Liebe und Sexualität. In einer von ihnen unterschied er im Buch Genesis zwei literarische Stränge. Im ersten, den man mit »J« bezeichnet, wird Gott Jahwe genannt; im zweiten, späteren Strang »E« wird er mit dem hebräischen Pluralwort Elohim benannt. Pius X. hätte ihn dafür verurteilt und ihn seines Titels als katholischer Theologe enthoben. Das Heilige Offizium beharrte darauf, Mose habe den ganzen Pentateuch geschrieben.

In einer anderen Ansprache pries Johannes Paul die Richtigkeit »sexueller Ekstase«, vorausgesetzt, der eheliche Akt werde ohne empfängnisverhütende Mittel vollzogen. Doch über fünfzehn Jahrhunderte lang billigten alle Päpste nacheinander sexuelle Ekstase durchaus nicht, sondern sie sagten, sie sei immer und unter allen Umständen Sünde. Wenn der gegenwärtige Oberhirte nur mehr über die Geschichte des Papsttums nachdächte, bevor er von »ewigen Wahrheiten« und dem »unwandelbaren Gesetz Gottes« spricht, das die Nachfolger Petri bekanntgäben.

Wer wollte angesichts der umwälzenden Veränderungen, die die Kirche allein in diesem Jahrhundert zur Frage der Ehe erlebt hat, sagen, daß nicht auch die katholische Kirche eines Tages ihre Vorschriften weniger eng machen und Scheidung zwischen Christen zulassen wird? Das Konzil von Trient hat die Frage offengelassen, und kein Konzil oder Papst hat sie bislang abgeschlossen. Die orthodoxe und andere Kirchen bleiben als eine Art Leitstern, der auf einen biblischeren Umgang mit dem Problem zerbrochener Ehen weist.

Es ist klar, daß der gegenwärtige Aufruhr in der Kirche Roms nicht verebben wird. Es wird viel schlimmer werden, bevor es besser wird. Die Salamitaktik der Annullierung von Ehen, die oft unbezweifelbar wirkliche Ehen waren, ist nicht nur unangemessen — sie hat eine schädliche Wirkung auf die Moral der Kirche ausgeübt.

Es wird Zeit brauchen, die Regelung für Scheidungen zu erarbeiten, ebenso wie es Zeit gebraucht hat, die Regelung für Mischehen und Scheidung anderer Arten von Ehen auszuarbeiten. Als erster Schritt könnte man Katholiken, die geschieden und standesamtlich wiederverheiratet sind, gestatten, ihrem Gewissen zu folgen und zu den Sakramenten zurückzukehren. Tatsächlich raten weltweit viele Priester schon jetzt geschiedenen Katholiken, ohne Schuldgefühle Kommunion zu empfangen. Bischöfe wissen davon und sagen nichts. Auf jeden Fall entspricht es dem Geist von Vaticanum II, die Paare selbst über die Richtigkeit oder Falschheit ihres

Lebensstils entscheiden zu lassen. Wenn sie das Bewußtsein der Sünde haben, könnte man sie auffordern, eine Weile Buße zu tun, bevor sie Kommunion empfangen, wie es in der frühen Kirche gehandhabt wurde. Für ihre zweite Ehe müßte man auf das Tridentinische Gesetz verzichten, das eine Einwilligungserklärung vor einem Priester und zwei Zeugen verlangt. Dieses Gesetz ist, historisch gesehen, ohnehin recht neu. Die zweite Ehe würde die erste offiziell auflösen, ebenso wie einigen Päpsten zufolge (weit weniger begründet) die Ordensgelübde die Ehe eines Mönchs auflösten. Ein weiterer Vorteil dieser Lösung liegt darin, daß nicht vom Papst verlangt wird, einzelne Katholiken zu scheiden — es sind viele Millionen —, die zivilrechtlich geschieden und wiederverheiratet sind. Außerdem könnte der Klerus mit dieser Lawine nicht fertig werden; er müßte monatelang den ganzen Tag Trauungen zelebrieren.

Später, wenn die katholische Kirche sich wie andere Kirchen an Scheidung gewöhnt hat, kann die Angelegenheit kirchenrechtlich noch präziser gefaßt werden. Die übergeordnete Zielsetzung sollte sein, daß die Millionen Katholiken auf der ganzen Welt, die jetzt von den Sakramenten ausgeschlossen sind, zu ihnen zurückkehren können — zu ihrem Wohl und um des guten Beispiels für ihre Kinder willen. Warum riskiert die Kirche, daß Millionen Kinder den Katholizismus aufgeben, indem sie ihren Eltern verweigert, was die orthodoxe und andere christliche Kirchen ihren Anhängern offenbar ohne Schaden gewähren? Sobald der Mythos der »Unwandelbarkeit« einmal über den Haufen geworfen ist und den Katholiken klar wird, wie sehr die Kirche sich über die Jahrhunderte gewandelt hat, um sozialen Bedürfnissen zu begegnen, wird die Auflösung einer christlichen Ehe nicht mehr so erstaunlich wirken.

Wenn die Kirche irgend etwas aus dem *Humanae-vitae*-Debakel gelernt hat, dann daß man Angelegenheiten von großer Tragweite nicht in den Händen eines einzelnen Mannes lassen kann, und sei er noch so eminent. Es ist Aufgabe der ganzen Kirche, Klerus und Laien, frei und furchtlos zu besprechen, was sie wirklich glauben.

Es muß mit allem Respekt gesagt werden: Johannes Pauls Amtsführung legt nahe, daß nichts von alledem in seinem Pontifikat geschehen wird. Vorläufig wird man also Scheidung von Katholiken zusammen mit Empfängnisverhütung in die Schublade »gegen das ewige Gesetz Gottes« stecken müssen. In derselben Schublade findet sich auch das dornigste Thema: Abtreibung.

## 19. Kapitel

# Der stille Holocaust

Zwei Bilder machen ein Aufeinanderprallen zweier Denkweisen sichtbar. Ein katholischer Arzt stellt den entwickelten Fötus in einem Glas aus; der Fötus weist alle Züge eines winzigen, aber eindeutig erkennbaren Menschen auf. Dies ist es, sagt er leidenschaftlich, worum es bei der Abtreibung wirklich geht: die Ermordung dieses Babys.
Seine Gegnerin, eine Frau, nicht weniger leidenschaftlich, hält einen metallenen Kleiderbügel hoch. Dies, sagt sie, hat eine Frau umgebracht, als Abtreibung ein Verbrechen war. Wollen wir in die alten, finsteren Zeiten zurück, als Frauen zu Engelmachern gehen mußten? Und warum? Nur um der Frau das Grundrecht zu nehmen, nicht Mutter zu werden.
Abtreibung ist das Thema der polarisierendsten und qualvollsten Diskussion der Moderne. Die Päpste als Vertreter der katholischen Kirche lehren, Abtreibung könne unter keinen Umständen gerechtfertigt werden; sie ist immer die direkte Tötung eines unschuldigen Kindes im Mutterleib. Das andere Extrem ist die Meinung, Abtreibung sei die freie Entscheidung der Mutter; es sei kein Kind im Mutterleib, nur ein potentielles Kind.
Die Päpste betonen, daß alles Leben von der Empfängnis an ein heiliges Geschenk Gottes ist; im ersten, wunderbaren Augenblick schon ist ein Mensch da, den Gott erschafft, liebt und zum ewigen Leben bestimmt. Die am Gegenpol erwidern, was in der Frau ist, sei nichts als fötales Gewebe; sie könne sich seiner so seelenruhig entledigen, wie sie sich die Nase operativ verschönern lassen würde. Schließlich ist es ihr Bauch. Wer hat das Recht, sie zu neun Monaten Schwerarbeit zu verurteilen? Wie Stella Brown schon 1915 sagte: »Das Frauenrecht auf Abtreibung ist ein absolutes Recht. Abtreibung sollte jeder Frau ohne unverschämte Inquisitionen und ruinöse finanzielle Belastungen zugänglich sein, denn unser Körper gehört uns.«
Jüngsten Umfragen zufolge scheinen die meisten Menschen, die über die-

ses Thema nachdenken, einen Mittelweg zu vertreten. Sie lehnen Absolutes ab, sie haben etwas gegen Extreme. Abtreibung ist nicht immer Unrecht, denn es gibt eindeutige Indikationen, die einer Frau die Abtreibung erlauben. Andererseits ist der Inhalt des Mutterleibes nicht nur Gewebe; er ist in gewisser Weise heilig. Er sollte deshalb nicht ohne sehr viel Nachdenken und moralische Qual weggeworfen werden.

## *Ein neues Gefühl für das Leben*

Von Anfang an hat das Christentum eine neue Achtung und Ehrfurcht vor dem Leben in allen Phasen in die Welt gebracht. Das Neue Testament trägt dazu bei, etwa mit dem Text, in dem das Kind in Elisabeths Leib vor Freude hüpft, als Maria kommt, um sie zu besuchen.
Für Griechen und Römer waren Abtreibung und Kindermord etwas Alltägliches. Die Alten hatten generell kein tiefes Gefühl für die frühen Phasen der Schwangerschaft. Dies erklärt sich zum Teil durch die Tatsache, daß viele glaubten, ein Wesen sei erst ein Mensch, wenn es seinen ersten Atemzug tat. Aristoteles sah Abtreibung als Notwendigkeit an, wenn die Bevölkerung über das vernünftige Maß hinausging.
Abtreibungshandbücher waren zahlreich, und es gab spezielle Fachleute dafür. Der Embryo konnte durch Leerung des Darms zerstört werden, durch heftigen Sport, durch Baden in verschiedenen Gebräuen, durch Aderlaß bei der Frau, durch Anwendung von Zäpfchen, tödliche Drogen, scharfe Gegenstände. Frauen unterzogen sich dem aus vielerlei Gründen: weil ihr Leben in Gefahr war, um ihren Ehebruch geheimzuhalten, weil sie ihre Figur nicht verlieren wollten. Abtreibung war nie etwas wirklich Schlimmes.
Das Christentum hat der Menschheit einen großen Dienst erwiesen, schreibt Lecky, als es »definitiv und dogmatisch aussagte, daß jede Zerstörung menschlichen Lebens als Amüsement oder schlichte Bequemlichkeit Sünde sei, und dadurch einen neuen Maßstab bildete, der höher war als jeder andere auf der Welt«.
»Du sollst deinen Nächsten lieben wie dich selbst« galt als erstes für den kleinen Nächsten am Herzen der Mutter.
Das kirchliche Abtreibungsverbot wurde von der Lehre der Erbsünde verstärkt, aber nicht verursacht. Wenn das Seelenheil von der Taufe abhing, war es offensichtlich mehr als Mord, ein Kind im Mutterleib zu töten; es bedeutete in gewissem Sinn, es für immer zu töten. Deshalb galt Abtrei-

bung als fast unverzeihliche Sünde. Die Bußen, die dafür auferlegt wurden, waren streng, in manchen Fällen lebenslänglicher Ausschluß von den Sakramenten. Es galt als böser, einen Fötus abzutreiben, als ein schon geborenes und getauftes Kind zu töten.
Moderne Päpste sehen sich als Bewahrer dieser großartigen Tradition. In *Casti connubii* sagte Pius XI.:

> *Wir mögen die Mutter bedauern, deren Gesundheit und sogar deren Leben in der Ausübung der Pflicht, die die Natur ihr auferlegt hat, in großer Gefahr ist, jedoch was könnte je ein ausreichender Grund sein, in irgendeiner Weise den direkten Mord an einem Unschuldigen zu entschuldigen?*

Einundzwanzig Jahre später, 1951, schrieb Pius XII.:

> *Unschuldiges menschliches Leben, gleich in welchen Umständen es ist, muß vom ersten Augenblick seiner Existenz an vor jedem direkten, willentlichen Angriff geschützt werden. Dies ist ein Grundrecht der menschlichen Person, von allgemeinem Wert im christlichen Verständnis des Lebens; es gilt sowohl für das noch verborgene Leben im Mutterleib als auch für das schon geborene Leben; auch gilt es gegen die Abtreibung und die direkte Tötung des Kindes vor, während und nach der Geburt.*

Bei seinen Auslandsbesuchen läßt sich Johannes Paul nie die Gelegenheit entgehen, dieselbe Botschaft zu wiederholen. In den USA, wo Abtreibung zum verfassungsmäßigen Recht jeder Frau erklärt worden ist, betonte er die Heiligkeit des Lebens im Mutterleib; das ungeborene Kind hat ebensoviel Recht auf Leben wie die Mutter oder ein schon geborenes Kind. Bei seiner ersten USA-Reise 1979 stellte er vor der Mall in Washington eins der Hauptthemen seines Pontifikats in den Vordergrund: die Heiligkeit des Lebens »vom ersten Augenblick der Empfängnis an und durch alle darauffolgenden Phasen«. Durch Christus ist alles menschliche Leben erlöst. Deshalb sind »alle Menschen (auch die im Mutterleib) ... berufen, aufgrund der Inkarnation und der universalen Erlösung Bruder und Schwester Christi zu sein«.
Seit 1979 hat Johannes Paul jedesmal, wenn er über Abtreibung sprach, ein verzehrendes Feuer spüren lassen. Er glaubt mit jeder Faser seines Wesens, daß dies die Frage ist, die entscheiden wird, ob unsere Generation

das Recht hat, sich zivilisiert zu nennen, oder nicht. Er wiederholt beständig eine Idee, die er entwickelt hat, lange bevor er Papst wurde. Abtreibungsgegner sind in der Frontlinie der Schlacht gegen das Neuheidentum; sie kämpfen für die Würde des Menschen und die Heiligkeit allen Lebens vom ersten Pünktchen im Uterus bis zum letzten, flackernden Atemzug eines alten, sterbenden Menschen. Wo immer die Achtung vor dem Leben verletzt wird, ist die christliche Botschaft in ihrer Ganzheit bedroht. Diese Botschaft ist Gottes Liebe zu jedem Menschen, wie schwach, krank und unbedeutend er auch scheinen mag. Deshalb zeigt er eine besondere Liebe zu Kindern und Alten und Kranken. Dies ist die Dominotheorie, angewandt auf die heiligste Ebene des Lebens: Empfängnisverhütung führt zu Abtreibung, führt zu Kindsmord, führt zur Euthanasie. Es ist alles aus einem Guß: Die Vergeudung von Samen beim Geschlechtsverkehr muß in einer grausamen Logik dazu führen, daß, gleich mit welcher barmherzigen Absicht, die Behinderten und Alten getötet werden, die nichts »beitragen« können und nur Mittel verbrauchen. Er denkt an seine frühere Zeit in Krakau zurück, so nah bei Auschwitz. Er kann es nicht anders sehen, als daß Abtreibungskliniken in New York und London, Paris und Amsterdam mehr oder weniger kleine Todeslager sind, hygienisch betrieben – aber war nicht auch Auschwitz ein Muster an Effizienz?

## *Ein radikaler Sinneswandel*

Zweifellos weisen die heutigen Meinungen zur Abtreibung auf eine der erstaunlichsten ethischen Umwälzungen in der Geschichte der Moral hin. Noch 1939 gab es kein einziges Land auf der Welt, wo eine Frau frei entscheiden konnte abzutreiben, obwohl es gewisse Ausnahmen wohl gab. Im katholischen Polen erlaubte zum Beispiel ein Gesetz von 1932 Abtreibung zum Schutz der Gesundheit der Frau nach Vergewaltigung oder Inzest. Lecky und andere Moraltheologen des späten neunzehnten Jahrhunderts hätten den gegenwärtigen Wandel nie für möglich gehalten. Selbst vor 1960 hätten Moraltheologen die heutige Szene wie eine Erinnerung an die griechisch-römische Welt vor dem Einfluß des Christentums empfunden. Zwanzig Jahrhunderte nach Christus treiben Frauen wieder ab, weil es ihre Ferien oder ihre Figur verdirbt. Die Päpste sind nicht die einzigen, die dies für den großen Skandal des Zeitalters halten.
Früher ein strafbares Vergehen, ist Abtreibung jetzt ein Recht, von Geset-

zen und Verfassungen garantiert. In einigen Ländern wird sie von Steuergeldern subventioniert. Fort ist das Stigma. Frauen, die abtreiben, tun der Gemeinschaft einen Gefallen, besonders wenn sie sich weigern, ein behindertes Kind zur Welt zu bringen. Die Gemeinschaft spart Milliarden pro Jahr an medizinischen Dienstleistungen, Schulen, Behindertenrenten. Die Armen profitieren am meisten davon; sie werden nicht geboren. Hunger wird eliminiert, indem man die potentiell Hungrigen abtötet. Die, die für Abtreibung auf Verlangen arbeiten, posieren als Menschenfreunde.

Viele in unserer Gesellschaft sind besorgt, daß ein Kind, das früher als Segnung Gottes galt, zu oft als Bedrohung, als Trübung des Familienglücks gesehen wird. Vor nicht allzulanger Zeit war der Staat willens, das Ungeborene um fast jeden Preis zu schützen; heute darf man das Ungeborene frei beseitigen. »Wenn dir deine Leibesfrucht Ärgernis gibt, reiß sie heraus.« Der großartige Archetyp der Fürsorge, die Liebe einer Mutter zu ihrem Kind, ist untergraben und entwertet. Ehrfurcht ist kaltschnäuzigen Berechnungen gewichen. Es gibt eine Todesseuche, einen stillen Holocaust, ein Massaker an Unschuldigen, das Herodes' wüsteste Träume übertrifft. In Japan und Amerika zusammen gibt es jedes Jahr 2 Millionen Abtreibungen, und in Italien vielleicht 800000. Laut Colin Francome in *Abortion Freedom* gibt es weltweit schätzungsweise 55 Millionen Abtreibungen pro Jahr.

Abtreibung wird oft als Mittel der Familienplanung benutzt. Riesige Mengen von Frauen aller Altersgruppen gehen ins Krankenhaus, um kein Kind zu bekommen. Der Mutterleib ist gefährlicher geworden als ein Kriegsgebiet. In den USA sterben jährlich mehr Kinder im Mutterleib, als im Vietnamkrieg Soldaten starben oder als Menschen bei Unfällen umkommen. Jedes Jahr vollzieht sich in den stillen Operationsräumen teurer Kliniken ein Massaker, das der Schlacht an der Somme oder den acht Jahren des Golfkrieges gleichkommt. In manchen Städten ist Abtreibung ein so großes Geschäft, daß elementare Fehler vorkommen. »Abtreibungen« werden an Frauen vorgenommen, die nicht einmal schwanger sind. Und Ärzte werden Millionäre, indem sie Tod verkaufen. Sie als traditionelle Bewahrer von Leben und Gesundheit bringen ihr ganzes Berufsleben mit Töten zu. Der unglaubliche Sinneswandel der normalen Menschen geht auf die Tatsache zurück, daß nicht länger Engelmacher abtreiben, sondern Chirurgen in weißem Kittel und OP-Maske. Es wird berichtet, daß viele von ihnen psychische Schäden davontragen, nachdem sie jährlich Hunderte von Ungeborenen abgetrieben haben.

Abgetriebene Föten werden manchmal für Experimente oder für pharmazeutische und kosmetische Produkte verkauft. Dieser schwärzeste aller Schwarzmärkte erinnert viele daran, daß vor nicht allzulanger Zeit Nazis Juden zu Seife verarbeiteten. In einigen Kreisen leidet die Reaktion hierauf an fehlender Logik. Die Hochherzigen mißbilligen das Experimentieren mit Föten zur medizinischen Forschung, haben jedoch keine Bedenken, Föten im Mutterleib zu vernichten, wenn niemand davon profitiert als vielleicht eine vollkommen gesunde Mutter. Wenn die Leibesfrucht menschlich ist, sollte sie dann nicht geachtet und heiliggehalten werden? Wenn sie nichtmenschlich ist, einfach entsorgbares Gewebe, warum darf sie dann nicht gekauft und verkauft, zu Experimenten verwendet oder zu Gesichtscreme verarbeitet werden? Tatsächlich ist sie nur deshalb für diese Zwecke geeignet, weil sie spezifisch menschlich ist.
Eine weitere Anomalie: In einer Zeit, da schwangere Frauen von der Medizin gewarnt werden, nicht zu rauchen, zu trinken oder Drogen zu nehmen, damit sie ihren Kindern nicht schaden, bekommen sie die gesetzliche Freiheit, sie mehr oder minder nach Belieben zu vernichten. In einer Zeit, da die Gesellschaft behindert Geborene mit großer Rücksicht behandelt, erlaubt sie, daß die im Mutterleib getötet werden, die wahrscheinlich oder vielleicht behindert geboren werden. Die unausgesprochene Botschaft an die Behinderten lautet: »Wäre dein Zustand früher diagnostiziert worden, hätten wir dich weggemacht.« Von ihnen scheint die Gesellschaft zu sagen, was Jesus von Judas sagte: »Es wäre besser, er wäre nie geboren.« Es wäre wahrscheinlich sicherer und medizinisch sinnvoller, alle Föten ausreifen zu lassen und dann die behinderten zu töten. Wir richten Verbrecher heute nicht hin, weil sich vielleicht später ihre Unschuld herausstellen könnte. Sollten wir nicht davor zurückschrecken, die zu töten, die vielleicht behindert sind – durch Röteln zum Beispiel –, falls sie sich als gesund herausstellen? Wenn nicht, dann bringt sie um. Die Gründe zur Rechtfertigung von Abtreibung würden gewiß auch Kindesmord rechtfertigen, nicht wahr? Wird diese Zimperlichkeit auch mit der Zeit verschwinden? Wird die Gesellschaft nicht die Römer hierin nachahmen und die Kinder sterben lassen, nicht auf kalten Berghängen, sondern in Eimern aus rostfreiem Stahl? Die Forschung zeigt, daß Kindesmord in Abtreibungskliniken schon geschieht. Es zeigt sich vielleicht, daß der Fötus weiter entwickelt ist als angenommen. Zum Entsetzen des Arztes wird ein vollkommen gesundes, lebensfähiges Baby geboren. Statt das Fruchtwasser abzusaugen und seinen kleinen Mitmenschen zu beatmen und zu wärmen, steckt der Arzt ihm entweder einen behandschuhten Finger in

den Hals, oder er schaut flüchtig nach, ob er atmet – dies zu seiner Absicherung – und wirft ihn als Fehlgeburt in einen Eimer.
Anomalien werden immer häufiger. Mancherorts werden junge Katzen mit mehr Rücksicht getötet als Kinder im Mutterleib. In einer Zeit, die die Todesstrafe immer schrecklicher findet, werden Kinder zu Millionen kaltblütig in moderner medizinischer Lynchjustiz getötet. Kindsmörder, Vergewaltiger, Sadisten, Spione werden nicht hingerichtet; nur die Unschuldigen im Leib ihrer Mutter oder die, die lästigerweise unerwartet lebendig aus ihm kommen und ermordet werden. Wer Babys prügelt, kommt ins Gefängnis; wer sie verstümmelt und tötet, bevor sie ihren ersten Atemzug tun, wird gut bezahlt und genießt professionelles Ansehen.
Unter römischem Recht hatte der Vater die Verfügungsgewalt über Leben und Tod in seiner Familie; heute entscheidet die Frau, ob ihr Kind lebt oder stirbt. Jüngsten Gerichtsentscheidungen in England und Amerika zufolge hat der Vater keine Rechte, wie es scheint. Er war an dem Liebesakt beteiligt, in dem das Kind empfangen wurde, das Kind ist genetisch ein Teil von ihm; doch selbst er darf nicht in das absolute Recht der Frau eingreifen, sein Kind abzutreiben. Das Kind im Mutterleib hat keinen Fürsprecher und überhaupt keine Rechte.
Zur Rechtfertigung dieser Einstellung wird oft vorgebracht, das, was im Uterus ist, sei in keinem Sinne ein Mensch, nur ein potentieller Mensch. Es existiert keine Person, bis nach der Geburt eine tatsächliche, unabhängige Existenz da ist. Neue Ausdrücke sind geprägt worden, um diese neue Erscheinung auszudrücken.
Abtreibende Ärzte töten niemals Babys; sie unterbrechen Schwangerschaften oder entfernen fötales Material. Abtreibungen werden als therapeutisch eingestuft, freilich nicht für das Ungeborene, für das sie tödlich sind. Die Betonung liegt ausschließlich auf der Frau und ihrem »Zustand«. Sie soll in diesem Zusammenhang nicht einmal »Mutter« genannt werden; sie ist eine Nichtmutter in spe. Der Schein muß gewahrt werden, sie sei körperlich oder seelisch krank, selbst in Fällen, wo sie das eindeutig nicht ist. Selbst die Sprache wird sterilisiert. Ausgemerzt sind negative Wörter, die nach Tod und Zerstörung klingen. Abtreibung ist immer positiv, und da Ärzte beteiligt sind, muß sie als Wohltat für die Menschheit, medizinischer Fortschritt, öffentliche Annehmlichkeit dargestellt werden.
Den medizinischen Laien, die nie in den Stahleimer schauen mußten, wenn der Arzt fertig ist, nie den Fötus ansehen mußten, wie er sich windet, wenn die Nadel hineingestoßen wird, mag dies human vorkommen.

Die Schwangerschaft wird als Krankheit gesehen und im Frühstadium als leichte Krankheit. Abtreibung ist keine richtige Operation; vielleicht nur eine Ausschabung oder eine kleine Absaugung. Schließlich war das Baby nicht geplant, nicht wahr? Das Neutrum hilft die menschliche Realität maskieren. Nur Babys, die erwünscht und geliebt werden, sollten geboren werden. Dieses war ein Unfall, und Unfälle sollten nicht passieren; der Arzt gibt Sicherheit bei Unfällen. Kein Kind wird getötet, schlimmstenfalls ein potentielles Kind. Doch in gewisser Hinsicht hat jede Frau bis zu einer Million potentieller Kinder — Eier, die auf die Entwicklung warten und seit ihrer Geburt in ihr sind. Nur ein winziger Bruchteil kann zu Kindern werden; einer weniger macht nichts aus. Was sie also trägt, besonders bevor sie seine Bewegungen spürt, ist nur Gewebe, eine Art gutartige Geschwulst, wie ein Knoten in der Brust, wie Mandeln oder ein Blinddarm. Niemand wird geschädigt; die Frau trennt sich von einem lästigen Teil ihres Körpers. Außerdem — welcher Arzt täte etwas so Schlimmes wie einen Menschen töten?

Allerdings ist die Umgangssprache ebenso wie das englische bürgerliche Gesetz gegen solche Terminologie. Eine Frau trägt ein Kind, nicht eine nichtmenschliche Leibesfrucht. »Wie geht es meinem Kind?« fragt die Schwangere ihren Arzt. Das Gesetz hat bislang das Ungeborene als sein kostbarstes Gut beschützt; es garantierte ihm sogar das Recht auf sein Erbteil, so daß es nach der Geburt einen Prozeß anstrengen kann, wenn der Schaden ihm oder seinen Eltern zum Beispiel in einem Autounfall zugefügt wurde, als seine Mutter es erwartete. Wenn ein Kind im Mutterleib geschädigt wurde und deshalb nach der Geburt starb, wurde der Schuldige des Mordes angeklagt.

Dies, könnte man einwenden, war in den schlimmen alten Zeiten, als wir viel weniger wußten als heute. Wahr ist das Gegenteil.

Die moderne Wissenschaft offenbart die strikte Kontinuität zwischen der befruchteten Eizelle und allen späteren Entwicklungsstufen. Das Kind ist durchaus nicht Teil der Mutter, sondern ein einzigartiges Individuum von Anfang an. Die befruchtete Eizelle hat ihren eigenen genetischen Code, der sich entwickeln, aber nie wesentlich ändern wird. Aus der Verbindung von Samen- und Eizelle resultiert das Einzelwesen mit sechsundvierzig Chromosomen, die den menschlichen Karotyp bezeichnen. Was die Frau trägt, ist nicht ein lebloses Stück Materie, kein pflanzliches Leben, keine Kaulquappe — nichts anderes als ein ganz bestimmter männlicher oder weiblicher Mensch im Embryostadium. Dieser Embryo ist kein potentieller Mensch, sondern ein Mensch mit Potential. Eines Tages könnte er oder sie denken, träumen, lieben wie jeder andere Mensch. Es ist nur eine Frage der Zeit. So zeigt der Ultraschall im Lauf der Tage und Wochen ein menschliches Herz (vierzig Tage), ein menschliches Gehirn (siebzig Tage), einen Menschen, der auf Stimuli reagiert, vor Schmerz und Kälte zurückschreckt, am Daumen lutscht, atmet, seine eigenen Tränen weint. Dieser Mensch, männlich oder weiblich, ist es, der im Mutterleib zerstückelt, vergiftet, mit Säure verätzt, vielleicht enthauptet wird, und der nach der Geburt, wenn der Arzt sich verrechnet haben sollte, einer feindlichen Umgebung ausgesetzt wird, den man ersticken oder erfrieren läßt, weil seine Mutter ihn nicht will. Und wie es scheint, billigt die Gesellschaft diese Entscheidung oder duldet sie zumindest.

Extreme Befürworter der Abtreibung haben die Wissenschaft nicht auf ihrer Seite. Nie war die Wissenschaft mehr gegen die Meinung, der Fötus sei Teil der Mutter, und deshalb habe sie das Recht, ihn als »Teil ihrer selbst« zu entfernen. Der Fötus schafft in gewisser Weise seine eigene Umgebung innerhalb der Gebärmutter; der Mutterkuchen wird nicht von der Mutter gebildet, sondern vom Kind. Das Kind hat sein eigenes Blut, das sich manchmal nicht mit dem der Mutter verträgt. Mit etwa vier Monaten kann der Arzt durch eine Untersuchung des Fruchtwassers (dazu wird die Fruchtblase punktiert) das Geschlecht des Kindes feststellen. Es ist ein kleiner Junge oder ein kleines Mädchen, das stirbt, wenn ein Ungeborenes getötet wird oder, wie man sagt, die Schwangerschaft abgebrochen wird. Heute kann man, wie jeder weiß, ein Kind im Mutterleib am Leben halten, lange nachdem die Mutter tot ist. Es ist nicht die Geburt oder der erste Atemzug, wie moderne Stoiker behaupten, was einen Fötus zum Menschen macht. Er war von Anfang an Mensch.

## *Änderungen im Gesetz*

Angesichts dieser Erkenntnisse sind die Änderungen aus den 1960er Jahren überraschend. Das Gesetz scheint wenig oder keine Kenntnis von der Tatsache zu nehmen, daß der Embryo seine getrennte genetische Konstitution hat, seine eigenen, unabhängigen Systeme von Kreislauf, Hormonen und Nerven.

1967 verabschiedete England ein Abtreibungsgesetz, das Schwangerschaftsabbruch legalisierte, vorausgesetzt, er wurde von einem Arzt vorgenommen und guten Glaubens von zwei approbierten praktischen Ärzten gebilligt, die glaubten

*(a) daß die Fortsetzung der Schwangerschaft das Leben der Schwangeren gefährden würde, oder daß sie die Schwangere und ihre Familie körperlich und seelisch mehr schädigen würde als der Abbruch der Schwangerschaft; oder*
*(b) daß ein erhebliches Risiko vorliegt, daß das Kind, wenn es geboren würde, an so ernsten körperlichen oder geistigen Mißbildungen leiden würde, daß es erheblich behindert wäre.*

Dies Gesetz wurde von fast allen Engländern begrüßt und ist immer noch beliebt, obwohl spätere Ereignisse zeigten, daß es mißbrauchbar war. Vor 1967 wurden jedes Jahr dreitausend Frauen mit septischem oder durchstoßenem Uterus ins Krankenhaus eingeliefert, weil sie bei Engelmachern gewesen waren. Die Todesrate war unmöglich festzustellen. Das neue Gesetz sollte diesem Verstümmeln und Töten ein Ende bereiten und die Anwendung moderner Absaugtechniken ermöglichen. Der Abbruch, der unter Berücksichtigung der gegenwärtigen und voraussehbaren Umstände der Frau geschah, mußte in zugelassenen Kliniken oder Krankenhäusern vorgenommen werden. Dies war sicher nicht Abtreibung auf Verlangen; es setzte klare medizinische Indikationen und eine moralische Entscheidung voraus. Vom amerikanischen Recht mochten die Kommentatoren dies nicht sagen.
Am 22. Januar 1973 schien der Supreme Court (Oberste Gerichtshof/Verfassungsgericht) auf vorchristliche Zeiten zurückzugehen, als er entschied, menschliches Leben beginne bei der Geburt. Dies unqualifizierte Urteil war nicht von öffentlichem Aufsehen provoziert und nicht durch öffentliche Diskussion vorbereitet. Dem Gericht zufolge ist der Fötus in keinem Sinn eine Person, er hat keine Rechte. Er ist nicht Subjekt, sondern Objekt. Er ist kein Bürger und hat deshalb keinen Anspruch auf Schutz durch das Gesetz. Er ist ein Nichts, dem der Staat vollkommen gleichgültig gegenübersteht. Eine Mutter darf völlig frei zwischen Geburt oder Tod des Kindes entscheiden. Laut *A Private Choice* von John T. Noonan jun. »war die Freiheit einer Schwangeren oder Graviden die Verfügungsfreiheit eines Autors über sein Buch, eines Bauern über seine Ernte, eines Mädchens über seine Puppe. ... Die Gravide war vor Kurpfuscherei geschützt, aber dem Ungeborenen konnte nicht der geringste Schutz gegeben werden«. Wie ein schwarzer Sklave in der Kolonialzeit und kurz danach, wie Juden unter den Nazis hatte das Ungeborene keine rechtliche Existenz. Selbst kommunistische Staaten waren erstaunt über eine solche Liberalisierung in einem Land, das sich so christlich gebärdet. Der Vatikan war

natürlich entsetzt. Es kann gut sein, daß ein großer Teil von Johannes Pauls Angst um den amerikanischen Katholizismus von den amerikanischen Abtreibungsgesetzen kommt. Welchen besseren Beweis könnte es geben, daß die berühmte amerikanische Freiheit in einer barbarischen, lebensfeindlichen Mentalität endet?

Noch erschreckender ist die Erkenntnis, daß schon 1969 eine Harris-Umfrage für das Magazin *Time* zeigte, daß 60 % der amerikanischen Katholiken glaubten, Abtreibung solle man den Eltern und ihren Ärzten überlassen. Seither ist die Zustimmung amerikanischer Katholiken zu dieser Haltung um 20 % gestiegen.

Kein Wunder, daß Seine Heiligkeit meint, er müsse Amerika eine Lektion erteilen. Er denkt, daß jede Abtreibung Unrecht ist und daß er das zu entscheiden hat.

Um die Balance wiederherzustellen, muß eine weitere Frage gestellt werden: Ist es möglich, daß Päpste selbst zum Abrutschen in eine Abtreibungsmentalität beigetragen haben? Es klingt grotesk, und doch gibt es Katholiken, die bereit sind zu argumentieren, der Extremismus des Papsttums habe dazu geführt, daß die Katholiken an einem entscheidenden Punkt der Nachkriegsjahre die ideologische Mitte aufgegeben haben. Nur in der Mitte kann diese Schlacht mit der geringsten Hoffnung auf Erfolg ausgefochten werden.

## *Das Denken Johannes Pauls*

Man könnte meinen, daß Johannes Pauls Opposition gegen die Abtreibung mit seinem polnisch-rechtsgerichteten Hintergrund zu tun hat. Polen, nimmt man an, ist wie Irland mit Krallen und Zähnen gegen die Abtreibung.

Erstaunlicherweise stellt sich das als falsch heraus. Wie Daniel Callaghan in seinem Buch *Abortion: Law, Choice and Morality* schreibt: »Trotz Polens stark katholischem Charakter (konservativ, sehr viele praktizierende Katholiken) und der wiederholten Brandmarkung der Abtreibung durch die polnische Hierarchie ist die legale Abtreibungsrate hoch und die Geburtenrate niedrig.«

Beispielsweise war 1962, als der Papst Bischof in Polen war, die Abtreibungsrate weit höher als in Amerika. Sie war sogar höher, als sie in Amerika heute ist, nach dem Verfassungsurteil des Supreme Court! Es gab 200000 registrierte Abtreibungen in einer Bevölkerung von rund 30 Millionen. Außerdem war ein wunderbar finanziertes und organisiertes Programm zur Geburtenkontrolle eingerichtet, das Katholiken auch wahrnahmen. Eine bemerkenswerte Tatsache ergibt sich daraus: Polen war nicht etwa ein Land, in dem keine empfängnisverhütenden Mittel genommen wurden, sondern das erste Land der Welt, in dem vernünftige Empfängnisverhütung tatsächlich die Abtreibungsrate reduzierte. 1968 fiel die Zahl der Abtreibungen auf 121700. Dennoch blieb die Abtreibungsrate im Verhältnis zur Geburtenrate sehr hoch.

Es ist klar, daß Johannes Paul kein Trauma erlitt, als er von Krakau in den Vatikan zog. In seinem Heimatland gab es reichlich Empfängnisverhütung und Abtreibung. Seine Opposition gegen beide Praktiken kommt nicht aus seinem behüteten Katholizismus, sondern aus seinen Überzeugungen, die die Polen verraten haben.

Wie wir festgestellt haben, bestätigt die Geschichte nicht die Sicht des Vatikans, seine gegenwärtige Opposition gegen die Empfängnisverhütung sei »beständig«. Ist seine Haltung zur Abtreibung denn so beständig, wie er sie sehen möchte?

In seinen Reden setzt Johannes Paul gewisse Dinge voraus: (1) Das Ungeborene ist ein Mensch, (2) es ist vom Augenblick der Befruchtung an ein Mensch, (3) es hat daher genau die gleichen Rechte wie jeder andere Mensch – etwa die Mutter oder die schon geborenen Kinder, (4) das Ungeborene direkt zu töten ist immer Mord.

Selbst wenn er in jedem Punkt recht hat, wieviel davon ist beständige katholische Lehre? Die Antwort lautet: nichts davon. Jedes Stadium seiner Argumentation ist untraditionell, und dies macht es notwendig, seine Argumentation zur Abtreibung wie die Pauls VI. zur Empfängnisverhütung einer sorgfältigen Analyse zu unterziehen.

## *Wird die Seele bei der Empfängnis eingegeben?*

Die meisten Katholiken nehmen an, daß die Seele bei der Empfängnis eingegeben wird. Sie mögen es für einen Glaubensartikel halten. Doch das ist es tatsächlich nicht. Vaticanum II ließ die Frage absichtlich beiseite, und dies aus einem sehr guten Grund. Vierzehnhundert Jahre lang, bis ins späte neunzehnte Jahrhundert, hielten alle Katholiken einschließlich der Päpste es für selbstverständlich, daß die Seele nicht bei der Empfängnis eingegeben wird. Die Kirche war wohl gänzlich gegen Abtreibung, nicht aber weil das Ungeborene von Anfang an Mensch war.

Seit dem fünften Jahrhundert akzeptierte die Kirche fraglos die primitive aristotelische Embryologie. Der Embryo begann als nichtmenschliches Pünktchen, das nach und nach beseelt wurde. Dieses Pünktchen mußte sich aus einem vegetativen über ein animalisches bis zum geistigen Wesen entwickeln. Erst in seiner Endphase war es ein Mensch. Deshalb konnte Gratian sagen: »Wer eine Abtreibung vornimmt, bevor die Seele im Leib ist, ist kein Mörder.«

Die Merkmale des Fötus wurden allein dem Vater zugeschrieben. Er bzw. korrekterweise »es« wurde mit vierzig Tagen beim männlichen und mit achtzig Tagen beim weiblichen Geschlecht ein Mensch. Ein Mädchen war, schrieb Thomas von Aquin, auf schadhaften Samen oder feuchte Winde bei der Zeugung zurückzuführen. Daraus folgte, daß Abtreibung im Frühstadium der Schwangerschaft Unrecht war, weil dabei ein potentieller Mensch vernichtet wurde. Es war nicht Mord, weil kein tatsächlicher Mensch getötet wurde.

Im fünfzehnten Jahrhundert begannen Moraltheologen zu fragen, ob es unter bestimmten Umständen nicht möglich sei, ohne Schuld den Fötus loszuwerden. Etwa, wenn er das Ergebnis von Vergewaltigung, Inzest oder gar Ehebruch war und so die Rechte des Ehemanns und die Ehe selbst bedrohte. Das gleiche Dilemma ergab sich im Fall einer Mutter, deren Gesundheit in Gefahr wäre, wenn sie ein Kind austrüge. War es nicht eine moralische Pflicht, ein menschliches Leben auf Kosten eines nichtmenschlichen, wenn auch potentiell menschlichen Lebens zu retten? Einige der besten Theologen antworteten mit ja.

Einige gingen noch weiter. Sie sagten, es sei zulässig, das Leben einer Mutter zu retten, selbst nachdem der Fötus menschlich geworden war, d. h., nachdem die Seele ihm eingegeben war. Mit welcher Begründung? Weil das Leben des Fötus keinen absoluten Wert hatte; sein Wert mußte gegen andere aufgewogen werden. Was war dann in dem klassischen Fall, wenn es zu einer klaren Entscheidung zwischen dem Leben der Mutter und dem des Kindes kam? War das Leben der Mutter nicht wertvoller als das des Kindes? Viele zögerten. Sie sagten, es sei immer böse, einen beseelten Fötus direkt zu töten. Sie begnügten sich mit der Aussage, es sei zulässig, ihn indirekt zu töten, d. h., wenn medizinische Behandlung zur Rettung der Mutter zufällig und unbeabsichtigt auch den Fötus tötete oder abtrieb. Das Ziel war nur die Rettung der Mutter; der Tod des Fötus war ein trauriger Nebeneffekt einer tugendhaften Handlung.

Die Geschichte zeigt, daß die Päpste durchaus nicht imstande waren, diese schwierigen moralischen Zwangslagen ein für allemal zu lösen, sondern vielmehr so ratlos waren wie alle anderen auch. Sie hatten keinen Zugang zu privilegierter Information. Sie mußten Argumente vortragen, die man widerlegen konnte. So sagte zum Beispiel Gregor XIII. (1572–85), es sei kein Mord, einen Embryo von weniger als vierzig Tagen zu töten, denn er sei nicht menschlich. Selbst nach vierzig Tagen war es zwar Mord, aber nicht so schlimm wie der Mord an einem schon Geborenen, denn es wurde nicht aus Haß oder Rache getan. Sein Nachfolger, der ungestüme Sixtus V., der die Bibel umschrieb, war ganz anderer Meinung. In seiner Bulle *Effrenatum* von 1588 sagte er, jede Abtreibung aus jedem Grund sei Mord und werde mit Exkommunikation bestraft, die dem Heiligen Stuhl vorbehalten sei. Unmittelbar nach dem Tod Sixtus' V. sah Gregor XIV. ein, daß Sixtus' Auffassung im gegenwärtigen Stand der theologischen Lehrmeinung zu streng war. In einer fast einzigartigen Entscheidung sagte er, Sixtus' Verurteilungen seien zu behandeln, als hätte er sie nie ausgesprochen. Päpste können voreilig sein. Sie hatten nie Antworten zu aktuellen moralischen Problemen in petto. Moralische Urteile hingen von Tatsachen und Umständen ab, die alle berücksichtigt werden mußten. Das Papsttum des neunzehnten Jahrhunderts vergaß dies Grundprinzip in allen Fragen, die mit Freiheit zu tun hatten. Die Päpste des zwanzigsten Jahrhunderts haben es in allen Fragen vergessen, die mit Sexualität zu tun haben. Paul VI. war nicht allein mit dem Ausgraben veralteter Lehren ohne Rücksicht auf völlig veränderte Umstände und die Entdeckungen der Wissenschaft. Besonders die Moral der Abtreibung hängt von biologischen Tatsachen ab.

1621 schrieb der römische Arzt Paolo Zacchia, es gebe keine biologische Grundlage für die aristotelische Auffassung, die Beseelung finde erst einige Zeit nach der Empfängnis statt. Zacchia war der angesehenste Arzt am päpstlichen Hof, doch seine Meinung hatte keine Wirkung auf päpstliche oder theologische Lehre. Der Vatikan veröffentlichte eine Pastoraldirektive, die die Taufe von Föten unter vierzig Tagen erlaubte, aber nicht vorschrieb. Noch im achtzehnten Jahrhundert verneinte der größte Moraltheologe der Kirche, der hl. Alfons Liguori, daß die Seele bei der Empfängnis eingegeben werde. Wie Thomas von Aquin vor ihm sagte er nicht, direkte Abtreibung sei richtig, doch seine Ansicht ermöglichte eine Flexibilität im Umgang mit der Abtreibung, besonders wenn das Leben der Mutter in Gefahr war. Nach 1750 verschwand diese Flexibilität. Zum erstenmal in Jahrhunderten begann die Kirche, zu der unbeugsamen Haltung der Kirchenväter zurückzukehren.

## *Roms zunehmende Unnachgiebigkeit*

Pius XI. wiederholte durchaus nicht *die* Tradition, sondern stellte sich gegen etliche Jahrhunderte beständiger Lehre, als er 1869 sagte, jede Zerstörung jedes Embryos sei eine Abtreibung, die Exkommunikation verdiente. Mit anderen Worten, er übernahm die Sichtweise Sixtus' V., die von Gregor XIV. sofort widerrufen worden war. Die Begründung für Pius' Lehre war zweifach. Erstens: Die Beseelung findet bei der Empfängnis statt. Zweitens: Der Embryo und die Mutter sind immer gleichwertig. Keine dieser Aussagen konnte auch nur im entferntesten als traditionell bezeichnet werden. Tatsächlich waren die meisten zeitgenössischen Theologen in Punkt eins anderer Meinung, und das führte zu einer ebenfalls anderen Meinung in Punkt zwei. Denn wenn die Seele nicht sofort eingegeben wird, ist es außerordentlich schwer einzusehen, warum der Embryo immer gleichwertig mit der Mutter ist.

Im folgenden Jahr stimmte Vaticanum I der Unfehlbarkeit des Papstes zu. Von nun an erwarteten die Bischöfe, daß Rom alle Probleme für sie beantwortete. Nun begann Zacchias Meinung, daß die Beseelung bei der Empfängnis geschieht, verstärkt durch Pius' Definition der Unbefleckten Empfängnis Mariens, Theologen – und besonders römische Theologen – zu überzeugen, daß von der Empfängnis an ein Mensch vorhanden ist. Da der Embryo ein Mensch ist, hat er alle absoluten Rechte des Menschen. Inzwischen hatte Karl Ernst von Baer 1827 die Eizelle entdeckt. 1875 wurde bewiesen, daß das Zusammenwirken von Samen- und Eizelle sofort einen neuen Organismus hervorbrachte, der sich dann kontinuierlich zu einem Kind entwickelte.

Die vatikanische Pastorallehre verfestigte sich in Übereinstimmung mit diesem neuen Denken. Das Heilige Offizium versperrte jeden möglichen Weg zur Abtreibung. Nichts war erlaubt, was den Embryo auf irgendeine Weise gefährdete. Es galt als unsicher zu lehren, daß Kraniotomie (Zerschneiden des Schädels) zulässig sei, selbst um der Mutter das Leben zu retten. Im Jahr 1895 billigte Leo XIII. eine noch reaktionärere Entscheidung des Heiligen Offiziums. Der Fall, um den es ging, lag so: Eine Mutter sah ihrem sicheren Tod entgegen. Wenn der Fötus nicht entfernt wurde, würden beide sterben. Die Antwort lautete: Die Ärzte durften den Fötus nicht entfernen, obwohl dies zur Folge hatte, daß sowohl die Mutter als auch der Fötus sterben würden.

Weitere reaktionäre Entscheidungen folgten. Den Ärzten wurde die Erlaubnis verweigert, etwas gegen Bauchhöhlen- und Eileiterschwangerschaften zu unternehmen. Dies war Fatalismus einer zerstörerischen Art. Was die Natur getan hat, darf der Mensch nicht rückgängig machen. Würde dies Prinzip logisch durchgehalten, wäre es in jedem Zweig der Medizin katastrophal. Es ist klar, was in Rom geschah. Je mehr die Gesellschaft Abtreibungen aus ernsten medizinischen Gründen billigte, desto mehr mißbilligte sie der Vatikan. Im kirchenrechtlichen Kodex von 1917 wurde zum erstenmal die Mutter in die Verurteilung der Abtreibung mit einbezogen.

Schließlich lehrte *Casti connubii*, wie wir sahen, dreizehn Jahre später, daß »Du sollst nicht töten« sich auf den Fötus in jeder Entwicklungsstufe bezog. Nicht einmal extreme Notwendigkeit konnte die direkte Tötung des Unschuldigen im Mutterleib rechtfertigen, denn dieser Unschuldige hatte ein absolutes Recht auf Leben. »Beider Leben ist gleich heilig«, sagte der Papst, anscheinend ohne sich die moralischen Sackgassen klarzumachen, die aus der extremen Sicht Sixtus' V. folgten. Zum Unglück der Kirche wurde diese extreme Position gerade in dem Moment zur neuen Orthodoxie, als sie aufgrund fortgeschrittener medizinischer Techniken weniger akzeptabel war denn je. Operationen wurden sicherer, und die Ärzte begannen, die Gefahren einer ausgetragenen Schwangerschaft genau vorauszusagen.

Pius XI. beanspruchte für *Casti connubii* keine Unfehlbarkeit, doch sie steckte katholischen Moraltheologen enge Grenzen. Der Papst schien sogar indirekte Abtreibungen zu verurteilen. Dies ist zum Beispiel die Entfernung eines verkrebsten Uterus, wenn die Frau schwanger ist, oder das Ausschneiden eines Eileiters, wenn der Embryo dort eingenistet ist statt im Uterus. Dies war so extrem, daß einige Moraltheologen sich weigerten, es zu akzeptieren und dadurch ihre Stellung in Gefahr brachten. Ihr Mut wurde belohnt, denn der Vatikan machte eine Konzession: Er verurteilte keine indirekten Abtreibungen mehr, wenn die Absicht nicht die Tötung des Embryos war, sondern die Rettung der Mutter. Pius XII. bestätigte dies endlich 1951. Dann war es offiziell: »indirekte Tötung« war in bestimmten Fällen zulässig.

Dennoch führt diese immer noch strenge Lehre zu inakzeptablen Folgen in der Medizin. Wenn der Arzt zum Beispiel beschließt, den Embryo aus dem Eileiter zu entfernen, ohne den Eileiter selbst herauszuschneiden, sündigt er. In den Augen des Vatikans ist das eine direkte, keine indirekte Tötung des Embryos. Deshalb fühlen fast alle unsere Moraltheologen sich bemüßigt zu sagen, es sei besser, den Eileiter mit dem Embryo zu entfernen, als den Embryo zu entfernen und den Eileiter intakt zu lassen –

obwohl die erste Vorgehensweise künftige Schwangerschaften unmöglich macht. Dies ist wieder ein Bereich, wo Frauen männlichen katholischen Moraltheologen auf den rechten Weg helfen könnten.

Ein weiteres bizarres Resultat der strikten Haltung Roms: Die Kirche sagt, es sei eine schwere Sünde, wenn ein zwölfjähriges Mädchen eine Abtreibung bekommt, nachdem sie vergewaltigt wurde, selbst wenn der Schuldige ihr Vater ist. Ein führender katholischer Moraltheologe, Pater Bernhard Häring, schreibt in *The Morality of Abortion* so von einem tragischen Vergewaltigungsfall:

> *Wenn sie der gewaltigen Versuchung, sich so vollständig wie möglich der Wirkungen ihres Erlebnisses zu entledigen, schon nachgegeben hat, können wir das Urteil über das Maß ihrer Sünde dem barmherzigen Gott überlassen und versuchen, in ihr die Bereitschaft zu wecken, ihr Leid wie auch ihre Schuld mit den Leiden und Sünden der Welt zu verbinden, die Christus am Kreuz auf sich genommen hat. ... Ich würde nie so weit gehen, einem Menschen zur Abtreibung zu raten. Auch würde ich der Betroffenen nicht sagen, dies sei die richtige Entscheidung, wenn sie sich entschieden hat.*

Wenn der mildeste und weiseste katholische Lehrer mit solcher Gefühllosigkeit schreibt und die Moraltheologen versuchen, den päpstlichen Standpunkt zur Abtreibung zu rechtfertigen, kann man sich über den gegenwärtigen Stand der katholischen Ethik nur wundern. Pater Häring spricht von dem Opfer mit Ausdrücken, die für eine Verbrecherin besser passen würden.

Die Weigerung der Kirche, vergewaltigten Mädchen die Abtreibung zu erlauben, und ihr Zögern in der Zulassung indirekter Abtreibungen bei Bauchhöhlen- und Eileiterschwangerschaften sind auf ihre Angst zurückzuführen, daß bald jeder Fall als Ausnahme betrachtet wird. Diese Unnachgiebigkeit ist zwar verständlich, kann aber nicht verteidigt werden. Denn wenn die Umstände eine moralische Neubewertung erfordern, ist die Weigerung, diese Umstände zu berücksichtigen, unrecht, gleichgültig, wie sie motiviert ist.

Deshalb gibt es nicht wenige, die der Kirche Unmoral vorwerfen, während sie selbst sich als den moralischen Vorkämpfer des Zeitalters sieht. Es wäre tatsächlich recht leicht zu zeigen, daß Roms Extremismus sein Spiegelbild geschaffen hat, die Lobby der Permissivität. Die Weigerung des Vatikans, in den Dialog einzutreten, bedeutete, daß die Stimme der Kirche in dem kritischen Moment nicht gehört wurde, als die neuen Abtreibungsgesetze vor die Gerichte kamen. Wegen ihrer Starrheit wurde die Kirche eine leichte Zielscheibe; ihre offiziellen Ansichten waren leicht zu diskreditieren, denn Umfragen zeigten, daß sogar die meisten Katholiken sie nicht richtig fanden. In keinem Land war dies so deutlich wie in den USA. Die Abtreibungslobby konnte den entschiedensten Abtreibungsgegner als Obskuranten bezeichnen. Schließlich hatte der Papst 1968 Empfängnisverhütung verboten, sagten sie — eine Haltung, die Abtreibung nötig macht, wie jeder weiß.

Die nachfolgenden Ereignisse haben bewiesen, was viele Theologen damals sagten: Papst Paul kämpfte mit *Humanae vitae* an der falschen Front. Er hätte seine beträchtliche Energie dazu nutzen sollen, die permissive Einstellung zur Abtreibung anzugreifen. Freilich ist hier ein Vorbehalt angebracht. Es gibt keinen Zweifel, daß er auch bei der Abtreibung keinen Fortschritt gemacht hätte.

Pius XII. sagte in seiner Ansprache vor Hebammen im Oktober 1951: »Ein noch ungeborenes Baby ist ein Mensch, im selben Maß und aus demselben Grund wie die Mutter.« Vaticanum II zog daraus in seinem Dekret *Gaudium et spes* die Konsequenz, indem es Abtreibung verbot; dies hatte ein Konzil noch nie getan. Es sagte: »Leben ist von der Empfängnis an mit größter Sorgfalt zu schützen. Abtreibung und Kindesmord sind abscheuliche Verbrechen.« Das Konzil war weise, nicht Empfängnisverhütung und Abtreibung zusammen zu nennen; es war weniger weise, Abtreibung und Kindesmord zusammen zu nennen. Sie sind oft sehr verschieden, wie Jahrhunderte der Moraltheologie gezeigt haben. Von beidem mit uneingeschränkter Mißbilligung zu sprechen, zeugte von einem schwachen Verständnis für katholische Geschichte. Johannes Paul ist zu einer vorkonziliaren Haltung zurückgekehrt: Er nennt Empfängnisverhütung und Abtreibung immer zusammen.

## *Johannes Pauls Haltung*

Selbst die Bewunderer des gegenwärtigen Papstes sind nicht blind für die Risiken, die er eingeht, indem er weiterhin Empfängnisverhütung und Abtreibung in einem Atemzug verdammt. Eine Lektüre seiner Ansprachen zeigt, daß er mit fast Pawlowscher Zuverlässigkeit einer Attacke auf das eine die Attacke auf das andere folgen läßt. Er ignoriert die Tatsache, daß, wie jüngste embryologische Untersuchungen zeigen, bei der Empfängnis eine ungeheure genetische Veränderung eintritt: Die befruchtete Eizelle ist ein eigenes Individuum mit eigenem genetischen Code. Wie George Hunston Williams schreibt: »Diese genetische Tatsache versetzt künstliche Empfängnisverhütung und absichtliche Abtreibung auf völlig verschiedene moralische Ebenen.« Johannes Paul sieht dies entweder nicht, oder er möchte es nicht sehen. Doch aus welchem Grund auch immer: Er ermutigt die Abtreibungslobby. »Klar verdammt er Abtreibung«, sagen sie. »Verdammt er Empfängnisverhütung nicht auch? Selbst seine eigene Herde folgt ihm in der Empfängnisverhütung nicht; und wenn Umfragen irgendeine Aussagekraft haben, sind sie über Abtreibung auch nicht seiner Meinung.«

Viele Katholiken argwöhnen jetzt, daß Johannes Paul nicht nur zwei medizinisch und ethisch verschiedene Dinge durcheinandergebracht hat; er kämpft weiterhin auf unkluge Weise an der Abtreibungsfront. Seine Haltung ist zu extrem. Kann er erwarten, daß mehr als eine Handvoll Katholiken ihm beistimmen, daß ein vergewaltigtes Mädchen sündigt, wenn es abtreibt? Wer ist bereit, ihr zusätzlich zu der erlittenen Schändung und körperlichen Mißhandlung noch dadurch Gewalt anzutun, daß er sie zwingt, das Kind des Vergewaltigers auszutragen? Bischöfe antworten auf diese Frage: »Sie muß sein Kind austragen; sie muß es nicht aufziehen.« Dies ist selbst nach katholischen Prinzipien unannehmbar. Wenn eine Frau kein Kind aufziehen kann, sollte sie keines bekommen. Mutterschaft ist nicht nur eine biologische Tatsache, sondern eine moralisch-geistige Verpflichtung auf Dauer.

Die offizielle katholische Position ist auch in bestimmten schweren medizinischen Fällen kaum zu verteidigen. Sollte eine Frau ein Kind austragen müssen, das, wie die Ärzte ihr versichern und mit Ultraschall sogar zeigen, hirngeschädigt ist oder kein Zentralnervensystem hat? Der Papst sagt immer ja. Dies erscheint vielen als einseitige Betonung des biologischen Aspekts, als sei der biologische identisch mit dem moralischen. Es ist der gleiche Fehler, den Paul VI. in der Empfängnisverhütung machte. Es bedeutet, ein Ideal der Mutterschaft zu einem unerbittlichen Gesetz zu machen, selbst wenn man weiß, daß Mutterschaft im eigentlichen Sinn unmöglich ist.

Der Papst wird schwerlich Frauen zu seiner Sichtweise bekehren können. Er mag sagen, die Abtreibungsfrage sei einfach; sie sagen, sie sei komplex und vielschichtig. Durch sein Abtreibungsverbot will der Papst wichtige Entscheidungen selbst in die Hand nehmen. Doch die Frauen sind entschlossen, diese Fragen selbständig für sich zu entscheiden. Sie allein wollen sagen, ob sie sich imstande fühlen, die Mutter dieses Kindes zu sein, das sie erwarten, denn sie wissen, daß Mutterschaft mehr bedeutet als Gebären. Sie wissen auch, daß sie mehr als Gebärerinnen dieses Kindes sind; sie sind auch Ehefrauen und Mütter bereits geborener Kinder. Ihre Entscheidung wird nicht auf Biologie allein beruhen, sondern auf einer ganzen Reihe moralischer Werte; einer davon, und in Normalfällen der entscheidende, ist das Austragen eines Fötus. Die Katholiken wollen sich nicht der Herausforderung des Evangeliums entziehen; sie wollen einfach ihre moralische Verantwortlichkeit nicht abgeben, indem sie sich einem starren, lieblosen und grundsätzlich biologischen Gesetz völlig unterwerfen.

Viele Katholiken halten die Sicht des Papstes für extrem und beginnen, mit tiefer Achtung zu fragen: Wo hat er sich geirrt? Welche seiner Annahmen sind richtig und welche fragwürdig?

Entgegen einer langen katholischen Tradition geht der Papst davon aus, daß das Ungeborene vom Augenblick der Befruchtung an ein vollständiger Mensch ist. Die moderne Genetik legt in der Tat nahe, daß eine befruchtete Eizelle menschlich ist. Sie hat einen individuellen genetischen Code. Folgt daraus, daß sie ein Mensch im vollen Sinn ist, daß sie genau die gleichen Rechte hat wie die Mutter? Daß sie mit genau der gleichen Achtung behandelt werden muß wie ein schon geborenes Kind? Daß auch sie einen absoluten Wert hat, der alle anderen Werte aufwiegt? Wenn diese Fragen mit ja beantwortet werden können, hat der Papst recht, und Abtreibung ist immer Sünde.

Allerdings macht die medizinische Wissenschaft selbst es außerordentlich schwierig, die Empfängnis als den Moment zu identifizieren, in dem ein Mensch mit allen Rechten einer Person zu existieren beginnt. Fachleute schätzen, daß von drei befruchteten Eizellen mindestens eine spontan abgeht, ohne daß die Frau es merkt. Muß man daraus schließen, daß buchstäblich ein Drittel der Menschen oder mehr in den Abfluß gespült werden? (Die Kirche hat dann ein zusätzliches Problem, denn aufgrund ihrer Lehre müssen Massen ungetaufter Embryos die Hölle oder Vorhölle bevölkern.)

Wenn außerdem bei einer Befruchtung *in vitro* zum Beispiel ein halbes Dutzend Eizellen von männlichem Sperma befruchtet werden, sind Katholiken dann wirklich verpflichtet zu glauben, daß in dieser Schale sechs Menschen sind, mit den gleichen Rechten wie ein halbes Dutzend Babys in ihren Bettchen? Eine weitere Komplikation: Wenn die Seele bei der Empfängnis eingegeben wird, wie kann sich eine Zelle dann in einem späteren Stadium teilen, wie es bei Zwillingen geschieht? Ist die Seele – eine nichtstoffliche Realität – geteilt worden?

Es gibt heute viele katholische Philosophen, die nicht einsehen, warum eine befruchtete Eizelle ein beseeltes Wesen genannt werden kann, da nach der thomistischen Tradition die Beseelung erst stattfinden kann, wenn ein Körper da ist, der genug entwickelt ist, um von der Seele Form anzunehmen. Zwar hat die befruchtete Eizelle ihren eigenen, spezifisch menschlichen genetischen Code, doch das macht sie noch nicht zu einem Menschen oder einer Person. Dazu muß sie Glieder und ein menschliches Hirn entwickeln. In ihren Augen bleibt die große Tradition der Beseelung in einer späteren Entwicklungsstufe intellektuell respektabler.

Auf einer niedrigeren Ebene hat eine Eichel alles Informationsmaterial, das zur Entwicklung einer Eiche gehört. Doch obwohl sich eine Eichel von jeder anderen Form des Lebens unterscheidet, ist sie keine Eiche. Die Menschen zertreten Eicheln unbesorgt mit den Füßen oder verfüttern sie an Schweine, während sie dazu neigen, Eichen, sogar Eichensetzlinge, mit Achtung zu behandeln.

Einigen katholischen Philosophen zufolge ist die Menschwerdung für das Individuum wie für die ganze Menschheit ein gradueller Prozeß. Daraus folgt, daß die traditionellen Argumente für eine begrenzte Zulassung der Abtreibung noch gelten. Die Mutter ist Person im vollen Sinn des Wortes; der Embryo entwickelt sich erst zur Person. Das bedeutet nicht, daß man den Embryo nicht achten sollte. Im Gegenteil, die gesamte christliche Tradition ehrt den Embryo in jeder Entwicklungsstufe als Geschenk Gottes. Die Grundeinstellung ist immer für den Schutz des entstehenden Lebens. Die Extreme der Abtreibungslobby widersprechen den grundsätzlichen Empfindungen der Christen, und Abtreibung als Mittel der Familienplanung wie in Japan ist ihnen gänzlich zuwider. Unter normalen Umständen muß der Embryo genährt, gehegt und ausgetragen werden. Doch nicht alle Umstände sind normal. Manchmal muß die sehr traurige Entscheidung zur Abtreibung getroffen werden. Es ist eine moralische Entscheidung. Es ist unfair, so zu tun, als seien alle Befürworter der Abtreibung in bestimmten Fällen Hedonisten, Wirrköpfe oder Bösewichte. Wie wir gesehen haben, lehnen die Menschen den Standpunkt des Papstes zumeist aus moralischen Gründen ab. Es kommt ihnen unethisch vor, ein Wesen im Werden gleich wie eine vollentwickelte Person zu behandeln, die in einem Netz von Beziehungen und Verantwortungen lebt. Zwar ist die Abtreibungspraxis zu weit gegangen und hat zu einer Trivialisierung von Leben und Mutterschaft geführt, doch das Papsttum war mit der Verkündung eines kaum weniger akzeptablen Extremismus nicht hilfreich.

Selbst wenn Johannes Paul recht hat und der Embryo im ersten Augenblick der Befruchtung ein Mensch ist – folgt daraus, daß er genau die gleichen Rechte hat wie die Mutter und schon geborene Kinder?

Der Papst wendet immer wieder ein: Das Recht auf Leben ist das grundlegendste Menschenrecht, und kein anderes Recht kann Vorrang vor ihm haben – etwa das Recht der Mutter auf Gesundheit. Doch es ist mehrdeutig zu sagen, Leben sei das grundlegendste Recht. Wenn es bedeutet, es ist das erste Recht, ohne das eine Person keine anderen Rechte haben kann, etwa das Recht auf Bildung oder Ehe, hat der Papst recht, aber er hat nur gesagt, was ohnehin klar ist. Er scheint mehr zu meinen als dies. Er glaubt, es sei das einzige Recht, das man überhaupt berücksichtigen sollte; es ist ein Wert, der immer und unter allen Umständen alle anderen Werte aufwiegt. Das aber ist mit Sicherheit falsch.

Wenn das Recht auf Leben immer der höchste Wert wäre, würde der Krieg verboten, weil er unvermeidlich zum Verlust von Leben führt. Doch es gibt einen anderen Wert, der den Verlust von Leben oft aufwiegt, nämlich Gerechtigkeit. Wenn der Papst recht hätte, dürfte auch niemand Berge besteigen, Rennfahrer werden, in den Weltraum fliegen; bei all diesen Dingen wird Leben für Werte riskiert, die in seinen Augen weit geringer sind. Das Recht auf Leben ist jedoch offenbar auf dieser Ebene ein Wert, der gegen andere abgewogen werden muß: Leben gegen Wissen, Leben gegen die Freude, Gipfel zu stürmen, schnell zu sein, neue Welten im Raum zu eröffnen. Die Aussage, daß Leben das grundlegende Menschenrecht ist, kann unmöglich bedeuten, daß es ein Wert ist, der nie anderen Werten weichen darf, eigenen oder denen anderer Menschen.

Während der Papst von einem Grundprinzip ausgeht und folgert, daß alle Abtreibungen böse sind, geht der Mann oder die Frau auf der Straße vom entgegengesetzten Ende aus. Sie wissen, es gibt Fälle – etwa wenn es um Vergewaltigung, Inzest, hirngeschädigte Föten geht –, in denen Abtreibung eine wirklich moralische Möglichkeit ist. Dann müssen sie fragen: Was stimmt nicht am Argument des Papstes? Hat er etwas ganz Offensichtliches übersehen?

Hat er vielleicht nicht berücksichtigt, daß der Fötus, ob menschlich oder nicht, ob Person oder nicht, in der Mutter ist? Er ist nicht Teil der Mutter, aber er kann ohne sie nicht überleben. Dies zeigt, daß der Embryo, das Kind im Werden, nicht die absoluten Rechte hat, die der Papst für es beansprucht, sondern nur eingeschränkte Rechte. Sie sind wie alle Rechte von den Umständen abhängig, in denen sie wahrgenommen werden.

Die Meinung des Papstes beruht darauf, daß das Kind im Mutterleib nicht anders ist als das Kind in der Krippe. Dies kann wohl kaum aufrechterhalten werden. Das Kind im Mutterleib hat Rechte, aber sie hängen von den Rechten der Mutter als vollentwickelter Person ab und unterstehen ihnen. Im Konfliktfall halten die meisten Menschen es für selbstverständlich, daß die Mutter Vorrang hat. Sie ist die Wirtin, und rein medizinisch gesprochen ist das Kind parasitär. Sollten die Rechte in Konflikt geraten, darf sie ihre Rechte einfordern, um ihrer selbst willen und auch um ihres Mannes und ihrer Kinder willen. Viele sagen, es sei unmoralisch, darauf zu bestehen, daß sie ihr Leben und das Wohl ihrer Familie für das Leben des Ungeborenen aufs Spiel setzt. Ihre Entscheidung zur Abtreibung ist besonders wichtig, wenn das Kind eindeutig schwer geschädigt ist. Die Natur treibt diese Föten ohnehin oft ab. Sie meint vielleicht, daß es in dieser Lage gut ist, die mildtätige Mutter Natur nachzuahmen. Die Päpste sprechen von der Biologie als Schicksal, weil sie, so ist zu vermuten, trotz aller Güte als zölibatäre Männer sprechen, abstrakt und ohne Erfahrung. Familienväter und besonders -mütter denken anders als sie.

Ein katholischer Priester hat bei seinem Einsatz für die päpstliche Sicht unbeabsichtigt deren seltsame Logik zum Vorschein gebracht: Es ist besser, daß Mutter und Kind sterben, als daß ein Arzt einen Fötus abtreibt. »Zwei natürliche Tode«, schreibt David Granfield, »sind ein geringeres Übel als ein Mord.« Weil Mutter und Kind ein gleiches Recht auf Leben haben, müssen beide sterben. Wenn je eine Aussage den ethischen Bankrott einer biologischen Moral entlarvte, dann diese.

Leben nehmen ist nicht immer Folge einer Mißachtung von Leben. Die Kirche sollte das wissen. In der Vergangenheit hat sie die Todesstrafe befürwortet, und noch heute sanktioniert sie »gerechte Kriege«, in denen mit Sicherheit Unschuldige sterben. In dem von Granfield erwähnten Fall ist eine Leibesfrucht dabei, das Leben der Mutter zu zerstören und in anderer Weise das Leben ihrer Familie. Die Entscheidung, die Schwangerschaft abzubrechen, ist eine Entscheidung für das Leben, nicht für den Tod. Wenn nur solche furchtbaren Entscheidungen nicht von Menschen getroffen werden müßten.

Ein Beispiel schafft vielleicht noch mehr Klarheit. Eine Frau ist schiffbrüchig. Es gelingt ihr, auf ein Floß zu kommen, das nur eine Person tragen kann. Jemand anderes im Wasser versucht hinaufzukommen. Sie hat das Floß; sie weiß, wenn der andere hinaufkommt, werden beide ertrinken. Sie ist in ihrer tragischen Situation berechtigt, den anderen nicht auf das Floß zu lassen, sogar wenn sie Gewalt anwenden muß. Der Fall des Kindes im Mutterleib, das das Leben der Mutter gefährdet, scheint noch leichter zu lösen. Wie die Person im Wasser hat das Kind ein Recht auf Leben. Aber Rechte sind nie absolut; sie sind Umständen unterworfen. Trauriger weise – denn dies ist ein trauriges moralisches Dilemma – kann das Ungeborene dies Recht nicht wahrnehmen.

Die Reduktion der Moral auf ein starres biologisches Gesetz, das allen Frauen unter allen Umständen auferlegt ist, hat ihre Nachteile. Wie Callahan in *Abortion: Law, Choice and Morality* schreibt:

> *Das Gute, das es bewirken würde, geht zu Lasten anderer Güter; der Preis für den Schutz fötalen Lebens ist ein zu hoher. Ein Verständnis der »Heiligkeit des Lebens«, das fixierte moralische Konsequenzen, starre Hierarchien von Werten und Rechten und einen rigiden Ausschluß von Erfahrung und sozialen Gegebenheiten bewirkt, ist eine unhaltbare Position.*

### *Sollte Abtreibung strafbar sein?*

Selbst die, die mit dem Papst sympathisieren und wie er glauben, daß die Gesellschaft in die Permissivität abgleitet, würden nicht unbedingt zustimmen, daß jede Abtreibung als Verbrechen gelten sollte.

Es ist sogar möglich, die modernen Abtreibungsgesetze so auszulegen, daß sie schlicht den Frauen eine Entscheidung überlassen, die in erster Linie sie betrifft.

In den USA war der Jesuit Robert Drinan einflußreicher Dekan des Boston Law College und Kongreßabgeordneter. Er war völlig gegen Abtreibung und zu Anfang auch gegen die Reform des Abtreibungsgesetzes. Dann kam er 1967 zu dem Schluß, es gebe gute Gründe, das Abtreibungsgesetz völlig außer Kraft zu setzen. Auf diese Weise, argumentierte er, würde das Gesetz keinen Unterschied machen zwischen denen, die ein Recht darauf hatten, geboren zu werden, und denen, die dies Recht nicht hatten. Er als Jurist hielt dies für eine gefährliche Form der Diskriminierung. In einer Rede mit dem Titel »Das Recht des Fötus, geboren zu werden« sagte er im September 1967 vor der Internationalen Konferenz zur Abtreibung in Washington, DC, er halte es für besser, allen Föten in den ersten sechsundzwanzig Wochen ihres Daseins den rechtlichen Schutz zu

entziehen. Sein Meinungsumschwung spaltete die katholische Opposition, und schließlich forderte Rom ihn auf, sein Kongreßmandat niederzulegen. Doch Dinan bewies, daß es selbst Abtreibungsgegnern vernünftig erschien, die Aufhebung der Abtreibungsgesetze zu akzeptieren.
Tatsächlich verträgt sich eine solche Liberalisierung mit der heutigen Auffassung von Bürgerrechten. Abtreibung erlauben heißt nicht, sie gutheißen oder sie in jedem Fall für moralisch richtig erklären. Es ist nur klüger, daß die Gesellschaft sie zuläßt, als daß sie sie nicht zuläßt. Verbote haben die Abtreibung nie verhindert und werden sie nie verhindern; sie können sie nur in den Untergrund drängen. Die Folge wären Hunderttausende gefährlicher Abtreibungen. Die Alkoholprohibition war schlimm genug; ein Verbot der Abtreibung wäre eine Katastrophe, besonders im gegenwärtigen sozialen Klima. Wer will schon, daß Staaten Gesetze verabschieden, deren Einhaltung nicht durchgesetzt werden kann? Wer will schon, daß Frauen wieder zu Kleiderbügeln, scharfen Messern, Fleischspießen, Abführmitteln und Giften greifen? Natürlich würde der Papst nichts davon wollen, doch er scheint bereit, es zu riskieren. Hierin ist er wahrscheinlich eine kleine Minderheit. Die meisten Menschen würden heute sagen, es ist zwar schlecht, wenn eine Frau ihr Kind abtreibt, aber noch schlechter, wenn die Gesellschaft sie zur Fortsetzung einer unerwünschten Schwangerschaft zwingt.
Wenn Johannes Paul weiter fordert, daß Regierungen immer schärfere Abtreibungsgesetze verabschieden, zeigt das, wie wenig er vom demokratischen Prozeß versteht. Das ist kaum verwunderlich. Im Polen seiner Jugend und seines frühen Mannesalters war er totalitären Regimes unterworfen. Deshalb sieht er nicht ein, daß in einer Demokratie die Regierenden den Wünschen der Wähler entgegenkommen müssen, weil sie sonst bald nicht mehr regieren werden. Was Abtreibung betrifft, so würde jede Regierung, die ihre Gesetze aufzuheben versuchte, beim nächstenmal nicht wiedergewählt.
Die päpstliche Haltung zur Abtreibung paßt nicht in unsere Zeit. Schelte in feierlichen Ansprachen, selbst vor riesigen, ekstatischen Versammlungen von Gläubigen, ist kontraproduktiv. Sie beeindruckt auf die Dauer niemanden.
Wie Maximos IV. Saigh in den frühen Tagen von Vaticanum II sagte, ist die katholische Morallehre viel zu legalistisch. Seine Worte treffen besonders im Bereich der Sexualmoral zu. Die Morallehre leidet oft an einer Oberflächlichkeit, einem Gefühl der Unwirklichkeit. Es ist eine euklidische Ethik, die einfach von den realen Situationen zurücktritt, in denen

sich die Menschen befinden. Die sogenannte naturrechtliche Moral ist oft äußerst unnatürlich. Sie nimmt keine Rücksicht auf die spezifischen Situationen und persönlichen Unterschiede, durch die der Einzelne zu seinen eigenen Entscheidungen kommt, was für ihn gut und böse ist. Es ist eine imperative Moral. Sie bietet keine Wahlmöglichkeiten, nur eine festgelegte Ordnung von Rechten und Pflichten, ohne Rücksicht auf veränderte Umstände und neue moralische Einsichten. Die Leute spüren instinktiv, daß mit dieser Art der Verpflichtung von oben her etwas nicht stimmt. Die Kirche geht weiter mit Personen auf unpersönliche Weise um. Dieselbe Willkür, die den Benutzern empfängnisverhütender Mittel zuteil wird, denen, die sich scheiden lassen und die aus ernsten medizinischen Gründen abtreiben, wird auch Homosexuellen zuteil. Es ist bezeichnend, daß der einzige moderne Papst, der zugab, ein Sexualleben zu haben, Paul VI. war, der zur Bestürzung seiner Berater in einer öffentlichen Audienz sagte, er sei nicht homosexuell. Die italienische Presse war voller »skandalöser Gerüchte«, die er ein für allemal zum Schweigen bringen wollte.

Homosexuelle passen offensichtlich nicht in das starre, biologische Muster sexuellen Verhaltens, das allein Rom billigt. Deshalb fühlt Johannes Paul sich bemüßigt, obwohl er fraglos ein gütiger Mensch ist, alle als Sünder zu verurteilen, die etwas »Unnatürliches« tun. Wie G. H. Williams mit Bedauern berichtet:

> *Mit einer Gruppe von Erwachsenen, den Homosexuellen, ist er [Johannes Paul] durchgehend streng gewesen, was die offene Bekundung dieser Neigung betrifft, obwohl man annehmen kann, daß er in der Pastoral Milde gegen alle die üben würde, die ihre »unnatürliche« Neigung unterdrücken.*

Homosexuelle sind keine homogene Gruppe. Es gibt viele Unterschiede. Die einen sind bisexuell, die anderen fühlen sich nur von ihrem eigenen Geschlecht angezogen; manche sind homosexuell geboren, andere werden es durch ihre Lebensumstände. Ein Homosexueller hat gewiß das Recht auf die Frage: »Wer sagt mir, was ›natürlich‹ ist? Das Gesetz meiner Natur ist nicht das gleiche wie eures. Ich habe mir nicht ausgesucht, so zu sein. Ich habe meine Natur nicht systematisch ›pervertiert‹. Gott hat mich so geschaffen. Und er hat weder mir noch irgendeinem anderen Schwulen die Gabe des Zölibats verliehen.«

Im Evangelium zeigte Jesus eine besondere Liebe zu Außenseitern. Er stellte sie nicht an den Pranger. Im Gegenteil, er war gern mit ihnen zusammen, selbst wenn man ihn dafür verachtete. Er war Tag und Nacht von Zöllnern und Dirnen umgeben, von Lahmen, Kranken, Aussätzigen; und er berührte sie alle mit seinen heilenden Händen. Seine Nähe zu diesen Randexistenzen war das große Gleichnis seiner Mission. Er war der Erlöser.

Die katholische Kirche dagegen distanziert sich als Teil ihrer offiziellen Politik von allen Randexistenzen, etwa Geschiedenen und Homosexuellen, und läßt sie nicht an Christus heran. Der Kreuzzug gegen Homosexuelle verdunkelt die Botschaft Christi, der alle zu sich ruft, besonders die Außenseiter der Gesellschaft von damals und heute. Die katholische Kirche scheint hier Respektierlichkeit wichtiger zu nehmen als die Verkündigung der Frohbotschaft Christi an den Sünder.

Prinzipiell ist es sicher ein Fehler, daß der Papst einem Homosexuellen oder irgend jemandem sonst sagt, wie er sein Leben zu leben hat. Seine Aufgabe ist es, das Evangelium zu predigen, die Prinzipien der Liebe zu erklären, die Ideale, die aus Jesu Leben, Tod und Auferstehung entspringen. Es ist dem Einzelnen überlassen, diese Ideale umzusetzen, so gut er es in seinen Lebensumständen vermag. Es scheint keine Rechtfertigung dafür zu geben, daß der Papst oder irgend jemand, der den Betroffenen und seine Lebensumstände nicht kennt, ihm in Einzelheiten vorschreibt, wie er leben soll. Leider bedeutet naturrechtliche Moral im Katholizismus inzwischen genau das: Vorschriften für alle, wie sie sich verhalten sollen, dazu die Strafen, die sie sich zuziehen, wenn sie etwa nicht gehorchen. Trauriger weise ist der römische Katholizismus die straffreudigste Religion geworden, die die Menschheit je gekannt hat: Wer die Regeln, genannt das Naturrecht, bricht, wird als Sünder gebrandmarkt; er lebt in Todsünde, und seine Uneinsichtigkeit führt zum Ausschluß vom Himmel, in die ewigen Flammen. Millionen aufrichtiger Katholiken überall auf der Welt werden so beurteilt. Sie benutzen vielleicht empfängnisverhütende Mittel – jeder Sexualakt ist eine Todsünde; oder sie sind nach der Scheidung wieder verheiratet – sie »leben in Sünde«; oder sie haben in größtem Glauben und moralischer Qual eine Abtreibung gehabt – sie werden für eine »böse Tat« exkommuniziert; oder sie sind Homosexuelle, die sich danach sehnen, ihrem innersten Wesen gemäß Liebe zu geben und zu empfangen – sie führen ein »unnatürliches und perverses Leben«. Alle sind von den Sakramenten ausgeschlossen. Sie sind im tiefsten Sinn exkommuniziert, ausgeschlossen vom Gastmahl des Leibes und Blutes Christi. Im Namen Christi wird ihnen der Zugang zu ihm verwehrt.

In anderen modernen Problembereichen verhält sich der Papst entsprechend. Im Frühling 1987 unterschrieb er zum Beispiel persönlich ein Dokument des Heiligen Offiziums zum Thema Leihmutterschaft und Retortenbabys. Die meisten Menschen heute sind beunruhigt über Aspekte der Leihmutterschaft wie im Fall einer Südafrikanerin mittleren Alters, die die Leihmutter für die Drillinge ihrer Tochter und ihres Schwiegersohns wurde. Sie gebar buchstäblich ihre eigenen Enkel. Auch sorgt sich die Öffentlichkeit über die Folgen der *In-vitro*-Befruchtung. Ein pauschales Nein vom Vatikan, wenn die Szene sich von Monat zu Monat verändert, ist kaum ein *aggiornamento*. In ihrer Neujahrsliste der Geehrten von 1988 hat Königin Elizabeth Edwards und Steptoe ausgezeichnet, die Pioniere der Retortenbaby-Technik, die bisher 5000 Kindern auf die Welt geholfen hat. Der Vatikan dagegen hat diese Technik als schwere Sünde verurteilt.

## *Schluß*

Fragt man eine irische Mutter, ob ihr kleiner Paddy Schokolade mag, so wird sie wahrscheinlich antworten: »Ist der Papst katholisch?« Sie setzt es als undenkbar voraus, daß der Papst nicht katholisch ist. Der zweite Teil dieses Buches hat gezeigt, daß diese Annahme falsch ist. Es war durchaus nicht undenkbar, sondern viele Päpste waren nicht katholisch; sie waren Ketzer und wurden von der Kirche einschließlich ihrer Nachfolger als solche bezeichnet.

Heute gibt es Zweifel, ob die päpstliche Morallehre ganz katholisch ist. Was wäre, wenn vieles davon einfach Papismus oder Vatikanismus wäre? Um katholisch zu sein, muß die Lehre aus dem *sensus fidelium* entspringen und ihn reflektieren. Bevor Umfragen üblich wurden, konnte der Vatikan immer behaupten, die Zahl der Andersdenkenden sei minimal. Das ist nicht mehr aufrechtzuerhalten. Die Umfragen offenbaren nicht nur, daß die meisten Katholiken anders denken als der Papst; jede neue Umfrage weist eine größere Zahl Andersdenker aus. Sie stellen fest, daß sie mit dem, was sie früher für Rebellion hielten, nicht allein sind.

Was sind die Ursachen des gegenwärtigen, enormen Unbehagens in der Kirche?

Die erste ist das Papsttum selbst, oder vielmehr die Art, wie Päpste seit Gregor VII. und Pius IX. ihre Rolle verstehen. Sie glauben sich berufen, Fragen zu entscheiden, für die sie nicht kompetent sind. Das Ergebnis ist, daß sie meinen, für jeden detaillierte Vorschriften erlassen zu müssen, besonders was sexuelle Sitten und medizinische Ethik betrifft, wo die Grenzen sich ständig verschieben. Ein Papst nach dem anderen tappt in die gleiche Falle und wird Opfer seines Titels. Sie sind »unfehlbare Stellvertreter Christi«; sie und nur sie sollten die Antworten auf die komplexesten Probleme wissen. In Wirklichkeit wissen sie nicht mehr als jeder andere. Im Licht der alten wie der modernen Geschichte täten die Katholiken gut daran, jede Vorschrift, die vom Vatikan kommt und sich als *die* Antwort in ihrem Dilemma ausgibt, zu analysieren. Genauso feierlich hat das Papsttum erklärt, Ketzer und Hexen seien zu Tode zu hetzen und Juden im Namen Christi barbarisch zu behandeln. Das Papsttum hat Katholiken in der langen Nacht der Inquisition die Grundrechte des Menschen einfach verweigert und die Folter wieder eingeführt, um sie bei ihrem Vorgehen zu unterstützen. Das Papsttum verwehrte allen Untertanen des Kirchenstaates alle Bürgerrechte, einschließlich der Religionsfreiheit und der Pressefreiheit. Es heißt nicht den Aufstand schüren, wenn man nahelegt, daß angesichts dieser Geschichte sofortiger Gehorsam der Laien gegenüber einer Institution von Ehelosen in Fragen der Sexualität unvorsichtig wäre.

Seit Vaticanum I scheint der Hauptfehler des Papsttums zu sein, daß es Naturrecht predigt statt der Bergpredigt. Oder vielmehr, daß die Päpste die Bergpredigt im Licht ihrer eigenen Theorie vom Naturrecht ausgelegt haben. Dies Naturrecht erweist sich in der Sexualität und verwandten Bereichen als rein biologisch. Die Päpste haben durchaus untraditionell ein einziges biologisches Kriterium für die Richtigkeit sexuellen Tuns akzeptiert. Im Geschlechtsverkehr muß Penetration und Insemination der Ehefrau durch ihren Mann geschehen. Jede Handlung gegen dieses Kriterium ist »unnatürlich« und Todsünde. Wenn eine Eizelle von männlichem Samen befruchtet ist, ist sie ein Mensch mit allen absoluten und unveräußerlichen Rechten eines Menschen.

Von diesen simplen biologischen Prinzipien, verstanden als »das moralische Gesetz« der Sexualität, wird eine ganze Reihe »natürlicher Gesetze« abgeleitet. Diese Gesetze werden unerbittlich jedem aufgezwungen. Umstände, individuelle Verschiedenheiten, all jene Dinge, die in die Überlegung eines Menschen hineinspielen, wenn er zu entscheiden versucht, was für ihn gut und böse ist, zählen nicht. Der Papst hat durch seine Auslegung des Naturrechts für jeden Einzelnen entschieden, was er oder sie tun muß oder nicht tun darf, jetzt und in Ewigkeit. Der Einzelne hat kein Recht, sich selbst eine Meinung zu bilden; der Papst hat sich für ihn eine Meinung gebildet. Die große Herausforderung der Bergpredigt ist institutionalisiert worden; ethische Bürokraten, Moraltheologen genannt, deuten den Willen Christi für den Einzelnen. Diese Bürokraten setzen die Einzelheiten des Verhaltens mit rabbinischer Komplexität fest, doch immer in Übereinstimmung mit den großen biologischen Mustern, die das Papsttum vorgegeben hat.

Auf der Grundlage sehr weniger Prinzipien wird den Katholiken eine ganze Gesetzgebung aufgezwungen. Jedesmal, wenn es eine medizinische Neuentdeckung gibt, schauen die Päpste schlicht noch einmal ihre biologischen Kriterien für moralische Richtigkeit nach und entscheiden unverzüglich, was gut und böse ist. Dies sind keine Bagatellen; Zuwiderhandlung gegen päpstliche Anordnungen ist Todsünde. Ihren eigenen Kriterien zufolge werfen die Päpste den meisten Katholiken Todsünde vor, weil sie empfängnisverhütende Mittel benutzen, und weiteren Millionen, weil sie durch Wiederheirat nach einer Scheidung in Sünde leben. Todsünde heißt Trennung von Christus. Die Katholiken dürfen sich Christus nicht in der Kommunion nähern, bis sie sich vornehmen, ihr Leben zu ändern. Sie müssen aufhören, die Pille oder Kondome zu nehmen, aufhören, mit ihrem zweiten Ehepartner zu schlafen, und Versöhnung mit der Kirche suchen. Erst dann wird die Kirche ihnen erlauben, in der Heiligen Kommunion zu Christus, ihrem Erlöser, zu kommen. Dies ist eine kuriose Folge katholischer Moral: Ein Mensch darf nicht mit Christus Gemeinschaft haben, solange er Sünder ist, erst nachdem er bereit ist, die Regeln der Kirche einzuhalten. Die Kirche sagt natürlich, die Regeln habe nicht sie gemacht, sondern Gott. Sie hat genau das gleiche gesagt, um in der Vergangenheit ihre Verfolgungen zu rechtfertigen. Die Verfolgungen der Gegenwart sind zwar unblutig, aber kaum weniger tragisch. Ganze Gruppen von Menschen zu zwingen, mit dem Gefühl der Sünde und der Bedrohung ewiger Verdammnis zu leben, ist sehr grausam.

Die entscheidende Frage muß lauten: Hat das Papsttum Jesus in seiner Bergpredigt richtig verstanden? Kann zum Beispiel sein Ideal der Ehe die harte Behandlung der Geschiedenen durch die Kirche rechtfertigen? Sind die Seligpreisungen reduzierbar auf starre Befehle, welche Päpste von biologischen Gesetzen abgeleitet haben? Alle Umfragen legen nahe, daß die Katholiken nicht mehr glauben, selbst wenn sie es früher geglaubt haben, daß der Papst weiß, was für sie gut und böse ist.

Was ist dann die Rolle der Päpste? Eine bedenkenswerte Antwort ist diese: Wenn sie wirklich dem Titel Stellvertreter Christi gerecht werden wollen, sollten sie wie Christus die Herausforderung des Evangeliums darlegen, ohne Zusätze oder Mehrdeutigkeiten. Das Gesetz des Evangeliums ist ein Gesetz der Liebe, und Liebe ist absolut. Sie ist hart und sie ist sanft. Sie ist allumfassend, und ihre Forderungen sind unberechenbar, weil sie sich jedem Nachfolger Christi anders stellen. Denn solange die Päpste denken, ihre Rolle sei Gesetzgebung für jeden und in allen denkbaren Umständen, wird ihre Lehre auf taube Ohren stoßen.

Die Sakramente gehören der Kirche, nicht den Päpsten. Die Sakramente sind sozusagen spezielle Mittel, mit denen Christus heute den Menschen begegnet. Sie sind keine Belohnung für Wohlverhalten; niemand, nicht einmal der Papst, darf einem Menschen diese Gemeinschaft mit Christus versperren. Was einen Menschen hindern kann, ist sein eigenes Gewissen. Wie Paulus den Korinthern schrieb: »Wer nun unwürdig von dem Brot ißt oder aus dem Kelch des Herrn trinkt, der wird schuldig sein am Leib und Blut des Herrn. Der Mensch prüfe aber sich selbst, und so esse er von diesem Brot und trinke aus diesem Kelch. ... Wenn wir uns selber richteten, so würden wir nicht gerichtet« (1. Kor. 11, 27. 28. 31). Der Mensch prüfe sich selbst; die Kirche in der Person des Papstes oder der Bischöfe soll ihn nicht prüfen. Wir müssen uns selbst richten. Und im Licht des Evangeliums könnte die Prüfung und das Urteil viel strenger sein als von irgendeinem anderen Menschen.

Nur der Einzelne kann sagen, ob er unchristlich handelt, wenn er mehr Kinder oder nicht mehr Kinder bekommt. Er wird nicht nach der Richtigkeit eines biologischen Musters der Sexualität beurteilt werden, sondern nach allen Ansprüchen des Evangeliums an ihn im Licht seiner Gesamtsituation.

Nur die einzelne Frau weiß, ob ihre Entscheidung, ein Kind auszutragen oder nicht, durch ihre Selbstsucht motiviert ist oder durch Gottes in Christus sichtbar gewordene Liebe.

Nur ein einzelner Homosexueller kann sagen, ob er (oder sie) in Übereinstimmung mit dem Evangelium handelt oder nicht, wenn er einen bestimmten Lebensstil beibehält.

Nur ein einzelnes Paar kann sagen, ob ihr sehnlicher Wunsch nach einem Kind den Rückgriff auf die Befruchtung *in vitro* oder eine andere Methode rechtfertigen kann, oder ob sie vielmehr die Kinderlosigkeit als Gottes Willen für sie annehmen sollen.

Das Papsttum hat sich, weil es sich für den moralischen Schiedsrichter der Welt, den Instant-Gesetzgeber für jeden Aspekt der Sexualität hält, in einen fürchterlichen Schlamassel manövriert. Die meisten vatikanischen Dekrete sind rabbinisch in des Wortes schlimmster Bedeutung: negativ und aburteilend. Der Papst kann, wenn er möchte, die katholische Opposition der Permissivität zuschreiben. Doch könnte es nicht sein, daß das Hauptproblem nicht bei den Laien liegt, sondern beim Klerus, der alle Regeln für die Laien macht? Viele Katholiken kommen zu der Ansicht, daß Margaret Sanger recht hatte, als sie die Eignung keuscher, unfruchtbarer Kleriker bezweifelte, Frauen Vorschriften über Dinge wie Empfängnisverhütung zu machen. Es könnte ja wirklich sein, daß das Zölibat Klerikern nicht etwa eine klare Einsicht in Ehefragen gibt, sondern sie blind macht für das, was Ehe bedeutet. Kurz, es könnte sein, daß das Zölibat entgegen dem Glauben des Vatikans nicht die Lösung ist, sondern ein sehr großer Teil des Problems.

## 20. Kapitel

# Unkeusche Ehelose

In den letzten Jahren hat der katholische Priester im großen und ganzen eine gute Presse gehabt. Er ist in Filmen und Romanen als einsame und heldenhafte Gestalt dargestellt worden, als Mann, der sich vom Weg des Familienlebens abgekehrt hat, um Christus und der Gemeinde zu dienen. Die Gläubigen achten ihn für sein Selbstopfer zu ihrem Wohl, ein Opfer, das ihn berechtigt, ihr Führer und Leiter zu sein. Erst seit den 1960er Jahren ist die Öffentlichkeit imstande, etwas von der ungeheuren Last zu begreifen, die diese Gruppe von Männern tragen muß. Dies geschah durch eine Lockerung der Disziplin unter Paul VI. Davor wurde jeder Priester, der heiraten wollte, so kurz abgefertigt wie Katholiken, die sich scheiden lassen wollten. Die Regel erlaubte keine Ausnahmen, nicht einmal in den schwerwiegendsten Fällen. Es wird von einem Telegramm erzählt, in dem der Papst um Dispensierung eines Priesters von seinen Gelübden gebeten wird. »Entweder er heiratet, oder er brennt.« Die Antwort war noch kürzer: »Soll er brennen.«

## *Die Mitra und die Adelskrone*

Ein perfektes Beispiel für Roms harte Haltung ist die Geschichte, die Con Costello in seinem Buch *In Quest of an Heir* erzählt.
John Butler war der katholische Bischof von Cork. Als junger Mann verlor er ein Auge bei einem Unfall. Obwohl römische Kleriker eigentlich zwei Augen haben mußten, wurde er von diesem Hindernis dispensiert und mit siebenundzwanzig Jahren ordiniert. Fünf Jahre später wurde er zum Bischof geweiht. Er war zweiunddreißig, man schrieb das Jahr 1763. »Ganz Irland jauchzt ob seiner Ankunft«, sang ein Barde. Bei seinem Abschied war es anders.

Nach dreiundzwanzig Jahren durchschnittlichen Dienstes erbte der Bischof von seinem verstorbenen Neffen einen der alten Hochadelstitel von Irland. Seit dem zwölften Jahrhundert gab es Lords von Dunboyne. Butler hatte nun eine Mitra und eine Adelskrone; er war Bischof und Baron. Er kam auf den Gedanken, es sei seine Pflicht, die Linie weiterzuführen. Doch wie war das möglich? War er nicht als Kleriker zu lebenslanger Ehelosigkeit verpflichtet?

Er war fünfundfünfzig und sah abstoßend aus. Groß und dünn, mit schwarzer Perücke und einer schwarzen Augenklappe über seiner leeren linken Augenhöhle – jedenfalls nicht gerade ein Mann zum Heiraten. Allerdings lebte er in Irland, wo es nicht unüblich war, daß Bauern so alt heirateten wie nirgends sonst in Europa; und er hatte einer etwaigen Braut einen Titel, Ländereien und Burgen zu bieten.

Die Dame, die er sich auserkor, war seine Cousine, Miss Maria Butler aus Wilford in der Grafschaft Tipperary. Sie war eine protestantische Cousine. Wahrscheinlich ging er davon aus, daß keine Katholikin willens wäre, sich durch die Heirat mit einem Bischof zu kompromittieren. Marias anderer Vorzug war ihr Alter: Sie war erst dreiundzwanzig. Reichlich Zeit, um einen Sohn und Erben zustande zu bringen. Es war traurig, daß sie einen jungen Mann liebte und ihn unbedingt heiraten wollte. Doch ihr Vater war ein vernünftiger Mann und überzeugte Maria, daß ein Lord eine bessere Partie sei.

Bischof Butler war naiv genug zu glauben, Rom würde ihm einen Dispens erteilen, da dies zur Fortführung seines Hauses notwendig war. Seine Diözese bekam das erste Zeichen für die Pläne ihres Bischofs, als er im Januar 1787 in einem Ursulinenkloster einer Nonne Profeß abnehmen sollte und sich nicht blicken ließ.

Ende April wurde er in der Marienkirche von Clonmell vom protestantischen Hilfspfarrer getraut. Der Dispens, hoffte er, würde bald kommen und seine Ehe gültig machen.

Als diese Nachricht durchsickerte, war sie eine Sensation in Irland. Ein katholischer Bischof, der in einer protestantischen Kirche vor einem protestantischen Geistlichen eine Protestantin heiratet! Er hatte sich von seiner Diözese geschieden und eine Frau geheiratet. Er hatte seinen Bischofsring für einen Ehering abgelegt. Er hatte ein Bistum für eine Braut eingetauscht. Viele erwarteten, daß die Sonne vom Himmel fallen würde. Er habe getan, schrieb eine Zeitung, was »der ärmste Bauer in seiner dürftigsten Hütte nur mit Schaudern aussprechen würde«. Seine Mitbischöfe, hieß es, stürben vor Kummer.

Als Papst Pius VI. Butlers Rücktrittsschreiben las, »weinte er ungeniert«. Seine Heiligkeit antwortete durch den Erzbischof von Cashel, dem er befahl, er müsse »jedes Mittel anwenden, um den Abtrünnigen von seinem sündigen Leben im Konkubinat zu bekehren«. Am 11. August übergab der Erzbischof von Cashel Dunboyne den Brief des Papstes an ihn. Es würde keinen Dispens geben. Was er las, war folgendes:

*Es ist nicht zu glauben, ehrwürdiger Bruder, von welcher Bestürzung und Seelenqual Wir ergriffen und überwältigt wurden, seit Wir glaubwürdige Nachricht bekommen haben, daß Ihr Fehlverhalten eine solche Höhe des Wahnsinns erreicht hatte, daß Sie eine Protestantin heiraten wollten; und daß Sie es wagen, eben jetzt mit ihr in einem Stand des schändlichsten Konkubinats zu leben. ... In Unserer Brust ist ein wahrhaft väterliches Mitleid für Sie, und eine brennende Sehnsucht, Sie, wenn möglich, von einem solchen Abgrund der Ausschweifung und Schlechtigkeit zu erretten.*

Nach diesen milden Worten kamen die Drohungen. Wenn Butler sich taub stellte und »in dem Schlamm und der Schändlichkeit eines so schmählichen Lebens« verharrte, würde er exkommuniziert, Bischof oder kein Bischof.

Dunboyne legte den Brief ungläubig aus der Hand. Der Papst verstand ihn einfach nicht, sagte er dem Erzbischof. Er hatte nicht aus dem Wunsch nach Vergnügen geheiratet. Es war für ihn in seinem fortgeschrittenen Alter eine wahre Last, das süße Leben der Ehelosigkeit aufzugeben und Tisch und Bett mit einer Frau zu teilen, die nicht einmal halb so alt war wie er. Er handelte einfach aus Pflichtgefühl. Er weigerte sich, der Katastrophe ins Auge zu sehen.

»Rom kann einen Dispens gewähren«, sagte er. »Viele Apostel und Kirchenväter waren verheiratet. ... Selbst heute erlauben einige der östlichen Riten, die mit Rom Gemeinschaft haben, daß der Klerus heiratet.«

Der Erzbischof zog sich zurück. Der »in schamlosem Konkubinat Lebende« beschloß, dem Heiligen Vater die Stirn zu bieten. Er hätte sich mehr um seinen Sarg kümmern sollen als um sein Ehebett. Er war eindeutig fest in seiner Perversion – Roms Ausdruck für die Bekehrung zur Kirche von Irland.

Eine Woche nach jener Unterredung schwor der Exbischof von Cork in derselben Kirche, in der er geheiratet hatte, auf eine protestantische Bibel dem Glauben seiner Väter ab und nahm häretische Kommunion, bevor er

sie der Gemeinde, darunter auch seiner Braut, austeilte. Dann unterschrieb er den Suprematseid (mit dem er das Staatsoberhaupt als Haupt der Kirche anerkannte) und eine Erklärung gegen den Papismus. Er war offiziell Protestant. Nun hatte er etliche Zeichen der Besonderheit. Er war der einzige einäugige irische Bischof, dazu das erste Mitglied der irischen Hierarchie, das von Rom abfiel.
Den Katholiken paßte das nicht. Mit biblischer Inbrunst bewarfen sie seine Kutsche mit Torf, Kartoffeln und Mistklumpen. Seine Lordschaft begab sich nach Dunboyne Castle in der Grafschaft Meath. Das alte Haus war inzwischen verfallen, aber ein schönes neues Gebäude war erstellt worden. Dort gaben die Einheimischen dem Paar in seiner ersten Nacht im Brautbett ein Ständchen mit unanständigen Geräuschen und Katzenmusik unter ihrem Fenster. Die Braut beklagte sich; bei alledem bekam sie wenig Schlaf. Die Balladendichter, deren Lieder mehr gefürchtet waren als Exkommunikationen, machten sich ans Werk:

*Denk nicht an Skandale, Skandale müssen sein,*
*warum gab es sonst Judas, warum wie dich ein Schwein?*

und ein weniger glückliches Ende:

*Doch oh, halt dir Judas vor das innere Auge,*
*damit du dich nicht wie ein Judas aufhängst.*

Trotzdem war Dunboyne glücklich, denn seine Frau war schwanger. Doch das Baby wurde mit einem Wasserkopf geboren; es war ohnehin nur ein Mädchen. Die Kleine mit dem großen Kopf starb innerhalb einer Stunde und wurde heimlich begraben, ohne daß ihre Eltern dabei waren.
Die Schwangerschaft war Dunboyne als Zeichen göttlicher Gunst erschienen; die Geburt erschien ihm als Zeichen göttlichen Zorns. Sein Gewissen quälte ihn von nun an bis zu seinem Tod.
Als er neunundsechzig war, kinderlos, einsam und am Rand des Grabes, schrieb er noch einmal an den Papst. Der Brief war am 2. Mai 1800 datiert. Er entschuldigte seine Schwäche nicht; er hatte ein Kind gewollt, und das zu sehr. Er bat, zu seinem alten Glauben zurückkehren zu dürfen und von seinen Sünden losgesprochen zu werden. »Mit meiner Frau«, schrieb er und legte in wenigen Worten das ganze Elend seines späteren Lebens offen, »habe ich seit über fünf Jahren keine Gemeinschaft außer bei Tisch.«

Ein von früher befreundeter Priester wurde zu ihm in sein Haus in der Dubliner Leeson Street geschickt. Dunboyne beichtete seine Sünden und wurde mit der Kirche versöhnt. Nach seinem Abfall hatte er nie die protestantische Kirche besucht. Als er kurz danach starb, wurde er an einem geheimen Ort begraben. Sein Begräbnis war so schmucklos wie seine Hochzeit. Seine Frau Maria heiratete noch einmal und überlebte ihn um sechzig Jahre; sie starb 1860 mit fünfundneunzig Jahren.

Erst Mitte der 1930er Jahre fand man zwei Bleisärge in der Augustinerabtei von Fethard in der Grafschaft Tipperary. In dem einen lag Dunboyne, in dem anderen seine kleine Tochter. Die Sitte war, getaufte Babys und Priester mit dem Kopf zum Altar zu begraben; für den Priester symbolisierte dies, daß er als Herold des Evangeliums ostwärts zur aufgehenden Sonne schaute. Das Baby war so begraben; Dunboyne hingegen war mit den Füßen zum Altar begraben. Selbst im Tod hatte ihm die Kirche, die er verraten hatte, nicht ganz vergeben.

Am Tag, bevor Dunboyne seinen letzten Brief an den Papst schrieb, machte er sein Testament. Darin hinterließ er seinen Landbesitz in der Grafschaft Meath dem römisch-katholischen Maynooth College. Es gab einen langwierigen Rechtsstreit darüber, aber dennoch wurde das nationale Priesterseminar von Irland mit Geldern aus dem Erbe des einzigen abtrünnigen Bischofs ausgestattet. Die Studenten, die in Dunboyne House in Maynooth wohnen, sind als »Dunboyner« bekannt. Die Lektion aus dem Leben des Barons ist bei ihnen sicher nicht vergebens.

## *Ein Anflug von Barmherzigkeit*

Vor diesem Hintergrund begann Paul VI., Dispense vom Zölibat in sogenannten »Härtefällen« zu erteilen. Es war keine leichte Entscheidung gewesen. In einer Gründonnerstagspredigt sprach Paul 1966 in der Sprache der irischen Balladendichter von abtrünnigen Priestern als »neuen Judassen«, die den Namen der Mutter Kirche besudeln. Doch er wußte, daß die Wirklichkeit nicht immer so war. Diese Judasse waren manchmal alte Männer, die ihr Priesteramt vor vierzig oder fünfzig Jahren aufgegeben hatten; sie hatten Kinder und Enkel und wollten einfach ihre Situation in den Augen der Kirche regeln, die zu lieben sie nie aufgehört hatten. Die Judasse waren oft junge Männer, die seit ihren frühen Teenagerjahren in Knabenseminaren erzogen worden waren; sie wurden für das Priesteramt erwählt, bevor sie auch nur wußten, was Sex ist, geschweige denn ein lebenslanges Zölibat. Es gab Anträge von Priestern, die polygam geworden waren, eine Bedrohung für sich und ihre Gemeinde; Psychiater attestierten, daß sie einfach nicht die Befähigung zum Zölibat hatten. Es gab andere, die zerbrochen waren, weil sie tranken, um der Einsamkeit zu entkommen.

Paul wußte, daß John Butler, der Bischof von Cork, recht hatte. Das Zölibat in der römischen Kirche ist eine Frage der Disziplin, nicht des Glaubens. Weltpriester haben nie ein Gelübde der Ehelosigkeit abgelegt. Sie waren nach den kirchlichen Gesetzen einfach nicht in der Lage, eine gültige Ehe einzugehen. Paul war Papst; er konnte diese Disziplin suspendieren. Er hielt es für richtig, das zu tun, besonders nach Vaticanum II, als Barmherzigkeit und Großzügigkeit in die Kirche eingezogen waren.

Die Methode der Dispensierung war unvollkommen. Der Antragsteller mußte die ganze Schuld für seine Fahnenflucht auf sich nehmen. Er mußte all seine sexuellen Vergehen und kleinen Sünden vor und nach der Ordination eingestehen. Er durfte nie mehr die Messe zelebrieren, predigen oder die Sakramente spenden. Dies waren harte Bedingungen, besonders für Kleriker mittleren Alters, die ausschließlich für die Kirche ausgebildet waren. Dennoch war die Aussicht willkommen, mit relativer Würde in der Kirche heiraten zu können, die sie seit so langer Zeit liebten und der sie so lange gedient hatten. Sie hatten nichts dagegen, weit fortzuziehen von den Orten ihres Dienstes und heimlich, in Klosterkirchen oder Sakristeien, getraut zu werden. Sie gehorchten den Regulierungen ohne Bitterkeit – höchstens mit gewachsener Liebe für eine Gemeinschaft, die in ihren Schwierigkeiten Verständnis gezeigt hatte. Dunboyne wäre mehr als zufrieden mit dieser Behandlung gewesen.

Das Tröpfeln der Anträge wurde zur Flut. Pauls Anflug von Barmherzigkeit offenbarte ein Problem, dessen Ausmaße atemberaubend waren. Hunderte und dann Tausende von Priestern begannen Anträge auf Dispensierung zu stellen. Oft wurde den Anträgen mit einem Minimum an Aufheben stattgegeben. Priester bekamen Dispense, um dispensierte Nonnen zu heiraten. Viele Priester bekamen Dispense, um Geschiedene mit Kindern zu heiraten, deren Ehen annulliert waren. Nach Jahrhunderten, in denen es Anathema war, einen Priester aus der Ehelosigkeit zu entlassen, wurden Priester innerhalb eines Monats nach ihrem Antrag befreit.

Die Zahlen, um die es dabei ging, sind unmöglich zu verifizieren. Niemand bezweifelt, daß sie in der Kirchengeschichte nicht ihresgleichen hatten.

Nach Paul VI. schwenkte die Stimmung im Vatikan abrupt um. Johannes Paul schob alle Anträge auf die lange Bank. Er war gar nicht sicher, daß rasche Dispense gut für das Image des Priestertums oder der Kirche waren. Barmherzigkeit war ja gut und schön; aber die alte Disziplin war das Beste und auf ihre eigene Weise barmherzig. Vor allem wußten die Priester, wo sie standen. Die Unwiderruflichkeit ihrer Verpflichtung bedeutete, daß es falsch war, wenn sie die Gnade Gottes bezweifelten, und gerade deshalb hatten so wenige in der Vergangenheit gezweifelt. Es gab keine Versuchung, die sie mit Gottes Gnade nicht überwinden konnten.

Johannes Pauls Haltung ist in Übereinstimmung mit seinen klassischen Idealen. Der Priester ist für ihn ein Mann der Vorsehung und letzten Verpflichtung in einer Welt der Wandlungen und Schatten. Er ist lebendiges Zeichen des Ewigen inmitten der Zeit; er ist ein Leuchtturm in einer dunklen Welt. Wenn die katholische Morallehre hart ist – und Johannes Paul wäre der erste, das einzuräumen –, braucht sie Priester von dauerhaftem moralischem Schrot und Korn, die sie vertreten. Nur Ehelose können das, weil nur sie volles Zeugnis für die Kreuzigung Christi ablegen, einen freiwilligen Akt der Selbstopferung. Andere leiden; Priester leiden freiwillig. Wenn Ehepaare Schwierigkeiten bekommen, wenn sie versucht sind, empfängnisverhütende Mittel zu verwenden, die Scheidungsklage einreichen, abtreiben, können sie sich an den Priester wenden und von ihm lernen, daß sie ihre Anfechtungen mit Gottes Gnade überwinden können.

Trotz Johannes Pauls harter Politik hat die Zahl der Priester, die den Dienst verlassen, nicht abgenommen, nur die Zahl der Anträge auf Dispens ist zurückgegangen. Nicht alle Anträge werden abgelehnt, aber Dispens ist keine Selbstverständlichkeit mehr. Um sich dafür zu qualifizieren, müssen die Priester schon vor einer Weile das Amt verlassen haben und in einer Situation sein, die es ihnen praktisch unmöglich macht zurückzukehren. Sie mögen Frau und Kinder haben, einen Haushalt und häusliche Verpflichtungen. Rom wird sie dispensieren, aber es ist typisch für römische Prozeduren, daß der Antragsteller nie weiß, wann seine Freistellung kommen wird. Der Vatikan hat anscheinend nichts dagegen, daß der Priester und die Frau, die er liebt, zuerst in einem Standesamt heiraten und hoffen müssen, daß der Papst es ihnen eines Tages ermöglichen wird, ihre Verbindung in den Augen Gottes und der Kirche zu regeln.

Einige Katholiken meinen, das sei ein geringer Preis für die Aufrechterhaltung des Zölibats in einer permissiven Zeit. Andere meinen, Johannes Paul habe das Problem schlicht unter den Teppich gekehrt. Priester, die um der Kirche willen nicht mehr im Amt sein sollten und nie darin hätten sein sollen, bleiben Priester. Es ist unmöglich, dies Phänomen zu beziffern, außer aufgrund der vergangenen Geschichte; doch die Antragsflut unter Paul VI. legt nahe, daß die römische Kirche eine zwar noch teilweise verdeckte, aber dennoch monumentale Krise erlebt.

Das ist nichts Neues. Die katholische Kirche ist fast immer über der Frage des Zölibats in der Krise gewesen.

Katholiken nehmen an, alle Päpste seien wie Paul VI. und Johannes Paul II. Vorbilder der Rechtschaffenheit gewesen, und ebenso nehmen sie an, die meisten Priester seien keusch gewesen wie ihr Gemeindepfarrer heute. Tatsache ist, daß priesterliche Ehelosigkeit kaum je funktioniert hat. In den Augen einiger Historiker hat sie wahrscheinlich mehr moralischen Schaden angerichtet als jede andere Institution des Westens einschließlich der Prostitution. Denn gegenüber Straßenmädchen ist jeder auf der Hut, während Diener des Evangeliums selbst dann Achtung und persönliches Vertrauen genießen, wenn sie ungläubig sind. Der Beweis des Schadens, den das Zölibat anrichtet, kommt nicht von bigotten, antikatholischen Quellen; er enthält vielmehr Dokumente von Päpsten und Katholiken sowie Briefe heiliger Reformer. Sie weisen alle in eine Richtung: Das priesterliche Zölibat ist nicht etwa eine Leuchte in einer bösen Welt, sondern meistens ein Makel auf dem Namen des Christentums.

Paul VI. ging in seiner Enzyklika *Sacerdotalis caelibatus* vom 20. Juni 1967 recht weit in der Anerkennung dieser Tatsache. Es kann gut sein, daß seine Kenntnis von der Geschichte des Zölibats ihn überzeugte, daß es eine Katastrophe war, Priester im Amt zu halten, wenn sie seine Forderungen nicht erfüllen konnten. Die Enzyklika beginnt mit einem Satz, der von fast jeder Seite der Kirchengeschichte widerlegt wird: »Das priesterliche Zölibat wird von der Kirche seit Jahrhunderten als strahlendes Juwel bewahrt.« Doch er kommt der Wahrheit näher, wenn er in Abschnitt 36 von den Päpsten sagt:

*Sie haben das Zölibat des Klerus in aufeinanderfolgenden Epochen der Geschichte gefördert, verteidigt und wiederhergestellt, selbst wenn sie auf Widerstand vom Klerus selbst stießen und wenn die Praktiken einer dekadenten Gesellschaft die heroischen Forderungen der Tugend nicht begünstigten. Die Pflicht zur Ehelosigkeit wurde dann vom Heiligen Ökumenischen Konzil von Trient [im sechzehnten Jahrhundert] feierlich sanktioniert und schließlich in den Kodex des kanonischen Rechts einbezogen [1917].*

Man muß schon zwischen den Zeilen lesen, um zu sehen, daß der Klerus mit der Disziplin des Zölibats nie glücklich gewesen ist (»Widerstand vom Klerus«) und nicht nach ihr leben konnte (»die Praktiken einer dekadenten Gesellschaft die heroischen Forderungen der Tugend nicht begünstigten«). Warum mußten die Päpste das Zölibat ständig wiederherstellen (»in aufeinanderfolgenden Epochen der Geschichte«), außer weil der Klerus sich unfähig oder unwillig zeigte, seine Forderungen zu erfüllen? Im Licht der Vergangenheit waren jene Tausende von Priestern, die Papst Paul um Dispens baten, schlicht ehrlicher als ihre Vorgänger, indem sie akzeptierten, daß das Zölibat nichts für sie war. Es war viel besser, das einzugestehen und den Dienst zu quittieren, als sich selbst und obendrein der Kirche zu schaden, indem sie vorgaben, keusch zu leben, wenn sie es nicht konnten.

Die Geschichte des Zölibats ist eine so wüste Lektüre, daß nicht einmal der »schärfste« Roman von heute es mit ihr aufnehmen kann.

Die klassische Darstellung wurde 1867 von Lea geschrieben. Lecky, der europäische Experte für diese Zeit, sagte, kein Werk über das Mittelalter seit dem von Dean Milman sei so eindrucksvoll gewesen. »Dies Thema«, schrieb Lecky, »ist kürzlich mit großer Gelehrtheit und bewundernswerter Unparteilichkeit von einem amerikanischen Autor, Herrn Henry C. Lea, in seiner *History of Sacerdotal Celibacy* (Philadelphia 1867) behandelt worden, gewiß einem der wertvollsten Werke, die Amerika hervorgebracht hat.«

Merkwürdigerweise wußten weder Lecky noch Lea, daß das Thema schon von zwei deutschen Brüdern, J. A. und A. Theiner, behandelt worden war. Ihr Buch, *Die Einführung*, war 1828 erschienen und 1845 neu aufgelegt worden. Der Ältere, Anton, wurde Protestant; der Jüngere, Augustin, wurde der jüngste nichtitalienische Präfekt des vatikanischen Archivs. Ihr Werk war weniger objektiv als Leas meisterliche Abhandlung, bestätigt diese jedoch. Ihr Ziel war es, »die schrecklichen Sittenlosigkeiten« anzuprangern, »die mit dem Zölibat einhergegangen sind, nach dem Zeugnis von Aussagen durch alle Jahrhunderte, und die es immer noch mit sich bringt«. Wie G. G. Coulton schrieb: »Kein Mediävist kann dafür entschuldigt werden, Lea und die Theiners nicht zu kennen.«

Die lange Reihe der Päpste, die vor und manchmal nach der Übernahme des Stuhles Petri lockere Sitten pflegten, legt nahe, daß auch die Masse der Priester das Zölibat nicht hochhielt. Wie wir in Teil I feststellten, würde eine Liste von Päpsten, die ihm zuwiderhandelten, unter anderen Benedikt V. umfassen, Sergius III., Johannes X., Johannes XII., Benedikt VII., Benedikt IX., Clemens V., Clemens VI., »Johannes XXIII.«, Sixtus IV., Pius II., Innozenz VIII., Alexander VI., Julius II., Paul III., Julius III., Gregor XIII., Gregor XV., Urban VIII., Innozenz X. und Alexander VII. Wenn Päpste fünfzehnjährige Mätressen hatten, Inzest und jede Art sexueller Perversionen begingen, zahllose Kinder hatten, im Akt des Ehebruchs ermordet wurden, kann es keinen Zweifel geben, daß das Zölibat im gesamten Klerus mehr gebrochen als gehalten wurde. Um es mit einem alten katholischen Wort zu sagen: Warum päpstlicher sein als der Papst?

## *Eine warnende Geschichte*

Der Zölibatäre ist verpflichtet, dem befriedigendsten seiner natürlichen Rechte zu entsagen: zu heiraten und eigene Kinder zu haben. Niemand wußte das besser als ein frommer katholischer Laie, der Anfang des fünfzehnten Jahrhunderts in Siena geboren wurde. Er war ein herausragender Schriftsteller und sollte wie Petrarca Poeta laureatus werden; auch war er ein geschickter Diplomat. Sein Name war Aeneas Sylvius Piccolomini. Bei einer Mission kam er vom Pfad der Diplomatie ab und zeugte mit einem schottischen Mädchen einen Knaben, der jedoch zu seiner tiefen Trauer als Säugling starb. Später wurde er vom letzten Gegenpapst, Felix IV., auf einen Botschaftsposten geschickt. Piccolomini war Anfang Februar 1442 in Straßburg. Er war an die Vierzig, doch wie er selbst, objektiv wie immer, es ausdrückte, »er wurde heiß und entbrannte für eine Frau dort«. Die Frau war aus der Bretagne und hieß Elizabeth. Sie war verheiratet und hatte eine fünfjährige Tochter bei sich. Ihr Mann hatte sie aus geschäftlichen Gründen kurz allein gelassen.
Piccolomini fand sie geistreich und charmant, und sie sprach in seiner Muttersprache Toskanisch mit ihm. Sie war lebhaft; er war einsam. Er verliebte sich Hals über Kopf in sie. Er bat sie, mit ihm ins Bett zu gehen. Drei Tage widerstand sie ihm, bis er sie in der Nacht vor ihrer Abreise zu ihrem Mann anflehte, ihre Schlafzimmertür nicht zu verriegeln. In der Nacht vom 13. zum 14. Februar schlief er mit ihr. Es war ihm eine große Freude, daß sein Kind am Valentinstag empfangen und am folgenden 13. November in Florenz geboren wurde. Es war ein Junge. Als er davon erfuhr, schrieb er voller Begeisterung an seinen Vater. Dieser muß ihm ein wenig kühl geantwortet haben, denn Piccolomini schrieb ihm einen weiteren Brief.

*Ihr schreibt, Ihr wißt nicht, ob Ihr froh oder traurig sein sollt, Vater, daß der Herr mir ein Kind geschenkt hat. ... Ich aber sehe nur Grund zur Freude und nicht zur Trauer. Denn was ist süßer für den Menschen, als sein eigenes Ebenbild zu zeugen, gleichsam die eigene Art fortzupflanzen und nach seinem Tode jemanden zurückzulassen? Was ist auf Erden gesegneter, als die Kinder seiner Kinder zu sehen? Was mich betrifft, so bin ich entzückt, daß mein Same Frucht gebracht hat und ein Teil von mir überleben wird, wenn ich sterbe: Und ich danke Gott, der das Kind dieser Frau zu einem Knaben gemacht hat, so daß ein weiterer kleiner Aeneas um meinen Vater und meine Mutter spielen und seinen Großeltern den Trost geben wird, den sein Vater hätte geben sollen. Denn wenn meine Geburt eine Freude für Euch war, der mich gezeugt hatte, wie sollte mein Sohn keine Freude für mich sein? Und wird nicht mein Kindergesicht Euer Herz entzücken, wenn Ihr mich in ihm seht? Wird es Euch nicht glücklich machen, wenn der Kleine Euch am Hals hängt und Euch mit seiner kindlichen Art bezaubert? Doch vielleicht wollt Ihr sagen, es sei meine Missetat, die Ihr betrauert, weil ich ein Kind in Sünde gezeugt habe. Ich weiß nicht, welche Vorstellung Ihr von mir habt. Gewiß habt Ihr, der aus Fleisch ist, keinen Sohn aus Stein oder Eisen gezeugt. Ihr wißt, welch ein Hahn Ihr wart, und ich bin kein Eunuch oder als kaltblütig einzustufen. Ich bin auch noch kein Heuchler, der besser scheinen will, als er ist. Ich bekenne offen meinen Fehler, denn ich bin weder heiliger als König David noch weiser als Salomo.*

Der Schreiber dieses weisen und rührenden Briefes sollte seine Geliebte Elizabeth noch einmal in Basel sehen, aber sein kleiner Aeneas starb nur vierzehn Monate später. Mit dem Tod von Piccolominis beiden Söhnen verlor die Kirche mit an Sicherheit grenzender Wahrscheinlichkeit zwei Kardinäle, denn er ging in den Dienst der Kirche und wurde fünfzehn Jahre später zum Papst gewählt: Er nannte sich Pius II.

## *Die älteste Tradition des Amtes*

Theologen haben zu beweisen versucht, daß das Zölibat des Klerus auf die Bibel und die Urkirche zurückgeht. Vergeblich. Was die Urkirche betrifft, so offenbaren die Evangelien eine unübersehbare Tatsache: Jesus wählte als seinen obersten Jünger Petrus, einen verheirateten Mann. Wie könnte irgend jemand vorbringen, Jesus oder Petrus hätten geglaubt, nebenberufliche Kleriker in ländlichen Gebieten sollten ehelos sein, wenn der vom Herrn selbst erwählte »erste Papst« verheiratet war? Wenn Jesus nur Ehelose als seine Geistlichen haben wollte, war es sehr kurzsichtig von ihm, Petrus zu erwählen, unabhängig von dessen Talenten.

Die Kirchenväter gingen davon aus, daß nicht nur Petrus, sondern auch Paulus verheiratet war. Es gab im Neuen Testament Grundlagen, die Ehelosigkeit zu ehren. Sie waren fadenscheinig genug, da ja selbst die Mutter Jesu verheiratet war. Jesus sprach in mystischen Ausdrücken von denen, die sich für das Reich Gottes kastriert haben. Ebenfalls im Licht der bevorstehenden Wiederkunft Christi schlug Paulus vor, in dem Stand abzuwarten, in dem man sich befand: wenn verheiratet, dann als Verheirateter; wenn nicht, dann als Unverheirateter. Der Unverheiratete konnte sein Denken ständig auf die Wiederkunft richten.

Als die Wiederkunft auf sich warten ließ oder schlicht ausblieb, war es möglich, dies zeitweilige und provisorische Zölibat in Erwartung eines Ereignisses, das nie Wirklichkeit wurde, mit Kasuistik zu einer lebenslangen Pflicht um ihrer selbst willen zu machen. Allerdings, das sollte angemerkt werden, stellte Paulus nie einen Zusammenhang von Zölibat und Amt her. Er war kein Befürworter eheloser Priester. Tatsächlich geht er, wenn er das Amt behandelt, vom Gegenteil aus. Ein Bischof, sagt er, sollte nur eine Frau haben. Dies haben ehelose Theologen, wahrscheinlich irrtümlich, so gedeutet, daß ein Bischof nur einmal verheiratet gewesen sein sollte. Wahrscheinlicher ist, daß Paulus meinte, ein Christ könne nicht Bischof sein, wenn er die jüdische Patriarchentradition fortführte, mehrere Frauen gleichzeitig zu haben.

Das Wort des Paulus hatte Autorität: Es gab nichts Unvereinbares zwischen Ehe und Amt. Deshalb wurden viele verheiratete Männer Priester. Die früheste Apostolische Konstitution stammt aus dem späten dritten oder frühen vierten Jahrhundert. Sie legte die Regel fest, daß verheiratete Männer nicht etwa ihre Frauen aufgeben sollten, wenn sie ordiniert waren, sondern sie behalten mußten. Wenn allerdings ein Junggeselle Priester wurde, mußte er ehelos bleiben. Wie bei der Scheidung war es auch beim Zölibat: Der Westen war es, der von der frühesten Tradition abwich. Die beiden größten Autoren des Mittelalters gaben dies zu. Gratian, der Kirchenrechtler, sagte 1150, daß die Griechen die »älteste Praxis« der Kirche bewahrten. Der Theologe Thomas von Aquin sagte, Jesus habe Petrus nicht von seiner Frau getrennt, weil er den Bund der Ehe, den Gott gestiftet habe, nicht trennen wollte.

Die Frage ist: Was liegt hinter dem Wechsel zu einer härteren Disziplin?

## *Der Wechsel zu einer härteren Disziplin*

Im Gegenzug zu Häresien mit antisexueller Einstellung kam in der Kirche eine asketische Bewegung auf. Die Orthodoxie selbst begann die Ehe geringzuschätzen. Reinheit wurde mit sexueller Enthaltsamkeit identifiziert; Keuschheit ersetzte die Liebe als zentrale Tugend des Evangeliums. Als Folge davon wurde die Religion düster und freudlos. Glück war dem Jenseits vorbehalten, und dort gab es keine Sexualität, keine Ehe.

Die Schmutzigkeit der Sexualität wurde, wie wir angemerkt haben, durch ihre Verbindung mit der Erbsünde noch gesteigert. Sexuelles Vergnügen (*libido*) war die erste und bitterste Frucht der Erbsünde, und ohne sie konnte sich diese Sünde nicht in der Welt ausbreiten. Selbst zweite Ehen nach dem Tod eines Ehepartners wurden mit Argwohn betrachtet; deshalb durfte niemand, der zweimal verheiratet war, Priester oder Bischof werden.

In diesen frühen Tagen war Jungfräulichkeit ein geehrter Stand, doch man war frei, in ihn einzutreten oder ihn zu verlassen. Er war nicht institutionalisiert. Die Beliebtheit der Jungfräulichkeit war an Maria inspiriert, nicht an Christus. Der Titel »Jungfrau Maria« war tatsächlich keineswegs biblisch. Marias Keuschheit zu ehren, hätte die Apostel verwundert, wie es die Juden bis heute verwundert. In der biblischen Tradition des Alten wie des Neuen Testaments war »Jungfräulichkeit« kein Wort, das Ehre ausdrückte. Eine Jungfrau war nicht »ein reines Mädchen«, sondern »ein unverheiratetes Mädchen«, noch leer und arm. Für die ersten Christen bedeutete die Jungfrauengeburt nicht, daß Gottes Sohn von einer keuschen Frau geboren war, sondern von einer armen, machtlosen Frau. Das Magnificat macht dies deutlich. Maria preist Gott, nicht weil er auf ihre Reinheit geschaut hat, sondern auf ihre Niedrigkeit, ihre Nichtigkeit. Es war ihr Hunger, den er stillte, ihre Armut, die er beschenkte. Die Jungfrauengeburt drückte Gottes Fähigkeit aus, Leben aus einem nicht befruchteten Leib hervorzubringen. Ihr entsprechen in der jüdischen Tradition die biblischen Geschichten, in denen alte und manchmal unfruchtbare Frauen durch die Macht Gottes, der allein neues Leben und Heil bringen kann, Kinder bekommen.

Dieser grundlegende Fehler über Maria führte zu einer weiteren Abwertung von Sexualität und Ehe. Maria war gebenedeit, weil sie die Sexualität aufgegeben hatte. Die Erlösung der Welt begann mit einem Keuschheitsgelübde.

Dies führte dazu, daß örtliche Synoden wie im spanischen Elvira versuchten, allen Dienern des Evangeliums ein Leben ohne Sexualität vorzuschreiben; Sexualität wurde *der* Feind, der verhinderte, daß Christus, der Sohn Gottes, in die Welt kam. Eine andere Idee war, die Hände, die den (jungfräulichen) Leib Christi berührten, sollten nicht den Leib einer Frau berühren, selbst den der eigenen Ehefrau nicht. Rituelle Reinheit war vorchristlicher Herkunft, doch diese heidnische Idee verbreitete sich bald in der Kirche und wurde schließlich ein Teil der Orthodoxie.

Die Regel, daß Priester nach der Ordination nicht heiraten durften, wurde allgemein bindend. Sie wurde beim Konzil von Nizäa 325 offiziell; Kleriker, die als Junggesellen ordiniert worden waren und danach geheiratet hatten oder sich eine Konkubine hielten, wurden feierlich verdammt. Der Bischof von Rom wollte weitergehen; er wollte sogar verheirateten Priestern verbieten, ihre Frauen zu behalten. Das Konzil überstimmte ihn. Unverheiratete Priester durften nicht heiraten; verheiratete Priester durften ihre Frauen nicht aufgeben. Diese doppelte Moral führte zu Problemen. Die unverheirateten Priester sahen, daß ihre verheirateten Kollegen mit ihren Frauen schliefen, während sie wie Engel leben mußten, ohne Sex oder die tröstliche Gegenwart einer Frau.

Als das Christentum unter Konstantin Reichsreligion wurde, bekamen nicht nur Kleriker, sondern auch geweihte jungfräuliche Menschen rechtliche Privilegien. Zum erstenmal gab es Skandale. Viele Karrieremacher nutzten alle Vorteile aus, die sie haben konnten, einschließlich der Steuerfreiheit. Ehelosigkeit war wirtschaftlich lohnend, selbst für Männer und Frauen, die an freie Liebe glaubten. Die Kirche fand, daß sie strengere Regeln für Ehelose erlassen mußte. Unterdessen hielt man den Segen von Priestern, die legitime Ehefrauen hatten, für irgendwie weniger wirksam als den von Ehelosen.

Noch schlimmer wurden die Dinge am Ende des vierten Jahrhunderts. Die Kirche war inzwischen respektabel, sie erbte Reichtümer und Ländereien. Sie wollte nicht, daß verheiratete Priester diese ihren Frauen und Kindern hinterließen. Außerdem wurde das asketische Ideal gerade in dem Moment wichtiger, als die falsche Art Kandidaten, habgierig und ehrgeizig, das Amt als Karriere wählten. Ehelosigkeit ohne Keuschheit wurde die Norm.

Damasus, der 366 Papst wurde, verkörperte eine andere Art Mißbrauch. Er entsagte seiner Frau und Familie. In jenen Tagen mußten Frauen vorsichtig sein, wen sie heirateten. Auch Hadrian II. gab seine Frau Stephania und seine Tochter auf, als er 867 den Stuhl Petri bestieg.

Es war wahrscheinlich Siricius, der Bischof von Rom im Jahr 385, der als erster den verheirateten Priestern sagte, sie dürften nicht mehr im Doppelbett schlafen. Es schmerzte ihn, wie er sagte, daß die Kleriker in Spanien weiterhin eheliche Beziehungen mit ihren Frauen pflegten. Bischöfe, Priester und Diakone sollten nicht »solcher Sittenlosigkeit« frönen. Wenn sie damit fortfuhren, sollten sie aus dem Amt entfernt werden. Hatten sie »aus Unwissenheit gesündigt«, wurde ihnen vergeben, aber sie wurden nie befördert. Geschlechtsverkehr mit ihren Frauen hatte sie gleichsam für immer besudelt. Dieser große Ausbruch des Puritanismus, dem Evangelium völlig fremd, war sehr ungerecht gegen die Frauen der Priester. Er war ein deutliches Zeichen dessen, was Frauen von einer ehelosen Hierarchie in den kommenden Jahrhunderten zu erwarten hatten.

Selbst Siricius muß bezweifelt haben, daß seine Disziplin greifen würde. 386 schrieb er an die afrikanische Kirche und ging davon aus, daß das Zölibat des Klerus in Afrika nicht allgemein üblich war und daß er keine Macht hatte, seine Ansichten einer Kirche außerhalb seiner Rechtshoheit aufzuzwingen. Er zitiert nicht einen Kanon von einem Konzil, keine Briefe früherer Päpste, keinen biblischen oder patristischen Text. Der Grund ist, daß dergleichen nicht existierte. Doch die Disziplin, die die Kirche durch drei Jahrhunderte der Verfolgung begleitet hatte, wurde abgewandelt, kodifiziert, ohne Rücksicht auf die einzelnen Priester, die sie betraf. Dies sollte zur moralischen Katastrophe führen.

Innozenz I. (401–17) bestätigte Siricius' Ansichten. Jeder Verstoß gegen das priesterliche Zölibat zog die Amtsenthebung des Priesters nach sich. Wäre dies wirklich durchgesetzt worden, so wäre das Zölibat Hand in Hand mit der Keuschheit gegangen. Wenn ein Priester zum Beispiel Unzucht trieb oder mit einer verheirateten Frau oder Dirne schlief, wäre er aus dem Amt entfernt worden. Doch dies wurde nie Gesetz der römischen Kirche. Selbst heute darf ein Priester regelmäßig Unzucht treiben und ehebrechen und im Amt bleiben, so sehr man über sein Verhalten auch die Stirn runzelt. Wären sündige Priester aus dem Amt entfernt worden, so wäre es vielleicht zu einem öffentlichen Eingeständnis der Probleme gekommen, die der Klerus unter einem puritanischen Regime hatte. Die Zahl der Priester wäre zurückgegangen, oder in einer Zeit der Wunder hätten die Kleriker ein anständiges Leben geführt. Aber das Bestehen auf Ehelosigkeit ohne geeignete rechtliche Sanktionen gegen Unkeuschheit führte dazu, daß viele Priester in jedem Alter das eine verkündeten und dabei das andere praktizierten, Ehelosigkeit vorgaben und dabei Wüstlinge waren. Die nächsten sieben Jahrhunderte waren ein unglaubliches Hin und Her von Härte und Lockerung der Disziplin. Papst Leo I. sagte, verheiratete Bischöfe und Priester sollten »ihre Frauen wie Schwestern« behandeln. Inzwischen war Italien voller Kleriker mit sehr großen Familien, und die meisten wurden nicht bestraft. In Wahrheit war das Priesteramt selbst praktisch erblich. Viele Päpste waren Söhne von Priestern und Bischöfen. Unter ihnen waren Bonifaz I. (418—22), Gelasius (492—96), Agapitus (535—36), Sylverius (536—37) und Theodor (642—49). Sylverius stieg raketengleich auf, denn er war erst Subdiakon, als er zum Papst gewählt wurde; es wurde aber eingeräumt, daß er einen guten Start hatte: Sein Vater war Papst Hormisdas (514—23).

Überall triumphierte die Regel der Ehelosigkeit auf Kosten der Keuschheit. Die Anstrengungen von Hieronymus, Ambrosius und Augustinus brachten immer bitterere Früchte hervor. Hieronymus scheute sich nicht zuzugeben, daß er regelmäßig Kleriker sah, die ihr ganzes Leben in weiblicher Gesellschaft verbrachten, von schönen jungen Sklavinnen umgeben waren und ein Leben führten, das sich von der Ehe nur durch den Namen und den Mangel an Achtbarkeit unterschied. Seine Beobachtungen sollten durch die ganze Kirchengeschichte wiederholt werden. Manch ein ehrlicher Bischof machte sich wegen der Sittenlosigkeit seiner Priester solche Sorgen, daß er ein Auge zudrückte, wenn sie Ehefrauen hatten. Das hielt sie von Schlimmerem ab. Priester waren ihrerseits gezwungen, zwischen einer Ehefrau und einer Karriere zu wählen. Der Mittelweg war, sich eine Konkubine zu wählen.

Was die gesamte Geschichte des klerikalen Zölibats unklar macht, ist eine wenig verstandene Tatsache: Alle Ehen der Priester wurden von der Kirche als gültig angesehen. Wenn Männer nach der Ordination heirateten, waren ihre Ehen zwar regelwidrig, aber gültig. Warum? Weil ein Mann ein natürliches Recht hat zu heiraten, und niemand, nicht einmal die Kirche, es ihm nehmen kann.

Dieses Prinzip, das von der Urkirche nicht bezweifelt wurde, hat eine erstaunliche Konsequenz: Roms gegenwärtige Disziplin, die Vereitelung der Versuche von Priestern, zu heiraten, ist unmoralisch. Es kann kein Gesetz geben, nicht einmal ein päpstliches, das einem Menschen nimmt, was Gott der Schöpfer in sein innerstes Wesen gelegt hat. Als daher Lord Dunboyne, der Bischof von Cork, Pius VI. um Dispens bat, damit er heiraten konnte, war er vielleicht naiv, aber er wollte nichts als sein natürliches Recht, zu heiraten, wahrnehmen.

Zwar nahm die Kirche des fünften Jahrhunderts dem Priester nicht das Recht auf Heirat, aber leider tat sie etwas ebenso Schändliches. Sie nahm ihm das Recht, mit seiner Frau zu schlafen. Seine Ehe mag gültig gewesen sein, aber weil sie regelwidrig war, galt sie als ehebrecherische Verbindung. Frauen fanden sich gültig mit Klerikern verheiratet, die eine Todsünde begingen, wenn sie sie mit ins Bett nahmen. Es waren offensichtlich nicht nur die Priester, sondern auch ihre Frauen, deren Grundrechte geschmälert wurden. Nur dem Namen nach Ehefrauen, wurden sie niedriger als Dirnen eingestuft.

Rom hätte Verheiratete nie zur Weihe zulassen dürfen, wenn eine der Bedingungen war, ihren Frauen die ehelichen Rechte zu nehmen. Solche Gesetze zeigen die Tiefe der Angst und Abscheu vor der Sexualität, aus der die Disziplin des Zölibats entsprang. Kein Wunder, daß sie soviel Unmoral zur Folge hatten.

Diese theologische Verwirrung in einer Zeit der Entsittlichung führte dazu, daß besonders im Rom des fünften Jahrhunderts Klerus ein Ausdruck für alles Grobe und Perverse wurde. Er führte sich weit schlimmer auf als die Barbaren. Die Germanen insbesondere hatten große Ehrfurcht vor Frauen. Als Papst Sixtus III. (432–40) vor Gericht gebracht wurde, weil er eine Nonne verführt hatte, verteidigte er sich geschickt mit den Worten Christi: »Wer von euch ohne Schuld ist, der werfe den ersten Stein.«

Die Ostkirche behielt die ganze Zeit ihre eigene Disziplin bei, die vom Konzil von Nizäa und der Apostolischen Konstitution bestimmt war. Päpstliche Forderungen, der Klerus solle auf seine Ehefrauen verzichten, erschienen den Griechen als ein schändlicher Verstoß gegen die Menschlichkeit. Die Ostkirche hatte ihre eigenen Probleme. Es gelang ihr nicht zu verhindern, daß Bischöfe zahlreiche Kinder hatten und daß ordinierte Priester heirateten. Oft befahl sie den letzteren, ihre Frauen zu verlassen und sie in ferne Klöster zu verfrachten. Doch die, die vor der Ordination gültig getraut waren, sollten ihren Frauen treu sein. Im neunten Jahrhundert legte der Osten dies als seine Disziplin fest.

## *Die Farce des Zölibats*

Im Westen erwiesen sich herumstreunende Mönche im fünften Jahrhundert als Bedrohung der Gesellschaft. Sie waren die übelsten Herumtreiber, die geweihte Sorte. Es bedurfte des Genius des hl. Benedikt, denen eine Regel zu geben, die aufrichtig als Mönche leben wollten. Trotzdem gab es lange Perioden, in denen viele Klöster nichts anderes als Häuser von schlechtem Ruf waren.

Während der Barbareneinfälle war das Zölibat des Klerus ein schmutziger Witz. Bistümer mit zivilen und auch religiösen Verantwortlichkeiten wurden mächtigen Bandenanführern übertragen. Viele konnten keine Zeile der Messe lesen. Solchen Männern zu sagen, sie sollten keine »unschicklichen Beziehungen mit ihren Frauen« haben, war natürlich wenig wirksam. Welchen Sinn sollte es haben, nicht mit ihren geliebten Frauen ins Bett zu gehen? Es war, als kippte man guten Wein in den Graben.

Das Zweite Konzil von Tours beschloß 567, daß jeder Kleriker, der im Bett mit seiner Frau angetroffen wurde, ein Jahr lang exkommuniziert war und in den Laienstand versetzt wurde. Da das Konzil öffentlich einräumte, es gebe kaum irgendwo einen Kleriker ohne seine Ehefrau oder Geliebte, waren die Ergebnisse unerheblich. Bischöfe und Priester lebten ungeniert mit ihren Frauen und Konkubinen zusammen. Wenn irgend jemand bestraft wurde, waren es die Frauen. Viele erhielten hundert Peitschenhiebe vom Staat für die Sünde, bei ihren Männern gewesen zu sein.

Papst Pelagius war 580 mehr oder minder zufrieden, wenn verheiratete Kleriker nicht Kircheneigentum an ihre Frauen und Kinder weitergaben. Priester mußten bei der Amtsübernahme ein Inventar des Kirchenbesitzes anfertigen und sich dafür verantworten, wenn sie fortgingen. Selbst die Bemühungen Gregors des Großen, den Klerus zu säubern, führten zu nichts. Für einen einzigen Ausrutscher, sagte er großartig, würden die Priester aus dem Amt entfernt. Er mußte aufgeben, sonst hätte niemand mehr Messe gelesen.

Im achten Jahrhundert ging der hl. Bonifaz nach Deutschland. Er fand unter den Bischöfen und Priestern solche Zügellosigkeit vor, daß er Papst Gregor II. bat, den ganzen Haufen sich selbst überlassen zu dürfen. Als er in Deutschland war, sandte er dem neuen Papst Zacharias ein angstvolles SOS. Alle Kleriker waren sittenlos – was sollte er tun? Junge Männer, die ihre Jugend mit Vergewaltigung und Ehebruch vertaten, stiegen in den Rängen des Klerus auf. Sie verbrachten ihre Nächte im Bett mit vier oder fünf Frauen, dann standen sie morgens auf – in welchem Zustand, überläßt er der Phantasie des Lesers –, um Messe zu feiern. Dies war die Qualität der Kandidaten, die schließlich ins Episkopat befördert wurden. Was war die Antwort? Die naheliegendste, nämlich die Abschaffung der Disziplin, die zu solcher Verkommenheit führte, kam ihm nicht in den Sinn. In Bonifaz' Briefen gibt es häufige Hinweise auf »ehebrecherische Bischöfe«, und einer war ein »propugnator et fornicator«, eine feine Mischung aus Kampfhahn und Wüstling. Alle zu entlassen, die gegen den gewöhnlichen Anstand verstoßen hatten, hätte den Rücktritt der katholischen Religion bedeutet.

Der hl. Bonifaz hatte jeden Tag mit verdorbenen Klerikern zu tun. Seine Mühen führten zu der Frage: War der Klerus schuld oder die ihm auferlegte Disziplin?

Ein Großteil der Geschichte der Ehelosigkeit ist die Geschichte der Entwürdigung von Frauen und – eine unausweichliche Folge – häufiger Abtreibungen und Kindesmorde.

Im neunten Jahrhundert waren viele Klöster Jagdgründe von Homosexuellen, viele Konvente waren Bordelle, in denen Babys getötet und begraben wurden. Seit dem Ende des Römischen Reiches, sagen die Historiker, wurde Kindesmord im Westen nicht im großen Stil praktiziert – außer in Klöstern. Das Konzil von Aachen gab das 836 offen zu. Was die sexuell ausgehungerten Weltpriester betraf, so wurden sie so oft der Blutschande beschuldigt, daß sie schließlich nicht einmal mehr mit ihren Müttern, Tanten oder Schwestern in einem Haus wohnen durften. Kinder, die Früchte der Blutschande, wurden von den Klerikern getötet, wie manch französischer Prälat berichtete. Einige Priester der Zeit gaben zu, daß sie lieber nicht heirateten. Es erleichterte die Geheimhaltung ihrer Eskapaden. Die Kirche duldete das Konkubinat eher als die Ehe, aus dem üblichen praktischen Grund: Konkubinen konnten kein Kircheneigentum für sich und ihre Nachkommen beanspruchen, wenn ihre priesterlichen Liebhaber starben.

Dennoch waren ganze Diözesen voller Priester, die eine moralischere Haltung einnahmen und heirateten. Das Priesteramt und auch das Bischofsamt wurden zunehmend erblich. Ein Vater gab seine Pfründe an seinen ältesten Sohn weiter. In einigen Gegenden durfte ein Priester eine Ehefrau haben; hatte er mehr, riskierte er die Exkommunikation. Die Bischöfe räumten bereitwillig ein, daß die Erlaubnis für Priester, zu heiraten und ihre Frauen zu behalten, der einzige Weg war, die Kirche von den schlimmsten Exzessen des Zölibats zu reinigen. Ein heiliger Bischof, Ulrich, argumentierte aufgrund der Bibel und der Vernunft für verheiratete Priester. Einige Prälaten, behauptete er, preßten die Brüste der heiligen Schrift so, daß sie nicht Milch gaben, sondern Blut.

Dem fürchterlichen Benehmen der Päpste des zehnten Jahrhunderts eiferte man in der Provinz sozusagen nach. Bischof Segenfried von Le Mans war dreiunddreißig Jahre mit Hildeberga verheiratet und bestand ritterlich darauf, daß sie »Episcopessa« (Bischöfin) genannt wurde. Als er alt war, gab er seine Diözese mit all ihren Reichtümern an seinen Sohn Alberich weiter.

Ein anderer Alberich, Bischof von Marsico, war kein solcher Gentleman. Er war verheiratet und verzichtete zugunsten seines Sohnes auf den Bischofsstuhl. Später wurde ihm fad, und er wünschte sich eine Herausforderung; die berühmte Abtei Monte Cassino stach ihm ins Auge. Er schloß einen Pakt mit den Erzfeinden der Abtei. Teil des Handels war, daß die Augen des Abtes ihm gebracht werden sollten – ohne den Abt. Alberich übergab die Hälfte der ausgehandelten Summe im voraus, der Rest zahlbar bei Lieferung der Augen. Alberichs Augen schlossen sich für immer etwa zur selben Zeit, als der Abt die seinen verlor. Die Autorität dieser Geschichte war der hl. Damian. Sein schriftliches Zeugnis von den Übeln, die das Zwangszölibat bewirkte, war so schauerlich, daß der Papst so tat, als wolle er es ausleihen, und es dann zum großen Ärger des Heiligen nicht zurückgab. Glücklicherweise wurde es in den päpstlichen Archiven aufbewahrt. Es beweist, daß Ausschweifung beim Klerus in jeder Zeit überall üblich war. Nach sechs Jahrhunderten angestrengter Mühen zur Durchsetzung des Zölibats waren die Kleriker eine Bedrohung für die Ehefrauen und jungen Mädchen der Pfarreien, in die sie gesandt wurden. Ein berühmter Missetäter war Bischof Rainbaldo von Fiesole. Nach einer heldenhaften Zahl von Konkubinen nahm er eine Ehefrau, die ihm viele Kinder schenkte, um sein Imperium auszudehnen. Die Italiener nahmen es ihm nicht übel, sondern billigten Seiner Exzellenz sogar zu, Wunder zu wirken, was er auch wirklich getan haben muß.

Ein anderer italienischer Bischof, Rathurio, sagte säuerlich, wenn er unkeusche Priester exkommunizierte, würde es niemanden geben, der die Sakramente spendete, nur Knaben. Wenn er uneheliche Kinder ausschloß, wie das Kirchenrecht vorschrieb, nicht einmal Knaben.

Von dieser Periode, in der der entsetzliche Kindpapst Benedikt IX. lebte, mußte Papst Victor III. (1086–87) zugeben, daß in ganz Italien Kleriker vom Bischof abwärts ohne Scham oder Heimlichkeit verheiratet waren, mit ihren Frauen so offen zusammenlebten wie Laien und ihre Nachkommen großzügig in ihren Testamenten bedachten. Die Skandale waren oft am größten in Rom selbst, wo die Päpste ein heißes Tempo vorgaben.

Johannes, ein Schüler des Petrus Damiani, berichtete, Priesterehen seien im Westen so verbreitet gewesen, daß das Kirchenrecht sie nicht mehr bestrafte. Die Bischöfe machten sich nicht die Mühe, einen Tadel auszusprechen. Solange Priester heirateten, sich ordentlich benahmen und kein zweites oder drittes Mal heirateten, hatten sie nichts dagegen. Die Ehe war viel weniger skandalträchtig als das Konkubinat. Nikolaus II. (1059–61) flehte die Bischöfe auf Drängen Petrus Damianis an, in irgendeiner Form

Richtlinien zu geben. Sie antworteten trotzig, sie seien nicht imstande, für Keuschheit zu sorgen und gleichgültig gegenüber jeder Bestrafung von seiten des Papstes.

Rom beharrte weiter, es sei sündiger zu heiraten, als eine Konkubine zu halten, weil es nach Ketzerei rieche und ein Verstoß gegen das Kirchenrecht sei. Dies erklärt einige überraschende Entscheidungen Alexanders II.

Ein Priester aus Orange in Frankreich beging Ehebruch mit der zweiten Frau seines Vaters. Statt ihn zu entlassen, weigerte sich Papst Alexander im Jahr 1064, ihm auch nur die Heilige Kommunion zu verbieten. Milde war angebracht, weil er keine Heirat begangen hatte. Zwei Jahre später beichtete ein Priester aus Padua Inzest mit seiner Mutter. Der Papst ging sehr gütig mit ihm um und überließ seinem Bischof die Entscheidung, ob er im Amt bleiben sollte oder nicht. Für Papst Alexander war es besser, daß ein Priester Ehebruch oder Blutschande beging, als daß er heiratete.

Als Petrus Damiani persönlich versuchte, das Zölibat beim Klerus von Mailand durchzusetzen, hatte er noch Glück, mit heiler Haut davonzukommen. Die Mailänder Priester konnten nicht recht einsehen, daß Geschlechtsverkehr mit ihren Ehefrauen Ehebruch war. Damian war auch peinlich berührt, daß die Kleriker von Piemont, alle verheiratet, in ihrem Dienst »ein Chor von Engeln« waren. Wenn sie nur keine unschicklichen Beziehungen mit ihren Frauen hätten, klagte er, dann wären sie vollkommen. Es kam ihm nie in den Sinn, daß sie vielleicht gute Priester waren, weil sie gute Ehemänner waren.

Wie Gregor VII. zögerte Damian nicht, den weltlichen Arm hinzuzuziehen, um das Zölibat bei den Priestern durchzusetzen – ein merkwürdiges Vorgehen von Prälaten, die gegen weltliche Einmischungen in Kirchendinge sind.

Gregor war es, der beschloß, daß hinfort niemand ordiniert werden sollte, der sich nicht zuvor zur Ehelosigkeit verpflichtete. Mit der Macht seiner Persönlichkeit gelang es ihm, ganze Massen von Ehefrauen auf den Abfall zu werfen; wie wir schon bemerkten, begingen viele von ihnen Selbstmord. Sein Ziel war klar gesteckt: »Non liberari potest Ecclesia a servitute laicorum nisi liberentur prius clerici ab uxoribus«, »Die Kirche kann nicht aus der Knechtschaft der Laien befreit werden, wenn nicht die Kleriker zuvor aus der Knechtschaft ihrer Frauen befreit werden«. Dies war ein offenes Eingeständnis, daß es beim Zölibat nicht zuerst um heiligmäßiges Leben geht, sondern um die Unabhängigkeit der »Kirche« von Einmischungen der Laien. Vor allem ging es darum, den Kirchenbesitz intakt zu halten. In den Augen dieses Autokraten sind die Kleriker die Kirche. Deshalb war die Vetternwirtschaft der Päpste in Mittelalter und Renaissance doppelt schändlich. Denn trotz ihrer Ehelosigkeit gaben sie riesige Mengen von Kircheneigentum an ihre Verwandten weiter und nahmen so dem Zölibat jeden Sinn. Bonifaz VIII. zum Beispiel soll 25 % aller Kircheneinkünfte seiner Familie gegeben haben. Einige Päpste vererbten alles ihren Verwandten und ließen ihren Nachfolgern keine andere Wahl, als geistliche Güter zu verkaufen, damit die Kasse stimmte.

Gregor VII. blieb nicht unwidersprochen. Zum Beispiel exkommunizierte ihn der Bischof von Pavia, weil er es vorzog, daß Kleriker Mätressen hatten statt Ehefrauen. Der Erzbischof von Mainz schloß sich den anderen deutschen Bischöfen an und sagte, Gregor habe jeden Anspruch auf das Papsttum verwirkt. Gregor antwortete natürlich, indem er ihn exkommunizierte. Das irreguläre Konzil von Brixen verurteilte Gregor 1080 dafür, daß er »Scheidung zwischen rechtmäßig Verheirateten säte«, und bewirkte, daß Kinder von Priestern verlassen wurden. Der Patriarch von Konstantinopel rieb sein Quentchen Salz in die Wunde, indem er ironisch sagte: »In den westlichen Kirchen gibt es eine Riesenmenge Kinder, aber niemand weiß, wer ihre Väter sind.«

Einige Priester sagten, sie würden eher ihr Amt aufgeben als ihre Frau, und prangerten den Papst als Ketzer und Irren an, der erwartete, daß Menschen von Fleisch und Blut wie körperlose Wesen lebten. Wenn sie fortgetrieben wurden, fragten sie, wo würde Gregor die Engel finden, um sie zu ersetzen? Die Bischöfe taten ihr Bestes, um Gregors Wünschen nachzukommen, manchmal unter Lebensgefahr. Die Trumpfkarte des Papstes aber waren die Laien.

Gegen die gesamte Tradition der Kirche exkommunizierte er Laien, die die Sakramente von nichtzölibatären Priestern empfingen. Dies führte dazu, daß viele Laien die Eucharistie von »unkeuschen Priestern« in den Staub traten und ihre Kinder selbst tauften. In vielen Diözesen verschwand die Religion praktisch ganz – wegen der Ehelosigkeit. Dieses Paradoxon sollte sich bis auf den heutigen Tag fortsetzen.

Die Angelegenheit wurde schließlich von Urban II. 1095 in Piacenza geregelt. Ein Konzil von 400 Klerikern und 30000 Laien verdammte Priesterehen ein für allemal. Um den biblischen Impuls dieser Maßnahme zu beweisen, verkauften sie die Ehefrauen der Priester in die Sklaverei.

Das Zölibat ins Statutenbuch zu bekommen, war erst der Anfang. Ohne den weltlichen Arm wäre es toter Buchstabe gewesen. Als der Erzfeind Gregors VII., Heinrich IV., von seinem rechtgläubigeren Sohn abgesetzt wurde, wurde das Zölibat in Deutschland und dem ganzen Reich durchgesetzt. Aber wenn ein Mann am Kopf rasiert und in Meßgewänder gesteckt wurde, war seine Natur noch keine andere. Die Priester nannten weiterhin ihre Ehefrauen *presbytera*. Tatsächlich wurden Kanones, wann immer sie promulgiert wurden, mit erstaunlicher Geschwindigkeit vergessen. Bischöfe wie der Erzbischof von Rouen wurden von ihrem Klerus vertrieben, weil sie das Zölibat promulgierten, und gebeten, nie wiederzukommen.

Und das schändliche *cullagium* schlich sich ein, eine Gebühr für Konkubinen. Die Kleriker konnten ihren Bischöfen das königliche Siegel der Billigung für ihre häuslichen Umstände zeigen. Manchmal profitierten Bischöfe und Erzdiakone selbst von dieser Sexsteuer; in Rom war es der Papst.

In der Normandie hatten Priester nicht nur Ehefrauen; sie schlossen feierliche Verträge mit deren Familien, sie standesgemäß zu erhalten und alle Mädchen und Jungen, die aus der Verbindung geboren wurden, mit Kirchengut auszustatten. An vielen Orten wurden Pfründen vom Vater über den Sohn und den Enkel an den Urenkel weitergegeben. In der Bretagne waren die Bischöfe von Dol, Rennes und Nantes verheiratet; ihre Frauen wurden höflichkeitshalber mit dem Titel Gräfin bedacht. Dies war ein immer wiederkehrendes Muster. Strenge Gesetze wurden erlassen, und die Autoritäten konnten sie nicht durchsetzen, selbst wenn sie willens waren. Die menschliche Natur erwies sich als zu stark für sie. Erzdiakone, die verpflichtet waren, für die Einhaltung der Kanones zu sorgen, begingen oft die schwersten Verstöße.

Ein solcher war Aldebert von Le Mans. Er unterhielt einen öffentlichen Harem und frohlockte ob seiner zahlreichen Nachkommenschaft. Er erregte so wenig Anstoß, daß man ihn zum Bischof machte.

In Klöstern und Konventen grassierte die Promiskuität. Der große Ivo von Chartres (1040–1115) erzählt von ganzen Konventen mit Insassinnen, die nur dem Namen nach Nonnen waren. Sie waren oft von ihren Familien aufgegeben worden und in Wirklichkeit Prostituierte.

## *Ein folgenreicher Wandel*

Selbst Katholiken wähnen manchmal, das Zölibat des Klerus sei im zwölften Jahrhundert eingeführt worden. Das ist ein weitverbreiteter Irrtum. Das Zölibat wurde zwar schlecht eingehalten, ist aber etliche Jahrhunderte älter. Doch etwas Entscheidendes geschah tatsächlich unter Papst Callistus II. Er berief 1123 das erste allgemeine Konzil der Westkirche ein, das als Erstes Lateranisches Konzil bekannt ist. Tausend Prälaten bestimmten, daß Priesterehen getrennt und die Eheleute mit Bußen belegt werden sollten, weil diese Ehen ungültig waren. Zum erstenmal wurde verkündet, Ehelosigkeit sei die stärkste geistliche Realität. Durch sie war ein Priester in seiner Seele gezeichnet als ein Mann, der so weit von den Laien entfernt war, daß er nicht einmal gültig das Sakrament der Ehe schließen konnte. Diese Lehre war neu; sie ging gegen eine jahrhundertelange Tradition. Man braucht nur den hl. Gregor den Großen zu zitieren, der 602 deutlich machte, daß die Ehe eines Priesters gültig war, daß er aber wählen mußte, ob er seine Frau oder sein Amt behalten wollte. Callistus nahm diese Alternative zurück. Die Ehe eines Priesters wurde durch seine Weihe ungültig.

Das Lateranum I änderte am Verhalten der Priester nicht mehr als andere Konzilien. Deshalb wiederholte Lateranum II 1139 seine Lehre. Eine Verbindung, die im Widerspruch zur kirchlichen Vorschrift der Ehelosigkeit geschlossen wurde, war keine wirkliche Ehe. Zwar bestätigte Papst Eugen IV. dies 1148 beim Konzil von Reims, doch selbst in Rom war es noch heiß umstritten. Der große Kirchenrechtler Gratian, der unter Eugens Ägide schrieb, hatte spürbar Schwierigkeiten damit. Er lehrte weiterhin, ein Diakon könne heiraten, wenn er das Amt verlassen wolle, und das Sakrament der Ehe sei so stark, daß kein früheres Gelübde es null und nichtig machen könne. In Gratians Augen entbehrt das neue Gesetz – es hat bis heute überlebt – jeder biblischen und patristischen Grundlage und kann durch kein theologisches oder ethisches Argument gerechtfertigt werden. Wie wir sahen, scheint es das natürliche Recht des Menschen auf Ehe zu verletzen.

Traditionswidrig oder nicht, ungerecht oder nicht, die Päpste beharrten von 1123 an darauf, daß Priesterehen ungültig seien, weil das kirchliche System es erforderte. Es hatte keine sichtbare Wirkung. Die Priester heirateten weiter; ihre Frauen führten ihnen das Haus; ihre Kinder ministrierten am Altar.

Alexander III. (1159–81) wiederholte die Lehre der Lateranischen Konzilien, doch das schiere Ausmaß priesterlichen Konkubinats überwältigte ihn. In seiner Entmutigung war er nahe daran, zur griechischen Tradition umzuschwenken und zu erlauben, daß verheiratete Männer ordiniert wurden. Seine Kurie stand hinter ihm, mit einer Ausnahme: dem Kanzler, einem asketischen Abt namens Albert, der 1187 für ein Jahr Gregor VIII.

werden sollte. Sein Einschreiten erwies sich als entscheidend. Die Westkirche war drauf und dran, vor dem massiven Ungehorsam des Klerus zu kapitulieren. Er hatte ein Stadium erreicht, in dem Bischöfe ihre Priester inständig baten, wenigstens drei Tage und Nächte, bevor sie den Leib Christi berührten, keinen Geschlechtsverkehr zu haben.

So schrecklich waren die Mißbräuche, daß es verständlich ist, wenn — wiederum irrtümlich — die gegenwärtige Disziplin des Zölibats Innozenz III. beim Vierten Lateranischen Konzil 1215 zugeschrieben wird. Innozenz benutzte nur seine ungeheure Autorität, um Akzeptanz für eine Disziplin zu gewinnen, gegen die die Tradition sprach. Er erreichte nie auch nur den Anschein priesterlicher Keuschheit. Alle zeitgenössischen Quellen sind darin einig. Ohne die Disziplin des ehelichen Bundes wurden die Priester fast vollkommen zügellos. Es muß gesagt werden, daß es Innozenz nicht hauptsächlich um die Keuschheit des Klerus ging, ebensowenig wie Gregor VII. Er wollte eine unverheiratete Priesterschaft, um Gregors klerikales und absolutistisches System zu betreiben. Verheiratete Priester waren bei aller Heiligkeit nicht so loyal gegenüber dem System wie ehelose Priester, die im großen Stil Unzucht und Ehebruch trieben.

Die heute geltende Disziplin des Zölibats führt tatsächlich zur Unkeuschheit. Der Beweis dafür ist in den Schriften eines der großen heiligen Reformer, des hl. Bernhard von Clairvaux. Er antwortete 1135 auf die Behauptung der Albigenser, die Ehe sei schmutzig. Bernhard schreibt: »Nehmt der Kirche eine ehrbare Ehe und ein makelloses Ehebett, und füllt ihr sie nicht mit Konkubinat, Inzest, Homosexualität und jeder Art Unreinheit?« Dies Argument war ebenso gültig für das Zölibat der Priester. Die Orthodoxie förderte, nicht anders als die Häresie, durch eine falsche und erzwungene Askese jede Art Mißbrauch beim Klerus. Konkubinen waren tatsächlich die unschädlichste Methode, die sexuellen Begierden der Priester zu kanalisieren.

Die Beweise dafür sind alarmierend zahlreich. Makellose katholische Quellen, päpstliche Dokumente, Briefe von heiligen Reformern, sie alle zeichnen das gleiche, deprimierende Bild. Männerklöster voller Frauen; jeder Mönch hatte seine »Martha«, jede Nonne ihren Geliebten. Bischöfe, in jeder Hinsicht Väter ihres Volkes, hielten sich Harems, und die wenigen tapferen Seelen, die versuchten, der Disziplin Geltung zu verschaffen, liefen Gefahr, vergiftet oder totgeschlagen zu werden. Alexander IV. beklagt in einer Bulle von 1259, daß die Laien vom Klerus nicht gebessert, sondern verdorben wurden. In Avignon erlaubte der habgierige Johannes XXII. den Priestern, gegen Zahlung einer Steuer ihre Mätressen zu behalten. Selbst die paar keuschen Priester mußten zahlen, nur für den Fall, daß auch sie einer Frau in die Arme fielen. Es wurde zynisch angenommen, daß sogar Vergehen gegen Gott dem System nützen konnten, nur Ungehorsam gegen das Kirchenrecht unterminierte es. »Das Thema«, schreibt der penible Lea, »ist zu abstoßend, um in all seinen widerlichen Einzelheiten dargestellt zu werden.« Der Klerus hatte keine Skrupel, das Sakrament der Buße zu benutzen, um seine unmoralischen Liäsons anzuknüpfen und zu unterhalten. Petrarca, Boccaccio, Chaucer – sie alle bezeugen das wirkliche Ausmaß des Skandals. Sie stellten die Situation satirisch, aber keineswegs übertrieben dar.

Ein italienischer Tagebuchautor, der wandernde Franziskaner Salimbene, schrieb im dreizehnten Jahrhundert:

> *Ich habe Priester gesehen, die Tavernen betreiben ... und ihr ganzes Haus voller unehelicher Kinder, die ihre Nächte in Sünde verbringen und am nächsten Tag Messe feiern ... Als ein Franziskaner einmal an einem Festtag in der Kirche eines gewissen Priesters Messe feiern mußte, hatte er als Stola nur den Gürtel der Konkubine des Priesters, an dem das Schlüsselbund hing; und als der Bruder, den ich gut kenne, sich umdrehte, um Dominus vobiscum zu sagen, hörten die Leute das Rasseln der Schlüssel.*

## *Das Zölibat auf den Britischen Inseln*

Die englischen Priester fanden das Zölibat schwierig, seit Augustinus von Canterbury zum erstenmal britischen Boden betrat. Die Kirche, die schon dort war, wußte nichts von der römischen Disziplin, so daß Papst Gregor anerkennen mußte, es gebe in England Kleriker, »die nicht unverheiratet bleiben möchten«. Er erlaubte Augustinus, sie heiraten zu lassen und ihre Gehälter einzeln zu zahlen.

Später erwiesen sich Roms angestrengteste Reformversuche als fruchtlos. Der alte Brauch, daß Bischöfe gegenüber Priesterehen ein Auge zudrückten, blieb bestehen. Die Priester sahen ihre »shrift-shire« (d. Ü.: »Beichtschaft« entsprechend »Grafschaft«) als Familienbesitz, den sie ihren Söhnen und Enkeln vererbten.

Der arge Zustand des Klerus ist leicht zu erklären. Es gab Zeiten, als ein Drittel der männlichen Bevölkerung dem geistlichen Stand angehörte. Die meisten reicheren Kleriker waren Pluralisten; sie hatten mehrere

Pfründen. Sie gaben sie an Kapläne weiter, die mit einem Hungerlohn überleben mußten. Das Einkommen mochte fünfzig Mark pro Jahr betragen. Der Rektor sah sich nach einem Hilfspfarrer um, der es für fünf Mark übernahm, und steckte den Rest in die eigene Tasche. Unter solchen Umständen brauchte der Pfarrer eine Frau, die ihm half, mit dem Geld auszukommen. Er weidete seine Schafe, die wollige Art, auf dem Friedhof. Er verbrachte den Tag beim Fischen bis zum Bauch im Wasser und seine Abende oft in der Taverne bei Trinkgelagen und Prügeleien. Chaucers Müller prahlte, seine Frau sei die Tochter eines Priesters, doch die Kleriker hatten nicht immer einen guten Ruf. Sie waren schnell mit den Fäusten, und wenn ihnen die Pfründe ihres Vaters verweigert wurde, war zu erwarten, daß sie sie mit Weihrauch und Schwert in Besitz nahmen.

»Die Priester wissen ganz genau«, lautete ein Statut aus dem zehnten Jahrhundert, »daß sie kein Recht haben zu heiraten. ... Doch einige lassen sich Schlimmeres zuschulden kommen, indem sie zwei oder mehr Frauen haben, und andere verlassen zwar ihre ersten Frauen, nehmen aber danach andere, wenn jene noch am Leben sind, was kein christlicher Mann tun sollte, und ein Priester erst recht nicht.« Wie üblich bedeutete der Versuch, das Zölibat durchzusetzen, daß der Klerus polygamer war als die Laien.

Ein Priester rechtfertigte die Vergewaltigung eines Pfarrkindes mit den Worten, »er mußte unbedingt sein Vergnügen an ihr haben«. Seine untätigen Hände mußten etwas zu tun haben.

Der aus der Normandie stammende Lafranc, der 1070 Erzbischof von Canterbury wurde, erlaubte vielen Priestern, die guten Gewissens geheiratet hatten, ihre Frauen zu behalten, sagte, sie sollten es nicht wiedertun, und warnte die Bischöfe, daß künftige Priesterkandidaten sich verpflichten mußten, nicht zu heiraten. Dies war ein realistisches Vorgehen in einem Land, wo selbst Bischöfe verheiratet waren.

Hierin war England nicht anders als der Rest der Christenheit. Im Westen war das Zölibat vom vierten bis zum elften Jahrhundert in Vergessenheit geraten. Es ist eine Illusion, daß die Kirche durch den Dienst keuscher und eheloser Priester überlebt hätte. Sie hat tatsächlich durch den Dienst unkeuscher und zumeist verheirateter Priester überlebt. Die Disziplin des Zölibats wurde so oft von Klerikern gebrochen, wie die Disziplin der Geburtenkontrolle heute von den Laien gebrochen wird.

Anselm, der Lafranc als Erzbischof von Canterbury nachfolgte, war strenger. Ehefrauen wurden fortgeschickt; ihre priesterlichen Gatten durften sie nicht sehen, außer im Freien und in Gegenwart Dritter. Viele Priester rebellierten; sie schlossen ihre Kirchen ab und weigerten sich, Messe zu lesen oder Sakramente zu spenden. Selbst in Canterbury waren die Kleriker verheiratet. Als Anselm sie exkommunizierte, kümmerten sie sich nicht darum. Die Zeiten waren so, daß Papst Paschalis II. einwilligte, die Kanones zu übergehen und Söhne von Priestern zu ordinieren – sonst hätte es keine Kandidaten für das Amt gegeben.

Als die Bischöfe auf Befehl von Rom härter wurden, trieben viele Priester Inzest oder meinten, da man ihnen ihre rechtmäßigen Frauen genommen hatte, hätten sie ein Recht auf ihre Mätressen.

Als Papst Honorius II. von den heißblütigen Engländern Wind bekam, sandte er Kardinal Johannes von Crema, um sie zu bessern. Seine Eminenz versammelte die ältesten Kleriker um sich und prangerte in der Messe die bösen Sitten des Klerus bitter an. So großartig war seine Rede, daß die Priester ihm zu Ehren ein Bankett gaben. Der Kardinal war so weise, sie feiern zu lassen, und zog sich für die Nacht zurück. Nicht lange danach platzten Vertreter des englischen Klerus in sein Zimmer, um festzustellen, daß der Kardinal nicht seine Gebete sprach. Im Gegenteil, er war in prachtvollster Chaucer-Manier im Bett mit einer Frau, ohne seine Gewänder oder, wie ein Zeitgenosse schrieb, »nudatus usque ad unguem«, nackt bis auf die Fingernägel. Es war ein klarer Fall einer mittelalterlichen Falle. Nach einem Trinkspruch auf den Prälaten mit der scharlachroten Haut und die »schöne Dame« neben ihm auf dem Kissen ließen die Eindringlinge ihn für die Nacht in Ruhe. Er verschwand bald still aus England.

Als der Mönch Clarembaldus 1171 zum Abt des Augustinusklosters in Canterbury, dem angesehensten Ordensposten in England, gewählt wurde, beschloß Papst Alexander III., der seit einiger Zeit vergeblich versuchte, die Engländer keusch zu machen, auf Nummer Sicher zu gehen. Er stellte drei Prälaten ab, um seine Eignung zu überprüfen. Sie entdeckten, daß Clarembaldus im Dorf allein siebzehn uneheliche Kinder hatte. Sein Ruf war kein Geheimnis, doch niemand in seiner Umgebung zweifelte, daß er der beste Kandidat für den Posten war.

Seit Alexander III. bezogen sich Kirchendokumente nicht mehr auf die »Ehefrau« eines Priesters, sondern verwendeten statt dessen die Ausdrücke »Konkubine« und »focaria« oder »Herdgenossin«. Dies waren die Damen, die König Johann während seines Konflikts mit Innozenz III. mitten in der Nacht aus den Betten der Pfarrer holte und für deren Rückkehr er eine hohe Steuer forderte.

Wie sie auch bezeichnet wurden – diese *focariae* waren den Klerikern echte und treue Ehefrauen, und die meisten Priester Englands hatten Herdgenossinnen. Welche Strafen die Kirche ihnen auch auferlegte (und manchmal wurde diesen Frauen ein christliches Begräbnis verweigert), sie hinderte die Priester nie daran, Bett- und Tischgenossinnen zu haben. Erst um 1250, nach allgemeinen und örtlichen Konzilien, akzeptierte der Klerus schließlich die Realität des Zölibats. Von nun an herrschte Promiskuität.

Die Berichte zeigen, daß viele Männer ehelos wurden, weil sie nicht keusch sein konnten. Eine Ehefrau war eine Ehefrau. Aber ein Priester konnte so viele Frauen haben, wie er wollte, und das taten viele Priester.

Im Jahr 1250 schrieb Bischof Grosseteste von Lincoln an Papst Innozenz IV. Über die Priester sagte er: »Sie sind in Wahrheit Lehrer der Häresie, da die Taten eine mächtigere Sprache sprechen als Worte.« Er war deutlich genug, der römischen Kurie die Schuld für alle daraus folgenden Probleme zu geben.

Später versuchte Innozenz, Lincoln seinen eigenen Neffen als Prätendenten unterzuschieben. Grosseteste war extrem papsttreu, doch er empfand dies als unschicklich, Christus verhaßt und eine Bedrohung für die Menschheit. In einem großartigen Akt des Widerstandes schrieb er dem Oberhirten: »Als gehorsamer Sohn bin ich ungehorsam, ich widerspreche, ich rebelliere. Ihr könnt nicht gegen mich vorgehen, denn all meine Worte und Taten sind nicht wirklich rebellisch, sondern die kindliche Achtung, die man nach Gottes Gebot seinem Vater und seiner Mutter schuldet.« Nach der Ansicht des Bischofs von Lincoln war Loyalität zum Papst nicht dasselbe wie Loyalität zum Evangelium Christi. Es ist bedeutsam, daß die Diözese Lincoln eine der wenigen war, wo die Priester spurten. Der Bischof entfernte verdächtig aussehende weibliche Personen aus den Pfarrhäusern. Wenn er Klöster besuchte, bestand er darauf, daß allen Schwestern die Brüste gepreßt wurden. Er brauchte sichtbaren Beweis, daß sie seit seiner letzten Visitation nichts Verbotenes getan hatten.

In den nächsten eineinhalb Jahrhunderten wurde es noch schlimmer. 1414 bat König Heinrich V. die Universität Oxford, Artikel zur Kirchenreform zu erarbeiten. Artikel 39 begann: »Weil das fleischliche und sündige Leben der Priester heute in der ganzen Kirche Anstoß erregt und ihre öffentliche Unzucht vollkommen ungestraft bleibt...«

In der Londoner Pfarrei St. Johannes Zacharias gab es eine sehr bemerkenswerte kirchliche Dienstleistung. Sie stellte ein Bordell ausschließlich für Priester und Ordensbrüder. Nur Männer mit Tonsur, dem ausrasierten Kreis, der die Dornenkrone Christi vergegenwärtigt, waren zugelassen.

Zweifellos fanden die Frauen, die für dies Haus ausgesucht wurden, sie hätten eine besondere Berufung. Zu dieser Zeit kam der Ruf der Gentlemen von Kent, sittenlose Kleriker in Zucht zu nehmen. Der Ritus der Ordination, schlugen sie vor, sollte die Zwangskastration einschließen.
Es war nicht kanonisches, sondern ziviles Recht, das die Kleriker zu mehr Diskretion, wenn auch nicht Heiligkeit, in ihrem Verhalten brachte. Heinrich VII. war bereit, jeden Priester einzukerkern, der der Unkeuschheit für schuldig befunden wurde.
1489 gab Papst Innozenz VIII. Erzbischof Morton von Canterbury Vollmacht, den Zustand von Ordenshäusern zu untersuchen. Das Resultat war laut Innozenz, daß alle Häuser in Schlechtigkeit versunken waren. Die Abtei St. Alban zum Beispiel war nichts als eine Höhle von Prostituierten, die den örtlichen Mönchen dienten. Die Nonnen wurden darin regelmäßig vergewaltigt, und das ganze Haus war in einem Ausdruck, der Shakespeares würdig gewesen wäre, »eine Orgie von Samen und Blut«.
Heinrich VIII., Verteidiger des Glaubens, Gatte von sechs Frauen, war auch ein entschlossener Vorkämpfer priesterlicher Keuschheit. Dies mag an der Tatsache gelegen haben, daß Heinrich, wenn sein Bruder Arthur nicht gestorben wäre, vielleicht Priester geworden wäre. Daher ging er oft fünfmal täglich zur Messe und brütete über scholastischer Theologie. Wer weiß, vielleicht wäre er ein hervorragender Erzbischof von Canterbury geworden.
Im Jahr 1535 befahl Heinrich, der inzwischen wütend auf den Papst war, Thomas Cromwell, das Leben der Klöster unter die Lupe zu nehmen. Einer von Cromwells Leuten, Dr. Leighton, besuchte die Abtei Langdon in Kent. Er brach die Tür des Abtes auf und fand ihn im Bett mit seiner Mätresse. Die Männerkleider, mit denen die Frau sich verkleidet hatte, hingen in einem Schrank. Der Gesamtbericht sagte aus, daß 144 Ordenshäuser es an Verdorbenheit mit Sodom aufnehmen konnten; zahllose Konvente, denen »lüsterne Beichtväter« dienten, waren voller Kinder; Kleriker – Äbte, Mönche und Ordensbrüder – trieben es nicht nur mit Dirnen, sondern mit verheirateten Frauen. Nichts hatte sich seit Erzbischof Mortons Untersuchung vor einem halben Jahrhundert geändert. Nachdem Heinrich von Papst Paul III. exkommuniziert worden war und das Parlament Cromwells Dossier erhalten hatte, begann es, die Klöster abzuschaffen.
Selbst dann war der König so grausam, darauf zu bestehen, daß die Mönche, ohne Kloster und ohne Lebensunterhalt, an ihr Keuschheitsgelübde gebunden waren. Er schickte einen Priester ohne Rücksicht auf seinen

geistlichen Stand auf das Schafott, weil er seine Frau nicht verlassen hatte. Es ist nicht klar, was Petrus dazu gesagt hätte. Cramer, Heinrichs Erzbischof von Canterbury, der heimlich zum zweitenmal geheiratet hatte, schickte seine Frau heim nach Deutschland, für den Fall, daß der König durchgriff.

Die beiden Töchter Heinrichs VIII. erbten seine Begeisterung für das Zölibat.
Für Bloody Mary, die Katholikin, rochen verheiratete Priester nach Häresie. Sie wurden summarisch entlassen und durften nicht mit ihren rechtmäßigen Ehefrauen zusammenleben, was wieder einmal heimliches Konkubinat und Promiskuität bedeutete.
Als Mary im November 1558 starb, fand Elizabeth, die Virgin Queen (Jungfräuliche Königin), ebenfalls keinen Gefallen an verheirateten Priestern. Zwar machte sie ihren verheirateten Tutor Parker zum Erzbischof von Canterbury, doch sie legte größten Wert darauf, daß bekannt wurde, daß sie mit seiner Lady nicht zu sprechen wünsche.
Am Ende war sie gezwungen, nolens volens Priesterehen um der Reformation willen zu dulden, doch sie schrieb sie der Schwachheit des Fleisches zu. Überdies mußten die Klerikerbräute von einem Bischof und zwei Friedensrichtern gründlich befragt werden, um sicherzustellen, daß sie passend für die Herren Geistlichen waren. Mit den Neununddreißig Artikeln wurde der Klerus der Kirche von England endlich achtbar. »Deshalb ist es Rechtens für sie wie für alle christlichen Männer, daß sie nach ihrem eigenen Gutdünken heiraten, wie sie es für der Frömmigkeit dienlich befinden.« Elizabeth konnte es freilich nicht einmal im Tod ertragen, daß ein verheirateter Priester ihr diente. Manch ein Kleriker fand es wahrscheinlich nicht weniger belastend, eine Frau als Haupt der Kirche von England zu haben.

England war nicht allein mit dem hartnäckigen Widerstand der Basis gegen das Zölibat. Der hl. Patrick fand den Klerus im keltischen Irland sehr stur. Er war zufrieden, wenn ein Bischof nur eine Ehefrau und ein Kind hatte. Dies war seine Auslegung des Paulusbriefes. Ein Kind, nahm er anscheinend an, kann ein Bischof unter Kontrolle halten und so seiner Diözese ein gutes Beispiel für Familiendisziplin geben. Patrick fand es durchaus nicht peinlich, daß er selbst aus einer sehr religiösen Familie stammte. In seinen *Bekenntnissen* erzählt er, daß sein Urgroßvater Diakon gewesen war, sein Großvater Priester und sein Vater Calpornius Diakon. Hätten

seine klerikalen Vorfahren nicht mit ihren Frauen geschlafen, so hätte es keinen hl. Patrick und keine Bekehrung Irlands gegeben.
Nach Patrick gab es in Irland verheiratete Bischöfe bis ins zwölfte Jahrhundert, als der hl. Malachias von Erzbischof Celsus von Armagh geweiht wurde. Dem hl. Bernhard, Malachias' Biographen, zufolge waren Celsus' acht Vorgänger im Amt des Primas verheiratete Männer gewesen.
Die Waliser gingen noch weiter als die Iren. Waliser Autoren sind stolz darauf, daß das Zölibat in Wales nie Fuß faßte. Wie J. M. Willis Bund in *The Celtic Church in Wales* schrieb: »Die Waliser Kleriker sind die einzigen, die durchgängig aller Opposition zum Trotz ihr Recht, zu heiraten, beanspruchten und bewahrten. ... Als der Rest Europas prinzipiell zum Zölibat verpflichtet war und es in der Praxis durch Unzucht erträglich machte, blieben die Waliser Kleriker allein Verteidiger des Rechts, des absoluten Rechts des Klerus auf Ehe.«
Gerard, im dreizehnten Jahrhundert Erzdiakon von Brecon, ist der wichtigste Historiker der Zeit. Als Vertrauter Innozenz' III. und karrierehungriger Mann bezeichnet er Priestergattinnen immer als Konkubinen. Alle Chorherren von St. Davids, sagt er, waren öffentlich unzüchtig und hielten Konkubinen, sogar auf dem Grundstück der Kathedrale. Sie trafen sorgsame Anordnungen für ihre Söhne, damit diese ihnen nachfolgten, wenn sie zurücktraten. Wie James Conway Davis schrieb: »Dies Erbfolgesystem herrschte nicht nur in Kathedralen vor, sondern im ganzen Klerus und Volk von Wales. Auch gab es diesen Mißbrauch nicht nur in Wales. Der ganze Klerus, englisch und walisisch, der nach Irland ging, war unkeusch.« Laut Gerard waren die Abteien voll glücklicher Frauen und lachender Kinder. Die meisten Pfarreien gehörten Familien, so daß eine Pfarrei zwei Rektoren haben konnte, eine einen Priester und eine einen Laien. Bischöfe wurden mit ihren Ehefrauen beerdigt. Was die Pfarrhäuser betraf – sie waren nicht gerade Heimstätten von Frieden und Einsamkeit. »Die Häuser und Wohnungen der Gemeindepriester«, schrieb Gerard, »sind voller herrschsüchtiger Mätressen, knarrender Wiegen, neugeborener Kinder und kreischender Gören.«
Bei aller scheinbaren Verdrießlichkeit stellte Gerard die Weisheit des Zölibats in Frage. Er wies darauf hin, daß die Ehe ursprünglich Priestern nicht verboten war. Aber war ein Priester nicht mit der Kirche verheiratet? wurde er gefragt. Wie konnte er dann mit einer Frau verheiratet sein? Unsinn, antwortete er. Die Kirche ist die Braut Christi, nicht eines Klerikers. In Gerards Buch *Gemma ecclesiastica* steht ein herrlicher Aphoris-

mus, den er Papst Alexander III. zuschreibt: »Der Papst hat den Klerikern die Söhne genommen, und der Teufel hat ihnen Neffen geschickt!« Der Waliser Klerus heiratete weiter bis zur Reformation, als ihm sein Lebensstil nicht länger von Rom diktiert wurde.

Die Schotten waren weit weniger ehrbar als die Waliser in ihrer Opposition gegen die Regel des Zölibats. Das Benehmen des schottischen Klerus vor der Reformation war wüst. Die Fäulnis hatte schon lange zuvor eingesetzt.

König Jakob (James) IV. hatte von Rom die Erlaubnis bekommen, als Erzbischof von St. Andrews zu ernennen, wen er wollte. Zuerst ernannte er seinen Bruder, doch als dieser starb, setzte er seinen neunjährigen unehelichen Sohn Alexander Stewart an seine Stelle.

Als der König am 9. September 1513 auf Flooden Field starb, hinterließ er einen einjährigen Sohn, der ihm als König James V. nachfolgte. Als er zwanzig Jahre alt wurde, schrieb James V. an Papst Clemens VII. Der schottische König hatte bereits drei uneheliche Kinder. Er fragte Seine Heiligkeit, ob uneheliche Kinder von ihrem illegitimen Status dispensiert werden und künftig kirchliche Ämter innehaben könnten. Clemens stimmte zu, vorausgesetzt, keiner der Knaben werde zum Bischof oder Erzbischof gemacht, bevor er zwanzig war. James dankte dem Oberhirten und verteilte unter seinen Bankerten einige der besten Abteien von Schottland, darunter Kelso und Melrose, St. Andrews und Holyrood.

Wie dekadent der Klerus war, läßt sich ermessen, wenn man das Register des Großen Siegels in der Zeitspanne zwischen 1529 und 1559 untersucht. Es war Brauch, daß Adlige ihre unehelichen Kinder anerkannten, um ihnen die Nachfolge zu ermöglichen. Jede Klasse des Klerus vom Kardinal bis zum Hilfspfarrer war im Register vertreten. Es gab zehn Bischöfe darin, noch mehr Vikare und noch mehr Kapläne.

Es ergibt sich eine erstaunliche Statistik: In einem Land mit 900000 Einwohnern gab es 3000 Kleriker; und dabei wurden von fünf unehelichen Kindern zwei dem Klerus geboren. Das Bild des Priesters als »drunken Sir John Latinless« (betrunkener Herr Hans von Lateinlos) war sehr zutreffend.

Der notorischste von allen Klerikern war Kardinal David Beaton. Er war Kanzler von Schottland und von 1538 an Erzbischof von St. Andrews und schottischer Primas. Er war Witwer, und jeder wußte, er hatte nie »das Talent, das Gott ihm gegeben hatte«, verloren.

Bei Beatons Thronbesteigung im Spätsommer 1539 hielt Erzbischof Hay eine tapfere Ansprache, den *Panegyricus*:

*Ich frage mich oft, was die Bischöfe sich gedacht haben, als sie solche Männer zum Umgang mit dem heiligen Leib des Herrn zuließen, wenn sie kaum das Alphabet konnten. An jenen himmlischen Tisch kommen Priester, die noch nicht die Ausschweifung von gestern ausgeschlafen haben. ... Ich will nicht von dem zügellosen Leben derer sprechen, die Keuschheit vorgeben und neue Arten der Fleischeslust erfunden haben, die ich lieber unbekannt lasse, als daß sie durch mich bekannt würden.*

Als Seine Eminenz dies hörte, muß er sich erinnert haben, daß sieben Jahre zuvor drei seiner Kinder anerkannt worden waren: David, Elizabeth und Margaret. Er plante schon, von seinem König, James V., weitere Kinder von sich anerkennen zu lassen, darunter James, Alexander und John. Sie wurden alle in den offiziellen Listen als »Bankerte des Erzbischofs von St. Andrews« geführt. Die Historiker sind nicht sicher, wie viele solcher Bankerte er hatte; es waren möglicherweise elf Söhne und vier Töchter.
Der Reformator John Knox nannte ihn den »fleischlichen Kardinal« (»carnal Cardinal«) und sprach von »des Kardinals gnadenloser Eminenz« (»graceless Grace«). Dieser Prälat mit seiner erstaunlichen Kinderschar verheiratete 1546 eine seiner Töchter mit großem Pomp mit dem Earl of Crawford; in der Trauung sprach er sie mit »meine Tochter« an. Derselbe Mann war bereit, einen Ketzer zu verbrennen, weil er in der Fastenzeit ein Ei gegessen hatte.
Es ist kein Wunder, daß der Calvinismus in Schottland als ein Hauch frischer Luft begrüßt wurde. Die Schotten hatten genug von »pestilenten Papisten und Messekrämern«, »ehebrecherischen Hurenböcken« und »frechen Ausrasierten«. Wenn ein calvinistischer Pfarrer wegen Ehebruchs gefeuert wurde, dann blieb er gefeuert.

## *Auf dem europäischen Festland*

Jenseits des Meeres, in Frankreich, hatten es die Bischöfe schwer genug, ihren Klerus dazu zu bringen, Meßgewänder am Altar zu tragen; es war kaum wahrscheinlich, daß er sich im Bett an die Vorschriften hielt. Gerson, ein Mystiker und Kanzler der Pariser Universität, empfahl dem Klerus das Konkubinat als das geringere von zwei Übeln. Es war der Rat eines Verzweifelten im Angesicht der Aussichtslosigkeit.
Jenseits der Grenze, in Belgien, lebte Bischof Heinrich von Liège. Der

Mann war zu Lebzeiten und darüber hinaus Legende. Er wurde schließlich 1274 von Gregor X. beim Konzil von Lyon »wegen Defloration von Jungfrauen und anderen mächtigen Taten« abgesetzt. Er hatte fünfundsechzig Kinder von vielen Konkubinen, darunter etlichen Nonnen; selbst in jenen Tagen war das für einen Prälaten ein wenig übertrieben. Er wurde schließlich von einem flämischen Ritter ermordet, dessen Tochter er geschändet hatte.

In Deutschland, wo die Reformation zuerst Fuß faßte, sind die Beweise für klerikale Mißbräuche peinlich. Im fünfzehnten Jahrhundert wurde Busch, ein Mönch, zum päpstlichen Visitator in Pfarrhäusern und Klöstern ernannt. Er fand Äbte, die weder lesen noch schreiben konnten und kein Gefühl für Gut und Böse hatten. Als Busch versuchte, die Pfarreien von unwürdigen Priestern zu säubern, wurde ihm klar, daß dies das Ende des sakramentalen Lebens bedeuten würde. Ein Ritter kam zu Busch und sagte:

*Ihr habt angeordnet, daß die Pfarrer ihre Mägde oder Konkubinen entlassen müssen. Doch es gibt auf meinem Land in Meißen zwei oder drei Pfarreien, wo die Pfarrer mit ihren Konkubinen abgereist sind und ihre Kirchen ohne Seelsorger gelassen haben; deshalb haben die Pfarrkinder weder Messe noch Predigt noch andere Dienste, sondern wandeln wie die Heiden, fast ohne Gott. Es wäre besser, daß Ihr sie ihre Konkubinen behalten ließet, als daß die Menschen wie die Heiden werden.*

Immer, seit das Zölibat durchgesetzt wurde, mußte die Kirche die schwere Wahl zwischen einem »unmoralischen« oder gar keinem Klerus treffen. Wie Petrus Comestor sagte: »Der Teufel hat der Kirche nie so geschadet, wie als die Kirche selbst das Gelübde des Zölibats einführte.« Drei Jahrhunderte später stimmte Martin Luther ihm zu, und nicht nur, weil der Klerus sich im großen Stil danebenbenahm. Luther sah die Gefahr in der Bezeichnung des Zölibats als »Weg der Vollkommenheit«. Es bedeutete, daß die Ehe ein Stand der Unvollkommenheit sei, ein tiefer Widerspruch zum Evangelium. Alle Männer und Frauen, sagte er, waren berufen, vollkommen zu sein, nicht nur Ehelose. Alle waren berufen, Christen zu sein, nicht Halbchristen und Halbheiden. Sein evangelischer Anspruch schien damals revolutionär: Gleichgültig, in welchem Stand ein Mensch sich befand, er war berufen, vollkommen zu sein, ob er Töpfer oder Priester war. Der einfachste Zimmermann war berufen, so vollkommen zu sein wie der Papst.

Luthers Rebellion war nicht nur ein Angriff auf die Mißbräuche der Ehelosigkeit, sondern auf die Ehelosigkeit selbst als Institution, die das Evangelium entstellte und die Laien abwertete. Die Mißbräuche waren unvermeidliche Folge dieser falschen Auffassung. Die Vorteile von Luthers Eingreifen waren unmittelbar. Owen Chadwick schreibt: »Eine Mätresse zur ehrbaren Gattin zu machen, ehrlose Bankerte zu ehrbaren Kindern zu machen, war das große, einzigartige Geschenk des Protestantismus an den Klerus. Abgesehen von höheren Erwägungen erzählte man sich, daß Luthers Bett vor seiner Heirat mit Katharina von Bora seit einem Jahr nicht gemacht worden war.«

Spanien war es mit dem Zölibat nicht besser ergangen als Deutschland. Da es am Rande Europas lag, innerlich zerrissen und maurischen Invasionen ausgesetzt war, neigte das Papsttum dazu, Spanien als Sonderfall zu behandeln. Bis 1130 gibt es nur einen Hinweis auf päpstliche Dokumente zum Zölibat dort, und das hieß, daß man den Klerus mit seinen Ehefrauen in Frieden ließ. Der Fall des Abtes von Santo Pelayo de Antealtaria bewies, daß mit dem spanischen Klerus nicht gut Kirschen essen war. Er wurde von seinem Erzbischof bei mindestens sieben Anlässen offen wegen seiner Unmoral kritisiert und schließlich 1130 vor Gericht gebracht. Verläßliche Zeugen sagten aus, daß er siebzig Konkubinen hatte. Wegen dieser wahrhaft salomonischen Frauenschar wurde der Abt abgesetzt, und zur Strafe bekam er Ländereien der Abtei, um sich, seine guten Damen und seine zweifellos zahlreiche Nachkommenschaft zu ernähren. In Spanien ist 1322 der vernünftige Brauch bezeugt, nach dem die Laien darauf bestanden, daß ihre Priester sich eine Frau nahmen, bevor sie sich niederließen.

Natürlich war das Beispiel Roms, wie wir in Teil I gesehen haben, das schlimmste von allen.

## Der Unheilige Stuhl

Das Papsttum setzte das Zölibat gegen die Weisheit der Urkirche und gegen die natürliche Gerechtigkeit durch; dabei verstieß es selbst oft am meisten dagegen. Die Herrschaft der Huren im zehnten Jahrhundert, die völlige Verderbtheit des Papsttums während des Exils in Avignon, das schiere Elend des großen Schismas fanden in allen Perioden ihre Parallelen. Das Sündenregister ist absolut ununterbrochen. Selbst Reformpäpste vermochten ihre eigene Kurie nicht zu säubern. Wir haben angemerkt, daß Kardinal Hugo 1250 Lyon für seine gastfreundliche Aufnahme der Kurie dankte. Doch auch die Kurie sei großzügig gewesen. Sie hatte drei oder vier Prostituierte gefunden, als sie nach Lyon kam, aber sie ließ die Stadt als ein großes Bordell zurück.

Es war nicht nur das ausschweifende Leben von Wüstlingen wie Sixtus IV., Innozenz VIII. und Alexander Borgia, das den Schaden anrichtete. Die Kirche litt unter der Weigerung keuscherer Päpste, die Kirche den Forderungen der Konzilien von Konstanz und Basel gemäß zu reformieren. Der Klerus war ebenso fortpflanzungsfreudig wie die Laien, doch die Päpste sagten, sie könnten nichts dagegen tun. Innozenz VIII. riet seinem Vikar davon ab, Rom säubern zu wollen, weil beim Klerus die Unmoral zur Natur gehöre. Unter Borgia sagte der Florentiner Klosterbruder Savonarola, Nonnen seien schlimmer als Dirnen. Und was den Klerus betraf: »Ein Priester verbringt die Nacht mit seiner Konkubine, ein anderer mit einem kleinen Jungen, und am Morgen gehen sie an den Altar, um Messe zu feiern. Was denkt ihr darüber? Was haltet ihr von einer solchen Messe?«

Papst Paul III. stellte eine Kommission von neun Prälaten unter der Leitung von Kardinal Carafa zusammen, die 1535 berichtete:

*In diesem Rom gehen die Dirnen umher wie verheiratete Frauen, reiten auf ihren Maultieren, und vom Herzen der Stadt aus folgen ihnen Adlige und Kleriker vom Haushalt des Kardinals. In keiner Stadt haben wir diese Verdorbenheit gesehen, außer in dieser, die ein Beispiel für alle [sein sollte].*

Das Übel wurzelte zu tief, um ausgerottet zu werden; die letzten Gelegenheiten waren lange vorbei. Guiccardini schrieb in seinen unveröffentlichten Werken: »Man kann nicht schlecht genug von der römischen Kurie sprechen, sie verdient immer noch mehr, denn sie ist schändlich, ein Beispiel für alles, was in der Welt böse und schlimm ist.« Als die Reformation sich ankündigte, fand ein Bischof des Kirchenstaates wie Chiari von Foligno, daß nur zwei Priester in seiner Diözese die Worte der Absolution kannten. Das machte nichts; niemand würde bei ihnen beichten gehen, weil ihr Leben so unkeusch war. »Die Schuld«, sagte Chiari, »liegt bei den Bischöfen und Gemeindepriestern, denn unser ganzes Leben ist eine beständige Predigt des Unglaubens.« Ein Sprichwort machte die Runde: »Der Beruf des Priesters ist der sicherste Weg zur Hölle.« Ein ehrlicher Mann wie Papst Hadrian VI. gab dies freimütig zu.

Als die Reformation zuschlug, war das Zölibat des Klerus ebenso wie der Ablaßskandal die Provokation. In Deutschland war vielen Priestern klar, daß sie nur durch Heirat die evangelische, ja die menschliche Freiheit gewinnen konnten, die das System ihnen verweigerte. Die Reformatoren glaubten nicht, daß sie unmoralisch handelten, wenn sie heirateten. Sie stellten einfach die alte Tradition wieder her und gaben der Ehe die ihr gebührende Ehre. Die Ehelosigkeit, befanden sie, hatte der Kirche zuviel Schaden zugefügt, um weiterzubestehen. Die Laien stimmten ihnen bei. Verzweifelt und viel zu spät versuchte das Papsttum es mit geistlichen Maßnahmen.

Das Konzil von Trient trat endlich im November 1542 zusammen. Kaum ein Bischof ließ sich blicken, deshalb trennte man sich und kam zweieinhalb Jahre später wieder zusammen. Die Pausen mitgerechnet, dauerte das Konzil über zwanzig Jahre.

1560 bat Kaiser Ferdinand den Papst, den Klerus heiraten zu lassen, weil dies die einzige Art war, ihn zu anständigem Benehmen zu bringen. »Denn obwohl das Fleisch verderbt war«, schrieb er, »ist doch die Verderbtheit des Priesterstandes am allerschlimmsten.«

Der Herzog von Kleve, Herr dreier dichtbevölkerter Herzogtümer, berichtete, es gebe keine fünf Priester ohne Konkubine in seinem ganzen Territorium.

Der Kaiser tat sich mit dem erzkatholischen Herzog von Bayern zusammen und bat das Tridentinum, die Kirche um der Laien willen vom Zwangszölibat zu befreien. Die Skandale waren inzwischen unerträglich. Viele, die Pfründen zu vergeben hatten, weigerten sich rundweg, Kleriker ohne Ehefrauen zu akzeptieren, weil es zu gefährlich für ihre Gemeinde war. Die Kirche mochte einen Verlust an Eigentum erleiden, weil Kleriker ihren Kindern etwas vererbten; dies mußte gegen den größeren Verlust an Seelen unter der herrschenden Disziplin abgewogen werden.

Nichts von alledem hatte irgendeine Wirkung. Das Konzil war völlig unter Roms Fuchtel. Wie P. Sarpi es ausdrückte: Der Heilige Geist kam mit einem in Rom gepackten Koffer nach Trient.

Der Hauptgrund für die Beibehaltung der Disziplin war dem Herzen Gregors VII. am nächsten: Ein eheloser Priester schuldete nicht Frau und Kindern, sondern der Institution völlige Treue. Er war ein Geschöpf der Institution. Das römische System war absolutistisch und hierarchisch. Damit ein solches System funktionierte, brauchte es Handlanger, die den Befehlenden völlig zur Verfügung standen. Die Konservativen in Trient sagten das ganz offen. Sie sagten tatsächlich, ohne Zölibat wäre der Papst nichts weiter als der Bischof von Rom. Kurz, das päpstliche System würde ohne die uneingeschränkte Treue des Klerus zusammenbrechen; das Zölibat allein konnte diese Art Treue garantieren. Nach den Worten des Tridentinum selbst ging es beim Zölibat nach wie vor nicht in erster Linie um Treue, sondern um Kontrolle. Kleriker sind Arbeitsbienen, die den Bienenstock funktionsfähig halten. Es war nicht etwa zuerst und vornehmlich eine Art, Gott in Freiheit zu dienen, sondern, wie das Tridentinum deutlich machte, eine Art, der Institution unter Zwang zu dienen. Wenn ein Priester einmal ordiniert war, war er ein Gefangener des Systems. Erwies er sich als nicht loyal, konnte er nicht einmal als normaler Mensch leben, indem er heiratete. Die Kirche nahm ihm dies naturgegebene Recht, wenn sie ihm sagte: »Du bist Priester auf ewig nach der Ordnung Melchisedeks.«

Entgegen der Tradition der ersten tausend Jahre und mehr sagte das Tridentinum, es sei gegen den Glauben zu sagen, daß Priester, Mönche und Nonnen eine gültige Ehe eingehen könnten. Gott würde denen, die darum baten, die Gabe der Keuschheit nicht verwehren. Außerdem sei der ehelose Stand höher als der Ehestand. Am 11. November 1563 verabschiedete das Konzil feierlich:

> *Wenn jemand sagt, der Ehestand sei über den jungfräulichen oder ehelosen Stand erhaben oder es sei nicht besser und gesegneter, in Jungfräulichkeit und Ehelosigkeit zu bleiben als in der Ehe vereint zu werden, sei er Anathema.*

Dies war ein endgültiger Hammerschlag gegen die Heiligkeit der Ehe, geführt von ehelosen Klerikern. Zu einer Zeit, als das Zölibat der Priester ein solcher Skandal war, daß sich die Menschen seinetwegen schämten, katholisch zu sein, erklärte das Konzil die Ehelosigkeit zum Juwel der Krone. Als die Wunden der Christenheit Balsam brauchten, gossen die Bischöfe auf Drängen Roms Essig hinein. Das Tridentinum machte klar, daß es Konfrontation, nicht Versöhnung wollte.

So wurde seltsamerweise das Zölibat, das zum großen Teil die Reformation provoziert hatte, zum Bannerträger der katholischen Gegenreformation, zum Beweis, daß der Katholizismus keinen Zollbreit vor den Protestanten zurückweichen würde. Die letzteren waren Außenseiter, Ketzer, überhaupt keine echten Reformatoren. Was Rom von ihnen verlangte, war unverzüglicher Gehorsam gegenüber dem Heiligen Stuhl und Verzicht auf ihre dumme Vorstellung von verheirateten Klerikern.

Das Tridentinum gab keinen Grund für seine Aussage an, Zölibatäre könnten keine gültige Ehe eingehen. Das Konzil erklärte nicht, warum es bereit war, nicht nur den Protestanten zu widersprechen, sondern den meisten Generationen von Katholiken, die es für selbstverständlich gehalten hatten, daß jede Ehe zwischen zwei Menschen durch Naturrecht gültig war, selbst wenn sie Geistliche waren.

Vor allem hatte das Tridentinum den Wind gesät, indem es definierte, das Zölibat stehe über der Ehe. Das Konzil erklärte, daß nur Ehelose den besseren Teil erwählt hatten und »im Stand der Vollkommenheit« waren. Es war den zwangsweise Ehelosen ein Trost zu hören, daß sie die einzig echten Christen in der Kirche waren. Aber was hätte Petrus wohl davon gehalten? Und was hielten die Priester in den kommenden Jahren davon?

Der Hauptbeitrag des Tridentinums zur Besserung der Priester war die Verabschiedung strenger Regeln für ihre Ausbildung. Die Seminare festigten nicht nur die kirchliche Lehre; sie halfen auch, einen Anschein von Anständigkeit beim Klerus zu erwecken. Zum erstenmal wurden Kleriker in »Priesterfabriken« erzogen. Dies war eine zweischneidige Sache. Sie konnten sich nicht länger durchmogeln, ohne das Alphabet zu kennen; sie erhielten eine minimale theologische Ausbildung und einen geregelten Tagesablauf, der sie auf das Amt vorbereitete. Andererseits waren sie mehr als je vom Leben und von den Belangen der Laien isoliert. Sie waren besser an den Dienst in der Institution angepaßt, aber dem Leben der Menschen gegenüber waren sie Fremde.

Abgesehen von den Segnungen der Seminare bedeutete das Aufkommen des weltlichen Staates, daß der Klerus gezwungen war, zumindest nach außen hin den Maßstäben der Gesellschaft zu entsprechen. Sie waren nicht mehr selbst Gesetz, weil sie das Privileg des Klerus genossen. Ihre Verbrechen waren nicht länger außer Reichweite der bürgerlichen Gerichtsbarkeit und kirchlichen Gerichten überlassen, die die Ihren zu schützen und ihre Missetaten zu vertuschen wußten. Zivile Strafen geboten den Verstößen des Klerus Einhalt, was das Kirchenrecht seit über tausend Jahren nicht vermocht hatte.

Freilich war das Tridentinum nicht sofort wirksam. Noch 1616 erklärte der Erzbischof von Salzburg, er sei schon froh, wenn seine Priester ihre Konkubinen und Gören außerhalb einer Zone von sechs Bannmeilen hielten. Noch überraschender war es, daß bis weit ins siebzehnte Jahrhundert noch Päpste von zweifelhaftem Ruf gewählt wurden.

Gregor XV., der 1621 Papst wurde, wurde gelobt, weil er der Dame treu blieb, deren Zuneigung er als Kardinal genossen hatte.

Innozenz X., der 1644 seine elfjährige Regierung antrat, hätte der Witwe seines Bruders, Donna Olympia, nicht näherstehen können. Sie gab Einladungen für ihn. Sie unterzeichnete päpstliche Anordnungen und war in allem außer dem Namen First Lady. Sie verkaufte sogar Pfründen und gewährte Beförderungen in der Kirche. Die Periode wurde als »das Pontifikat der Donna Olympia« bekannt. In Florenz wurde eine Medaille geprägt. Sie zeigt auf der einen Seite Olympia in päpstlichen Gewändern. Auf der Rückseite ist Innozenz X. mit einer Frauenhaube, neben einem Spinnrad sitzend. Als sein Berater Kardinal Pencirillo Seine Heiligkeit darauf aufmerksam machte, welchen Skandal er verursachte, tat Innozenz sein Bestes, ohne sie auszukommen, doch er fand sie unverzichtbar. In den letzten paar Wochen seines Lebens wich sie nie von seiner Seite. 1655 starb er mit achtzig Jahren in ihrem Arm.

## *Sünden in der Beichte*

Vermochte die Vorschrift der Ehelosigkeit schließlich einen keuschen Klerus zu produzieren? Gibt es angesichts der nachreformatorischen Geheimniskrämerei der römischen Kirche eine Möglichkeit, den Zustand der klerikalen Moral festzustellen?

Mit einem bemerkenswerten Stück Nachforschungsarbeit gelang es Lea, ein wenig Licht in eines der finstersten Reservate der Ehelosigkeit zu werfen: die Beichte.

Das Vierte Lateranische Konzil von 1215 machte es Laien zur Pflicht, jährlich bei ihren Gemeindepriestern zu beichten. Dies war dasselbe Konzil, bei dem Innozenz III. dem Zölibat seine endgültige Form gab. Die Kombination dieser beiden Regeln sollte sich für die Moral von Klerikern wie Laien als schädlich erweisen. Sie führte zu der Sünde, die im Kirchenrecht als »Anstiftung« bekannt ist, bei der ein Priester die Beichte zu unmoralischen Zwecken mißbraucht. Natürlich führte die Kirche dafür Strafen ein. Sie wurden immer strenger, doch gibt es keine Hinweise darauf, daß sie die Priester davon abhielten, ihre Position auszunutzen und ihren Beichtkindern gegenüber zudringlich zu werden.

Der Mißbrauch der Beichte war so weit verbreitet, daß man den Laien sagte, wenn ihr Priester einen schlechten Ruf habe, seien sie von der Pflicht dispensiert, ihm ihre fleischlichen Sünden zu beichten. Die private Natur der Beichte bot dem Klerus ungehinderten Zugang zu Frauen, wenn sie am ungeschütztesten waren, weil das Kirchenrecht sie verpflichtete, jeden unkeuschen Gedanken, Akt und Wunsch zu beichten. Wenn eine Frau zum Beispiel Unzucht oder Ehebruch beichtete, machte der Priester es noch schlimmer, indem er sie anstiftete. Sie war freilich nicht begierig, dies auszuposaunen. Sie wollte ja nicht den Verlust ihres Rufes riskieren. Man muß bedenken, daß Beichtende jahrhundertelang nach Innozenz III. neben dem Priester sitzen oder zu seinen Füßen knien mußten. Der Beichtstuhl, der jetzt zum Mobiliar der Kirche gehört, wurde erst Mitte des sechzehnten Jahrhunderts erfunden. Erst ab 1614 wurde er vom römischen Ritual vorgeschrieben. Selbst dann war er nicht allgemein in Gebrauch. In Spanien wurden alle möglichen Ad-hoc-Ersatzlösungen verwendet. Es konnte ein Gitter sein, das Priester und Beichtende trennte, ein Taschentuch, ein Sieb, Zweige oder ein Fächer. Anstiftung unter diesen Umständen in einer dunklen, einsamen Kirche blieb üblich. So war die Beichte oft ein Mittel für den Klerus, Frauen zu verderben und sich den Anforderungen der Ehelosigkeit zu entziehen.

Wenn ein Gemeindepriester von einem Beichtkind verraten wurde, verrenkte sich das kirchliche Gericht, um milde gegen ihn zu sein. Im Februar 1535 wurde der Gemeindepriester von Almodovar zahlreicher sexueller Vergehen angeklagt, darunter des Besuchs von Bordellen und der Anstiftung in der Beichte. Er hatte einer jungen Frau die Absolution verweigert, bis sie sich bereit fand, mit ihm zu schlafen. Er bekam eine kleine Geldstrafe und dreißig Tage Hausarrest. Danach war er zweifellos frei, so weiterzumachen wie zuvor.

Die bischöflichen Gerichte waren so lasch geworden, daß die Inquisition darauf brannte, ihre Aufgabe zu übernehmen. Paul IV. beschloß, daß Anstiftung Häresie implizierte; dies ermöglichte ihm, der Inquisition ihren Wunsch zu erfüllen. Die Entscheidung bewies, daß die Kirche mehr an der Integrität der Beichte als an der Integrität der Frauen interessiert war. Bei allen folgenden Verstößen gegen das Sakrament war die Hauptsorge der Verhörenden nicht, daß Frauen mißbraucht worden waren, sondern daß das Sakrament mißbraucht worden war. Wenn ein Priester zum Beispiel zeigen konnte, daß er zwar ein Beichtkind verführt hatte, aber in seinem Zimmer und ohne Beziehung zur Beichte, kam er straflos davon.

Die Moraltheologen machten es durch Kasuistik noch schlimmer. Worin, fragten sie, bestand die Anstiftung? War es das Berühren der Hände, fußeln, an die Brüste fassen oder Liebesbriefe schreiben? Und wie lüstern mußte Sprache sein, bevor sie etwas Schlimmes war? Einige spanische

Moraltheologen kamen zu dem Schluß, wenn eine Frau bei der Beichte ohnmächtig wurde und der Priester das ausnutzte, indem er sie vergewaltigte, sei dies technisch keine Anstiftung. Die Frau war eindeutig in keiner Verfassung zu reagieren. Die Priester konsultierten Bücher über Moraltheologie nicht, um bessere Beichtväter zu werden, sondern um zu lernen, wie sie Frauen bei der Beichte manipulieren konnten, ohne sich kirchenrechtlich strafbar zu machen.

Ein Papst nach dem anderen verschärfte die Gesetze und führte strengere Strafen ein. So durfte die »Komplizin« eines Priesters nicht bei ihm beichten. Erteilte er ihr Absolution von Sünden, die sie mit ihm begangen hatte, war er automatisch exkommuniziert und seine Absolution ungültig. Die Zahl der beschuldigten Priester nahm keineswegs ab.

Die Päpste setzten die versiertesten Kirchenrechtler darauf an, die Schlupflöcher in den Vorschriften zu schließen, die die Priester immer wieder fanden. Die Beichtenden beider Geschlechter waren zum Beispiel verpflichtet, jeden Beichtvater anzuzeigen, der sie anstiftete. Doch die Beweisführung war schwierig; das Wort des Beichtkindes stand gegen das des Beichtvaters, und es gab keine Zeugen. Die Kirche hatte dem Klerus eine fast idiotensichere Methode zur Verfügung gestellt, um die in Versuchung zu führen, die ihnen ihre Unkeuschheit beichten mußten. Geschädigte Beichtkinder hatten wenig Hoffnung auf Gerechtigkeit. Das Hindernis war, daß sie sich oft selbst anklagen mußten, obendrein vor zwei männlichen Fragestellern, die zur gleichen Elitegruppe gehörten wie der Priester, den sie beschuldigten. Und ohnehin – was konnte in einem kleinen Städtchen oder Dorf schon geheim bleiben?

Lea verschaffte sich Zugang zu den Diözesanarchiven von Spanien. In mühsamer Durchforstung von Inquisitionsdokumenten, die mit der üblichen Gründlichkeit geführt waren, machte er eine Reihe von Entdeckungen. Zwischen 1723 und 1820, als die Inquisition endlich abtrat, wurden den Behörden 3775 Fälle zur Kenntnis gebracht. Davon betrafen alle außer 981 Fällen Ordenspriester. Ein weiterer unerwarteter Fund: Ein großer Teil der Beschuldigten hatte hohe Ämter inne. Sie waren Provinzialminister, Guardiane, Minister, Priore oder Rektoren. Es war ein Amtsprivileg, so scheint es, Frauen anstiften zu können.

Die Zahlen sind nicht nur hoch, sie sind auch aus anderen Gründen niederschmetternd.

Erstens hatte Benedikt XIV. am 1. Juni 1741 eine Konstitution mit dem Titel *Sacramentum poenitentiae* herausgegeben. Sie enthielt die bisher schärfsten Strafen für das Verbrechen der Anstiftung. Ein Priester, der für schuldig befunden wurde, durfte nicht mehr Messe lesen und Beichte hören; er wurde seiner Titel enthoben und verlor seinen Lebensunterhalt. Dies und die Heiligkeit der Beichte hätte Anstiftung zu einem Tabu machen sollen. Das tat es aber eindeutig nicht. Angesichts der riesigen Zahl bekanntgewordener Fälle übersteigt das Ausmaß der Verstöße innerhalb und außerhalb des Beichtstuhls jede Vorstellungskraft. Laienfrauen besuchten die Kleriker oft in ihren Pfarrhäusern; die Priester konnten die Frauen daheim besuchen, wenn ihre Männer bei der Arbeit waren. Warum hatten die Priester es nötig, ihren Lebensunterhalt bei der Beichte aufs Spiel zu setzen, wenn nicht, weil die Versuchung zuviel für sie war? Der Grund, daß mehr Ordenspriester als Weltpriester Frauen anstifteten, liegt für Lea in einer wirtschaftlichen Tatsache. Weltpriester hatten mehr Bares zur Verfügung, um für weiblichen Trost außerhalb der Gefahrenzone zu zahlen; die Ordensleute mußten sich schadlos halten, wo und wann sie konnten.

Ein zweiter Grund, der die Zahl angezeigter Anstiftungen erstaunlich macht, liegt darin, daß die Spanierinnen offenbar große Schwierigkeiten hatten, mit dem Finger auf einen Priester zu zeigen. Er war ein professionell heiliger Mann. Wer waren sie, seine Integrität öffentlich in Zweifel zu ziehen? Zudem müssen sie ihren Fall für einzigartig gehalten haben. Schließlich kehrten die Behörden die Sünden des Klerus immer unter den Teppich; sie waren schlecht für die Moral. Dies erklärt zum Teil auch die Milde der Urteile, die die Priester bekamen. Während die Inquisition Juden und Protestanten mit unerbittlicher Strenge behandelte, neigte sie bei ihren eigenen Leuten zur Barmherzigkeit. Eine junge Frau, die angestiftet worden war, glaubte, ihr Fall sei einzigartig, und war versucht, niemandem davon zu erzählen, nicht einmal ihrem Mann oder Geliebten. Wenn sie ihren Beichtvater anzeigte, würde mit Sicherheit ihr eigener Ruf leiden. Da war es weit besser, die Unanständigkeit des Priesters als bedauerlichen Ausrutscher zu sehen, den zu wiederholen er nicht wagen würde. Bis vor kurzem verhielten sich die Frauen im Westen ebenso, wenn sie vergewaltigt wurden. Sie hatten Vorbehalte dagegen, es der Polizei zu melden, falls man ihnen nicht glaubte oder sie beschuldigte, sie wollten vergewaltigt werden.

Die Fälle, bis aufs Detail von den kirchlichen Vernehmungsbeamten festgehalten, zeigen jede Form sexueller Abartigkeit. Einige Priester betrieben Anstiftung im großen Stil. Zudringlichkeiten bei zehn Beichtkindern waren keine Seltenheit. Nonnen wurden angestiftet, ebenso wie kleine Kinder, Männer und Knaben.

Es gab zahlreiche Fälle, in denen ein Beichtvater als *flagellante* auftrat: Er befahl einer beichtenden Frau, sich auszuziehen, damit er sie peitschen konnte, wie sie es verdiente. Manchmal zogen sich Beichtkind und Beichtvater aus und peitschten sich gegenseitig. Priester wurden manchmal beschuldigt, »solicitante y flagellante« (Anstifter und Auspeitscher) zu sein. Ein Priester aus Yepes hatte mit neun Nonnen des Zisterzienserinnenklosters geschlafen; sie geißelten sich unter seinen Augen, wobei sie mit der Peitsche auf ihre schuldigen Körperteile zielten. Was Geschäftsreisende heute hoch bezahlen, hatten einige spanische Priester kostenlos im Heiligtum der Beichte. Ein faszinierendes Detail: Obwohl die Kleriker oft für schuldig befunden wurden, im Beichtstuhl eine Anstiftung begangen zu haben, ist kein Fall berichtet, in dem eine Kirche neu geweiht wurde, wie das Kirchenrecht es forderte, wenn sexuelle Vergehen begangen wurden und Sperma verspritzt wurde. Hätte man die Kanones beachtet, so hätten einige Kirchen regelmäßig den Segen des Bischofs gebraucht.

Von den sexueller Vergehen beschuldigten Priestern waren einige im fortgeschrittenen Alter. Ein 1734 angezeigter Priester aus Toledo war achtundsiebzig. Ein anderer aus Cuenca war 1786 achtzig. Sie näherten sich wahrscheinlich dem Ende einer sehr langen Anstiftungslaufbahn.

Es wäre unfair, so zu tun, als wären spanische Priester schlimmer als die anderer Länder, trotz der Berichte. Ein so ausgeklügelter Mißbrauch des Sakraments ist jedoch ein Beweis – falls ein solcher notwendig wäre –, daß zu viele Kleriker gezwungen waren, ein unnatürliches Leben zu führen. Sie hatten wahrscheinlich gute Absichten, als sie sich weihen ließen. Wenn sie verdorben wurden, dann weil ein Zwangszölibat sie verdarb. Sie waren die ersten Opfer eines päpstlichen Systems, das die Warnung des Apostels ignorierte: »Es ist besser zu heiraten, als Brunst zu leiden.«

Lea schreibt: »Nur ein kleiner Teil der Schuldigen wurde angezeigt, und von ihnen wurde nur ein Bruchteil vor Gericht gebracht. ... Die Spannung der Beichte ist zuviel für die durchschnittliche Menschennatur, und das Beste, was die Kirche in ihren jüngsten Regeln tun kann, ist, ihre Schwachheiten des Fleisches nicht die Gläubigen wissen zu lassen.«

Priester werden von achtzehn und manchmal zehn Jahren an in Seminaren erzogen, abseits von jedem Kontakt mit Mädchen oder Frauen. Sex ist ihnen verboten, sogar in Gedanken und Phantasien. Jeder sexuelle Impuls muß als Gefahr für ihr Zölibat verdrängt werden. Kaum sind diese jungen und zumeist unschuldigen Männer ordiniert, müssen sie in der Abgeschiedenheit des Beichtstuhls die wüstesten Beschreibungen sexueller Aktivität und Abartigkeit anhören. Jede sexuelle Sünde muß in ihre

Ohren gesprochen werden, mit Zahl und Art. Junge Frauen sagen ihnen ihre geheimsten Gedanken, Taten und Sehnsüchte, manchmal in Situationen körperlicher Nähe. Durch die Beichte kann ein Priester mit homosexuellen Neigungen herausfinden, wer die Mitglieder der Schwulengemeinde sind. Vom Standpunkt des Priesters aus scheint das System besonders grausam. Kein Wunder, daß viele von ihnen mehr mit ihren eigenen Problemen zu tun haben als mit denen ihrer Herde.
Wie Lea in seinem dreibändigen Werk *A History of the Inquisition in the Middle Ages* schreibt:

> *Kaum war es der Kirche gelungen, die Ehe ihrer Priester abzuschaffen, finden wir sie überall und ununterbrochen mit der offensichtlich unmöglichen Aufgabe beschäftigt, sie zur Keuschheit zu zwingen – ein Unterfangen, dessen Vergeblichkeit durch seine Fortsetzung in der modernen Zeit ausreichend erwiesen ist.*

## *Priesterliche Ehelosigkeit und Frauen in der Kirche*

Es ist oft gesagt worden, daß Frauen im Katholizismus eine niedrigere Stellung haben als in jeder anderen größeren Institution der westlichen Welt. Selbst asiatische Länder, berühmt für ihre Mißachtung weiblicher Rechte, haben Premierministerinnen hervorgebracht. Im Katholizismus gibt es keine Überlieferung, daß auch nur eine Frau direkt und rechtmäßig die Kirchenpolitik oder irgendeine wichtige Entscheidung beeinflußt hätte, auch nicht in Dingen, die ausschließlich ihr Geschlecht betrafen. Warum werden Frauen im Katholizismus von männlichen Klerikern bestenfalls jovial behandelt und schlimmstenfalls verfolgt?
Die einzig sinnvolle Antwort lautet: Ehelosigkeit. Es sind die Frauen, die durch die Jahrhunderte die Last der schlimmen Disziplin priesterlicher Ehelosigkeit tragen mußten.
Als erstes haben wir angemerkt, daß Priester, besonders Päpste, einen Marienkult entwickelt haben. Für Ehelose ist die ideale Frau ein geschlechtsloses Wesen, das ein Kind geboren hat. Maria bekam ohne Geschlechtsverkehr ein Kind; das ist Vollkommenheit. In den Worten der Kirche: »Maria verlor nicht die Glorie der Jungfräulichkeit«, als sie Mutter wurde. Leider wird sie oft nach dem Modell jüngster Erscheinungen dargestellt. Als himmlische und hygienische Dame, busenlos und weißge-

kleidet, spricht sie süß zu heiligen Kindern, hat einen Rosenkranz um ihre faltenlosen Hände drapiert und trägt Rosen an den Füßen.

An Bedeutung nach Maria kommt die Frau, die Babys produziert, ohne Vergnügen am Sex zu haben. Aufgrund des Einflusses der Kirchenväter und Papst Gregors des Großen galt dies in der ganzen Kirchengeschichte bis zur Moderne als der Gipfel der Heiligkeit, den verheiratete Frauen erreichen konnten. Noch weiter unten auf der Liste ist die Frau, die Kinder bekommt, aber sündigt, indem sie Vergnügen an dem Akt hat, der sie ins Dasein ruft. Noch tiefer und jeder Beschuldigung würdig sind jene Frauenzimmer, die keine Kinder bekommen, aber den Geschlechtsakt entweder genießen oder dafür bezahlt werden. Im zwanzigsten Jahrhundert ist diese Position abgewandelt worden: Frauen werden nicht mehr dafür verachtet, daß sie mit Freude, aber ohne Babys Geschlechtsverkehr haben, unter einer Bedingung: daß sie sich an die klerikale Methode der Empfängnisverhütung halten, die sich, was nicht überrascht, als extrem lästig erweist. Darüber wird später noch mehr gesagt werden.

Wir haben gesehen, wie schändlich Priesterfrauen über die Jahrhunderte behandelt wurden. Schon früh ließen gewählte Päpste einfach Frau und Kinder im Stich. Besonders seit der Zeit Gregors VII. mußten Frauen, die guten Glaubens heirateten, alle ehelichen Beziehungen mit ihren Männern aufgeben, wenn diese Kleriker wurden. Die Gefühle der Ehefrauen wurden übergangen oder mit Füßen getreten. Sie galten als Sünderinnen, wenn sie haben wollten, was nach dem Neuen Testament eindeutig ihr Recht vor Gott war. Doch durch die ganze Geschichte wurden Frauen für ihre Beziehung zu Priestern verachtet, während diese mehr oder minder ihren Ruf als »geistliche Herren« behielten.

Das deutlichste Beispiel für die Mißhandlung von Frauen durch eine ehelose Priesterkaste liefert das Zeitalter der Hexenverfolgung, bei der es entsetzliche pornographische Untertöne gab. Die Frauen wurden von ihren priesterlichen Inquisitoren verachtet; den Stereotypen zufolge waren sie Werkzeuge Satans, Verführerinnen, sexuelle Fallen, speziell für Männer, die beschlossen hatten, ohne Frauen zu leben. Die Hexenverfolgung zeigt, wie Ehelose sich mit unbewußter Böswilligkeit an Frauen für das Opfer ihrer eigenen Sexualität rächten. Sie glaubten, Satan sei ihr Feind, und in Wirklichkeit war es die Frau. Keine andere Erklärung ist für die schauerlichen Bekenntnisse der Hexen möglich, außer daß Ehelose ihre eigenen Alpträume auf sie projizierten. Ihr Abscheu machte sie völlig leichtgläubig. »Hexen verunreinigten die Welt«, weil sie selbst immer befürchtet hatten, durch die unerlaubten Regungen ihres eigenen Fleisches von Frauen verunreinigt zu werden. Frauen, versicherte ihnen die Theologie, waren gebogene Rippen, eine schweflige Brut, Evastöchter. Die schiere Häßlichkeit und üble Ausdünstung dieser alten Frauen muß den Inquisitoren um so mehr Ekel eingeflößt haben. Hexen waren die fleischgewordene schlimmste Seite ihrer selbst.

Dies erklärt weitgehend, warum es so viele Hexen und so wenige Hexer gab. Was überzeugte die Priester, daß Hexen satanischer waren als ihre männlichen Gegenstücke? Mit Sicherheit war es der Evaskomplex der Inquisitoren, den ein Mann wie Sprenger offen eingestand. Ebenso, wie sie zu dem Glauben erzogen waren, Juden seien verflucht, glaubten sie auch, Frauen seien viel mehr im Bunde mit Satan, viel eher Jüngerinnen des Teufels. Jeder fleischliche Gedanke, der dem Inquisitor durch den Kopf schoß, jeder fleischliche Impuls, den er fühlte, vergrößerte seinen Horror vor Hexen und machte ihn geneigter, jede Obszönität über sie zu glauben, die unter der Folter gesagt wurde. Während das Papsttum deshalb die Hauptverantwortung für die »Schaffung« von Hexen durch seine Dogmen zu tragen hat, gingen die grauenhaften Qualen, die ihnen zugefügt wurden, auf das Konto priesterlicher Ehelosigkeit. »Gute« Priester widmeten sich Gebet und Fasten, härenen Hemden und Selbstgeißelung. Wozu dies? Wozu die langen Wachen, die von Psalmen unterbrochenen Nächte? Warum die niedergeschlagenen Augen, um nicht einmal die Schönheit der Welt und des Himmels wahrzunehmen? Gewiß, weil sie Frauen auf Distanz halten mußten. Ihre Augen, lauteten die Ordensregeln, durften eine Frau nicht einmal streifen. Ihre Nasen durften ihren Duft nicht riechen, ihre Hände ihren Leib nicht berühren, ihre Phantasie nicht einen Augenblick lang bei ihrem Aussehen oder der Art, wie sie sich anfühlten, verweilen. Ein falscher Schritt, und sie waren verdammt. Es würde offenbar, daß ihr ganzes Leben und all ihre Opfer vergeblich waren, daß die Frauen sie besiegt hatten. Wie böse diese Dämoninnen sein mußten, um etwas so Gotteslästerliches zu tun!

Im nachhinein ist es natürlich leicht zu sehen, daß der »Satan« nicht in den Hexen war, sondern im Fleisch der Inquisitoren.

Wenn in der Vergangenheit Frauenverfolgung in der Kirche zumindest im wesentlichen auf die verdrängte Sexualität der Ehelosen zurückging, stellt sich die Frage: Auf welche Weise führen die Priester diese Unterdrückung heute fort?

Die meisten Priester werden die Frage selbst beleidigend und absurd finden. Priester halten sich selbst – mit Recht – für insgesamt gütig und menschenfreundlich. Sie sehen nicht, daß persönliche Nächstenliebe vollkommen mit institutionalisierter Unterdrückung vereinbar ist. Heute sind die Folterkammern im Kopf. Die Scheiterhaufen sind verinnerlicht. Päpste und Priester werfen durch ihre Gesetzgebung Menschen in nie erlöschende Flammen.

Die Frauenfeindlichkeit der Priester zeigt sich heute in ihrer Abwehr gegen die Idee weiblicher Priester. Theologen versuchen mit der Schrift zu belegen, daß Frauen nicht geeignet sind. Ihre Argumente sind durch die Bank schwach, um nicht zu sagen geschmacklos. Gott ist männlich, sagen sie. Denn Jesus war die Ikone Gottes, und er war männlich. Das fleischgewordene Wort war Gottes Sohn, nicht seine Tochter. Außerdem wurde nicht einmal die Jungfrau Maria, die heiligste aller Sterblichen, in den Priesterstand aufgenommen. Jesus erwählte nur Männer als Priester. Wie ist dies zu erklären, außer daß Frauen, wie heilig auch immer, nach Gottes eigenem Plan von Natur aus ungeeignet für das Amt sind?

Dieser männliche Chauvinismus im Gewand der Theologie findet heute immer weniger Anklang, selbst wenn er von Bischöfen und Päpsten kommt. Jesus hat Gott offenbar gemacht, nicht weil er ein Mann war, sondern weil er ein vollkommener Mensch war. Die Vorstellung von Gott als wesentlich und ewig Männlichem ist ein Stück männlicher Mythologie, etwa so akzeptabel wie der Gedanke, die Taube sei das heiligste Tier, weil der Heilige Geist in Gestalt einer Taube erschien. Es hat einige Frauen veranlaßt, in ihrer Verzweiflung so weit zu gehen, daß sie sagen, die Bibel und die darauf gründende kirchliche Liturgie müsse abgeschafft werden. Der Kern dieses Problems sei ein männliches Überlegenheitssyndrom, das der Gesellschaft, in der wir leben, völlig fremd sei. Die Sprache verewige die Sklaverei der Frau. Das Christentum, sagen sie, predigt einen männlich-chauvinistischen Gott und eine Inkarnation, die die Menschheit nicht erlöst, sondern die Unterdrückung der Frau für immer festschreibt.

Gewiß hatten in einer von Männern beherrschten Welt Männer Vorrang in allem. Es ist gerade die Erkenntnis, daß wir über dieses Stadium hinaus sind, die den meisten modernen Frauen und vielen Männern bewußt macht, wie relativ das kirchliche Beharren ist, nur Männer könnten Priester sein Außerdem wurde mehrfach argumentiert, wenn die Jünger, die Jesus erwählte, jede künftige Wahl vorausbestimmen, sollten alle Priester heute beschnittene jüdische Bauern sein und zum Teil verheiratet.

Es ist schwer, den Schluß zu vermeiden, daß der Hauptgrund für die katholische Kirche, jedenfalls in den höheren Rängen gegen Priesterinnen zu sein, darin liegt, daß sie ausschließlich von und für männliche Ehelose betrieben wird. Vom Papst abwärts verbarrikadieren sie ihre Herzen mit Stacheldraht gegen Frauen und sind überzeugt von ihrer Überlegenheit. Das Zölibat ist ein Mechanismus, um diesen Glauben zu beweisen und zu erhalten. Würde den Frauen die Gleichheit im Amt gewährt, so würde dies sorgsam kultivierte Bild männlich-zölibatärer Überlegenheit zerstört. Die wirkliche Grundlage klerikaler Argumente ist kurzum nicht theologisch, sondern sexuell. Es ist nicht Gott oder Christus, sondern männlicher Egoismus einer ganz besonderen Sorte, der sie gegen die Idee eines weiblichen Klerus opponieren läßt. Wieder einmal zeigt sich, daß die katholische Kirche der Zeit um fünfzig Jahre und mehr hinterherhinkt. Heute haben Ehemänner nichts dagegen, wenn ihre Frauen Präsidentinnen, Premierministerinnen, führende Politikerinnen, Richterinnen, Anwältinnen, Ärztinnen usw. sind. Doch ehelose Priester können den Gedanken nicht ertragen, daß Frauen, denen sie entsagt haben, auf gleichem Fuß mit ihnen stehen. Anzudeuten, daß Frauen eines Tages Bischöfinnen und Päpstinnen sein werden, erscheint vielen von ihnen als Gotteslästerung.

Die Kirche ist die Verliererin beim klerikalen Widerstand gegen die Frauen. Das Amt würde in jeder Weise profitieren, wenn die Weisheit der Frauen es nährte. Sie sind zumeist sanfter als Männer, ihre Abscheu vor Gewalt ist größer, sie haben ein tieferes Verständnis für junge und alte Menschen. Wenn diese »Tugenden« selbst als sexistisch betrachtet werden sollten, wäre die Beteiligung der Frauen am Amt einfach ein Ausdruck grundlegender menschlicher Gerechtigkeit. Abgesehen von allem anderen muß ein System, das ungerecht gegen Frauen ist, schlecht für die Männer sein, die es sich ausgedacht haben.

Es gibt keine Hoffnung auf einen baldigen Wandel. Johannes Paul II. hat deutlich gemacht, daß er von Herzen gegen Priesterinnen ist. Wie viele Bischöfe scheint er zu denken, daß die Frauen sich vollkommen frei in der Kirche fühlen können, ohne in irgendeiner Form repräsentiert zu sein, ohne eine Stimme in ihren eigenen Belangen. Männer, muß der Oberhirte annehmen, sind von Gott am besten dazu ausgerüstet, zu wissen, was im Interesse der Frauen ist.

Dies hilft erklären, warum der Katholizismus in den letzten Jahren die hingebungsvollste Gruppe von Frauen in der Welt dezimiert hat. Die Nonnen, die gebildetsten und apostolischsten Katholiken, haben gelitten, bis sie nicht mehr konnten. Sie verließen die Klöster in Scharen. Die Zahlen sind atemberaubend. In den USA gab es zum Beispiel 1976 39500 Ordensschwestern weniger als 1960. Sie hatten nichts dagegen, Dienerinnen der Diener Gottes zu sein; sie hatten etwas dagegen, Lakaien von Priestern und Bischöfen zu sein. Da unter ihnen nicht eine einzige Priesterin ist, um ihren Bedürfnissen zu dienen, ihre Beichte zu hören und für sie Messe zu lesen, waren und sind die Nonnen völlig vom Klerus abhängig. Sie sind jeder seiner Launen unterworfen, nicht nur örtlich, sondern auch international gesehen. Sie dürfen ihre Regel und ihre Lebensform nicht abwandeln, ohne vom Klerus grünes Licht zu bekommen, von ihrem »Kardinal-Protektor« und den männlich beherrschten römischen Kongregationen. Sogar die Länge ihrer Röcke wird von Männern beschlossen. Dieser Verstoß gegen die natürliche Gerechtigkeit hat zur Massenflucht der besten Apostel der Kirche geführt. Es ist ein Skandal, von dem die meisten Katholiken nichts wissen. Er ist fast ausschließlich auf den Chauvinismus eines männlichen, ehelosen Klerus zurückzuführen, der so weit davon entfernt ist, Frauen als gleichberechtigt im Amt anzuerkennen, daß er ihnen sogar jedes Detail ihres Leben als Nonnen vorschreiben will.

Nonnen sind nicht die einzigen weiblichen Opfer; Ehefrauen leiden ebenso. Früher waren Frauen, die Geschlechtsverkehr hatten, verpflichtet, Kinder zu gebären. Die Logik war, daß dort, wo ein Mann sich hineingeschoben hat, ein Baby sich hinausschieben muß. Frauen müssen an der Stelle leiden, wo sie gesündigt haben.
Die Betonung der Sündhaftigkeit der Empfängnisverhütung garantierte, daß Frauen den Männern sozial unterlegen blieben. Wiederholte Schwangerschaften verringerten oder zerstörten die Chancen für verheiratete Frauen, viel zur Gesellschaft beizutragen, außer als Ehefrauen und Mütter. Das führte Männer sogar zu der Annahme, daß Frauen ihnen genetisch in Intelligenz und Kreativität nachstünden. Heute werden Frauen unterdrückt, indem man ihnen nur die klerikale Methode der Empfängnisverhütung erlaubt.
Ehefrauen dürfen jetzt Freude am Geschlechtsakt haben, selbst wenn sie sich nicht fortpflanzen wollen. Der Klerus hat nichts dagegen, vorausgesetzt, sie überwachen ihre körperlichen Regungen genau, messen regelmäßig ihre Temperatur und tragen alles in den Kalender ein. So bleiben die Frauen gehorsam. Es ist die Methode des Klerus – und sie ist sehr erfolgreich –, Sex gefährlich und krisenanfällig zu halten. Sicherer Sex, das wissen sie, droht die Frauen der kirchlichen Kontrolle zu entziehen; er macht sie frei. Es scheint den höheren Klerus nicht zu kümmern, daß viele

Frauen unter der Knaus-Ogino-Methode so leiden, daß sie lieber ganz ohne Sex leben, besonders wenn die Methode bei ihnen nicht funktioniert.

## *Ehelosigkeit heute*

Das Zölibat ist für einen Menschen die Entscheidung für ein hohes Ideal. Er will vielleicht Christus und der Gemeinde mit einer Art prophetischem Zeugnis der Armut und totalen Verfügbarkeit dienen. Wenn er sein ganzes Leben lang treu bleibt, wird dies ihm und vielleicht vielen anderen zum Segen gereichen.

Die Gefahr entsteht nur, wenn dies Ideal institutionalisiert und, noch schlimmer, zur Bedingung für die Ordination gemacht wird. Die Erfahrung über lange Zeiträume zeigt, daß dies nur allzu oft zur Katastrophe wird. Der Betreffende verliert seine Freiheit und oft seine Integrität. Er will verzweifelt Priester sein; zu dem Kopplungsgeschäft gehört das Zölibat, zu dem er vielleicht wenig oder gar keine Neigung hat. Sobald er geweiht ist, ist er Gefangener des Systems. Es ist bemerkt worden, daß manch ein Priester, der desertieren möchte, riskiert, drei sehr mächtige Frauen aufzubringen: Mutter Maria, Mutter Kirche und oft seine leibliche Mutter, die die Berufung ihres Sohnes als Segen für sich und die ganze Familie ansieht. Selbst wenn es keine Schande wäre zu gehen – und die Kirche tut ihr Bestes, damit es eine ist –, was soll ein Priester danach tun? Seine sechs- oder siebenjährige Ausbildung hat ihn auf eine spezialisierte Aufgabe in der Gemeinde vorbereitet, und er ist für nichts anderes motiviert oder kompetent. Er ist versucht, im Amt zu bleiben, selbst wenn er eine wesentliche Bedingung nicht erfüllen kann: keusch zu leben. Selbst die Hierarchie sagt ihm, daß Keuschheit nicht so wichtig ist wie Ehelosigkeit. So lebt er vielleicht ehelos, aber polygam weiter. Was fast genauso schlimm ist, ist ein Priester, den seine eigenen sexuellen Probleme so quälen, daß er wenig Energie übrig hat, um anderen zu dienen, was der eigentliche Sinn seines Amtes ist.

Da ein Mann, jeder Mann, ein natürliches Recht hat zu heiraten, muß es in irgendeiner Weise tragisch enden, wenn man ihn gegen seinen Willen zur Ehelosigkeit zwingt. Oder sind alle Priester so gefestigt als Menschen, daß sie auf die Stärke der Liebe einer Frau verzichten können? Schließlich ist Ehelosigkeit eine Art genetischer Selbstmord. Der Ehelose kastriert sich im Geist und bringt der Welt so in seinem Fleisch das Jüngste Ge-

richt. Das Leben, das über Jahrtausende von Generation zu Generation weitergegeben wurde, gerät in die Sackgasse eines ehelosen Leibes. Er hat das Geschenk des Lebens empfangen; er gibt es nicht weiter. Er bläst die Kerze aus. Wenn er dazu gegen seinen Willen gezwungen wird, ist es wahrscheinlich, daß er zu einer Bedrohung für sich und andere wird.
Lea hat in seiner berühmten Studie darauf verzichtet, Kommentare über den katholischen Klerus seiner Zeit zu machen. Bemerkungen über ein so heikles Thema sollten allgemein gehalten sein.
Die menschliche Natur ändert sich nicht. Der Vatikan weiß genau, daß es Diözesen, sogar Länder gibt, in denen die Priester das Konkubinat so allgemein praktizieren wie im Mittelalter oder in der Renaissance. Die Laien dort haben zweifellos Verständnis, daß ihre Priester die Liebe einer Frau brauchen. Wie die Laien vergangener Zeiten sind sie wahrscheinlich erleichtert, daß die Priester ihre eigenen Frauen haben und sich deshalb weniger wahrscheinlich an den ihren vergreifen.
Und sonst? Es wäre ungerecht, den Klerus en masse zu verurteilen. Tatsächlich würden viele kenntnisreiche Menschen sagen, daß katholische Priester zu den besten Menschen der Welt gehören. Doch es wäre naiv zu denken, daß die heutigen Priester völlig frei von den Fehlern sind, die fast jede Generation an den Tag legte, seit das Zölibat zur Pflicht wurde. Moderne Priester haben es weit schwerer als ihre Vorgänger. Unsere Zeit ist permissiv, wie wir alle wissen. Die Logistik allein kann Unkeuschheit soviel leichter für jeden machen, auch für den Klerus. Es gibt verläßliche, billige und leichte Methoden der Empfängnisverhütung. Das Telefon macht es einfach, eine Verabredung zu treffen, und das Auto, sie einzuhalten. Ein Priester kann heute ohne Schwierigkeiten anonym sein. Eine halbe Stunde Autobahn, und er ist an einem Ort, wo man ihn nicht kennt. Er nimmt seinen römischen Kragen ab und verschmilzt mit dem Hintergrund. Es wäre überraschend, wenn Anstiftung bei der Beichte heute so weit verbreitet wäre wie im Spanien des neunzehnten Jahrhunderts. Sie ist kirchenrechtlich bedenklich und, falls ein Priester nicht Geschmack an der Gefahr findet, unnötig.
Doch die Keuschheit des modernen Priesters ist durch etwas weit Destruktiveres als die Permissivität gefährdet: Die theologischen Grundfesten des Zölibats sind zusammengebrochen.
Das Zölibat entsprang aus dem Glauben, daß Sex immer und wesentlich verworfen und schmutzig sei. Das ist falsch.
Die Kirche verkündete, Ehelosigkeit sei wesentlich höher als die Ehe, ein

vollkommenerer Stand im Leben, der beste Weg, um Christus nachzufolgen. Daran glaubt kaum noch jemand.

Die Kirche bestand auf der Koppelung zweier total verschiedener Berufungen: der Ehelosigkeit und dem Priesteramt. Die meisten Menschen finden heute, daß dies hochgefährlich war, so gefährlich wie die Verpflichtung, daß alle Ärzte oder Politiker ehelos sein sollten.

Die Kirche lehrte, nur Ehelosigkeit vertrage sich mit dem Amt. Dies untergrub nicht nur die Ehe und führte zu einer unüberbrückbaren Kluft zwischen Klerus und Laien; es brachte die Männer in Versuchung, Ehelosigkeit zu versprechen, obwohl sie sie nicht halten konnten.

Viele ließen sich in dem Glauben ordinieren, die Koppelung von Zölibat und Amt sei biblisch, was sie nicht ist, und das Zölibat habe eine lange, ehrenvolle Geschichte, die es nicht hat.

Lange glaubten Priester, die Kirche sei berechtigt, ihnen die Heirat nach der Ordination zu verbieten. Wie eine Untersuchung des ersten Jahrtausends zeigt, glaubte die Kirche damals, daß nicht einmal ein Keuschheitsgelübde die Ehe ungültig macht. Ein Mensch hat das natürliche Recht zu heiraten, und nicht einmal die Kirche oder der Papst kann es ihm nehmen. Johannes Pauls Argument, Priester müßten sich wie Eheleute an ihre lebenslange Verpflichtung halten, ist nicht stichhaltig. Wer geheiratet hat, hat sein natürliches Recht wahrgenommen; wer gegen seinen Wunsch zur Ehelosigkeit gezwungen wurde, ist seines natürlichen Rechtes beraubt. Abgesehen davon ist Zwangszölibat ein Widerspruch in sich. Es sollte hinzugefügt werden, daß das Zölibat für Nichtkatholiken nur glaubwürdig sein wird, wenn es völlig freiwillig ist. Johannes Paul sagt oft, der Priester sei seine Verpflichtung in völliger Freiheit eingegangen. Wenn dem so ist, warum erlaubt er Priestern dann nicht, das Amt zu verlassen? Warum zwingt er sie zu bleiben, wenn sie das Alleinsein nicht mehr ertragen, das, wie Gott sagt, nicht gut für den Menschen ist?

Nur wenn die Keuschheit des Klerus ebenso ernst genommen wird wie seine Ehelosigkeit, wird die Kirche der Gefahr entgehen. Ein unkeuscher Priester braucht einer Frau nie die Ehe zu versprechen. Seine Ehe wäre in den Augen Gottes oder der Kirche nicht gültig. Ein Priester darf tausendmal fallen, aber das Kirchenrecht verbietet ihm, einmal zu heiraten. Es ist eine traurige, aber allgemein bekannte Tatsache, daß Frauen, die sich in Priester verlieben, in ein Netz von Heuchelei und Leiden verstrickt werden, weil der Klerus so tun muß, als sei er anders, als er wirklich ist. Diese unglücklichen Frauen führen ebenfalls ein Doppelleben, oft viele Jahre lang. Ihre Verabredungen mit ihren priesterlichen Liebhabern sind geheim. Sie können ihren Familien und Freunden nicht erklären, warum sie keinen Freund haben, keine Neigung, zu heiraten und eine Familie zu gründen.

Das Zölibat hat weitere Nachteile. An vielen Orten hat das Bestehen auf Ehelosigkeit des Klerus zu einem sehr großen Mangel an Priestern geführt, die gebraucht werden, um Messe zu lesen und die Sakramente zu spenden. Dadurch, daß das Papsttum Ehemänner nicht zum Priesteramt zuläßt, behauptet es weiterhin, daß diese zölibatäre Kaste, ohne die der Papst nur der Bischof von Rom wäre, wichtiger ist als die Grundbedürfnisse der Gemeinden. Es ist besser, daß eine Kirche keinen Priester hat, als daß sie einen verheirateten Priester hat. Dies verstärkt den Eindruck, daß es beim Zölibat nicht in erster Linie um Keuschheit geht, nicht einmal um das Wohl der geistlich Armen: Es geht um Kontrolle. Deshalb würde eine Lockerung des Zölibatsgesetzes einen massiven Wandel von der Kirche als Macht zur Kirche als Dienst bedeuten.

In diesem Licht gesehen, repräsentierten die vielen tausend Priester, die unter Papst Paul um Dispensierung baten, nicht die Zerstörung, sondern eine gewisse Reinigung der römischen Kirche. Solche Antragsteller in den Untergrund zu treiben, kann langfristig sehr wohl verheerende Folgen für die Einsatzbereitschaft und die Moral des Priesterstandes haben.

Schließlich haben nicht nur viele Laien, sondern auch viele Priester den Verdacht geschöpft, daß eine ehelose Hierarchie für viele phallische Fehler verantwortlich ist. Dem Katholizismus, besonders dem Papsttum, macht offenbar vor allem die Sexualität zu schaffen. Wie könnte es anders sein? Laien sind die Experten in sexuellen Dingen, und ihre entspannte Weisheit wird von einer ehelosen Kaste ignoriert. Ist es ein Wunder, daß päpstliche Verlautbarungen über Empfängnisverhütung, Scheidung, Abtreibung nicht überzeugen? Kann man erwarten, daß Frauen der offiziellen Kirche in Belangen gehorchen, die sie im Innersten betreffen, wenn die Priester ihnen weiterhin sagen, sie hätten in der Gemeinde zu schweigen? Den Laien innere Zustimmung zu priesterlichen Verlautbarungen über Sexualität abzuverlangen, ist, als fordere man von praktizierenden Ärzten, Naturwissenschaftlern, Mathematikern oder selbst Fußballspielern, Nichtpraktizierenden einfach zu glauben.

Wissen bringt nicht immer Weisheit – Unwissenheit bringt sie nie.

# EPILOG

Das Werk des Advocatus diaboli ist getan. Er hat sein Bestes gegeben – oder sein Schlimmstes. Die katholische Kirche und das Papsttum an ihrer Spitze ist in bester römischer Tradition mit viel Schmutz beworfen worden. Dem Leser ist das Urteil überlassen, wieviel davon hängenbleibt und wieviel zu Boden fällt. Tatsache ist: Die Kirche von Rom hat es überlebt, wie sie seit fast zweitausend Jahren überlebt hat. Man kann sagen, daß sie heute stärker ist denn je, mehr verehrt und geachtet.
Die Kirche besteht aus Millionen frommer Männer, Frauen und Kinder. Sie brauchen in der Tiefe ihres Wesens die Hilfe und Gnade, die sie allein bringen kann. Selbst der strengste Papst berührt die Herzen der Katholiken, wie kein Präsident, kein Mitglied eines Königshauses es kann.
Das Papsttum ist eine massive, harte Realität der Geschichte. Was seine Ursprünge auch sind – und sie sind weit zweifelhafter, als die meisten Katholiken wissen –, es wird bleiben. Und es hat mehr als jede andere religiöse Institution die Fähigkeit, der Menschheit zu nützen. Ob es bis zum Ende der Zeiten überleben wird, kann niemand sagen, doch eines ist gewiß: Wenn irgendeine der heutigen Institutionen überleben wird, dann die Kirche von Rom.
Eine solche Überzeugung sollte zu Frieden und Großmut mit anderen befähigen. Solche Fähigkeiten haben in der Vergangenheit auffallend gefehlt und sind auch heute nicht eben hervorstechend. Doch es gab jenes große Aufreißen der Wolken, als Johannes XXIII. den Papstthron bestieg.
Johannes' Gott war keine Stammesgottheit; Er war größer als die Kirche. Johannes' Gott hatte einen Plan mit der ganzen Welt, ebenso wie mit der Kirche. Die Kirche selbst hatte einen entscheidenden Beitrag zum Fortschritt der Welt zu leisten. Johannes fragte immer: Wie kann die Kirche Gott in Seinem Plan helfen, der über die Kirche hinausgeht? Instinktiv begriff er den Unterschied zwischen der Kirche und dem Reich Gottes.

Die Kirche bestand aus relativ wenigen Menschen; das Reich, zu dem beizutragen die Kirche berufen ist, gehört allen Sanftmütigen, allen, die reinen Herzens sind, allen Demütigen.

Dies bedeutete für Johannes, daß die Kirche nie vollkommen ist, daß sie immer reformiert und an die Zeit angepaßt werden muß. Doch es war immer noch eine Kirche. Bischof Creighton wollte ihr nicht soviel einräumen. In seinen *Briefen* schrieb er: »Die römische Kirche ist überhaupt keine Kirche, sondern ein Staat in ihrer Organisation; und die schlimmste Form eines Staates: eine Autokratie.« Gewiß, viele Päpste haben den Eindruck hinterlassen, daß sie Diktatoren nach dem Muster Gregors VII. waren; und die Sprache, die die Hierarchie bei Vaticanum I benutzte, war voll von Rechtshoheit und Oberhoheit, ganz im Widerspruch zum Neuen Testament, in dem es immer um Demut und Dienst geht.

Papst Johannes' Herz war in vollkommener Harmonie mit dem Evangelium. Darum war ihm klar, daß das Papsttum nicht der einzige Lehrer der Welt ist – das wäre Gotteslästerung. Weil die Kirche Gott in der Welt nicht voll zum Ausdruck bringt, muß das Papsttum der beste Zuhörer und der beste Schüler sein. Ein Papst, das wußte er, hat nicht einen Sack voller Wahrheiten, den er bei Bedarf jederzeit ausschütten kann. Er war der erste und bislang einzige Papst, der begriff, daß die Welt eine Botschaft für die Kirche hat und daß die Kirche auch Missionsgebiet für die Welt ist. Weil Papst Johannes zuhörte, hörte man ihm zu. Als er ein Konzil einberief, bat er die Bischöfe, auf die Welt zu hören, um ihre volle Größe als Nachfolger Christi zu erreichen.

Im alten Israel waren die Andersdenkenden nie Priester, sondern Propheten. Und obwohl sie ein lästiger Haufen waren, hatten sie oft recht, wenn die Priester unrecht hatten. Jesus stand in der Tradition der Propheten, nicht der Priester; deshalb wurde er als Andersdenkender betrachtet. Er wurde für sein anderes Denken gekreuzigt. Papst Johannes erkannte, daß Propheten für jede Institution unverzichtbar sind, besonders aber für die Kirche. Er glaubte nicht, daß die Kirche ohne Propheten besser daran wäre. Auch wir brauchen unseren Micha, unseren Amos, unseren Jeremia, unseren Jesus. Die freie Rede zu unterdrücken, heißt die Stimme der Prophetie unterdrücken, die die Stimme Gottes ist.

Papst Johannes schien zu sagen, Andersdenken ist erlaubt und fruchtbar, denn ich bin hier, und ich bin euer Vater in Gott. Andere Päpste haben gesagt, Andersdenken ist nicht erlaubt, denn ich bin hier als unfehlbarer Lehrer. Allerdings kann selbst ein unfehlbarer Lehrer nichts Wertvolles sagen, wenn er nicht auf das prophetische Wort hört. Ein jüdischer Rabbi des sechzehnten Jahrhunderts, Judah Loew, sagte: »Die Eliminierung der Meinung von Religionsgegnern untergräbt die Religion und schwächt sie.« Doch ein Papst braucht viel Mut, um zuzuhören, zu lernen, Widerspruch zu dulden, wenn es in seiner Macht steht, dem mit einer Bulle oder Enzyklika ein Ende zu setzen.

Johannes war in meinen Augen ein Mann von wunderbarer Gelassenheit. Er war Schüler Christi, voller Erbarmen und Liebe. Er starb zu früh. Papst Paul VI., der ihm nachfolgte, war ein Papst im alten Stil. Seine erste Entscheidung war, der Kirche und dem damals tagenden Konzil zu sagen, sie hätten auf ihn zu hören. Weil er nicht auf die Kirche hörte, hörte die Kirche nicht auf ihn, obwohl er strenggenommen im »Recht« war, und die Welt behandelte seine endgültige Aussage über Geburtenkontrolle mit einem gewissen Hohn. Das hätte nicht so sein müssen.

Heute bereist Papst Johannes Paul II. die Welt und wird mit einer Liebe und Zuneigung empfangen, die nur ein Blinder übersehen könnte. Doch man hört nicht auf ihn, denn auch er hört offenbar nicht zu. Die begeisterten Massen, die ihn begrüßen, sind ein Zeichen dafür, was das Papsttum nicht nur für die Kirche sein könnte, sondern für alle. Papst Johannes war das für die ganze Menschheit, selbst für die Kommunisten, die ihm begegneten.

Viele Katholiken, deren Loyalität nicht nachläßt, kommen zu der Ansicht, daß ein Papsttum im alten Stil zuviel kostet. Die Katholiken profitieren von einem autokratischen Amt, oder sie glauben von ihm zu profitieren. Aber es hat die Christenheit von oben bis unten gespalten. Können Katholiken nach dem Vaticanum II wirklich weiterhin dem Triumphalismus der Vergangenheit verhaftet bleiben, als wären die Orthodoxen und die Protestanten einfach auf dem falschen Dampfer, als müßten sie nur bereuen und in den Schoß von Mutter Kirche zurückkehren, als wären nicht auch sie die Kirche?

Ein Beispiel gewiß unbeabsichtigter Grausamkeit war die Erklärung Leos XIII., anglikanische Weihen seien ungültig. In *Apostolicae curae* von 1896 leugnete er praktisch die Existenz der alten englischen Kirche: Sie war keine Schwesterkirche, nicht einmal ein Teil oder Zweig der wahren Kirche. Sie war bestenfalls eine wohlmeinende häretische Sekte ohne Anteil an der wahren Priesterschaft Christi. Anglikanische Geistliche, die zur römischen Kirche konvertieren, sind deshalb immer ohne Einschränkung geweiht worden, als wären ihnen nie die Hände aufgelegt worden. Im Geist von Vaticanum II hätte die bindende Entscheidung Leos XIII. zurückgenommen werden sollen. Rom muß irgendwann ausdrücklich anerkennen, daß sein gegenwärtiger Standpunkt irrig ist und daß es nicht den Wunsch hat, »die Kirche von England« zu bekehren oder zu unterwerfen. Auch darf es nicht mehr glauben, es sei etwas Gutes, ihr Mitglieder abspenstig zu machen; dies steht einer annehmbaren Lösung eines alten Unrechts nur im Wege. Einmal muß gewiß eine Zeit kommen, eher früher als später, in der Rom die Kirche von England als *die* katholische Kirche in England akzeptiert. Es ist nicht die anglikanische Kirche, die sich zurückziehen und die Taufe neuer Mitglieder einstellen muß, sondern diejenige, die zur Zeit römisch-katholische Kirche genannt wird.

Die Einzelheiten dessen, was geschehen wird, sind unmöglich vorauszusehen, doch das Prinzip ist klar: Die anglikanische Kirche muß nicht etwa absterben, sondern ihren vollen, rechtmäßigen Platz als Kirche Christi in einem alten Land einnehmen, in voller Gemeinsamkeit mit Rom und allen anderen Kirchen. So, wie Rom in seinen besten Momenten nicht daran denkt, die orthodoxen Kirchen zur Unterwerfung zu zwingen, sollte es nicht daran denken, der ehrwürdigen, durch und durch evangelischen Kirche von England das anzutun.

Eines Tages wird man sich einigen, daß die Gültigkeit der Weihe von der Gültigkeit der Kirche abhängt und nicht umgekehrt. Eine starre scholastische Sicht der Weihe stellt bestimmte Worte und Intentionen in den Mittelpunkt. Doch diese Sicht macht auch die meisten katholischen Weihen fragwürdig. Denn wer will wissen, ob der Priester, der Papst Johannes Paul taufte, die richtigen Worte sprach oder die richtige Intention hatte? Wer kann absolut sicher sein, daß der Bischof, der ihn zum Priester weihte, nicht betrunken oder wahnsinnig war und deshalb gar keine Intention haben konnte? Doch wer wollte sagen, daß Johannes Paul nicht der Bischof von Rom sein kann?

Was not tut, ist ein Konzil der Kirche. Nicht ein Konzil der römisch-katholischen Kirche, obwohl Vaticanum II in gewissen Grenzen Wunder gewirkt hat. Die Christen brauchen ein ökumenisches Konzil all derer, die den Namen Jesu bekennen und danach leben. Ein solches Konzil ist schon seit tausend und mehr Jahren überfällig. In einer solchen Versammlung gäbe es keine Schwierigkeit, sich in allen entscheidenden Punkten der Frohen Botschaft zu einigen; und was strittig bliebe, wäre nicht von tragender Bedeutung. Die Kirchen sind durch meist unerhebliche und sektiererische Nebensächlichkeiten getrennt. In einem solchen Konzil würde der Heilige Geist so ausgegossen werden, daß alle Teilnehmer den Blick auf Jesus Christus richten würden. Er ist es, und Er allein, der sie eins machen kann und wird.

Bei einer solchen ökumenischen Versammlung hätte der Papst als Bischof des einzig verbliebenen apostolischen Stuhls zweifellos den Vorsitz. Sein Primat ist keine Streitfrage zwischen den großen Kirchen. Es ist seine unbiblische Oberhoheit, gegen die sich die orthodoxen, episkopalen und protestantischen Kirchen wehren. Wie groß das Prestige des Papstes jetzt auch ist, es kann sich nicht mit dem Prestige und der echten Autorität vergleichen, die er hätte, wenn er bei einem solchen Konzil mit der sorgenden Liebe Christi den Vorsitz führte, einer Liebe, die zuhört und nicht unterwerfen will. Dann würde die Welt zum erstenmal seit über tausend Jahren sehen, daß die Kirche eins ist und daß die Christen zumindest versuchen, einander zu lieben. Wenn die Sowjets mit den Amerikanern über Rüstungskontrolle sprechen können, können dann nicht Orthodoxe, Protestanten und Römisch-Katholische wie Geschwister über Liebe und Dienst Jesu Christi sprechen?

Der Schluß dieses Buches über die Sünden des Papsttums ist das überraschendste Paradoxon. Das Papsttum muß größer werden, nicht geringer, als es jetzt ist. Doch die Größe muß nach dem Vorbild Jesu, des Knechtes Gottes und der Menschen sein. Um das Paradoxon auszuweiten: Es sind nicht die Katholiken, sondern die anderen Christen, die hauptsächlich das Papsttum zu dem machen können, was es sein sollte — einem Petrus inmitten der Kirche von heute. Niemand als der Papst kann mit Liebe und Demut alles vergegenwärtigen, was die Kirche sich und der Welt mühsam zu sagen versucht. Nur er kann Reue für das fast unaussprechliche Unrecht ausdrücken, das die Christen durch die Jahrhunderte getan haben und das alle Menschen einander immer noch tun.

Papst Johannes war ein Regenbogen in der Nacht. Vielleicht muß uns ein noch größerer Regenbogen aufgehen, damit sein Werk, Gottes Werk, erfüllt wird. Die Aufgabe ist, menschlich gesprochen, unerfüllbar. Das größte Verbrechen, das Christen begehen können, ist zu glauben, daß der Geist nicht mehr weht und daß ihre eigenen Trennungen für immer sind.

ANHANG

# CHRONOLOGIE

Daten mit * sind unsicher

| DATUM | EREIGNIS |
|---|---|
| 6 v. Chr. | Geburt Jesu |
| 4 v. Chr. | Tod des Königs Herodes |
| 18-37 | Kaiphas ist jüdischer Hoherpriester |
| 26 | Pontius Pilatus Präfekt in Judäa |
| 27-30* | Dienst Jesu |
| 30* | Jesus wird auf Golgatha gekreuzigt |
| 48 | Konzil von Jerusalem Nichtjuden werden in die Kirche aufgenommen |
| 49-58 | Missionsreisen des Paulus |
| 60-62 | Paulus in Rom |
| 63* | Petrus in Rom |
| 64 | Großer Brand von Rom Neros Christenverfolgung |
| 68 | Nero begeht Selbstmord |
| 70 | Titus zerstört Jerusalem |
| 74 | Ende der jüdischen Gemeinde in Masada |
| 80 | Das Kolosseum in Rom wird eröffnet |
| 95 | Verfolgung unter Domitian |
| 107 | Briefe des Ignatius von Antiochia |
| 161 | Verfolgung durch Mark Aurel |
| 189 | Viktor, der erste Latein sprechende Papst, wird gewählt |
| 248 | Rom von den Goten angegriffen |
| 250 | Christliche Führer in Rom verhaftet Papst Fabian am 22. Januar hingerichtet |
| 303 | Große Verfolgung |
| 305-06 | Nachlassen der Verfolgung |
| 306-12 | Duldung der Christen in Rom und Afrika |
| 312 | Konstantin besiegt Maxentius. Bündnis von Kirche und Staat |
| 313 | Edikt von Mailand, allgemeine Duldung |
| 314 | Konzil von Arles Konzil von Ankara |
| 315 | Konstantinsbogen in Rom |
| 323 | Konstantin alleiniger Kaiser |
| 324 | Gründung von Konstantinopel (Byzanz) |
| 325 | Konzil von Nizäa beschließt, daß kein Mann nach der Ordination heiraten darf |
| 330 | Weihe Konstantinopels |
| 335 | Aufteilung des Reiches unter Konstantins Söhne und Neffen |
| 337 | Konstantin wird getauft und stirbt am 22. Mai |
| 342 | Konzil von Sardica Augustinus von Hippo in Tagaste geboren |
| 361-63 | Julian Apostata duldet alle christlichen Gruppen und Heiden |
| 380 | Christentum offizielle Religion im Römischen Reich |
| 382 | Hieronymus beginnt Übersetzung der Bibel |
| 385 | Papst Siricius bestimmt, daß Ehemänner nach der Ordination nicht mit ihren Frauen schlafen dürfen |
| 386 | Bekehrung Augustins |
| 390-460* | Hl. Patrick |
| 392 | Nichtchristliche Rituale in Rom verboten |
| 392-428 | Theodor von Mopsuestia |
| 395 | Augustinus zum Bischof von Hippo geweiht |
| 401 | Augustinus schreibt *Über das Gute der Ehe*, ein christliches Handbuch der Sexualität |
| 409-10 | Römer ziehen aus England ab |

| DATUM | EREIGNIS | DATUM | EREIGNIS |
|---|---|---|---|
| 410 | Plünderung Roms durch die Westgoten Alarich erobert Rom am 24. August | 754 | Papst Stephan III. bittet Pippin, König der Franken, um Militärhilfe |
| 430 | Tod des hl. Augustinus | 771 | Karl der Große wird König der Franken |
| 431 | Hippo fällt an die Vandalen | 782 | Alcuin kommt an den Hof Karls des Großen |
| 342 | Patrick in Irland | | |
| 440-61 | Leo I. steigert Autorität des Papsttums im Westen | 787 | Zweites Konzil von Nizäa, als einziges Konzil von einer Frau, Kaiserin Irene, einberufen |
| 452 | Leo trifft Attila den Hunnen, die Geißel Gottes, und rettet vielleicht Rom | | |
| 476 | Ende des Weströmischen Reiches | 800 | Karl der Große am Weihnachtstag gekrönt |
| 480* | Geburt des hl. Benedikt | 850* | Fälschung der *Dekrete des Pseudo-Isidor* |
| 529 | Benedikt gründet Abtei Monte Cassino | | |
| 547* | Benedikt stirbt | 855* | Die legendäre Päpstin Johanna als Papst Johannes VIII. |
| 553 | Fünftes Allgemeines Konzil verurteilt die Drei Kapitel | 863-69 | Papst verursacht Schisma durch Absetzung und Exkommunikation des Patriarchen Photius von Konstantinopel |
| 563 | Columba bringt Christentum nach Schottland | | |
| 568 | Beginn der Langobardeneinfälle in Italien | | |
| 570-632 | Mohammed der Prophet | 871-900 | Alfred Herrscher der Angelsachsen |
| 590-604 | Papst Gregor der Große beschließt, alles sexuelle Begehren ist in sich sündig — Sex ist nur zur Fortpflanzung da | | |
| | | 882 | Marinus, erster Bischof, der zum Papst gewählt wird |
| 590-615 | Mission des Columbanus | 892* | Geburt der Marozia, der Hure von Papst Sergius III., Mutter von Sergius' Sohn, Papst Johannes XI., Großmutter von Papst Johannes XII. |
| 597 | Gregor I. entsendet Missionare zu den Angelsachsen | | |
| 605 | Tod des Augustinus von Canterbury | | |
| 615 | Tod des Columbanus | 910 | Gründung des Klosters von Cluny |
| 664 | Synode von Whitby entscheidet sich für die Kirche Roms statt der Kirche von Iona | 962 | Otto I. zum weströmischen Kaiser gekrönt |
| 673-735 | Beda Venerabilis, erster englischer Chronist | 1032 | Ein Elfjähriger wird Papst Benedikt |
| 680 | Papst Honorius von ökumenischem Konzil verurteilt wegen Häresie | 1046 | Heinrich III., König von Deutschland, Italien und Burgund, wird zum Kaiser gekrönt |
| 711 | Moslems überfallen Spanien | | |
| 732 | Sieg Karl Martells über die Moslems bei Tours | 1047 | Heinrich III. setzt Papst Gregor VI. ab |
| 742-814 | Karl der Große, Sohn Pippins | 1054 | Formaler Bruch zwischen Ost- und Westkirche Päpstliche Legaten legen Exkommunikation des Patriarchen Michael Cerularius von |
| 750* | Fälschung der *Konstantinischen Schenkung* | | |

| DATUM | EREIGNIS | DATUM | EREIGNIS |
|---|---|---|---|
| | Konstantinopel auf den Altar der Hagia Sophia | 1189-92 | Dritter Kreuzzug |
| | | 1201-04 | Vierter Kreuzzug |
| 1056-1106 | Regierung Kaiser Heinrichs IV. | 1204 | Kreuzfahrer plündern Konstantinopel |
| 1070-89 | Lafranc Erzbischof von Canterbury | 1208 | Innozenz III. verhängt sechsjährigen Bann über England |
| 1073 | Papst Gregor VII. besteht darauf, daß nur der Bischof von Rom »Papst« heißt | 1209 | Erster Albigenserkreuzzug; Massaker in Béziers, Minerve und Lavaur |
| 1074 | Gregor besteht darauf, daß alle Priesteramtskandidaten sich zur Ehelosigkeit verpflichten | 1212 | Kinderkreuzzug endet katastrophal |
| | | 1213 | König Johann schenkt Innozenz III. England |
| 1076 | Gregor VII. exkommuniziert Heinrich IV. | 1215 | König Johann unterzeichnet Magna Charta in Runnymede |
| 1077 | Heinrich kapituliert in Canossa | | |
| 1095-99 | Urban II. predigt Ersten Kreuzzug | | Viertes Lateranisches Konzil bestimmt, daß Laien jährlich beim Gemeindpfarrer beichten müssen |
| 1099 | Kreuzfahrer erobern Jerusalem und gründen dort ein lateinisches Königreich | | |
| 1100-1200 | Universitätsgründungen | 1219 | Fünfter Kreuzzug |
| 1115-53 | Hl. Bernhard Abt von Clairvaux | 1225-74 | Thomas von Aquin |
| | | 1228 | Friedrich II. erobert Jerusalem zurück |
| 1122 | Wormser Konkordat beendet Investiturstreit | 1232 | Papst Gregor IX. setzt die Inquisition ein |
| 1123 | Erstes Lateranisches Konzil Zum erstenmal Latein als offizielle Sprache Zum erstenmal alle Klerikerehen für ungültig erklärt | 1241 | Erstes Konklave entscheidet Papstwahl |
| | | 1244 | Endgültiger Verlust Jerusalems |
| | | 1248-51 | Fünfter Kreuzzug unter dem hl. Ludwig |
| 1140* | Gratians *Decretum* | 1252 | Innozenz IV. erlaubt der Inquisition die Folter |
| 1146-48 | Zweiter Kreuzzug | | |
| 1152-90 | Regierung Friedrich Barbarossas | 1265 | Geburt Dantes |
| | | 1300 | Bonifaz VIII. erklärt jedes hundertste Jahr zum Heiligen Jahr |
| 1154-89 | Regierung Heinrichs II. in England | | |
| 1154 | Der englische Papst Hadrian IV. beauftragt den König von England, Irland zu erobern | 1302 | Bulle *Unam sanctam*; Tod Bonifaz' VIII. |
| | | 1309-78 | Päpste im Exil in Avignon |
| 1170 | Thomas Beckett in der Kathedrale von Canterbury ermordet | 1321 | Tod Dantes |
| | | 1331-32 | Papst Johannes XXII. predigt Häresie |
| 1171 | Heinrich II. beginnt Besetzung Irlands | 1348-49 | Der Schwarze Tod |
| 1181-1226 | Hl. Franz von Assisi | 1350 | Clemens VI. erklärt jedes fünfzigste Jahr zum Heiligen Jahr |
| 1182 | Niederlage der Kreuzfahrer bei ›Horns of Hittin‹; Verlust Jerusalems | | |
| | | 1374 | Tod Petrarcas |

| DATUM | EREIGNIS | DATUM | EREIGNIS |
|---|---|---|---|
| 1375 | Tod Boccaccios | 1493 | Alexander VI. teilt die Neue Welt zwischen Spanien und Portugal auf |
| 1378-1417 | Das Große Schisma beginnt mit zwei Päpsten | | |
| 1400 | Tod Chaucers | | Torquemada wird Generalinquisitor für Spanien |
| 1409 | Konzil von Pisa; drei Päpste | | |
| 1414-18 | Konzil von Konstanz setzt Johannes XXIII. ab | 1493-95 | Pinturicchio malt die *stanze* des Vatikanpalastes aus |
| 1415 | Jan Hus wird in Konstanz verbrannt | 1496-1556 | Ignatius von Loyola |
| | | 1498 | Alexander VI. läßt Savonarola hinrichten |
| 1420-96 | Thomas de Torquemada | | |
| 1431 | Jeanne d'Arc in Rouen als Hexe verbrannt | 1503 | Julius II. wird durch Bestechung Papst |
| 1440 | Lorenzo Valla beweist: *Konstantinische Schenkung* ist eine Fälschung | 1504 | Tetzel beginnt mit dem Verkauf von Ablässen |
| | | 1506 | Beginn des Neubaus der Peterskirche mit Ablaßgeldern |
| 1456 | Gutenberg druckt in Mainz die erste Bibel | 1507 | Julius II. sanktioniert den Kult des heiligen Hauses von Loreto, das von Engeln vom Heiligen Land gebracht wurde |
| 1466-1536 | Erasmus | | |
| 1469-1527 | Machiavelli, Autor von *Der Fürst* | | |
| 1473 | Sixtus IV. baut Sixtinische Kapelle, | 1508-15 | Michelangelo malt die Decke der Sixtinischen Kapelle |
| | gibt als erster Papst Toten Ablässe | 1509-47 | Johann Calvin |
| | | 1509 | Heinrich VIII. heiratet Katharina von Aragon |
| 1474* | Geburt von Giulia Farnese, der Geliebten Papst Alexanders VI. | | |
| | | 1509-47 | Heinrich VIII. König von England |
| 1474-1504 | Isabella, Königin von Kastilien | 1511 | Erasmus' *Lob der Torheit* |
| | | 1517 | Luthers *Fünfundneunzig Thesen gegen Ablässe* |
| 1475 | Geburt von Cesare Borgia, Papst Alexanders brutalstem Sohn | | |
| | | | Lorenzo Vallas Buch über die Fälschung der *Konstantinischen Schenkung* wird veröffentlicht |
| 1478 | Sixtus IV. erlaubt spanischen Herrschern die Einsetzung der Inquisition | | |
| | | 1519 | Wahl Karls V. zum Kaiser d. Heiligen Römischen Reiches |
| 1480 | Geburt der Lucrezia Borgia | | |
| 1483-1546 | Martin Luther | 1520 | Leo X. exkommuniziert Luther in der Bulle *Exsurge Domine* |
| 1484 | Innozenz VIII. erkennt als erster Papst seine illegitimen Kinder an; beginnt Hexenverfolgung | | |
| | | | Luther verbrennt die Bulle öffentlich |
| 1486 | *Hexenhammer* | | |
| 1492 | Rodrigo Borgia wird mit Bestechung Papst Alexander VI. | 1521 | Leo X. ernennt Heinrich VIII. für sein Buch über die Sieben Sakramente zum »Verteidiger des Glaubens« |
| | Kolumbus entdeckt die Neue Welt | 1527 | Die Plünderung Roms |
| | | 1530 | Tod des Kardinals Wolsey |
| | Katholische Könige von Spanien erobern Granada | | Heinrich VIII. ist Oberhaupt der Kirche von England |

| DATUM | EREIGNIS | DATUM | EREIGNIS |
|---|---|---|---|
| 1533 | Heinrich heiratet heimlich die schwangere Anne Boleyn Geburt ihrer Tochter Elizabeth | 1587 | Hinrichtung der Königin Mary von Schottland Edikt von Nantes gewährt allen Religionen die Duldung, auch Protestanten Clemens VIII. nennt es »das verdammteste Edikt, das ich mir vorstellen könnte« |
| 1534 | Ignatius von Loyola gründet Jesuitenorden Luthers *Bibel* Calvins *Institutio* | | |
| 1535 | Morus und Fisher auf dem Tower-Hügel hingerichtet | 1605 | Der neue Petersdom ist fertig |
| 1536 | Anne Boleyn wegen Ehebruchs hingerichtet | 1607 | Tod von Kardinal Baronius, Autor der *Kirchlichen Annalen* |
| 1539 | Auflösung englischer Klöster | 1610 | Galileos *Nuntius sidereus* |
| 1542 | Paul III. gründet die erste der römischen Kongregationen, die Inquisition | 1614 | Römisches Ritual schreibt Beichtstuhl vor |
| | | 1620 | *Mayflower* segelt von Plymouth zur Neuen Welt |
| 1545-63 | Konzil von Trient (Tridentinum): Endgültige Formalisierung der Trauung vor einem Priester und zwei Zeugen Beibehaltung des Zölibats für Priester Erklärt Ehelosigkeit und Jungfräulichkeit für höherwertig als Ehe | 1621 | Paulo Zacchia in Rom trägt als erster vor, die Seele werde bei der Empfängnis eingegeben Rom stimmt nicht zu |
| | | 1632 | Galileos *Dialog über die zwei Hauptsysteme* |
| | | 1633 | Inquisition unter Urban VIII. verurteilt Galileo für die Aussage, die Sonne sei Mittelpunkt des Universums und die Erde bewege sich Urban sagt, Galileo soll gefoltert werden, wenn er nicht nachgibt |
| 1555 | Bulle Pauls IV. gegen Juden, *Cum nimis absurdum* Ridley und Latimer in Oxford verbrannt | | |
| 1558 | Bloody Mary stirbt; Elizabeth ist mit fünfundzwanzig Königin von England | | |
| 1559 | Paul IV. führt Index verbotener Bücher ein | 1641 | Blondel, ein Calvinist, beweist endgültig, daß Päpstin Johanna nicht existiert hat |
| 1563 | Foxes *Book of Martyrs* | | |
| 1564 | Michelangelo stirbt Galileo wird geboren | 1642 | Galileo stirbt; Newton wird geboren |
| 1570 | Pius V. exkommuniziert Elizabeth in der Bulle *Regnans in excelsis* | 1648 | Westfälischer Friede garantiert allen Bürgern Religionsfreiheit Innozenz X. verurteilt diese Toleranz |
| 1577 | Massaker an Hugenotten in Paris in Bartholomäusnacht Papst Gregor XIII. beschließt, es ist kein Mord, einen Embryo von weniger als vierzig Tagen zu töten | | |
| | | 1649 | Maryland stimmt für völlige Religionsfreiheit aller Bürger Roms Hexenverfolgung endet offiziell |
| 1582 | Der Jesuit Matteo Ricci kommt an den Hof von Peking | | |
| | | 1685 | Widerrufung des Edikts von Nantes |

| DATUM | EREIGNIS | DATUM | EREIGNIS |
|---|---|---|---|
| 1687 | Newtons *Principia* | 1854 | Pius IX. definiert als erster Papst allein eine Lehre, die Unbefleckte Empfängnis Mariens |
| 1691 | Katholiken in Irland wird Strafgesetz aufgezwungen | | |
| 1715 | Clemens XI. setzt der Mission in China mit der Bulle *Ex illa die* praktisch ein Ende | 1856-1939 | Sigmund Freud |
| | | 1858 | Marienerscheinungen in Lourdes |
| 1773 | Boston Tea Party; Clemens XIV. verbietet den Jesuitenorden mit seinen 22589 Mitgliedern und schränkt so die katholischen Missionen ein | 1859 | Darwins *Ursprung der Arten* |
| | | 1861 | Lincoln Präsident der USA Cavour besetzt einen Großteil des Kirchenstaates |
| | | 1863 | Lincolns »Gettysburg address« am 19. Oktober |
| 1775-81 | Amerikanischer Unabhängigkeitskrieg | 1864 | Pius IX. verdammt Religionsfreiheit in seiner *Liste der Irrtümer* |
| 1776 | Amerika erklärt seine Unabhängigkeit Paines *Common Sense* Gibbons *Decline and Fall* | | |
| | | 1867 | Marx, *Das Kapital* |
| | | 1869 | Erstes Vatikanisches Konzil |
| 1789 | Französische Revolution | 1870 | Definition päpstlicher Oberhoheit und Unfehlbarkeit Rom fällt an das Neue Italien Der Papst ist »Gefangener im Vatikan« |
| 1790-92 | Llorente, Sekretär der Inquisition in Madrid, schreibt *Geschichte der Inquisition* | | |
| 1791-92 | Paines *Menschenrechte* | | |
| 1793 | »Terror« in Frankreich Ludwig XVI. wird hingerichtet | 1878 | William Booth gründet Heilsarmee |
| 1804 | Krönung Napoleons in Notre-Dame | 1891 | Leo XIII. veröffentlicht *Rerum novarum* |
| 1805 | Schlacht bei Trafalgar | 1895 | Rom beschließt, es ist unmoralisch, einen Fötus zu entfernen, der sonst absterben und die Mutter töten würde |
| 1809-82 | Darwin | | |
| 1814 | Wiener Kongreß; Pius VII. erlaubt die Jesuiten wieder | | |
| 1815 | Schlacht von Waterloo | 1896 | Leo XIII. erklärt in *Apostolicae curae* anglikanische Weihen für »absolut null und nichtig« |
| 1832 | Gregor XVI. nennt Gewissensfreiheit in *Mirari vos* eine »verrückte Meinung« Verurteilung von de Lamennais | | |
| | | 1903 | Franz Joseph mischt sich als letzter Herrscher in Papstwahl ein Abbé Loisy schreibt *Das Evangelium und die Kirche* |
| 1845 | John Henry Newman tritt in die römische Kirche ein | | |
| 1847 | Karl Marx, *Kommunistisches Manifest* | 1905 | Frau Pankhurst beginnt für Frauenwahlrecht zu agitieren |
| 1848 | Pius IX. im Exil in Gaeta | | |
| 1850 | Pius IX. kehrt nach Rom zurück; Hierarchie in England wieder eingesetzt | 1907 | Pius X. veröffentlicht *Lamentabili* und *Pascendi* gegen »Modernisten« |
| 1852 | Harriet Beecher Stowe, *Onkel Toms Hütte* | 1908 | Inquisition umbenannt in Heiliges Offizium |

| DATUM | EREIGNIS | DATUM | EREIGNIS |
|---|---|---|---|
| | Pius X. exkommuniziert Loisy | 1964 | Im Konzil sprechen mehrere Kardinäle von der Notwendigkeit, die kirchliche Lehre zur Geburtenkontrolle zu ändern |
| | Tridentinische Form der Eheschließung wird allgemeine Vorschrift in der Kirche | | |
| 1917 | Neuer Codex des Kirchenrechts | 1966 | Paul VI. stellt Index der verbotenen Bücher ein |
| 1929 | Lateranische Verträge schaffen den Vatikanstaat | | Er gewährt Dispense vom Zölibat, es gibt eine Flut von Anträgen |
| 1930 | Lambeth-Konferenz der anglikanischen Kirche sanktioniert Geburtenkontrolle | 1968 | Paul VI. veröffentlicht *Humanae vitae* |
| | Pius XI. verdammt Geburtenkontrolle in *Casti connubii* | | Völliges Verbot empfängnisverhütender Mittel |
| | Gegen die ganze Tradition sagt Pius XI., sexuelles Vergnügen kann in sich gut und heilig sein | | Explosion der Ablehnung in der Kirche |
| | | 1973 | Oberstes Gericht in den USA urteilt, Leben beginnt bei der Geburt |
| 1933 | Naziregierung in Deutschland | 1978 | Johannes Paul II. friert Dispense vom Zölibat ein |
| 1950 | Pius XII. definiert Dogma der Himmelfahrt Mariens | 1979 | Johannes Paul entzieht Hans Küng die Lehrbefugnis |
| 1951 | In einer Rede vor Hebammen sanktioniert Pius XII. vorsichtig die »sicheren Tage« als Methode der Geburtenkontrolle | 1986 | Johannes Paul entzieht Erzbischof Hunthausen die Kontrolle über Seattle |
| | | 1987 | Heiliges Offizium verdammt mit Johannes Pauls Zustimmung die In-vitro-Befruchtung |
| 1962-65 | Zweites Vatikanisches Konzil | | |
| 1963 | Paul VI. entzieht Geburtenkontrolle der Kompetenz des Allgemeinen Konzils | | |

# ÖKUMENISCHE KONZILIEN

(Einberufen von der weltlichen Macht. Sprache: Griechisch)

| | | |
|---|---|---|
| 1 | 325 | Nizäa |
| 2 | 381 | Erstes Konzil von Konstantinopel |
| 3 | 431 | Ephesus |
| 4 | 451 | Chalkedon |
| 5 | 553 | Zweites Konzil von Konstantinopel |
| 6 | 680 | Drittes Konzil von Konstantinopel |
| 7 | 787 | Zweites Konzil von Nizäa |
| 8 | 869 | Viertes Konzil von Konstantinopel (von Ost und West als nicht ökumenisch bezeichnet) |

# ALLGEMEINE KONZILIEN DER RÖMISCHEN KIRCHE

(Einberufen von Päpsten. Sprache: Latein)

| | | |
|---|---|---|
| 1 | 1123 | Erstes Lateranisches Konzil (Lateranum I) |
| 2 | 1139 | Lateranum II |
| 3 | 1179 | Lateranum III |
| 4 | 1215 | Lateranum IV |
| 5 | 1245 | Erstes Konzil von Lyon |
| 6 | 1274 | Zweites Konzil von Lyon |
| 7 | 1311 | Wien |
| 8 | 1414-18 | Konstanz |
| 9 | 1431 | Basel (gilt als ökumenisch bis zur 25. Sitzung) |
| 10 | 1438-42 | Florenz (oder Ferrara-Florenz, gilt manchmal als Fortsetzung von Basel) |
| 11 | 1512-17 | Lateranum V |
| 12 | 1545-63 | Trient (Tridentinum) |
| 13 | 1869-70 | Erstes Vatikanisches Konzil (Vaticanum I) |
| 14 | 1962-65 | Vaticanum II |

# QUELLEN

Bücher von diesem Format wachsen nicht wie die Pilze. Dieses ist über dreißig Jahre hinweg langsam in meinem Denken gewachsen, ernährt durch viel Lesen, durch Vorlesungen meiner Lehrer, durch Gespräche mit Kollegen und meinen eigenen Studenten über mehr als ein Dutzend Jahre. Meine Befürchtung ist, daß ich nicht dort Anerkennung ausspreche, wo ich sie schulde. Ganze Passagen mögen aus einer Bemerkung etwa meines Lehrers in Rom, Frederick Coplestone SJ, entsprungen sein, oder von einer inspirierten Vorlesung von Bernard Lonergan SJ, oder aus dem Aufsatz eines Studenten, den ich unbewußt zitiert habe. Wenn ich übersehen habe, was ich jemandem verdanke, bitte ich ihn oder sie demütig um Verzeihung.

Ich erinnere mich deutlich, daß mein Buch *Gottes erste Diener* seine Entstehung dem Buch *Der Papst und das Konzil* verdankt, das 1869 in Deutschland von Janus, dem Pseudonym von J. H. Ignaz von Döllinger, veröffentlicht wurde. Er war Professor für Kirchengeschichte in München, der berühmteste seiner Zeit, und ein ausgezeichneter Theologe. Sechs Jahre lang war er persönlicher Lehrer des künftigen Lord Acton.

Vor einigen Jahren habe ich Döllingers Buch dreimal gelesen. Zuerst fand ich es unglaublich. Ich wußte, daß der Vatikan es mit Präzisionstiming etwa zehn Tage vor Beginn des I. Vatikanischen Konzils, das es beeinflussen wollte, auf den Index gesetzt hatte. Zwei Jahre nach dem Konzil wurde Döllinger von seinem Erzbischof exkommuniziert, weil er die päpstliche Unfehlbarkeit nicht akzeptierte, und ein Jahr darauf wurde er von seinem Lehrstuhl für Kirchengeschichte entfernt. Er starb im Alter von neunzig Jahren, immer noch unversöhnt. Als John Henry Newman Kardinal geworden war, beschloß er, den alternden Döllinger zu besuchen und ihm zu sagen, daß seine eigenen gemäßigten Ansichten – die denen Döllingers so nahestanden – für das Rom Leos XIII. akzeptabel waren. Gesundheitliche Schwierigkeiten zwangen ihn, die Reise abzusagen. Noch nach Vaticanum I schrieb Newman am 7. August 1870 an Mr. Daunt: »Ich sehe nicht, warum ein Mensch, der sie [päpstliche Unfehlbarkeit] leugnet, nicht ein ebenso guter Katholik sein kann wie einer, der sie vertritt. ... Man legt eine enorme Macht in die Hand eines Mannes, ohne Kontrolle, und im selben Moment, durch ebendiesen Akt, erklärt man, er dürfe ohne außergewöhnlichen Anlaß davon Gebrauch machen.«

*Der Papst und das Konzil* enthielt Aspekte der Papstgeschichte, die mir völlig unbekannt waren. Ich war als Katholik aufgewachsen, hatte vor der Ordination die üblichen sechs Jahre im Priesterseminar verbracht, hatte ein Studium an einer katholischen Universität abgeschlossen, der Gregoriana in Rom, und nie waren mir solche Ideen untergekommen. Dies erklärt sich zum Teil durch die parteiische Natur der Seminarausbildung und die Tatsache, daß Geschichte als Lehrfach in derlei Institutionen ein Aschenbrödeldasein fristet. Die Missetaten der Päpste werden nur gestreift oder gar übergangen, nicht viel anders als Trotzki von Stalin aus der ganzen Sowjetgeschichte herausgeschnitten wurde. Viele junge Historiker in der heutigen Sowjetunion haben nie von Trotzki gehört, seit sein Bild aus einem Foto von 1917, auf dem er am Finnlandbahnhof in Petersburg neben Lenin steht, wegretuschiert wurde. Mein Unwissen ist auch der Vorliebe der Katholiken für eine Papstgeschichte zuzuschreiben, die man mit weißen Handschuhen lesen kann. Es ist nicht leicht zuzugeben, daß man Führer hatte, die oft Barbaren waren, und daß die guten Päpste manchmal weit mehr Schaden angerichtet haben als die bösen. So sah ich mich recht spät in meiner Laufbahn genötigt, die Geschichte katholischer Ideen und Institutionen zu untersuchen, wobei die letzteren selbstverständlich das Papsttum einschlossen. Es war eine lange und manchmal schmerzhafte Form des Selbststudiums. Makellose Hagiographie kann ihn inspirieren, aber »Geschichte untergräbt den Respekt«, wie Acton warnte. Als er begann, den *Home and Foreign Review* herauszugeben, wußte er, daß er die Hierarchie mit seiner Direktheit ärgern würde. Er schrieb an Newman und betonte die Notwendigkeit, völlig ehrlich zu sein, wenn man über die Päpste schreibe. »Paul III.«, schrieb er, »hatte einen Sohn, nicht einen Neffen, wie er üblicherweise genannt wird. Ich bin fest überzeugt, daß dies angeprangert werden sollte, und ich komme nicht umhin, die vorsätzliche Lüge aufzudecken, die darin steckt.« Am Ende war es sein Lehrer Döllinger, der exkommuniziert wurde. Acton entschied sich, die letzte Zensur durch eine Mischung von Schweigen und Doppeldeutigkeit zu umgehen. Es ist traurig zu sehen, daß es Generationen von Katholiken gab, in denen die Kirche mehr große Menschen zensierte oder zum Schweigen brachte, als die meisten anderen Institutionen besaßen.

Als ich Leckys zweibändigen Klassiker *History of European Morals* las, stieß ich auf eine Fußnote, in der er auf Henry Charles Lea aus Philadelphia hinweist. Ich hatte noch nie von Lea gehört, und doch war seine Geschichte des Zölibats das wichtigste Werk seiner Art aus der Neuen Welt, wenn man Lecky Glauben schenkte. Als nächstes fand ich, daß Bischof Mandell Creighton über ihn sagte: »Wenn Sie Leas Bücher nicht kennen, dann lesen Sie sie, denn niemand weiß mehr über die Institutionen der mittelalterlichen Kirche.« Dies Lob wurde verstärkt, als ich Actons Rezension von Leas Meisterwerk über die Inquisition sah. Acton, ein notorischer Zögerer, wenn es galt, die Werke anderer zu empfehlen, schrieb: »Lea hat den wichtigsten Beitrag der Neuen Welt zur Religionsgeschichte der Alten Welt geleistet. ... Nichts in der europäischen Literatur kann sich damit messen, dem Zentrum und Substrat von Herrn Leas großem Geschichtswerk.«
Alle sind sich darin einig, daß Lea unter den Historikern englischer Sprache gleichrangig mit Gibbon und Hallam, Macaulay und Acton ist. Unter Katholiken, das wage ich zu sagen, ist er praktisch unbekannt und noch weniger beachtet. Das ist ein Jammer, denn es hat nie einen weniger propagandistischen Autor gegeben als ihn. In all seinen umfangreichen Werken ließe sich schwerlich eine einzige sektiererische Meinung finden. Im Unterschied zu Acton sah er es als Aufgabe des Historikers, zu berichten statt zu urteilen. Das Urteil war allein dem Leser überlassen.
Lea und sein Bruder Carey wurden von einem Privatlehrer daheim in Philadelphia unterrichtet. Von ihm lernten die Jungen Naturwissenschaften, Mathematik und Sprachen. Doch Henry schien es nicht bestimmt, ein Gelehrter zu werden. Er war ein schwer arbeitender Redakteur; er hatte Frau und Familie zu ernähren. Mit An-

fang Zwanzig versuchte er, Beruf und historische Forschung zu kombinieren. Seine Gesundheit hielt der Belastung nicht stand, und er hatte immer die Möglichkeit vor Augen, daß er wieder zusammenbrach, wenn er zu hart arbeitete. Angesichts dieser Tatsachen sind seine Leistungen staunenswert.
Er interviewte Abraham Lincoln etliche Male für verschiedene Zeitungen und war von ihm menschlich tief beeindruckt. Erst später war Lea in der Lage, mehr Zeit für die Geschichte aufzubringen. Die alles beherrschende Leidenschaft seines Lebens war Gerechtigkeit; daher sein Interesse an der Inquisition, die gegen jedes Prinzip verstieß, das ihm teuer war. Er schrieb seinen ersten historischen Artikel erst mit vierundzwanzig und sein erstes Buch erst mit einundvierzig. Er war in jeder Hinsicht Autodidakt. Im Lauf seiner Arbeit lernte er neue Sprachen jeweils dann, wenn es nötig wurde. Deutsch lernte er mit sechzig und Holländisch mit achtzig.
Als Historiker muß er einzigartig sein. Er las kaum Bücher anderer Autoren. Er ging immer direkt zu den Originalquellen, um sich selbst ein Urteil zu bilden. Er war seiner Zeit auch darin voraus, daß er von Anfang an beschloß, die beste Art, Geschichte zu studieren, sei durch die Analyse der Institutionen, besonders der rechtlichen Institutionen, in denen Menschen und Gesellschaften sich ausdrücken. Dies mag die Kühle und Gelassenheit seiner Schriften erklären, die in einer Zeit der Polemik außergewöhnlich sind. Dean Milman bekannte, als er begann, Lea zu lesen, habe er versucht, aus dem Text abzuleiten, ob Lea Katholik oder Protestant war, und es wegen seines »fairen und offenen Tons« nicht vermocht.
Ein Beispiel für Leas Gründlichkeit muß genügen. Seinem Biographen E. C. Bradley zufolge begann er seine Untersuchung des Zölibats, indem er alle 217 Bände von Mignes *Patrologia Latina* las. G. P. Gooch schreibt in seinem monumentalen Überblick *History and Historians in the Nineteenth Century*, Lea habe zur Mediävistik mehr beigetragen als jeder andere Autor seiner Zeit. Seine »Werke über das Zölibat der Priester, die spanische Inquisition, Beichten und Ablässe sowie das Gottesurteil lohnen ein aufmerksames Studium. Seine grenzenlose Gelehrtheit erregt um so mehr Erstaunen, als sie in der Freizeit eines Redakteurs erworben wurde und seine Materialien größtenteils kopiert und über den Atlantik geschickt werden mußten.«
Ein anderer amerikanischer Gelehrter, ein Zeitgenosse, hat mich ebenfalls erheblich beeinflußt, obwohl er vielleicht sagen würde, noch lange nicht genug. Ich fürchte, John T. Noonan junior, der inzwischen Bundesrichter ist, würde sagen, daß meine Schlußfolgerungen, besonders zur Abtreibung, von den seinen abweichen. Dennoch muß ich mit tiefer Dankbarkeit der Vortrefflichkeit seiner Forschungen und maßvollen Urteile Tribut zollen. Seine Werke über Empfängnisverhütung, Scheidung und Abtreibung sind Vorbilder historischer Objektivität.
Da *Gottes erste Diener* für ein breites Publikum bestimmt ist, hätten Hinweise auf alle Quellen es unlesbar gemacht. Ein Autor steht besonders in der Schuld derer, die seinen geistigen Hintergrund geprägt haben. In meinem Fall sind dies unter den Alten Platon, Aristoteles und Cicero. Im Mittelalter ist es Thomas von Aquin, den ich tagelang in der Rekreation gelesen habe. Im neunzehnten Jahrhun-

.dert bedeutet mir Mills *Essay on Liberty* besonders viel. Ein Satz daraus ist mir unvergeßlich. Er gibt eine Art Prüfstein für alles an, das in der Geschichte, ob päpstlich oder nicht päpstlich, anständig (und unanständig) ist.

> *Wenn die ganze Menschheit minus einer Person derselben Meinung wäre und nur dieser eine eine gegenteilige Meinung hätte, hätte die Menschheit nicht mehr Recht dazu, diesen einen zum Schweigen zu bringen, als er, wenn er die Macht hätte, die Menschheit zum Schweigen zu bringen.*

Unter den Modernen verdanke ich viel Dietrich Bonhoeffer, dessen *Briefe und Aufzeichnungen aus der Haft* von Friedrich Nietzsche um über zwei Generationen vorweggenommen wurden. Das Werk des letzteren war in so polemischer Form ausgedrückt, daß die Christen damals nicht begreifen konnten, welch ungeheuren Beitrag er leistete, um den Glauben von schädlichen Überlagerungen zu reinigen. Eine Passage hat die Suche besonders inspiriert, die in diesem Buch gipfelt. Sie steht gegen Ende von *Der Papst und das Konzil*. All mein Streben galt der Erkenntnis, ob das, was Döllinger in dieser Passage sagt, im wesentlichen wahr ist oder nicht. Interessanterweise wird zwar seinem Schüler Lord Acton die Feststellung zugeschrieben, daß absolute Macht absolut verdirbt, doch sein Lehrer sagte es fast zwanzig Jahre vor ihm.

> *Alle absolute Gewalt verdirbt den Menschen, welchem sie zu Theil wird. Dafür legt die ganze Geschichte Zeugniß ab. Ist diese Gewalt eine geistliche und beherrscht sie die Gewissen der Menschen, so ist die Gefahr der Selbstüberhebung nur um so größer, denn der Besitz einer solchen Macht übt einen besonders verführerischen Reiz und legt zugleich die Selbst-Täuschung am nächsten, indem die Leidenschaft der eigenen Herrschbegier nur zu leicht als Sorge für das Heil Anderer beschönigt wird. Hegt nun der Mensch, dem eine solch' schrankenlose Macht zugefallen ist, auch noch die Meinung, daß er unfehlbar und ein Organ des göttlichen Geistes sei, weiß er, daß ein Ausspruch von ihm in sittlichen und religiösen Dingen mit einer allgemeinen und noch dazu inneren Unterwerfung von Millionen hingenommen wird, so scheint es fast unmöglich, daß gegen ein solch' berauschendes Bewußtsein immer die Nüchternheit des Geistes sich bewahre. Dazu kommt noch die seit Jahrhunderten sorgfältig von Rom aus genährte Vorstellung, daß jedes Conclave ein Schauplatz sei, auf welchem der trotz der Ränke der Parteien die Wahl lenkende Heilige Geist zuletzt immer einen Triumph feiere, und der Erkorene das von der Gnade speciell erkorene und ausgesuchte Werkzeug der Rathschlüsse Gottes über die Kirche und die Menschheit sei. Das ganze Leben desselben wird von dem Momente an, wo er auf den Altar gesetzt jene erste Huldigung des Fußkusses empfängt, eine fortlaufende Kette von Adorationen. Alles ist darauf berechnet, ihn in der Ansicht zu bestärken, daß zwischen ihm und den übrigen Sterblichen eine unausfüllbare Kluft befestigt sei, und stets umnebelt von Weihrauchdüften muß auch der festeste Charakter zuletzt einer die menschlichen Kräfte übersteigenden Versuchung erliegen.*

# REGISTER

Ablaßbulle 145
Ablässe 126, 145 f
Absetzen 313 f
Abtreibung 303, 370, 372, 448 ff, 465 ff, 498
Abtreibungsgesetz 456, 465, 471
Acton, Lord 222
Ad exstirpanda 202
Adam 398
aggiornamento 350, 475
AIDS 388 f
Alberich 64 f
Albigenser 189 f, 192, 197 ff
Alcuin 58 f
Alexander 422 f
– II. 72, 500
– III. 53, 503, 507, 512
– IV. 504
– V. 116, 130
– VI. 38, 130 ff, 297, 410
Allgemeines Konzil, Erstes 56, 503
– Fünftes 257 f
– Sechstes 205, 259
Ambrosius 238, 295, 495
amerikanische Katholiken 177 ff
Anagni 97 ff
Anathema 78, 205, 287, 328, 344
Anjou, Karl von 123
Anselm 506 f
Anstiftung 521 ff
Antimodernismus-Eid 331
Antisemitismus 237 ff
Antonino 424
Apostolische Konstitution 491
Aquin, Thomas von 76, 140, 154, 216, 277, 296 ff, 328, 461, 491
Arche Noah 324
Arianismus 56
Arnald, W. 202
Arterhaltung 374
Aruppe, P. 176
Assisi, Franz von 84, 263
Athanasius 256
Attila 51
Augustinus 255, 295, 390 ff, 405, 427, 495
Avignon 106 ff, 111 ff, 222, 515

Babylonische Gefangenschaft 105 f, 111
Balsan-Friedenspreis 350
Baphomet 227
Baronius 67
Bartholomäusnacht 181
Bauchhöhlenschwangerschaft 462

Bayern, Ludwig von 264
Beichte 520 ff
Beichtstuhl 521
Bellarmin, Kardinal 66 f, 271 f, 278
Benedikt V. 61
– IX. 68 f, 499
– XI. 104 f
– XII. 106, 267
– XIII. 240
– XIV. 299, 522
– XV. 318, 331
– Hl. 496
Bergpredigt 416, 418, 425, 438, 476
Bernhard, Hl. 295 f, 504, 511
Beseelung 460 ff
Bevölkerungswachstum 369 f, 387
Bibel 269 ff, 287
Bibelwissenschaft 323
Bloody Mary 510
Blutsbande 124
Boff, L. 176
Bonaventura 296
Bonifaz VIII. 33, 94 ff, 207, 413, 435
– IX. 115
– Hl. 428, 497 f
Borgia, C. 132
– L. 132 ff
– R. 129 f
Bosch, H. 8
Brown, St. 448
Burchard, J. 128, 130, 133, 136
Burckhardt, J. 55, 57, 151
Butler, J. 480 ff

Cajetan 429
Callaghan, D. 458
Callistus II. 503
– III. 129
Calvin, J. 152
Calvinismus 513
Campion, E. 150
Canossa, Gang nach 79 f
Cantarella 133, 135
Carafa, C. 237, 516
– P. 214 f
Cäsar 43 f, 46
Casa Santa 206, 279
Castello Nuovo 96
Chadwick, H. 49
Chartres, I. von 502
China 289 f, 370, 442
Christen 43 f
Christentum 48, 159

Chrysostomos, J. 196, 238
Cicero 418
Clavius 278
Clemens II. 71
– III. 81
– IV. 263
– V. 105, 227, 262
– VI. 105 ff, 123, 223
– VII. 114, 142, 162, 410, 512
– VIII. 181, 420
– XI. 286 ff, 299
– XIV. 286
Clericis laicos 98
Coelestin III. 262, 428 f, 440
– V. 94 ff, 105
Colonna, Familie 96 f, 100
– Oddo 121
– Sciarra 101 ff
Conti 60
Cossa, B. 117 f
Coulton, G. G. 222
Crispus 46
Cum ex Apostolatus officio 153, 261
Cum inter nonnullos 264
Curran, Ch. 26, 179, 188, 379

Damasus 49 f, 493
Dante 148
Darwin, Ch. 303, 324, 328
Decretum 76
Demokratie 321
Deuteronomium 262
Deutschland 514 f
Diptychon 257
Dispens 124, 420 f, 481, 484 ff
Döllinger, J. H. I. 217, 236
Dollmann 247
Dominikaner 202, 296 ff
Donatisten 255
Drinan, R. 471 f
Duchesne, L. 329 f

Edikt von Mailand 46 f
– Nantes 181
– Theodosius 194
Edward II. 90
Egner, G. 400 f
Ehe 396, 415 ff, 440, 492, 518
Ehelosigkeit 78, 493 ff, 515, 520, 525, 531 ff
Eileiterschwangerschaft 462
Eizelle 462
Elizabeth 154 f, 157, 314
Embryo 460 ff
Empfängnisverhütung 303, 311, 353 ff, 364 ff, 404, 465 ff, 530

553

England 505 ff
Enthaltsamkeit 394
Enzyklika Casti connubii 365, 401 ff, 434, 463
– Humanae vitae 372 ff, 386 ff, 412
– Mystici corporis 435
– Pacem in terris 350
– Pascendi 326
– Quanta cura 303 f
– Sacerdotalis caelibatus 487
– Ubi primum 299
Erbsünde 294 ff, 302, 397 f, 492
Eremita, P. 191
Eucharistie 262
Eugen IV. 125, 503
ex cathedra 122, 310 f
Ex illa die 288, 290 f
Exiit qui seminat 263

Fälscherschule 74
Farnese, G. 131
Faschismus 243
Fastenzeit 124
Felix IV. 489
Firmung 262
Fish, S. 127
Fleischeslust 391 f, 398
Folter 202, 208 ff, 232 ff
Folterkammer 107
Formosus 61, 63, 205
Fortpflanzung 408, 445
Fötus 460 ff
Frankreich 513
Franz Joseph 315
Französische Revolution 159, 241
Frauenbild 360, 375, 385, 525 ff
Frauenfeindlichkeit 528
Frauenhaß 232
Friedrich II. 30, 147

Gaetani, B. siehe Bonifaz VIII.
Galilei, G. 274, 276 ff, 302, 327 f
Galiläa 40
Garantiegesetz 164
Garibaldi 184
Geburtenkontrolle 352 ff, 361, 407
Gegenreformation 159, 518
Genesis 324 f
Gerard 511
Geschlechtsakt 380 f, 387, 392 ff, 404, 419, 476, 526
Ghetto 238 ff
Giotto 17
Glaubenskongregation 25, 173
Gotti, Kard. 317
Gratian 33, 76, 216, 225, 261, 420, 428, 460, 491, 503

Gravitationsgesetz 284
Greely, P. A. 386
Gregor der Große 51, 238, 294, 302, 397 ff, 405, 497, 526
– II. 428 f, 440, 497
– V. 68
– VI. 19, 70
– VII. 72 ff, 121, 167 f, 202, 260 f, 294, 314, 407, 500 f, 517, 526
– VIII. 181, 503
– IX. 30, 84, 93, 201 f, 226 f
– X. 514
– XI. 111, 149
– XII. 117
– XIII. 215, 239, 267 ff, 289, 430 ff, 461
– XIV. 181, 461 f
– XV. 520
– XVI. 184, 236, 241, 299
Gregorovius 48, 50, 260
Großinquisitor 204, 212
Gründonnerstagsbulle 286
Grünewald, M. 8

Hadrian I. 59
– II. 493
– IV. 53, 147
– V. 63
– VI. 149, 253, 262, 267, 516
Hagia Sophia 86, 257
Häresie 189 f, 201, 203 ff, 218 f, 253 ff, 328
Hebammen 234
Heiliges Jahr 108
– Kollegium 123, 130, 271, 317 f
– Offizium 173 f, 204, 217, 279, 282, 312, 322 f, 357, 432, 462
– Römisches Reich 57 ff
Heinrich II. 53
– III. 72
– IV. 78, 314, 501
– V. 508
– VII. 509
– VIII. 140, 154, 410, 509 f
Hexen 225 ff, 526 f
Hexenbulle siehe Summis ...
Hexenhammer 229 f, 400
Hexensabbat 234
Hieronymus, Hl. 269, 418, 495
Hildebrand siehe Gregor VII.
Hitler, A. 10 f, 243
Hobbes, Th. 85
Hochhuth, R. 248
Hohenzollern, A. von 145
Homosexuelle 473 f
Honorius 256, 258 ff
– II. 507
Hubmaier, B. 220
Hugenotten 110, 181
Hugolino 84

Hunthausen 178, 188
Hus, J. 118, 120
Husmans 8

In coena Domini 286
In-vitro-Befruchtung 475
Index 214 ff, 269
Indexkongregation 216, 280
Indien 370
Ineffabilis Deus 294
Innozenz I. 257, 494
– III. 83 ff, 189 ff, 207, 262, 377, 407, 427, 429, 441 f, 504, 511, 520
– IV. 93, 147, 202, 227, 254, 508
– VIII. 128 f, 228 f, 509, 516
– X. 181, 289, 520
– XI. 402
Inquisition 92, 107, 127 f, 155, 173, 202 ff, 226, 273, 379, 420, 521 f
– Palast der 173 f
– römische 214 ff
– spanische 211 ff
Inquisitoren 202 ff, 229, 233
Inzest 303
Isaak 427
Islam 194 ff

James IV., V. 512
James, Th. 273
Jansenismus 287
Jefferson, Th. 183
Jesuiten 176 f, 289 f, 299
Jesus 7 f, 42 f, 156, 163, 415 ff, 473, 490 f, 528
Jihad (hl. Krieg) 195
Johanna 62
Johannes Paul II. 19, 21 ff, 37, 174 ff, 187, 221, 250 f, 284, 444 f, 458 f, 465 ff, 486 f, 529, 537
Johannes X. 62, 64
– XI. 64
– XII. 65 ff, 106
– XIII. 67
– XXII. 262 ff, 297, 504
– XXIII. 11, 117 ff, 179, 249 f, 311, 335 ff, 352, 437, 535 ff
Juden 9 ff, 41 f, 108, 128 f, 156, 181, 196, 212, 237 ff, 307, 377, 432, 492, 527
Judenverfolgung 237 ff
Julius II. 126, 138 ff, 298
Jungfräulichkeit 395, 492, 525
Justinian 257
Justinianischer Kodex 419

Kadaversynode 61
Kaddish 239

Kang Hi 289
Kanonisierungsprozesse 12
Karl der Große 57 ff, 419
– V. 410 f
– VI. 297
Katholizismus 158, 186 f, 388, 525
Kendrick, F. P. 431
Kennedy, J. F. 186
Kepler, J. 276
Ketzerei 155, 200 ff, 256 ff
Keuschheit 78, 492 ff
Kindsmord 498
Kirche 11 f, 418, 477
Kirchenstaat 163
Knaus-Ogino-Methode 353, 362, 370, 372, 404, 408, 445
Kolonisierung Amerikas 182 f
Kondom 388
Konklave 123, 130
Konstantin 45 ff, 51 ff, 186, 193, 493
– II. 260
Konstantinische Schenkung 52 ff, 74, 163
Konstantinopel 33, 51, 54, 86, 257
Konstantins-Basilika 29
Konvent von Bern 298
Konzil von Aix-La-Chapelle 498
– Ankara 225
– Arles 55
– Basel 125
– Chalkedon 257, 259, 308
– Florenz 125
– Konstantinopel 308
– Konstanz 118 ff, 300, 335
– Nizäa 308, 493
– Piacenza 501
– Pisa 116
– Tours 497
– Trient 216, 269, 299, 416, 419, 446, 517
Kopernikus, N. 277 ff
Kramer, H. 229 ff
Kreuzfahrer 196
Kreuzzug 86
– gegen Albigenser 197 ff
Küng, H. 26, 176, 188
Kurie 124, 168, 345, 515 f

Lagrange 330
Lambeth-Konferenz 366
Lamentabili 325 f
Langobarden 51, 79
Langton, St. 91, 220
Lapide, P. E. 248 f
Lateranisches Konzil, Erstes 503
– Zweites 503
– Drittes 9
– Viertes 9, 91, 238, 347, 504, 520

Laterankirche 30
Lea, H. Ch. 82, 209, 216, 219, 222, 232, 252, 488, 505, 520, 522 f, 525, 532
Lecky, W. E. H. 488
Leihmutterschaft 475
Leo der Große 194, 308, 397, 494
– II. 259
– III. 58 f
– V. 63
– IX. 260
– X. 141 ff, 150, 181
– XII. 241 f
– XIII. 16 f, 67, 182, 186, 315 ff, 323, 431 f, 462, 537
Lerins, V. von 255
Letser, Bruder 298
Liberalismus 221
Liberius 256
Libido 394, 492
Libro nero 203
Licinius 46, 56
Liguori, A. 461
Loisy, A. 329 f
Lombardus, P. 296, 420
Lucius III. 207
Ludwig XII. 140
Luther, M. 54, 130, 144 ff, 150 f, 181, 220, 515
Luziferianer 227

Machiavelli 148
Madden, R. R. 222
Magna Charta 90 f, 377
Magnificio, L. 141
Maistre, J. de 38
Makulisten 297
Mamertin 41, 164
Manichäer 392
Manichäismus 87, 237
Marburg, K. von 226
Marcellinus 48
Maria, Hl. 294 ff, 394, 492, 525
Mariä Empfängnis 294 ff
Mariä Himmelfahrt 311
Marienkult 295, 525
Marozia 62 ff, 68, 260
Martell, Karl 195
Martin V. 121 f, 124, 418, 424 f
Märtyrerknochen 127
Massenvernichtung der Juden 245
Masturbation 408
Matthäusevangelium 415
Maxentius 45
Maximos IV. Saigh v. Antiochia 346 ff, 355, 472
Meir, G. 251
Metternich, Fürst 161
Michelangelo 16, 138 f
Miltiades 46, 54

Milton, J. 411
Mischehe 238, 419 ff
Modernismus 325 ff
Mohammed 194
Monotheletismus 259
Montfort, S. de 199 f
Montini, G. B. 352 ff
Moraltheologie 380 f, 393, 400
Morus, Th. 122
Murphy, F. X. 354
Mussolini 243 f, 433

Napoleon 83, 159, 213
Naturrecht 476
Ne temere 419
Neapel, Karl von 113
Nero 43 f
Newman, J. H. 300
Nikolaus I. 202, 261
– II. 262, 499
– III. 205, 263 f
– V. 264
Nizäa 56, 308
Noonan, J. T. 413, 430, 439
Nuntius sidereus 278

Ohneland, Johann 87 ff
Ökumenisches Konzil 538
Ordensprofeß 423
Origenes 417
Ostersynode (680) 259
Ottaviani, A. 357
Otto IV. 87
– von Sachsen 65

Palestrina 97
Pallium 124
Papsttum 147, 343
Papstwahlen 50, 60, 315
Paschalis II. 207, 507
Pastor aeternus 307
Pastorallehre 462
Patriarchen 347
Patrick, Hl. 510 f
Paul III. 36, 150, 214 f, 432, 509, 516
– IV. 153 ff, 214 f, 237 ff, 261, 299, 521
– V. 280
– VI. 18 f, 23, 176 f, 187, 303, 311, 352 ff, 399, 404, 437 f, 461, 466, 473, 480, 484 ff, 537
Paulinisches Privileg 433, 437
Paulus 20 f, 31, 41, 426, 430, 491
Pelagius 255, 258, 261, 497
Pest 108
Petersdom 36, 142
Peterspfennig 164
Petrarca 35, 106
Petrinisches Privileg 433, 436 f

Petrus 20, 29 ff, 39 ff, 490 f
Philipp II. 212, 268
– von Frankreich 89 f, 100 ff
Piccolomini, A. S. 489 f
Pilger 65, 108
Pille 363, 383
Pippin 52 f
Pius II. 36, 129 ff, 490
– V. 83, 156 f, 239, 314, 430, 432
– VI. 159, 216, 482, 495
– VII. 159, 165, 217, 241
– VIII. 217, 241, 421
– IX. 26, 28, 38, 159 ff, 181, 184, 217, 241 f, 299 ff, 313 ff, 379, 421
– X. 175, 251, 318 ff
– XI. 174, 243, 331 f, 352, 365 f, 401 ff, 413, 432 ff, 450, 462 f
– XII. 28, 187, 243 ff, 311 f, 332, 335, 352 f, 364, 366, 392, 404, 407 ff, 414, 435 ff, 450, 463
Pontifex maximus 35, 44, 46, 55, 154, 309
Powicke, F. M. 94
Priesterehe 503
Priesterweihe 260 f
Promiskuität 502, 508
Propaganda Fide 291
Protestantismus 159
Puritanismus 494

Raffael 8
Rahner, K. 176
Rampolla, Kard. 315, 317 ff
Ratzinger, Kard. 173, 179, 224
Reformation 138 ff, 152, 159, 221, 261, 342, 514, 517
Regnans in excelsis 157, 161
Religionsfreiheit 181 ff
Reliquienverkauf 127
Retortenbabies 475
Ricci, M. 289
Rom 33, 53
– Synagoge 251 f
Romanismus 158
Römer 43
Roncalli, A. 331, 335 ff
Rubens 8

Sacramentum poenitentiae 522
Sakramente 260 f, 478
Säkularisierung 51
Santa Consulta 217
Sarto, Kard. 317 ff
Scheidung 410 ff
Schillebeeckx, E. 176
Schisma 308, 415, 515
scholastische Theologie 231

Schrader, C. 301
Schwarze Messe 234
Schwarzer Tod (Pest) 108
Schweden, Brigitta von 109, 115
Scotus, D. 296 f
Seila, P. 202
Sergius III. 63, 260
Sexualität 230 ff, 303, 353 ff, 363, 374, 385, 391 ff, 492 ff, 530 f, 534
Siena, Katharina von 109, 111, 149
Simonie 78, 81, 96
Simonietarif 124
Siricius 256, 493 f
Sisinnius 50
Sixtinische Kapelle 126, 138, 315
Sixtus III. 496
– IV. 126 ff, 211, 297, 516
– V. 268 ff, 461 f
Spanien 515
Sprenger, J. 229 ff, 527
Stellvertreter Christi 83
Stephan II. 262
– III. 51, 57
– VII. 61, 260
– VIII. 61
Suenens, Kard. 355, 358, 382
Summa theologica 76
Summis desiderantes affectibus 228
Sündenzins 88
Supremat, päpstliches 307 ff
Sweeney, T. 179
Sylvester I. 52, 54, 56
– III. 69
Sylvius, A. 119

Talmud 238
Taufe 405
Teleskop 276, 278
Tertullian 44
Tetzel 145
Theiner, A. und J. A. 488
Thesen Luthers 146
Tisserant 248 f
Toaff, E. 251
Todi, J. da 94, 96
Todsünde 477
Torquemada, Th. von 212
Torre de Conti 85
Treue 441
Tridentinisches Gesetz 447
Tridentinum 151, 257, 420, 517 ff
Trollope, T. A. 123
Tusculum 60, 64, 84
Tyrrell, G. 328 f

Unam sanctam 33, 98 ff, 435
Unbefleckte Empfängnis 294 ff, 321, 399, 462

Unfehlbarkeit 167 ff, 254, 300 f, 309 ff, 462
Urban II. 76, 191, 261, 501
– III. 262, 428
– V. 30, 90
– VI. 112
– VIII. 275, 281 ff
Ursinus 49
Ursprung der Arten, Der (Darwin) 302

Valla, L. 54
Vatikanisches Konzil, Erstes 26, 33, 67, 76, 122, 165 ff, 253, 255, 293, 300, 307 ff, 313, 323, 349, 462, 476, 536
– Zweites 12, 24, 47, 78, 176, 179, 187, 250, 332, 349, 352, 374 f, 382, 386 f, 403, 446, 459, 465, 472, 485, 537
Vereinigte Staaten 183 f
Victor III. 499
Vigilius 257 f
Viktor Emanuel 163 f
vitandus 330
Vulgata 269 ff

Wahlverhalten der Katholiken 186 f
Wasserfolter 209 f
Westfälischer Friede 47, 181
Wiener Kongreß 159
Wilhelm der Eroberer 220
Willinger 435 f
Wojtyla, K. 386

Xavier, F. 288

Zacchia, P. 299, 461
Zirkus (Rom) 43 f
Zola, E. 173
Zölibat 77, 83, 303, 384, 386, 395, 484 f, 487 ff, 496 ff, 531 ff
Zwangs-Romanisierung 82

# AUSGEWÄHLTE BIBLIOGRAPHIE

Einige wichtige Dokumente:

ABBOTT, W.M. (Hrsg.), *The Documents of Vatican II* (London, 1966).
BALDWIN, W.M. (Hrsg.), *Christianity through the Thirteenth Century* (London, 1970).
BARONIUS, Cardinal Caesar, *Annales Ecclesiasticae*, Bände 1–11 (Paris, 1864–1865).
BETTENSON, H., *Documents of the Christian Church* (London, 1947).
BURCHARD, John, *Tagebücher, 1483–1492* (London, 1910).
BUTLER, C., *The Vatican Council, 1869–1870* (London, 1962).
DAVIES, J.C. (Hrsg.), *Episcopal Acts Relating to Welsh Dioceses 1066–1272*, 2 Bände (1946–8).
*Dictionnaire de théologie Catholique* (Paris, 1905–60).
DOUGLAS, D.C., and Greenaway, G.W. (Hrsg.), *English Historical Documents*, 2 Bände (London, 1961).
EKLER, S.Z., *Church and State through the Centuries* (London, 1954).
*Encyclopaedia Judaica*, Band über die Päpste (Jerusalem, 1971).
FREMANTLE, Anne, *The Papal Encyclicals in Their Historical Context* (New York, 1956).
HAUBEN, Paul J. (Hrsg.), *The Spanish Inquisition* (Calif., 1969).
HEFELE, Charles J., *Histoire des conciles d'après les documents originaux* (Hildesheim, 1973).
HENDERSON, E.F., *Select Historical Documents of the Middle Ages* (London, 1965).
HILLGARTH, J.N. (Hrsg.), *The Conversion of Western Europe, 350–750* (New Jersey, 1969).
JEDIN, H. *Geschichte des Konzils von Trient* (Freiburg, 1976).
JOHANNES XXIII., Papst, *Die Enzykliken und andere Veröffentlichungen*.
JOHN, Eric (Hrsg.), *The Popes* (London, 1964).
LECKY, W.E.H., *History of European Morals*, 2 Bände (London, 1911).
LUTHER, Martin, *Werke* (verschiedene Ausgaben).
MCELRATH, Damian, *The Syllabus of Pius IX: Some Reactions in England* (Louvain, 1964).
MANSCHRECK, C.L., *A History of Christian Readings in the History of the Church from the Reformation to the Present* (New York, 1964).
MARCUS, Jacob R., *The Jew in the Mediaeval World, 315–1791* (Connecticut, 1975).
MOMMSEN, T.E. and Morrison, K.F., *Imperial Lives and Letters of the Eleventh Century* (New York, 1962).
OLIN, John C., *The Catholic Reformation: Savonarola to Ignatius Loyola* (New York, 1969).
PETRY, Ray C. (Hrsg.), *A History of Christianity: Readings in the History of the Early and Mediaeval Church* (New York, 1962).
PLATINA, *Lives of the Popes*, 2 Bände (London, o.J.).
PYLE, Leo (Hrsg.), *Pope and Pill* (London, 1968).
RONCALLI, Angelo (Johannes XXIII), *Mission to France*, her. von Don Loris Capovilla (London, 1966).
RYNNE, Xavier, *Letters from Vatican City* (London, 1963).
–, *The Second Session* (London, 1964).
–, *The Third Session* (London, 1965).
–, *The Fourth Session* (London, 1966).
TORRE, M.J. de (Hrsg.), *The Church Speaks on Marriage and Celibacy* (Philippinen, 1976).
*Universal Jewish Encyclopaedia*, Band 8 (New York, 1969), ›Papal Bulls‹ and ›Popes‹.
VORGRIMLER, H. (Hrsg.), *Commentary on the Documents of Vatican II*, 5 Bände (London, 1966–9).

Auswahl der verwendeten Literatur:

ABEL, E., *The Roots of Anti-Semitism* (NJ, 1975).
ACKERMAN, J.S., *The Architecture of Michelangelo* (London, 1970).
ACTON, J.E. (Lord), *Essays in the Liberal Interpretation of History* (Chicago, Ill./London, 1967).
–, *Lectures on Modern History* (London, 1960).
ATKINSON, James, *Martin Luther and the Birth of Protestantism* (London, 1968).
BAKER, Leonard, *Days of Sorrow and Pain* (New York, 1978).
BARRACLOUGH, G., *The Origins of Modern Germany* (Oxford, 1952).
BELLARMINE, Robert, *De Controversiis Christianae Fidei, De Romano Pontifice*, in *Opera Omnia* (Neapel, 1856).
BOASE, T. S. R., *Boniface VIII* (London, 1933).
BOCCACCIO, Giovanni, *Das Dekameron* (versch. Ausgaben).
BONDANELLA, P.E., *Francesco Guicciardini* (Boston, Mass., 1976).
BRADLEY, E.C., *Biography of H.C. Lea* (Philadelphia, Pa, 1931).
BRENT, Peter, *Charles Darwin* (London, 1981).
BRODRICK, James, *Robert Bellarmine, 1542–1621*, 2 Bände (London, 1950).
–, *Robert Bellarmine, Saint and Scholar* (London, 1961).
BROOKE, Z.N., *The English Church and the Papacy from the Conquest to the Reign of John* (Cambridge, 1952).

BROWN, G. K., *Italy and the Reformation to 1550* (Oxford, 1933).

BULTMANN, Rudolf, *Die Geschichte der synoptischen Tradition* (Göttingen, 1979[8]).

BURCKHARDT, Jacob, *Die Kultur der Renaissance in Italien* (Stuttgart, 1976[10]).

–, *Die Zeit Constantins des Großen* (München, 1982).

CALLAGHAN, D., *Abortion: Law Choice and Morality* (London, 1970).

CARLYLE, A. J. and R. W., *A History of Medieval Political Theory in the West*, 6 Bände (London, 1903–36).

CHADWICK, H., *The Early Christian Church* (London, 1970).

CHADWICK, O., *Catholicism and History* (Cambridge, 1978).

–, *The Reformation* (London, 1984).

CHAMBERLIN, E. R., *The Bad Popes* (New York, 1969).

CHAPMAN, J., *Studies in the Early Papacy* (London, 1928).

COSTELLO, Con., *In Quest of an Heir* (Cork, 1978).

COULTON, G. G., *Inquisition and Liberty* (London, 1959).

–, *The Inquisition* (London, 1974).

COWAN, I.B., *The Scottish Reformation* (London, 1982).

CRAWFORD, F. M., *Ave Roma Immortalis* (London, 1920).

CREIGHTON, M., *The History of the Papacy during the Reformation* (London, 1882).

–, *A History of the Papacy from the Great Schism to the Sack of Rome* (London, 1899).

DANIEL-ROPS, H., *The Church in the Dark Ages*, trans. Audrey Butler (London, 1959).

DANTE ALIGHIERI, *Die Göttliche Komödie* (verschiedene Ausgaben).

DAVIES, J.G., *The Early Christian Church* (London, 1965).

DAWSON, Christopher, *The Making of Europe* (London, 1944).

–, *The Dividing of Christendom* (New York, 1965).

DEANESLY, Margaret, *Sidelights on the Anglo-Saxon Church* (London, 1962).

DE MAISTRE, Joseph, *Letters on the Spanish Inquisition* (1843) (Boston, Mass., 1977).

–, *The Pope* (New York, 1975).

DE ROSA, Peter, *Christ and Original Sin* (Milwaukee, Wis., 1967).

–, *Jesus Who Became Christ* (London/New Jersey, 1974).

DÖLLINGER, Ignaz von, *Der Papst und das Konzil* (Leipzig, 1869).

–, *Die Papstfabeln des Mittelalters* (München, 1863).

DONALDSON, Gordon, *The Scottish Reformation* (Cambridge, 1960).

–, *Scotland: Church and Nation through Sixteen Centuries* (London, 1960).

DUCHESNE, L., *The Beginnings of the Temporal Sovereignty of the Popes, 754–1073* (London, 1908).

–, *The Early History of the Christian Church*, 2 Bände (London, 1909).

DUDDEN, F. H., *Gregory the Great*, 2 Bände (New York, 1967).

EGNER, G., *Birth Regulation and Catholic Belief* (London, 1966).

EINEM, Herbert von, *Michelangelos Künstlertum* (Bonn, 1966).

EINSTEIN, Albert, *Mein Weltbild* (Berlin, 1988).

ELLIOT BINNS, L., *Innocent III* (London, 1931).

EMERSON, E., *The Correspondence of Gregory VII* (New York, 1932).

FALCONI, Carlo, *The Popes in the Twentieth Century* (London, 1967).

FERRARA, Orestes, *The Borgia Pope* (London, 1942).

FLANNERY, E.H., *The Anguish of the Jews* (New York, 1963).

FLEMING, D.H., *The Reformation in Scotland* (London, 1910).

FRANCOME, Colin, *Abortion Freedom: A Worldwide Movement* (London, 1984).

GALILEI, GALILEO, *Sidereus Nuncius* (versch. Ausgaben).

–, *Dialog über die beiden hauptsächlichsten Weltsysteme* (versch. Ausgaben).

GILBERT, Martin, *Auschwitz and the Allies* (London, 1981).

GILL, Joseph, *The Council of Florence* (Cambridge, 1959).

GOOCH, G.P., *History and Historians in the Nineteenth Century* (London, 1913).

GRAETZ, H.H., *Volkstümliche Geschichte der Juden*, 6 Bände (München, 1985).

GRAHAM R.A., *Vatican Diplomacy* (New Jersey, 1959).

GRANFIELD, David, *The Abortion Decision* (New York, 1969).

GRANFIELD, Patrick, *Das Papsttum. Kontinuität und Wandel* (Aschendorff, 1984).

GREELEY, A., *The American Catholic* (New York, 1977).

GREGOROVIUS, Ferdinand, *Geschichte der Stadt Rom im Mittelalter* (München, 1988).

–, *Lucretia Borgia* (München, 1982).

GUICCIARDINI, Francesco, *The History of Italy and the History of Florence* (London, 1986).

GUILLEMAIN, B., *La Cour pontificale d'Avignon, 1309–1376* (Paris, 1962).

GUTMAN, Yisrael, *The Jews of Warsaw, 1939–1943* (Sussex: Harvester Press, 1982).

HALES, E. E. Y., *The Catholic Church in the Modern World* (London, 1958).

–, *Pope John and His Revolution* (London, 1965).

HAMILTON, Bernard, *The Mediaeval Inquisition* (London, 1981).

HAY, M., *Europe and the Jews* (Boston, Mass., 1961).

HEATH, Peter, *The English Clergy on the Eve of the Reformation* (London, 1969).

HEBBLETHWAITE, P., *The Year of the Three Popes* (London, 1978).

HEBBLETHWAITE, P., and Kaufmann, L., *John Paul II* (New York, 1979).

HENNESSY, J., *American Catholics: A History of the Roman Catholic Community in the United States* (New York, 1981).

HERBERG, W., *Protestant, Catholic, Jew* (New York, 1955).

Höss, Rudolf, *Kommandant in Auschwitz* (München, 1978).
HUGHES, P., *A Short History of the Catholic Church* (London, 1967).
JALLAND, T.G., *The Church and the Papacy* (London/New York, 1944).
JEDIN, Hubert (Hrsg.), *Handbuch der Kirchengeschichte* (Freiburg, 1973 ff.).
JOHNSON, Paul, *A History of Christianity* (New York, 1977).
–, *Pope John Paul II and the Catholic Restoration* (London, 1982).
JOYCE, G.H., *Christian Marriage* (London, 1948).
KATZ, Robert, *Death in Rome* (London, 1967).
KITTS, Eustace, *In the Days of the Councils* (London, 1908).
–, *Pope John the Twenty-Third* (London, 1910).
KJECKHEFER, R., *European Witch Trials* (London, 1976).
KNOWLES, David and Obolenski, Dmitri, *The Christian Centuries*, 2 Bände (London, 1968-9).
KOBLER, Franz, *Napoleon and the Jews* (New York, 1975).
KRISTOL, Gertrude, *Darwin and the Darwinian Revolution* (London, 1959).
KÜNG, Hans, *Unfehlbar?* (Köln, 1980[8]).
LANGFORD, J.J., *Galileo, Science and the Church* (New York, 1966).
LAPIDE, P.E., *The Last Three Popes and the Jews* (London, 1967).
LASH, N., *Newman on Development* (London, 1975).
LATOURETTE, K.S., *A History of the Expansion of Christianity*, 7 Bände (London, 1937-1945).
–, *A History of Christianity* (London, 1950).
–, *Christianity in a Revolutionary Age*, 5 Bände (New York, 1957-61).
LEA, H.C., *Studies in Church History* (Philadelphia, Pa, 1883).
–. *A History of Auricular Confession and Indulgences in the Latin Church*, 2 Bände (Philadelphia, Pa, 1896).
–, *The Eve of the Reformation*, Cambridge Modern History (Cambridge, 1902).
–, *A History of the Inquisition in Spain*, 4 Bände (New York, 1906-7).
–, *The Inquisition in the Middle Ages* (New York, 1955).
–, *Materials Towards a History of Witchcraft*, 3 Bände (New York, 1957).
LEWY, Guenter, *The Catholic Church and Nazi Germany* (London, 1968).
LIUTPRAND OF CREMONA, *Works*, trans. T.A. Wright (London, 1930).
LOISY, Alfred, *The Bible and the Christian Religion* (New York, 1962).
MACHIAVELLI, Niccolo, *Der Fürst* (verschiedene Ausgaben).
MADDEN, R.M., *Galileo and the Inquisition* (London, 1863).
MALINSKI, M., *Pope John Paul II* (London, 1979).
MANN, Horace K., *The Lives of the Popes*, 18 Bände (London, 1902-32).
MANNIX, D., *The History of Torture* (New York, 1964).
MARTIN, Malachi, *The Decline and Fall of the Roman Church* (London, 1982).
MATTHEW, A. H., *The Life and Times of Rodrigo Borgia* (London, o.J.).
MICHAELIS, Meir, *Mussolini and the Jews, 1922-1945* (Oxford, 1978).
MIDELFORT, H. C. E., *Witch Hunting in South-Western Germany, 1562-1684* (Stanford, Calif., 1972).
MILMAN, H.H., *History of the Jews*, Band 3 (London, 1866).
–, *Savonarola, Erasmus and Essays* (London, 1870).
–, *History of Latin Christianity*, Bände 1–11 (London, 1872).
MILTON, John, *English Prose Writings*, her. von H. Morley, Band 5 (London, 1889).
MITCHELL, R.J., *The Laurels and the Tiara, Pope Pius II, 1458-1464* (London, 1962).
MOLLART, G., *Les Papes d'Avignon, 1305-1378* (Paris, 1949).
MORLEY, J.F., *Vatican Diplomacy and the Jews during the Holocaust, 1939-1943* (New York, 1980).
MURPHY, Francis X., *The Papacy Today* (London, 1981).
MURRAY, John C., *We Hold These Truths* (New York, 1960).
NARFON, Julien de, *Pope Leo XIII* (London, 1899).
NEWMAN, John Henry, *Ausgewählte Werke in 8 Bänden* (Mainz, 1957 ff.).
NICHOLS, Peter, *The Politics of the Vatican* (London, 1968).
NIETZSCHE, Friedrich, *Der Antichrist* (verschiedene Ausgaben).
NOONAN, J.T. (jr), *Contraception: A History* (Cambridge, Mass., 1965).
–, *The Morality of Abortion* (Cambridge, Mass., 1970).
–, *Power to Dissolve: Lawyers and Marriages in the Courts of the Roman Curia* (Cambridge, Mass., 1972).
–, *A Private Choice: Abortion in America in the Seventies* (New York, 1979).
NOVAK, Michael (Hrsg.), *The Experience of Marriage* (New York, 1964).
NYISZLI, Miklos, *Auschwitz: A Doctor's Eye-Witness Account* (New York, 1960).
O'BRIEN, John A., *Familiy Planning in an Exploding Population* (New York, 1968).
OLDENBERG, Zoe, *Massacre at Monségur*, trans. Peter Green (London, 1961).
PARKES, James, *A History of the Jewish People* (Chicago, Ill., 1962).
PASTOR, Ludwig von, *The History of the Popes*, 40 Bände (London, 1890-1953).
PECHER, Eric, *John XXIII: A Pictorial Biography* (London, 1959).
PEEL, Edgar, and Southern, P., *The Trials of the Lancashire Witches* (Newton Abbot, 1972).
PIEPER, Josef, *The Silence of St. Thomas* (London, 1957).
POWELL, J.M. (Hrsg.), *Innocent III* (Boston, Mass., 1967).
POWICKE, F.M., *The Christian Life in the Middle Ages* (Oxford, 1935).
RANKE, Leopold von, *Die römi-*

*schen Päpste* (verschiedene Ausgaben).

RICHARDS, Jeffrey, *The Popes and the Papacy in the Early Middle Ages, 476–752* (London, 1979).

ROBERTS, T.D., Archbishop, and others, *Contraception and Holiness* (New York, 1964).

ROO, Peter de, *Pope Alexander VI*, 6 Bände (Bruges, 1924).

ROTH, Cecil, *A History of the Marranos* (Philadelphia, Pa, 1941).

–, *A History of the Jews in Italy* (Oxford, 1946).

RUFFINI, Francesco, *Religious Liberty* (London, 1912).

RUNNES, D.D., *The Jew and the Cross* (New York, 1966).

SANDMEL, Samuel, *We Jews and You Christians* (Philadelphia, Pa/New York, 1967).

SANTAYANA, George, *Interpretation of Poetry and Religion* (New York, 1900).

–, *Little Essays*, hrsg. L.P. Smith (London, 1920).

SANTILLANA, G. de, *The Crime of Galileo* (Chicago, Ill., 1955).

SHEA, William R., *Galileo's Intellectual Revolution* (London, 1972).

SMITH, J.H., *The Great Schism, 1378* (London, 1970).

SOUTHERN, R.W., *Kirche und Gesellschaft im Abendland des Mittelalters* (Berlin, 1976).

STEINER, Jean F., *Treblinka* (London, 1967).

STOKES, A and Pfeffer, L., *Church and State in the United States* (New York, 1964).

STOW, Kenneth R., *Catholic Thought and Papal Jewry Policy, 1555–1593* (New York, 1977).

STRAYER, J.B., *The Albigensian Crusades* (New York, 1971).

SYNAN, E.A., *The Popes and the Jews in the Middle Ages* (New York/London, 1965).

TATHAM, E. H. R., *Francesco Petrarch*, 2 Bände (London, 1926).

THOMAS, Gordon and Morgan-Witts, Max, *Pontiff* (London, 1983).

–, *The Year of Armageddon: The Pope and the Bomb* (London, 1984).

THOMAS VON AQUIN, *Summe der Theologie* (verschiedene Ausgaben).

TILLEMANN, Helena, *Pope Innocent III* (Amsterdam, 1978).

TOOLEY, M., *Abortion and Infanticide* (Oxford, 1983).

TRACHTENBERG, J., *The Devil and the Jews* (New York, 1943).

TREVOR, Meriol, *Pope John* (London/New York, 1967).

ULLMANN, W., *The Origins of the Great Schism* (London, 1948).

–, *Mediaeval Papalism* (London, 1949).

–, *Growth of Papal Government in the Middle Ages* (London, 1970).

–, *Kurze Geschichte des Papsttums im Mittelalter* (Berlin, 1978).

VAILLANCOURT, Jean-Guy, *Papal Power* (Calif., 1980).

VAN DE MEER, F., *Augustine the Bishop* (London, 1961).

VIDLER, Alec, *A Variety of Catholic Modernists* (Cambridge, 1970).

–, *The Church in an Age of Revolution* (London, 1985).

VOLTAIRE, *Werke* (verschiedene Ausgaben).

WAKEFIELD, L. Walter, *Heresy, Crusade and Inquisition in Southern France, 1100–1250* (Calif., 1974).

WARD, Wilfred, *The Life of John Henry Cardinal Newman*, 2 Bände (London, 1912).

WHITEHEAD, A.N., *Wissenschaft und moderne Welt* (Frankfurt, 1988).

WILLIAMS, G.H., *The Mind of John Paul II* (New York, 1981).

WOJTYLA, Karol, John Paul II, *Segno di Contradizione* (Mailand, 1977).

WOODWARD, G.W.O., *Dissolution of the Monasteries* (London, 1966).

ZOLA, Emile, *Rom; Roman* (verschiedene Ausgaben).

ZWEIG Stefan, *Triumph und Tragik des Erasmus von Rotterdam* (verschiedene Ausgaben).